U0519446

21世纪普通高等院校系列教材

财务管理
CAIWU GUANLI

主　编　张红云　韩卫华

副主编　李冰轮　区　聪　冯钰钰

西南财经大学出版社

中国·成都

图书在版编目（CIP）数据

财务管理/张红云,韩卫华主编;李冰轮,区聪,冯钰钰副主编.—成都:西南财经大学出版社,2022.12
ISBN 978-7-5504-5423-1

Ⅰ.①财… Ⅱ.①张…②韩…③李…④区…⑤冯… Ⅲ.①财务管理—高等学校—教材 Ⅳ.①F275

中国版本图书馆 CIP 数据核字(2022)第 117726 号

财务管理

主　编　张红云　韩卫华
副主编　李冰轮　区　聪　冯钰钰

责任编辑:李特军
责任校对:陈何真璐
封面设计:张姗姗　墨创文化
责任印制:朱曼丽

出版发行	西南财经大学出版社(四川省成都市光华村街 55 号)
网　　址	http://cbs.swufe.edu.cn
电子邮件	bookcj@swufe.edu.cn
邮政编码	610074
电　　话	028-87353785
照　　排	四川胜翔数码印务设计有限公司
印　　刷	四川五洲彩印有限责任公司
成品尺寸	185mm×260mm
印　　张	27.75
字　　数	720 千字
版　　次	2022 年 12 月第 1 版
印　　次	2022 年 12 月第 1 次印刷
印　　数	1—3000 册
书　　号	ISBN 978-7-5504-5423-1
定　　价	49.80 元

1. 版权所有,翻印必究。

2. 如有印刷、装订等差错,可向本社营销部调换。

3. 本书封底无本社数码防伪标识,不得销售。

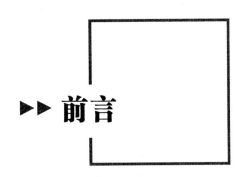

▶▶ 前言

　　随着经济的全球化以及互联网经济、数字经济及经济学、管理学等相关学科理论与实践研究的深入，财务管理理论研究从资金管理的研究向价值创造管理的研究演进、深入，财务管理实践从筹资、投资、现金管理、业绩评价向财务战略规划、价值创造过程管理拓展，财务管理方法和技术在定量分析技术、新信息技术、管理软件不断发展的环境下出现了 Excel 计算工具在财务分析计算及分析模型中的运用、期权分析技术、柔性分析技术、智能财务等新内容。基于财务管理理论与实践的新发展，以财务管理目标——企业价值最大化为导向，从企业价值创造角度，按财务估价原理与方法—价值创造规划—价值创造基础及保障—价值创造计划/实施/控制—企业价值评价与管理等内容形成本书编写的设计思路，并以开章案例、导读/重点专业词语中英文对照、章节具体内容呈现、重点内容相关实例/相关报道/相关专业文章插入、综述总结、参考文献、思考题、练习题、案例分析材料等形式，充分引入 Excel 财务函数、期权分析模型等新技术在财务管理中的运用来实施教材的编撰，以达到体现财务管理新理论、新方法和财务管理实践新内容，满足工商管理专业、会计学专业本科学生和相关专业人员学习财务管理理论和方法、提高财务管理能力的需要。本书内容丰富、形式合理、分析工具全面、紧扣财务实践编写。

　　财务管理是工商管理专业、会计学专业的核心课程之一，本书以财务管理是企业价值创造的理论、方法和技术为视角，从价值的界定、衡量、驱动因素等方面的研究入手，构建由财务管理总论—价值创造的理论和工具、财务战略与投资—企业价值创造规划及源泉、筹资与资本结构—企业价值创造的基础和保障、财务规划—企业价值创造过程的计划/实施/控制、价值管理—企业价值创造的评价与管理六个部分组成财务管理内容体系。教材内容、格式设计上充分考虑当今财务管理实践、信息技术与计算技术运用的状况，具体表现在以下几个方面：

（1）本书的编撰以财务管理目标——企业价值最大化为导向，以企业价值创造的原理、方法为基础，价值创造过程的内容、环节为对象构建内容体系，形成以财务估价原理与方法—价值创造规划—价值创造基础及保障—价值创造计划/实施/控制—企业价值评价与管理等为内容的设计路线。本书改变传统财务管理教材以资金流为对象，按财务管理的内容与环节设计教材内容体系的做法，克服了教材内容与企业财务管理目标联系不紧密的不足，充分体现当代财务管理的新观念、新理论和新方法在企业财务管理实践中的运用。

（2）本书的编撰充分体现当今社会经济中财务活动和财务管理实践的新现象，在教材中通过列举实例、引入相关报道或专业文章展现诸如新创企业融资的新特点、共享经济的财务实践、经济全球化/一体化、网络环境、大数据/智能化下的财务实践，从各个案例的阐释中引发对新财务问题的思考。

（3）本书在编撰中充分引入了信息技术与计算技术在财务管理分析中的运用，在重点内容、新内容、新方法、新问题等方面建立网络资源的链接设置；在财务分析、财务决策部分引入 Excel 工具、财务函数的解决方案等内容。

本书由张红云负责设计整体的内容体系和章节结构，并负责撰写第一章、第二章、第三章、第十七章、第十八章；韩卫华负责撰写第四章、第五章、第六章、第七章、第八章；李冰轮负责撰写第九章、第十章、第十一章、第十二章；区聪负责撰写第十四章、第十五章；冯钰钰负责撰写第十三章、第十六章。张红云、韩卫华担任本书主编，负责全书的审稿、统稿；李冰轮、区聪、冯钰钰担任本书副主编，协助主编统稿。黄乐乐、李舒婷、熊晨枫、李秋雯、陈思哲、张炎等会计专业硕士（MPAcc）参与了本书部分材料收集与编写工作。

本书可作为高等院校经管类专业财务管理课程的教学用书，满足会计学专业、财务管理专业本科学生财务管理课程的教学需要，以及相关专业人士自学的需要，同时也可作为企业财务管理人员的培训用书，以及管理、财会、证券，金融等实务工作者系统学习财务管理知识的参考书。

本书是我们在总结多年教学经验的基础上编写而成的。尽管我们在编写过程中付出了不懈的努力，但由于作者水平有限，书中难免存在不足之处，恳请广大读者批评指正。

编者

2022 年 10 月

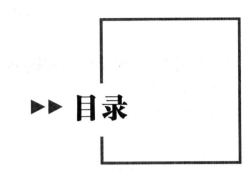

▶▶ 目录

第一篇　财务管理总论
——价值创造的理论和工具

3 / 第一章　财务管理概述——创造价值的理论、方法与技术

第一节　企业财务与财务管理 ………………………………………（4）

第二节　财务管理的目标与协调 ……………………………………（12）

第三节　财务管理的环境 ……………………………………………（19）

28 / 第二章　财务估价原理——衡量价值和价值创造的方法

第一节　企业价值、企业价值衡量与企业价值创造 ………………（29）

第二节　资金时间价值 ………………………………………………（39）

第三节　风险与收益 …………………………………………………（55）

第四节　资本资产定价模型 …………………………………………（63）

68 / 第三章　财务分析——识别企业价值创造过程的技术

第一节　企业财务与财务报表 ………………………………………（69）

第二节　财务分析的概述 ……………………………………………（73）

第三节　会计分析 ……………………………………………………（83）

第四节　财务能力分析 ………………………………………………（105）

第五节　现金流量分析 ………………………………………………（131）

第六节　综合财务分析 ………………………………………………（141）

第二篇　财务战略与投资
——价值创造规划及源泉

153/ 第四章　投资及投资管理概述

第一节　证券投资 ……………………………………………………… (156)

第二节　项目投资 ……………………………………………………… (160)

165/ 第五章　财务战略

第一节　财务战略的基本框架 ………………………………………… (167)

第二节　财务战略的制定和实施 ……………………………………… (168)

第三节　财务战略的主要内容 ………………………………………… (174)

177/ 第六章　投资评价基础

第一节　项目现金流估算的基本原则 ………………………………… (178)

第二节　项目净现金流量计算 ………………………………………… (179)

183/ 第七章　投资决策方法及运用

第一节　投资回收期 …………………………………………………… (185)

第二节　净现值 ………………………………………………………… (187)

第三节　内部收益率 …………………………………………………… (189)

第四节　获利指数 ……………………………………………………… (192)

第五节　投资决策指标在特定情况下的运用 ………………………… (192)

197/ 第八章　投资的风险分析

第一节　风险与收益的衡量 …………………………………………… (198)

第二节　投资组合风险与收益 ………………………………………… (199)

第三节　资本资产定价模型 …………………………………………… (203)

第四节　无风险利率与风险溢价 ……………………………………… (205)

第五节　投资项目风险分析 …………………………………………… (206)

第三篇　筹资与资本结构
——价值创造的基础和保障

213/ 第九章　筹资及筹资管理概述

第一节　筹资的概念 ………………………………………………………（215）

第二节　筹资的目的 ………………………………………………………（215）

第三节　筹资的原则 ………………………………………………………（216）

第四节　筹资的类型 ………………………………………………………（217）

第五节　资金需要量预测 …………………………………………………（218）

222/ 第十章　筹资渠道与筹资方式

第一节　筹资渠道 …………………………………………………………（225）

第二节　筹资方式 …………………………………………………………（226）

251/ 第十一章　资本成本

第一节　资本成本的含义和作用 …………………………………………（253）

第二节　个别资本成本 ……………………………………………………（255）

第三节　加权平均资本成本 ………………………………………………（259）

第四节　边际资本成本 ……………………………………………………（260）

263/ 第十二章　资本结构

第一节　杠杆利益与风险衡量 ……………………………………………（266）

第二节　资本结构决策 ……………………………………………………（272）

283/ 第十三章　股利政策

第一节　股利及其分配 ……………………………………………………（284）

第二节　股利分配理论 ……………………………………………………（285）

第三节　股利分配政策 ……………………………………………………（287）

第四节　股票股利、股票分割和股票回购 ………………………………（290）

第四篇　财务规划与运营
——企业价值创造过程的计划、实施与控制

297/ 第十四章　财务规划、财务预测与财务决策

第一节　财务规划 ··· (298)

第二节　财务预测 ··· (299)

第三节　财务决策 ··· (324)

329/ 第十五章　财务计划、财务预算与财务控制

第一节　财务计划 ··· (330)

第二节　财务预算 ··· (331)

第三节　财务控制 ··· (347)

359/ 第十六章　营运资本管理

第一节　营运资本管理概述 ··· (360)

第二节　现金管理 ··· (364)

第三节　应收账款管理 ··· (367)

第四节　存货管理 ··· (372)

第五节　短期融资管理 ··· (377)

第五篇　价值管理
——企业价值创造的评价与管理

387/ 第十七章　企业价值评价

第一节　企业价值评价的概述 ··· (398)

第二节　企业价值评价的原则和前提假设 ·································· (400)

第三节　企业价值评价的分类和方法 ·· (401)

413/ 第十八章　企业价值管理

第一节　企业价值管理概述 ··· (417)

第二节　价值链管理 ·· (421)

第三节　业绩评价体系 ··· (427)

436/ 附录　现值、终值表和正态分布曲线的面积

第一篇　财务管理总论

——价值创造的理论和工具

第一章

财务管理概述
——创造价值的理论、方法与技术

■本章导读

　　本章主要介绍了企业财务与财务管理的含义，财务管理的主要内容和基本环节；分析了利润最大化、股东财富最大化、公司价值最大化等不同的财务管理目标；讨论了股东与管理者、股东与债权人之间矛盾与利益冲突产生的原因及其解决方法；介绍了财务管理的外部环境和内部环境，重点介绍了金融市场的构成、类型、作用，以及利率的含义和构成；讨论了资本市场中反映资产的信息与资本市场效率的关系；分析了不同信息对市场价格的不同影响程度；阐述了资本市场形成的弱式效率、半强式效率和强式效率三种不同程度的市场效率。

　　本章的主要内容包括：

● 企业财务与财务管理

● 财务管理的目标与协调

● 财务管理的环境

■重点专业词语——中英文对照

财务管理（financial management）　　　　财务学（finance）

有限责任公司（limited company）　　　　个人理财学（personal finance）

跨国公司财务学（multination finance）　　公司财务学（corporate finance）

股份有限公司（corporation）　　　　　　宏观财务学（macro-finance）

资本市场（capital market）　　　　　　　货币市场（money market）

财务目标（financial objectives）　　　　　利润最大化（profit maximization）

每股收益最大化（earnings per share maximization）

股东财富最大化（shareholder wealth maximization）

企业价值/公司价值最大化（enterprise value /business value maximization）

■ **开章案例**

　　有人说，财务管理是研究"以钱生钱"之术。"以钱生钱"，这是一个古老而简单的概念，也是一种全新而繁杂的技术。从一个公司的角度来看，"以钱生钱"就是将公司获得的资本投放到能够创造、增长价值的活动中。这里的"资本"通常是"他人的钱"，对于上市公司来说，"他人的钱"主要是由股东和债权人提供的。公司作为资本的使用者，必须为资本的提供者提供报酬，这个报酬通常是公司用"他人的钱"，"以钱生钱"（投资）创造的。公司只有不断地为"他人""生钱聚钱"才能持续不断地得到"他人的钱"（外部融资）。因此，我们在研究"以钱生钱"之术时，必须正确权衡资本提供者与使用者之间的委托代理关系，在为"他人"创造财富的同时，也为公司创造价值。

　　资料来源：刘淑莲. 公司理财［M］. 北京：中国金融出版社，2004.

第一节　企业财务与财务管理

一、企业财务

（一）什么是财务？

　　财务（Finance）是有关货币或资金的事务。当今社会无时无处不存在货币或资金，个人、社会团体、经济组织、国家政府的各项事务和活动无不涉及货币或资金，个人工作生活和学习社交的货币收支、个人财富管理的资金投资，企业经营过程的货币收付、企业价值管理的投融资，政府财政的收入与投资、政府社会管理的资金收支等充满着各式各样的货币或资金事务。放眼世界，为了生存我们要支出货币购买食物，为了发展企业要投入资金研发新技术、新产品，国家要投入数百亿资金建设交通设施——高铁、公路等，以推动社会的发展和进步。为有效地促进个人、企业、国家的发展，我们必须用科学的方法对相关财务进行管理。

　　有关财务如何管理的学科即财务学。按研究的财务对象的不同，个人财务、企业财务、国家或政府财务可分别形成个人理财学，企业财务管理学和财政学。企业作为社会经济中最基本的、最主要的经济组织，包含丰富的经济活动和经济要素，因此，我们在研究财务学原理时应以企业财务为对象，聚焦企业财务管理来展开阐述。

（二）创办或经营一个企业的过程及其财务内容

　　假设你决定创办一家生产运动鞋的公司，你要如何做？首先你要投入一笔资金以成立公司、购建厂房及购买生产设备；其次要雇用管理、技术、生产方面的人员，购买原材料等生产物资，组织产品生产；再次要雇用销售人员销售产品，取得现金收入；最后要支付各种税费，重复购买原材料等生产物资，继续生产、销售产品，考虑结余资金是用于扩大投资还是用于直接分配。这一过程及一系列活动，用财务的语言来说，就是你要筹集一笔资金，投资于存货、机器、土地和劳动力，然后组织产品的生产和销售，使公司获得现金收入，进而持续经营下去，同时实现结余，或扩大经营，或直接分配到个人。这就是公司创造价值的过程。经营公司的目标就是为你这个所有者创造价值。

（三）什么是企业财务？表现为什么？

企业经营过程涉及的各种活动广泛地运用各种资源，如人力、物资、信息、资金，形成企业的人员流、实物流、信息流、资金流。资金流即企业在筹措资金、投资拓展项目、组织购产销、研发技术、支撑经营服务等运营环节通过资金收付形成的资金循环和周转，也就是资金运动，图1-1展示了企业资金的运动过程。这种资金运动即企业财务（Enterprise Finance），表现为企业生产经营中的财务活动及其体现的与各利益相关者之间的财务关系。

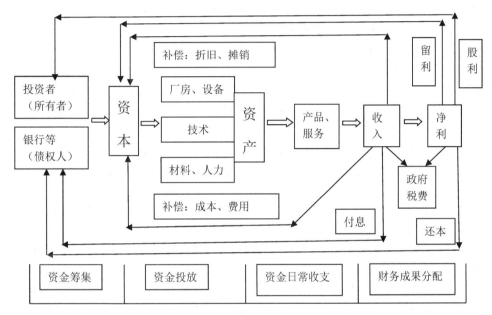

图1-1　企业资金的运动过程

（1）企业财务活动（Financial Activity）。

企业财务活动是与企业资金运动相关的各种行为活动，即开展生产经营活动所涉及的筹集、运用和分配资金的企业资金收支活动，主要有筹资活动、投资活动、资本营运活动、收益分配活动。

①筹资活动。所谓筹资，即资金筹措，是指企业为了满足投资和用资的需要，筹措和集中所需资金的过程。在商品经济条件下，企业要想从事经营活动，首先必须筹集一定数量的资金。企业通过发行股票、发行债券、吸收直接投资、银行借款等方式筹集资金，表现为企业资金的收入；企业偿还借款，支付利息、股利以及付出各种筹资费用等，表现为企业资金的支出。这种因为资金筹集而产生的资金收支，便是由企业筹资而引起的财务活动，即筹资活动。在筹资过程中，企业一方面要确定筹资的总规模，以保证投资所需要的资金；另一方面要通过筹资渠道、筹资方式或筹资工具的选择，合理确定筹资结构，以降低筹资成本和风险，提高企业价值。

②投资活动。企业投资可以分为广义的投资和狭义的投资两种。广义的投资是指企业将筹集的资金投入使用的过程，包括投资于企业内部，用于购置固定资产、流动资产、无形资产等的对内投资，以及购买其他企业的股票、债券或与其他企业联营进行投资而形成的对外投资。狭义的投资仅指对外投资。企业无论是购买内部所需各种资产，还是购买各种证券，都需要支出资金。企业变卖其对内投资的各种资产或收回其对外投资时，会产生

资金的收入，这种因企业投资而形成的资金收支活动即企业投资活动。

③资本运营活动。因企业日常生产经营而引起的财务活动，称为资金营运活动。企业的营运资金主要是指为满足企业日常营业活动的需要而垫支的资金。在一定时期内，营运资金周转越快，资金的利用效率就越高，企业就可能生产出更多的产品，获得更多的收入。

④收益分配活动。企业通过投资或资金营运活动可以取得相应的收入，并实现资金的增值。从广义上说，分配是指对企业各种收入进行分割和分派的过程；而狭义的分配仅指对企业净利润的分配。

企业财务活动是企业经济活动的重要组成部分。一方面，企业财务活动与企业经济活动有着密切的联系，企业财务活动是企业生产经营活动各方面的集中体现。只有产品对路、质量有保证、营销工作得力，资金才能及时收回并顺利周转；只有合理组织生产经营、严格管理、责任明确，成本才能降低，利润目标才能实现。另一方面，企业财务活动是企业经济活动顺利开展的前提和保证，主要表现在，只有筹集一定的经营资金，生产经营活动才能得以进行；只有资金周转顺畅，生产经营活动才能顺畅。除此之外，企业还有并购、破产清算、业绩评价与激励等特殊项目的财务活动。

（2）企业财务关系（Financial Relations）。

企业的筹资活动、投资活动、经营活动、利润及其分配活动与企业各方面有着广泛的联系。企业财务关系是指企业在组织财务活动的过程中与有关方面发生的经济利益关系。企业的财务活动表面上看是钱和物的增减变动，其实，钱和物的增减变动离不开经济组织或经济主体之间的经济利益关系，具体表现为企业与所有者、债权人、债务人、供应商、客户、企业内部单位、职工、社会、政府机构之间的经济利益关系。财务关系体现着财务活动的本质特征，并影响着财务活动的规模、效率与发展。企业财务关系具体包涵以下几个方面：

①企业与所有者之间的财务关系，是指所有者向企业投入资金，企业向其支付投资报酬所形成的经济利益关系。企业所有者主要有国家、法人单位、个人。企业的所有者要按照投资合同、协议、章程的约定履行出资义务，以便及时形成企业的自有资本，同时拥有参与或监督企业经营管理、参与企业剩余收益分配的权利，并承担一定的风险；接受出资的企业利用这些资本进行营运，对出资的所有者有承担资本保值、增值的责任，获得利润后，应该按照出资比例或合同、章程的规定，通过利润分配向其所有者支付投资报酬。一般而言，所有者的出资不同，他们各自对企业承担的责任也不同，相应地，享有的权利和利益也不相同。因此，企业与所有者之间的关系是风险共担和以资本保值、增值为核心的剩余收益分配关系，体现着一种经营权与所有权关系。

②企业与债权人之间的财务利益关系，是指企业向债权人借入资金，并按借款合同的规定按时支付利息和归还本金所形成的经济关系。企业的债权人主要有企业债券持有人、银行及其他金融贷款机构、商业信用提供者、其他出借资金给企业的单位或个人。企业除利用自有资本进行经营活动外，还要借入一定数量的资金，以便降低企业资金成本，扩大企业经营规模。企业主要通过发行债券、借款项、赊购等方式借入资金。企业利用债权人的资金，要按约定的利息率，及时向债权人支付利息，债务到期时，要合理调度资金，按时向债权人归还本金。因此，企业与债权人之间的关系是建立在契约之上的债务与债权关系。

③企业与被投资者间的财务关系，是指企业将其闲余资金以购买股票或直接投入的形式向其他单位投资所形成的经济利益关系。企业向其他单位投资，应按约定履行出资义务，参与被投资单位的利润分配。企业与被投资单位的关系是体现所有权性质的投资与受资关系。

④企业与债务人间的财务关系，是指企业将其资金以购买债券、提供借款或赊销等形式出借给其他单位所形成的经济利益关系。企业将资金借出后，有权要求其债务人按约定的条件支付利息和归还本金。企业与债务人之间的关系体现为债权与债务关系。

⑤企业与内部各级经营单位间的财务关系，是指企业内部各单位之间在生产经营各环节中相互提供产品或劳务所形成的经济利益关系。企业在实行内部经济核算制和内部经营责任制的条件下，企业供、产、销各个部门以及各个生产单位之间，相互提供劳务和产品要计价结算。这种在企业内部资金使用中的权责关系、利益分配关系与财务计价、内部资金结算关系，体现了企业内部各单位之间的经济利益关系。

⑥企业与职工间的财务关系，是指企业在向职工支付劳动报酬的过程中与内部职工所形成的经济利益关系。职工是企业的劳动者，他们以自身提供的劳动作为参加企业分配的依据。企业根据经营者的职务和经营能力高低，根据一般职工业务能力和劳动业绩大小，用其自身经营收入向职工支付工薪、津贴和奖金，并按规定提取公益金等。企业与职工之间的这种财务关系，体现了企业与职工在劳动成果上的分配关系。

⑦企业与国家政府管理部门之间的财务关系，是指企业要按税法和相关行政管理条例的规定依法纳税而与国家税务机关所形成的经济利益关系。国家作为社会管理者，担负着维护社会正常秩序、保卫国家安全、组织和管理社会活动等任务，为企业生产经营活动提供公平竞争的经营环境和公共设施等，为此所产生的"社会管理费用"，须由所有受益企业承担，从而形成对企业强制性的征税收费。因此，国家以收缴各种税费的形式与企业产生经济关系。企业要按照国家税法的规定缴纳各种税款，以保证国家财政收入的实现，满足社会各方面的需要。及时、足额地纳税是企业对国家的贡献，也是对社会应尽的义务。因此，企业与国家之间形成一种强制性的依法纳税和依法征税的分配关系。

⑧企业与董事会、监事会之间的财务关系。董事会决定企业经营计划和投资方案，制定企业年度财务预决算、利润分配、弥补亏损和增减注册资本等方案，企业要为董事会支付董事会经费，因此，企业与董事会之间也会发生经济利益关系。监事会负责检查企业财务，企业执行董事会决议的一切财务收支并接受监事会的检查监督，同时企业还要支付一部分监事会经费，因此，监事会也与企业发生相关服务与支取费用的经济利益关系。

有效地协调企业内外部经济利益关系是企业经营的关键，是财务部门日常工作的主要内容。因此，企业应正确处理和协调与各利益相关者的财务关系，建立与国家、投资者和其他相关利益主体的良好关系，努力实现企业与其他各种利益相关者之间的利益均衡，以合理地调动各个方面的积极因素，促进企业生产经营活动的有效开展，实现企业财务目标和持续健康高速发展。

企业经营管理过程中财务活动的效率高低、财务关系的协调好坏，直接影响企业经营的效率和效益，是企业价值创造实现的前提与保障，因此如何组织好企业财务活动、处理好各方面的财务关系成为财务管理的主要内容。

二、财务管理

（一）财务管理的含义

财务管理，顾名思义就是对财务的管理，企业的财务即企业的资金运动，具体体现为企业财务活动和企业财务关系。因此，财务管理是企业依据财务信息及相关业务信息，运用一定的方法和程序，以货币价值形态为主要手段，组织财务活动、处理财务关系的综合性经济管理活动。

财务管理的对象是企业财务，即企业资金运动。企业资金运动表现为从资金投入、资金运用到资金收回的全过程。从货币形态的资金投入开始，经过投资，到收回货币形态资金，再到生产经营耗费的补偿和剩余收益的分配的流转过程即企业的资金周转。企业生产经营的持续发展所形成的周而复始的资金周转即企业的资金循环。企业的资金周转根据企业经营周期的时间特征分为短期资金周转和长期资金周转。企业资金在一个经营周期内完成从货币资金形态流转回到货币资金形态的过程即短期资金周转，如采购原材料、垫支于应收账款的资金，通常可以在一个营业周期内收回；企业资金要经过若干个经营周期才能完成从货币资金形态流转回到货币资金形态的过程即长期资金周转，如投资于生产设备的资金，需经过若干年的折旧才能全部收回。企业资金的周转与循环构成企业资金运动，形成企业财务管理的对象。企业资金运动涉及筹资活动、投资活动、资金耗费与回收活动、收益分配活动及其他特殊项目收支活动，因此，财务管理的内容包括筹资管理、投资管理、营运资本管理、收益分配管理及其他特殊项目的管理，如并购管理、国际财务管理等。

（二）财务管理的主要内容

财务管理的主要内容体现在对企业资金运动全过程的主要财务活动的管理，包括筹资管理、投资管理、营运资本管理、收益分配管理。财务管理的结果在一定程度上体现在企业财务报表上，相关人员可以通过对财务报表的分析认识企业财务管理的内容、状况及结果。

（1）筹资管理。

筹资管理是指企业根据发展战略和投资、经营活动的需要对资金需求进行预测、规划并筹措资金。筹资管理过程如图1-2所示。

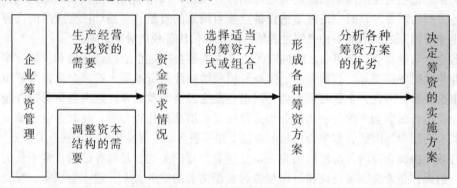

图1-2　企业筹资管理过程

筹资管理的具体内容涉及筹资总额的预测和规划、筹资渠道与方式的分析与选择、资本结构的预测与分析、债务性资金的归还能力和方案分析、筹资风险的预测和规避、筹资所引起的资本成本与企业价值的分析与权衡、筹资方案执行中的控制与评价等，实现在满足发展投资、生产经营资金需要的情况下不断降低资本成本和处理筹资活动中的不确定因素，控制财务风险的目的。

（2）投资管理。

投资，是指特定经济主体（包括国家、企业和个人）为了在未来可预见的时期内获得收益或使资金增值，在一定时期向一定领域的标的物投放足够数额的资金或实物等经济资源的经济行为，或是指为了在将来获得更多现金流入而在现在付出现金的经济行为。从特定企业角度看，投资就是企业为获取收益而向一定对象投放资金的经济行为，可分为金融资产投资和实体资产投资。金融资产投资管理主要通过对金融资产的价值评估和预期投资报酬率的分析，确定合理的金融资产或金融资产投资组合，控制投资风险、实现投资收益。实体资产投资主要通过投资项目的可行性分析，选择投资项目，构筑合理的实体投资资产结构，建立和运行项目投资方案实施的监督控制体系，处理投资活动中的不确定因素，控制投资项目风险，实现项目投资收益。

（3）营运资本管理。

从广义角度看，营运资本是指一个企业投放在流动资产上的资金。从狭义角度看，营运资本是指流动资产和流动负债的差额，即企业在经营中可供运用、周转的流动资金净额。因此，营运资本管理包括流动资产管理和流动负债管理两个方面，具体涉及各项资产运行管理、各项负债筹措使用过程中的资金收回管理如经营收入的预算与执行和应收账款的监控等，资金耗费管理如资金支出和成本费用的预算与日常控制等。营运资金管理的目标是合理安排和使用营运资金，处理资金营运活动中的不确定性因素，加速资金周转，不断提高资金的利用效果。

（4）收益分配管理。

收益分配有广义和狭义两种含义。广义的收益分配是指对企业的收入和净利润进行分配，包括两个层次的内容，一是对企业收入的分配（对成本费用的补偿），属于收益的初次分配；二是对企业净利润的分配，是收益的再分配。其内容通常包括收入管理如销售预测与定价管理、成本费用管理和利润分配管理等。狭义的收益分配仅仅指对企业净利润的分配，通常按弥补以前年度亏损、提取法定盈余公积金、提取任意盈余公积金、向股东（投资者）分配股利（利润）的内容和程序进行分配。

收益分配管理的目标是通过采取各种有效的措施处理利润分配活动中的不确定性因素，合理分配利润，确保投资者的当前收益和满足企业积累发展资金的需要，努力实现公司价值增长目标。

（三）财务管理的特点

企业财务管理具有价值性、综合性、快速反映性的特点。

（1）财务管理是一种价值管理。

财务管理是对企业资金运动过程的管理，是以货币资金的形式对企业各项经济活动实施管理，以实现企业价值或股东财富最大化为目标的一种价值管理。在企业中，一切涉及资金的收支活动，都与财务管理有关。企业内部各部门都与资金发生各种联系，因此，财务管理的触角伸向企业生产经营的各个方面。财务部门从价值创造的角度指导各部门合理使用资金、节约资金支出等方面的工作，并实施有效地管理与控制，以此来保证企业经济效益的提高及价值最大化目标的实现。

（2）财务管理是一项综合性管理工作。

财务管理活动涉及企业生产、供应、销售等各个环节，企业内部各个部门几乎不存在与资金不发生联系的现象。财务管理部门对每个部门是否合理使用资金、节约资金支出、提高资金使用效率等方面实施管理、监督和控制；同时，也为企业生产管理、营销管理、质量管理、人力物资管理等活动提供及时、准确、完整、连续的基础资料。财务管理还涉及企业内外部的各种关系。在市场经济下，企业在进行融资、投资、生产经营以及收益分配的过程中与各种利益主体发生着千丝万缕的联系，如企业与股东、债权人、政府、金融机构、供应商、客户及内部职工之间存在各种各样的经济利益关系。作为一种价值管理，财务管理通过资金的收付及流动的价值形态，可以及时全面地反映企业经济资源运行状况，并以价值形态实施管理。也就是说，财务管理渗透在全部经营活动之中，涉及生产、供应、销售每个环节和人、财、物各个要素，以价值形态综合反映企业经济资源的规模、运用、耗费及成果，通过价值管理来协调、促进、控制企业整体生产经营活动，是一项综合性很强的经济管理工作。

（3）财务管理能反映企业生产经营状况。

财务管理的过程及其结果会体现在企业会计核算及财务报表上，因此，决策是否得当，经营是否合理，技术是否先进，产销是否顺畅，都可迅速地在企业财务指标中得到反映。例如，如果企业生产经营决策正确，产品适销对路，品质优良可靠，则可带动企业生产经营快速发展，实现产销高涨，资金周转加快，盈利能力增强，这一切都可以通过各种财务指标迅速地反映出来。因此，财务部门可以通过自己的工作，向企业领导及时通报有关财务指标的变化情况，以便把各部门的工作都纳入到提高经济效益的轨道，努力实现财务管理的目标。

（四）财务管理的环节

财务管理的环节是企业财务管理工作过程的各阶段或各项内容，主要包括财务规划与预测，财务决策，财务计划与财务预算，财务控制，财务分析、业绩评价与激励等五个环节。这些环节的工作相互联系、相互影响，周而复始，形成企业财务管理循环。

（1）财务规划与预测。

财务规划是要以全局观念，根据企业整体战略目标和规划，结合对未来宏观形势、微观形势的预测，来建立企业财务的战略目标和规划。企业战略目标的实现需要确定与之相匹配的企业财务战略目标，因此财务战略目标是企业战略目标的具体体现。财务战略规划也是企业整体战略规划的具体化。

财务预测是在财务战略的指导下，企业财务人员根据企业财务活动的历史资料，考虑现实的要求和条件，结合企业的具体情况，运用专门的方法，对企业未来的财务活动和财务成果做出科学的预计和推测。具体地说，财务预测环节主要是测算企业生产经营状况、各项财务收支状况、财务成果等，以取得一定的财务数据，为决策提供可靠的依据。因此，财务预测是财务决策的依据。财务预测主要包括明确预测目标、搜集相关资料、建立预测模型、进行财务预测等步骤。财务预测方法可分为定性预测和定量预测两种，财务定量预测常见的模型包括因果关系预测模型、时间序列预测模型以及回归分析预测模型等。

（2）财务决策。

财务决策是指财务人员根据财务战略目标的总体要求，依据财务预测资料及其他相关信息，采用专门的方法，对企业财务活动的各种备选方案进行比较分析，并从中择优选定最佳方案的过程。财务预测为财务决策提供资料和依据，财务决策是财务管理的核心环节，决策的正确与否直接关系到企业的兴衰成败。财务决策按具体对象不同，可分为筹资决策、投资决策和股利分配决策。

财务决策环节主要有以下三个步骤：

①企业确定财务决策的目标。从企业财务管理的目标出发，以预测数据为基础，确定决策期内企业需要实现的财务目标。

②制订备选方案。根据财务决策目标，考虑相关因素的变化情况，结合企业内外有关财务和其他经济活动的资料以及调查材料，设计出实现财务目标的各种实施方案。

③评价并选择最佳方案。对各种可行实施方案进行详细分析和论证，重点对各方案的经济效益进行具体的分析，运用恰当的决策方法，做出最优财务决策，选择最佳财务方案。

财务决策的方法主要有两类：一类是经验判断法，是根据决策者的经验来判断选择，常用的方法有淘汰法、排队法、归类法等；另一类是定量分析法，是应用决策论的定量方法进行方案的确定、评价和选择，常用的方法有数学分析法、数学规划法、概率决策法、效用决策法、优选对比法等。

（3）财务计划与财务预算。

财务计划是以货币形式协调安排计划期内投资、筹资及财务成果的文件。制订财务计划是为财务管理确定具体量化的目标。财务计划包括长期计划和短期计划，长期计划是指1年以上的计划，如5年的长期计划，作为实现公司战略的规划。短期计划是指1年或年度内的财务计划，往往需要编制出相应的财务预算。

财务预算是以财务决策确立的方案和财务预测提供的信息为基础，运用财务技术手段和方法，对未来财务活动的内容及指标进行详细具体的规划。财务预算是财务决策的具体化，是以货币为计量单位，将企业组织决策目标所涉及的经济资源的配置，以计划的形式具体地、系统地反映出来；是将决策方案按步骤、按程序在各单位、部门间对财务指标进行详细分解的过程；是企业财务战略规划的具体计划，是企业财务计划详细的收支安排，是财务控制的依据。它是企业全面预算体系的重要组成部分。

财务预算按内容可分为现金预算和预计财务报表。财务预算的编制方法有固定预算法与弹性预算法、增量预算法与零基预算法、定期预算法与滚动预算法。

企业编制具体财务预算时，应根据企业财务管理目标的要求，充分考虑企业的实际状况，按照总体经济效益最大化的原则，在各部门、各单位之间将各主要预算指标的类别及数量进行科学的分解和细分，制定好各部门、各单位的预算指标。财务预算的编制一般包括以下几个步骤：

①分析财务环境，确定财务预算指标。

分析企业外部环境的发展变化，按照企业自身的能力和具体情况，运用科学的方法，对决策提供的目标进行因素分析，确定对其有影响的各种因素，按照效益原则，制定出一系列主要预算指标。

②协调财务工作，组织综合平衡。

组织协调企业各项财务工作，合理安排企业人力、物力和财力等资源，提出可行的保障措施，使之与企业财务管理目标的要求一致。

③选择预算方法，编制具体财务预算。

以企业经营目标为中心，以平均先进水平形成的定额标准为基础，计算出企业预算期内经营业务、财务成果、现金收支的各项指标，并检查各项指标是否相互衔接、协调和平衡，形成资本预算、业务预算到财务预算的企业预算体系。

（4）财务控制。

财务控制是在财务管理的过程中，利用有关信息和专门方法，对财务计划和财务预算的执行进行追踪监督，对执行过程中出现的问题进行调整和修正，以保证财务预算实现的管理过程。财务控制的重要内容是对财务活动的各个环节进行风险控制和管理，实行有效的协调控制，以保证目标和预算的达成。

企业的财务控制一般包括以下几个步骤：

①确定责任目标，分解落实责任。

企业按照责权利相结合的原则，将预算任务以标准和指标的形式分解落实到各部门、各单位乃至个人，形成自上而下、纵横交错的财务控制目标体系，使每个部门、每个人都有明确的工作和任务目标，以落实经济责任制。

②实施追踪控制，分析调整差异。

企业通过双向流动的信息系统，自下而上地反馈财务预算的执行情况。企业应对预算执行的实际结果与预算目标的差异及时进行分析、调整，以使财务预算得以顺利执行。在执行过程中，企业要详细记录预算的执行情况，将实际数与预算数或其他标准数进行对比，考察可能出现的变动趋势，确定差异的程度和性质，分析造成差异的责任归属，随时调节实际执行过程，以消除差异，顺利落实财务预算指标。

③分析预算执行情况，落实责任考核制度。

企业在一定时期结束时，对各责任单位的预算执行情况进行分析评价，考核各项财务指标的执行结果，检查各部门的财务预算执行情况，运用激励机制，实行奖优罚劣，以落实经济责任制。

（5）财务分析、业绩评价与激励。

财务分析是根据财务报表等有关信息资料，运用专门的方法，对企业财务活动过程及其结果进行分析和评价的一项工作。通过财务分析，企业可以掌握各项财务计划的完成情况，评价财务状况，研究和掌握企业财务活动的规律，改善财务预测、决策、预算和控制水平，改善企业管理水平，提高企业经济效益。财务分析的方法有很多，常见的有比较分析法、趋势分析法、因素分析法和综合分析法等。财务分析的步骤通常分为以下几步：①占有资料，掌握信息；②对比指标，揭露矛盾；③分析原因，明确责任；④提出措施，改进工作。

在财务分析的基础上，企业通过建立经营业绩评价体系形成激励机制，发挥激励作用。经营业绩评价体系通常应该是一个以财务指标为主体，包括非财务指标的完整体系。非财务指标主要包括企业的战略驱动因素，如客户关系、学习与成长能力、内部经营流程等。

【链接】

从远古物品交换中的结绳计数到现代商品经济中的投融资交易，财务管理思想经历几千年的发展，实现了从萌芽到成熟的变迁。但是，财务管理作为一门独立的学科出现仅有百余年的历史。财务管理理论成型于美国财务学者格林所著的《公司理财》一书，其间经过以筹集资本、降低资本成本为目标的"筹资财务管理阶段"；以保护投资者利益，解决企业破产、清偿、合并等问题为目标的"法规财务管理阶段"；以提高资产管理效率、提升公司整体价值为目标的"资产财务管理阶段"；以注重投资效益、规避投资风险为目标的"投资财务管理阶段"。

资料来源：何瑛. 财务管理学学科前沿研究报告 2013 ［M］. 北京：经济管理出版社，2017.

第二节 财务管理的目标与协调

一、财务管理的目标

财务管理目标又称理财目标，是指企业进行财务活动所要达到的根本目的，它决定着企业财务管理的基本方向。财务管理目标是一切财务活动的出发点和归宿，是评价企业理财活动是否合理的基本标准。财务管理目标是企业总目标在财务上的具体体现。现代企业所追求的目标就是提高经济效益，确保投资者所投入资金的保值、增值。因此，企业财务管理目标的设定应围绕着如何使企业的经济效益不断提高。

财务管理目标不仅取决于特定的社会经济模式，取决于企业总目标，而且受财务管理自身特点的制约。对于企业应选择什么样的财务管理目标，目前存在许多不同的观点，这些观点分别从不同角度阐述了其作为企业财务管理目标的理由。最具代表性的财务管理目标观点主要有以下几种：

（一）利润最大化

利润最大化目标认为，利润代表了企业新创造的财富，利润越多则说明企业的财富增加得越多，越接近企业的目标。企业追求利润最大化，就必须讲求经济核算，加强管理，改进技术，提高劳动生产率，降低产品成本。这些措施都有利于企业资源的合理配置，有利于企业整体经济效益的提高。因此，以利润最大化作为财务管理的目标，有其科学性和合理性，主要是因为：①利润是衡量企业剩余价值的重要指标。人类进行任何生产经营活动，都是为了创造更多的剩余产品，而剩余产品的多少可以用利润的多少来综合衡量。②在自由竞争的资本市场中，资本的使用权最终属于获利最多的企业。③企业通过追求利润最大化，可以使整个社会财富实现最大化。

但利润最大化目标存在以下缺点，①没有考虑资金的时间价值。它没有考虑利润的取得时间，不符合现代企业"时间就是价值"的理财理念。②没有考虑风险因素。根据风险与收益对等原则，一般来说，高收益项目必然伴随着高风险，即使两个利润相同的项目，其所包含的风险大小也是不同的。以利润最大化作为财务管理的目标，会使财务管理人员盲目追求利润而忽视其存在的风险，从而可能给企业带来财务危机，不符合风险-报酬均衡的理财原则。它没有考虑利润和所承担风险的关系，增大了企业的经营风险和财务风险。③没有考虑利润取得与投入资本额的关系。这里的利润是绝对指标，利润是企业投入一定量的资金后所形成的，投资额不同，利润也不同，因而不利于不同资本规模的企业或同一个企业在不同时期的比较。④片面追求利润最大化，可能导致企业短期行为。企业可能会忽视人才培养、产品开发、生产安全、技术进步及社会责任等，忽视长期投资，从而影响可持续发展。

资本利润率最大化或每股收益最大化是利润最大化的改进版观点。资本利润率是税后利润额与投入资本额的比率，每股收益是税后利润额与普通股股数的比值。这两个指标都是衡量效率的相对值指标，与利润指标相比较，弥补了利润最大化不能将实现的税后利润与其投入资本相比较的缺陷，使不同资本规模的企业或同一企业不同时期之间可以进行比较，以揭示其盈利效率的差异。但该指标仍然没有考虑资金的时间价值和风险因素，也不能避免企业的短期行为。

（二）股东财富最大化

股东财富最大化是指企业通过合理经营，为股东创造最多的财富。股东财富表现为股东拥有的股票数量与每股市价的乘积，因此，当股票数量一定时，股东财富是由其股票价格决定的，股东财富最大化表现为股票价格最大化。与利润最大化相比，它考虑了风险因素，因为通常股价会对风险作出较敏感的反映；它在一定程度上能避免企业追求短期行为，因为预计未来的利润同样会对股价产生重要影响。该目标主要适用于上市公司，因为上市公司的股票有市场价格，便于衡量。

以股东财富最大化作为财务管理目标，其优点主要有：

（1）考虑了风险因素的存在，因为风险会影响到股票的价格。

（2）要使股票价格保持在较高的水平，就要求上市公司在持续经营的有效期限内每年都较好地实现利润，稳重经营，从而克服企业追求利润的短期行为。

（3）其为一个可以量化的财务指标，便于企业进行业绩考核与奖惩。当然，影响股票价格的因素很多，但好的经营业绩肯定有利于股票价格的提高，并为股东带来利益。

（4）考虑了资金的时间价值因素。股票价格的高低除了受到现在及预期未来的每股收益、企业的股利政策、风险及其他因素影响外，还受到一个重要的因素，即收益产生的时间、收益的期间的影响。因此，以股东财富最大化作为财务管理的目标能够体现资金的时间价值观念的要求。

但是，以股东财富最大化作为财务管理的目标也有其缺陷，主要表现在：

（1）适用范围存在限制。其通常只适用于上市公司，非上市公司难于应用，因其股价无法向上市公司股价一样随时准确获得。

（2）股票价格的高低受各种因素的影响，如国家政策的调整、国内外经济形势的变化、股民的心理等，但有些因素是企业可控的，而有些因素是企业不可控的，股价的变动并不能完全准确反映企业财务管理状况。

（3）它强调得更多的是股东利益，而对其他利益相关者，如企业的债权人、经营者、职工的利益重视不够。

（三）企业价值最大化

企业价值最大化是指采用最优的财务结构，充分考虑资金的时间价值以及风险与报酬的关系，使企业价值达到最大。企业价值不是账面资产的总价值，而是企业全部财产的市场价值，它反映了企业潜在或预期的获利能力。企业价值是企业未来一定期限内实现的税后利润按照一定标准贴现的现行价值。该目标的一个显著特点就是全面地考虑到了企业利益相关者和社会责任对企业财务管理目标的影响。以企业价值最大化作为财务管理的目标，其优点主要表现在：

（1）考虑了资金的时间价值和投资的风险价值，有利于统筹安排长短期资金规划，合理选择投资方案，有效筹措资金，合理制定股利政策等。

（2）反映了对企业资产保值增值的要求。从某种意义上说，企业价值越大，企业市场价值就越大，追求企业价值最大化的结果可促使企业资产保值或增值。

（3）将企业长期、稳定的发展和持续的获利能力放在首位，有利于克服企业在追求利润上的短期行为。

（4）有利于社会资源合理配置。社会资金通常流向企业价值最大化的企业或行业，有利于实现社会效益最大化。

但是，以企业价值最大化作为财务管理目标也存在以下问题：

（1）对于上市公司，企业的价值过于理论化，不易操作。尽管上市公司的股票价格在一定程度上揭示了企业价值，但是，股价受多种因素的影响，特别是在资本市场效率低下的情况下，很难反映企业的价值。

（2）对于非上市公司，只有对企业进行专门的评估才能确定其价值，而在评估企业的资产时，由于受评估标准和评估方式的影响，很难做到客观和准确。

（四）利益相关者财富最大化

此观点认为：现代企业是一个由多个利益相关者组成的集合体，财务管理是正确组织财务活动、妥善处理财务关系的一项经济管理工作，企业确定财务管理目标应从更广泛、更长远的角度来考虑，从而找到一个更为合适的理财目标，这就是利益相关者财富最大化。但此观点也有明显的缺点：

（1）企业在特定的经营时期，几乎不可能使利益相关者财富最大化，只能做到协调发展。

（2）企业所设计的计量指标中销售收入、产品市场占有率是企业的经营指标，已超出了财务管理自身的范畴。

财务管理的总目标从"利润最大化"到"股东财富最大化"到"企业价值最大化"再到"利益相关者财富最大化"，无疑是财务管理认识上的一大飞跃，但它们都存在着一个共同的缺点：只考虑了财务资本对企业经营活动的影响，而忽略了知识资本对企业经营活动的作用。

对于财务管理的具体内容，其具体的财务管理目标有不同的内容。筹资管理的工作目标表现为在满足生产经营资金需要的情况下不断降低资本成本和处理筹资活动中的不确定因素，避免财务风险。投资管理的工作目标表现为认真进行投资项目的可行性研究，处理投资活动中的不确定因素，降低投资风险，提高投资效益。营运资金管理的工作目标表现为合理安排和使用营运资金，处理资金营运活动中的不确定因素，加速资金周转，不断提高资金的利用效果。收益分配管理的工作目标表现为采取各种措施处理利润分配活动中的不确定因素，努力实现公司的利润目标，合理分配利润。

【案例1】

假设你决定创办一家生产网球的公司，为此你雇用经理购买原材料，招募一批生产和销售网球的工人。用财务管理的语言来说，你投资于存货、机器、土地和劳动力。你对这些资产的投资额必须和你等集到的现金相匹配。当你开始销售网球的时候，你的公司将获得现金，这是创造价值的基础。你认为公司的目标应该是什么？

资料来源：斯蒂芬·A. 罗斯. 公司理财：核心原理与应用［M］. 3 版. 北京：中国人民大学出版社，2013.

二、财务管理目标实现中的利益冲突与协调

根据现代契约理论，企业是由一系列委托代理关系构成的契约体。依据会计等式：资产＝负债＋所有者权益，形成企业资源提供者（所有者、债权人）与资源使用者（经营者）的委托代理关系，由此产生企业财务管理活动中诸多利益相关者，他们在实现财务管理目标的过程中由于各自的利益诉求不同，必然产生利益冲突。在所有的利益冲突中，所有者和经营者、所有者和债权人的利益冲突又至关重要。为确保企业财务管理目标的实现，企业必须对冲突进行协调。协调的原则是力求企业相关利益者的利益分配均衡，即减少各相关利益群体之间的利益冲突所导致的企业总体收益和价值的下降，使利益分配在数量上和时间上达到动态的协调平衡。

（一）所有者与经营者的利益冲突与协调

现代企业所有权（股权）与经营权的分离，使企业的所有者一般不再直接参与企业的具体经营活动，而委托企业的经营者代为经营管理。所有者与经营者形成一种委托代理关系，所有者支付给企业经营者一定的劳动报酬，希望实现更多的企业价值。这一过程中所有者希望以较小的代价（支付较少报酬）实现更多的企业价值或股东财富，而经营者则希望在提高企业价值或股东财富的同时，能够获得更高的报酬和更多的享受，甚至损害所有者的利益，追求物质报酬和非物质的待遇，尽可能地减少劳动时间和劳动强度，回避风险而不愿付出较多的代价来为企业争取更多的收益等，由此产生双方的利益冲突，影响股东财富或企业价值最大化的财务管理目标实现。为此，企业要协调股东与经营者之间的代理关系，使经营者的决策与股东财富最大化的目标一致。解决方式主要包括解聘、接收、激励。

（1）解聘。这是一种通过所有者约束经营者的办法。所有者对经营者予以监督，如果经营者未能使企业价值达到最大，就解聘经营者，经营者因解聘的压力，就会更加尽心尽责地努力工作，从而被动地实现财务管理目标。

（2）接收。这是一种通过市场约束经营者的办法。如果经营者的经营决策失误、经营不力，未能采取有效措施使企业价值提高，企业就可能被其他企业强行接收或吞并，相应地，经营者也会被解聘。为此，经营者为了避免这种接收，就必须采取一定的措施增加企业价值，从而提高股票价格。

（3）激励。这是一种通过激励机制尽量使经营者的目标和股东的目标趋于一致的方法。对此，企业通常可采用的激励办法有：①高额年薪制度。给企业的高级经理人提供高额的薪酬，并将其薪酬待遇与企业的业绩挂钩，使其努力提高企业业绩，实现股东财富增值的行为与提高自身的收益相统一。②绩效股。如果经营者也成为股东，两者的目标就统一了，正是基于这一思路，许多企业根据管理者绩效指标的完成情况发给其股票。③股票期权。此即给予企业不同等级的经理人以不同数量的认股权，允许他们在未来的一段时间内以约定的价格购买一定数量企业股票的权利。如果企业的经营业绩良好，企业价值不断增值，从而推动企业的股票价格不断上涨并超过股票期权所约定的购买价格时，经理人通过行使认股权就可以获利。这样就直接将股东财富的增长与企业经营者收益的增长联结在一起。

（二）所有者与债权人的利益冲突与协调

当企业向债权人借入资金后，两者也形成一种委托-代理关系。债权人的目标是到期收回本金，并获得约定的利息收入，强调的是借款的安全性。企业借款的目的是扩大经营，强调的是借入资金的收益性。因此，所有者的财务目标与债权人期望实现的目标存在一定的矛盾，所有者往往为了自身的利益而通过经营者侵害债权人的利益，由此产生的利益冲突表现在：①所有者要求经营者改变原定资金的用途，并将其用于风险更高的投资项目。如果高风险项目获得成功，超额利润就为所有者所独享；高风险项目一旦失败，企业无力偿还债务，债权人将要与所有者共同承担由此而造成的损失，这对债权人来说风险与收益是不对等的。②所有者可能在未征得现有债权人同意的情况下，要求经营者举借新债。企业负债比例的增大，增加了企业产生财务危机甚至破产的可能性，降低了旧债的偿还保障程度，致使债权人债权的价值下降。

债权人为防止其利益受到侵害，通常可采取以下措施：①设置限制性条款。即在借款合同中加入某些限制性条款，如规定借款的用途、借款的担保条款和借款的信用条件，或限制增发新债的数额等。②收回借款或拒绝重新借款。即当债权人发现企业有侵蚀其债权利益的意图时，采取收回借款或不给予企业重新借款的方式，从而保障自身的权益。

（三）企业利益与社会利益的冲突与协调

企业追求企业价值或股东财富最大化的过程中，可能侵害职工的利益、损害自然环境、侵蚀客户利益、危害社会公众利益，以实现自身的利益最大化。由此产生的利益冲突可以通过国家制定相应的法律和规章来强制企业履行一定的社会责任，如制定、实施反垄断法、反暴利法、环境保护法、保护消费者权益法、产品质量法等；通过社会舆论导向、商业道德规范等方式引导企业不断增强社会责任意识。

随着社会的不断发展，企业履行社会责任的意识不断加强，使企业利益与社会利益的冲突得到缓解。社会与市场的要求使企业在实现其财务管理目标的过程中要考虑对社会责任的履行等问题。因为企业只有生产出符合社会需要的产品，满足消费者的需求，才能实现了企业产品的价值；企业要不断引进与开发新技术，拓展企业经营空间，实现发展与增值，这也会产生新的就业需求，增加就业机会；企业只有提供高效率和周到的服务，把产品销售给顾客，不断扩大销售才能取得更大的收益，才能实现企业价值最大化。

三、影响财务管理目标实现的因素——价值创造的驱动因素

（一）企业价值及其衡量模型与财务管理目标的影响因素

财务管理是企业价值管理和价值创造的过程，财务管理的目标是企业的价值或股东财富的最大化。企业的价值或股东财富是一种内在价值、经济价值，是企业未来实现的现金流量的现值总和。根据财务估价理论中的折现现金流量模型，企业价值的影响因素有未来

现金流量和折现率，两者共同决定着财务管理目标的实现程度。而这两个因素受企业的环境条件和管理决策的共同影响。

企业的环境条件主要包括对财务活动和财务管理产生重要影响的外部环境，如经济环境、法律环境、技术环境和金融环境等，以及内部环境，如企业财务管理体制和企业内部财务管理制度等，下一节将具体论述。

管理决策是企业经营管理层可以控制的因素，从企业经营管理层可控制的因素看，决定企业价值高低的是未来现金流量和折现率，而构成企业投融资决策主要内容及结果的企业投资项目及其资产结构、资本结构和股利政策决定着企业的投资报酬率和风险。因此，投资项目、资本结构和股利政策及投资报酬率、风险五个因素影响企业价值的实现，企业经营管理层正是通过有效的投资决策选择有利的投资项目，形成高效率、高盈利的资产结构；通过正确的筹资决策和股利决策，控制适当的资金规模，形成合理的资本结构，获取低成本、低风险的资本，从而提高投资报酬率、降低风险，实现企业财务管理目标。

（二）财务管理目标的实现

基于企业经营管理层的管理决策形成的投资决策与融资决策决定了企业投资项目、资本结构、股利政策、投资报酬率、风险等关键要素，是企业实现财务管理目标的主要路径。

（1）提高投资报酬率，实现企业未来现金流量增长。

在风险相同的情况下，提高投资报酬率、获得未来现金流量才可以增加企业价值、股东财富。企业实现的利润总额并不能反映企业价值、股东财富。例如，某公司实现税后净利 20 万元，拥有 100 万股普通股，每股盈余为 0.2 元，投资收益率 20%。假设你投资持有该公司股票 10 000 股，因而分享到 2 000 元利润。如果企业为增加利润拟扩大规模，增发 100 万股普通股，预计增加盈利 12 万元。对此项财务决策如何评价？企业价值、股东财富增长了吗？你的财富会增加吗？由于总股数增加到 200 万股，虽然利润增加到 32 万元，但投资收益率降为 16%，每股盈余降低到 1.6 元，因此企业价值、股东财富相对减少。你分享的利润将减少到 1 600 元。由此可见，股东财富的大小要看投资报酬率，而不是利润总额。

（2）优化财务决策，控制企业风险。

企业的任何决策都是面向未来的，存在不确定性，会有或多或少的风险。因此，企业在进行决策时需要权衡风险和报酬，才能获得较好的结果。企业不仅要考虑未来的收益，还要考虑可能的风险大小。例如，某公司有两个投资规模相同的项目，项目 A 可实现税后净利 50 万元，其风险极低，几乎可以忽略不计；项目 B 可实现税后净利 100 万元，但是有一定风险，若投资失败则没有税后净利。你应该选择哪一个项目？正确的选择就是要看项目 B 的风险。如果投资成功的概率大于 50%，则项目 B 可选择，反之则不可选择。由此可见，财务决策不能不考虑风险，只有风险和冒风险可望得到的额外报酬相当时，项目才具有可选择性。

（3）合理投资决策，有效实施投资项目。

投资决策形成的投资项目是决定企业报酬率和风险的首要因素。一般说来，被企业采纳的投资项目，都会增加企业的报酬，实现现金流量的增长，否则企业就没有必要为它投资。与此同时，任何项目都是面向未来的，都存在风险，区别只在于风险的大小。因此，企业实施的投资项目会改变其报酬率和风险，并影响企业价值、股东财富的增长。

（4）完善融资策略，优化资本结构。

融资的渠道和方式决定企业的资本结构，资本结构会影响企业的报酬率和风险。资本结构是指企业资本项目的构成和比例关系，其中核心的是所有者权益与负债的比例关系。

通常，企业借债的利息率低于其投资的预期报酬率时，企业可以通过借债提高企业的预期资本收益率，但这同时也会增大企业的风险。因为一旦环境条件发生变化，如销售萎缩、技术被替代等，实际的投资报酬率低于借债利率，则负债不但没有提高企业的资本收益率，反而会使其下降，甚至可能带来严重的亏损，造成不能按期支付本息而被迫破产。因此，企业要采取完善的融资策略，不断优化资本结构，趋利避害，确保企业价值、股东财富的增长。

（5）制定、实施合理的股利政策。

股利政策实质上是一种重要的融资方式，是影响企业报酬率和风险的重要因素。股利政策是有关如何规划在公司赚取的收益中，安排多少作为股利发放给股东，保留多少用于企业的发展与再投资，以使未来的收益源源不断的方针、政策。通常，股东既希望分红多些，又希望企业收益在未来不断增长，获得资本增值收益。但两者是有矛盾的，前者是当前利益，后者是长远利益。增加留存收益，可能会提高企业未来的报酬率，但再投资的风险较大。因此，股利政策的选择会影响公司价值、股东财富的增长。

【案例2】　　　　　财务管理目标演进——MT企业财务管理目标选择

MT企业成立于1960年，属国营单位，当初设矿时，全部职工不过200人，拥有固定资产40万元，流动资金10万元，矿长王宏志等一班人均享受处级待遇，并全部由上级主管部门——某地区煤炭管理局任命。企业的主要任务是完成国家下达的煤炭生产任务。

由于MT企业年年超额完成国家下达的生产任务，因此MT企业多次被评为红旗单位，矿长王宏志也多次成为地区劳动模范。MT企业生产的煤炭属优质煤，由国家无偿调配，企业所需的生产资料和资金每年均由某地区煤炭管理局按预算下拨。曾有参观团问过王矿长：你们的材料充足吗？车辆够用吗？王矿长没有直接回答，却领着他们参观了一下仓库。参观团所见：仓库堆满了尖镐、铁锹等备用工具，足可以放心地使用3年，车库停放着5辆布满灰尘的解放牌汽车。有人用手一擦，惊叹道：呵，全是新车，你们企业真富有！

进入20世纪80年代，经济形势发生了深刻变化，计划经济时代结束，商品经济时代开始。国家对企业拨款实行有偿制，流动资金实行贷款制，产品取消调配制，这也导致MT企业昼夜之间产生了危机感。好在王宏志矿长能够解放思想，大胆改革，首先成立了销售部，健全了会计机构，引入一批刚刚毕业的大学毕业生，在社会上又招聘一批专业人才，使企业人员素质大幅度提高，队伍壮大到400人。人员管理方面改变了吃"大锅饭"的现象，引入竞争机制，工效挂钩；物资管理方面实行限额领料、定额储备、定额消耗制度；成本管理方面推行全员负责制；生产管理方面实行以销定产、三班工作制；销售管理方面实行优质优价、送货上门制度；等等。按王矿长的话讲：我们所做的一切管理工作都是为了实现自负盈亏，多创造利润，为国家多做贡献，为企业员工多发奖金，多搞福利。

MT企业在规模上毕竟属于中小企业，进入20世纪90年代，随着社会主义市场经济体制的建立，随着国家抓大放小政策的实施，MT企业不得已走上了股份制改造之路，1994年10月，国家将MT企业的净资产2 000万元转化为2 000万股，向社会发售，每股面值1元，售价2元，民营企业家石开购得1 000万股，其余股份被50位小股东分割，石开成为董事长，经董事会选举、董事长任命，杨记担任MT股份有限公司总经理。辛苦工作几十年，卓有贡献的矿长王宏志就此离休。

MT股份有限公司成立之后，决策层开始考虑负债融资问题与目标资本结构：自有资本与借入资本之比为1：1。其次要考虑的是更新设备、引进先进生产线等重大投资问题。董事会决议：利用 5 年左右时间使企业的生产技术水平赶上一流，企业产品在本地区市场占有率达到 20%，在全国市场占有率达到 3%，资本（自有资金）报酬率达到 26%，公司争取上市并力争使股票价格突破 15 元/股。

分析：（1）MT 公司财务管理目标的演进过程；（2）各种财务管理目标的优点及其局限性。

第三节　财务管理的环境

财务管理的环境是指对企业财务活动和财务管理产生影响作用的各种内部和外部条件，即理财环境。财务管理环境对财务管理活动的影响，一方面表现为企业的财务管理活动要在国家的法律法规等大环境下进行的，依法开展财务管理活动。如企业筹资有发行股票、发行债券、向银行等金融机构借款、商业信用等方式，但并不是所有的企业都可以通过这些方式融资，例如发行股票和债券筹集资金，企业就必须符合股票、债券的发行条件和发行资格。另一方面表现为财务管理人员通过合理的预测，准确地把握财务管理环境的发展变动趋势，合理规划企业未来的财务活动并做出科学的决策和有效的实施。企业财务管理环境涉及的范围很广，其中对财务活动和财务管理产生重要影响的外部环境主要包括经济环境、法律环境、技术环境和金融环境等，内部环境主要包括企业财务管理体制和企业内部财务管理制度等。

一、外部环境

财务管理的外部环境主要包括经济环境、法律环境、技术环境和金融环境等。

（一）经济环境

影响财务管理的经济环境是指企业进行财务活动所处的宏观和微观经济条件，主要包括经济运行周期、经济发展水平、宏观经济政策及通货膨胀水平等因素。

（1）经济运行周期。

在市场经济条件下，经济的发展呈现出由繁荣、衰退、萧条、复苏再到繁荣的经济周期性的变化。经济周期作为宏观经济运行的经济规律客观存在，对经济社会产生深刻的影响，对企业的财务管理活动也会产生重大的影响。准确地判断宏观经济运行周期及其影响，并采取相应的经营和管理策略，是实现财务管理目标的根本要求。

经济周期的不同发展阶段对企业经营和财务的管理策略选择的影响有很大的不同。在经济萧条阶段，由于整个宏观经济不景气，企业可能处于经济紧缩状态中，产品产销量下降，投资锐减，效益明显萎缩，企业财务状况不佳甚至恶化，企业股票市场价格徘徊不前甚至下降，投资者对社会经济发展的信心受挫。此时，企业可采取的管理对策有削减管理费用、削减存货、裁减雇员、采取稳健财务政策等，尽力维持企业正常的生产经营能力以及财务管理能力，以生存作为企业管理的主要目标。在经济复苏阶段，经济逐步回升，企业经营状况开始好转，经营业绩逐步提高，企业财务状况趋于好转，资信能力有所提高，投资者对企业的信心逐渐增强。此时，企业可采取的管理对策有增加存货、增加设备投资、扩充员工等，以发展作为企业管理的主要目标。在经济繁荣阶段，市场需求旺盛，产品销售大幅度上升，企业扩张需要加大投资，大量增添机器设备、存货和劳动力，经济迅速增长达到周期的高峰，企业的经营业绩不断上升，财务状况良好，投资者的投资信心大为增强，证券市场价格大幅上扬。此时，企业可采取的相应对策有提高生产经营管理效率，扩大产品生产、提高商品销售价格，财务管理人员应迅速筹集所需资本，进行积极的投资决策和资本运作，抓住经济增长的良好时机，促进企业规模和效益的快速提升。在经济衰退阶段，经济的发展逐步回落，此时，企业可采取相应措施有停止扩张、出售多余设备、停产非盈利产品、停止长期采购、削减存货、停止增加雇员等，以应对可能出现的经济紧缩。

面对经济周期的变化，企业应通过财务活动适时地调整资本结构和资产结构以应对不同的经营状况和财务风险。这就要求企业在经济萧条时期，由于企业的债务承受能力相对较差，这时企业采取的策略应该是削减债务规模，同时适当减少流动负债，相应增加长期债务，以减少企业负债风险；收缩生产规模，调整低效经营资产，防止企业因现金流量减小、资产的流动性降低而导致财务危机。企业在经济复苏阶段，市场借贷的利率较低时，应不失时机地提高负债比率，有效发挥负债的财务杠杆作用，扩大企业规模。而在经济繁荣时期，企业积极扩张，资产投资规模急速扩大，这就要求企业采用不同的筹资方式，通过负债和权益融资扩大企业资金规模，以满足企业生产经营发展的需要。

（2）经济发展水平。

经济发展水平是指不同的国家处于不同的经济发展阶段，其市场的成熟度也存在差距，这对企业的财务管理活动有着重要影响。通常，我们根据经济发展水平的不同，将不同的国家分为发达国家、发展中国家和不发达国家三大群体。发达国家由于市场机制已经比较成熟，企业已经积累了丰富的在市场经济环境下的财务管理理论和经验，因此财务管理水平已经比较高，财务管理活动的创新也很活跃。发展中国家的企业财务管理活动大多还处在学习和探索阶段，而且相关国家政策和法律仍处在不断的变化和完善中，这也给企业的财务管理活动造成了不利的影响。而不发达国家企业的财务管理水平还较低，财务管理的重要性和作用还没有充分发挥出来。

近年来，我国经济发展的增长速度很快，经济水平不断提高，这给企业扩大生产规模，调整生产结构、拓展市场渠道带来了机遇和挑战，也给企业的财务管理工作提出了新的要求。如何建立与社会经济发展水平相适应的财务管理模式，应对不断增长的经济发展水平所提出的新的要求，是每一个财务管理工作者所必须思考的重要课题。

（3）宏观经济政策。

宏观经济政策是国家进行宏观经济调控的重要手段。国家的产业政策、金融政策、财税政策对企业的投融资和收益分配活动都会产生重要影响。如金融政策中的货币发行量、信贷规模会影响企业的投资规模和资本结构的选择，产业政策、价格政策会影响资本的投向，投资回收期及预期收益等。在经济发展过程中，我国政府对经济方面的调控较多，国家制定的国民经济发展规划、国家的产业政策、经济体制改革的措施，政府的行政法规等，都对企业的财务活动具有很大的影响。财务管理人员应当对经济政策的调整及其影响进行准确的分析和判断，以应对国家经济政策的变化。

（4）通货膨胀水平。

通货膨胀对企业财务活动的影响是多方面的，主要表现在：引起资金占用的大量增加，从而增加企业的资金需求；引起企业利润虚增，造成企业资金由于利润分配而流失；引起利润上升，加大企业的权益资金成本；引起有价证券价格下降，增加企业的筹资难度；引起资金供应紧张，增加企业的筹资难度。

为了减轻通货膨胀对企业造成的不利影响，企业应当采取措施予以防范。在通货膨胀初期，货币面临着贬值的风险，这时企业进行投资可以避免风险，实现资本保值；与客户应签订长期购货合同，以减少物价上涨造成的损失；取得长期负债，保持资本成本的稳定。

在通货膨胀持续期，企业可以采用比较严格的信用条件，减少企业债权；调整财务政策，防止和减少企业资本流失等。

（二）法律环境

财务管理的法律环境是指影响企业财务活动的各种法律因素，包括相关的法律、法规和制度规定。市场经济是法制经济，企业的财务活动必须在法律、法规和制度的框架内开展，企业的财务关系也要通过法律、法规和制度进行规范。影响企业财务管理的法律环境主要涉及以下几个方面。

（1）企业组织法律规范。

投资者组建不同形式的企业组织，需要依照相适应的企业组织法律。企业组织形式主要包括独资企业、合伙企业和公司制企业三种形式。《中华人民共和国个人独资企业法》《中华人民共和国合伙企业法》和《中华人民共和国公司法》为建立业主制独资企业、合伙制企业、公司制企业提供了企业组织法律规范和企业行为法则。除此之外，《中华人民共和国全民所有制工业企业法》《中华人民共和国外资企业法》《中华人民共和国中外合资经营企业法》《中华人民共和国中外合作经营企业法》也适应了传统国有工业厂家和吸引外资直接投资组建相应类型企业的需要。

（2）税务法律规范。

税法是由国家机关制定的调整税收征纳关系及其管理关系的法律规范的总称。税收法律包括：①所得税法；②流转税法；③其他税法等。我国税法的构成要素主要有：征税人、纳税义务人、征税对象、税目、税率、纳税环节、计税依据、纳税期限、纳税地点、减税免税、法律责任等。我国现行税法规定的税种主要有流转税、所得税、财产税、行为税和资源税五类，具体包括增值税、消费税、企业所得税、个人所得税、资源税、城市维护建设税、房产税、印花税、城镇土地使用税、土地增值税、车船税、车辆购置税、烟叶税、耕地占用税、契税、环境保护税、船舶吨税、关税共十八个税种。

税负直接减少了企业的经济利益，是企业财务的重要影响因素。企业财务人员必须精通所在企业所涉及的各项税法条款，避免工作失误所造成的损失。

（3）财务法律规范。

财务法律规范主要有 2007 年 1 月 1 日正式实施的《企业财务通则》。《企业财务通则》对企业财务管理体制、资金筹集、资产运营、成本控制、收益分配、重组清算、信息管理、财务监督做出了指导性规定。企业应当根据财政部颁布的《企业财务通则》的规定，设计适合本企业的内部财务管理制度，合理合规地开展财务管理活动。

（4）其他法律规范。

能够约束企业财务行为的其他法律规范还包括证券法律规范、结算法律规范、合同法律规范、环境保护法律规范等，如《中华人民共和国证券法》《银行结算办法》等。

（三）技术环境

技术环境包括国家科技体制、科技政策、科技水平和科技发展趋势等。技术环境对企业所产生的影响主要表现在：

（1）基本技术的进步使企业能对市场及客户进行更有效的分析。

（2）新技术的出现使社会和新兴行业对本行业产品和服务的需求增加，从而可以使企业扩大经营范围或开辟新的市场。

（3）技术进步可创造竞争优势。

（4）技术进步可导致现有产品被淘汰，或大大缩短产品的生命周期。

（5）新技术的发展使企业可以更多地关注环境保护、企业的社会责任及可持续成长等问题。

（四）金融环境

金融环境是指一个国家在一定的金融体制和制度下，影响经济主体活动的各种要素的集合。金融环境是社会经济的一个重要组成部分，其主要参与者是企业、投资者和金融市场。企业是向消费者提供商品或服务的任何经营性经济组织单位，投资者是将资金通过金融市场投入企业以获取财务回报的个人或单位，市场代表着使这一切成为可能的金融市场。金融环境主要由金融机构、金融工具、金融市场和利率四个方面的构成。

（1）金融机构。

金融机构是金融市场的专业参加者。金融机构向资金需求方提供资金，同时又广泛吸收存款，并发行有价证券进行筹资。金融机构包括银行金融机构和非银行金融机构。

银行金融机构是指中央银行、商业银行、专业银行（政策性银行）等从事银行政策制定与实施、商业性金融业务和政策性金融业务的银行系统金融机构。中国人民银行是我国的中央银行，开展的业务主要有制定货币政策、开展监督稽核、维护支付体系正常运行、制定和实施信贷政策、经理国库、实施征信管理，是管理银行的银行，起着制定和执行金融政策、防范和化解金融风险、维护金融稳定的作用。中国工商银行、中国建设银行、中国农业银行、中国银行、中国交通银行等是我国的商业银行，是通过存款、贷款、汇兑、储蓄等业务，起信用中介作用的金融机构，主要从事吸收公众存款、发放贷款以及办理票据贴现等业务。一般的商业银行没有货币的发行权，传统业务主要集中在经营存款和贷款业务。中国进出口银行、中国农业发展银行和国家开发银行等是我国的政策性银行，政策性银行不以营利为目的，专门为贯彻、配合政府社会经济政策或意图，在特定的业务领域内，直接或间接地从事政策性融资活动，充当政府发展经济、促进社会进步、进行宏观经济管理的工具。2015年3月，国务院明确国家开发银行定位为开发性金融机构，从政策银行序列中剥离。政策性银行不同于政府的中央银行，也不同于其他商业银行，它的重要作用在于弥补商业银行在资金配置上的缺陷，从而健全与优化一个国家金融体系的整体功能。

非银行金融机构是指证券公司、保险公司、财务公司、金融资产管理公司、投资基金、养老基金、信托投资公司和金融租赁公司等银行系统之外的从事金融业务的机构。证券公司作为证券市场的媒介，可以接受证券发行者的委托，办理有价证券的发行业务，还可以接受投资者的订购和出售要求，并代理投资者在证券二级市场上买卖已经发行的证券。保险公司是契约性中介机构，保险公司在吸收保险费的同时，还需要将所吸收的大量资金投放到安全的金融资产上。财务公司又称金融公司，是为企业技术改造、新产品开发及产品销售提供金融服务，以中长期金融业务为主的非银行金融机构。国际上，财务公司一般可分为企业附属财务公司和非企业附属财务公司。企业附属财务公司由企业（主要是大型制造业）设立，为本企业服务，但服务范围可能不完全局限于本企业。非企业附属财务公司包括银行附属财务公司、银企合资财务公司和独立财务公司。银行附属财务公司是由银行控股，因规避监管、实现金融创新和弥补银行的不足而设立，同时也为企业和个人提供金融服务。银企合资财务公司是银行和企业出于金融创新、规避监管或促进产融合作的考虑而设立，为企业和个人提供金融服务。独立财务公司一般是没有母公司的财务公司，规模较小，比较灵活，在某一方面提供融资服务。中国的财务公司主要是由企业集团内部集资组建的，其宗旨和任务是为本企业集团内部各企业筹资和融通资金，促进其技术改造和技术进步。

（2）金融工具。

金融工具是在信用活动中产生的、能够证明债权债务关系或所有权关系并据以进行货币资金交易的合法凭证，是为金融市场参加者进行资金交易而设计的金融资产。

金融工具可以按照金融市场参加者的目的分为以下两类：一是为筹资、投资而设计的金融资产（包括股票、债券、借款合同等）；二是为保值、投机而设计的金融资产（包括期货合同、期权合同等）。金融工具具有以下特征：

①期限性：指债务人全部归还本金前所经历的时间。

②流动性：指金融工具在必要时迅速转变为现金而不致遭受损失的能力。

③风险性：指金融工具的本金和预定收益遭受损失的可能性。

④收益性：指持有金融工具所能带来的收益。

（3）金融市场。

金融市场是指资金的供应者与资金的需求者通过金融工具进行交易而融通资金的场所。其可以是融通资金的交易场所，也可以是资金的供应者与资金的需求者融通资金形成的供求关系或运行机制。

①金融市场的构成要素。

金融市场的构成要素主要包括交易对象、金融市场参加者、交易场所等。金融市场的交易对象是资金市场供需双方交易的资金或资金使用权，具体表现为以货币为载体的金融工具，如股票、债券、借款合同、期货合同、期权合同等；金融市场参加者是金融交易的主体，包括居民、企事业单位、政府、金融机构和中央银行五大类；交易场所（或组织方式）有有形市场的交易场所，如证券交易所和店头交易场所，也有无形市场的交易场所，如各种电子交易系统或交易平台。不同的交易场所进行资金交易的法律手续不同、交易条件不同、交易成本不同，交易的数量和完成交易的时间也有差别。由于这些差异的存在，参加交易的企业需要选择适合自身情况的交易场所，以相对地节约交易费用，加快交易进程。

②金融市场的类型。

按不同的分类标准，金融市场可以划分为不同的类型：按照金融工具种类划分为股票市场、债券市场、可转让票据市场、外汇市场、期货合同市场、期权市场等；按照金融工具期限划分为长期金融市场（即资本市场）和短期金融市场（即货币市场）；按照金融市场交割的时间划分为即期市场和远期市场；按照金融市场的交易阶段划分为初级市场（即发行市场）和二级市场（即流通市场）。

③金融市场的作用。

在金融市场中，企业等市场参与者利用金融工具在各种交易场所进行资金交易会形成金融市场的各种参数，包括市场利率、汇率、证券价格和证券指数等，这些参数与企业财务管理密切相关，是企业进行财务决策的重要依据。金融市场的作用主要表现为资本的筹措与投放，分散风险，降低交易成本，确定金融资产价格，形成各种参数，支持财务决策。

（4）利率。

利率即资本市场中资金的交易价格，也称利息率，是利息占本金的百分比指标。从资金的借贷关系看，利率是一定时期运用资金资源的交易价格，即资金使用权的价格。在金融市场上，金融资产的收益率被称为市场利率，它体现了金融市场的价格形成机制。金融市场实际利率的理论构成可以表述以下：

实际利率＝纯利率＋通货膨胀溢酬＋违约风险溢酬＋变现力溢酬＋到期风险溢

①纯利率。

纯利率是指没有风险和通货膨胀情况下的社会平均资金利润率，其高低受平均利润率、资金供求关系和国家政策的影响。我们通常可以将无通货膨胀情况下的国库券利率视为纯利率。

②通货膨胀溢酬。

通货膨胀溢酬是指为了弥补通货膨胀造成的购买力损失而做出的通货膨胀补偿。在通货膨胀存在的条件下，政府发行的国库券利率就是纯利率与预期通货膨胀补偿率的合计。

③违约风险溢酬。

违约风险溢酬是指为了降低金融资产发行者的违约风险而做出的收益率补偿。政府发行的国库券可以视为无违约风险证券，公司发行的债券的违约风险可以根据债券的信用等级确定。从方便计算的角度，公司债券的违约风险溢酬可以按照以下计算公式确定：

$$违约风险溢酬=公司债券利率-政府债券利率$$

④变现力溢酬。

由于各种金融资产的市场变现能力不同，那些变现力较差的金融资产发行者，就有必要对这种金融资产的购买者做出补偿，因此形成变现力溢酬。一般而言，在违约风险与到期风险相同的情况下，最具有变现力的金融资产与最不具有变现力的金融资产之间存在着1%~2%的利率差距。这种利率差距可以比较清晰地揭示变现力溢酬的存在。

⑤到期风险溢酬。

到期风险溢酬是对债券投资者负担持有债券期间市场利率变动风险的一种补偿。例如，在变现力风险与违约风险相同的情况下，五年期国库券利率要比三年期国库券利率高，差别就在于到期时间不同。

（5）资本市场效率。

资本市场效率是指资本市场有效配置资金的能力，或指资本市场调节和分配资金的效率。根据有效资本市场假说（the efficient-market hypothesis），有效资本市场是指资产的现有市场价格能够充分反映资产的所有有关、可用信息的资本市场，市场价格体现了资产的内在价值。

有效市场假说是现代经济学中理性预期理论在金融学中的发展。理性预期的思想表明，如果资本市场是有效的，那么市场预期就是基于所有可能信息的最优预测。在高度发达的资本市场中，大量相互竞争的投资机构（如银行、投资基金、保险公司等）可以通过高薪聘请专家、收集大量的市场信息（如社会、政治、经济、行业、公司的现状及发展情况等）、采取各种各样的专业方法迅速有效地处理信息，从而比较准确地判断有关证券的价格、收益和风险。不同的投资机构对有关证券信息的收集、加工和处理的能力各不相同，对证券未来价格的预期会得出不同的结论。那些收集信息越完整、做出判断越准确的投资机构就能吸收越多的资本，其投资行为对市场价格的影响就越大。因此，资本市场中形成的均衡价格所包含的信息和对未来预期的准确性就越高。这样，由于投资机构的高度竞争，资本市场就具备了均衡价格的高效形成机制。从财务的角度理解，这里的均衡价格就是能正确地反映资产价值的市场价格，也是在所有可能获得信息的基础上做出的最优预测价格。因此，若有效市场假说成立，资本市场形成的均衡价格本身就已经包含了所有可能的信息，那么根据资本市场上公开得到的信息来预测价格的走势和规律进行证券投资，并不能产生高于市场平均水平的投资业绩。

在资本市场上，依据不同信息对市场价格影响程度的不同，资本市场形成三种不同程度的市场效率。

①弱式效率（weak-form efficiency）。

在具有弱式效率的资本市场中，所有包含过去证券价格变动的相关资料和信息（如相关公司财务信息、市场价格、交易量等历史资料）都已完全反映在证券的现行市场价格中。由于有关证券的历史信息已经充分揭露、均匀分布和完全使用，因此，任何投资者均不能通过任何方法来分析这些历史信息以获取超额收益。若投资者能通过有效地运用有关证券的历史资料投资证券获得超额收益，则说明证券的现行市场价格没有充分反映证券的历史信息，资本市场尚未达到弱式效率。

②半强式效率（semi-strong form efficiency）。

在具有半强式效率的资本市场中，证券价格中不仅包含了所有过去的历史信息，而且包含了所有已公开的其他信息，如当前经济和政治形势的变化、收入情况、股票分割以及其他有关公司经营情况等重大信息。因此在半强式效率的资本市场，投资者无法利用已公开的信息获得超额收益。因为在没有新的资料公布之前，证券价格基本上处于均衡状态。当然一旦新的信息出现，价格将根据新的信息变化。公开信息传递的速度越快、扩散越均匀，证券价格调整就越迅速；反之，就越慢。这时，如果每个投资者都同时掌握和使用公开信息进行投资决策，则任何投资者都不可能通过使用任何方法来分析这些公开信息以获取超额收益。然而，公司的内部人员（如董事长、总经理或关键岗位人员等）却可能取得投资者所无法得到的内部信息，了解公司股票的价值及股票价格未来的走势，去买卖自己公司的股票，从而获得超额收益。

③强式效率（strong-for efficiency）。

在具有强式效率的资本市场中，证券的现行市场价格充分反映了所有已公开的或未公开的信息，即全部信息。因此，任何人甚至公司的内部人员，都无法在资本市场中获得超额收益。如果有人利用内部信息买卖证券获利，则说明资本市场尚未达到强式效率。

（6）金融市场环境对财务管理工作的影响。

①对筹资工作的影响。如果市场利率上升，证券价格下跌，则会使企业筹资产生困难。

②对投资工作的影响。如果市场利率上升，那么股权投资者和债权投资者都会对所投资的企业有较高的投资收益期望，从而使企业投资难度加大。

③对利润分配的影响。市场利率上升，证券价格下跌，在企业对外筹资遇到困难的情况下，就需要减少现金股利分配，增加保留盈余，从而形成与投资者分配现金股利要求的矛盾。

二、内部环境

财务管理的内部环境主要包括财务管理体制和财务管理制度等。

（一）财务管理体制

财务管理体制是企事业单位财务管理内部环境的主导因素。由于管理体制的核心在于财权（议决权、支配权、控制权）的"集中"与"下放"，因此形成了集权式财务管理体制和分权式财务管理体制的区别。

（1）集权式财务管理体制。

集权式财务管理体制是财务议决权、支配权、控制权高度集中的财务管理体制。由于企业的各项财务权限都集中于企业最高管理当局，企业的中层、下层管理者没有任何财务决策权和支配权，只有被授予的具体事项的执行权限，因此有利于企业整合资源，调配财力，提高企业整体效益。

在集权式财务管理体制下，董事会是财务控制权的主体，在董事会的强力控制下，形成董事会、总经理、财务副总经理、财务经理（财务部门）四个不同的财务管理层次。

集权式财务管理体制照顾了企业的整体利益，但可能伤害了不同部门、不同利益关系人的局部利益，挫伤了中下层管理者的积极性。

（2）分权式财务管理体制。

分权式财务管理体制是将财务控制权分散到不同的下属单位和经营部门的管理体制。由于财务控制权的分散程度不同，分权式财务管理体制也存在着差异。有的分权式管理体制授予管理者产品定价权和成本费用管理权，有的分权式管理体制授予管理者投融资决策权和资产处置权，有的分权式管理体制授予管理者利润分配权。

分权式财务管理体制虽然有利于调动各方面的积极性，从而挖掘出企业的盈利潜能，但是，由于在涉及全局决策时难以协调，不利于企业统一处理对外关系，因此分权式财务管理体制不利于企业的战略规划。

（二）财务管理制度

财务管理制度是企业财务工作的"内部法规"，它是在《企业财务通则》的基础上，针对企业自身特点和管理要求所做出的财务管理的遵循依据。企业无论规模大小，都必须建立严肃的财务管理制度，以作为企业开展各项涉及财务工作的规范依据。

一般情况下，企业内部财务管理制度需要做出以下规范：

①明确管理主体的权责分工（董事会、监事会、经理、财务负责人、财务部门各岗位人员、其他职能部门及人员）；

②明确企业的各项财务关系；

③明确企业内部财务管理基础工作的各项要求；

④明确资金筹集的管理制度；

⑤明确各类资产管理制度；

⑥明确对外投资管理制度；

⑦明确成本、费用的管理制度；

⑧明确销售收入的管理制度；

⑨明确企业利润及其分配管理制度；

⑩明确财务报告与财务评价制度。

不同企业由于自身的资源、文化、业务情况不同，制定的财务管理制度内容及其关注的侧重点也有所不同。可参见【附录】企业财务管理制度范例《HG公司财务管理实施细则（节选）》。

本章综述

1. 财务管理是企业依据财务信息及相关业务信息，运用一定的方法和程序，以货币价值形态为主要手段，组织财务活动、处理财务关系的综合性经济管理活动。

2. 企业财务管理的主要内容体现在对企业资金运动全过程的主要财务活动的管理，包括筹资管理、投资管理、营运资本管理、收益分配管理。

3. 财务管理的环节是企业财务管理工作过程的各阶段或各项内容，主要包括财务规划与预测、财务决策、财务计划与财务预算、财务控制和财务分析、业绩评价与激励五个环节。

4. 财务管理目标是企业进行财务活动所要达到的根本目的，最具代表性的有利润最大化、股东财富最大化、公司价值最大化、利益相关者财富最大化等。

5. 在财务管理目标实现过程中产生的利益冲突主要表现在股东与管理者、股东与债权人之间的矛盾与冲突。

6. 影响财务管理目标实现的因素主要有投资项目、资本结构和股利政策及投资报酬率、风险五个因素。企业经营管理层通过有效的投资决策选择有利的投资项目，形成高效率、高盈利的资产结构；通过正确的筹资决策和股利决策，控制适当的资金规模，形成合理的资本结构，获取低成本、低风险的资本，从而提高投资报酬率、降低风险，实现企业财务管理目标。

7. 财务管理的环境是指对企业财务活动和财务管理产生影响的各种内部和外部环境，外部环境主要包括经济环境、法律环境、技术环境和金融环境等，内部环境主要包括企业财务管理体制和企业内部财务管理制度等。

参考文献

［1］陈玉菁，宋良荣.财务管理［M］.3 版.北京：清华大学出版社，2011.
［2］中国注册会计师协会.财务成本管理［M］.北京：中国财政经济出版社，2021.

习　题

附　录

第二章

财务估价原理
——衡量价值和价值创造的方法

■**本章导读**

企业财务管理的目标是要实现企业价值最大化，为此我们首先要认识企业价值的衡量方法和企业价值的创造过程，然后理解掌握其两个核心的内容：一是资金时间价值，二是风险与收益的衡量。本章介绍了企业价值及其衡量方法，分析了企业价值创造过程，介绍了资金时间价值的含义、表示方式和相关计算方法及运用，介绍了风险与收益的衡量，其中重点解释了资本资产定价模型及其运用。

本章的主要内容包括：

- 企业价值、企业价值衡量与企业价值创造
- 资金时间价值
- 风险与收益的衡量
- 资本资产定价模型 CAPM 与证券市场线 SML

■**重点专业词语**

财务估价（financial estimate）　　内在价值（intrinsic value）

价值创造（value creation）　　资金时间价值（time value of money）

单利（simple interest）　　复利（compound interest）

现值（present value）　　终值（future value）

年金（annuity）　　非系统风险（nonsystematic risk）

证券市场线（securities market line,SML）　　系统风险（systematic risk）

资本资产定价模型（capital asset pricing model，CAPM）

假如你想要确定一家企业的价值或对某项投资进行估价，你应该如何确定呢？现在看一个例子，A公司正在考虑是否投资100万元在B市开4家分店，公司的财务总监估计这项投资将在9年内每年产生20万元净现金流（各期现金流均在期末发生）。财务总监将投资的预期收益率确定为15%，这是公司在其他类似投资项目中可获得的投资收益率。那么该公司是否应投资建设分店呢？

【解决方案】

决策过程：

净现值（NPV）= -100+20×（P/A,15%,9）= -100+20×4.771 6 = -4.568（万元）

所以，这4家新店的现值仅为95.43万元，它们的价值低于其成本，说明该项投资不能达到15%的收益率，A公司不应该进行这项投资。

第一节 企业价值、企业价值衡量与企业价值创造

一、财务估价与企业价值

（一）财务估价

财务估价是指对一项资产的内在价值（intrinsic value）进行估计。对于企业，这里的资产可以是一项实物资产，如厂房设备、材料、产品，一项无形资产，如专利技术、品牌商标、经营特许；还可以是一项金融资产，如股票、债券，一个投资项目，如一条生产线、一个经营项目；甚至还可以是一个企业，如企业整体、企业经营单元。因此，企业价值的概念普遍存在于企业生产经营的各个环节、各个方面，如在购置或处置设备时，要明确设备的价值以便做出相应的购置或处置决策；在投资一个新项目时，要分析其经济效果和对企业的价值以便做出投资与否的选择决策；在进行企业经营单位拆分或企业并购时，要评估企业经营单位或企业整体的价值以便做出相应的拆分决策或并购决策。

（二）企业价值

企业价值是企业的内在价值，即企业实现的未来现金流量的现值之和。不同的角度对企业价值有不同的判定，如经济价值（economic value）、账面价值（book value）、市场价值（market value）、持续经营价值（going-concern value）、清算价值（liquidation value）、拆分价值、重置价值、担保价值、评估价值、股东价值、债权人价值、企业整体价值、股票价值、债券价值、具体实物资产价值、投资项目价值等。按不同的标准，企业价值有不同的分类：

（1）按价值的内在含义不同，企业价值可分为经济价值、账面价值、市场价值三类。

①经济价值。经济价值是指任何事物对于人和社会在经济上的意义，经济学上所说的商品价值及其规律则是实现经济价值的现实必然形式。经济价值有直接经济价值和间接经济价值，直接经济价值是直接得到的社会经济效益的货币表现，间接经济价值是由此引起或衍生出来的社会经济效益的货币表现，可以通过经济行为主体从产品和服务中获得的利

益来衡量。经济价值是金融系统中金融工具未来的现金流（包括本金和实际利息），折现至当前时点的价值，即未来现金流现值。

②账面价值。账面价值是指按照会计核算的原理和方法反映计量的企业价值。《国际评估准则》指出，企业的账面价值，是企业资产负债表上体现的企业全部资产（扣除折旧、损耗和摊销）与企业全部负债之间的差额，与账面资产、净值和股东权益是同义的。账面价值是指账户的账面余额减去相关备抵项目后的净额，即固定资产、无形资产的账面余额与其累计折旧、累计摊销的差额。对于股份公司，账面价值又称股票净值；对固定资产，账面价值=固定资产的原价-计提的减值准备-计提的累计折旧（固定资产净额）账面余额=固定资产的账面原价；账面净值（固定资产净值）=固定资产的折余价值=固定资产原价-计提的累计折旧。与此相关的还有两个容易混淆的概念，即"固定资产净值"与"固定资产净额"。它们之间的关系用公式表示为：固定资产净值=固定资产原价-累计折旧；固定资产净额=固定资产净值-固定资产减值准备。对于企业其他的资产，其只涉及账面价值和账面余额的概念。账面价值都是减去计提的减值准备后的金额，账面余额都是各自账户结余的金额。债券账面价值是指债券持有人的实际投资额，等于价格扣除应计息票收入，即债券的账面余额减去相关备抵项目后的净额，所以债券投资的账面价值是账面余额扣减减值准备后的金额。固定资产的账面价值是固定资产成本扣减累计折旧和累计减值准备后的金额。长期债券投资的账面价值是账面余额扣减减值准备后的金额。其中，账面余额=面值+应计利息+尚未摊销的溢价（-尚未摊销的折价）。

③市场价值。市场价值指生产部门所耗费的社会必要劳动时间形成的商品的社会价值，是一项资产在交易市场上的价格，是自愿买方和自愿卖方在各自理性行事且未受任何强迫的情况下竞价后产生的双方都能接受的价格。内在价值与市场价值有密切关系。如果市场是有效的，即所有资产在任何时候的价格都反映了公开可得的信息，则内在价值与市场价值应当相等。如果市场不是完全有效的，一项资产的内在价值与市场价值会在一段时间里不相等。投资者会估计一种资产的内在价值并与其市场价值进行比较，如果内在价值高于市场价值则认为资产被市场低估了，他会决定买进。投资者购进被低估的资产，会使资产价格上升，回归到资产的内在价值。市场越有效，市场价值向内在价值的回归越迅速。马克思的《资本论》第三卷在论述利润率平均化时提出，市场价值是指生产部门所耗费的社会必要劳动时间形成的商品的社会价值。

（2）按价值概念应用情景不同，企业价值可分为持续经营价值、清算价值、拆分价值、重置价值、担保价值、评估价值等。

①持续经营价值。持续经营价值（Going-concern value）是指在持续经营条件下公司的价值。持续经营价值假设现有资产将被用于产生未来现金流并且不会被出卖。投资者会考虑持续经营价值，并将它与生产终止时的资产价值进行对比。公司通过有形资产及无形资产产生盈利的能力实现未来现金流量体现的持续经营价值，是公司作为一个持续运营的组织整体出售所能获得的货币价值。正常情况下，它大于生产终止时所有资产的价值，否则企业就没有存在的必要。

②清算价值。清算价值（Liquidation value）是股份公司清算时每股所代表的实际价值，是股东能够实际回收到的每股价值。如果公司在清算时资产的实际销售金额与财务报表上的账面价值一致，扣掉一定量的清算成本，那么每个普通股的清算价值就会接近其账面价值。清算价值与公司清算时的股票账面价值有密切的联系，但二者并不相同。在大多数情况下，股票清算价值小于账面价值，其中原因除了需要扣除清算成本之外，更主要的是公司清算时通常要以比较低的价格才能售出其资产。股票清算价值与票面的价值之间的联系

较弱，总的来说脱离票面价值的幅度比脱离账面价值的幅度要大。当一种股票的账面价值在公司面临清算时仍高于其票面价值时，清算价值有可能略低于账面价值但却高于票面价值。而当账面价值低于票面价值时，清算价值就更低了。清算价值是投股人能了解实际收取的价值，不仅仅是账面上的或者计算中的，但它并不是交易价格。公司清算后，其股票不再存在，已从市场上退出，这时被交易的是资产而不是股票。一项资产或一个公司的清算价值等于它能够被迅速卖出的估算价格。在蒸蒸日上的高利润回报的产业中，公司的清算价值通常要低于它的股票市价。而在夕阳产业内，公司的清算价格也有可能高于它的股票市价。这通常也意味公司应该尽快退出这一产业。

③重置价值。重置价值是指按照当前的生产条件，重新购建固定资产所需的全部支出。当企业发生接管、盘盈和接受捐赠固定资产，无法确定其原价时，其可按重置完全价值计价，所以重置价值亦称重置完全价值。其是一种现行成本，它和原始成本在资产取得当时是一致的。之后，由于物价的变动，同一资产或其等价物就可能需要用较多的或较少的交换价格才能获得。因此，重置成本表现为取得当时同一资产或其等价物需要的交换价格。这种交换价格应该是从企业资产或劳务市场获得的成本价格，而不是从企业正常经营过程中出售其资产或劳务的市场中的销售价格。

④担保价值。抵押价值是以抵押方式将房地产等有形资产作为债权担保时的价值。在抵押过程中，一边是未偿还的贷款余额，一边是抵押房地产的价值。所以，抵押价值的实质是当抵押人不履行债务，抵押权人依法将抵押人提供担保的房地产等有形资产折价或者拍卖、变卖时，该房地产等有形资产所能实现的客观合理价格或价值折算为设定抵押权时的价值。担保是指当事人根据法律规定或者双方约定，为促使债务人履行债务实现债权人的权利的法律制度。担保通常由当事人双方订立担保合同。担保活动应当遵循平等、自愿、公平、诚实信用的原则。

⑤评估价值。评估价值（Appraised Value，AV），经济学中也叫作估定价值，也叫公司价值，是基于公司预测的未来现金流折现的价值，表示公司所有者未来会从其资产及日常运作中获得的收入现值。评估价值往往是用来衡量和分析公司内含价值的主要工具。评估价值也指评估资产在评估之日的价值，按重置成本法评估是指该项资产在评估时尚存的价值；按权益法评估是指该项资产截至评估日止还能为持有者创造权益。

（3）按价值的衡量对象不同，企业价值可分为股东价值、债权人价值、企业整体价值、股票价值、债券价值、具体实物资产价值、投资项目价值等。

①股东价值。股东价值指企业股东所拥有的普通股权益的价值。随着市场经济的逐步完善，股东价值的重要性也越来越明显。一方面它是考察公司业绩并据以建立激励机制的重要标准，另一方面它也是股东控制权的重要依据，甚至从某种程度上讲，它还对社会保障制度的完善有着积极的意义。由于股权社会化的日益普及，股东价值的实现，其本身在很大程度上就是对整个社会价值的增加。股东价值观强调的是对股东价值的理性关注，提倡由股东主导的单边公司治理结构，这对从产权角度解决国有企业改革中存在的问题具有重大的现实意义。

②债权人价值。债权人是指银行等金融机构借贷人和供应商。他们或者给予了公司贷款，或者为公司提供了存货物资和设备。作为债权人，他们最关心的莫过于是否能及时获取贷款本息和收到贷款。在罗马法中，债具有严格的人身性质，债权、债务不得转让。随着商品经济的发展，交换关系的越发复杂，债权债务逐渐可以转让，允许第三人享受债权或者履行债务。债权人和债务人是在权利主体与义务主体绝对情况下进行划分的，在大多数债的关系中，当事人可能既是债权人，又是债务人，既享受权利，又承担义务。

③企业整体价值。企业整体价值是对一个企业实力和前景的总体分析后的评价，企业整体价值的计价基础不仅取决于计价的环境，也与计价目的存在着密切的关系，人们通过对企业的分析可以评估得出企业的整体价值。企业整体价值是将企业整体作为一项资产对投资者（或企业主）所具有的内在价值。从企业计价学的角度看，它的金额介于投资者整体购入企业愿意支付的、与企业的产权所有者转让企业整体希望收到的价款之间，也可以用边际价值表示，即企业主拥有的包括该企业在内的总资产的价值减去企业主放弃该企业后的总资产价值的差额。

企业整体价值评估方法有重置成本法、收益现值法等。企业整体资产的重置成本是指求出企业各项资产的评估值并累加求和，再减去负债的评估值。重置成本法是整体企业资产评估值的一种方法，这种方法也被称为整体企业的成本加和法。整体企业评估的重置成本法是以企业重置各项生产要素为假设前提，因此，当被评估企业明显存在生产能力闲置和资源浪费时，应提醒企业重组资产，进行优化配置，缩小经济性贬值所涉及的资产范围。企业整体价值评估的收益现值法是指将企业未来收益折算为现值，从而得出整体企业资产评估价值的一种评估方法。整体企业资产评估中的收益额有两种概念，即净利润和净现金流量。净利润指企业实现的利润总额扣除所得税以后的余额。净现金流量是指企业现金流入量减去现金流出量后的余额。两种收益指标从不同的角度反映了企业的获利能力和获利水平，原则上都可作为资产评估中的收益，但是其运用意义是不同的。从企业投资者角度看，净现金流量指标比净利润指标更能反映出企业的实际获利能力。

④股票价值。股票是虚拟资本的一种形式，它本身没有价值。从本质上讲，股票仅是一个拥有某一种所有权的凭证。股票之所以能够有价，是因为股票的持有人，即股东，不但可以参加股东大会，对股份公司的经营决策施加影响，还享有参与分红与派息的权利，获得相应的经济利益。同理，凭借某一单位数量的股票，其持有人所能获得的经济收益越大，股票的价格相应也就越高。总的来说，股票的价值主要体现在每股权益比率和对公司成长的预期上。每股权益比率越高，相应的股票价值越高；反之越低。如果公司发展非常好，规模不断扩大，效益不断提高，能够不断分红，那么，股票价值就越高；反之越低。股票的价格可分为面值、净值、清算价格、发行价及市价五种。

⑤债券价值。债券价值指进行债券投资时投资者预期可获得的现金流入的现值。债券的现金流入主要包括利息和到期收回的本金或出售时获得的现金两部分。当债券的购买价格低于债券价值时，其才值得购买。根据资产的收入资本化定价理论，任何资产的价值都是在投资者预期的资产可获得的现金收入的基础上进行贴现决定的。债券价值＝未来各期利息收入的现值合计＋未来到期本金或售价的现值。其中，决定债券价值的未来的现金流入包括利息、到期的本金（面值）或售价（未持有至到期），计算现值时的折现率为债券投资等风险投资的必要报酬率。债券估价的基本模型：$PV = I \times (P/A, i, n) + M \times (P/F, i, n)$，其中，债券是典型券，其利率是固定利率，每年计算并支付利息 I、到期归还本金 M。

⑥具体实物资产价值。投资者可以采用固定资产、材料、库存商品等实物资产形式出资。企业接受国家或股东以固定资产、材料、库存商品等实物资产进行投资时，应对这些实物资产进行计价，计价的依据应按投资各方协商确认的价值。

⑦投资项目价值。投资项目是投资对象的总称，通常指包括成套投资建设工程项目在内的一个投资单位，亦称"投资建设项目"。按照我国的投资管理体制，投资项目又可分为两类：第一类是基本建设项目，简称建设项目；第二类是更新改造项目，即设备更新和技术改造项目。项目内的各项投资内容密切相关，即各项投资内容具有共同的目标，在技术上、经济上存在着内在联系，在管理上有必要作为一个单位进行规划决策、筹集资金和组

织实施。一个投资项目还必须与其他的投资保持一定的独立性，即在投资目标，项目的技术、经济或管理方面，区别于其他投资。一个投资项目可能有以下五项内容：①对土建工程和设备的投资；②提供有关设计和工程技术、施工监督以及改进操作和维修等服务；③加强对项目实施机构，包括人员的培训；④改进有关价格、补贴和成本回收等方面的政策；⑤拟定项目实施计划。投资项目价值取决于项目期内实现的经济收益，在数量上可以定义为项目期内实现收益的现金净流量的现值之和。

二、企业价值衡量

（一）企业价值衡量方法

企业价值衡量方法通常分为收益法、相对价值法和资产基础法三种基本类型。

（1）收益法。

收益法是通过对未来收益加以折现来评估企业价值，一般包括实体现金流量折现模型、股权自由现金流量折现模型、股利折现模型和经济利润折现模型等。在实务中，投资者大多使用实体现金流量折现模型，主要原因是它有助于企业开展价值管理，而股权自由现金流量折现模型、股利折现模型中股权成本受资本结构的影响较大，估计起来比较复杂。实体现金流量折现模型在概念上很健全，但是在应用时会碰到较多的技术问题。

（2）相对价值法。

相对价值法，也称价格乘数法、可比交易价值法等，它将评估对象与可比上市公司或者可比交易案例进行比较，以确定评估对象的价值，是一种相对容易运用的估值方法。这种方法是利用类似企业的市场定价来估计目标企业价值的一种方法。它假设存在一个支配企业市场价值的主要变量，市场价值与该变量的比值在类似的企业是可以比较使用的。

相对价值法的评估步骤有如下几步。首先，寻找一个影响企业价值的关键变量（如净利润）；其次，确定一组可以比较的类似企业，计算可比企业的市价、关键变量的平均值（如平均市盈率）；最后，根据目标企业的关键变量（如净利润）乘以得到的平均值（如平均市盈率），计算目标企业的评估价值。企业价值评估中常用到的关键变量有净利润、净资产、营业收入，对应的评估平均比率有市盈率、市净率、营业收入乘数。

相对价值法是将目标企业与可比企业对比，用可比企业的价值衡量目标企业的价值。如果可比企业的价值被高估了，则目标企业的价值也会被高估。实际上，所得结论是相对于可比企业来说的，以可比企业价值为基准，是一种相对价值，而非目标企业的内在价值。例如，某人准备购买一处商品住宅，出售者报价50万元。如何评估这个报价呢？一个简单的办法就是寻找一个类似地段、类似质量的商品住宅，计算每平方米的价格（市场价格与面积的比率）。假设类似商品住宅每平方米价格为0.5万元，拟购置的住宅是80平方米，利用相对价值法评估其价值则为40万元。于是，投资者认为出售者的报价偏高。投资者对报价高低的判断是相对于类似商品住宅而言的。

（3）资产基础法：以估算获得标的资产的现实成本从而进行估价的一种方法。

（二）折现现金流量模型（DCF模型）

通常，财务估价中任何资产的内在价值都可以用折现现金流量模型（DCF模型）进行估值，模型公式为

$$内在价值 = \sum_{t=1}^{n} \frac{现金净流量_t}{(1 + 资本成本)^t}$$

模型中资产的内在价值是以下三个变量的函数。

（1）现金净流量（Net Cash Flow，NCF）。

NCF 是现代理财学中的一个重要概念，是指企业在一定会计期间按照现金收付实现制，通过一定经济活动（包括经营活动、投资活动、筹资活动和非经常性项目）而产生的现金流入、现金流出及其总量情况的总称，即企业一定时期的现金和现金等价物的流入和流出的净额。例如：销售商品、提供劳务、出售固定资产、收回投资、借入资金等，形成企业的现金流入；购买商品、接受劳务、购建固定资产、现金投资、偿还债务等，形成企业的现金流出。衡量企业价值、资产价值、投资项目价值时，现金净流量是非常重要的指标。

如评价投资项目价值时，投资项目现金净流量具体内容包括：

①现金流出是投资项目的全部资金支出，主要包括以下几项：第一，固定资产投资。购入或建造固定资产的各项资金支出。第二，流动资产投资。投资项目所需的存货、货币资金和应收账款等项目所占用的资金。第三，付现经营成本。投资项目在经营过程中所发生的生产成本、管理费用和销售费用等的现金支出，通常以全部成本费用减去折旧后的余额表示。

②现金流入是投资项目所发生的全部资金收入，主要包括以下几项：第一，营业收入。经营过程中出售产品的销售收入。第二，残值收入或变价收入。固定资产使用期满时的残值，或因故未到使用期满时，出售固定资产所形成的现金收入。第三，收回的流动资产。投资项目寿命期满时所收回的原流动资产投资额。

③现金净流量是一定时期投资项目的现金流入减去现金流出的差额，是投资项目价值评价的重要指标。

（2）资本成本——折现率。

折现率（discount rate）是指将未来有限期预期收益折算成现值的比率。折现作为一个时间优先的概念，认为未来的收益或利益低于现在同样数额的收益或利益，并且随着收益时间向将来推迟的程度而降低价值。同时，折现是一个计算过程，是把一个特定比率应用于一个预期的现金流，从而得出预期的现金流当前的价值。从企业估价的角度来讲，折现率是企业各类收益索偿权持有人要求报酬率的加权平均数，也就是加权平均资本成本；从折现率本身来说，它是一种特定条件下的收益率，说明资产取得该项收益的收益率水平。投资者对投资收益的期望、对投资风险的态度，都将综合地反映在折现率的确定上。同样的，企业现金流量会由于折现率的高低不同而使其内在价值出现巨大差异，因此，折现率是企业在购置或者投资资产时所要求的必要报酬率。

折现率的确定，应当首先以该资产的市场利率为依据。如果该资产的利率无法从市场获得，则可以使用替代利率估计折现率。企业在估计替代利率时，可以根据企业加权平均资金成本、增量借款利率或者其他相关市场借款利率作适当调整后确定。企业应根据所持有资产的特定环境等因素来考虑调整。企业在估计资产未来现金流量现值时，通常应当使用单一的折现率。注意：如果资产未来现金流量的现值对未来不同期间的风险差异或者利率的期间结构反应敏感，则企业应当在未来不同期间采用不同的折现率。

在投资学中有一个很重要的假设，即所有的投资者都是风险厌恶者。就整个市场而言，由于投资者众多，且各自的风险厌恶程度不同，因而对同一个投资项目会出现水平不一的要求报酬率。在这种情况下，即使未来的现金流量估计完全相同，其内在价值也会出现不容忽视的差异。当然，在市场均衡状态下，投资者对未来的期望相同，要求报酬率相等，市场价格与内在价值也相等。因此，索偿权风险的大小直接影响着索偿权持有人要求报酬率的高低。比如，按照常规的契约规定，债权人对利息和本金的索偿权的不确定性低于普通股股东对股利的索偿权的不确定性，因而债权人的要求报酬率通常要低于普通股股东的要求报酬率。企业各类投资者的高低不同的要求报酬率最终构成企业的资本成本。单项资本成本的差异反映了各类收益索偿权持有人所承担风险程度高低的差异。但归根结底，折现率的高低取决于企业现金流量风险的高低。具体而言，企业的经营风险与财务风险越大，投资者的要求报酬率就会越高，如要求提高利率水平等，最终的结果便是折现率的提高。

而从企业投资的角度而言，不同性质的投资者的各自不同的要求报酬率共同构成了企业对投资项目的最低的总的要求报酬率，即加权平均资本成本。企业选择投资项目，必须以加权平均资本成本为折现率计算项目的净现值。财务估价的直接目的是确定持续经营过程中的企业价值。按照折现现金流量理论，决定企业价值的是企业的自由现金流量，折现率应是能够反映企业所有融资来源成本、应当涵盖企业所有收益索偿权持有人的报酬率要求的一个企业综合资本成本。加权平均资本成本正是这样的折现率。基准折现率则是一个管理会计的概念，它实际上是折现率的基准，通常用来评价一个项目在财务上，其内部收益率（IRR）、折现率是否达标的比较标准。企业通常选用社会基准折现率、行业基准折现率、历史基准折现率等做为评价项目的基准折现率。

（3）现金流量的持续年数。

资产存在有限的使用期限的，可以用资产使用期为其现金流量的持续年数，如实物资产的使用年限、投资债券的剩余年限、投资项目的营运期限等。若资产有无限的存续期限时，其现金流量的持续年数也是无限的，评估时要采取分阶段的处理方法，并考虑使用永续年金或增长型永续年金的计算方法处理后续阶段的无期限问题。

DCF属于绝对估值法，是将一项资产在未来所能产生的自由现金流（通常要预测15～30年）根据合理的折现率（WACC）折现，得到该项资产的价值，如果其折现后的价值高于资产当前价格，则有利可图，可以买入；如果低于当前价格，则说明当前价格高估，需回避或卖出。

DCF是理论上无可挑剔的估值模型，尤其适用于那些现金流可预测度较高的行业，但对于现金流波动频繁、不稳定的行业如科技行业，DCF估值的准确性和可信度就会降低。在现实应用中，由于对未来十几年现金流做准确预测难度极大，因此DCF较少单独作为唯一的估值方法来使用，更为简单的相对估值法，如市盈率使用频率更高。通常DCF被视为最保守的估值方法，其估值结果会作为目标价的底线。对于公司管理者来说，DCF模型有助于其理解与认识公司价值的形成与增长，为其提供改善公司价值创造的思路与途径。

三、企业价值创造

企业价值即指企业本身的内在价值，是企业有形资产和无形资产价值总的市场评价。企业价值不同于利润，利润是企业全部资产的市场价值中所创造价值中的一部分，企业价值也不是指企业账面资产的总价值，由于企业商誉的存在，通常企业的实际市场价值远远超过账面资产的价值。企业价值取决于企业在一定风险条件下未来实现的现金流量收益。企业的投融资、经营管理等一系列创造未来现金流量的活动是企业价值创造的源泉，因此企业价值创造就是企业基于合理的风险控制下创造未来现金流量的投融资、资本运营、产业经营的过程。

（一）企业价值创造的领域

（1）投融资领域。

企业的融资活动一方面能为企业提供充足的资金进行扩张、提升发展；另一方面通过合理的规划融资渠道和方式，能不断改进和完善资本结构，有效地控制企业资本成本和财务风险水平，保障企业持续稳定发展。投资是企业创造战略价值的重要手段。通过前期的项目筛选、评定，经过和被投资企业或者联合投资人的反复讨论之后，公司风险投资才能以股东的身份参与到被投资企业的日常运作中去。投资在母公司与被投资企业之间起着重要的纽带与桥梁作用，它不仅需要将母公司成熟的供货销售渠道介绍给被投资企业，帮助其少走弯路，尽快打入市场，将技术上的领先优势扩展到市场份额上的领先，还要监督被投资企业的运作，将母公司规范的操作流程引入被投资企业。同时，对于被投资企业先进的技术产品，合理高效的研发模式，也要带回母公司。

（2）资本运营领域。

资本运营（Capital operation mode）是指以利润最大化和资本增值为目的，以价值管理为特征，将本企业的各类资本，不断地与其他企业、部门的资本进行流动与重组，实现生产要素的优化配置和产业结构的动态重组，以达到企业自有资本不断增加这一最终目的的运作行为。它有两层意思：第一，资本运营是市场经济条件下社会配置资源的一种重要方式，它通过资本层次上的资源流动来优化社会的资源配置结构。第二，从微观上讲，资本运营是利用市场法则，通过资本本身的技巧性运作，实现资本增值、效益增长的一种经营方式。

随着我国市场经济的发展和成熟，传统的企业增长方式已无法适应现今的发展要求。企业要有以资本运营优化配置、增强核心竞争力，最大限度地实现增值。企业的资本运营具体可分为资本扩张型与资本收缩型两种运营模式。扩张型资本运营，是指在现有的资本结构下，通过内部积累、追加投资、兼并收购等方式，使企业实现资本规模的扩大。根据产权流动的不同轨道，我们可以将资本扩张分为横向资本扩张、纵向资本扩张、混合型资本扩张三种类型。收缩型资本运营，是指企业为了追求企业价值最大化以及提高企业运行效率，把自己拥有的部分资产、子公司、某部门或分支机构转移到公司之外，缩小公司的规模。收缩型资本运营是扩张型资本运营的逆向操作，主要实现形式有资产剥离、公司分立、分拆上市、股份回购。

企业通过资本运营可以优化企业的资本结构、带动企业迅速打开市场，拓展销售渠道、使企业获得先进生产技术和管理技术、发现并获得新的商业机会、给企业带来大量资金，发挥资本资源运作优势，高效推进企业价值创造。

（3）产业经营领域。

公司为扎实推进实现价值创造、继续深化改革打造项目管控平台，应该制定考核办法、考核标准，定期对各部门、各项目进行考察，实时进行监督，发挥系统管建协同作战优势，提升各部门、各项目管理综合水平，在制度建设上着力打造规范合理、科学、高效的内业管控体系制度建设体系；要建立有效的经营秩序，加强机关与项目联动性，做到既不越位又要监管到位，通过狠抓成本、强化考核，切实从思想和行动上促使项目从粗放式向精益式管理的转变；要以收支两条线为切入点，以收定支，将经营理念融入到每一个管理单元，从收入、成本、收益、资金、管理费使用等方面跟进，以经营管控带动和促进项目其他各项管理工作的实施，实现资源的有效配置，充分发挥成本策划对成本管控的指导作用，有针对性地识别风险；对成本偏差较大的项目，要查找原因，制定纠偏措施，并妥善处理风险事件造成的不良后果，确保项目整体收益；通过完善培训机制和激励机制，多方位、多层次地对管理人员进行专业培训，提升管理人员的专业素养和管理水平，并通过薪酬激励机制激发管理人员的积极性和创造性，助力企业实现新的价值创造。

资本运营与产业经营存在明显的区别和密切的联系。两者的区别表现在：

①经营对象不同。资本运营侧重的是企业经营过程的价值方面，追求资本增值。而产业经营的对象则是产品及其生产销售过程，经营的基础是厂房、机器设备、产品设计、工

艺、专利、技术等，产业经营侧重的是企业经营过程的使用价值方面，追求产品数量、品种的增多和质量的提高。

②经营领域不同。资本运营主要是在资本市场上运作，而产业经营涉及的领域主要是产品的生产技术、原材料的采购和产品销售，主要是在生产资料市场、劳动力市场、技术市场和商品市场上运作。

③经营方式不同。资本运营要运用吸收直接投资、发行股票、发行基金、发行债券、银行借款和租赁等方式合理筹集资本，要运用直接投资、间接投资和产权投资等方式有效地运用资本，合理地配置资本，盘活存量资本，加速资本周转，提高资本效益。而产业经营主要通过调查社会需求，以销定产、以产定购，开发技术，研制新产品，革新工艺、设备，创名牌产品，开辟销售渠道，建立销售网络等方式，达到增加产品品种、数量，提高产品质量，提高市场占有率和增加产品销售利润的目的。

两者的联系表现在：

①目的一致。企业进行资本运营的目的是追求资本的保值增值，而企业进行产业经营，根据市场需要生产和销售商品，目的在于赚取利润，以实现资本增值，因此产业经营实际上是以生产、经营商品为手段，以资本增值为目的的经营活动。

②相互依存。企业是一个运用资本进行产业经营的单位，任何企业的产业经营都是以资本作为前提条件，如果没有资本，产业经营是无本之木，就无法进行；如果不进行产业经营活动，资本经营是无源之水，资本增值的目的就无法实现。因此，资本经营要为发展产业经营服务，并以产业经营为基础。

③相互渗透。企业进行产业经营的过程是资本循环周转过程中的重要组成部分。如果没有资本的投入与运转，企业的产业经营就无法推动；如果企业产业经营过程中供产销各环节脱节，资本循环周转就会中断；如果企业的设备闲置，材料和在产品存量过多，商品销售不畅，资本就会发生积压，就必然使资本效率和效益下降。资本运营与产业经营相互支撑、密不可分。

产业经营是基础，资本经营要为发展产业经营服务。企业通过资本经营，搞好融资、并购和产业重组等活动，增加资本积累，实现资本集中，目的是扩大产业经营规模，优化产业结构，提高技术水平，以便更快地发展产业经营。

（二）企业价值创造过程的管理

（1）战略选择与规划。

在实体产业中，价值创造是通过获取高于资本机会成本的投资收益实现的，高于资本成本收益的投资越多，创造的价值就越大，即只要投入资本的收益率超过资本成本，业务的扩展就能创造更大的价值。战略选择与规划的目的是使企业预期的现金流量现值或经济利润现值最大化，实现企业内在价值最大化。上市公司股票的价值长远来说等于其内在价值，股票价值以资本市场对公司未来绩效的期望为基础，优秀的战略选择和规划有助于实现公司未来预期现金流量的增长，同时也有助于提升资本市场对公司未来绩效及发展的预期，成为企业价值创造的重要一环。

（2）经营决策与实施。

经营决策是指为实现企业预定的经营目标，从多种可相互替代的可行方案中选择一个合理方案的分析判断过程。决策必须具有明确的目标；具有多种可行方案并且各种方案必须具有可替代性。企业在通过对方案的分析和评价后选择满意的方案。经营决策是企业生存和发展的重要保证，是提高企业经济效益的根本保证，是实现经营过程价值创造的重要手段。而经营方案的实施是企业通过有效地调配人、财、物实现经营的效率和效益，实现企业产、供、销等各经营环节的价值创造。

（3）财务预算与实施。

①以 EVA 为财务预算基本方法。

目前经济增加值（EVA）方法在财务预算中得到广泛的应用，而且其所取得的效果也较为显著。在企业价值管理体系中，其基础和核心即是经济增加值理念。经济增加值在投入成本的计量上具有较强的科学性，企业不管投入多少成本，都需要有与之相对应的资本成本。企业在发展过程中，需要对经济增加值的重要性给予深入的认识，这样才能确保实现财富增长的财务预算的准确性，而且在对预算项目进行申请时也会更容易一些。在企业财务预算过程中，企业可以将经济增加值作为最基本的预算方法，并以其作为衡量企业资金需求的重要基础；同时在企业绩效考核中增加 EVA 考核指标，从而确保价值创造能够成为企业财务预算的中心目标。而且利用经济增加值作为基于价值创造的财务预算方法，可以确保企业预算管理与价值管理的有效融合，有利于增加价值创造途径。

②建立以高效率为目标的财务预算管理体系。

企业在财务预算管理的过程中，离不开信息的支持，要想确保信息的准确、及时和可靠，则需要有效地保障企业信息系统的质量。一旦企业信息系统中的数据不能及时有效的更新，就会对财务预算效率带来较大的影响，所以企业需要建立先进的信息管理系统，确保信息的质量和传递速度，这对于预算管理效率的提高具有极为重要的意义。财务预算管理包括的环节较多，而每一个环节对信息的要求都各不相同，这就需要在企业财务预算工作中需要关注各环节信息的及时和可靠，确保预算效率的提高。

③提高预算战略相关性。

长期以来企业预算管理工作多为单独性的工作，没有与企业的战略有效地联系起来。战略与预算是密不可分的，预算管理作为企业战略的重要内容，也是企业战略目标得以实现的重要手段，所以企业需要提高预算的战略相关性。这就需要管理者对企业的发展战略和预算目标进行一致性研究，对预算管理目标和衡量标准进行明确，建立起战略预算体系，在预算管理工作中能够有效地遵循企业的各项规章制度，并进一步对财务预算制度进行构建，对企业组织架构的权责进行明晰，从而为预算管理的开展奠定良好的基础。

④采用精准预算预测系统。

在预算编制过程中，财务预测作为其起点，企业要在预算管理实施前对预算期企业的业绩指标进行事前预计。传统的预算管理包括的环节较多，不仅具有事前计划的功能，而且发挥着事中控制的功能。但由于企业各个层级都会参与其中的协调和修订环节，各方意见往往各不相同，反馈的信息和意见具有多样性，从而导致最后协调结果无法达成一致，无法对预算期的经营情况做出准确的预测。针对于这种情况，企业需要进一步改进预测功能，通过精准的预测系统来实现。目前，预算管理的效率和准确性越来越依靠先进的信息处理技术，未来的预算管理的预测环节也将逐渐走向信息智能化，快速发展的信息技术可以及时、准确地为预算管理提供充足可靠的信息和快速的处理功能。

第二节 资金时间价值

一、资金时间价值概述

依据财务估价理论，任何产业的价值表现为其未来现金流量的现值。影响这个现值大小的因素主要有产业存续期间的时期数、不同时点实现的现金流量和产业风险决定的折现率。企业财务活动中普遍存在各种不同收付款形式的现金流量，在一定的风险条件下即确定的折现率下，各种财务决策需要将不同时点的现金流量计算到相同的时点上以解决可比性问题，这就产生了资金时间价值，以及现值与终值计算的问题。

（一）资金时间价值的概念

1. 资金时间价值的含义

资金时间价值是指一定量资金随着时间推移所产生的增值，即一定量资金在不同时点上的资金价值量的差额，也称为货币时间价值。

从量的规定性来看，资金时间价值是没有风险和没有通货膨胀下的社会平均资金利润率。因此，在计量资金时间价值时，风险报酬和通货膨胀因素不应该包括在内。

从质的规定性来看，资金时间价值是资金经过一定时间的投资和再投资所实现的增量价值，资金时间价值不仅产生于生产与制造领域，而且产生于社会资金的流通领域。

在日常生活中，年初的 100 万元与一年后的 100 万元，你认为两者相等吗？你愿意选择哪个 100 万元？不容质疑，在没有其他限制条件下，两者不相等，我们一定会选择年初的 100 万元。我们可以假设银行一年期存款利率为 2.3%，那么年初将 100 万元存入银行，一年后我们将获得 2.3 万元的利息收入，年末这 100 万元就变成 102.3 万元。其中随着时间的推移增加的 2.3 万元就是一般意义上的资金时间价值。

2. 资金时间价值的实质

对于资金时间价值的认识主要有两种不同的观点。

①以英国的凯恩斯为代表的西方经济学观点。凯恩斯认为，资金时间价值主要取决于人们的灵活性偏好、消费倾向等心理因素。人们普遍存在现在消费的意愿，如果推迟消费，将资金拿去投资，那么就要对推迟消费的耐心等待造成的心理损失给予补偿，形成资金投资应获得的报酬。推迟的时间越长，其应获得的补偿或报酬就该越多。这种因推迟消费的时间变化而带来的补偿或报酬就是资金时间价值。

②以德国的马克思为代表的马克思主义观点。马克思认为，资金时间价值实际上就是剩余价值，只有把资金作为资本投入生产经营过程才能形成资金增值，产生时间价值。市场经济中不同产业、不同部门的投资由于风险、通货膨胀的存在会形成不同的投资报酬或资金利润率，但由于竞争的作用、经济资源的自由转移配置，低报酬率的投资必然向高报酬的领域转移，这样各产业、各部门的投资报酬率将趋于平均化，形成一个社会平均资金利润率。最终任何资金在投资一个项目时至少要取得社会平均资金利润率，否则将转投其他项目。资金投资至少要取得社会平均资金利润率即资金时间价值。因此从量的规定性看，资金时间价值是没有风险和没有通货膨胀条件下的社会平均资金利润率。各种投资项目的投资报酬率中通常包含资金时间价值、风险报酬率和通货膨胀补偿率，所以严格意义上计算资金时间价值不应该包括后面两部分——风险报酬率和通货膨胀补偿率。

3. 资金时间价值的表现形式

资金时间价值的表现形式有相对量和绝对量两种形式。

相对量形式是单位资金在一定时期内实现的增值，通常用百分数表示，即时间价值率，也就是不存在风险和通货膨胀条件下的社会平均资金利润率，亦即纯利率。一般按同期国债利率取值。

绝对量形式是一定量资金在一定时期内实现的增值，用绝对数表示，即时间价值额，它等于资金量与时间价值率的乘积。

各种银行存贷款利率、债券利率、股票股息率、投资项目报酬率都属于资金的投资报酬率或资金利润率，它们与资金时间价值有区别，也有联系。区别在于它们都是在一定的风险和通货膨胀水平下实现的报酬率，只有在不存在风险和通货膨胀的条件下才与资金时间价值相等。但它们和资金时间价值一样都体现资金在一定时期内经过循环及周转的运动实现的增值结果，因此计算资金在不同时间上的价值量时，计算方法和计算形式是一样的。例如，100 万元的资金投资购买年利率 2.8% 的国库卷，一年实现的 2.8 万元增值收益 [其计算方法：100×2.8%＝2.8（万元）] 可以看成资金时间价值；若投资于投资报酬率 15% 的项目，一年实现的 15 万元投资报酬 [其计算方法：100×15%＝15（万元）] 就不能看成资金时间价值，它是项目的投资报酬，包括了资金时间价值和风险收益。

（二）资金时间价值计算分析图

为了直观地反映资金时间价值的形成和分析计算过程，我们可以绘制资金时间价值计算分析图，如图 2-1 所示。

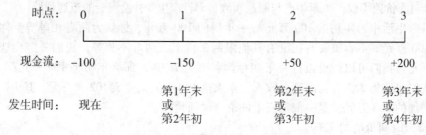

图 2-1　资金时间价值计算分析

资金时间价值计算分析图包括时间轴、现金流量 CF 和折现率 i 三大要素。

1. 时间轴

时间轴是反映资金运动所涉及的时间范围和资金运动所产生现金流量的时间点的数轴，包括时间线和时点。如图 2-1 所示，时间线反映资金运动涉及的三个时期，时间线上的各个数字代表的就是各个不同的时点，一般用字母 t 表示。$t=0$ 表示现在或第 1 期初，除 0 点以外，每个时点数字代表的都是两个含义，即当期的期末和下一期的期初，如时点 $t=1$ 就表示第 1 期的期末和第 2 期的期初。每个时期可以是年、半年、季、月，相应地每个时点就表示为年末、半年末、季末、月末，具体时期长短取决于现金流量涉及的时间长度。

2. 现金流量 CF（Cash Flow）

现金流量是资金运动产生的现金收付金额。现金流量数字前面的正负号表示的是现金流入或现金流出，其中正号表示现金流入，其后面的数值是从企业外部流入企业内部的现金，如收回的销售收入、固定资产的残值收入等；而负号表示现金流出，其后面的数值则是指从企业内部流入到企业外部的现金，如初始投资或其他现金投资等。现实中一定时期的现金流量通常发生在整个时期内，如收回的月销售收入通常在该月内的各自时间点，但为简化计算，通常假设现金流入量均发生在每期期末，现金流出量均发生在每期期初，除非特别说明。此外，决策所处的时点均为时点 $t=0$，即站在"现在"角度进行决策。

3. 折现率 i

在严格意义上的资金时间价值计算中，折现率 i 就是社会平均资金利润率，通常可取同期国库券利率。计算风险投资项目产生的现金流量的时间价值时，折现率是风险项目的投资报酬率。

（三）资金时间价值的计算方式

资金时间价值的计算方式是资金运动产生增值的计算方式，通常有单利计息方式和复利计息方式。

单利（simple interesting）计息方式是指只对投入的资金每期计算利息，获得的利息在下一个计息期及以后计息期不计算利息的一种计算方式。

单利利息的计算公式为

$$I = PV \times i \times n$$

其中，I——利息，PV——本金，i——利率，n——计息期数。

【例2-1】某企业有一张带息期票，面额为 1 200 元，票面利率5%，出票日期6月15日，8月14日到期（共60天），问到期时利息为多少？

解：到期时利息为

$I = 1\ 200 \times 5\% \times 60/360 = 10$（元）

在计算利息时，除非特别指明，给出的利率是指年利率。对于不足一年的利息，以一年等于 360 天来折算。

复利（compound interesting）计息方式是指不仅对投入的资金每期计算利息，且各期获得的利息在它的下一个计息期以及以后的计息期也计算利息的一种计算方式。复利的计算是对本金及其产生的利息一并计算，也就是利上有利，即通常所说的"利滚利"。复利计算的特点是：把上期末的本利和作为下一期的本金，在计算时每一期本金的数额是不同的。

复利利息的计算公式为：

$$I = PV \times \left[(1 + i)^n - 1 \right]$$

其中，I——利息，PV——本金，i——利率，n——计息期数。

【例2-2】某企业将 5 000 元存入银行，存款年利率4%，存3年，若按复利计息，则到期时累计总利息为多少？

解：第 1 年利息为 5 000×4% = 200（元）

第 2 年利息为（5 000+200）×4% = 208（元）

第 3 年利息为（5 000+200+208）×4% = 216.32（元）

到期时累计总利息为 200+208+216.32 = 624.32（元）

或，到期时累计总利息为 5 000× $\left[(1+4\%)^3 - 1 \right]$ = 624.32（元）

复利的概念充分体现了实际经济活动中资金周而复始地投入生产经营的过程，不断实现增值的特征，所以计算货币时间价值时，一般按复利计算方式计算。

（四）现值 PV 和终值 FV

现值 PV（Present value），即现在（$t=0$）的价值，是指一个或多个发生在未来的现金流相当于现在时刻的价值。

例如，计划现在往银行里存一笔钱，银行年利率3%，希望五年后获得本利和 50 000元，那么现在应该存入银行多少钱？这个问题中现在应该存的钱就是现值。

经常运用到的相关概念就是净现值（NPV）。净现值是指一个投资方案所产生的现金净流量以资金成本为贴现率折现之后，与原始投资额现值的差额。投资评价方法中的净现值法就是按净现值大小来评价投资方案优劣的一种方法。净现值大于零则方案可行，且净现值越大，投资方案越优，投资效益越好。

终值 FV（Future value），即未来值（如 $t=n$ 时的价值），是指一个或多个现在发生或未来发生的现金流相当于未来某时刻的价值。

（五）现金流量的形式

现金流量 CF（Cash Flow）是资金运动产生的现金收付金额，是资金时间价值计算分析的一个核心要素，按现金流量中收付款发生的次数分为单一收付款项和系列收付款项两种形式。

单一收付款项是指在某一特定时间内只发生一次收款或付款的简单现金流量，如投资购买到期一次还本付息的公司债券就是单一付款项的现金流量问题。

系列收付款项是指在某一特定时间多个时期内多次发生收款或付款的复杂现金流量。系列收付款项可以分为不规则系列收付款项和等额系列收付款项。不规则系列收付款项是指在某一特定时间多个时期内多次发生不等额收款或付款的复杂现金流量。等额系列收付款项是指在某一特定时间多个时间长度相等的时期内发生等额收款或付款的现金流量，即年金。

年金（Annuity）作为系列收付款项的特殊形式，是在某一特定时间内每隔相同时间（如一年或一个月）发生相同金额收付的现金流量，如年折旧、租金、利息、退休金等通常都表现为年金的形式。年金按款项收付的时间点和收付特点的不同可以分为普通年金（后付年金）、预付年金（先付年金）、递延年金和永续年金等形式，它们的区别可以从图2-2清楚看出。

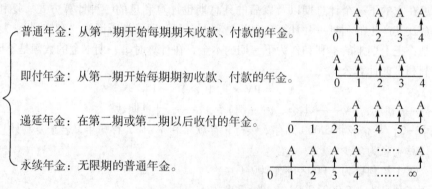

普通年金：从第一期开始每期期末收款、付款的年金。

即付年金：从第一期开始每期期初收款、付款的年金。

递延年金：在第二期或第二期以后收付的年金。

永续年金：无限期的普通年金。

图2-2　年金的种类

二、终值和现值的计算

（一）单一支付款项的终值和现值

（1）单利的计算。

依据资金时间价值的计算分析及运用，单利的相关计算有终值与现值之分。

①单利终值 FV：当前的一笔资金在若干期后所具有的价值，即本利和。计算公式

$$FV = PV \times (1 + i \times n)$$

其中，FV——终值，即本利和；PV——本金；i——利率；n——计息期数。

【例2-3】将 1 000 元存入银行，年利息率为7%，按单利计算，5年后终值应为多少？

解：5年后终值应为

$$FV_5 = PV(1 + i \times n) = 1\ 000 \times (1 + 7\% \times 5) = 1\ 350\ (元)$$

② 单利现值 PV：未来年份收到或支付的现金在当前的价值。由终值求现值所用的利率称为折现率。计算公式

$$PV = FV/(1 + i \times n)$$

其中，FV——终值，即本利和；PV——本金；i——利率；n——计息期数。

【例 2-4】若计划在 3 年以后得到 2 000 元，年利息率 8%，按复利计息，则现在应存多少？

解：现在应存入：

$$PV = \frac{FV_n}{1 + i \times n} = \frac{2\ 000}{1 + 8\% \times 3} = 1\ 612.90\ （元）$$

（2）复利的计算。

通常，单一收付款项的终值和现值一般简称为复利终值和复利现值。

① 复利终值（已知现值 PV，求终值 FV）。

复利终值是指一项现金流量按复利计算的一段时期后的价值，其计算公式为

$$FV = PV \times (1 + i)^n = PV \times FVIFP_{i, n} = PV \times (F/P, i, n)$$

其中，FV——终值，即本利和；PV——本金；i——利率；n——计息期数。

上式中，$(1 + i)^n$、$FVIFP_{i, n}$ 或 $(F/P, i, n)$ 称为复利终值系数，具体数值可查附录中的附表 1。

【例 2-5】假设某公司向银行借款 100 万元，年利率为 10%，按复利计算，借款期为 5 年，那么 5 年后该公司应向银行偿还的本利和是多少？

解：公司应向银行偿还的本利和为

$$FV = PV \times (1 + i)^n = 100 \times (1 + 10\%)^5 = 161.05\ （万元）$$

或，$FV = PV \times FVIFP_{i, n} = PV \times (F/P, i, n) = 100 \times 1.610\ 5 = 161.05\ （万元）$

②复利现值（已知终值 FV，求现值 PV）。

复利现值是指若干期后的一项现金流量按复利计算的现在的价值。计算现值的过程通常称为折现，实际上是将未来预期发生的现金流量按折现率调整为现在的现金流量的过程。对于单一支付款项来说，现值和终值是互为逆运算的。现值的计算公式为

$$PV = FV \times (1 + i)^{-n} = FV \times PVIFF_{i, n} = FV \times (P/F, i, n)$$

上式中，$(1 + i)^{-n}$、$PVIFF_{i, n}$ 或 $(P/F, i, n)$ 称为复利现值系数，具体数值可查附录中的附表 2。

【例 2-6】若计划在 3 年以后得到 2 000 元，年利息率 8%，按复利计息，则现在应存多少钱？

解：现在应存：

$$PV = FV_n \times (1 + i)^{-n} = 2\ 000 \times (1 + 8\%)^{-3} = 1\ 587.66\ （元）$$

或，$PV = FV_n(P/F, i, n) = FV_3(P/F, 8\%, 3) = 2\ 000 \times 0.793\ 8 = 1\ 587.66\ （元）$

（二）系列支付款项的终值和现值

对于不规则系列收付项的终值和现值计算，实际上就是运用单一收付款项的终值和现值计算方法分别计算后进行累加。

【例 2-7】某投资项目预计未来 4 年可获收益分别为第 1 年 10 万元、第 2 年 15 万元、第 3 年 20 万元、第 4 年 10 万元，若年利率 8%，要求计算该项目所获收益的现值。

解：该项目所获收益的现值为

$$PV = 10 \times (1 + 8\%)^{-1} + 15 \times (1 + 8\%)^{-2} + 20 \times (1 + 8\%)^{-3} + 10 \times (1 + 8\%)^{-4}$$

或，$PV = 10 \times (P/F, 8\%, 1) + 15 \times (P/F, 8\%, 2) + 20 \times (P/F, 8\%, 3) + 10 \times (P/F, 8\%, 4)$

$\qquad = 10 \times 0.925\,9 + 15 \times 0.857\,3 + 20 \times 0.793\,8 + 10 \times 0.735\,0$

$\qquad = 45.35$（万元）

对于等额系列收付款项即年金的终值和现值计算，由于其现金流量的特殊性，我们可以通过单一收付款项的终值和现值累加计算推演出简化的计算公式或简便的计算方法。由于等额系列支付款项即年金可以分为普通年金、预付年金、递延年金和永续年金等形式，因此计算终值和现值时要区别对待。具体的分析计算介绍如下。

（1）普通年金的终值和现值。

①普通年金终值（已知普通年金 A，求终值 FV）。

普通年金又称为后付年金，是指一定时期内，每期期末发生的等额现金流量。例如从投资购买的每年支付一次利息、到期一次还本的公司债券中每年得到的利息就是普通年金的形式。普通年金，既可以求现值，也可以求终值。

普通年金终值类似零存整取的本利和，是一定时期内每期期末等额收付款项的复利终值之和。其计算如图 2-3 所示。

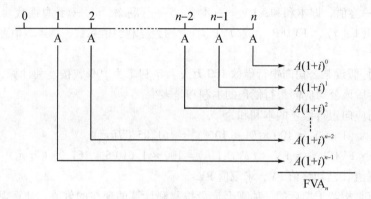

图 2-3　普通年金现终值计算

其计算公式为

$$V_n = A(1+i)^0 + A(1+i)^1 + A(1+i)^2 + \cdots + A(1+i)^{n-2} + A(1+i)^{n-1}$$

$$FVA_n = A\sum_{t=1}^{n}(1+i)^{t-1} = A \times \frac{(1+i)^n - 1}{i} = A \cdot FVIFA_{i,n} = A \cdot (F/A, i, n)$$

其中，A——年金数额，i——利息率，n——计息期数，FVA_n——年金终值。

上式中，$\sum(1+i)^{t-1}$ 或 $[(1+i)^n - 1]/i$ 称为年金终值系数，可写成 $FVIFA_{i,n}$ 或 $(F/A, i, n)$。

【例2-8】5 年中每年年底存入银行 100 元，存款利率为 8%，求第 5 年年末年金终值为多少？

解：第 5 年年末年金终值为 $FVA_5 = A \times FVIFA_{8\%,5} = 100 \times 5.867 = 586.7$（元）

②普通年金现值（已知普通年金 A，求现值 PV）。

普通年金现值是一定期间内每期期末等额的系列收付款项的现值之和。其计算如图 2-4 所示。

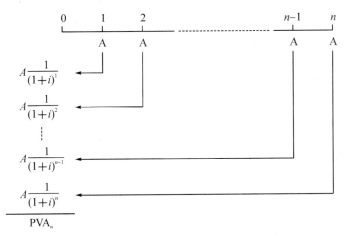

图 2-4　普通年金现值计算

其计算公式为

$$PVA_n = A\left(\frac{1}{(1+i)^1}\right) + A\left(\frac{1}{(1+i)^2}\right) + \cdots + A\left(\frac{1}{(1+i)^{n-1}}\right) + A\left(\frac{1}{(1+i)^n}\right)$$

$$PVA_n = A \cdot \sum_{t=1}^{n} \frac{1}{(1+i)^t} = A \times \frac{1-(1+i)^{-n}}{i} = A \cdot PVIFA_{i,n} = A \cdot (P/A, i, n)$$

上式中 $\sum (1+i)^{-t}$ 或 $[1-(1+i)^{-n}]/i$ 称为年金现值系数，可简写为 $PVIFA_{i,n}$ 或 $(P/A, i, n)$。

【例2-9】现在存入一笔钱，准备在以后 5 年中每年年末得到 100 元，如果利息率为 10%，现在应存入多少钱？

解：现在应存入：$PVA_5 = A \times PVIFA_{10\%, 5} = 100 \times 3.791 = 379.1$（元）

（2）预付年金的终值和现值。

预付年金又称为先付年金，是指一定时期内，每期期初发生的等额现金流量。例如对租入的设备，如果被要求每年年初支付相等的租金额，那么该租金就属于预付年金的形式。与普通年金相同，预付年金既可以求现值，又可以求终值。

预付年金与普通年金的差别仅在于现金流量的发生时间不同。由于年金终值系数表和年金现值系数表是按常见的普通年金编制的，因此我们在利用这种普通年金系数表计算预付年金的终值和现值时，可在计算普通年金的基础上加以适当的调整。

①预付年金终值（已知预付年金 A，求预付年金终值 FV）。

预付年金终值是一定时期内每期期初等额收付款项的复利终值之和。其计算如图 2-5 所示。

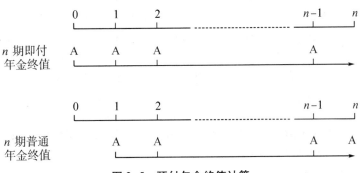

图 2-5　预付年金终值计算

预付年金可看成 0 至 $n-1$ 期的普通年金，按普通年金终值的方法计算得到在第 $n-1$ 期期末的终值，再乘以（$1+i$）即可得到预付年金在第 n 期期末的终值，其计算公式为

$$\text{XFVA}_n = A \times (F/A,i,n) \times (1+i)$$

我们也可以将预付年金直接转换成普通年金来计算。转换的方法是，求终值时，假设最后一期期末有一个等额的收付，这样就转换为 n+1 期的普通年金的终值问题，计算出期数为 n+1 期的普通年金的终值，再把多算的终值位置上的这个等额的收付 A 减掉，就得出预付年金终值。这样预付年金的终值系数和普通年金终值系数相比，期数加 1，而系数减 1。其计算公式为

$$\text{XFVA}_n = A \times (F/A,i,n+1) - A = A \times [(F/A,i,n+1) - 1]$$

【例 2-10】 某人每年年初存入银行 1 000 元，银行年存款利率为 8%，则第 10 年年末的本利和应为多少？

解：第 10 年年末的本利和应为

$$\begin{aligned}
\text{XFVA}_{10} &= A \times (F/A,i,n) \times (1+i) \\
&= 1\,000 \times (F/A,\ 8\%,\ 10) \times (1+8\%) \\
&= 1\,000 \times 14.487 \times 1.08 = 15,\ 645.96\ (\text{元})
\end{aligned}$$

或，

$$\begin{aligned}
\text{XFVA}_{10} &= A \times [(F/A,i,n+1) - 1] \\
&= 1\,000 \times [(F/A,\ 8\%,\ 10+1) - 1] \\
&= 1\,000 \times (16.645 - 1) = 15\,645\ (\text{元})
\end{aligned}$$

②预付年金现值（已知预付年金 A，求预付年金现值 PV）。

预付年金现值是一定时期内每期期初等额收付款项的复利现值之和。其计算如图 2-6 所示。

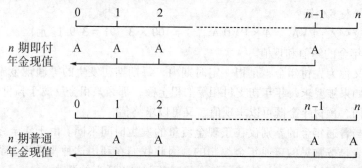

图 2-6　预付年金现值计算

预付年金可看成 0 至 n-1 期的普通年金，按普通年金现值的方法计算得到在第 0 期期初的现值，再乘以（$1+i$）即可得到预付年金在第 0 期期末即现在的现值，其计算公式为

$$\text{XPVA}_n = A \times (P/A,i,n) \times (1+i)$$

我们也可以将预付年金直接转换成普通年金来计算。转换的方法是，求现值时，假设 0 时点（第 1 期期初）没有等额的收付，这样就转化为 n-1 期的普通年金的现值问题，计算期数为 n-1 期的普通年金的现值，再把原来未算的第 1 期期初位置上的这个等额的收付 A 加上，就得出预付年金现值，预付年金的现值系数和普通年金现值系数相比，期数减 1，而系数加 1。其计算公式为

$$\text{XPVA}_n = A \times (P/A,i,n-1) + A = A \times [(P/A,i,n-1) + 1]$$

【例 2-11】 某企业租用一套设备，在 10 年中每年年初要支付租金 5 000 元，年利息率为 8%，则这些租金的现值为多少？

解：这些租金的现值为

$$\begin{aligned}
\text{XPVA}_{10} &= A \times (P/A, i, n) \times (1 + i) \\
&= 5\,000 \times (P/A, 8\%, 10) \times (1 + 8\%) \\
&= 5\,000 \times 6.710 \times 1.08 \\
&= 36\,234\,(\text{元})
\end{aligned}$$

$$\begin{aligned}
\text{或,}\ \text{XPVA}_{10} &= A \times [(P/A, i, n - 1) + 1] \\
&= 5\,000 \times [(P/A, 8\%, 10 - 1) + 1] \\
&= 5\,000 \times (6.247 + 1) \\
&= 36\,245\,(\text{元})
\end{aligned}$$

（3）递延年金的终值和现值。

递延年金又称为延期年金，是指第一次现金流量发生在第 2 期或第 3 期，或第 4 期……的等额现金流量。一般情况下，假设递延年金也是发生在每期期末的年金，因此，递延年金也可以简单地归纳为：第一笔现金流量发生在第 1 期以后的普通年金，都属于递延年金。对于递延年金，我们既可以求现值，也可以求终值。其计算如图 2-7 所示。

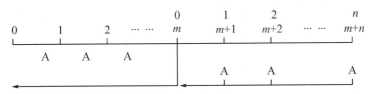

图 2-7 递延年金现值计算

①递延年金终值（已知递延年金 A，求递延年金终值 FV）。

递延年金的第一次现金流量并不是发生在第一期的，但如果将发生递延年金的第一期设为时点 1，则用时间轴表示的递延年金与普通年金完全相同，因此递延年金终值的计算方法与普通年金终值的计算方法基本相同，只是发生的期间 n 是发生递延年金的实际期限。其计算公式为

$$FV = A \times (F/A, i, n)$$

上式中，可视 n 为 A 的个数。因此递延年金终值只与 A 的个数有关，与递延期无关。

②递延年金现值（已知递延年金 A，求递延年金现值 PV）。

方法一，假设最初有 m 期没有收付款项，后面 n 期有等额的收付款项，则递延年金的现值即为后 n 期年金贴现至 m 期第一期期初的现值。其计算公式为

$$PV = A \cdot (P/A, i, n) \cdot (P/F, i, m)$$

方法二，计算递延年金现值时可以假设前 m 期也有年金发生，那么就构成了一个普通年金，按照 $m + n$ 期计算出普通年金现值后，再减去没有年金发生的前 m 期普通年金现值，二者之差便是递延 m 期的 n 期普通年金现值，即延期年金现值。其计算公式为

$$PV = A \cdot (P/A, i, n) \cdot (P/F, i, m)$$

方法三，先按照普通年金终值的计算方法计算出递延年金的终值，然后再用复利折现到 0 时点计算出递延年金的现值。其计算公式为

$$PV = A \cdot (F/A, i, n) \cdot (P/F, i, m + n)$$

【例 2-12】某企业向银行借入一笔款项，银行贷款的年利息率为 8%，银行规定前 10 年不用还本付息，但从第 11 年至第 20 年每年年末偿还本息 1\,000 元，问这笔款项的现值应为多少？

解：方法一，
$$\begin{aligned}
PV &= A \times (P/A, i, n)(P/F, i, m) \\
&= 1\,000 \times (P/A, 8\%, 10)(P/F, 8\%, 10) \\
&= 1\,000 \times 6.710 \times 0.463 = 3\,106.73\,(\text{元})
\end{aligned}$$

方法二, $PV = A \times (P/A, i, m+n) - A \times (P/A, i, m)$
$$= 1\,000 \times (P/A, 8\%, 20) - A \times (P/A, 8\%, 10)$$
$$= 1\,000 \times 9.818 - 1\,000 \times 6.710 = 3\,108 \ (\text{元})$$

方法三, $PV = A \times (F/A, i, n)(P/F, i, m+n)$
$$= 1\,000 \times (F/A, 8\%, 10)(P/F, 8\%, 20)$$
$$= 1\,000 \times 14.487 \times 0.215 = 3\,114.71 \ (\text{元})$$

（4）永续年金的相关计算。

永续年金是指无限期支付的年金，即永续年金的支付期 n 趋近于无穷大。由于永续年金没有终止的时间，因此不能计算终值，只能计算现值。

①永续年金现值（已知永续年金 A，求永续年金现值 PV）。

如果满足以下条件：

a. 每次支付金额相同且皆为 A；

b. 支付周期（每次支付的时间间隔）相同（如年、季、月等）；

c. 每段支付间隔的利率相同且皆为 i（根据周期不同，可以为年利率、月利率等）。

永续年金的现值可以通过普通年金现值的计算公式推导得出。

$$PV = \lim_{n \to \infty} \frac{1 - (1+i)^{-n}}{i} = \frac{A}{i}$$

因此，永续年金的现值 PV 计算公式为

a. 如果每个期间的期末支付，则 $PV = \dfrac{A}{i}$

b. 如果每个期间的期初支付，则 $PV = A + \dfrac{A}{i}$

【例2-13】某公司计划在大学里成立一个奖学基金，基金投资买入年息5%的长期国债，基金本金不动，每年年底的利息10万元用作学生的奖学金。此项基金需要投入多少本金？

解：此项基金需要投入的本金即期末永续年金的年金现值，为

$PV = 10 \div 5\% = 200 \ (\text{万元})$

如果要求在年初支付，则年金现值 $PV = A + \dfrac{A}{i} = 10 + 10 \div 5\% = 210 \ (\text{万元})$

②增长型永续年金现值（已知第0期现金流量 C_0，每年增长率为 g，求现值 PV）。

增长型永续年金是指无限期支付的，但每年呈固定比率增长的各期现金流量。它与永续年金的区别在于，永续年金每期发生的金额都是固定的；而增长型永续年金的各期现金流量是以固定比率每期增长的。

设 C_0 为第0期的现金流量，g 表示现金流量每年预计增长率，则第 $1 \sim n$ 期及以后的增长型永续年金发生额分别为：$C_1 = C_0(1+g)$、$C_2 = C_0(1+g)^2$、$C_3 = C_0(1+g)^3 \cdots C_n = C_0(1+g)^n \cdots$ 则其现值计算公式可通过以下步骤来推导：

$$PV = \frac{C_0(1+g)}{1+i} + \frac{C_0(1+g)^2}{(1+i)^2} + \frac{C_0(1+g)^3}{(1+i)^3} + \cdots + \frac{C_0(1+g)^n}{(1+i)^n} + \cdots \qquad (2\text{-}1)$$

令 $a = \dfrac{C_0(1+g)}{1+i}$，$x = \dfrac{(1+g)}{(1+i)}$，于是有

$$PV = a(1 + x + x^2 + x^3 + \cdots) \qquad (2\text{-}2)$$

在上式两边乘以 x，得到

$$PVx = a(x + x^2 + x^3 + \cdots) \tag{2-3}$$

将上式从公式（2-2）中减去，得到

$$PV - PVx = a(1 + x + x^2 + x^3 + \cdots) - a(x + x^2 + x^3 + \cdots)$$

得到 $(1-x)PV = a$，即

$$PV = \frac{a}{(1-x)};$$

再将 $a = \dfrac{C_0(1+g)}{1+i}$ 和 $x = \dfrac{(1+g)}{(1+i)}$ 代入，便可得到增长型永续年金的现值公式：

$$PV = \frac{\dfrac{C_0(1+g)}{1+i}}{1 - \dfrac{(1+g)}{(1+i)}} = \frac{C_0(1+g)}{i-g} = \frac{C_1}{i-g} \tag{2-4}$$

【例2-14】某公司现在发放的股利是每股 0.8 元，将来以每年增长 2% 发放，如果年利率按 6% 计算，则公司将来发放的所有股利的现值是多少？

解：公司将来发放的所有股利的现值为

$$PV = \frac{C_0(1+g)}{i-g} = \frac{0.8(1 + 2\%)}{6\% - 2\%} = 20.4（元）$$

三、利率与计算期数的计算

影响现金流量时间价值的因素有四个：现值、终值、利率（折现率）和计息期数。我们只要知道了其中任意三个因素就可求出第四个因素。在上述计算中都是假定利率（折现率）、计息期数、现值（或终值）是已知的，求解终值（或现值）。但在某些情况下，也可以根据计息期数、终值或现值求解利率（折现率），或根据利率（折现率）、终值或现值求解计息期数，据此解决实际经济中的相关问题。

（一）利率 i 的计算

在已知终值、现值、计息期数的情况下计算利率，可以通过列出终值或现值的计算公式，然后用求解方程式的方法将未知数 i 求解出来。

首先，根据已知的的终值、现值或年金计算出相应的资金时间价值系数：

$$(F/P, i, n) = \frac{F}{P}$$

$$(P/F, i, n) = \frac{P}{F}$$

$$(F/A, i, n) = \frac{F}{A}$$

$$(P/A, i, n) = \frac{P}{A}$$

其次，根据资金时间价值系数值表查出对应系数值的利率，即得所求的利率；若没有对应的系数值，则查出其相邻的两个系数值和对应的利率，通过插值法近似计算出所求的利率。

【例2-15】HG 公司准备今后三年中每年年末存入银行 500 万元，问利率为多少才能保证第三年年末得到 1 630 万元？

解：根据已知条件，可计算年金终值系数：

$$(F/A, i, n) = \frac{F}{A} = \frac{1\ 630}{500} = 3.26$$

查表得，利率为8%时，系数为3.246，利率为9%时，系数为3.278，系数3.26介于上述两个系数之间，用插值法即可计算其近似值。

利率　　　　8%　　　　　i　　　　9%
系数　　　3.246　　3.26　　3.278

$$\frac{i - 8\%}{9\% - 8\%} = \frac{3.26 - 3.246}{3.278 - 3.246} = \frac{0.014}{0.032} = 0.437\ 5$$

则，$i = 8\% + 0.437\ 5 \times (9\% - 8\%) = 8.437\ 5\%$

若条件改为HG公司准备今后三年中每年年末存入银行500万元，问利率为多少才能保证第三年年末得到1 639万元？

根据 $(F/A, i, n) = \dfrac{F}{A} = \dfrac{1\ 639}{500} = 3.278$，查表直接得到利率为9%。

（二）计息期数 n 的计算

在已知终值、现值、利率的情况下，也可求出计息期数 n，其方法同利率的计算方法相同。

【例2-16】GH公司现有资本500万元，希望能保持利用投资报酬率为12%的投资机会，问经过多少年投资后才可能使现有资本增加1倍？

解：依题意 PV = 500，FV = 2×500 = 1 000，i = 12%，故，$(F/P, 12\%, n)$ = 1 000÷500 = 2

查表得　　　　　　n　　　6　　　　? n　　　　7
　　　$(F/P, 12\%, n)$　1.973 8　　　2　　　2.210 7

根据插值法，得到

$$\frac{n - 6}{7 - 6} = \frac{2 - 1.973\ 8}{2.210\ 7 - 1.973\ 8} = \frac{0.026\ 2}{0.236\ 9} = 0.110\ 6$$

解之得：$n = 6 + 0.110\ 6 \times (7 - 6) = 6.11$（年）

因此，在6.11年以后可以使现有资本增加1倍。

三、名义利率与有效利率的换算

在实务中，金融机构提供的利率报价为名义年利率，通常记作APR（Annual Percentage Rate）。

通常将以年为基础计算的利率称为名义年利率（APR），将名义年利率按不同计息期调整后的利率称为有效利率（Effective Annual Rate，EAR）。

设1年复利次数为 m 次，名义年利率APR为 r_{nom}，则有效利率EAR的调整公式为

$$\text{EAR} = \left(1 + \frac{r_{nom}}{m}\right)^m - 1$$

上述公式表明，如果每年复利一次，APR和EAR相等；随着复利次数的增加，EAR逐渐趋于一个定值。从理论上说，复利次数可以为无限大的值，当复利间隔趋于零时即为连续复利（continuous compounding）。

【例2-17】假设你刚刚从银行取得了250 000元的房屋抵押贷款，年利率12%，贷款期为30年。银行向你提供了两种还款方案：

（1）在未来30年内按年利率12%等额偿还。

（2）在未来30年内按月利率1%等额偿还。

要求计算两个方案每次的还款金额。

（3）按方案计算你实际承担的有效年利率是多少？相当于每年还款金额是多少？

解：由于贷款金额=每期还款金额×（$P/A,i,n$），则

（1）每年还款金额为

$250\ 000/(P/A,12\%,30)=250\ 000/8.055=31\ 036.62$（元）

（2）如果按月偿还，月利率为1%，共有360个月（30×12），则每月还款金额为

$250\ 000/(P/A,1\%,360)=250\ 000/97.218=2\ 571.54$（元）

（3）实际承担的有效年利率为

$$EAR=\left(1+\frac{12\%}{12}\right)^{12}-1=12.68\%$$

相当于每年还款金额为

$250\ 000/(P/A,12.68\%,30)=250\ 000/7.666\ 9=32\ 607.70$（元）

实际上是每月还款金额的一年的年金终值，即

$2\ 571.54\times(F/A,1\%,12)=2\ 571.54\times12.682\ 5=32\ 613.56$（元）

注：计算结果由于系数的小数点取值带来一些误差。

【例2-18】若本金1 000元，投资5年，年利率8%。要求计算：

（1）每年复利一次的本利和；

（2）每季度复利一次的本利和。

解：（1）每年复利一次的本利和为

$FV=1\ 000\times(1+8\%)^5=1\ 000\times1.469=1\ 469$（元）

（2）每季度复利一次的本利和为

每季度利率=8%÷4=2%，复利次数=5×4=20

故 $FV=1\ 000\times(1+2\%)^{20}=1\ 000\times1.485\ 9=1\ 485.9$（元）

若按年有效利率计算：

①$EAR=(1+8\%/4)^4-1=1.082\ 4-1=8.24\%$

②由于$(1+8.24\%)^5$即（$F/P,8.24\%,5$），查表得

$(F/P,8\%,5)=1.469\ 3$，$(F/P,9\%,5)=1.538\ 6$

用插值法求得 $(F/P,8.24\%,5)=1.485\ 9$

则 $FV=1\ 000\times(1+8.24\%)^5=1\ 000\times1.485\ 9=1\ 485.9$（元）

四、Excel 时间价值函数

（一）Excel 时间价值函数基本模型

资金时间价值相关要素变量的计算可以利用 Excel 时间价值函数来实现，具体运用参见表2-1。

表2-1 Excel 时间价值函数

求解变量	输入函数
计算终值:FV	=FV(Rate,Nper,Pmt,PV,Type)
计算现值:PV	=PV(Rate,Nper,Pmt,FV,Type)
计算每期等额现金流量:PMT	=PMT(Rate,Nper,PV,FV,Type)
计算期数:n	=NPER(Rate,Pmt,PV,FV,Type)
计算利率或折现率:r	=RATE(Nper,Pmt,PV,FV,Type)

利用 Excel 计算终值和现值应注意的问题：

（1）现金流量的符号问题，在 FV，PV 和 PMT 三个变量中，其中总有一个数值为零，因此在每一组现金流量中，总有两个异号的现金流量。

（2）如果某一变量值为零，输入"0"或省略，如图 2-8 所示。

财务管理

· 52 ·

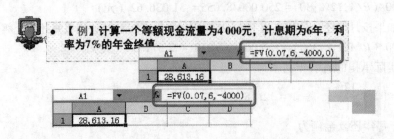

图 2-8　输入"0"或省略的情况

（3）如果某一变量值（在输入公式两个变量之间）为零，也可以","代替，如图 2-9 所示。

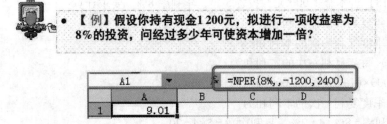

图 2-9　用","代替的情况

（二）现值、终值及其他变量计算举例

（1）假设某投资项目预计 5 年后可获得收益 800 万元，按年折现率 12% 计算，问这笔收益的现值是多少？

采用 Excel 财务函数计算如表 2-2 所示。

表 2-2　Excel 财务函数计算

	Rate	Nper	PMT	FV	Type	PV	Excel 函数公式
已知	0.12	5	0	−800	0		
求 PV						453.94	=PV(0.12,5,0,−800,0)

（2）假设某项目在 3 年建设期内每年年末向银行借款 100 万元，借款年利率为 10%，问项目竣工（即第 3 年年末）时应该支付给银行的本利和总额是多少？

采用 Excel 财务函数计算如表 2-3 所示。

表 2-3　Excel 财务函数计算

	Rate	Nper	PMT	FV	Type	PV	Excel 函数公式
已知	0.1	3	−100	0	0		
求 PV						331	=PV(0.1,3,−100,0,0)

（3）假设你现在向银行存入 10 000 元钱，问折现率为多少时，才能保证在以后的 10 年中每年年末都能够从银行取出 2 000 元？

采用 Excel 财务函数计算如表 2-4 所示。

表 2-4　Excel 财务函数计算

	Nper	PMT	PV	FV	Type	Rate	Excel 函数公式
已知	10	2 000	−10 000	0	0		
求 Rate						15.1%	=RATE(10,2 000,−10 000,0,0)

（三）混合现金流量的现值与折现率

（1）利用 Excel 财务函数 NPV 计算混合现金流量的现值。

Excel 财务函数 NPV 的功能：基于一系列现金流和固定的各期贴现率，返回一项投资的净现值。

输入方式：NPV（Rate，Valuel，Value2，…）

其中，Value1，Value2，…，所属各期的长度必须相等，且现金流均发生在期末。

在计算投资项目评价指标净现值时，应将项目未来现金流量用 NPV 函数求出的现值再减去该投资项目的初始投资的现值，以求得投资项目的净现值 NPV。

【例 2-19】假设某投资项目在未来 4 年的年末分别产生 90 元、100 元、110 元、80 元确定的现金流量，初始投资 300 元，NPV 折现率为 8%，计算该项目的净现值。

利用 Excel 财务函数 NPV 计算如图 2-10 所示。

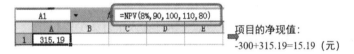

图 2-10　使用函数 NPV 计算

（2）利用 Excel 财务函数 IRR 计算混合现金流量的折现率。

Excel 财务函数 IRR 的功能：返回由数值代表的一组现金流量的内部收益率。

输入方式：IRR（Values，Guess）

这些现金流量不一定必须是均衡的，但他们必须按固定的时间间隔发生。

【例 2-20】假设某公司支付 200 万元购买一台设备，预计使用 5 年。设备投入使用后每年预计现金净流量分别为 30、50、60、80、60 万元。计算该项目的投资内部收益率。

采用 Excel 财务函数 IRR 计算，如图 2-11 所示。

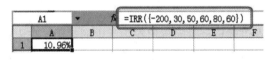

图 2-11　使用函数 IRR 计算

五、资金时间价值的应用

要想了解资金时间价值在生活中的运用，首先就要知道什么是资金的时间价值。总的来说，资金的时间价值就是指一定量的资金在不同时点上的价值量差额。货币的时间价值是现代财务管理的基本观念之一，被称之为理财的第一原则。它反映的是由于时间因素的作用而使现在的一笔资金高于将来某个时期的同等数量的资金的差额或者资金随时间推延所具有的增值能力。资金的循环和周转以及因此实现的货币增值，需要或多或少的时间，每完成一次循环，货币就增加一定数额，周转的次数越多，增值额也越大。因此，随着时间的延续，货币总量在循环和周转中按几何级数增大，所示货币具有时间价值。

货币要随着时间的推移增值，必须满足两个基本条件：一是商品经济的存在和发展，二是货币借贷关系的存在。这里举个例子解释一下生活中的资金时间价值，比如说：如果某人一年前向你借了 10 000 元钱，你是希望他现在归还还是一年或更长时间以后再归还呢？显然，大多数人都愿意选择前者。首先，人们会担心风险问题，欠账的时间越长，违约的风险就越大；其次，由于通货膨胀会导致物价上涨，货币会贬值。然而，即使排除违约风险和通货膨胀这两个因素，人们还是希望现在就收回欠款，因为其可以立即将钱投入使用而得到一定的回报；如果一年或者更长的时间以后收回欠款，则其牺牲了这段时间的投资回报。所以，一年后 10 000 元的价值要低于其现在的价值。这种资金增值的现象便是资金具有时间价值的属性。资本主义国家传统的观点认为，资金的时间价值就是资金所有者由于推迟消费而要求得到的按推迟时间长短计算的报酬。

既然资金具有时间价值，那么在生活中人们可以怎样有效地运用资金的时间价值呢？资金使用者从资金所有者那里取得资金是要付出代价的，那么只有使用资金所得的收益必须大于所付出的代价，使用者才能得到好处。资金时间价值在生活中的实际运用存在于多方面，在此举几个实例加以说明。

【例 2-21】某人计划每年为 12 岁的孩子存入一笔钱，打算等 10 年后孩子大学毕业时，送孩子出国留学。办理各种手续和出国第一年费用大概需要 180 000 元，那他现在应该每年存入多少钱？

【例 2-22】某人要出国 3 年，请朋友代为支付其母亲租用住房的房租，每年租金 2 000 元，假定银行存款利率为 3%，他现在应该一次性存入银行多少钱？

【例 2-23】有一位 30 岁无正式工作的居民，打算自行购买一份养老保险，每月缴纳 150 元，一年 1 800 元，缴足 20 年后就不再缴纳，从 50 岁开始每月从社保部门领取养老金 300 元。这个人购买养老保险是否合算？

【例 2-24】如果你有一笔多余的暂时闲置资金 10 000 元，是存入银行还是购买国库券或股票？

【例 2-25】某人准备在重庆市区购买一套面积 70 平方米的新房（现房），按 3 000 元/平方米均价计算，首付 30%，7 成 10 年按揭。购房时发生的手续费、税费、水电气户头费等为总房款的 8%，银行 10 年按揭贷款年利率为 5%。假定当时当地 $70m^2$ 住房出租每月租金为 400 元，年初一次性支付当年租金，银行三年期定期存款利率为 3%，每三年自动转存，存款利息个人所得税率为 20%。此人手中现有 80 000 元现金，那么他究竟选择买房还是租房更合算？

以上这些例子，都在讲述资金时间价值在生活中的运用。在人们的日常生活中，还有很多地方可以利用资金的时间价值来确定个人和家庭的各种投资行为，只要我们在面临多个不同的可选方案时，不仅仅着眼于当前的和表面的利益，而把眼光放长远一点，充分考虑资金的时间价值和机会成本，那么你的投资就是可行的，也是有效的。

第三节　风险与收益

一、风险与收益的概述

公司价值创造过程充满着机遇和挑战，各种投融资、经营项目存在不同的风险和收益，公司必须权衡风险与收益，选择适当的项目，实现公司价值最大化。

（一）风险的概念

风险是一个非常重要的财务概念。任何决策都有风险，这使得风险观念在理财中具有普遍意义。风险有三类观点，一是"危险损失观"，认为风险是可能发生的未来危险的损失。二是"结果差异观"，认为风险是实际结果与预计结果间的差异。三是"不确定性观"，认为风险是事件的未来不确定性。综合起来可以认为风险是由于事件的未来不确定性使其实际结果与预计结果间产生差异，从而形成的未来损失。

风险是事件本身的不确定性，具有客观性，特定投资的风险大小是客观的，但投资者可以选择是否冒风险及冒多大的风险。比如你可以把钱放在家里，也可以存进银行，还可以买股票，三种选择的风险从无到有，从小到大。所以，风险是客观存在的，投资者承担的风险由自身的投资选择决定，具有一定的主观性。风险大小随时间延续而变化。对于一个投资项目的成本，事先的预计可能很不准确，越接近完工预计越准确。随时间的延续，事件的不确定性在减小。因此，风险是一定时期内的风险。

风险与不确定性有区别。风险是指事先可以知道所有可能结果，以及每种结果出现的概率；而不确定性是指事先不知道所有可能出现的结果，或者虽然知道可能后果但不知道它们出现的概率。在实际问题中，风险问题的概率往往不能准确知道，不确定性问题也可以估计一个概率，二者很难区分。因此在实务领域对风险和不确定不作区分，都视为风险问题看待。

在财务上，风险的定义为资产未来实际收益的不确定性，是资产未来收益相对预期收益变动的可能性和变动幅度。

（二）风险的分类

（1）从个别投资主体角度看，风险可分为

①市场风险：指那些影响所有公司的因素引起的风险。这类风险涉及所有的投资对象，不能通过多角化投资来分散，因此又称不可分散风险或系统风险。

②公司特有风险：指发生于个别公司的特有事件造成的风险。这类风险可通过多角化投资来分散，即发生于一家公司的不利事件可以被其他公司有利事件抵销，也称为可分散风险或非系统风险。

（2）从企业本身角度来看，风险可分为

①经营风险：指由于生产经营的不确定性带来的风险，是任何商业活动都有的风险。其由企业外部的社会经济、市场环境变动和企业内部经营条件变动引起，结果表现为产业收益率的不确定。经营风险决定于企业投资决策形成的产业结构带回来的经营能力，通常可以用标准差，经营杠杆等指标反映息税前利润（EBIT）的变动程度来衡量其大小。

②财务风险：指由于负债筹资而增加的风险，由企业筹资决策形成的资本结构决定，通常可以用标准差、财务杠杆来反映，以权益净利率（ROE）或每股收益（EPS）的变动

程度来衡量其值。

（3）从风险承担对象角度来看，可分为

①投资对象固有的风险：具有客观性，取决于投资对象，如投资项目、股票、债券等未来收益的不确定性程度。

②投资者需要承担的风险：具有主观性，投资者可选择单项产业投资或多项产业组合投资来控制需要承担的风险的大小。

（三）收益的概念

1. 收益

从经济意义的角度定义，收益是指任一产业未来实现的增量现金流量。这里的产业可以理解为企业、投资项目、生产设备等实体产业，及股票、债券、其他证券等金融产业。实体产业可以通过会计利润、经济利润来反映其收益，财务上更多的是使用经济利润（如EVA）、现金净流量来衡量收益，收益水平使用内含报酬率（IRR）来表示。而证券产业则直接表现为利息（股息）收益和资本利得收益，其收益水平使用证券投资收益率来表示。

2. 风险报酬

风险报酬指投资者因冒风险进行投资、承担风险而获取的超过货币时间价值的额外收益，也称风险价值、风险溢价。承担的风险程度越大，投资者要求获取的风险报酬也越高。

风险报酬的表示方式有：①绝对数，即风险报酬额；②相对数，即风险报酬率，是风险报酬额与原投资额之比。

二、单项产业的风险与收益

风险是未来收益相对预期收益变动的可能性和变动幅度，体现为收益变动的概率和变动的程度，因此，单项产业的风险度量可以通过概率分布和反映离散程度的数理统计指标（如方差、标准差、变化系数即标准离差率）来衡量。

（一）预期收益的概率分布

一项事件的概率是指这一事件发生的可能性，一般用 P_i 表示。人们通常把必然发生事件的概率确定为1，不可能发生事件的概率确定为0，因此，所有事件的概率都应满足条件：$0 \leqslant P_i \leqslant 1，\sum P_i = 1$。

概率分布就是列出所有可能的结果，以及各结果出现的概率。在数据表上形成概率分布表，在坐标体系上形成概率分布图。结果分布越分散，风险越大；结果分布越集中，风险越小。

【例2-26】某公司有A、B两个项目，投资规模与其他条件相同，两个项目的收益率及其概率分布情况如表2-5所示。

表2-5　不同情况下项目的收益率及其概率

经济发展状况	概率 P_i	A项目收益率 R_A	B项目收益率 R_B
繁荣	0.5	15%	20%
一般	0.4	10%	10%
萧条	0.1	5%	2%
合计	1	—	—

则A、B两个项目概率分布如图2-12所示。

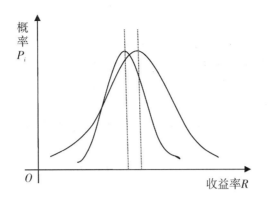

图 2-12　A、B 两个项目概率分布

从图 2-12 可知，A 项目的收益率分布比较集中，B 项目的收益率分布相对分散，因此，B 项目的风险要大于 A 项目的风险。

（二）期望收益率

期望报酬率是各种可能的收益率按其概率进行加权平均计算出来的报酬率，其计算公式为

$$E(R) = \sum_{i=1}^{n} R_i P_i$$

式中，$E(R)$——期望报酬率，R_i——第 i 种可能结果的报酬率，P_i——第 i 种可能结果的概率，n——可能结果的个数。

根据【例 2-21】的资料，计算 A、B 两个项目的期望收益率为

项目 A 的期望收益率：

$E(R_A) = $ 15%×0.5+10%×0.4+5%×0.1＝12%

项目 B 的期望收益率：

$E(R_B) = $ 20%×0.5+10%×0.4+2%×0.1＝14.2%

计算结果表明，B 项目的期望收益率大于 A 项目的期望收益率，从图 2-8 可知，B 项目的收益率分布要比 A 项目的收益率分布相对分散，两者的风险显然存在差别，具体准确的区分要计算衡量概率分布离散程度的数理统计指标。

（三）离散程度指标

反映概率分布离散程度的数理统计指标有方差、标准差、标准离差率等。

1. 方差和标准差

方差和标准差是反映某产业收益率的各种可能结果对其期望收益率的偏离程度的指标。方差和标准差的计算公式为

$$方差\ \sigma^2 = \sum_{i=1}^{n} \left[(R_i - \bar{R})^2 P_i \right]$$

标准差也叫均方差，它等于方差的平方根。

$$标准差\ \sigma = \sqrt{\left[(R_i - \bar{R})^2 P_i \right]}$$

一般方差和标准差越小，说明离散程度越小，风险也就越小，反之风险越大。

方差和标准差的含义是描述实际收益率围绕预期收益率波动的程度，某项产业的方差或标准差越大，则意味着实际收益率围绕预期收益率波动的程度越大，投资者所不能实现预期收益率的可能性也就越大，即投资风险也就越大。

根据【例 2-21】的资料，计算 A、B 两个项目的标准差为

$$\sigma_A = \sqrt{0.5 \times (15\% - 12\%)^2 + 0.4 \times (10\% - 12\%)^2 + 0.1 \times (5\% - 12\%)^2} = 3.32\%$$

$$\sigma_B = \sqrt{0.5 \times (20\% - 14.2\%)^2 + 0.4 \times (10\% - 14.2\%)^2 + 0.1 \times (2\% - 14.2\%)^2} = 6.23\%$$

标准差越大，说明各种可能结果相对于期望值的离散程度越大，风险也就越大。计算结果表明 B 项目收益率的标准差大于 A 项目收益率的标准差，但标准差是平均的离差值，是一个绝对量，说明绝对程度的离散，因此，计算结果只反映 B 项目的收益率绝对的离散程度要比 A 项目的要大，由于两者的期望收益率不等，因此其风险大小的比较不能用标准差直接来判断。通常期望值大的事件，标准差体现的绝对离差会大一些，同样的标准差值对于期望值小的事件反映出的变动程度更大，因此，期望收益率不等时要计算标准离差率从相对程度来比较。

2. 标准离差率

标准离差率，也称变异系数，是标准差与期望值的比率，是相对风险的衡量标准，反映单位期望值所包含的风险。其计算公式为

$$V = \frac{\sigma}{\bar{R}} \times 100\%$$

一般来说，标准离差率越小，说明离散程度越小，风险也就越小；反之标准离差率越大，则风险越大。标准离差率适用于所有情况（期望收效率相等以及不相等的情况）下的风险决策。

根据【例 2-21】的资料，计算 A、B 两个项目的标准离差率为

$$V_A = \frac{3.32\%}{12\%} \times 100\% = 27.67\%$$

$$V_B = \frac{6.23\%}{14.2\%} \times 100\% = 43.87\%$$

计算结果表明项目 B 的风险要高于项目 A 的风险，所以投资者若认为收益率差别可以不考虑的话，就应选择 A 项目。

【例 2-27】某企业进行项目投资，A 项目和 B 项目的期望收益率分别为 15% 和 20%，标准离差分别为 7% 和 10%，试计算标准离差率进行投资决策。

解：项目 A 的标准离差率：7% / 15% = 47%

项目 B 的标准离差率：10% / 20% = 50%

以上计算结果表明项目 B 的风险要高于项目 A 的风险，所以应选择 A 项目。

三、投资组合的风险和收益

（一）投资组合的内涵

投资组合是指由两种及以上证券或产业构成的集合，一般泛指证券的投资组合。

在实际中，单项投资具有风险，而投资组合仍然具有风险，在这种情况下，投资者需要确定投资组合的收益和投资组合的风险，并在此基础上进行风险与收益的权衡。

1952 年马柯威茨（Harry Markowitz）提出了投资组合理论，使金融学摆脱了单纯描述性研究和单纯经验操作状态，开始了定量分析阶段。马柯威茨的主要贡献是：将多项风险产业组合到一起，可以对冲掉部分风险，但不降低其平均预期收益率。

（二）投资组合的收益衡量

投资组合的收益通过计算投资组合的期望收益率来衡量，投资组合的期望收益率是投资组合中各项产业期望收益率的加权平均数。其计算公式为

$$E(r_p) = \sum_{j=1}^{m} E(R_j) \times W_j$$

其中，$E(r_p)$——投资组合的期望收益率；$E(R_j)$——投资组合中第 j 项产业（证券）的期望收益率；W_j——投资组合中第 j 项产业（证券）的投资比重；j——投资组合 r 的第 j 项产业（证券）；m——投资组合中产业（证券）的项数，且有 $\sum_{j=1}^{m} W_j = 1$。

投资组合期望收益率的影响因素有组合中各项产业的期望收益率及其投资比重。

【例 2-28】某投资者拟投资 20 万元购买股票，设计了一个投资组合，投资 A 股票 12 万元，B 股票 8 万元，据测算 A、B 股票的期望收益率分别为 20% 和 15%，试计算该投资组合的期望收益率。

解：该投资组合的期望收益率为

$$E(r_p) = 20\% \times \frac{12}{20} + 15\% \times \frac{8}{20} = 18\%$$

（三）投资组合的风险衡量

投资组合的风险通过计算投资组合预期收益率的方差 σ^2 与标准差 σ 来衡量，反映投资组合的总风险水平。多项产业形成的投资组合计算其预期收益率的方差 σ^2 与标准差 σ 比较复杂，下面以两项产业的组合来介绍其原理。

两项产业组合的期望收益率等于各单项产业期望收益率以其投资比重为权数的加权平均数，但两项产业组合的风险由于两项产业收益率之间存在一定程度的关联性，不能简单地用各单项产业投资比重对各单项产业的风险进行加权平均计算。

由两项产业构成的投资组合中，如果某一投资项目的收益率呈上升趋势，而另一投资项目的收益率有可能上升，也有可能下降，或者不变。两者的风险通过组合会带来一定的分散，分散的程度取决于两者的相关性。因此，两项产业组合的风险计算要考虑组合产业的相关程度。在投资组合风险分析中，投资者通常利用协方差和相关系数两个指标来测算投资组合中任意两个投资项目收益率之间的相关程度。两项产业组合的风险的计算公式为

组合方差：

$$\sigma_p^2 = W_1^2 \sigma_1^2 + W_2^2 \sigma_2^2 + 2 W_1 W_2 \text{Cov}(R_1, R_2) = W_1^2 \sigma_1^2 + W_2^2 \sigma_2^2 + 2 W_1 W_2 \rho_{1,2} \sigma_1 \sigma_2$$

组合标准差：

$$\sigma_p = \sqrt{W_1^2 \sigma_1^2 + W_2^2 \sigma_2^2 + 2 W_1 W_2 \text{Cov}(R_1, R_2)} = \sqrt{W_1^2 \sigma_1^2 + W_2^2 \sigma_2^2 + 2 W_1 W_2 \rho_{1,2} \sigma_1 \sigma_2}$$

其中，W_1、W_2——组合中两项产业的投资比重；σ_1、σ_2——组合中两项产业预期收益率的标准差；$\text{Cov}(R_1, R_2)$——组合中两项产业预期收益率的协方差，且 $\text{Cov}(R_1, R_2) = \rho_{1,2} \sigma_1 \sigma_2$；$\rho_{12}$——组合中两项产业预期收益率的相关系数，且 $\rho_{1,2} = \dfrac{\text{Cov}(R_1, R_2)}{\sigma_1 \sigma_2}$。

相关系数（ρ）是用来反映两个随机变量之间相互关系的相对数，显示了两个投资项目之间预期收益率相互变动的方向，其变动范围是 $[-1, +1]$。ρ 为正值时，表示两种产业收益率呈同方向变化，ρ 为负值则意味着两种产业收益率呈反方向变化。$\rho = -1$ 是完全负相关，$\rho = +1$ 是完全正相关，$\rho = 0$ 表示不相关。一般相关系数在 0.5 至 0.7。

【例 2-29】仍按例 2-21 给出的资料，假定投资 A、B 股票预期收益率的标准差分别为 12%、10%。要求分别计算当 A、B 两种股票的相关系数分别为 +1、+0.4、+0.1、0、-0.1、-0.4 和 -1 时的投资组合收益率的协方差、方差和标准差。

解：依题意，$W_A = 60\%$，$W_B = 40\%$，$\delta_A = 12\%$，$\delta_B = 9\%$，则

（1）该投资组合收益率的协方差

$\text{Cov}(R_A, R_B) = \rho_{AB} \times 12\% \times 10\% = 0.012 \rho_{AB}$

（2）该投资组合收益率的方差

$\sigma_p^2 = 0.6^2 \times 0.12^2 + 0.4^2 \times 0.1^2 + 2 \times 0.6 \times 0.4 \times 0.012 \rho_{AB}$

（3）该投资组合收益率的标准差

$\sigma_p = \sqrt{0.6^2 \times 0.12^2 + 0.4^2 \times 0.1^2 + 2 \times 0.6 \times 0.4 \times 0.012}$

当 $\rho_{AB} = +1$ 时，

$\text{Cov}(R_A, R_B) = 0.012$

$\sigma_p^2 = 0.6^2 \times 0.12^2 + 0.4^2 \times 0.1^2 + 2 \times 0.6 \times 0.4 \times 0.012 = 0.012\,5$

$\sigma_p = \sqrt{0.6^2 \times 0.12^2 + 0.4^2 \times 0.1^2 + 2 \times 0.6 \times 0.4 \times 0.012} = 0.112$

同理，可计算出当相关系数分别为十1、+0.4、+0.1、0、-0.1、-0.4 和-1 时的协方差、方差和标准离差的值，计算结果如表 2-6 所示。

表 2-6　投资组合的相关系数与协方差、方差和标准离差

相关系数 ρ_{AB}	1	0.4	0.1	0	-0.1	-0.4	-1
协方差 $\text{Cov}(R_A, R_B)$	0.012 0	0.004 8	0.001 2	0.000 0	-0.001 2	-0.004 8	-0.012 0
方差 σ_p^2	0.012 5	0.009 1	0.007 4	0.006 8	0.006 2	0.004 5	0.001 0
标准差 σ_p	0.112 0	0.095 3	0.085 8	0.082 4	0.078 8	0.066 9	0.032 0

不论投资组合中两项资产之间的相关系数如何，只要投资比例不变，各项资产的预期收益率不变，则该投资组合的预期收益率就不变，都是 18%。但在不同的相关系数条件下，投资组合收益率的标准离差却会随之发生变化。

当相关系数为+1 时，两项资产收益率的变化方向与变动幅度完全相同，会一同上升或下降，不能抵消任何投资风险。此时的标准离差最大，为 11.2%。

当相关系数为-1 时，情况刚好相反，两项资产收益率的变化方向与变动幅度完全相反，表现为此增彼减，可以完全抵消全部投资风险。此时的标准离差最小，为 3.2%。

当相关系数在 0～+1 范围内变动时，表明各项资产收益率之间是正相关关系，它们之间的正相关程度越低，其投资组合可分散的投资风险的效果就越大。如当相关系数为+0.4 时，标准离差约为 9.53%；当相关系数为+0.1 时，标准离差约为 8.58%。

当相关系数在-1～0 范围内变动时，表明各项资产收益率之间是负相关关系，它们之间的负相关程度越低（绝对值越小），其投资组合可分散的投资风险的效果就越小。如当相关系数为-0.4 时，标准离差约为 6.69%；当相关系数为-0.1 时，标准离差约为 7.88%。

当相关系数为零时，表明单项资产收益率之间是无关的。此时的标准离差约为 8.24%。其投资组合可分散的投资风险的效果比正相关时的效果要大，但比负相关时的效果要小。

当相关系数分别为+1、-1 和-0.4 时，A、B 资产投资组合的标准离差与预期收益率之间的关系可以用图 2-13 来表示。

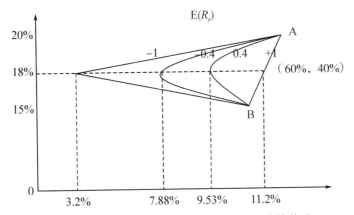

图 2-13 投资组合的标准离差与期望收益率的关系

从图 2-13 中还可以看出，无论资产之间的相关系数大小如何，投资组合的收益率都不会低于所有单项资产中的最低收益率，也不会高于所有单项资产中的最高收益率；投资组合的风险不会高于所有单项资产中的最高风险，但会低于所有单项资产中的最低风险。这一结论同样适用于由多项资产构成的投资组合。

四、系统风险及其衡量

（一）投资组合的风险分散化

投资组合的风险通过计算投资组合预期收益率的方差 σ^2 与标准差 σ 来衡量，反映出投资组合的总风险水平。投资组合的总风险由系统风险和非系统风险两部分内容构成。投资组合中各单项资产的风险，有些可以被分散掉，有些则不能。无法分散掉的是系统风险，可以分散掉的是非系统风险。

1. 系统风险

系统风险是指那些影响所有公司的因素引起的风险。例如战争、经济衰退、通货膨胀、高利率等非预期的变动，对所有资产都会影响。系统风险虽然影响所有资产，但对各项资产影响程度的大小有区别。例如，各种股票处于同一经济系统之中，它们的价格变动有趋同性，多数股票的报酬率在一定程度上正相关。经济繁荣时，多数股票的价格上涨；经济衰退时，多数股票的价格下跌。尽管多数股票的变动方向是一致的，但是各股票涨跌的幅度是有区别的。所以，不管投资多样化有多充分，也不可能消除全部风险，即使购买的是全部股票的市场组合。当然各股票受这些因素的影响程度不同，产生的价格变动程度不同，形成的风险大小也不一样。整个资本市场所有资产的组合称为市场组合，其系统风险为市场平均风险，对应有单项资产的系统风险、某投资组合的系统风险，它们的风险程度各有不同。

由于系统风险是影响整个资本市场的风险，所以也称为市场风险，系统风险没有有效的方法消除，所以也称不可分散风险。

2. 非系统风险

非系统风险是指发生于个别公司的特有事件所造成的风险，例如，某公司发生工人罢工、诉讼失败、新产品开发失败、失去重要的销售合同。这类事件是非预期的、随机发生的，它只影响一个或少数公司，不会对整个市场产生太大影响。这种风险可以通过多元化投资来分散，即发生于一家公司的不利事件可以被其他公司的有利事件所抵消。

由于非系统风险是个别公司或个别资产所特有的，因此又称为公司风险或公司特有风险。由于非系统风险可以通过投资多样化分散掉，因此也称为可分散风险。

投资组合的风险分散化程度与相关系数的大小紧密相关。

如果相关系数 $\rho = -1$，说明两种证券完全负相关，由此形成的投资组合，可以完全消除风险，如两项产业组合 $\delta_P = W_1\delta_1 - W_2\delta_2$。

如果相关系数 $\rho = 1$，说明两种证券完全正相关，由此形成的投资组合，其风险等于各单项资产风险的加权平均，没有消除任何风险，如两项资产组合 $\delta_P = W_1\delta_1 + W_2\delta_2$。

事实上，许多证券之间存在的相关性并非完全正或负相关这两个极端情况，相关系数大多数情况下在 0.5～0.7。因此两项资产组合的风险：$W_1\delta_1 - W_2\delta_2 < \delta_P < W_1\delta_1 + W_2\delta_2$。由此可推断，有效的投资组合可以降低风险，但无法完全消除风险。一般而言，随着投资组合的个别投资数目的增加，投资组合的风险会减少，究竟能减少到何种程度则要看各种投资之间的相关系数，相关系数越低，投资组合的风险就越小。但个别投资的数目大大增加不能完全消除投资组合的风险。除非可以找到一组相关系数为零或负数并组成一个投资组合，才能将投资组合的风险完全消除。

由于非系统风险可以通过投资组合分散化消除，因此一个充分的投资组合几乎没有非系统风险。假设投资人都是理智的，都会选择充分投资组合，非系统风险将与资本市场无关。因此，市场不会对它给予任何价格补偿。通过投资组合分散化消除的非系统风险，几乎没有任何值得市场承认的、必须花费的成本。

投资者投资一项资产或一项资产组合，承担一定的风险会从市场上得到回报，回报大小仅取决于系统风险。这就是说，从有效的资本市场角度来说，一项产业或产业组合的期望报酬率高低取决于该产业的系统风险的大小。投资组合风险构成如图 2-14 所示。

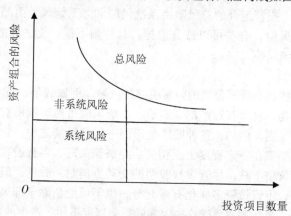

图 2-14 投资组合风险构成

（二）系统风险及其贝塔系数 β

1. 贝塔系数 β

一项资产或一项资产组合的总风险通过其预期收益率的方差 σ^2 与标准差 σ 来衡量。总风险由系统风险和非系统风险两部分内容构成。非系统风险可以通过投资组合分散掉，市场不会对它给予任何价格补偿。从资本市场角度来说，一项资产或资产组合的期望报酬率高低取决于该资产的系统风险的大小，因此，确定一项资产或资产组合可以从资本市场获取的报酬首先要确定它们的系统风险。

系统风险通常用贝塔（Beta）系数来衡量。贝塔系数是不可分散风险的指数，用来反映个别证券收益率的变动对于市场组合收益率变动的敏感性，它用来衡量不可分散风险的程度。贝塔系数是个别资产收益率变动相对于平均市场风险的资产或资产组合收益率变动

的倍数，通常以 β 表示。对于产业 j、平均市场风险的资产或资产组合 M，其计算公式为

$$\beta_j = \frac{\text{Cov}(K_j, K_M)}{\sigma_M^2} = \frac{\rho_{jM} \sigma_j \sigma_M}{\sigma_M^2} = \rho_{jM} \frac{\sigma_j}{\sigma_M}$$

2. 单项资产 β 系数的确定

单一特定产业（如证券）的 β 系数，可通过回归分析法计算确定。通常 β 系数不需投资者自己计算，而是由有关证券公司提供上市公司的 β 系数，以供投资者参考和使用。

如果将整个市场组合的风险 β_M 定义为 1；某种资产（证券）的风险定义 β_i，则：

①$\beta_i = \beta_m$，说明某种资产（证券）风险与市场风险保持一致；

②$\beta_i > \beta_m$，说明某种资产（证券）风险大于市场风险；

③$\beta_i < \beta_m$，说明某种资产（证券）风险小于市场风险。

对于股票市场来说，大多数股票的 β 值在 $0.50 \sim 1.60$。根据 β 系数的定义，市场平均风险的市场组合 β 系数为 1。若某种股票的 β 系数为 1，则意味着如果股票市场行情上涨 10%，该种股票的行情也上涨 10%；如果股票市场行情下跌 10%，则该股票的行情也下跌 10%。若某种股票的 β 系数为 0.5，则该种股票的变动性只有市场变动的一半，即如果股票市场行情上涨 10%，该股票的行情只上涨 5%，但如果股票市场行情下跌 10%，该股票的行情也只下跌 5%。若某种股票的 β 系数为 1.5，则该种股票的变动性是市场变动的 1.5 倍，即如果股票市场行情上涨 10%，该股票的行情上涨 15%，但如果股票市场行情下跌 10%，该股票的行情则下跌 15%。

3. 组合中 β 系数的确定

投资组合的 β 系数是组合中各产业（证券）β 系数的加权平均数，通过组合中各项产业（证券）的投资比重对其 β 系数进行加权平均计算出来，其计算公式为

$$\beta_P = \sum_{i=1}^{n} W_i \beta_i = W_1 \beta_1 + W_2 \beta_2 + W_3 \beta_3 + \cdots + W_n \beta_n$$

如果投资组合的 β 系数都等于 1，则该投资组合会随着股票市场行情的涨跌而同幅度涨跌，其风险程度与平均风险股票相同；β 系数为 0.5 的投资组合，其风险程度也只有平均风险股票构成的投资组合的一半而已；β 系数为 1.5 的投资组合，其风险程度是平均风险股票构成的投资组合的 1.5 倍。如果将 β 系数大于 1 的股票加入 β 系数等于 1 的投资组合，则投资组合的风险增大；相反，如果在 β 系数等于 1 的投资组合加入 β 系数小于 1 的股票，则投资组合的风险会下降。进一步来说，在一个投资组合中加入 β 系数高于组合 β 系数的股票，则投资组合的风险会增大；反之，加入 β 系数低于组合 β 系数的股票，则投资组合的风险会下降；而加入 β 系数等于组合 β 系数的股票，则投资组合的风险不会变动。

由于投资组合的风险分散效果，随着组合中产业数量的增加，总风险不断下降；当风险水平接近市场风险时，投资组合的风险不再因组合中的产业数增加而增加；此时再增加产业个数对降低风险已经无效了，反而只会增加投资的成本。

第四节 资本资产定价模型

一、资本资产定价模型概述

资本资产定价模型（capital asset pricing model，CAPM）是金融市场现代价格理论的主干，是在最优产业组合理论的基础上发展起来的市场均衡定价理论，被广泛地应用于经济

分析和实证研究，成为不同领域中决策的一个重要基础。CAPM 模型是指财务管理中为揭示单项产业必要收益率与预期所承担的系统风险之间的关系而构建的一个数学模型，对于产业风险及其预期收益率的关系给出了精确的预测。

（一）资本资产定价模型的假设

资本资产定价模型是建立在市场存在完善性和环境没有摩擦的基础之上的，即指市场对资本和信息自由流动的没有阻碍，不考虑交易成本和对红利、股息及资本利得征税，任何证券的交易单位都是无限可分的，市场只有一个无风险借贷利率等。具体假设条件有：

（1）所有投资者均为风险厌恶者，尽量回避风险，并追求最终财富预期效用的最大化。

（2）所有投资者对所有资产收益拥有同样预期，投资者均有完全相同的主观估计。

（3）所有投资者均可以无风险利率、不受限制地借入或贷出资金，且在任何资产上都没有卖空限制。

（4）市场资产的数量固定，且所有资产能自由流动，具体完全可分性。

（5）所有投资者均为市场价格接受者，即任何一个投资者的投资行为不会对股票价格产生影响，且没有税金问题。

上述假设条件显然与现实经济生活存在不符之处，投资者在实际应用时虽然可以不受这些基本假设的严格限制，但采用这些简化的方式，有助于进行基本的理论分析，因此该模型在研究分析中得到了广泛地应用。

（二）资本资产定价模型的基本表达式

在特定条件下，资本资产定价模型的基本表达式如下：

$$R_i = R_F + \beta_i(R_M - R_F)$$

其中：R_i——第 i 种资产的必要收益率；R_F——无风险收益率；β_i——第 i 种资产的系统风险值；R_M——市场组合的平均收益率；$(R_M - R_F)$——市场风险溢酬，即市场风险报酬率；$\beta_i(R_M - R_F)$——第 i 种资产的风险报酬率。

从上式可以看出，任何资产的必要收益率受到无风险收益率、市场组合的平均收益率和产业的 β 系数三个因素的影响。

【例 2-30】 甲股票的 β 系数为 0.5，乙股票的 β 系数为 1，丙股票的 β 系数为 1.5，丁股票的 β 系数为 2.0，无风险利率为 7%，假定同期市场上所有股票的平均收益率为 12%。

要求：计算上述四种股票的必要收益率，并判断当这些股票的收益率分别达到多少时，投资者才愿意投资购买。

解：根据题意：

甲股票的必要收益率 $R_甲$ = 7%+0.5×（12%-7%）= 9.5%

乙股票的必要收益率 $R_乙$ = 7%+1.0×（12%-7%）= 12%

丙股票的必要收益率 $R_丙$ = 7%+1.5×（12%-7%）= 14.5%

丁股票的必要收益率 $R_丁$ = 7%+2.0×（12%-7%）= 17%

只有当甲股票的收益率达到和超过 9.5%，乙股票的收益率达到和超过 12%，丙股票的收益率达到或超过 14.5%，丁股票的收益率达到或超过 17%时，投资者才会愿意投资购买。否则，投资者就不会去投资。

二、资本资产定价模型的应用

CAPM 模型揭示了资产的必要收益率与所承担的系统风险之间的关系，有助于资产风险及其必要收益率的预测与分析，能有效地应用于单项资产和投资组合的必要收益率和风险收益率的计算分析。

单项资产的资本资产定价模型：

$$R_j = R_F + \beta_j(R_M - R_F)$$

投资组合的资本资产定价模型：

$$R_P = R_F + \beta_P(R_M - R_F)$$

其中，R_j——第 j 种资产的必要收益率；R_p——投资组合的必要收益率；R_F——无风险收益率；β_j——第 j 种资产的 β 系数，且 $\beta_j = \sigma_{jM}/\sigma_M^2 = \rho_{jM}\sigma_j/\sigma_M$；$\beta_p$——证券组合的 β 系数，且 $\beta_p = \sum(W_i \times \beta_i)$；$R_M$——市场平均收益率；$R_M - R_F$——市场风险溢酬；$\beta_j(R_M - R_F)$——第 j 种资产的风险收益率；$\beta_P(R_M - R_F)$——投资组合的风险收益率。

【例 2-31】 林纳公司股票的 β 系数为 2.0，无风险利率为 6%，市场上所有股票的平均报酬率为 10%，那么，林纳公司股票的风险收益率及必要收益率分别是？

解：风险报酬率 = 2.0×（10%-6%）= 8%

投资必要报酬率 = 6%+8% = 14%

【例 2-32】 特林公司持有由甲、乙、丙三种股票构成的证券组合，它们的 β 系数分别是 2.0、1.0 和 0.5，它们在证券组合中所占的比重分别为 60%、30% 和 10%，股票的市场报酬率为 14%，无风险报酬率为 10%。试确定这种证券组合的风险报酬率和必要报酬率。

解：证券组合的 β 系数 = 60%×2.0+30%×1.0+10%×0.5 = 1.55

证券组合的风险报酬率 = 1.55×（14%-10%）= 6.2%

证券组合的必要报酬率 = 10%+6.2% = 16.2%

【例 2-33】 某公司目前持有由 A、B、C 三种股票构成的证券组合，各种股票的 β 系数分别为 0.6、1.0 和 1.8。假定三种股票在证券组合中的比重分别为 25%、40% 和 35%，当前股票的市场收益率为 12%，无风险收益率为 7%。试计算该公司持有的证券组合的 β 系数和风险收益率。

解：证券组合的 β 系数 = 25%×0.6+40%×1.0+35%×1.8 = 1.18

证券组合的风险收益率 = 1.18×（12%-7%）= 5.9%

【例 2-34】 仍按**【例 2-30】**资料，该公司为降低风险，售出部分 C 股票，买进部分 A 股票，使 A、B、C 三种股票在证券组合中所占的比重变为 45%、40% 和 15%，其他条件不变，计算该公司调整后新证券组合的 β 系数和风险收益率。

解：新证券组合的 β_P = 0.6×45%+1.0×40%+1.8×15% = 0.94

新证券组合的风险收益率 = 0.94×（12%-7%）= 4.7%

因为新证券组合的风险收益率为 4.7%，小于原组合的 5.9%，说明证券组合的系统风险被降低了。从本例可以看出，改变投资比重，可以影响投资组合的 β 系数，进而改变其风险收益率；减少系统风险大的产业比重，提高系统风险小的产业比重，能达到降低投资组合总体风险水平的目的。

【例 2-35】 某投资组合的风险收益率为 9%，市场组合的平均收益率为 12%，无风险收益率为 7%，则该投资组合的 β 系数计算如下：

解：该投资组合的 β 系数为 β_P = 9%/（12%-7%）= 1.8

三、证券市场线

证券市场线（SML）是描述资本资产定价模型的图形，它反映了系统风险与投资者要求的必要报酬率之间的关系。一般认为，证券的期望收益与风险正相关，即投资者只有在一种证券的期望收益可以弥补其承担的风险时才会持有这种风险性证券。β 系数是衡量证券在证券组合中系统风险的有效指标。因此，资本资产定价模型中反映的证券期望收益与

β系数存在的正相关关系可以通过证券市场线体现出来。根据例 2-30 的计算结果绘制的证券市场线如图 2-15 所示。

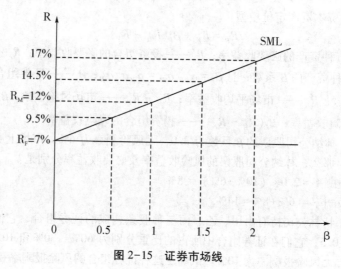

图 2-15　证券市场线

从图 2-11 我们可以看出风险高低与收益水平高低之间的关系，并可以从中得出以下几点结论：

（1）证券市场线在纵轴的截距是无风险收率 R_F，对应的 β 系数为零，表明此时的个别产业（或投资组合）的必要收益率即为无风险收益率。

（2）证券市场线的斜率为 $R_M - R_F$，也称风险价格、风险溢酬。一般来说，投资者对风险厌恶感越强，斜率越大，证券市场线越陡峭，要求的单位风险报酬就越高。

（3）证券市场线既适用于单个证券，也适用于投资组合，体现投资组合的 β 系数和必要收益率的线性关系。

（4）β 系数小于 1，收益率在市场收益率之下，表明此时的个别资产（或投资组合）的必要收益率小于市场组合的平均收益率。

（5）β 系数为 1，收益率刚好等于市场收益率，表明此时的个别资产（或投资组合）的必要收益率与市场组合的平均收益率相同。

（6）β 系数大于 1，收益率在市场收益率之上，表明此时的个别资产（或投资组合）的必要收益率大于市场组合的平均期望收益率。

本章综述

1. 财务估价是对一项资产的内在价值进行估计。企业价值的核心表现为内在价值，是企业实现的未来现金流量的现值之和。

2. 企业价值衡量方法通常分为收益法、相对价值法和资产基础法三种基本类型。

3. 企业价值创造就是企业基于合理的风险控制创造未来现金流量的投融资、资本运营、资产经营的过程。

4. 资金时间价值是指一定量资金随着时间推移所产生的增值，即一定量资金在不同时点上的资金价值量的差额，也称为货币时间价值。从量的规定性来看，资金时间价值是没有风险和没有通货膨胀下的社会平均资金利润率。

5. 资金时间价值的要素有利率、时期、现值、终值、年金，关键的计算变量有复利现值、复利终值、年金现值、年金终值，它们的计算除了利用基本计算公式外，还可以利用 Excel 财务函数高效率实现。

6. 财务上，风险是资产未来实际收益的不确定性，是资产未来收益相对预期收益变动的可能性和变动幅度。风险的衡量方式主要有概率分布、方差、标准差、标准离差率。风险可分为非系统风险和系统风险。非系统风险是指发生于个别公司的特有事件所造成的风险，可以通过投资多样化分散掉，因此也称为可分散风险，资本市场不会给予任何补偿。系统风险是指那些影响所有公司的因素引起的风险，投资多样化不能分散掉，因此也称为不可分散风险，由贝塔系数 β 来衡量。β 系数是个别资产收益率变动相对于市场收益率变动的倍数。

7. 财务上，收益是指任一资产未来实现的现金流量增量。实体资产可以通过会计利润、经济利润来反映其收益，财务上更多的是使用经济利润（如 EVA）、现金净流量来衡量收益，收益水平使用内含报酬率（IRR）来表示。而证券资产的收益直接表现为利息（股息）收益和资本利得收益，其收益水平使用证券投资收益率来表示。风险收益即风险报酬指投资者因冒风险进行投资、承担风险而获取的超过货币时间价值的额外收益。承担的风险程度越大，投资者要求获取的风险报酬也越高。单项资产的期望收益率是各种可能的收益率按其概率进行加权平均计算出来的报酬率，即 $E(R) = \sum_{i=1}^{n} R_i P_i$；组合资产的期望收益率是投资组合中各项资产期望收益率的加权平均数，即 $E(r_p) = \sum_{j=1}^{m} E(R_j) \times W_j$。

8. 基于资本资产定价模型，资产必要收益率为 $R_i = R_F + \beta_i (R_M - R_F)$，其中 β 系数与资产必要收益率的线性关系可通过证券市场线表现出来。

参考文献

[1] 中国注册会计师协会. 财务成本管理 [M]. 北京：中国财政经济出版社，2021.
[2] 荆新，王化成，刘俊彦. 财务管理学 [M]. 9版. 北京：中国人民大学出版社，2021.
[3] 刘淑莲. 财务管理 [M]. 5版. 大连：东北财经大学出版社，2019.

习 题

第三章

财务分析
——识别企业价值创造过程的技术

■本章导读

　　企业价值创造源于财务决策，财务决策基于对企业财务报表的研究分析，财务报表能够直接反映企业的经营状况以及业绩发展，能够为企业整体价值评估提供参考依据，有利于企业探寻价值创造路径，有利于企业的决策者以及潜在的投资者做出正确的决策。由此可见，财务报表的重要性是无法取代的，各企业必须充分重视起来，将其分析工作作为重中之重。本章主要从企业财务与财务报表、财务报表分析内容与方法、财务效率分析和分析结果运用等方面来解读财务报表分析对企业价值创造的作用。

　　章节的具体内容：
- 企业财务与财务报表
- 财务分析的概述
- 会计分析
- 财务能力分析
- 现金流量分析
- 综合财务分析

■重点专业词语

资产负债表（balance sheet）　　　　　利润表（income statement）

现金流量表（flow of funds statement）　杜邦体系分析法（dupont system analysis）

偿债能力比率（liquidity ratio）　　　　流动比率（current ratio）

比较分析法（comparative analysis）　　趋势分析法（trend analysis）

■开章案例

华达公司是一家生产经营家用器具的区域性中小企业，2021年公司财务、生产、采购和营销等方面因为市场环境的变化而面临相当大的困难。为了解公司经营状况，财务部门依据会计核算数据计算得出以下财务指标数据（见表3-1）。

表3-1 华达公司财务指标数据

项目	月份												月平均
	1	2	3	4	5	6	7	8	9	10	11	12	
流动比率	2.2	2.3	2.4	2.2	2	1.8	1.9	1.8	2	2.1	2.2	2.2	2.1
速动比率	0.7	0.8	0.9	1	1.1	1.2	1.2	1.2	1.1	1	0.9	0.8	0.98
资产负债率/%	52	55	60	55	53	50	42	45	46	48	50	52	51
资产净利率/%	4	6	8	13	15	16	18	16	10	6	4	2	10
销售净利率/%	7	8	8	9	10	11	12	11	10	8	8	7	9

根据表3-1的财务指标数据表现，对下列问题能分析出怎样的结果？

(1) 该公司生产经营有什么特点？

(2) 流动比率与速动比率的变动趋势为什么会产生差异？怎样消除这种差异？

(3) 资产负债率的变动说明了什么问题？3月份的资产负债率最高说明了什么问题？

(4) 资产净利率与销售净利率的变动程度为什么不一致？

注：问题解析参见本章附录。

第一节 企业财务与财务报表

企业财务报表作为一种特殊的商业语言，在市场经济中的地位是举足轻重的。财务报表分析是企业以资产负债表、利润表、现金流量表和其他相关的会计资料为基础，对企业的财务状况、经营成果和现金流量进行分析的一种方法。

企业战略选择、相关业务安排以及日常经营策略的实施都是通过企业财务来落实的，企业的财务状况、经营成功和现金流量等情况都会体现在财务报表上。因此，有效地分析财务报表，可以使相关人员从财务上了解企业生产经营过程，认识企业价值创造过程，从而探寻企业价值创造的途径。

一、投融资活动与财务报表

（一）投资活动与财务报表

1. 财务报表分析是投资决策的基础

市场经济时代，企业财务报表不再简单地作为数据信息的载体，还可以为企业在生产经营中提供决策依据，而这正是通过企业的财务报表分析来实现的。财务报表可以为企业运营管理提供明确的信息依据，进而改善企业经营，提升企业效益。通过财务报表分析获取重要财务指标信息，全面、正确地解读财务报表，是投资者评价所投资企业过去的经营业绩、衡量所投资企业现在的财务状况的重要依据。

在企业的生存发展中，投资活动扮演着至关重要的角色，一个企业若想获得长足的发展，必然要学会高效投资，进行有效地投资决策。在企业的投资管理中，为了解企业的财务状况及经营情况，投资者需要在投资前整理和搜集各类数据和资料，以获取有用的信息，而在这些数据中，财务报表数据信息对企业投资决策至关重要，它可以反映企业的经营状况、财务状况以及现金流量状况等。企业财务分析人员需要搜集、处理的财务报表数据，通过分析、计算各种财务指标，获取对投资决策有用的信息。无论是什么性质的企业，投资决策都会产生风险。企业的投资决策必然需要依靠财务报表基础数据。投资者对企业报表数据必须充分了解，才能通过数据分析了解企业经营状况及资金状况是否正常。如果企业在投资决策中进行了较好的财务报表分析，那么这对提高企业的业绩，增强企业竞争力有着显著帮助；相反，如果企业在投资决策中未充分进行财务报表分析甚至就没有展开财务报表分析，那必然会加大企业的投资风险，有可能使企业业绩下滑，使企业处于恶劣环境中。

2. 投资活动的内容和成果体现于财务报表，并通过财务报表分析得以反映出来

财务报表分析是正确实施投资决策的重要依据。财务报表分析最基本的功能，是将大量的报表数据转换成对投资决策有用的信息，为企业经营管理者提供系统、完整的财务分析资料，深入了解企业的财务状况、经营成果和现金流量情况，进而减少投资决策的不确定性。所以，投资者有必要通过全面的财务报表分析，来判断被投资企业经营业绩的好坏，以便及时正确的投资决策。同时企业投资决策直接决定企业的资产规模和资产结构，直接影响资产负债表、利润表和现金流量表等财务报表的内容和水平。相关人员通过对它们的分析可以得出企业的投资决策及其实施的效率和效果，进而正确引导投资者做出科学的投资决策、开展有效的投资活动。

资产负债表主要提供有关企业财务状况方面的信息。通过资产负债表分析，投资者可以了解被投资企业某一日期资产的总额及其结构，表明其拥有或控制的资源及其分布情况，清楚地掌握被投资企业某一日期的负债总额及其结构，表明其未来需要用多少资产或劳务清偿债务以及清偿时间，即流动负债有多少、长期负债有多少、长期负债中有多少需要用当期流动资金进行偿还等；企业经营管理者可以把握企业所有者所拥有的权益，据以判断资本保值、增值的情况以及对负债的保障程度，从而有助于其做出正确的投资决策。

利润表主要提供被投资企业经营成果方面的信息。通过利润表分析，投资者可以了解被投资企业一定会计期间的收入情况，以及被投资企业一定会计期间的费用耗费情况，总结被投资企业生产经营活动的成果，即净利润的实现情况，据以判断资本保值、增值情况。将财务报表分析中的利润表信息与资产负债表信息相结合，便于企业经营管理者根据企业未来的发展趋势，做出科学的投资决策，实施有效的投资管理。

现金流量表主要反映企业现金流入与流出的情况。现金流量指标是以真实的现金流入和现金流出为基础，借助对企业现金流量的分析，企业经营管理者能把握企业当期和未来获取现金的能力，对企业的偿债能力和融资能力进行准确判断，据此做出正确的投资决策和合理的实施安排。现金流量表由于是以"收付实现制"为基础的，被操纵的可能性小，因此现金流量表提供的信息更为客观。

3. 投资决策者对财务报表分析的要求

对外发布的财务报表，是根据所有使用者的一般要求设计的，并不适合特定报表使用者的特定目的。报表使用者要通过分析财务报表及相关信息研究其所反映的企业经济现实，

从而制定各种特定的决策。

企业各种不同的利益相关者对财务报表分析有不同的要求，主要表现在：

（1）股权投资者：为决定是否投资企业，需要分析企业的盈利能力；为决定是否转让股份，需要分析企业的盈利状况、股价变动和发展前景；为考察经营者业绩，需要分析企业的资产盈利水平、破产风险和竞争能力；为研究股利分配政策，需要分析企业的资金状况和筹资安排。

（2）企业经营管理者：为改善经营决策，需要进行内容广泛的财务分析，几乎包括企业内、外部财务报表使用者关心的所有问题。

（3）企业债权人：为决定是否提供贷款或资金融通，需要分析企业的盈利与风险状况，了解贷款资金的报酬和风险；为了解企业的短期偿债能力，需要分析其资产的流动状况和短期债务规模；为了解企业的长期偿债能力，需要分析其资产结构、盈利状况和资本结构。

（4）供应商或客户：为决定是否建立长期合作关系，需要分析企业的长期盈利能力和偿债能力、经营风险和破产风险；为决定提供何种信用政策，需要分析企业的短期偿债能力和营运能力。

（二）融资活动与财务报表

1. 财务报表也是融资决策的基础

企业融资主要的内容是外部融资。外部融资是指通过企业自身以外的其他所有融资渠道融通资金，如银行信贷融资、股票融资、债券融资、租赁融资等。外部融资的特点是渠道多，规模大，能最大限度地满足企业生产发展的需要，外部融资的方式也十分灵活，这些都是企业获得资金的重要渠道。

在市场经济条件下，投资者分散在世界各个角落，其不可能对每家需要融资的企业进行实地考察了解。企业需要向投资者、债权人展示企业自身的实力与良好的发展前景，投资者和债权人也需要了解企业，财务报表就代表了双方互相了解的桥梁。

报表分析是报表使用者获取企业相关信息，进行预测和决策的重要前提。财务报表本身提供的信息是原始的、凌乱无序的。报表使用者在分析中可运用一系列的专门技术和方法对原始数据进行加工整理，去伪存真，提炼升华，得出综合性的、多方位的反映企业财务状况与经营成果的具体指标。另外，报表本身并不具备评价企业经营情况的功能，只有报表使用者结合企业资金实力、产品市场竞争力、国家宏观经济走势、行业发展状况等，才能对企业及经营者的业绩做出评价。因此，投资者和债权人需要通过对企业公布的财务报表进行分析，得出自己的判断，决定是否向企业投融资。

2. 融资活动决定财务报表相关项目的内容和水平，进而决定财务报表分析的相应内容

融资活动的内容和结果会反映到财务报表中资产负债表、利润表和现金流量表的相关项目中，企业和其债权人均需分析上面三种财务报表的相关内容，来获取对自己有用的信息，做出融资的决策。

（1）企业偿债能力的分析。偿债能力直接关系到企业的持续经营能力，是投资者和债权人最关心的企业的财务能力之一。分析企业的偿债能力应结合企业现金流量分析，分析企业当期取得的现金，在满足了生产经营活动的基本现金支出后，是否有足够的现金用于偿还到期债务的本息；揭示企业举债的合理程度，长期债务和短期债务构成的效益性，举债经营的效果，及清偿债务的能力。主要包括：资产变现的能力，主要是剖析资产的质量、其价值与社会价格的背离程度以及潜在的变现能力；资产的流动性，具体剖析流动资产和速动资产是否能及时变现，有无沉淀性的流动（速动）资产及造成的原因；企业举债规模与企业经营规模的分析，看企业举债的合理性和效益性；举债资金所产生的实际效果分析，

财务杠杆作用分析等。

（2）企业营运能力的分析。营运能力是指企业基于外部市场环境等约束，通过内部人力资源和生产资料的配置组合而对财务目标所产生的作用，主要体现为企业经济资源的利用效率，特别是资产的管理效率。

资产负债表的资产、负债和所有者权益不仅从总额上反映企业的生产规模，而且从相互联系的比例上，反映企业资产的规模与结构、企业经营的稳定程度以及企业支付能力。结合反映企业财务成果的利润表和其他业务统计资料，营运能力分析的内容主要涉及：人力资源营运能力，分析评价的着眼点在于如何充分调动劳动者的积极性、能动性，从而提高其经营效率；企业资产的周转情况；企业财务的构成情况分析，主要的分析指标包括存货周转率、应收账款周转率、流动资产周转率、固定资产周转率和总资产周转率等。

二、资本运营与财务报表

（一）财务报表是企业资本运营的反映和分析指标基础

企业资本运营状况和结果的主要内容通过会计核算体现在各财务报表上，但是企业经营管理者要想进一步了解企业资本运营活动中所取得的成绩和存在的问题，进行有效的运营决策，仅仅根据财务报表直接提供的资料、数据是远远不够的，还需要对财务报表所提供的数据进一步加工，计算出各种相关的财务指标，并通过财务指标的分析、比较，得到经营决策与管理所需要的经济信息。

我们一般可以通过四个重要指标，即总资产回报率、市净率、股权集中度、资产负债率对企业财务报表进行分析，充分反映企业的资本运营水平，从而帮助投资者以更全面、更深刻的眼光审视企业价值。

（二）基于财务报表分析的企业资本运营状况比较

企业资本运营状况可以通过财务报表分析，计算出相关的财务指标进行数值水平对比来做出合理的判断，指导企业资本运营决策与管理。具体计算分析如表3-2所示。

表3-2 资本运营平稳企业与资本运营存在问题企业相关财务指标的比较

项目	资本运营平稳企业	资本运营存在问题企业
总资产回报率	较高	较低
市净率	较高	较低
股权集中度	较低	较高
资产负债率	较低	较高

对于资本运营平稳的企业来说：其资产负债率较低，说明企业债务偿还能力较强，债权人发放贷款的安全程度高；总资产回报率较高，其资产的总体获利能力较好，企业资产运营效益和业绩比资本运营存在问题的企业较好；市净率提高、股权集中度较为分散，说明这种类型的企业被投资者看好，会有大量资金进入，企业发展较为稳健，具有良好的发展潜力。

三、企业价值创造与财务报表

会计信息使用者的信息需求随着市场经济的发展，逐步呈现出普遍、多样和易变的特征。财务报告应满足所有为企业提供资源的直接利益相关者的信息需求。直接利益相关者通过交易契约、合约和集体决策，履行各自的权利和义务，逐步实现共性需求分配的合理性。财务报告的目标要调整到为企业的直接利益相关者提供企业经营决策的相关信息。企业的财务报告体系不能仅仅停留在反映企业财务状况、经营成果上，企业还要将反映企业价值创造和分享、投资决策分析等环节融入财务报告中去，也就是将以前通过管理会计、财务会计、财务分析反映的内容全部纳入财务报告体系中。企业内部业务流程的价值创造和供应链上企业价值创造和分配都是企业核心竞争力的体现，应作为财务报告的核心和重点，也是后期财务报告和财务分析的基础。涉及企业商业秘密的内容，可以不对外公开披露，但当某类利益相关者经济决策需要时，要能够给予充分的解释和说明。企业的利益相关者通过财务报告能够迅速分析出某个业务流程、某个项目、某个业务节点、某类利益相关者在某个期间创造的价值，真正地使财务报告，能够决策有用。

第二节　财务分析的概述

一、财务分析含义与内容

（一）含义

财务分析，是以财务报表为主要依据，同时还需要利用一些财务计划、会计凭证和会计账簿等资料所进行的综合性分析。尤其是单位内部进行财务报表分析时，更有条件利用单位内部的各种计划资料和会计核算资料进行深入、具体的分析。

（二）内容

财务报表分析主要包括会计分析、财务能力分析、现金流量分析、财务综合分析及专题分析。会计分析是指评价企业会计所反映的财务状况与经营成果的真实程度；财务能力分析是指通过偿债能力、营运能力、盈利能力和发展能力等的分析反映企业的财务效率和效益；现金流量分析是利用现金流量表的数据资料，从现金的角度结合前两者的分析内容进一步分析企业的财务效率与效益；财务综合分析则是通过杜邦分析体系等方法从企业整体的角度分析企业综合的财务状况和经营业绩；专题分析是围绕某一专门的财务或经营事项展开的财务分析，用以解决特定事项的相关问题。

（三）作用

财务分析的作用主要是为企业相关利益者提供反映企业经营及财务状况、财务成果、支持其做出相关决策的有用信息。

从会计分析来看，其作用表现为：①揭示财务报表反映的会计信息质量；②通过分析、处理，为使用者提供修正会计数据。

从财务能力分析来看，其作用主要有三点：①全面评价企业在一定时期内的各种财务能力，包括偿债能力、营运能力、盈利能力和发展能力，从而分析企业在经营活动中存在的问题，总结财务管理工作的经验教训，促进企业改进经营活动、提高管理水平；②为企业外部投资者、债权人和其他有关部门及人员提供更加系统、完整的会计信息，便于他们更加深入地了解企业的财务状况、经营成果和现金流量情况，为其进行投资决策、信贷决策和其他经济决策提供依据；③检查企业内部各职能部门和单位完成经营计划的情况，考核各部门和单位的经营业绩，有利于企业建立和完善业绩评价体系，协调各种财务关系，保证企业财务目标的顺利实现。

二、财务报表分析程序

财务报表分析程序，是指进行财务报表分析时所要遵循的一般阶段及步骤，通常分为四个阶段：财务报表信息收集和整理阶段，财务报表整体和项目分析阶段，财务指标分析和因素分析阶段，财务报表分析综合评价和专题分析阶段。

（一）财务报表信息收集和整理阶段

该阶段主要完成三项任务：

（1）确定要收集哪些财务数据；

（2）确定以怎样的程序来收集这些数据；

（3）执行既定的信息收集和整理工作程序。

（二）财务报表整体和项目分析阶段

在明确了要收集什么信息及怎么收集的基础上，财务报表分析首先应该进行企业战略分析。战略分析是对拟进入的行业整体形势进行的分析，或者是针对企业竞争对手制定战略层面的策略进行的分析和规划。企业战略层面的分析对企业的后续分析有重要意义。因为一个企业宏观层面的战略决策会影响企业微观层面的战术策略。其次，进行财务报表会计分析。具体来说，就是对资产负债表、利润表、现金流量表、所有者权益变动表及会计报表附注进行具体的分析和解读。其中，对资产负债表着重分析资产的流动性和资产质量等，对利润表着重分析收入和费用的配比情况等，对现金流量表着重分析企业现金流量的合理性和持久性，对所有者权益变动表着重分析股东权益增减变动的情况。在解读财务报告的过程中，分析人员还应该判断企业的财务报表体系是否恰当地反映了企业真实的经济状况。

（三）财务指标分析和因素分析阶段

进行上述分析之后，分析人员应当对企业的财务状况进行全面分析和评价，其中财务指标分析是财务报告分析的一个重要途径。由于会计信息的综合特点，分析人员借助财务报表分析能够通过挖掘会计信息的内涵来窥探企业真实的经营及财务状况。另外，不同的财务报表分析目标也会导致企业主体使用不同的财务指标来进行相关分析，通常包括营运能力、偿债能力和盈利能力分析等，从而对企业财务状况和经营业绩、现金流量等有一个全面的认识。

（四）财务报告分析综合评价和专题分析阶段

财务报告分析综合评价阶段的主要任务是延续分析阶段的工作。在财务报告分析的实施阶段，由于其分析大量采用指标和比例分析的方法，因此在得到有用的数据的同时也使得财务报告分析的结果偏重于某一具体事件而缺少综合性。在财务报告分析的综合阶段就是要把前一阶段的不同指标综合在一起考察，以得出正确而综合的分析结论。

在对企业进行了全面的了解之后，分析人员还应该根据分析的目的进行有针对性的专题分析，如并购分析、EVA分析等。在这一阶段，针对具体分析专题企业不但要对现有的经营情况进行分析，还要对未来发展趋势做出预测和评价。

三、财务分析方法

对企业进行财务分析时必须根据需要采用专门的方法，将这些会计资料适当地重新组合或搭配，剖析其相互之间的因果关系或关联程度，观察其发展趋势，推断其可能导致的结果，从而达到分析的目的。财务报表分析的基本方法有比较分析法、结构分析法、趋势分析法、比率分析法和因素分析法。

（一）比较分析法

比较分析法通过财务报告中相关财务指标数额的比较，揭示财务指标间的数量关系和数额差异。用于比较的数据既可以是财务报表中的各项数据，也可以是趋势分析中的绝对数额、环比变动百分比和定基变动百分比，还可以是结构分析中的结构百分比以及财务比率等。因此，严格来说，比较分析法并不是一种独立的方法，而是与其他分析方法相结合的一种辅助技术。

1. 比较分析法的分类

比较分析法是人们认识事物的一种有效分析方法，也是财务报表分析的基本方法之一。通过将某项财务指标与性质相同的指标评价标准进行对比，可以揭示企业的财务状况、经营情况和现金流量情况。比较分析法是最基本的分析方法，在财务报表分析中应用很广。

（1）按比较指标的形式不同。

①绝对数比较分析。通过编制比较财务报表，将比较各期的报表项目的数额予以平行排列，直接观察每一项目的增减变化情况进行比较分析。

②绝对数增减变动分析。在比较财务报表绝对数的基础上增加绝对数"增减金额"一栏，计算比较财务报表各项目之间的增减变动额。

③相对数比较分析。在财务报表中，将不同时期的报表项目数额进行对比得出的比值予以平行排列，直接观察每一项目的变动程度情况。

④增减变动百分比分析。在计算增减变动额的同时将增减变动额与该项目基期数额对比计算出增减变动百分比，并列示于比较财务报表中，以消除项目绝对规模因素的影响，使报表使用者一目了然。

（2）按比较标准不同。

①与计划或预算标准比较。将企业实际指标与计划指标比较，可以解释计划与实际之间的差异，了解该项指标的计划或定额的完成情况。

②与历史标准比较。将企业本期指标与历史指标比较，这种比较方法也称水平分析法，可以确定前后不同时期有关指标的变动情况，了解企业生产经营活动的发展趋势和管理工作的改进情况。历史标准可选择历史平均水平、历史最好水平、历史最低水平和前期水平。

③与行业标准比较。将企业实际指标与国内外同行业的先进企业指标、平均水平指标比较，可以找出与先进企业、行业水平之间的差距。

（3）按对比基础不同。

①横向比较。

横向比较是指对企业与同类其他企业、企业内部部门之间的财务报表项目、财务指标等内容数值在相同时期下进行比较的方法。横向比较能够使人们明察同类企业间各项经营及财务活动之间的区别与联系，可使企业更清楚地认识到自己的长处与不足，避免认识上的固步自封与局限。

横向比较法的特点是在空间上进行比较。使用该方法应按照分析的目的确定比较内容和比较对象，要注意分析对象的可比性。对不同分析研究对象进行横向比较的前提条件，就是它们必须是同类的或具有相同性质的，而且必须是处于同一时间区间的。

②纵向比较。

纵向比较是指将企业财务报表中各个具体项目、财务指标不同时期的数据进行比较，反映企业经营及财务在不同时间上发展变化的方法。纵向比较通过计算分析项目的变动百分比进行对比，以判断某一具体项目增长或下降的趋势。

纵向比较法的特点在不同时间上进行比较，通过计算与比较分析对象在不同时间的变化，发展问题，找到解决问题的方法。

表 3-3 展示了云南白药 2020 年 3 月 31 日至 2021 年 3 月 31 日主要财务指标的纵向对比信息。从表 3-3 我们可以看出该企业基本每股收益、每股净资产和净资产收益率等财务指标在不同时期的增减变动情况。

表 3-3　2020 年 3 月 31 日至 2021 年 3 月 31 日主要财务指标的纵向对比信息

云南白药 000538

报告期	2021-3-31	2020-12-31	2020-9-30	2020-6-30	2020-3-31
基本每股收益（元）	0.60	4.32	3.33	1.92	1.00
每股净资产（元）	30.54	29.79	29.85	28.43	30.67
每股资本公积金（元）	13.82	13.82	13.64	13.64	13.64
每股未分配利润（元）	15.35	14.75	14.29	12.88	14.93
每股经营现金流（元）	-0.10	3.00	2.73	1.79	0.39
营业总收入（元）	103.28 亿	327.43 亿	239.31 亿	154.94 亿	77.43 亿
净利润（元）	7.63 亿	55.16 亿	42.53 亿	24.54 亿	12.82 亿
净资产收益率	1.94%	14.46%	10.83%	6.24%	3.21%
变动原因	一季报	年报	三季报	中报	一季报

③标准比较。

标准比较是将企业财务报表的各个会计项目或财务指标的数据与一个选择或设定的标准数据进行比较，以考察企业各项指标是否达到或超过相关标准水平。比较标准通常有计划标准、历史标准、行业标准及绝对标准等。

2. 比较分析法的注意事项

（1）比较指标的内容、范围和计算方法要保持一致性。

（2）比较指标及内容的会计计量标准、会计政策和会计处理方法要保持一致性。

（3）比较时使用的时间单位和长度要保持一致性。

（4）比较企业的类型、经营规模和财务规模及目标大体一致。

【例 3-1】假设某企业 2019 年利润总额指标的对比情况如下：利润总额的实际数为 853 261 元，计划数为 823 450 元，具体数据如表 3-4 所示。

表 3-4　利润总额指标的对比　　　　　　　　　　　　　　单位：元

指标	实际数	计划数	差异	
			金额	百分比
利润总额	853 261	823 450	29 811	3.62%

其中，差异额 = 853 261 - 823 450 = 29 811（元）

差异百分比 = 29 811 ÷ 823 450 × 100% = 3.62%

比较分析表明，该企业实际利润总额比计划利润总额增加了 29 811 元，超额完成利润总额计划的 3.62%，经营状况良好。

（二）结构分析法

结构分析法又称为垂直分析法，是通过计算报表中各项目占总体的比重或结构，反映报表中的项目与总体的关系情况及其变动情况。运用结构分析法可以通过编制出同度量报表或总体结构报表、共同比报表来进行分析。

结构分析法中结构指标的计算公式为

结构指标(%)=（总体中某一部分÷总体总量）×100%

结构分析法的计算分析主要有以下三个步骤：

（1）计算确定比重或结构百分比；

（2）通过各项目的比重，分析企业资产结构、资本结构及其他结构的状况；

（3）通过与前期或同类企业可比项目比重的比较，进行差异分析。

结构分析法主要优点是通过百分比化消除绝对规模的影响，便于对不同时期报表的相同项目进行比较，可以观察到相同项目变动的一般趋势，有助于评价和预测。

（三）趋势分析法

1. 趋势分析法的方式

趋势分析法，是通过对比本企业连续数期财务报告中的相同指标，确定其增减变动的方向、数额和幅度来说明企业财务状况或经营成果变动趋势的一种分析方法。分析人员采用这种方法，可以分析引起变化的主要原因、变动的性质，并预测企业未来的发展前景。

趋势分析法的具体运用主要有三种方式：一是重要财务指标的比较，二是财务报表的比较，三是财务报表项目构成的比较。

（1）重要财务指标的比较。

重要财务指标的比较主要是将企业不同时期财务报告中的相同指标或比率进行比较，直接观察其增减变动情况及变动幅度，考察其发展趋势，预测其发展前景。对不同时期财务指标的比较可以有以下两种计算方法。

①定基动态比率。定基动态比率是以某一时期的数额为固定的基期数额而计算出来的动态比率。其计算公式：定基动态比率=分析期数额÷固定基期数额。

在定基分析中，基期的选择非常重要，因为基期是所有期间的参照。在选择基期时，不要选择项目数值为零或负数的期间，否则无法计算出有意义的变动百分比。最好选择一个企业状况比较正常的年份作为基期，否则得出的定基百分比不具有典型意义。另外，通常选择时间序列中较早的年份作为基期，这样便于分析整个时间序列中各项目的发展态势。

【例3-2】杭州炬华科技股份有限公司相关财务数据如表3-5所示。

表3-5　杭州炬华科技股份有限公司相关财务数据

报告期	2014-12-31	2013-12-31	2012-12-31
利润总额/元	45 389 062.10	37 921 864.75	24 978 823.45
减：所得税/元	6 334 401.77	5 335 626.96	7 159 285.36
归属母企业所有者净利润/元	39 054 660.33	32 586 237.79	17 819 538.09

若以2012年为固定基期，试计算分析该公司2013年和2014年利润总额、净利润的定基动态比率。

解：利润总额的定基动态比率为

2013年：37 921 864.75÷24 978 823.45×100%=172.54%

2014年：45 389 062.10÷24 978 823.45×100%=181.71%

净利润的定基动态比率为

2013年：32 586 237.79÷17 819 538.09×100%=182.87%

2014年：39 054 660.33÷17 819 538.09×100%=219.17%

②环比动态比率。环比动态比率是以每一分析期的前期数额为基期数额而计算出来的动态比率。其计算公式为：环比动态比率=分析期数额÷前期数额。

【例3-3】沿用表3-3中的数据，试计算分析该公司2013年和2014年利润总额、净利润的环比动态比率。

解：利润总额的定基动态比率：

2013年：37 921 864.75÷24 978 823.45×100%＝172.54%

2014年：45 389 062.10÷37 921 864.75×100%＝119.69%

净利润的定基动态比率：

2013年：32 586 237.79÷17 819 538.09×100%＝182.87%

2014年：39 054 660.33÷32 586 237.79×100%＝119.85%

（2）财务报表的比较。

财务报表的比较是将连续数期财务报表的金额并列起来，形成比较财务报表，然后比较计算其中相同指标的变动百分比，以判断企业财务状况和经营成果发展变化趋势的分析方法。比较时，既要计算出表中有关项目的定基动态比率，又要计算出其环比动态比率。

（3）财务报表项目构成的比较。

这是在财务报表比较的基础上发展而来的。它是以财务报表中的某个总体指标作为100%，再计算出其各组成项目占该总体指标的结构百分比，然后比较连续数期各项目结构百分比，并计算相应结构百分比的变动百分比，以此来判断有关财务项目结构变化的趋势。进行结构百分比趋势比较分析时，既要计算出表中有关项目的定基动态比率，又要计算出其环比动态比率。

2. 趋势分析法的注意事项

采用趋势分析法时，必须注意以下问题：

（1）用于进行对比的各个时期的指标，在计算口径上必须一致。

（2）剔除偶发性项目的影响，使作为分析对象的数据能反映正常的经营状况。

（3）应用例外原则，应对某项有显著变动的指标作重点分析，研究其产生的原因，以便采取对策，趋利避害。

（四）比率分析法

比率分析法是以同一期财务报表上若干重要项目的相关数据进行相互比较，求出比率，用以分析和评价企业的经营活动以及企业目前和历史状况的一种方法，是财务分析最重要的方法。比率分析法主要有构成比率、效率比率和相关比率三种形式。

1. 构成比率

构成比率又称结构比率，是某个经济指标的各个组成部分与总体的比率，反映部分与总体的关系。例如，企业某类资产占总资产的比重（资产结构比率）、企业负债中流动负债和长期负债总额的百分比（负债构成比率）等。其计算公式具体如下：

构成比率＝某个组成部分数额÷总体数额×100%

分析人员利用构成比率，可以分析总体中某个部分的形式和安排是否合理，以便协调各项财务活动，下面举例说明。

表3-6显示的是云南白药2019—2020年的资产负债表数据信息。下面以资产总额作为总体指标，计算流动资产和非流动资产的构成比率。

表3-6 云南白药2019—2020年的资产负债表数据信息　　　　单位：元

项目	2019年	2020年
流动资产：		
应收账款	2 037 970 725.32	1 853 899 478.43

表3-6（续）

项目	2019 年	2020 年
应收款项融资	1 756 339 025.42	
预付款项	577 521 185.51	606 155 642.73
其他应收款	399 145 021.57	328 265 027.37
其中：应收利息	60 585 954.39	86 346 421.96
应收股利	9 474 363.70	
存货	11 746 860 527.37	11 030 740 090.34
一年内到期的非流动资产		
其他流动资产	4 560 245 449.01	3 063 617 540.90
流动资产合计	44 701 367 584.80	49 049 016 765.32
非流动资产：		
债权投资		
长期应收款		155 410 706.87
长期股权投资	317 459 883.46	308 275 293.25
其他非流动金融资产	559 593 307.27	
投资性房地产	664 015.52	819 449.48
固定资产	2 008 669 933.18	1 796 198 564.71
在建工程	970 290 260.10	614 322 250.06
生产性生物资产	1 676 025.00	1 847 925.00
无形资产	538 384 578.65	368 699 323.21
开发支出		
商誉	33 303 960.23	34 025 730.62
长期待摊费用	45 386 625.33	58 204 383.16
递延所待税资产	422 354 821.43	677 069 319.52
其他非流动资产	58 898 123.86	40 674 171.52
非流动资产合计	4 956 681 534.03	4 899 457 175.00
资产合计	49 658 049 118.83	53 948 473 940.32

在表里可以看到，2019 年资产总计的期末余额为 49 658 049 118.83 元，流动资产的期末余额为 44 701 367 584.80 元，非流动资产的期末余额为 4 956 681 534.03 元。

这样，流动资产的构成比率为 44 701 367 584.80 ÷ 49 658 049 118.83 × 100% = 90.02%。

非流动资产的构成比率为 4 956 681 534.03 ÷ 49 658 049 118.83 × 100% = 9.98%。

结果显示，流动资产的构成比率明显高于非流动资产的构成比率。一个企业的流动资产越多，其流动负债就越少，企业偿还短期债务的能力就越强。

2. 效率比率

效率比率是某项经济活动中所得与所费的比率，反映投入与产出的关系。利用效率比率指标，可以进行得失比较、考察经营成果、评价经济效益。例如，将利润项目与销售收入、销售成本、权益资金等项目加以对比，可计算出销售利润率、成本利润率及净资产收益率等利润率指标，从不同角度观察、比较企业获利能力的高低及其增减变化情况。

表 3-7 显示的是云南白药 2019—2020 年利润表的部分数据信息，下面来计算成本费用利润率。

表 3-7　云南白药 2019—2020 年利润表的部分数据信息　　　　单位：元

项目	2019 年	2020 年
二、营业总成本	26 559 856 210.51	23 307 701 265.48
其中：营业成本	21 191 364 351.40	18 574 532 533.36
税金及附加	143 646 204.75	181 344 818.45
销售费用	4 156 302 856.50	3 972 899 628.47
管理费用	957 458 573.40	428 908 427.06
研发费用	173 887 854.07	111 884 370.57
财务费用	−62 803 629.61	38 131 487.57
其中：利息费用	125 582 139.28	294 957 556.72
利息收入	249 053 463.07	288 246 482.69
加：其他收益	217 671 644.31	94 664 029.75
投资收益（损失以"−"号填列）	1 470 474 492.25	834 616 594.07
其中：对联营企业和合营企业的投资收益	13 267 232.73	2 766 409.25
以摊余成本计量的金融资产终止确认收益	−2 121 791.71	
汇兑收益（损失以"−"号填列）		
净敞口套期收益（损失以"−"号填列）		
公允价值变动收益（损失以"−"号填列）	226 835 564.21	41 728 662.61
信用减值损失（损失以"−"号填列）	−88 199 318.42	
资产减值损失（损失以"−"号填列）	−200 978 910.75	−977 170 510.75
资产处置收益（损失以"−"号填列）	12 357 042.96	43 874.24
三、营业利润（亏损以"−"号填列）	4 742 978 172.73	3 703 095 889.85
加：营业外收入	12 321 522.73	7 448 981.97
减：营业外支出	29 111 024.43	13 813 933.85
四、利润总额（亏损总额以"−"号填列）	4 726 188 671.03	3 696 730 937.97

在表里可以看到，2019 年利润总额的期末余额为 4 726 188 671.03 元，营业成本的期末余额为 21 191 364 351.40 元，税金及附加为 143 646 204.75 元，销售费用为 4 156 302 856.50 元，管理费用为 957 458 573.40 元，财务费用为−62 803 629.61 元。则

成本费用利润率=利润总额÷成本费用总额×100%

=利润总额÷（营业成本+税金及附加+销售费用+管理费用+财务费用）×100%

=4 726 188 671.03÷（21 191 364 351.40+143 646 204.75+4 156 302 856.50+

957 458 573.40−62 803 629.61）

= 17.91%

成本费用利润率指标表明每付出一元成本费用可获得多少利润，体现了经营耗费所带来的经营成果。该项指标越高，利润就越大，企业的经济效益越好。

3. 相关比率

从广义上说，所有的比率都是相关比率，因为所有的财务比率都是两个相关项目相除

得到的相对数。这里的相关比率是指狭义的相关比率，是指除构成比率和效率比率之外的反映两个相关项目之间关系的财务比率，如将流动资产和流动负债加以对比，计算出流动比率，就可以据此判断企业的短期偿债能力。如果企业的流动资产是 2 亿元，流动负债是 3 亿元，那么企业的短期偿债能力就有问题。

比率分析法具有计算简便，计算结果容易判断，而且可以使某些指标在不同规模的企业之间进行比较，甚至也能在一定程度上超越行业间的差别进行比较等优点。但采用这种方法计算分析时对比率指标的使用要注意以下事项：

①要注意将各种比率有机联系起来进行全面分析，不可单独地看某种或各种比率，否则便难以准确地判断企业的整体情况。

②所分析的项目要具有可比性、相关性，将不相关的项目进行对比是没有意义的。

③要注意对比口径的一致性，即比率指标的分子项与分母项必须在时间、范围等方面保持口径一致。

④选择比较的标准要具有科学性，要注意行业、生产经营情况差异性等因素。

⑤要注意审查企业的性质和实际情况，而不光是着眼于财务报表，同时要结合其他分析方法，这样才能对企业的历史、现状和将来有一个详尽的分析和了解，达到财务分析的目的。

（五）因素分析法

因素分析法是指根据分析对象与其影响因素之间的关系，按照一定的顺序，从数量上确定各因素对造成分析对象指标差异的影响方向和影响程度的一种分析方法。企业经营和财务活动都是一个有机整体，每个指标（分析对象）的高低都受若干因素的影响，因素分析法从数量上测定各因素的影响程度，可以帮助分析者剖析变动的原因，从而抓住主要矛盾，为下一步解决问题指明主攻方向。因素分析法的基本方法包括连环替代法和差额分析法。

1. 连环替代法

连环替代法是将分析对象分解为可以计量的因素，并根据各个因素之间的依存关系，顺次用各因素的比较值（通常为实际值）替代基准值（通常为标准值或计值），据以测定各因素对分析指标的影响。

连环替代法的计算分析步骤如下：

①确定分析指标与其影响因素之间的关系。根据分析指标形成的过程，确定分析指标与其影响因素之间的关系。

②根据分析指标的报告期数值与基期数值列出两个关系式，同时计算出分析指标的报告期数值与基期数值的差额，确定为分析对象。

③以连环顺序替代各个影响因素，计算替代结果。

④比较各影响因素的替代结果，计算出各因素对分析指标的影响程度。

⑤检验分析结果，进行阐述分析，即将各因素变动影响程度相加，检验是否等于总差异，进而进行分析。

【例 3-4】 老板电器的净资产收益率（权益净利率）从 2018 年的 25.87% 上升到 2019 年的 30.43%，2019 年比 2018 年提高 4.56%。净资产收益率由销售净利率、资产周转率和权益乘数三个因素相乘得到，因此我们将净资产收益率分解成这三个因素，并逐个分析它们对净资产收益率的影响。现假定这三个因素的数值如表 3-8 所示。

表 3-8　净资产收益率的影响因素

项目	2019 年	2018 年
杜邦分析:		
净资产收益率/%	30.43	25.87
净资产收益率-同比增减/%	4.56	
因素分解:		
销售净利率/%	18.23	15.82
资产周转率/次	1.05	1.12
权益乘数	1.59	1.46

根据表 3-8 中的资料,2019 年净资产收益率较 2018 年上涨了 4.56%,这是分析对象。运用连环替代法,可以计算各因素变动对净资产收率的影响程度。

基期指标:$15.82\% \times 1.12 \times 1.46 = 25.87\%$ ①

第一次替代:$18.23\% \times 1.12 \times 1.46 = 29.81\%$ ②

第二次替代:$18.23\% \times 1.05 \times 1.46 = 27.95\%$ ③

第三次替代:$18.23\% \times 1.05 \times 1.59 = 30.43\%$ ④(实际指标)

销售净利率增加的影响:②-① $= 29.81\% - 25.87\% = 3.94\%$

资产周转率下降的影响:③-② $= 27.95\% - 29.81\% = -1.86\%$

权益乘数提高的影响:④-③ $= 30.43\% - 27.95\% = 2.48\%$

全部因素的影响:$3.94\% - 1.86\% + 2.48\% = 4.56\%$

总的来看,由于销售净利率增加 2.41%、资产周转率降低 0.07 次及权益乘数上涨 0.13 等单个因素变动的共同影响,净资产收益率增加了 4.56%。

销售净利率增加 2.41%,导致净资产收益率增加 3.949%,是正常因素。剔除销售净利率因素后,净资产收益率并非增加了 4.56%,而仅是增加了 0.62%。

在剩下的两个因素中,资产周转率下降 0.07 次,导致净资产收益率下降 1.86%,是不利因素;权益乘数提高 0.13,导致净资产收益率增加 2.48%,是有利因素。权益乘数提高不但抵消了资产周转率降低导致的净资产收益率的下降,还使净资产收益率上升了 0.62%。

资产周转率是不利因素,它在很大程度上阻碍了净资产收益率的提升,应将其列做管理重点,为此需要深入分析资产周转率下降的原因,并提出加强资产运营管理的建议,提高销售能力。

2. 差额分析法

差额分析法是连环替代法的一种简化形式,它利用各个因素的比较值与基准值之间的差额,来计算各因素对分析指标的影响。

【例 3-5】仍以表 3-8 所列数据为例,采用差额分析法计算确定各因素变动对材料费用的影响。

(1)销售净利率增加对净资产收益率的影响为 $(18.23\% - 15.82\%) \times 1.12 \times 1.46 = 3.94\%$。

(2)资产周转率下降对净资产收益率的影响为 $18.23\% \times (1.05 - 1.12) \times 1.46 = -1.86\%$。

(3)权益乘数提高对净资产收益率的影响为 $18.23\% \times 1.05 \times (1.59 - 1.46) = 2.49\%$。

全部因素的影响是 $3.94\% - 1.86\% + 2.49\% = 4.57\%$。

因素分析法在确定分析对象的构成因素时,必须保证分析对象与所确定的构成因素之间存在客观的因果关系,否则整个分析工作就失去了意义,变成了数字游戏。因此,运用因素分析法时要注意以下三项假定前提:

①在分析一个因素变化的影响作用时，假定其他各个因素不变。

②在分析后一个因素变动的影响程度时，假设前面的因素在已变化的基础之上。

③运用各个因素替代时，假定各个因素之间有先后顺序，不可颠倒。该方法要求各因素按照从数量因素到价格、金额、品质因素，从简单因素到复杂因素的排列顺序依次替代，且不能随意改变排列顺序，否则会得出不同的计算结果。如此排序的依据，在理论上尚无法证明，这是因素分析法的致命弱点。正是这种因素替代的先后顺序的假定性，使因素分析法的计算结果也不免带有一定的假定性。

第三节　会计分析

一、会计分析的概述

会计分析的定义是：运用一系列的分析工具或技术，对财务报告反映企业（或报告主体）经营实质的公允程度进行的分析和评估。会计分析的目的是识别、评估和纠正财务报告中的重大扭曲，提高财务报告质量。

（一）为什么要进行会计分析

企业的财务报告由三部分组成：财务报表（资产负债表、利润表、现金流量表、所有者权益变动表）、附注、其他相关的信息。财务报告的使用者要分析财务报告，并根据分析结果来进行相应的决策。

（1）供应商会根据分析结果决定是否赊销产品给该企业；如果赊销，提供多长期限、多大赊销金额的信用。

（2）银行或其他金融中介会根据分析结果决定是否贷款给该企业；如果贷款，贷款金额多少，期限多长，贷款方式是什么，是否需要担保或抵押。

（3）现有或潜在的股东会根据分析结果来对企业进行估值，以决定是购买、持有还是卖出该企业的股票。

（二）财务报告失真的影响

各种客观或主观因素的影响使企业财务报告存在不能全面、真实地反映企业经营情况，甚至可能造假失真。如果企业的财务报告是假的，或者是严重扭曲的，后果会怎样？

利用假的或低质量、扭曲程度大的财务报告数据进行比率分析、趋势分析、绩效评估、前景分析等将毫无意义，利用这样的财务报告数据无法进行正确的预测和估值。

所以，我们在运用企业的财务报告进行财务分析、预测与估值决策时，首先需要对财务报告的质量进行分析和评估，确认企业提供的财务报告是否存在重大扭曲。如果有扭曲，在哪些项目上有扭曲，扭曲程度有多大？需要不需要调整？如果需要，如何正确地进行调整？这一分析过程即为会计分析。

二、会计分析的步骤

（一）会计分析的主要步骤

会计分析的主要步骤分为阅读财务报表、比较财务报表、解释财务报表、修正财务信息四步。

1. 阅读财务报表

会计分析的第一个步骤是阅读财务报表，即相关人员基于会计的理论知识和实务经验，通过阅读财务报表了解企业经营状况、财务状况及财务成果，分析确认企业采取的会计政策和会计估计及其对财务报表可能产生的影响。

相关人员通过阅读财务报表可以了解企业各类资产、负债、所有者权益、收入、成本费用、利润、现金收入与支出等项目的规模水平，与前期水平比较显现的变动基本情况。

企业会计政策的选择与会计估计的变更对企业财务报表影响巨大。会计政策是指企业在会计确认、计量和报告中所采用的原则、基础和会计处理方法。会计估计是指企业对其结果不确定的交易或事项以最近可利用的信息为基础所做出的判断。例如，某上市企业一年内到期的应收账款为 50 亿元，若按 5% 的比例计提坏账准备，则会影响当期利润 2.5 亿元；若按 1% 计提，则是 0.5 亿元。仅应收账款一项，不同会计估计对当期利润的影响就有 2 亿元之差。所以，我们在进行会计分析时，要重点关注企业会计政策和会计估计的不同选择。会计政策和会计估计变更对企业财务报告产生的影响。

综上所述，如果不关注企业主要的会计政策和会计估计及其变更，我们就读不懂企业的财务报告，也做不好财务分析。

2. 比较财务报表

会计分析的第二个步骤是比较财务报表。相关人员通过将企业财务报表与前期报表、同行或同类企业报表进行直接比较或比较分析计算形成比较分析报表，了解企业经营状况、财务状况及财务成果的差异和变动趋势，识别异常差异和异常变动，以便考虑剔除或其他处理措施。

综上，通过动机分析、横向比较、纵向比较以及重大会计事项的分析等，我们可以对特定企业在特定时期的会计策略做出一个大致的判断，为后续的会计分析（确认具体的报表项目扭曲，纠正扭曲、重现财务数据等）明确方向和重点。

3. 解读财务报表

会计分析的第三个步骤是解读财务报表，确认财报中可能存在的扭曲。

通过对企业会计策略的分析与评估，我们可以在一定程度上判断出企业是否有盈余管理的报表粉饰，甚至造假等行为，以及盈余管理的方向、时间和方式方法。那么，如何确认企业在哪些财务报表项目上做了盈余管理？金额（扭曲程度）有多大？

识别、评估并确认财务报表的扭曲可以从三方面入手：①关注企业发布的定期或不定期公告，特别是会计政策和会计估计变更公告、关联交易公告等；②关注会计师发布的审计报告、向交易所做的审计报告说明等；③通过其他渠道收集企业相关信息并进行深入分析。

只有确认报表具体项目的扭曲后，我们才能进行会计分析的下一步：确定是否需要调整、纠正扭曲以及如何调整。

4. 修正财务信息

会计分析的最后一个步骤是修正财务信息，纠正会计扭曲，重现财务数据。

不管是国内还是国外，大部分企业的管理者经常会进行盈余管理。也就是说，企业的财务报告或多或少存在扭曲或噪音，这也正是财务报告分析的价值所在。企业提供的财务报告质量越低、扭曲程度越大，分析的价值也就越高。

经过前面几个分析环节，我们可以确认企业财务报表项目的扭曲金额及其方向，最后一步需要做的就是对财务报表进行调整，重现财务报表数据。当然，我们不可能完全揭示企业盈余管理或会计造假形成的扭曲，只是尽可能地进行调整。我们发现的扭曲越多，调整越多，企业财务报告质量也就提升越多。

若我们发现会计处理不当的事项发生在当期，则我们仅需对当期的财报项目进行调整，不涉及以前年度。

例如，2017 年 2 月，通过对 A 上市企业 2016 年的财务报表进行会计分析时发现，企业提前确认收入约 5 000 万元（不考虑增值税），产品毛利率约为 20%，企业所得税率为 10%。

我们需要在报表中做以下调整：①减收入 5 000 万元，减应收账款 5 000 万元；②减产品销售成本 4 000 万元，增存货 4 000 万元；③减所得税费用 100 万元，增递延所得税资产 100 万元。

该笔调整对净利润和所有者权益的影响为-900 万元。

若报表扭曲事项是前期事项，或者扭曲既涉及当期又涉及前期，则应当在发现扭曲的当期的财务报表中，调整前期比较数据。若前期调整影响损益，则应相应地调整当期的期初留存收益，财务报表其他相关项目的期初数据一并调整。若前期调整不影响损益，则仅调整财务报表相关项目的期初数。

例如，分析师 2016 年 8 月对 B 上市企业上半年的财务报表进行会计分析时发现，企业 2015 年 1 月 1 日起变更固定资产的折旧年限和残值估计的理由并不充分，与行业内其他企业相比，会计估计也相对激进。2016 年上半年少计提折旧费用 5 000 万元，2015 年全年少计提折旧 9 000 万元。假设企业 2015 年、2016 年的所得税率均为 25%。

我们需要在报表中做以下调整。

（1）2016 年年初数：①减固定资产（折旧少提）900 万元；②增递延所得税资产 2 250 万元；③减留存收益 6 750 万元。

（2）2016 年 6 月 30 日：①减固定资产（折旧少提）5 000 万元，增管理费用（补提折旧应在存货、产品销售成本、管理费用等之间分摊，此处简化处理）5 000 万元；②所得税费用 1 250 万元，增递延所得税资产 1 250 万元；③减利润 3 750 万元，减留存收益（盈余公积+未分配利润）3 750 万元。

三、会计分析的方法

会计分析的方法包括比较分析法、结构分析法和趋势分析法，这三种方法在本章的第二节已进行了详细的介绍，在此不做赘述。企业运用这三种方法通过编制水平分析表、垂直分析表和趋势分析表进行会计分析。本节以 H 股份有限公司（以下简称"H 公司"）的财务报表数据为例进行会计分析。该企业 20×1—20×5 年的资产负债表、利润表、现金流量表，如表 3-9、表 3-10、表 3-11 所示；用比较分析法、结构分析法和趋势分析法三种方法分析计算后编制的资产负债表水平分析表、垂直分析表和趋势分析表，如表 3-12、表 3-13 和表 3-14 所示；编制的利润表水平分析表、垂直分析表和趋势分析表，如表 3-15、表 3-16、表 3-17 所示；编制的现金流量表水平分析表、垂直分析表和趋势分析表，如表 3-18、表 3-19、表 3-20 所示。

表 3-9　H 公司 20×1—20×5 年资产负债表　　　　　　　　　　单位：万元

报告期	20×5-12-31	20×4-12-31	20×3-12-31	20×2-12-31	20×1-12-31
	年报	年报	年报	年报	年报
流动资产：					
货币资金	63 382.04	86 530.47	24 375.84	4 664.93	4 137.32
应收票据	1 070.00	5 055.00	652.00		
应收账款	19 698.14	15 337.48	6 526.03	5 255.52	7 068.55
预付款项	12 133.55	15 046.50	16 288.29	3 522.67	5 668.33

表3-9(续)

财务管理

报告期	20×5-12-31	20×4-12-31	20×3-12-31	20×2-12-31	20×1-12-31
	年报	年报	年报	年报	年报
其他应收款	13 429.56	6 350.15	6 657.48	11 532.94	5 691.49
存货	27 761.08	7 969.66	10 444.37	6 876.75	6 691.14
其他流动资产	1 677.97	1 099.38			
流动资产合计	139 152.35	137 388.64	65 004.33	31 852.81	29 256.83
非流动资产：					
可供出售金融资产	1 814.58	1 214.58			
债权投资			2 500.00		
长期股权投资	515.16		914.58	493.60	973.48
固定资产	70 131.61	43 908.37	45 856.45	41 102.76	27 589.83
在建工程	17 123.66	18 124.28	4 093.32	45.48	164.93
无形资产	29 762.33	26 895.22	22 385.47	18 117.72	22 291.89
商誉	686.26	686.26	686.26	7.70	
长期待摊费用	3 899.74	2 848.50	3 255.92	2 537.12	611.93
递延所得税资产	1 674.45	1 504.66	1 210.23	1 218.82	1 424.52
其他非流动资产	17 714.86	289.41			18.62
非流动资产合计	143 322.65	95 471.29	80 902.24	63 523.20	53 075.19
资产总计	282 475.00	232 859.93	145 906.57	95 376.02	82 332.02
流动负债：					
短期借款	29 000.00	26 000.00	23 000.00	26 138.48	18 848.35
应付账款	19 824.40	14 840.88	15 147.61	8 498.44	6 760.59
预收款项	15 776.47	1 652.23	4 376.62	831.48	742.09
应付职工薪酬	2 233.76	1 362.54	2 500.13	664.92	882.57
应交税费	3 290.00	2 649.09	2 716.17	699.43	696.21
应付利息	132.52	42.53	65.11	2 192.33	2 671.92
应付股利	13.50	13.50	16.00	8.00	
其他应付款	12 593.52	4 670.14	4 922.56	8 580.79	13 092.11
一年内到期的非流动负债	8 200.00				2 510.00
流动负债合计	91 064.18	51 230.91	52 744.22	47 613.88	46 203.85
非流动负债：					
长期借款	16 800.00		8 700.00	12 250.00	4 600.00
长期应付款					2 070.80
递延收益——非流动负债	836.93	585.58			923.40
其他非流动负债			705.98	826.53	
非流动负债合计	17 636.93	585.58	9 405.98	13 076.53	7 594.20
负债合计	108 701.11	51 816.49	62 150.19	60 690.41	53 798.05
所有者权益（或股东权益）：					
实收资本（或股本）	31 854.22	31 197.22	24 600.00	17 825.95	17 825.95
资本公积金	120 436.71	134 849.57	48 637.35	17 938.05	17 938.05
减：库存股	5 157.45				
盈余公积金	2 979.46	2 795.24	2 672.22	904.00	904.00

表3-9（续）

报告期	20×5-12-31	20×4-12-31	20×3-12-31	20×2-12-31	20×1-12-31
	年报	年报	年报	年报	年报
未分配利润	23 492.42	12 028.25	7 448.05	-2 215.23	-6 036.99
归属于母公司所有者权益合计	173 605.36	180 870.29	83 357.62	34 452.78	30 631.02
少数股东权益	168.53	173.15	398.75	232.82	-2 097.05
所有者权益合计	173 773.89	181 043.44	83 756.38	34 685.60	28 533.97
负债和所有者权益总计	282 475.00	232 859.93	145 906.57	95 376.02	82 332.02

表 3-10　H 公司 20×1—20×5 年利润表　　　　　单位：万元

报告期	20×5-12-31	20×4-12-31	20×3-12-31	20×2-12-31	20×1-12-31
	年报	年报	年报	年报	年报
营业总收入	188 760.59	149 752.80	130 553.13	64 146.59	58 152.21
营业收入	188 760.59	149 752.80	130 553.13	64 146.59	58 152.21
营业总成本	173 980.15	145 224.53	127 597.30	64 287.72	56 983.40
营业成本	127 249.54	102 522.85	91 006.46	37 557.23	35 778.40
税金及附加	1 904.78	1 029.93	769.23	627.90	538.24
销售费用	39 181.55	31 515.04	25 620.12	20 906.26	13 730.90
管理费用	10 997.37	7 691.71	6 600.89	5 739.74	3 724.43
财务费用	-1 271.88	1 802.03	3 354.58	1 650.42	1 926.27
营业利润	14 783.94	4 815.29	4 101.33	-167.69	1 171.76
加：营业外收入	2 277.96	2 093.90	1 159.63	3 080.17	1 552.37
减：营业外支出	1 802.43	620.29	656.93	788.38	2 128.83
利润总额	15 259.46	6 288.90	4 604.04	2 124.10	595.30
减：所得税	350.27	108.89	497.33	372.46	-212.41
净利润	14 909.19	6 180.02	4 106.71	1 751.64	807.71
减：少数股东损益	-4.63	-43.81	-7.50	-106.23	-424.44
归属于母公司所有者的净利润	14 913.82	6 223.83	4 114.21	1 857.88	1 232.16
每股收益：					
基本每股收益	0.477 0	0.242 0	0.189 0	0.104 0	0.069 0
稀释每股收益	0.473 0	0.242 0	0.189 0	0.104 0	0.069 0

表 3-11　H 公司 20×1—20×5 年现金流量表　　　　　单位：万元

报告期	20×5-12-31	20×4-12-31	20×3-12-31	20×2-12-31	20×1-12-31
	年报	年报	年报	年报	年报
经营活动产生的现金流量：					
销售商品、提供劳务收到的现金	211 393.45	154 361.22	152 796.88	67 999.74	59 033.32
收到的税费返还				934.74	
收到其他与经营活动有关的现金	5 030.14	3 914.55	5 762.33	7 167.77	8 289.02
经营活动现金流入小计	216 423.59	158 275.77	158 559.21	76 102.25	67 322.34
购买商品、接受劳务支付的现金	140 676.55	102 479.59	102 492.75	41 564.20	35 786.28
付给职工以及为职工支付的现金	16 938.19	14 579.03	9 636.01	8 971.52	5 655.07
支付的各项税费	12 901.64	11 706.50	8 728.89	7 433.72	6 654.83

表3-11（续）

财务管理

报告期	20×5-12-31 年报	20×4-12-31 年报	20×3-12-31 年报	20×2-12-31 年报	20×1-12-31 年报
支付其他与经营活动有关的现金	29 787.01	32 894.52	26 953.27	14 042.46	16 656.83
经营活动现金流出小计	200 303.39	161 659.65	147 810.92	72 011.91	64 753.02
经营活动产生的现金流量净额差额（合计平衡项目）					
经营活动产生的现金流量净额	16 120.20	-3 383.87	10 748.29	4 090.34	2 569.32
投资活动产生的现金流量：					
收回投资收到的现金		2 500.00		500.00	
取得投资收益收到的现金	57.67	930.21	20.98	20.12	1.48
处置固定资产、无形资产和其他长期资产收回的现金净额	562.42		1.66	2 225.17	33.14
处置子公司及其他营业单位收到的现金净额			-6.24	693.88	15.07
收到其他与投资活动有关的现金					
投资活动现金流入小计	620.09	3 430.21	16.39	3 439.18	49.69
购建固定资产、无形资产和其他长期资产支付的现金	28 998.42	21 740.46	3 765.14	12 030.36	3 306.12
投资支付的现金	600.00	300.00	400.00	7 868.00	
取得子公司及其他营业单位支付的现金净额	14 155.70	247.62	16 105.00		
支付其他与投资活动有关的现金					
投资活动现金流出小计	43 754.12	22 288.08	20 270.14	19 898.36	3 306.12
投资活动产生的现金流量净额差额（合计平衡项目）					
投资活动产生的现金流量净额	-43 134.03	-18 857.87	-20 253.75	-16 459.19	-3 256.44
筹资活动产生的现金流量：					
吸收投资收到的现金	5 196.87	93 100.00	43 997.41		
取得借款收到的现金	29 000.00	29 000.00	33 100.00	31 300.00	14 400.00
收到其他与筹资活动有关的现金	653.42	681.50	354.10	455.63	439.27
发行债券收到的现金					
筹资活动现金流入小计	34 850.29	122 781.50	77 451.50	31 755.63	14 839.27
偿还债务支付的现金	26 000.00	34 700.00	42 588.48	17 483.78	13 706.00
分配股利、利润或偿付利息支付的现金	6 486.54	3 236.64	5 284.79	2 712.95	1 308.99
支付其他与筹资活动有关的现金	187.24	586.61	931.32	68.12	72.81
筹资活动现金流出小计	32 673.78	38 523.26	48 804.60	20 264.84	15 087.80
筹资活动产生的现金流量净额差额（合计平衡项目）					
筹资活动产生的现金流量净额	2 176.51	84 258.24	28 646.91	11 490.79	-248.52
汇率变动对现金的影响					
现金及现金等价物净增加额	-24 837.31	62 016.49	19 141.44	-878.05	-935.64
期初现金及现金等价物余额	88 080.90	24 375.84	5 234.39	5 542.98	5 072.96
期末现金及现金等价物余额	63 243.59	86 392.33	24 375.84	4 664.93	4 137.32

（一）资产负债表分析

1. 资产负债表的比较分析

资产负债表的比较分析即水平分析，就是将资产负债表的实际数与对比标准或基数进行比较，通过编制资产负债表的水平分析表进行比较分析，以揭示资产、负债和所有者权益变动差异的分析方法。本例以上年资产负债表为对比基数，分析的目的在于评价资产、负债及所有者权益增减变动情况，揭示本年财务状况与上年对比产生差异的原因。

根据 H 公司 20×4—20×5 年的资产负债表数据，编制资产负债表的水平分析表，如表3-12 所示。

表 3-12　H 公司 20×4—20×5 年的资产负债表的水平分析表

报告期	20×5-12-31年报/万元	20×4-12-31年报/万元	差额/万元	差额百分比/%	变动百分比/%
流动资产：					
货币资金	63 382.04	86 530.47	−23 148.43	−26.75	73.25
应收票据	1 070.00	5 055.00	−3 985.00	−78.83	21.17
应收账款	19 698.14	15 337.48	4 360.66	28.43	128.43
预付款项	12 133.55	15 046.50	−2 912.95	−19.36	80.64
其他应收款	13 429.56	6 350.15	7 079.41	111.48	211.48
存货	27 761.08	7 969.66	19 791.42	248.33	348.33
其他流动资产	1 677.97	1 099.38	578.59	52.63	152.63
流动资产合计	139 152.35	137 388.64	1 763.71	1.28	101.28
非流动资产：					
可供出售金融资产	1 814.58	1 214.58	600.00	49.40	149.40
长期股权投资	515.16		515.16	—	—
固定资产	70 131.61	43 908.37	26 223.24	59.72	159.72
在建工程	17 123.66	18 124.28	−1 000.62	−5.52	94.48
无形资产	29 762.33	26 895.22	2 867.11	10.66	110.66
商誉	686.26	686.26	0.00	0.00	100.00
长期待摊费用	3 899.74	2 848.50	1 051.24	36.91	136.91
递延所得税资产	1 674.45	1 504.66	169.79	11.28	111.28
其他非流动资产	17 714.86	289.41	17 425.45	6 021.03	6 121.03
非流动资产合计	143 322.65	95 471.29	47 851.36	50.12	150.12
资产总计	282 475.00	232 859.93	49 615.07	21.31	121.31
流动负债：					
短期借款	29 000.00	26 000.00	3 000.00	11.54	111.54
应付账款	19 824.40	14 840.88	4 983.52	33.58	133.58
预收款项	15 776.47	1 652.23	14 124.24	854.86	954.86
应付职工薪酬	2 233.76	1 362.54	871.22	63.94	163.94
应交税费	3 290.00	2 649.09	640.91	24.19	124.19
应付利息	132.52	42.53	89.99	211.59	311.59
应付股利	13.50	13.50	0.00	0.00	100.00
其他应付款	12 593.52	4 670.14	7 923.38	169.66	269.66

表3-12(续)

报告期	20×5-12-31 年报/万元	20×4-12-31 年报/万元	差额/万元	差额百分比 /%	变动百分比 /%
一年内到期的非流动负债	8 200.00		8 200.00	—	—
流动负债合计	91 064.18	51 230.91	39 833.27	77.75	177.75
非流动负债：					
长期借款	16 800.00		16 800.00	—	—
递延收益——非流动负债	836.93	585.58	251.35	42.92	142.92
非流动负债合计	17 636.93	585.58	17 051.35	2 911.87	3 011.87
负债合计	108 701.11	51 816.49	56 884.62	109.78	209.78
所有者权益（或股东权益）：					
实收资本（或股本）	31 854.22	31 197.22	657.00	2.11	102.11
资本公积金	120 436.71	134 849.57	-14 412.86	-10.69	89.31
减：库存股	5 157.45		5 157.45	—	—
盈余公积金	2 979.46	2 795.24	184.22	6.59	106.59
未分配利润	23 492.42	12 028.25	11 464.17	95.31	195.31
归属于母公司所有者权益合计	173 605.36	180 870.29	-7 264.93	-4.02	95.98
少数股东权益	168.53	173.15	-4.62	-2.67	97.33
所有者权益合计	173 773.89	181 043.44	-7 269.55	-4.02	95.98
负债和所有者权益总计	282 475.00	232 859.93	49 615.07	21.31	121.31

对资产负债表水平分析表的评价，可以从以下三个方面进行：

（1）从投资或资产角度进行评价：主要是观察企业资产总规模变动状况及各类、各项资产对资产规模的影响程度，发现变动幅度较大的重点类别和重点项目；在此基础上分析各类或各项资产规模变动的原因，特别是注意分析会计政策变更对资产规模产生的影响。

从表3-12可以看出，H公司20×5年的资产为282 475万元，比20×4年增加了49 615.07万元，增长幅度为21.31%。这说明H公司20×5年的资产规模有所增长。首先，从企业的固定资产来看，通过分析我们可以发现企业资产的增加是由固定资产的增加引起的。20×5年固定资产较上年增加了26 223.24万元，增长了59.72%，由于该项目的变动，全部资产增加了11.26%（26 223.24÷232 859.93）。其次，从企业的流动资产来看，20×5年的流动资产较上年增加了1 763.71万元，该项目的变动，使全部资产增加了0.75%（1 763.71÷232 859.93）。进一步分析可以看出，流动资产的增加主要是应收账款、其他应收款和存货的增加所致，货币资金、应收票据和预付款项都有所减少。再者，从企业的长期投资来看，20×5年长期股权投资较上年增加了515.16万元，仅使资产总额增加了0.22%（515.16÷232 859.93），说明H公司本年度没有向外扩展。最后，无形资产和递延所得税资产分别较上年增加了2 867.11万元和169.79万元，分别使资产总额增加1.23%和0.07%。

（2）从筹资或资本角度进行评价：主要是观察企业负债总额和所有者权益总额变动状况及各类、各项筹资对负债和所有者权益总额的影响程度，发现变动幅度较大的重点类别和重点项目；在此基础上分析各类或各项筹资形成的资本变动的原因。

从表3-12可以看出，H公司负债和所有者权益总额较上年增加了49 615.07万元，增加幅度为21.31%，即企业资本规模有所增加。企业资本规模增加主要是负债筹资规模增加，该企业本年负债筹资增加额为56 884.62万元，增长率为109.78%。其中，增长幅度最大的两项为预收款项和应付利息。预收款项增加了 14 124.24 万元，增长率为 854.86%；应付利息增加了 89.99 万元，增长率为 211.59%。该企业本年度股权资本减少了 7 269.55 万元，降低率为 4.02%。这主要是由于资本公积较上年减少了 14 412.86 万元，降低率为 10.69%，而未分配利润较上年增加了 11 464.17 万元，增长率为 95.31%，即受到两个方面的共同影响。

（3）从投资与筹资角度进行评价：要分析评价资产规模变动受筹资规模及构成的影响程度。从表 3-12 可知，该企业资产规模增长是负债筹资与权益筹资共同作用导致的，其中负债筹资是资产规模增加的主要原因。

2. 资产负债表的结构分析

资产负债表的结构分析即垂直分析，通过计算资产负债表中各项目在总资产或总权益中所占的比重，编制资产负债表的结构分析表，进而分析说明企业资产结构和权益结构及其增减变动的合理程度。

根据 H 公司 20×4—20×5 年的资产负债表数据，编制资产负债表的垂直分析表，如表 3-13 所示的。

表 3-13　H 公司 20×4—20×5 年的资产负债垂直分析表

报告期	20×5-12-31		20×4-12-31		结构比较 /%
	年报/万元	结构百分比 /%	年报/万元	结构百分比 /%	
流动资产：					
货币资金	63 382.04	22.44	86 530.47	37.16	-14.72
应收票据	1 070.00	0.38	5 055.00	2.17	-1.79
应收账款	19 698.14	6.97	15 337.48	6.59	0.39
预付款项	12 133.55	4.30	15 046.50	6.46	-2.17
其他应收款	13 429.56	4.75	6 350.15	2.73	2.03
存货	27 761.08	9.83	7 969.66	3.42	6.41
其他流动资产	1 677.97	0.59	1 099.38	0.47	0.12
流动资产合计	139 152.35	49.26	137 388.64	59.00	-9.74
非流动资产：					
可供出售金融资产	1 814.58	0.64	1 214.58	0.52	0.12
债权投资		0.00		0.00	0.00
长期股权投资	515.16	0.18	0.00	0.00	0.18
固定资产	70 131.61	24.83	43 908.37	18.86	5.97
在建工程	17 123.66	6.06	18 124.28	7.78	-1.72
无形资产	29 762.33	10.54	26 895.22	11.55	-1.01
商誉	686.26	0.24	686.26	0.29	-0.05
长期待摊费用	3 899.74	1.38	2 848.50	1.22	0.16
递延所得税资产	1 674.45	0.59	1 504.66	0.65	-0.05
其他非流动资产	17 714.86	6.27	289.41	0.12	6.15
非流动资产合计	143 322.65	50.74	95 471.29	41.00	9.74
资产总计	282 475.00	100.00	232 859.93	100.00	—
流动负债：					
短期借款	29 000.00	10.27	26 000.00	11.17	-0.90

表3-13（续）

报告期	20×5-12-31		20×4-12-31		结构比较/%
	年报/万元	结构百分比/%	年报/万元	结构百分比/%	
应付账款	19 824.40	7.02	14 840.88	6.37	0.64
预收款项	15 776.47	5.59	1 652.23	0.71	4.88
应付职工薪酬	2 233.76	0.79	1 362.54	0.59	0.21
应交税费	3 290.00	1.16	2 649.09	1.14	0.03
应付利息	132.52	0.05	42.53	0.02	0.03
应付股利	13.50	0.00	13.50	0.01	0.00
其他应付款	12 593.52	4.46	4 670.14	2.01	2.45
一年内到期的非流动负债	8 200.00	2.90	0.00		2.90
流动负债合计	91 064.18	32.24	51 230.91	22.00	10.24
非流动负债：					
长期借款	16 800.00	5.95			5.95
长期应付款		0.00		0.00	0.00
递延收益——非流动负债	836.93	0.30	585.58	0.25	0.04
其他非流动负债		0.00			0.00
非流动负债合计	17 636.93	6.24	585.58	0.25	5.99
负债合计	108 701.11	38.48	51 816.49	22.25	16.23
所有者权益（或股东权益）：					0.00
实收资本（或股本）	31 854.22	11.28	31 197.22	13.40	-2.12
资本公积金	120 436.71	42.64	134 849.57	57.91	-15.27
减：库存股	5 157.45	1.83	0.00		1.83
盈余公积金	2 979.46	1.05	2 795.24	1.20	-0.15
未分配利润	23 492.42	8.32	12 028.25	5.17	3.15
归属于母公司所有者权益合计	173 605.36	61.46	180 870.29	77.67	-16.21
少数股东权益	168.53	0.06	173.15	0.07	-0.01
所有者权益合计	173 773.89	61.52	181 043.44	77.75	-16.23
负债和所有者权益总计	282 475.00	100.00	232 859.93	100.00	—

对资产负债表垂直分析评价，可以从以下三个方面进行：

（1）从资产结构优化角度：首先明确企业资产结构分类及意义。一般来说，企业资产结构主要指各类资产在总资产中的比例结构，其进一步可分为短期资产与长期资产结构、有形资产与无形资产结构、流动资产与固定资产结构等。从表3-13可以看出，H公司总资产结构变动不大，比较稳定，进一步可从以下角度进行分析：

从短期资产与长期资产比例角度：20×5年H公司的短期资产占资产总额49.26%，长期资产占50.74%，短期资产与长期资产结构的合理性应结合行业特点进行评价。

从有形资产和无形资产比例角度：20×5年无形资产占资产总额的比例较上年下降了1.01%，但20×4年与20×5年无形资产比重都不超过12%。随着科技的进步和社会经济的发展，无形资产比重应该越来越高。

从固定资产与流动资产比例角度：对一个企业而言，其主要有以下三种固流结构策略可供选择，即适中的固流结构策略、保守的固流结构策略、冒险的固流结构策略。H公司

20×4年固定资产比率为18.86%，流动资产比率为81.14%，固流比率为1∶4.30；20×5年固定资产比率为24.71%，流动资产比率为75.17%，固流比率为1∶3.03。该数据说明该企业20×5年固流比率较上年有所提高。如果20×4年H公司采取的是保守型的固流结构策略，那么20×5年该企业正在向冒险型的固流结构策略转变。

（2）从资本结构优化角度：资本结构主要指负债与所有者权益结构。资本结构优化主要指调整负债与所有者权益结构，使风险与收益达到合理目标。从表3-13可以看出，H公司资产负债率20×4年为22.25%，20×5年为38.48%，从总体来看，负债资本结构比较低，财务风险较小。

（3）从资产结构与资本结构适应角度：企业筹资结构与投资结构的适应形势可以分为保守型结构、稳健型结构、平衡型结构和风险型结构四种类型。保守型结构是指企业全部资产的资金来源都是长期资本，即所有者权益和长期负债。该类型的最大优点是企业风险较低，局限性是由于全部资本都是长期资本，所以资本成本较高。这种类型结构只是一种理论界定，其筹资结构弹性较小，实践中很少被企业采用。稳健型结构是指在持续经营企业中，企业的资产可分为永久性占用资产和临时性占用资产两部分，永久性资产应有稳定和长期的资本来源，临时性占用资产与短期负债相对应。该结构是一种大部分企业都能接受或采用的资产与权益对称结构。平衡型结构中，企业的非流动资产应以长期资本来满足，流动资产以流动负债来满足。该结构形式只适用于经营状况良好，流动资产与流动负债内部结构相适应的企业。风险型结构中，流动负债不仅满足流动资产的资金需要，还用于满足部分长期资产的资金需要。由于流动负债的构成高于流动资产的构成，这必然使企业的支付能力较差、财务风险较大。这种结构只适用于企业资产流动性很好且经营现金流量较充足的情况，从长远或总体来看，企业不宜采用这种结构。

从表3-13来看，H公司20×5年非流动资产构成为50.74%，长期资本构成为67.76%；20×4年非流动资产构成为41%，长期资本构成为78%，说明该企业资产结构与资本结构从整体上属于稳健型结构，动态上看变动幅度不大。

3. 资产负债表的趋势分析

资产负债表趋势分析，是指通过计算资产负债表中各项目在一个较长时期的动态比率，编制资产负债表的趋势分析表，观察、分析各项资产、负债及所有者权益及其影响因素的变动趋势。其一方面可以揭示企业筹资与投资活动状况与特征；另一方面可以为企业财务状况预测、决策及预算指明方向。

根据H公司20×1—20×5年的资产负债表数据，编制资产负债表的趋势分析表，如表3-14所示。

表3-14　H公司20×1—20×5年资产负债表趋势分析表　　　　单位：万元

报告期	201×1	20×2	20×3	20×4	20×5
流动资产：					
货币资金	100	112.75	589.17	2 091.46	1 531.96
应收账款	100	74.35	92.32	216.98	278.67
预付款项	100	62.15	287.36	265.45	214.06
其他应收款	100	202.63	116.97	111.57	235.96
存货	100	102.77	156.09	119.11	414.89
流动资产合计	100	108.87	222.19	469.60	475.62

表3-14(续)

报告期	201×1	20×2	20×3	20×4	20×5
非流动资产：					
长期股权投资	100	50.70	93.95	0.00	52.92
固定资产	100	148.98	166.21	159.15	254.19
在建工程	100	27.58	2 481.85	10 989.07	10 382.38
无形资产	100	81.27	100.42	120.65	133.51
长期待摊费用	100	414.61	532.07	465.49	637.29
递延所得税资产	100	85.56	84.96	105.63	117.54
其他非流动资产	100	0.00	0.00	1 554.30	95 138.88
非流动资产合计	100	119.69	152.43	179.88	270.04
资产总计	100	115.84	177.22	282.83	343.09
流动负债：					
短期借款	100	138.68	122.03	137.94	153.86
应付账款	100	125.71	224.06	219.52	293.23
预收款项	100	112.05	589.77	222.65	2 125.95
应付职工薪酬	100	75.34	283.28	154.38	253.10
应交税费	100	100.46	390.14	380.50	472.56
应付利息	100	82.05	2.44	1.59	4.96
其他应付款	100	65.54	37.60	35.67	96.19
一年内到期的非流动负债	100	0.00	0.00	0.00	326.69
流动负债合计	100	103.05	114.16	110.88	197.09
非流动负债：					
长期借款	100	266.30	189.13	0.00	365.22
其他非流动负债					
非流动负债合计	100	172.19	123.86	7.71	232.24
负债合计	100	112.81	115.52	96.32	202.05
所有者权益（或股东权益）：					
实收资本（或股本）	100	100.00	138.00	175.01	178.70
资本公积金	100	100.00	271.14	751.75	671.40
盈余公积金	100	100.00	295.60	309.21	329.59
未分配利润	100	36.69	−123.37	−199.24	−389.14
归属于母公司所有者权益合计	100	112.48	272.13	590.48	566.76
少数股东权益	100	−11.10	−19.01	−8.26	−8.04
所有者权益合计	100	121.56	293.53	634.48	609.01
负债和所有者权益总计	100	115.84	177.22	282.83	343.09

对资产负债趋势分析表的评价可以从以下几方面进行：

（1）根据企业总资产或总权益的变动情况与变动趋势，评价企业规模变动状况，判断企业发展周期及发展潜力。根据表3-14得出的H公司从20×1年至20×5年资产、负债及所有者权益变动趋势的分析表可以看出，H公司规模四年来增长了近2倍，从20×2年至20×5年这四年里每年都有增长，但20×4年的增长幅度最大。

（2）根据企业各类资产的变动情况及变动趋势，结合行业所处的特点，评价各类资产变动趋势的合理性。从表 3-14 可以看出，H 公司流动资产和非流动资产的增长趋势相比，流动资产的增长幅度大于非流动资产的增长幅度。

（3）根据企业负债及所有者权益变动情况及变动趋势，观察企业资产规模变动的资金来源变动情况及趋势，评价企业财务运行质量和风险情况。从表 3-14 来看，H 公司的负债在 20×2 年、20×3 年保持增长趋势，在 20×4 年骤减，又在 20×5 年大幅度增长。所有者权益则一直是增长趋势，且于 20×4 年实现较大幅度增长。这说明企业资本结构不稳定。

（4）根据各类资产变动趋势和各类权益变动趋势，分析评价企业资产与权益相互适应类型及变动特点。从 H 公司流动资产与流动负债的变动趋势来看，流动资产的增幅大于流动负债的增幅，企业从 20×1 年至 20×5 年一直是稳健型适应结构。

（二）利润表分析

1. 利润表的比较分析

利润表的比较分析即水平分析，就是将利润表的实际数与对比标准或基数进行比较，通过编制利润表的水平分析表，以揭示利润变动差异的分析方法。本例以 H 公司 2014 年利润表为对比基数，分析目的是评价利润增减变动情况，揭示本年利润与上年对比产生的差异及其原因。

根据 H 公司 20×4—20×5 年的利润表数据，采用增减变动额、增减变动百分比和变动百分比三个要素编制利润表的水平分析表，如表 3-15 所示。

表 3-15　H 公司 20×4—20×5 年利润表的水平分析表

报告期	20×5-12-31 年报/万元	20×4-12-31 年报/万元	差额/万元	差额百分比 /%	变动百分比 /%
营业总收入	188 760.59	149 752.8	39 007.79	26.05	126.05
营业收入	188 760.59	149 752.8	39 007.79	26.05	126.05
营业总成本	173 980.15	145 224.53	28 755.62	19.80	119.80
营业成本	127 249.54	102 522.85	24 726.69	24.12	124.12
营业税金及附加	1 904.78	1 029.93	874.85	84.94	184.94
销售费用	39 181.55	31 515.04	7 666.51	24.33	124.33
管理费用	10 997.37	7 691.71	3 305.66	42.98	142.98
财务费用	-1 271.88	1 802.03	-3 073.91	-170.58	-70.58
营业利润	14 783.94	4 815.29	9 968.65	207.02	307.02
加：营业外收入	2 277.96	2 093.9	184.06	8.79	108.79
减：营业外支出	1 802.43	620.29	1 182.14	190.58	290.58
利润总额	15 259.46	6 288.9	8 970.56	142.64	242.64
减：所得税	350.27	108.89	241.38	221.67	321.67
净利润	14 909.19	6 180.02	8 729.17	141.25	241.25
减：少数股东损益	-4.63	-43.81	39.18	-89.43	10.57
归属于母公司所有者的净利润	14 913.82	6 223.83	8 689.99	139.62	239.62
每股收益：					
基本每股收益	0.477	0.242	0.235	97.11	197.11
稀释每股收益	0.473	0.242	0.231	95.45	195.45

对利润表水平分析表的评价，应抓住几个关键利润指标的变动情况进行。

（1）净利润或税后利润分析。净利润是指企业所有者最终取得的财务成果，或可供企业所有者分配或使用的财务成果。如表 3-15 所示，本例中 H 公司 20×5 年实现净利润 14 909.19 万元，比上年增加了 8 729.17 万元，增加率为 141.25%。从水平分析表看，企业净利润增加主要由于利润总额比上年增加了 8 970.56 万元，增加率为 142.64%，所得税和少数股东权益比上年有所增加，因此净利润的增加幅度小于利润总额的增加幅度。

（2）利润总额分析。利润总额是反映企业全部财务成果的指标，它不仅反映企业的营业利润，而且反映企业的对外投资收益，以及营业外收支情况。本例中 H 公司利润总额比上年增加了 8 970.56 万元，增加率为 142.64%，主要原因是营业利润较上年大幅度增加了 9 968.65 万元。

（3）营业利润分析。营业利润包括主营业务利润和其他业务利润，但要在两者之和的基础上减去期间费用。它反映了企业自身生产经营业务的财务成果。本例中营业利润增加的原因是营业外收入较上年增加幅度较小，而营业外支出较上年增加了 1 182.14 万元。

（4）主营业务利润分析。本例的利润水平分析表未体现主营业务利润这项指标，故不作分析。

2. 利润表的结构分析

利润表的结构分析又称为垂直分析，是指通过计算利润表中各项目或各因素在主营业务收入中所占的比重，编制利润表的垂直分析表，分析说明各项财务成果及成本费用的结构及其增减变动的合理程度。

根据 H 公司 20×4—20×5 年的利润表数据，运用垂直分析方法可编制利润表的垂直分析表，如表 3-16 所示。

表 3-16　H 公司 20×4—20×5 年利润表的垂直分析表

报告期	20×5-12-31		20×4-12-31		结构比较 /%
	年报/万元	结构百分比/%	年报/万元	结构百分比/%	
营业总收入	188 760.59	100.00	149 752.80	100.00	0.00
营业收入	188 760.59	100.00	149 752.80	100.00	0.00
营业总成本	173 980.15	92.17	145 224.53	96.98	-4.81
营业成本	127 249.54	67.41	102 522.85	68.46	-1.05
税金及附加	1 904.78	1.01	1 029.93	0.69	0.32
销售费用	39 181.55	20.76	31 515.04	21.04	-0.29
管理费用	10 997.37	5.83	7 691.71	5.14	0.69
财务费用	-1 271.88	-0.67	1 802.03	1.20	-1.88
营业利润	14 783.94	7.83	4 815.29	3.22	4.62
加：营业外收入	2 277.96	1.21	2 093.90	1.40	-0.19
减：营业外支出	1 802.43	0.95	620.29	0.41	0.54
利润总额	15 259.46	8.08	6 288.90	4.20	3.88
减：所得税	350.27	0.19	108.89	0.07	0.11
净利润	14 909.19	7.90	6 180.02	4.13	3.77
减：少数股东损益	-4.63	0.00	-43.81	-0.03	0.03
归属于母公司所有者的净利润	14 913.82	7.90	6 223.83	4.16	3.74

表3-16(续)

报告期	20×5-12-31		20×4-12-31		结构比较/%
	年报/万元	结构百分比/%	年报/万元	结构百分比/%	
每股收益：					
基本每股收益	0.477 0		0.242 0		
稀释每股收益	0.473 0		0.242 0		

对利润表的垂直分析表进行分析评价，可按以下思路进行：

（1）通过对净利润、利润总额、营业利润和主营业务利润占营业总收入的比重进行分析，明确净利润形成的各环节的贡献或影响程度。

（2）通过对销售成本占业务收入的比重分析评价，揭示企业成本水平。

（3）通过对期间费用占业务收入的比重分析评价，揭示企业期间费用管理水平。

从H公司的利润垂直分析表可以看出企业20×5年度各项利润的构成及变动情况：净利润的比重为7.90%，较上年增加了3.77%；利润总额的比重为8.08%，较上年增加了3.88%；营业利润占营业总收入的比重为7.83%，较上年增加了4.62%。从企业利润的构成情况来看，H公司盈利能力比上年度有所上升。

3. 利润表的趋势分析

利润表趋势分析，是通过计算利润表中各项目在一个较长时期内的动态比率，编制利润表的趋势分析表，观察、分析各项利润及其影响因素的变动趋势。利润表的趋势分析，一方面可揭示企业经营活动业绩与特征；另一方面可为企业利润预测、决策及预算指明方向。分析期的确定应能体现趋势特点，因此通常不少于五年。

根据H公司201X—20×5年的利润表数据，运用趋势分析方法可编制利润表的趋势分析表进行趋势分析，如表3-17所示。

表3-17　H公司20×4—20×5年利润表的趋势分析表　　　单位：万元

报告期	20×1	20×2	20×3	20×4	20×5
营业总收入	100.00	110.31	224.50	257.52	324.60
营业收入	100.00	110.31	224.50	257.52	324.60
营业总成本	100.00	112.82	223.92	254.85	305.32
营业成本	100.00	104.97	254.36	286.55	355.66
税金及附加	100.00	116.66	142.92	191.35	353.89
销售费用	100.00	152.26	186.59	229.52	285.35
管理费用	100.00	154.11	177.23	206.52	295.28
财务费用	100.00	85.68	174.15	93.55	−66.03
营业利润	100.00	−14.31	350.01	410.95	1 261.69
加：营业外收入	100.00	198.42	74.70	134.88	146.74
减：营业外支出	100.00	37.03	30.86	29.14	84.67
利润总额	100.00	356.81	773.40	1 056.43	2 563.32
减：所得税	100.00	−175.35	−234.14	−51.26	−164.90
净利润	100.00	216.86	508.44	765.13	1 845.86
减：少数股东损益	100.00	25.03	1.77	10.32	1.09
归属于母公司所有者的净利润	100.00	150.78	333.90	505.12	1 210.38

表3-17（续）

报告期	20×1	20×2	20×3	20×4	20×5
每股收益：					
基本每股收益	100.00	150.72	273.91	350.72	691.30
稀释每股收益	100.00	150.72	273.91	350.72	685.51

对利润表趋势分析表的评价可以从以下几方面进行：

（1）从各项利润看，基本趋势是从 20×2 年的降低，到 20×3 年开始平缓增长，20×5 年较上年有大幅度增长。

（2）从营业收入和成本变动趋势来看，两者的变动趋势都是不断增长，20×5 年收入增长幅度超过成本增长幅度。

（3）从净利润来看，H 公司 20×1—20×5 年的净利润呈高速增长态势。

从总体来看，H 公司在收入稳定增长的情况下，各项利润指标均都相应增长，表明企业运营良好。

（三）现金流量表分析

1. 现金流量表的比较分析

现金流量表的比较分析即水平分析，就是将现金流量表各项目的实际数与对比标准或基数进行比较，通过编制现金流量表的水平分析表，揭示企业当期现金流量水平变动差异的分析方法。本例以 H 公司 20×4 年现金流量表为对比基数，分析目的是评价现金流量各项目的增减变动情况，揭示本年度现金流量与上年对比产生的差异及其原因，反映企业现金流量管理的水平与特点。

根据 H 公司 20×4—20×5 年的现金流量表数据，通过对比两个不同时期的现金流量各项目的增减变动差额、增减差额变动百分比和变动百分比三个要素编制了现金流量表的水平分析表，如表 3-18 所示。

表 3-18 H 公司 20×4—20×5 年现金流量表的水平分析表

报告期	20×5-12-31 年报/万元	20×4-12-31 年报/万元	差额/万元	差额变动 百分比/%	变动 百分比/%
报表类型	合并报表	合并报表			
经营活动产生的现金流量：					
销售商品、提供劳务收到的现金	211 393.45	154 361.22	57 032.23	36.95	136.95
收到其他与经营活动有关的现金	5 030.14	3 914.55	1 115.59	28.50	128.50
经营活动现金流入小计	216 423.59	158 275.77	58 147.82	36.74	136.74
购买商品、接受劳务支付的现金	140 676.55	102 479.59	38 196.96	37.27	137.27
支付给职工以及为职工支付的现金	16 938.19	14 579.03	2 359.16	16.18	116.18
支付的各项税费	12 901.64	11 706.50	1 195.14	10.21	110.21
支付其他与经营活动有关的现金	29 787.01	32 894.52	-3 107.51	-9.45	90.55
经营活动现金流出（金融类）			0		
经营活动现金流出差额（特殊报表科目）			0		
经营活动现金流出差额（合计平衡项目）			0		
经营活动现金流出小计	200 303.39	161 659.65	38 643.74	23.90	123.90

表3-18(续)

报告期	20×5-12-31 年报/万元	20×4-12-31 年报/万元	差额/万元	差额变动百分比/%	变动百分比/%
经营活动产生的现金流量净额差额（合计平衡项目）			0		
经营活动产生的现金流量净额	16 120.20	−3 383.87	19 504.07	−576.38	−476.38
投资活动产生的现金流量：					
收回投资收到的现金		2 500.00	−2 500	−100.00	0.00
取得投资收益收到的现金	57.67	930.21	−872.54	−93.80	6.20
处置固定资产、无形资产和其他长期资产收回的现金净额	562.42		562.42		
处置子公司及其他营业单位收到的现金净额			0		
收到其他与投资活动有关的现金			0		
投资活动现金流入差额（特殊报表科目）			0		
投资活动现金流入差额（合计平衡项目）			0		
投资活动现金流入小计	620.09	3 430.21	−2 810.12	−81.92	18.08
购建固定资产、无形资产和其他长期资产支付的现金	28 998.42	21 740.46	7 257.96	33.38	133.38
投资支付的现金	600.00	300.00	300	100.00	200.00
取得子公司及其他营业单位支付的现金净额	14 155.70	247.62	13 908.08	5 616.70	5 716.70
支付其他与投资活动有关的现金			0		
投资活动现金流出差额（特殊报表科目）			0		
投资活动现金流出差额（合计平衡项目）			0		
投资活动现金流出小计	43 754.12	22 288.08	21 466.04	96.31	196.31
投资活动产生的现金流量净额差额（合计平衡项目）			0		
投资活动产生的现金流量净额	−43 134.03	−18 857.87	−24 276.16	128.73	228.73
筹资活动产生的现金流量：					
吸收投资收到的现金	5 196.87	93 100.00	−87 903.13	−94.42	5.58
其中：子公司吸收少数股东投资收到的现金			0		
取得借款收到的现金	29 000.00	29 000.00	0	0.00	100.00
收到其他与筹资活动有关的现金	653.42	681.50	−28.08	−4.12	95.88
发行债券收到的现金			0		
筹资活动现金流入差额（特殊报表科目）			0		
筹资活动现金流入差额（合计平衡项目）			0		
筹资活动现金流入小计	34 850.29	122 781.50	−87 931.21	−71.62	28.38
偿还债务支付的现金	26 000.00	34 700.00	−8 700	−25.07	74.93

表3-18（续）

报告期	20×5-12-31 年报/万元	20×4-12-31 年报/万元	差额/万元	差额变动百分比/%	变动百分比/%
分配股利、利润或偿付利息支付的现金	6 486.54	3 236.64	3 249.9	100.41	200.41
其中：子公司支付给少数股东的股利、利润			0		
支付其他与筹资活动有关的现金	187.24	586.61	−399.37	−68.08	31.92
筹资活动现金流出差额（特殊报表科目）			0		
筹资活动现金流出差额（合计平衡项目）			0		
筹资活动现金流出小计	32 673.78	38 523.26	−5 849.48	−15.18	84.82
筹资活动产生的现金流量净额差额（合计平衡项目）			0		
筹资活动产生的现金流量净额	2 176.51	84 258.24	−82 081.73	−97.42	2.58
汇率变动对现金的影响			0		
直接法——现金及现金等价物净增加额差额（特殊报表科目）			0		
直接法——现金及现金等价物净增加额差额（合计平衡项目）			0		
现金及现金等价物净增加额	−24 837.31	62 016.49	−86 853.8	−140.05	−40.05
期初现金及现金等价物余额	88 080.90	24 375.84	63 705.06	261.35	361.35
期末现金及现金等价物余额	63 243.59	86 392.33	−23 148.74	−26.79	73.21

从表3-18可以看出，20×5年H公司现金净流量本年比上年减少了23 148.74万元。对此，我们可以通过现金流量表的水平分析表抓住几个关键方面的变动情况进行分析。

（1）对经营活动现金流量、投资活动现金流量和筹资活动现金流量分别进行分析：经营现金净流量2015年为16 120.20万元，较上年增加了19 504.07万元，这是由于现金流入量与现金流出量分别较上年增加了36.74%和23.90%。

（2）从投资活动现金流量来看，2015年投资活动现金流入量较上年减少了2 810.12万元，现金流出量较上年增加了21 466.04万元，增长幅度达96.31%，导致投资活动现金净流量较上年减少了24 276.16万元，降低率为128.73%。现金流入量的减少可能是由于投资收益收到的现金较上年减少了93.8%。

（3）从筹资活动现金流量来看，本年的现金净流量较上年减少了82 081.73万元，降低幅度为97.42%，主要是本年现金流入量与现金流出量都大幅减少，尤其是现金流入量的减少幅度大于现金流出量时，净流量会大幅度降低。

所以，从现金净流量的角度来看，20×5年H公司现金净流量本年比上年减少了23 148.74万元，主要是因为20×5年投资活动与筹资活动的现金流量减少，说明H公司经营规模有所缩减，投资活动与筹资活动趋于稳定。

2. 现金流量表的结构分析

现金流量结构分析即垂直分析，是指通过分类计算企业各项现金流入量占现金总流入量的比重、各项现金流出量占现金总流出量的比重，以及各类现金净流量占总的现金净流量的比重，编制现金流量表的垂直分析表，以揭示企业经营活动、投资活动和筹资活动的特点及对现金净流量的影响方向和程度。

财务管理

根据 H 公司 20×4—20×5 年的现金流量表数据，运用结构分析法的计算处理，可编制出现金流量表的垂直分析表，如表 3-19 所示。

表 3-19 H 公司 20×4—20×5 年现金流量表的垂直分析表

报告期	20×5-12-31 年报/万元	现金流入结构比/%	现金流出结构比/%	现金流量净额结构比/%	20×4-12-31 年报/万元	现金流入结构比/%	现金流出结构比/%
报表类型	合并报表				合并报表		
经营活动产生的现金流量：							
销售商品、提供劳务收到的现金	211 393.45	83.92			154 361.22	54.26	
收到的税费返还		0.00				0.00	
收到其他与经营活动有关的现金	5 030.14	2.00			3 914.55	1.38	
经营活动现金流入（金融类）		0.00				0.00	
经营活动现金流入差额（特殊报表科目）		0.00				0.00	
经营活动现金流入差额（合计平衡项目）		0.00				0.00	
经营活动现金流入小计	216 423.59	85.92			158 275.77	55.64	
购买商品、接受劳务支付的现金	140 676.55		50.84		102 479.59		46.06
支付给职工以及为职工支付的现金	16 938.19		6.12		14 579.03		6.55
支付的各项税费	12 901.64		4.66		11 706.50		5.26
支付其他与经营活动有关的现金	29 787.01		10.76		32 894.52		14.79
经营活动现金流出（金融类）			0.00				0.00
经营活动现金流出差额（特殊报表科目）			0.00				0.00
经营活动现金流出差额（合计平衡项目）			0.00				0.00
经营活动现金流出小计	200 303.39		72.38		161 659.65		72.67
经营活动产生的现金流量净额差额（合计平衡项目）							
经营活动产生的现金流量净额	16 120.20			-64.9	-3 383.87		
投资活动产生的现金流量：							
收回投资收到的现金		0.00			2 500.00	0.88	
取得投资收益收到的现金	57.67	0.02			930.21	0.33	
处置固定资产、无形资产和其他长期资产收回的现金净额	562.42	0.22			0.00		
处置子公司及其他营业单位收到的现金净额		0.00			0.00		
收到其他与投资活动有关的现金		0.00			0.00		
投资活动现金流入差额（特殊报表科目）		0.00			0.00		
投资活动现金流入差额（合计平衡项目）		0.00			0.00		
投资活动现金流入小计	620.09	0.25			3 430.21	1.21	
购建固定资产、无形资产和其他长期资产支付的现金	28 998.42		10.48		21 740.46		9.77
投资支付的现金	600.00		0.22		300.00		0.13
取得子公司及其他营业单位支付的现金净额	14 155.70		5.12		247.62		0.11
支付其他与投资活动有关的现金			0.00				0.00

表3-19(续)

报告期	20×5-12-31 年报/万元	现金流入结构比/%	现金流出结构比/%	现金流量净额结构比/%	20×4-12-31 年报/万元	现金流入结构比/%	现金流出结构比/%
投资活动现金流出差额（特殊报表科目）			0.00				0.00
投资活动现金流出差额（合计平衡项目）			0.00				0.00
投资活动现金流出小计	43 754.12		15.81		22 288.08		10.02
投资活动产生的现金流量净额差额（合计平衡项目）							
投资活动产生的现金流量净额	-43 134.03			173.67	-18 857.87		
筹资活动产生的现金流量：							
吸收投资收到的现金	5 196.87	2.06			93 100.00	32.73	
其中：子公司吸收少数股东投资收到的现金		0.00				0.00	
取得借款收到的现金	29 000.00	11.51			29 000.00	10.19	
收到其他与筹资活动有关的现金	653.42	0.26			681.50	0.24	
发行债券收到的现金		0.00				0.00	
筹资活动现金流入差额（特殊报表科目）		0.00				0.00	
筹资活动现金流入差额（合计平衡项目）		0.00				0.00	
筹资活动现金流入小计	34 850.29	13.84			122 781.50	43.16	
偿还债务支付的现金	26 000.00		9.40		34 700.00		15.60
分配股利、利润或偿付利息支付的现金	6 486.54		2.34		3 236.64		1.45
其中：子公司支付给少数股东的股利、利润			0.00				0.00
支付其他与筹资活动有关的现金	187.24		0.07		586.61		0.26
筹资活动现金流出差额（特殊报表科目）			0.00				0.00
筹资活动现金流出差额（合计平衡项目）			0.00				0.00
筹资活动现金流出小计	32 673.78		11.81		38 523.26		17.32
筹资活动产生的现金流量净额差额（合计平衡项目）							
筹资活动产生的现金流量净额	2 176.51			-8.76	84 258.24		
现金流入总合计	251 893.97	100.00			284 487.48	100.00	
现金流出总合计	276 731.29		100.00		222 470.99		100.00
现金流量净额总合计	-24 837.32			100.0	62 016.5		

从表3-19可以看出，20×5年H公司现金流入总量为251 893.97万元，现金流出总量为276 731.29万元，现金净流入量为-24 837.32万元。在现金流入总量中，经营现金流入量占85.92%，投资现金流入量仅占0.25%，筹资现金流入量占13.84%。在现金流出总量中，经营现金流出量占72.38%，投资现金流出量占15.81%，筹资现金流出量占11.81%。

从上述现金流量构成看，H公司20×5年的现金流量主要受经营活动现金流量影响，筹资活动对现金流量也有一定影响，但是投资活动的影响就很小。

3. 现金流量表的趋势分析

现金流量表的趋势分析，是指通过计算现金流量表中各项目在一个较长时期内的动态比率，编制现金流量表的趋势分析表，观察、分析各项现金流量及其影响因素的变动趋势。现金流量表的趋势分析，一方面可揭示企业经营活动的发展趋势与特征；另一方面可为企业现金流量预测、决策及预算提供支撑。分析期的确定应能体现趋势特点，因此通常不少于五年。

根据 H 公司 20×1—20×5 年的现金流量表数据，运用趋势分析方法可编制现金流量表的趋势分析表进行趋势分析，如表 3-20 所示。

表 3-20　H 公司 20×1—20×5 年现金流量表的趋势分析表　　　单位：万元

报告期	20×1	20×2	20×3	20×4	20×5
报表类型					
经营活动产生的现金流量：					
销售商品、提供劳务收到的现金	100.00	115.19	258.83	261.48	358.09
收到其他与经营活动有关的现金	100.00	86.47	69.52	47.23	60.68
经营活动现金流入小计	100.00	113.04	235.52	235.10	321.47
购买商品、接受劳务支付的现金	100.00	116.15	286.40	286.37	393.10
支付给职工以及为职工支付的现金	100.00	158.65	170.40	257.80	299.52
支付的各项税费	100.00	111.70	131.17	175.91	193.87
支付其他与经营活动有关的现金	100.00	84.30	161.82	197.48	178.83
经营活动现金流出小计	100.00	111.21	228.27	249.66	309.33
经营活动产生的现金流量净额	100.00	159.20	418.33	-131.70	627.41
投资活动产生的现金流量：					
取得投资收益收到的现金	100.00	1 359.46	1 417.57	62 852.03	3 896.62
处置固定资产、无形资产和其他长期资产收回的现金净额	100.00	6 714.45	5.01	0.00	1 697.10
处置子公司及其他营业单位收到的现金净额	100.00	4 604.38	-41.41	0.00	0.00
投资活动现金流入小计	100.00	6 921.27	32.98	6 903.22	1 247.92
购建固定资产、无形资产和其他长期资产支付的现金	100.00	363.88	113.88	657.58	877.11
投资支付的现金					
取得子公司及其他营业单位支付的现金净额					
投资活动现金流出小计	100.00	601.86	613.11	674.15	1 323.43
投资活动产生的现金流量净额	100.00	505.44	621.96	579.09	1 324.58
筹资活动产生的现金流量：					
吸收投资收到的现金					
取得借款收到的现金	100.00	217.36	229.86	201.39	201.39
收到其他与筹资活动有关的现金	100.00	103.72	80.61	155.14	148.75
筹资活动现金流入小计	100.00	214.00	521.94	827.41	234.85
偿还债务支付的现金	100.00	127.56	310.73	253.17	189.70
分配股利、利润或偿付利息支付的现金	100.00	207.26	403.73	247.26	495.54
支付其他与筹资活动有关的现金	100.00	93.56	1 279.11	805.67	257.16
筹资活动现金流出小计	100.00	134.31	323.47	255.33	216.56

表3-20(续)

报告期	20×1	20×2	20×3	20×4	20×5
筹资活动产生的现金流量净额差额（合计平衡项目）					
筹资活动产生的现金流量净额	100.00	-4 623.69	-11 527.00	-33 904.01	-875.79
现金及现金等价物净增加额	100.00	93.84	-2 045.81	-6 628.24	2 654.58
期初现金及现金等价物余额	100.00	109.27	103.18	480.51	1 736.28
期末现金及现金等价物余额	100.00	112.75	589.17	2 088.12	1 528.61

对现金流量表趋势分析表的评价可以从以下几方面进行：

（1）从经营现金流量变动趋势看，经营现金流入量和经营现金流出量的变动趋势基本一致，以2011年为基准，后四年都在稳步增长。

（2）从投资现金流量变动趋势看，投资现金流入量在20×3年骤降，在20×4年大幅度增长，又在20×5年下降。投资现金流出量的变动趋势则是20×2年至20×4年稳步增长，20×5年实现大幅度增长。

（3）从筹资现金流量变动趋势看，筹资现金流入量在20×2年至20×4年平稳增长，20×5年有所下降；筹资现金流出量则是前两年稳步增长，于20×4年有所下降后，20×5年也有下降。

综合上述的分析来看，H公司的现金流量状况只有经营活动的状况在不断改善，投资活动和筹资活动的状况不太可观。

四、会计分析的局限性

企业外部的分析师不能像企业受聘的会计师、内部审计师那样去进行函证、实地盘点、现场调研等，所以，如果企业的造假手段高明的话，财务报告的扭曲或造假是很难被识别出来的。即使是企业受聘会计师或内部审计师，若不能尽心尽职地实地、实物观察抽查等，也难以发现造假事实。因而外部的分析师就更难看出端倪了。

所以，要真正提高企业的会计信息披露质量，管理部门必须两手都要硬：一方面提高监管能力和水平；另一方面必须加强财会人员、管理者的职业道德教育，加强企业的内部控制建设，让财务报告的编报者不敢、不能、不想进行会计造假。

【链接】万福生科造假案例

万福生科（已更名为佳沃股份）2011年9月27日挂牌创业板，企业主要从事稻米精深加工系列产品的研发、生产和销售，即以稻谷（碎米）为主要原料，通过物理、化学和生物技术生产大米、淀粉糖大米蛋白粉等系列产品，号称"稻米精深加工第一股"。

2012年8月，湖南证监局对其进行例行现场检查时发现，企业存在多套账本：税务账、银行账及一套企业管理层查阅的实际收支的业务往来账，存在会计造假嫌疑。中国证券监督管理委员会（证监会）随即对其进行全面调查。

2013年4月3日，证监会现场调查工作基本结束。调查有如下发现。

（1）为了虚构销售收入，万福生科伪造了相关采购和销售合同，虚构了300多个个人账户。企业先用自有资金以采购名义打入这些虚构的个人账户，再以销售名义将款从个人账户转入企业账户，形成采购—付款、销售—收款循环。

（2）通过虚增在建工程和预付账款来虚增资产。从企业账户以预付工程设备款名义将资金打入个人账户：一部分预付工程设备款用来抵付因虚增收入、由个人账户转入企业的款项；另一部分预付工程设备款则形成在建工程。从表面上看，企业的交易或事项有实实在在的资金在循环。

（3）还有一些其他的造假手段，如私刻客户假公章，编制虚假银行单据、假出库单等。

资料来源：杨小舟. 财务报表分析：框架与应用［M］. 北京：中国财富出版社，2018：120-121.

第四节　财务能力分析

企业财务能力是企业利用所掌握的经济资源通过财务活动实现企业财务目标的能力，财务能力分析的内容包括盈利能力分析、营运能力分析、偿债能力分析和发展能力分析。

盈利能力通常指企业在一定时期内赚取利润的能力。营运能力主要指企业资产营运的效率，企业资产营运的效率主要指资产的周转率或周转速度。偿债能力是指企业偿还本身所欠债务的能力。发展能力是指企业未来生产经营活动的发展趋势和发展潜能。

财务能力分析主要通过计算相关的财务比率来进行分析。为便于说明各相关财务比率的计算分析方法，下面以 H 股份有限公司（以下简称"H 公司"）的财务报表数据为例。该企业 2020 年、2021 年资产负债表、利润表和现金流量表，如表 3-21、表 3-22 和表 3-23 所示。

表 3-21　H 公司 2020—2021 年资产负债表　　　　单位：万元

时间	2021-12-31	2020-12-31
流动资产：		
货币资金	63 382	86 530.47
交易性金融资产		
应收票据	1 070	5 055.00
应收账款	19 698	15 337.48
预付款项	12 134	15 046.50
应收利息		
其他应收款	13 430	6 350.15
应收股利		
存货	27 761	7 969.66
其他流动资产	1 678	1 099.38
流动资产合计	139 152.35	137 388.64
非流动资产：		
发放贷款及垫款		
可供出售金融资产	1 814.58	1 214.58
债权投资		
长期应收款		
长期股权投资	515.16	
投资性房地产		
固定资产	70 131.61	43 908.37
在建工程	17 123.66	18 124.28
无形资产	29 762.33	26 895.22

表3-21（续）

时间	2021-12-31	2020-12-31
开发支出		
商誉	686.26	686.26
长期待摊费用	3 899.74	2 848.50
递延所得税资产	1 674.45	1 504.66
其他非流动资产	17 714.86	289.41
非流动资产合计	143 322.65	95 471.29
资产总计	282 475.00	232 859.93
流动负债：		
短期借款	29 000.00	26 000.00
交易性金融负债		
应付票据		
应付账款	19 824.40	14 840.88
预收款项	15 776.47	1 652.23
应付手续费及佣金		
应付职工薪酬	2 233.76	1 362.54
应交税费	3 290.00	2 649.09
应付利息	132.52	42.53
应付股利	13.50	13.50
其他应付款	12 593.52	4 670.14
划分为持有待售的负债		
一年内到期的非流动负债	8 200.00	
流动负债合计	91 064.18	51 230.91
非流动负债：		
长期借款	16 800.00	
应付债券		
长期应付款		
递延收益——非流动负债	836.93	585.58
其他非流动负债		
非流动负债合计	17 636.93	585.58
负债合计	108 701.11	51 816.49
所有者权益（或股东权益）：		
实收资本（或股本）	31 854.22	31 197.22
资本公积金	120 436.71	134 849.57
减：库存股	5 157.45	
盈余公积金	2 979.46	2 795.24
一般风险准备		
未分配利润	23 492.42	12 028.25
归属于母公司所有者权益合计	173 605.36	180 870.29
少数股东权益	168.53	173.15
所有者权益合计	173 773.89	181 043.44
负债和所有者权益总计	282 475.00	232 859.93

表 3-22　2020—2021 年 H 公司利润表　　　　单位：万元

时间	2021 年度	2020 年度
营业总收入	201 239.51	188 760.59
营业收入	201 239.51	188 760.59
营业总成本	202 834.82	173 980.15
营业成本	164 508.04	127 250
税金及附加	1 027.08	1 904.78
销售费用	23 735.51	39 181.55
管理费用	7 596.59	10 997.37
财务费用	5 306.79	-1 271.88
资产减值损失	660.81	-4 081.22
其他经营收益	0	3.51
公允价值变动净收益	0	—
投资净收益	-197.30	3.51
营业利润	-3 864.82	14 783.94
加：营业外收入	569.98	2 277.96
减：营业外支出	428.86	1 802.43
其中：非流动资产处置净损失	—	6.27
利润总额	-3 723.70	15 259.46
减：所得税	1 705.35	350.27
净利润	-5 429.05	14 909.19
减：少数股东损益	25.95	-4.63
归属于母公司所有者的净利润	-5 455	14 913.82
加：其他综合收益	0	—
综合收益总额	-5 429.05	14 909.19
减：归属于少数股东的综合收益总额	25.95	-4.63
归属于母公司普通股东综合收益总额	-5 455	14 913.82
每股收益：	0	—
基本每股收益	-0.073 5	0.477 0
稀释每股收益	-0.073 5	0.473 0

表 3-23　H 公司 2020—2021 年现金流量表　　　　单位：万元

时间	2021 年度	2020 年度
经营活动产生的现金流量：		
销售商品、提供劳务收到的现金	201 497.85	211 393.45
收到的税费返还	139.48	—
收到其他与经营活动有关的现金	14 317.77	5 030.14
经营活动现金流入小计	215 955.10	216 423.59
购买商品、接受劳务支付的现金	152 361.88	140 676.55
支付给职工以及为职工支付的现金	12 029.01	16 938.19
支付的各项税费	5 811.05	12 901.64
支付其他与经营活动有关的现金	16 793.46	29 787.01
经营活动现金流出小计	186 995.40	200 303.39
经营活动产生的现金流量净额	28 959.70	16 120.20

表3-23（续）

时间	2021 年度	2020 年度
投资活动产生的现金流量：		
收回投资收到的现金	12 550	—
取得投资收益收到的现金	66.54	57.67
处置固定资产、无形资产和其他长期资产收回的现金净额	24.69	562.42
处置子公司及其他营业单位收到的现金净额	500	
收到其他与投资活动有关的现金	—	—
投资活动现金流入小计	13 141.23	620.09
购建固定资产、无形资产和其他长期资产支付的现金	6 231.25	28 998.42
投资支付的现金	12 050	600.00
取得子公司及其他营业单位支付的现金净额	460.69	14 155.70
支付其他与投资活动有关的现金		
投资活动现金流出小计	18 741.94	43 754.12
投资活动产生的现金流量净额	-5 600.71	-43 134.03
筹资活动产生的现金流量：		
吸收投资收到的现金	—	5 196.87
其中：子公司吸收少数股东投资收到的现金		—
取得借款收到的现金	118 366.41	29 000.00
收到其他与筹资活动有关的现金	—	653.42
发行债券收到的现金	104.29	
筹资活动现金流入小计	118 470.70	34 850.29
偿还债务支付的现金	126 149.90	26 000.00
分配股利、利润或偿付利息支付的现金	4 823.92	6 486.54
其中：子公司支付给少数股东的股利、利润	39.14	—
支付其他与筹资活动有关的现金	2 129.15	187.24
筹资活动现金流出小计	133 102.97	32 673.78
筹资活动产生的现金流量净额	-14 632.27	2 176.51
现金及现金等价物净增加额	8 724.28	-24 837.31
期初现金及现金等价物余额	5 960.1	88 080.90
期末现金及现金等价物余额	14 684.38	63 243.59
补充资料：		
净利润	-5 429.05	14 909.19
加：资产减值准备	2 207.51	-4 081.22
固定资产折旧、油气资产折耗、生产性生物资产折旧	4 084.78	4 294.80
无形资产摊销	285.04	360.14
长期待摊费用摊销	101.78	445.62
待摊费用减少	—	—
预提费用增加		
处置固定资产、无形资产和其他长期资产的损失	820.37	-956.32
固定资产报废损失	14.77	5.30
公允价值变动损失		
财务费用	5 290.20	1 366.68

财务管理

表3-23(续)

时间	2021 年度	2020 年度
投资损失	174.80	-3.51
递延所得税资产减少	709.56	-159.84
递延所得税负债增加	-16.58	—
存货的减少	7 639.37	-8 266.94
经营性应收项目的减少	12 511.16	2 599.00
经营性应付项目的增加	370.42	5 607.29
未确认的投资损失	—	—
其他	—	—
间接法-经营活动产生的现金流量净额	28 959.71	16 120.20
债务转为资本	—	—
一年内到期的可转换公司债券	—	—
融资租入固定资产		
现金的期末余额	14 684.38	63 243.59
减：现金的期初余额	5 960.1	88 080.90
加：现金等价物的期末余额	—	—
减：现金等价物的期初余额	—	—
加：间接法-现金净增加额差额（特殊报表科目）		
间接法-现金净增加额差额（合计平衡项目）		
间接法-现金及现金等价物净增加额	8 724.28	-24 837.31

一、偿债能力分析

企业偿债能力是指企业偿还到期债务本息的能力。静态的讲，就是企业用资产清偿债务的能力；动态的讲，就是企业用资产和经营过程中创造的收益偿还债务的能力。企业有无支付现金的能力和偿还债务的能力，是企业能否健康生存和发展的关键。偿债能力分析可以揭示企业的举债能力及财务风险。

债务一般按到期时间分为短期债务和长期债务，因此偿债能力分析分为短期偿债能力分析和长期偿债能力分析两部分。短期偿债能力是企业利用流动资产偿还流动负债的能力，通常使用流动比率、速动比率、现金比率和现金流量比率等评价指标来衡量。长期偿债能力是指企业对债务的承担能力和对偿还债务的保障能力，通常使用资产负债率、权益乘数、产权比率、利息保障倍数等指标来衡量。

（一）短期偿债能力分析

短期偿债能力是指企业偿还短期到期债务本息的能力，是企业利用流动资产偿还流动负债的能力。短期偿债能力的强弱取决于流动资产的流动性，即资产转换成现金的速度。企业流动资产的流动性强，相应的短期偿债能力也强。因此，我们通常使用营运资本、流动比率、速动比率、现金比率和现金流量比率等评价指标衡量企业短期偿债能力。

流动资产偿还流动负债的能力可以通过两种比较方法来分析：一是差额比较，即通过两者相减的差额得到的营运资本来分析；二是比率比较，即通过两者相除得到流动比率以及拓展计算的速动比率、现金比率和现金流量比率来分析。

1. 营运资本

营运资本是指流动资产超过流动负债的部分。其计算公式如下：

$$营运资本=流动资产-流动负债$$

根据 H 公司的财务报表数据：

2021 年年末营运资本 = 139 152.35-91 064.18 = 48 088.17（万元）

2020 年年末营运资本 = 137 388.64-51 230.91 = 86 157.73（万元）

计算营运资本使用的是流动资产和流动负债，其数据通常可以直接取自资产负债表。资产负债表的资产和负债分为流动项目和非流动项目，并按流动性强弱排序，为计算营运资本和分析流动性提供了便利。

短期偿债能力分析需要考虑到：如果流动资产与流动负债相等，并不足以保证短期偿债能力没有问题，因为债务的到期与流动资产的现金生成，不可能同步同量；而且为维持经营，企业不可能清算全部流动资产来偿还流动负债，而是必须维持最低水平的现金、存货、应收账款等。

因此，企业必须保持流动资产大于流动负债，即保有一定数额的营运资本作为安全边际，以防止流动负债"穿透"流动资产。因此，营运资本越多，流动负债的偿还越有保障，短期偿债能力越强。营运资本之所以能够成为流动负债的"缓冲垫"，是因为它是长期资本用于流动资产的部分，不需要在 1 年或 1 个营业周期内偿还。

营运资本 = 流动资产-流动负债

　　　　 =（总资产-非流动资产）-（总资本-股东权益-非流动负债）

　　　　 =（股东权益+非流动负债）-非流动资产

　　　　 =长期资本-长期资产

根据 H 公司的财务报表数据：

2021 年年末营运资本 =（173 773.89+17 636.93）-143 322.65 = 48 088.17（万元）

2020 年年末营运资本 =（181 043.44+585.58）-95 471.29 = 86 157.73（万元）

当流动资产大于流动负债时，营运资本为正数，表明长期资本的数额大于长期资产，超出部分被用于流动资产。营运资本的数额越大，财务状况越稳定。当全部流动资产未由任何流动负债提供资金来源，而全部由长期资本提供时，企业没有任何短期偿债压力。

当流动资产小于流动负债时，营运资本为负数，表明长期资本小于长期资产，有部分长期资产由流动负债提供资金来源。由于流动负债在 1 年或 1 个营业周期内需要偿还，而长期资产在 1 年或 1 个营业周期内不能变现，偿还短期债务本息所需现金不足，必须设法另外筹资，这意味着企业财务状况不稳定。

营运资本的比较分析，主要是与本企业上年数据、与同行同类同规模企业比较，反映企业短期偿债能力的变化与差异。H 公司本年末和上年末营运资本的比较数据如表 3-24 所示。

表 3-24　H 公司 2020—2021 年营运资本比较表

项目	2021 年末		2020 年末		变动		
	金额/万元	结构/%	金额/万元	结构/%	金额/万元	变动/%	结构/%
流动资产	141 751	100	139 152	100	2 599	1.87	100
流动负债	99 616	70.28	91 064	65.44	8 552	9.39	329.05
营运资本	42 135	29.72	48 088	34.56	-5 954	-12.38	-69.62

从表 3-24 的数据可知：

H 公司 2020 年年末流动资产 139 152 万元，流动负债 91 064 万元，营运资本 48 088 万元。从相对数看，营运资本配置比率（营运资本÷流动资产）为 34.56%，流动负债提供流动资产所需资本的 65.44%，即 1 元流动资产需要偿还约 0.65 元的流动负债。

H 公司 2021 年年末流动资产 141 751 万元，流动负债 99 616 万元，营运资本 42 135 万元。从相对数看，营运资本配置比率为 29.72%，流动负债提供流动资产所需资本的 70.28%，即 1 元流动资产需要偿还约 0.70 元的流动负债。偿债能力比上年下降了。

本年末与上年末相比，流动资产增加 2 599 万元（增长 1.87%），流动负债增加 8 552 万元（增长 9.39%），营运资本减少 5 954 万元（减少 12.38%）。流动负债的增长速度超过流动资产的增长速度，使得债务的穿透力增加了，即偿债能力降低了。可见，H 公司由于营运资本政策的改变使本年的短期偿债能力下降了。

营运资本是绝对数，不便于不同历史时期及不同企业之间的比较。例如，A 企业的营运资本为 200 万元（流动资产 300 万元，流动负债 100 万元），B 企业的营运资本与 A 相同，也是 200 万元（流动资产 1 200 万元，流动负债 1 000 万元）。但是，它们的偿债能力显然不同。因此，在实务中很少直接使用营运资本作为偿债能力指标。营运资本的合理性主要通过短期债务的存量比率评价。

2. 流动比率

流动比率是流动资产与流动负债的比值，其计算公式如下：

$$流动比率=流动资产÷流动负债$$

流动比率是衡量企业短期偿债能力的一个重要财务指标，这个比率越高，说明企业偿还流动负债的能力越强，流动负债得到偿还的保障越大。但是，过高的流动比率也并非好现象。因为流动比率越高，可能是企业滞留在流动资产上的资金过多，未能有效加以利用，可能会影响企业的获得能力。经验表明，流动比率在 2∶1 左右比较合适。但是，对流动比率的分析应该结合不同的行业特点和企业流动资产结构等因素。有的行业流动比率较高，有的较低，不应该用统一的标准来评价各企业流动比率合理与否。只有和同行业平均流动比率、本企业历史的流动比率进行比较，才能知道这个比率是高还是低。

根据 H 公司的财务报表数据：

2021 年年末流动比率 = 141 757÷99 616 = 1.42

2020 年年末流动比率 = 139 152÷91 064 = 1.53

流动比率假设全部流动资产都可用于偿还流动负债，表明每 1 元流动负债有多少流动资产作为偿债保障。H 公司 2021 年的流动比率比 2020 年降低了 0.11（1.42−1.53），即为每 1 元流动负债提供的流动资产保障减少了 0.11 元。

流动比率和营运资本配置比率反映的偿债能力相同，它们可以互相换算：

$$流动比率=1÷(1-营运资本配置比率)=1÷(1-营运资本÷流动资产)$$

根据 H 公司的财务报表数据：

2021 年年末流动比率 = 1÷（1−29.72%）= 1.42

2020 年年末流动比率 = 1÷（1−34.56%）= 1.53

流动比率是相对数，排除了企业规模的影响，更适合同业比较以及本企业不同历史时期的比较。此外，由于流动比率计算简单，因而其被广泛应用。

但是，需要提醒注意的是，不存在统一、标准的流动比率数值。不同行业的流动比率，通常有明显差别。营业周期越短的行业，合理的流动比率越低。在过去很长一段时期里，人们认为生产型企业合理的最低流动比率是 2。这是因为流动资产中变现能力最差的存货金额约占流动资产总额的一半，剩下的流动性较好的流动资产至少要等于流动负债，才能保证企业最低的短期偿债能力。这种认识一直未能从理论上证明。最近几十年，企业的经营方式和金融环境发生了很大变化，流动比率有下降的趋势，许多成功企业的流动比率都低于 2。

如果流动比率相对上年发生较大变动，或与行业平均值出现重大偏离，就应对构成流动比率的流动资产和流动负债的各项目逐一分析，寻找形成差异的原因。为了考察流动资产的变现能力，有时还需要分析其周转率。

流动比率有其局限，在使用时应注意：流动比率假设全部流动资产都可以变为现金并用于偿债，全部流动负债都需要还清。实际上，有些流动资产的账面金额与变现金额有较大差异，如产成品等；经营性流动资产是企业持续经营所必需的，不能全部用于偿债；经营性应付项目可以滚动存续，无须动用现金全部结清。因此，流动比率是对短期偿债能力的粗略估计。

3. 速动比率

速动资产与流动负债的比率，称为速动比率，又称为酸性测试比率，其计算公式如下：

$$速动比率 = 速动资产 \div 流动负债$$

速动比率越大，企业短期偿债能力越强，通常认为正常的速动比率为1，低于1的速动比率被认为是短期偿债能力偏低。流动比率在评价企业短期偿债能力时，存在一定的局限性，如果流动比率较高，但流动资产的流动性较差，则企业的短期偿债能力仍然不强。在流动资产中，存货需经过销售，才能转变为现金，若存货滞销，则其变现就成问题。流动资产各构成项目的流动性差别很大。其中，货币资金、交易性金融资产和各种应收账款等，可以在较短时间内变现，称为速动资产；另外的流动资产，包括存货、预付款项、一年内到期的非流动资产及其他流动资产等，称为非速动资产。

非速动资产的变现金额和时间具有较大的不确定性：一是存货的变现速度比应收款项要慢得多；部分存货可能已毁损报废、尚未处理；存货估价有多种方法，可能与变现金额相距甚远。二是一年内到期的非流动资产和其他流动资产的金额有偶然性，不代表正常的变现能力。因此，将可偿债资产定义为速动资产，计算与短期债务的存量比率更可信。

根据 H 公司的财务报表数据：

2021 年年末速动比率 = (46 621+170+13 989+28 264+16 670+2 451) ÷ 99 616 = 1.09

2020 年年末速动比率 = (63 382+1 070+19 698+12 134+13 430+1 678) ÷ 91 064 = 1.22

速动比率假设速动资产是可偿债资产，表明每 1 元流动负债有多少速动资产作为偿债保障。H 公司 2021 年的速动比率比 2020 年降低了 0.14，说明为每 1 元流动负债提供的速动资产保障减少了 0.14 元。

与流动比率一样，不同行业的速动比率差别很大。例如，大量现销的商店几乎没有应收款项，速动比率低于 1 亦属正常。相反，一些应收款项较多的企业，速动比率可能要大于 1。

影响速动比率可信性的重要因素是应收款项的变现能力。账面上的应收款项未必都能收回变现，实际坏账可能比计提的准备多；季节性的变化，可能使报表上的应收款项金额不能反映平均水平。这些情况，外部分析人员不易了解，而内部人员则可能做出合理的估计。

4. 现金比率

速动资产中，流动性最强、可直接用于偿债的资产是现金。与其他速动资产不同，现金本身可以直接偿债，而其他速动资产需要等待不确定的时间，才能转换为不确定金额的现金。

现金与流动负债的比值称为现金比率，其计算公式如下：

$$现金比率 = 货币资金 \div 流动负债$$

根据 H 公司的财务报表数据：

2021 年年末现金比率 = 46 621÷99 616 = 0.468

2020 年年末现金比率 = 63 382÷91 064 = 0.696

现金比率表明 1 元流动负债有多少现金作为偿还短期债务的保障。H 公司 2021 年的现金比率比 2020 年降低 0.228，说明企业为每 1 元流动负债提供的现金保障减少了 0.228 元。

5. 现金流量比率

经营现金净流量与流动负债的比值称为现金流量比率，其计算公式如下：

$$现金流量比率 = 年经营现金净流量÷年末流动负债$$

现金流量比率从现金流量角度反映企业当前偿付短期负债的能力。

根据 H 公司的财务报表数据：

2021 年年末现金流量比率 = 57 919.41÷99 616 = 0.581

2020 年年末现金流量比率 = 16 120.2÷91 064 = 0.177

现金流量比率表明 1 元流动负债有多少经营活动实现的现金流量作为偿还短期债务的保障。H 公司 2021 年的现金比率比 2020 年提高 0.404，说明企业为每 1 元流动负债提供的现金流量保障增加了 0.404 元。

（二）长期偿债能力分析

长期偿债能力是指企业对债务的承担能力和对偿还债务的保障能力。长期偿债能力的强弱是反映企业财务安全和稳定程度的重要标志。衡量长期偿债能力的财务比率，可分为总债务存量比率和总债务流量比率两大类。总债务存量比率主要有资产负债率、产权比率和权益乘数，它反映企业资产、资本等经济资源存量对企业债务的保障程度；总债务流量比率主要有偿债保障比率、利息保障倍数、现金利息保障倍数，它反映企业经营收益形成的经济资源流量对企业债务的保障程度。

1. 资产负债率

资产负债率是总负债与总资产的比值，其计算公式如下：

$$资产负债率 = （总负债÷总资产）×100\%$$

资产负债率反映债权人所提供的资金占企业全部资产的比重，揭示企业出资者对债权人债务的保障程度，因此该指标是分析企业长期偿债能力的重要指标。资产负债率越低，企业偿债越有保证，负债越安全。资产负债率还代表企业的举债能力。较高的资产负债率，在效益较好、资金流转稳定的企业是可以接受的，因这种企业具备偿还债务本息的能力；在盈利状况不稳定或经营管理水平不稳定的企业，则说明企业没有偿还债务的保障，不稳定的经营收益难以保证按期支付固定的利息，企业的长期偿债能力较低。因此，一个企业的资产负债率越低，举债越容易。如果资产负债率高到一定程度，财务风险很高，就无人愿意提供贷款了。这表明企业的举债能力已经用尽。资产负债率保持在哪个水平才说明企业拥有长期偿债能力，不同的债权人有不同的意见。作为企业经营者，其应当寻求资产负债率的适当比值，既能保持长期偿债能力，又要最大限度地利用外部资金。作为所有者或股东，在全部资本利润率高于借款利率时，其认为资产负债率越大越好。一般认为，债权人投入企业的资金不应高于企业所有者投入企业的资金，即不大于 50%。

通常，资产在破产拍卖时的售价不到账面价值的 50%，因此如果资产负债率高于 50%，则债权人的利益就缺乏保障。各类资产变现能力有显著区别，房地产的变现价值损失小，专用设备则难以变现。由此可见，不同企业的资产负债率不同，可能与其持有的资产类别相关。

根据 H 公司的财务报表数据：

2021 年年末资产负债率 = （108 701.11÷282 475）×100% = 38.48%

2020 年年末资产负债率 = （51 816.49÷232 859.93）×100% = 22.25%

有形资产负债率是资产负债率的拓展指标，是总负债与有形资产的比值，其计算公式如下：

$$资产负债率 = 总负债÷（总资产-无形资产净值）×100\%$$

有形资产负债率可用于衡量企业清算时资产对债权人利益的保障程度。

2. 产权比率

产权比率是负债总额与股东权益总额的比值，其计算公式如下：

$$产权比率 = （负债总额÷股东权益）×100\%$$

该指标一方面反映了由债权人提供的资本和股东提供的资本的相对比率关系，反映企业基本财务结构是否稳定。产权比率高，是高风险、高报酬的财务结构；产权比率低，是低风险、低报酬的财务结构。另一方面，该指标也表明债权人投入的资本受到股东权益保障的程度，或者说是企业清算时对债权人利益的保障程度。

根据 H 公司的财务报表数据：

2021 年年末产权比率 = （108 701.11÷173 773.89）×100% = 62.55%

2020 年年末产权比率 = （51 816.49÷181 043.44）×100% = 28.62%

产权比率的拓展指标有有形净值债务率、长期资本负债率，它们的计算公式分别如下：

$$有形净值债务率 = [负债总额÷（股东权益-无形资产净值）]×100\%$$

$$长期资本负债率 = [非流动负债÷（非流动负债+股东权益）]×100\%$$

有形净值债务率是更为谨慎、保守地反映企业清算时债务人投入的资本受到股东权益保障的程度。从长期偿债能力来讲，其比率应是越低越好。

3. 股东权益比率与权益乘数

股东权益比率是股东权益总额与总资产的比值，其计算公式如下：

$$股东权益比率 = 股东权益总额÷资产总额×100\%$$

股东权益比率反映资产总额中有多大比例是所有者投入的，体现企业自身的经济实力。

权益乘数是股东权益比率的倒数，是总资产与股东权益总额的比值，其计算公式如下：

$$权益乘数 = 资产总额÷股东权益$$

权益乘数指资产总额相当于股东权益的倍数，可衡量公司的财务风险，它与资产负债率同方向变动，乘数越高，负债率越高，公司的财务风险就越大。

根据 H 公司的财务报表数据：

2021 年年末股东权益比率 = （173 773.89÷282 475）×100% = 61.52%

2020 年年末股东权益比率 = （181 043.44÷232 859.93）×100% = 77.75%

2021 年年末权益乘数 = 282 475÷173 773.89 = 1.626

2020 年年末权益乘数 = 232 859.93÷181 043.44 = 1.286

权益乘数与资产负债率、产权比率存在下面的数量关系：

$$权益乘数 = 1÷（1-资产负债率）= 1+产权比率$$

权益乘数反映企业资产总额是股东权益的多少倍，表明每 1 元股东权益形成的企业资产的金额。产权比率则表明每 1 元股东权益配套的负债资金多少。权益乘数、产权比率是除了资产负债率以外两种常用的财务杠杆比率。财务杠杆比率表示负债的比例，与偿债能力相关。财务杠杆影响总资产净利率和权益净利率之间的关系，还表明权益净利率风险的高低，与盈利能力相关。

4. 偿债保障比率

偿债保障比率也称债务偿还期，是负债总额与经营活动产生的现金流量净额的比值，其计算公式如下：

$$偿债保障比率＝负债总额÷经营活动产生的现金流量净额$$

偿债保障比率反映企业经营活动产生的现金流量对企业全部债务的保障程度，也体现了用企业经营活动产生的现金流量净额偿还企业全部债务所需要的时间。

根据 H 公司的财务报表数据：

2021 年偿债保障比率 =（108 701.11÷28 959.70 = 3.754

2020 年偿债保障比率 =（51 816.49÷16 120.20 = 3.214

5. 利息保障倍数

利息保障倍数也称已获利息倍数，是指息税前利润对利息支出的倍数，用以衡量企业偿付借款利息的能力，其计算公式如下：

$$利息保障倍数＝息税前利润÷利息支出$$

$$＝（净利润＋利息费用＋所得税费用）÷利息支出$$

分子的利息费用是指计入本期利润表中财务费用的利息费用；分母的利息支出是指本期的全部利息支出，不仅包括计入利润表中财务费用的费用化利息，还包括计入资产负债表固定资产等成本的资本化利息。缺乏详细数据资料时可用利润表中的财务费用近似代替利息支出、利息费用。

利息保障倍数反映了企业息税前利润为所需支付债务利息的倍数，利息保障倍数越大，偿付债务利息的能力越强；企业在确定利息保障倍数时，应本着稳健性原则，采用指标最低年度的数据来确定企业偿付债务利息的能力，以体现企业最有保障的偿债能力。

企业长期债务通常不需要每年还本，但往往需要每年付息。利息保障倍数表明每 1 元利息支出有多少倍的息税前利润作为偿付保障。它可以反映债务风险的大小。如果企业一直保持按时付息的信誉，则长期负债可以延续，举借新债也比较容易。利息保障倍数越大，利息支付越有保障。如果利息支付尚且缺乏保障，归还本金就更难指望。因此，利息保障倍数可以反映企业的长期偿债能力。

如果利息保障倍数小于 1，则表明企业自身产生的经营收益不能支持现有规模的债务。利息保障倍数等于 1 也很危险，因为息税前利润受经营风险的影响，很不稳定，但支付利息却是固定的。利息保障倍数越大，企业拥有的偿还利息的缓冲效果越好。

根据 H 公司的财务报表数据：

2021 年利息保障倍数 =（-5 429+1 705.35+5 306.79÷5 306.79 = 0.30

2020 年利息保障倍数 =（14 909.19+350.27-1 271.88）÷（-1 271.88）= -11.00

H 公司 2020 年利润表中财务费用是负值，在无法分离出实际利息支出的情况下，用财务费用近似计算得出的结果没有意义。但 2021 年利息保障倍数为 0.30，利息偿付的保障程度低，说明企业长期偿债能力差。

6. 现金流量利息保障倍数

现金流量利息保障倍数是企业经营活动现金流量净额与利息支出的比值，反映企业经营活动产生现金流量偿付债务利息支出的保障程度。其计算公式如下：

$$现金流量利息保障倍数＝经营活动现金流量净额÷利息支出$$

分母的利息支出，同利息保障倍数的分母一样确定。

现金流量利息保障倍数是以现金为基础的利息保障倍数，表明每 1 元利息支出有多少倍的经营活动现金流量净额作为支付保障。它比以利润为基础的利息保障倍数更为可靠，因为实际用以支付利息的是现金，而不是利润。

根据 H 公司的财务报表数据：

2021 年现金流量利息保障倍数 = 28 959.70÷5 306.79 = 5.457

2020 年现金流量利息保障倍数 = 16 120.20÷（−1 271.88）= −12.674

H 公司 2020 年利润表中财务费用是负值，在无法分离出实际利息支出的情况下，用财务费用近似计算得出的现金流量利息保障倍数结果没有意义。但 2021 年利息保障倍数为 5.457，用经营活动产生的现金流量偿付债务利息的保障程度高，说明企业长期偿债能力强。

7. 现金流量与负债比率

现金流量与负债比率是经营活动现金流量净额与负债总额的比率。其计算公式如下：

现金流量与负债比率 =（经营活动现金流量净额÷负债总额）×100%

一般来讲，该比率中的负债总额采用期末数而非平均数，因为实际需要偿还的是期末金额，而非平均金额。

该比率表明企业用经营活动现金流量净额偿付全部债务的能力。比率越高，偿还负债总额的能力越强。

根据 H 公司的财务报表数据：

2021 年现金流量与负债比率 = 28 959.70÷108 701.11 = 0.266

2020 年现金流量与负债比率 = 16 120.20÷51 816.49 = 0.311

（三）影响企业偿债能力的其他因素

上述偿债能力比率都是根据财务报表数据计算而得，通过财务报表数据信息反映企业的偿债能力，但还有一些财务报表的表外因素也会影响企业的偿债能力，甚至影响相当大，因此，财务分析人员应尽可能了解、考虑这些因素的影响，以便对企业偿债能力做出正确判断。

1. 或有负债和担保责任

或有事项，是一种不确定事项，是企业过去的交易或者事项形成的，其结果须由某些未来事件的发生或不发生才能决定。但或有负债一旦形成实事将产生额外的债务，影响企业的偿债能力，比如担保项目、未决诉讼项目、产品质量保证承诺、售后免费维修保证等事项。我们在分析企业偿债能力时，应充分考虑这些或有事项产生的或有负债可能带来的影响。

2. 租赁活动中的经营租赁

采用经营租赁方式租赁设备，不记入企业的固定资产，所以企业资产不会增加，但是租赁设备会产生租金支付，导致企业的现金流出，减少企业资金，从而降低企业的偿债能力。

3. 可动用银行授信额度

企业尚未动用的银行授信额度，可以随时借款，增加企业资金，提高债务偿付能力。但这一数据通常不在财务报表中反映，有些企业会以董事会决议公告方式披露，因此要注意对公告信息的了解与分析。

4. 可以随时变现的非流动资产

企业可能有一些非经营性长期资产可随时出售变现，但未必列示在"一年内到期的非流动资产"项目中，例如，储备的土地、未开采的采矿权、正在出租的房产等。在企业发生周转困难时，企业可在不影响持续经营的情况下将其出售缓解资金紧张。

5. 偿债能力声誉

企业偿还债务的声誉，会影响自身的筹资能力，进而影响其偿债能力。如果企业的信用记录优秀，在短期偿债方面出现暂时困难时，其比较容易筹集到短缺资金。

二、营运能力分析

营运能力是企业组织管理资产的效率和能力，常用资产周转速度来反映，体现企业运用各项资产实现收益、赚取利润的能力。营运能力的衡量指标有周转率（周转次数）、周转期（周转天数）两种形式，主要衡量的资产有应收账款、存货、流动资产、固定资产、总资产。

$$周转率（周转次数）=一定时期内资产周转额÷同期资产平均占用资金额$$
$$周转期（周转天数）=计算期天数÷周转次数$$

一般来说，周转次数越多、周转期越短，表明资产的周转速度越快，资产营运能力越强。

常用的营运能力衡量指标有应收账款周转率、存货周转率、流动资产周转率、营运资本周转率、固定资产周转率和总资产周转率等。

（一）应收账款周转率

应收账款周转率（Receivable Turnover）是反映应收账款周转速度的指标，它是一定时期内赊销收入净额与应收账款平均余额的比率。它有应收账款周转次数、应收账款周转天数两种表示形式，计算公式分别如下：

$$应收账款周转次数=营业收入÷平均应收账款$$
$$应收账款周转天数=365÷应收账款周转次数$$
$$=365÷（营业收入÷平均应收账款）$$
$$=平均应收账款÷每日营业收入$$

在一定时期内应收账款周转次数越多，应收账款周转天数越少，表明应收账款回收速度越快，企业管理工作的效率越高。这不仅有利于企业及时收回贷款，减少或避免发生坏账损失的可能性，而且有利于增强企业资产的流动性，提高企业短期债务的偿还能力。

根据 H 公司的表 3-22、表 3-23 的财报数据，

2021 年应收账款周转次数 = 201 239.51÷[（15 337.48+19 698）÷2]
$$= 201\ 239.51÷17\ 517.74 = 11.49（次/年）$$

2021 年应收账款周转天数 = 365÷11.49 = 31.77（天/次）

或 = [（15 337+19 698）÷2]÷（201 239.51÷365）
$$= 31.77（天/次）$$

应收账款周转次数，表明企业一年中应收账款周转的次数，或者说每一元应收账款投资支持的营业收入。应收账款周转天数，也称为应收账款收现期，表明从销售开始到收回现金所需要的平均天数。

在计算和使用应收账款周转率时应注意以下问题：

（1）营业收入的赊销比例问题。从理论上讲，应收账款是赊销引起的，其对应的是营业收入中的赊销部分，而非全部。因此，计算时应使用赊销额而非营业收入。但是，外部分析人员无法在财务报表内取得企业的赊销数据，只好直接使用营业收入作为替代进行计算。实际上相当于假设现销是收现时间等于 0 的应收账款。只要现销与赊销的比例保持稳定，不妨碍与上期数据的可比性，只是会高估周转次数。但问题是与其他企业比较时，如不了解可比企业的赊销比例，将无从判断应收账款周转率是否具有良好的可比性。

（2）应收账款年末余额的可靠性问题。应收账款是特定时点的存量，容易受季节性、偶然性和人为因素影响。我们在使用应收账款周转率进行行业绩评价时，可以使用年初和年末的平均数，或者使用多个时点的平均数，以减少这些因素的影响。

（3）应收账款的坏账准备问题。财务报表上列示的应收账款是已经计提坏账准备后的净额，而营业收入并未相应减少。其结果是，计提的坏账准备越多，计算的应收账款周转次数越多、天数越少。这种周转次数增加、天数减少不是业绩改善的结果，反而说明应收账款管理欠佳。如果坏账准备的金额较大，就应进行调整，或者使用未计提坏账准备的应收账款进行计算。报表附注中披露的应收账款坏账准备信息，可作为调整的依据。

（4）应收账款周转天数是否越少越好的问题。应收账款是赊销引起的，如果赊销有可能比现销更有利，周转天数就不是越少越好。此外，收现时间的长短与企业的信用政策有关。例如，甲企业的应收账款周转天数是18天，信用期是20天；乙企业的应收账款周转天数是15天，信用期是10天。前者的收款业绩优于后者，尽管其周转天数较多。改变信用政策，通常会引起企业应收账款周转天数的变化。信用政策的评价涉及多种因素，不能仅仅考虑周转天数的缩短。

（5）应收账款分析应与赊销政策分析、现金收支分析相联系。应收账款的起点是赊销，终点是现金。正常情况是赊销增加引起应收账款增加，现金存量和经营活动现金流量净额也会随之增加。如果企业应收账款日益增加，而现金日益减少，则可能是赊销产生了比较严重的问题。例如，大为放宽信用政策，甚至随意发货，未能收回现金。

总之，分析人员应当深入应收账款内部进行分析，并且要注意应收账款与其他指标的联系，才能正确使用应收账款周转率，做出合理的评价。

（二）存货周转率

存货周转率（Inventory Turnover）是一定时期内企业销货成本与存货平均余额间的比率。它既是反映企业销售能力和流动资产流动性的一个指标，也是衡量企业生产经营各个环节中存货运营效率的一个综合性指标。与应收账款周转率一样，它有存货周转次数、存货周转天数两种表示形式，计算公式分别如下：

$$存货周转次数 = 营业成本 \div 平均存货$$
$$存货周转天数 = 365 \div 存货周转次数$$
$$= 平均存货 \div 每日营业成本$$

一般来说，存货周转率越高，存货周转天数越短，存货转化为应收账款和现金的速度就越快，企业经营状况就越好；反之则越坏。存货周转率不仅可以反映企业的销售能力，而且能用以衡量企业生产经营中的各有关方面运用和管理存货的工作水平。存货周转率也反映存货结构合理与质量合格的状况。存货的质量和流动性对企业的流动比率具有举足轻重的影响并进而影响企业的短期偿债能力。存货周转率是综合评价企业营运能力的一项重要的财务比率。

根据H公司的表3-22、表3-23的财报数据，

2021年存货周转次数 = 164 508.04÷[（27 761+7 969.66）÷2]

= 164 508.04÷17 865.33 = 9.21（次/年）

2021年存货周转天数 = 365÷9.21 = 39.63（天/次）

或 = [（27 761+7 969.66）÷2]÷（164 508.04÷365）

= 39.63（天/次）

存货周转次数，表明1年中存货周转的次数，或者说明每1元存货投资支持的营业成本。存货周转天数表明存货周转一次需要的时间，也就是存货转换成现金平均需要的时间。

在计算和使用存货周转率时应注意以下问题：

（1）计算存货周转率时，有时也会使用"营业收入"作为周转额。究竟是使用"营业收入"还是"营业成本"作为周转额，要看分析的目的。在短期偿债能力分析中，为了评

估资产的变现能力，需要计量存货转换为现金的金额和时间，应采用"营业收入"。在分解总资产周转率时，为系统分析各项资产的周转情况并识别主要的影响因素，应统一使用"营业收入"计算周转率。如果是为了评估存货管理的业绩，则应当使用"营业成本"计算存货周转率，使其分子和分母保持口径一致。实际上，两种周转率的差额是毛利引起的，用哪一个计算方法都能达到分析目的。

（2）存货周转天数是否越少越好的问题。存货过多会浪费资金，存货过少不能满足存货流转需要，在特定的生产经营条件下存在一个最佳的存货水平，所以存货不是越少越好。

（3）应注意应付账款、存货和应收账款（或营业收入）之间的关系。一般来说，销售增加会拉动应收账款、存货、应付账款增加，不会引起周转率的明显变化。但是，当企业接受一个大订单时，通常要先增加存货，然后推动应付账款增加，最后才引起应收账款（营业收入）增加。因此，在该订单没有实现销售以前，先表现为存货等周转天数增加。这种周转天数增加，没有什么不好。与此相反，企业预见到销售会萎缩时，通常会先减少存货，进而引起存货周转天数等下降。这种周转天数下降，不是什么好事，并非资产管理改善。因此，任何财务分析都应以认识经营活动本质为目的，不可根据数据高低简单地做出结论。

（4）应关注构成存货的原材料、在产品、半成品、产成品和低值易耗品之间的比例关系。各类存货的明细资料以及存货重大变动的解释，应在报表附注中披露。正常情况下，它们之间存在某种比例关系。如果产成品大量增加，其他项目减少，很可能是销售不畅，放慢了生产节奏。此时，总的存货金额可能并没有显著变动，甚至尚未引起存货周转率的显著变化。因此，分析人员在做财务分析时既要重点关注变化大的项目，又不能完全忽视变化不大的项目，其内部可能隐藏着重要问题。

（三）流动资产周转率

流动资产周转率（Current Assets Turnover）是反映企业流动资产周转速度的指标。它是一定时期营业收入与流动资产平均占用额的比值。它有流动资产周转次数、流动资产周转天数两种表示形式，计算公式分别如下：

$$流动资产周转次数＝营业收入÷平均流动资产$$

$$流动资产周转天数＝365÷流动资产周转次数$$

$$＝平均流动资产÷每日营业收入$$

在一定时期内，流动资产周转次数越多，表明以相同的流动资产完成的周转额越多，流动资产利用的效果越好。

流动资产周转率用周转天数表示时，周转一次所需要的天数越少，表明流动资产在经历生产和销售各阶段时占用的时间越短，周转越快。生产经营任何一个环节上的工作得到改善，都会反映到周转天数的缩短上来。按天数表示的流动资产周转率能更直接地反映生产经营状况的改善，便于比较不同时期的流动资产周转率，应用较为普遍。

根据 H 公司的表 3-22、表 3-23 的财报数据，分别计算 2021 年流动资产周转次数与流动资产周转天数。

2021 年流动资产周转次数 = 201 239.51÷[（139 152.35+137 388.64）÷2]

　　　　　　　　　　　　= 201 239.51÷138 270.50 = 1.46（次/年）

2021 年流动资产周转天数 = 365÷1.46 = 250（天/次）

或　　　　　　　　　　　= [（139 152.35+137 388.64）÷2]÷（201 239.51÷365）

　　　　　　　　　　　　= 250（天/次）

流动资产周转次数，表明 1 年中流动资产周转的次数，或者说明每 1 元流动资产投资支持的营业收入。流动资产周转天数表明流动资产周转一次需要的时间，也就是流动资产转换成现金平均需要的时间。

（四）固定资产周转率

固定资产周转率（Fixed Assets Turnover），是指企业年营业收入与平均固定资产净值的比率，是反映企业固定资产周转情况，衡量固定资产利用效率的一项指标。它有两种表示形式，计算公式分别如下：

$$固定资产周转次数＝营业收入÷平均固定资产净值$$
$$固定资产周转天数＝365÷固定资产周转次数$$
$$＝平均固定资产净值÷每日营业收入$$

固定资产周转率高，表明企业固定资产利用充分，同时也能表明企业固定资产投资得当、结构合理，能够充分发挥效率。反之，如果固定资产周转率不高，则表明固定资产使用效率不高，提供的生产成果不多，企业的营运能力不强。

运用固定资产周转率时，要考虑固定资产净值因计提折旧而逐年减少，因更新重置而突然增加的影响；在不同企业间进行分析比较时，还要考虑采用不同折旧方法对净值的影响等。

根据 H 公司的表 3-22、表 3-23 的财报数据，分别计算 2021 年固定资产周转次数与固定资产周转天数。

$$2021 年固定资产周转次数＝201\ 239.51÷[(70\ 131.61＋43\ 908.37)÷2]$$
$$＝201\ 239.51÷57\ 019.99＝3.53（次/年）$$
$$2021 年固定资产周转天数＝365÷3.53＝103.40（天/次）$$
$$或＝[(70\ 131.61＋43\ 908.37)÷2]÷(201\ 239.51÷365)$$
$$＝103.40（天/次）$$

固定资产周转次数，表明 1 年中固定资产周转的次数，或者说明每 1 元固定资产投资支持的营业收入。固定资产周转天数表明固定资产周转一次需要的时间，也就是固定资产转换成现金平均需要的时间。

（五）总资产周转率

总资产周转率（Total Assets Turnover）是营业收入与平均总资产的比率，可用来分析企业全部资产的使用效率。它有两种表示形式，计算公式分别如下：

$$总资产周转次数＝营业收入÷平均总资产$$
$$总资产周转天数＝365÷总资产周转次数$$
$$＝平均总资产÷每日营业收入$$

如果这个比率较低，则说明企业利用全部资产进行经营的效率较差，最终会影响企业的获得能力。这样，企业就应该采取措施提高各项资产的利用程度从而提高销售收入或处理多余资产。

根据 H 公司的表 3-22、表 3-23 的财报数据，分别计算 2021 年总资产周转次数与总资产周转天数。

$$2021 年总资产周转次数＝201\ 239.51÷[(282\ 475＋232\ 859.93)÷2]$$
$$＝201\ 239.51÷257\ 667.47＝0.78（次/年）$$
$$2021 年总资产周转天数＝365÷0.78＝467.95（天/次）$$
$$或＝[(282\ 475＋232\ 859.93)÷2]÷(201\ 239.51÷365)$$
$$＝467.95（天/次）$$

总资产周转次数，表明企业 1 年中总资产周转的次数，或者说明每 1 元总资产投资支持的营业收入。总资产周转天数表明企业全部资产周转一次需要的时间，也就是企业全部资产转换成现金平均需要的时间。

三、盈利能力分析

盈利能力也叫获利能力，就是企业获取利润的能力，即企业资金增值的能力，通常表现为企业收益数额的大小与水平的高低。通常盈利能力分析指标可分为资产经营盈利能力分析指标、资本经营盈利能力分析指标、日常经营盈利能力分析指标和上市公司经营盈利能力分析指标四大类。具体的评价指标主要包括总资产报酬率、股东权益报酬率、资本收益率、盈余现金保障倍数、营业利润率、成本费用利润率等。实务中，上市公司经常采用每股收益、每股净资产、市盈率、每股股利等指标评价其获利能力。

（一）资产经营盈利能力分析

1. 总资产报酬率

总资产报酬率（return on assets，ROA）也称总资产息税前利润率，是企业资产一定时期内获得的报酬总额与平均资产总额的比率，反映企业资产的综合利用效果，其计算公式为

$$总资产报酬率 = 息税前利润总额 ÷ 平均资产总额 × 100\%$$

其中：息税前利润总额 = 利润总额 + 利息支出

利息支出包括费用化部分和资本化部分，实际分析时，可用财务费用替代。

一般情况下，总资产报酬率越高，表明企业的资产利用效益越好，整个企业盈利能力越强。

根据 H 公司表 3-22、表 3-23 的财务报表数据：

2021 年总资产报酬率 = （-3 723.70+5 306.79）÷[（282 475+232 859.93）÷2]×100%
= 0.61%

若 2019 年资产合计总额为 214 500 万元，则

2020 年总资产报酬率 = （15 259.46-1 271.88）÷[（232 859.93+214 500）÷2]×100%
= 6.10%

H 公司 2021 年总资产报酬率比 2020 年下降了 5.49%，资产利用效益显著下降，企业盈利能力明显变差。

2. 总资产利润率

总资产利润率是指利润总额与平均资产总额的比率，它表明每 1 元总资产创造的利润总额，反映企业资产创造利润的水平，其计算公式如下：

$$总资产利润率 = 利润总额 ÷ 平均资产总额 × 100\%$$

一般情况下，总资产利润率越高，表明企业资产创造的利润越多，整个企业盈利能力越强。

根据 H 公司表 3-22、表 3-23 的财务报表数据：

2021 年总资产利润率 = （-3 723.70）÷[（282 475+232 859.93）÷2]×100% = -1.45%

若 2019 年资产合计总额为 214 500 万元，则

2020 年总资产利润率 = 15 259.46÷[（232 859.93+214 500）÷2]×100% = 6.82%

H 公司 2021 年总资产利润率比 2020 年下降了 8.27%，且为负值，说明企业资产创造的利润显著下降，企业盈利能力明显变差。

3. 总资产净利率

总资产净利率也称总资产收益率，是净利润与平均资产总额的比率，它表明每 1 元总

资产创造的净利润，反映企业资产为股东创造价值的水平。其计算公式如下：

$$总资产净利率＝（净利润÷平均资产总额）×100\%$$

一般情况下，总资产净利润越高，表明企业资产为股东创造的价值越多，整个企业盈利能力就越强。

根据 H 公司表 3-22、表 3-23 的财务报表数据：

2021 年总资产净利率＝（-5 429.05）÷［（282 475＋232 859.93）÷2］×100%＝-2.11%

若 2019 年资产合计总额为 214 500 万元，则

2020 年总资产净利率＝14 909.19÷［（232 859.93＋214 500）÷2］×100%＝6.67%

H 公司 2021 年总资产净利率比 2020 年下降了 8.78%，且为负值，说明企业资产为股东创造价值的能力显著下降，而且没有实现价值创造，企业盈利能力明显变差。

总资产净利率是企业盈利能力的关键因素之一。虽然股东报酬由总资产净利率和财务杠杆共同决定，但提高财务杠杆会增加企业风险，往往并不增加企业价值。此外，财务杠杆的提高有诸多限制，企业经常处于财务杠杆不可能再提高的临界状态。因此，提高股东报酬的基本源泉是总资产净利率。

由于，总资产净利率＝净利润÷平均资产总额

　　　　　　　　＝净利润÷营业收入×营业收入÷平均资产总额

　　　　　　　　＝营业净利率×总资产周转次数

因此，总资产净利率的驱动因素可分解为营业净利率和总资产周转次数。营业净利率是每 1 元营业收入创造的净利润，总资产周转次数是每 1 元总资产投资支持的营业收入，两者共同决定了总资产净利率，即每 1 元总资产创造的净利润，即可以通过提高经营活动的盈利水平，加快企业资产的周转速度来提高企业资产为股东创造价值的水平。

（二）资本经营盈利能力分析

1. 股东权益报酬率

股东权益报酬率（return on equity，ROE）即权益净利率、净资产净利率、净资产收益率，是企业一定时期净利润与平均股东权益的比率，体现每 1 元股东权益赚取的净利润，反映了企业自有资本的投资收益水平，可以衡量企业的总体盈利能力。其计算公式为

$$股东权益报酬率＝净利润÷平均股东权益×100\%$$

其中：平均股东权益＝（所有者权益年初数＋所有者权益年末数）÷2

一般认为，股东权益报酬率越高，企业自有资本获取收益的能力越强，运营效益越好，对企业投资人、债权人利益的保证程度越高。

股东权益报酬率的分母是股东的投入，分子是股东的所得。股东权益报酬率具有很强的综合性，概括了企业的全部经营业绩和财务业绩，充分反映了企业的总体盈利能力。

由于总资产收益率＝净利润÷平均资产总额，企业负债通常不为零，因此，在其他方面具有相同条件时，股东权益报酬率会高于总资产收益率。

根据 H 公司表 3-22、表 3-23 的财务报表数据：

2021 年股东权益报酬率＝（-5 429.05）÷［（173 773.89＋181 043.44）÷2］×100%

　　　　　　　　　　　　＝-3.06%

若 2019 年资产合计总额为 164 500 万元，则

2020 年股东权益报酬率＝14 909.19÷［（181 043.44＋164 500）÷2］×100%

　　　　　　　　　　　　＝8.63%

H 公司 2021 年股东权益报酬率比 2020 年下降了 11.69%，且为负值，说明企业自有资本的投资收益水平显著下降，而且股东权益没有赚到净利润，企业总体的盈利能力明显变差。

2. 资本收益率

资本收益率（return on invested capital，ROIC），是企业一定时期净利润与平均资本（资本性投入及其资本溢价）的比率，反映企业实际获得投资额的回报水平，体现了股东初始投入资本的投资收益水平。其计算公式如下：

$$资本收益率 = 净利润 \div 平均资本 \times 100\%$$

其中：平均资本=（期初实收资本+期初资本公积+期末实收资本+期末资本公积）÷2

严格来说，上述资本公积仅指资本溢价（或股本溢价）。

根据 H 公司表 3-22、表 3-23 的财务报表数据：

2021 年资本收益率=（−5 429.05）÷ { [（31 854.22+120 436.71−5 157.45）+（31 197.22+34 849.57）] ÷2 } ×100%=−5.09%

若 2019 年初始投入资本为 58 350 万元，则

2020 年资本收益率=14 909.19÷ {（31 197.22+34 849.57）+58 350] ÷2 } ×100%=5.99%

H 公司 2021 年资本收益率比 2020 年下降了 11.08%，且为负值，说明企业股东初始投入资本的投资收益水平显著下降，而且股东初始资本没有赚到净利润。

类似的指标有资本金利润率，其计算公式如下：

$$资本金利润率 = 净利润 \div 平均资本金 \times 100\%$$

资本金是所有者投入的主权资金（即实收资本、注册资本），资本金利润率反映股东主权资金的投资收益水平。

根据 H 公司表 3-22、表 3-23 的财务报表数据：

2021 年资本金利润率=（−5 429.05）÷ [（31 854.22+31 197.22）÷2] ×100%=−17.22%

若 2019 年注册资本为 28 150 万元，则

2020 年资本金利润率=14 909.19÷ [（31 197.22+281 500）÷2] ×100%=9.54%

H 公司 2021 年资本金利润率比 2020 年下降了 26.76%，且为负值，说明企业股东投入主权资金的投资收益水平显著下降，而且股东注册资本没有赚到任何净利润，亏损严重。

3. 盈余现金保障倍数

盈余现金保障倍数是企业一定时期经营活动现金流量净额与净利润的比值，反映了企业当期净利润中现金收益的保障程度，真实反映了企业盈余的质量和盈利能力。其计算公式为

$$盈余现金保障倍数 = 经营活动现金流量净额 \div 净利润$$

一般来说，当企业当期净利润大于 0 时，盈余现金保障倍数应当大于 1。该指标越大，表明企业经营活动产生的净利润对现金的贡献越大。

根据 H 公司表 3-23、表 3-24 的财务报表数据：

2021 年盈余现金保障倍数=28 959.70÷（−5 429.05）=−5.33

2020 年盈余现金保障倍数=16 120.20÷14 909.19=1.08

H 公司 2021 年盈余现金保障倍数比 2020 年下降了 6.41 倍，且为负值，且 2021 年企业净利润是负值，因此无法说明企业经营活动产生的净利润对现金的贡献变化情况。

（三）日常经营盈利能力分析

1. 营业利润率

营业利润率是企业一定时期营业利润与营业收入的比率。其计算公式为

$$营业利润率 = 营业利润 \div 营业收入 \times 100\%$$

营业利润率越高，表明企业市场竞争力越强，发展潜力越大，企业盈利能力越强。

在实务中，还经常使用营业毛利率、营业净利率等指标来分析企业经营业务的获利水

平，其计算公式如下：

$$营业毛利率 = （营业收入-营业成本）÷营业收入×100\%$$

$$营业净利率 = 净利润÷营业收入×100\%$$

"净利润""营业收入"两者相除可以概括企业的全部经营成果。该比率越大，表明企业的盈利能力越强。

根据 H 公司表 3-23 的财务报表数据：

2021 年营业利润率 = [（-3 864.82）÷201 239.51]×100% = -1.92%

营业毛利率 = [（201 239.51-164 508.04）÷201 239.51]×100% = 18.25%

营业净利率 = [（-5 429.05）÷201 239.51]×100% = -2.70%

2020 年营业利润率 = （14 783.94÷188 760.59）×100% = 7.83%

营业毛利率 = [（188 760.59-127 250）÷188 760.59]×100% = 32.59%

营业净利率 = （14 909.19÷188 760.59）×100% = 7.90%

H 公司 2021 年营业利润率等指标均显著下降，企业经营业务的获利水平明显下降，表明企业市场竞争力减弱，发展潜力不足，企业盈利能力变差。

2. 成本费用利润率

成本费用利润率，是企业一定时期利润总额与成本费用总额的比率。其计算公式为

$$成本费用利润率 = 息税前利润÷成本费用总额×100\%$$

或，

$$成本费用利润率 = 利润总额÷成本费用总额×100\%$$

其中：成本费用总额 = 营业成本+营业税金及附加+销售费用+管理费用+财务费用

成本费用利润率越高，表明企业为取得利润而付出的代价越小，成本费用控制得越好，盈利能力越强。

类似的指标有成本费用净利率，其计算公式为

$$成本费用净利率 = 净利润÷成本费用总额×100\%$$

根据 H 公司表 3-23 的财务报表数据：

2021 年成本费用总额 = 164 508.04+1 027.08+23 735.515+7 596.595+5 306.79
= 202 174.02（万元）

2021 年成本费用利润率 = （-3 723.70+5 306.79）÷202 174.02×100% = 0.78%

或，成本费用利润率 = （-3 723.70）÷202 174.02×100% = -1.84%

成本费用净利率 = （-5 429.05）÷202 174.02×100% = -2.69%

2020 年成本费用总额 = 127 250+1 904.78+39 181.55+10 997.37+（-1 271.88）
= 178 061（万元）

2020 年成本费用利润率营业利润率 = [（15 259.46-1 271.88）÷178 061]×100%
= 7.86%

或，成本费用利润率 = （15 259.46÷178 061）×100% = 8.57%

成本费用净利率 = （14 909.19÷178 061）×100% = 8.37%

H 公司 2021 年成本费用利润率等指标均显著下降，表明企业为取得利润而付出的代价明显增大，成本费用控制得不好，企业盈利能力变差。

（四）上市公司经营盈利能力分析指标

1. 每股收益（EPS）

每股收益即每股收益每股盈余、每股利润，是归属于普通股股东的当期净利润与流通在外普通股平均股数之比值，反映企业普通股股东的投资收益水平，分为基本每股收益和稀释每股收益两种。其计算公式如下：

基本每股收益=（净利润-优先股股息）÷（发行在外的普通股加权平均数）

稀释每股收益是企业存在可转换债券、认股权证、股票期权等可能减少股东每股收益的证券时，必须披露的影响后的每股收益。其计算是通过对归属于普通股股东的当期净利润的调整、对当期发行在外普通股的加权平均数的调整，按调整后的结果进行的。

例如，L公司2015年1月1日发行100万份认股权证，行权价格3.5元，2015年度净利润200万，发行在外普通股加权平均数为500万股，普通股平均市场价格为4元，则：

基本每股收益=200÷500=0.4（元）

调整增加的普通股股数=100-100×3.5÷4=12.5（万股）

稀释的每股收益=200÷（500+12.5）=0.39（元）

2. 每股现金流量

每股现金流量=（经营活动产生的现金流量净额-优先股股息）÷发行在外的普通股平均股数

3. 每股股利与股利支付率

每股股利=（现金股利总额-优先股股息）÷期末发行在外普通股股数

股利支付率=每股股利÷每股收益×100%

相关指标存在如下联系：

$$股利支付率=\frac{每股股利}{每股收益}$$

$$=\frac{每股市价}{每股收益}×\frac{每股股利}{每股市价}×100\%$$

$$=市盈率×股利报偿率$$

$$留存收益率=\frac{每股收益-每股股利}{每股收益}=1-股利支付率$$

4. 每股净资产

每股净资产=期末股东权益÷期末发行在外普通股股数

5. 市盈率（P/E）

市盈率，也称价格与收益比率，能反映普通股的市场价格与当期每股收益之间的关系，可用来判断企业股票与其他企业股票相比较潜在的价值。其计算公式如下：

市盈率=普通股每股市价÷每股收益

一般说来，这一比率越高，公司未来的成长潜能就越高；这一比率越小，公司的风险越大。

6. 市净率

市净率=每股市价÷每股净资产

7. 托宾Q（Tobin Q）指标

托宾Q（Tobin Q）指标是指公司的市场价值与其重置成本之比。其计算公式如下：

托宾Q值=（股权市场价值+长短期债务账面价值合计）÷总资产账面价值

若托宾Q值大于1，表明市场上对该公司的估价高于其重置成本，该公司的市场价值较高；若托宾Q值小于1，则表明市场上对该公司的估价低于其重置成本，该公司的市场价值较低。

四、发展能力分析

发展能力是企业在保障生存的基础上扩大生产经营规模、壮大经济实力的潜在能力。分析企业发展能力可以选取衡量企业经营增长状况与发展潜力的指标，经营增长状况与发展潜力通常是指企业未来生产经营活动的发展趋势和增长潜力，包括企业的营业收入、利润、资产规模、资本规模等方面的增长趋势和发展速度，主要有营业收入增长率、利润增长率、资产增长率、资本增长率及技术投入比率等指标。

（一）收入增长能力分析指标

1. 营业收入增长率

营业收入增长率是本年度营业收入比上年度的增长变动幅度，是评价企业成长状况和发展能力的重要的基础性指标。其计算公式如下：

营业收入增长率=（本年营业收入-上年营业收入）÷上年营业收入×100%

例如 Q 企业 2017—2020 年营业收入及其增长率如表 3-25 所示。

财务管理

·126·

表 3-25　Q 企业 2017—2020 年营业收入及其增长率　　　　单位：万元

项目	2017 年	2018 年	2019 年	2020 年
营业收入	64 146.59	130 553.13	149 752.80	188 760.59
营业收入增长率	—	103.52%	14.71%	26.05%

从表 3-25 中可以看出，Q 企业 2018 年以来营业收入逐年增长，但从 2019 年以后营业收入增长率下降，发展速度放缓。

在进行营业收入增长率分析时应注意以下几点：

营业收入增长率是衡量企业营业状况和市场占有能力、预测企业经营业务拓展趋势的重要指标。不断增加的营业收入，是企业生存的基础和发展的条件。

该指标大于 0，表示企业本年的营业收入有所增长，指标值越高，表明增长速度越快，企业市场前景越好；若该指标小于 0，则说明产品或服务不适销对路、质次价高，或是在售后服务等方面存在问题，市场份额萎缩。

在实际操作时，该指标应结合企业历年的营业收入水平、企业市场占有情况、行业未来发展及影响企业发展的潜在因素进行前瞻性预测，或者结合企业前三年的营业收入增长率做出趋势性分析判断。

该指标反映的是相对化的营业收入增长情况，与计算绝对量的企业营业收入增长额相比，消除了企业营业规模的影响，更能反映企业的发展情况；但销售增长率作为相对量指标，也存在受增长基数影响的问题，如果增长基数额（上年营业收入）特别小，即使营业收入出现小幅度增长，也会出现较大营业收入增长率，不利于进行比较。

2. 营业收入 n 年平均增长率

若分析期间几年的营业收入增长率存在明显的不同时，我们可以通过计算该期间营业收入增长率平均值来反映该期间营业收入增长的一般水平。通常用几何平均法进行计算，其计算公式如下：

$$营业收入\,n\,年平均增长率 = \sqrt[n]{\frac{营业收入_n}{营业收入_0}} - 1$$

依据表 3-25 的数据，可计算 Q 企业营业收入三年平均增长率如下：

$$营业收入三年平均增长率 = \sqrt[3]{\frac{188\ 760.59}{64\ 146.59}} - 1 = 43.30\%$$

（二）利润增长能力分析指标

企业利润增长是企业增长能力的主要体现，不同内容的利润衡量指标有企业的营业利润、利润总额、净利润等，因此企业利润增长能力分析指标可以有营业利润增长率、利润总额增长率和净利润增长率。

1. 营业利润增长率

营业利润是企业在正常的生产经营活动中获取的利润，是企业利润总额的主要构成内容和来源。它的增减变动是决定利润总额高低或盈亏的关键，企业主要应该依靠增加主营业务利润来增加利润总额。因此营业利润增长率是衡量企业利润增长的重要指标，其计算公式为

营业利润增长率＝［（本年营业利润－上年营业利润）÷上年营业利润］×100%

营业利润增长率可以判断一个企业的成长能力，并据此评价企业的发展前景。营业利润增长率较高，说明企业业务扩张能力较强，增长的趋势比较明显；反之，则说明企业发展可能处于停滞阶段，业务前景也不容乐观。

例如 Q 企业 2017—2020 年营业利润及其增长率如表 3-26 所示。

表 3-26　Q 企业 2017—2020 年营业利润及其增长率　　　　单位：万元

项目	2017 年	2018 年	2019 年	2020 年
营业利润	2 016.59	4 101.33	4 815.29	14 783.94
营业利润增长率	—	103.38%	17.41%	207.02%

从表 3-26 可以看出，Q 企业在 2018 年、2020 年营业利润增长率较高，但是在 2019 年其营业利润增长率出现了下滑，Q 企业发展放缓，分析人员在分析时要考虑 2018—2020 年社会经济环境对 Q 企业的发展及营业利润增长的影响。

同样，分析人员也可以计算营业利润 n 年平均增长率来反映企业在分析期间营业利润的平均增长情况，如上例数据可得

$$营业利润三年平均增长率 = \sqrt[3]{\frac{14\ 783.94}{2\ 016.59}} - 1 = 94.26\%$$

2. 利润总额增长率

利润总额反映企业盈利的总体水平，利润总额增长率是衡量企业盈利增长能力的重要指标。其计算公式如下：

利润总额增长率＝［（本年利润总额－上年利润总额）÷上年利润总额］×100%

利润总额增长率越大，说明企业总体盈利水平提升越快，企业发展潜力越大。

例如 Q 企业 2017—2020 年利润总额及其增长率如表 3-27 所示。

表 3-27　Q 企业 2017—2020 年利润总额及其增长率　　　　单位：万元

项目	2017 年	2018 年	2019 年	2020 年
利润总额	2 124.10	4 604.04	6 288.90	15 259.46
利润总额增长率	—	116.75%	36.60%	142.64%

从表 3-27 可以看出，Q 企业在 2018 年、2020 年利润总额增长率较高，但是在 2019 年其利润总额增长率出现了下滑，Q 企业盈利速度出现了放缓，在分析时要考虑 2018—2020 年社会经济环境对 Q 企业的发展及利润总额增长的影响。

同样，分析人员也可以计算利润总额 n 年平均增长率来反映企业在分析期间利润总额的平均增长情况，如根据上例数据可得

$$利润总额三年平均增长率 = \sqrt[3]{\frac{15\ 259.46}{2\ 124.10}} - 1 = 92.95\%$$

3. 净利润增长率

净利润反映企业为股东实现的收益，净利润增长率是衡量企业盈利增长能力及经济实力增长的重要指标。其计算公式如下：

净利润增长率＝[（本年净利润-上年净利润）÷上年净利润]×100%

净利润增长率越高，说明企业为股东实现的收益水平发展越快，企业未来发展潜力越大。

例如 Q 企业 2017—2020 年净利润及其增长率如表 3-28 所示。

表 3-28　Q 企业 2017—2020 年净利润及其增长率　　　　单位：万元

项目	2017 年	2018 年	2019 年	2020 年
净利润	1 751.64	4 106.71	6 180.02	14 909.19
净利润增长率	—	134.45%	50.49%	141.25%

从表 3-28 可以看出，Q 企业在 2018 年、2020 年净利润总额增长率较高，只是在 2019 年其净利润增长率出现了一些下降，Q 企业盈利速度放缓，分析人员在分析时要考虑 2018—2020 年社会经济环境对 Q 企业的发展及净利润增长的影响。

同样，分析人员也可以计算净利润 n 年平均增长率来反映企业在分析期间净利润的平均增长情况，如上例数据可得

$$净利润三年平均增长率 = \sqrt[3]{\frac{14\ 909.19}{1\ 751.64}} - 1 = 104.18\%$$

（三）资产增长能力分析指标

1. 总资产增长率

资产是企业拥有或者控制的用于经营并取得收入的资源，同时也是企业进行筹资和营运的物质保证。资产的规模和增长情况表明企业的实力和发展速度，也是体现企业价值和实现企业价值扩大的重要手段。在实践中凡是表现为不断发展的企业，其资产规模均表现为稳定地增长，因此我们通常把总资产增长率作为衡量企业发展能力的重要指标。

企业要扩大经营规模，增加营业收入，就需要增加资产投入。总资产增长率就是本期资产增加额与资产期末余额之比。其计算公式如下：

总资产增长率＝[（年末资产总额-年初资产总额）÷年初资产总额]×100%

总资产增长率是用来考核企业资产投入增长幅度的财务指标。总资产增长率为正数，则说明企业本期资产规模增加，总资产增长率越高，则说明资产规模增加幅度越大；总资产增长率为负数，则说明企业本期资产规模缩减，资产出现负增长。

例如，Q 企业 2017—2020 年资产总额及其增长率如表 3-29 所示。

表 3-29　Q 企业 2017—2020 年资产总额及其增长率　　　　单位：万元

项目	2017 年	2018 年	2019 年	2020 年
资产总额	95 376.02	145 906.57	232 859.93	282 475.00
本年资产增加额		50 530.55	86 953.36	49 615.07
总资产增长率/%		0.529 8	0.596 0	0.213 1

从表 3-29 可以看出，Q 企业 2017—2020 年总资产增长率呈逐年上升的趋势。因此，Q 企业的资产规模在不断增长，企业在持续发展，但 2020 年发展速度放缓了。

在对总资产增长率进行具体分析时，应注意以下几点：

（1）企业资产增长率高并不意味企业资产规模的增长是适当的。

评价一个企业资产规模增长是否适当，必须将销售增长、利润增长等情况结合起来分析。如果资产增加，而销售和利润没有增长和减少，则说明企业的资产没有得到充分利用，可能存在盲目扩张而形成的资产浪费、营运不良等情况。所以只有在一个企业的销售增长、利润增长超过资产规模增长的情况下，这种资产规模增长才属于效益型增长，才是适当的、正常的。

（2）需要正确分析企业资产增长的来源。

因为企业的资产来源一般是负债和所有者权益，所以在其他条件不变的情形下，无论是增加负债规模还是增加所有者权益规模，都会提高总资产增长率。如果一个企业的资产增长完全依赖于负债的增长，而所有者权益项目在该年度里没有发生变动或者变动不大，这说明企业可能潜藏着经营风险或财务风险，不具备良好的发展潜力。从企业自身的角度来看，企业资产的增加主要取决于企业盈利的增加。当然，盈利的增加能带来多大程度的资产增加还要视企业实行的股利政策而定。

表 3-30 为 Q 企业 2018—2020 年总资产增长率分析计算表。

表 3-30　Q 企业 2018—2020 年总资产增长率分析计算表　　　单位：万元

项目	2018 年	2019 年	2020 年
资产总额	145 906.57	232 859.93	282 475.00
本年资产增加额	50 530.55	86 953.36	49 615.07
总资产增长率/%	0.529 8	0.596 0	0.213 1
股东权益	83 756.38	181 043.44	173 773.89
股东权益增加额	49 070.78	97 287.06	-7 269.55
股东权益增加额占资产增加额的比重	97.11%	111.88%	-14.65%

Q 企业 2018 年、2019 年、2020 年股东权益增加额占资产增加额的比重分别为 97.11%、111.88%、-14.65%，可以看出 2018 年和 2020 年股东权益增加额在资产增加额中所占的比重很低，资产增长的绝大部分来自负债的增加。这表明企业可能面临一定的经营风险和财务风险，其发展潜力存在不确定性。

（3）为全面认识企业资产规模的增长趋势和增长水平，应将企业不同时期的资产增长率加以比较。

因为一个健康的处于成长期的企业，其资产规模应该是不断增长的，如果时增时减，则反映出企业的经营业务并不稳定，同时也说明企业并不具备良好的发展能力，所以分析人员只有将一个企业不同时期的总资产增长率加以比较，才能正确评价企业资产规模的增长能力。

2. 固定资产增长率

固定资产是企业生产能力的重要体现，是企业生产经营的基础、市场开拓的保障。固定资产增长率反映了企业生产经营能力的发展。其计算公式如下：

固定资产增长率=[（年末固定资产净值-年初固定资产净值）÷年初固定资产净值]×100%

固定资产增长率是用来考核企业固定资产投入增长速度的财务指标。固定资产增长率为正数，则说明企业本期固定资产规模增加，固定资产增长率越高，则说明固定资产规模增加幅度越大；固定资产增长率为负数，则说明企业本期固定资产规模缩减，固定资产出现负增长，企业生产经营能力随之下降。

例如，Q 企业 2017—2020 年固定资产及其增长率如表 3-31 所示。

表 3-31　Q 企业 2017—2020 年固定资产及其增长率　　　　单位：万元

项目	2017 年	2018 年	2019 年	2020 年
固定资产	41 102.76	45 856.45	43 908.37	70 131.61
固定资产增长额		4 753.69	−1 948.08	26 223.24
固定资产增长率		11.57%	−4.25%	59.72%

从表 3-31 可以看出，Q 企业 2017—2020 年固定资产增长率呈现波动式上升的趋势。因此，Q 企业的资产规模在不断增长，企业在持续发展，但 2019 年固定资产规模出现收缩。

（四）资本增长能力分析指标

1. 股权资本增长率

股权资本增长率，亦即资本积累率，反映企业自有资本的增长程度，体现企业自身实力的强弱。其计算公式为

$$股权资本增长率＝本年股东权益增长额÷年初股东权益×100\%$$

如果企业保持其经营政策及效率、财务政策及效率、股利政策不变，也不对外融资，此时它可实现的股权资本增长率称之为可持续增长率，它取决于企业留在收益提供的支持，计算公式为

$$可持续增长率＝本年留在收益÷年初股东权益×100\%$$

2. 资本保值增值率

资本保值增值率是企业扣除客观因素影响后的本年末所有者权益总额与年初所有者权益总额的比率，反映企业当年资本在企业自身努力下实际增减变动的情况。其计算公式为

资本保值增值率＝扣除客观因素后的本年末所有者权益总额÷年初所有者权益总额×100%

一般认为，资本保值增值率越高，表明企业的资本保全状况越好，所有者权益增长越快，债权人的债务越有保障。该指标通常应当大于 100%。

3. 资本 n 年平均增长率

若分析期间几年的资本总额增长率存在明显的不同时，我们可以通过计算该期间资本总额增长率平均值来反映该期间资本总额增长的一般水平。通常用几何平均法进行计算，其计算公式如下：

$$资本\ n\ 年平均增长率＝\sqrt[n]{\frac{资本总额_n}{资本总额_0}}-1$$

（五）技术投入比率

技术投入比率是企业科技支出与营业收入之比值，反映企业科技投入在营业收入中的占比。其计算公式为

$$技术投入比率＝本年科技支出合计÷本年营业收入净额×100\%$$

通常认为，技术投入比率越大，表明企业注重科技进步，其产品及生产技术更新换代速度快，企业未来的发展潜力大。

第五节　现金流量分析

一、现金流量概述

（一）现金流量与现金流量表

1. 现金流量

现金流量，是指企业实际的现金收入和现金支出的数额。根据企业经济活动的性质不同，现金流量可分为经营活动产生的现金流量、投资活动产生的现金流量以及筹资活动产生的现金流量。根据现金的收付及流向情况，现金流量又可分为现金流入量、现金流出量以及现金流量净额，三者之间的关系表现为如下公式：

现金流量净额＝现金流入量－现金流出量

现金流量中的现金是财务管理意义上的现金概念，是一个广义的概念，它包括狭义的现金和现金等价物，以及占用的非货币资源的变现价值。狭义的现金是指公司库存现金以及可以随时用于支付的存款，不能随时用于支取的存款不属于现金。现金等价物是指公司持有的期限短、流动性强、易于转换为已知金额现金、价值变动风险很小的投资，通常包括三个月内到期的短期债券投资。企业可以根据具体情况，确定现金等价物的范围，一经确定不得随意变更。

2. 现金流量表

现金流量表，是以收付实现制为基础编制的，反映企业一定会计期间内现金及现金等价物流入和流出信息的一张动态报表。我国会计准则规定，现金流量表主表的编制格式为按经营活动、投资活动和筹资活动的现金流量分别归集其流入量、流出量和净流量，最后得出企业现金流量净额。现金流量表补充资料的编制格式为以净利润为基础，通过相关项目报调整，得出经营活动产生的现金流量净额。

会计报表中，资产负债表是反映企业期末资产、负债及所有者权益状况的报表。现金流量表是反映企业一定时期内现金流入、流出情况的报表。现金的流入、流出必然引起企业资产、负债及所有者权益发生变化。因此，现金流量表和资产负债表之间存在的联系可以用如下公式表示：资产负债表现金期末余额＝资产负债表现金期初余额＋现金流量表现金流量净额

（二）现金流量表的基本结构及内容

1. 现金流量表的基本结构

现金流量表由两大部分组成：现金流量表主表和按照间接法编制的现金流量表补充资料。这两个组成部分也展示了编制现金流量表的两种方法，即直接法和间接法。这两种方法都是相对于经营活动产生的现金流量净额的不同表现形式而言的，主要区别在于如何计算和反映经营活动的现金流量。其中，直接法是通过现金收入和现金支出的主要类别列示经营活动的现金流量，会计实务中通常以营业收入为起算点，调整与经营活动有关的各个项目的增减变动，计算经营活动的现金流量。而间接法则是以净利润为起算点，通过调整不涉及现金（但涉及利润）的收入、费用、资产减值损失等有关经营活动的项目和不涉及利润（但涉及经营活动现金流量）的应收、应付款项目，以及存货等有关项目的增减变动，并剔除与经营活动无关（但与净利润相关）的投融资项目金额，计算出经营活动的现金流量。

现行企业会计准则规定，现金流量表主表应当分别以经营活动、投资活动和筹资活动列报现金流量。具体到每一种活动类型，现金流量还应当分别按照现金流入和现金流出额列报。下面以 Q 企业的现金流量表为例，其现金流量表主表及其补充资料的基本格式、结构及内容如表 3-32 和表 3-33 所示。

表 3-32　现金流量表主表　　　　　　单位：元

报表日期	2021-12-31	2020-12-31
一、经营活动产生的现金流量		
销售商品、提供劳务收到的现金	402 995.70	211 393.45
收到的税费返还	278.97	
收到的其他与经营活动有关的现金	28 635.54	5 030.14
经营活动现金流入小计	431 910.21	216 423.59
购买商品、接受劳务支付的现金	304 723.76	140 676.55
支付给职工以及为职工支付的现金	24 058.02	16 938.19
支付的各项税费	11 622.11	12 901.64
支付的其他与经营活动有关的现金	33 586.92	29 787.01
经营活动现金流出小计	373 990.81	200 303.39
经营活动产生的现金流量净额	57 919.41	16 120.20
二、投资活动产生的现金流量		
收回投资所收到的现金	25 100.00	
取得投资收益所收到的现金	133.09	57.67
处置固定资产、无形资产和其他长期资产所收回的现金净额	49.38	562.42
处置子公司及其他营业单位收到的现金净额	1 000.00	
收到的其他与投资活动有关的现金		
投资活动现金流入小计	26 282.47	620.09
购建固定资产、无形资产和其他长期资产所支付的现金	12 462.50	28 998.42
投资所支付的现金	24 100.00	600.00
取得子公司及其他营业单位支付的现金净额	921.39	14 155.70
支付的其他与投资活动有关的现金		
投资活动现金流出小计	37 483.89	43 754.12
投资活动产生的现金流量净额	-11 201.42	-43 134.03
三、筹资活动产生的现金流量		
吸收投资收到的现金		5 196.87
其中：子公司吸收少数股东投资收到的现金		
取得借款收到的现金	236 732.82	29 000.00
发行债券收到的现金		653.42
收到其他与筹资活动有关的现金	208.59	
筹资活动现金流入小计	236 941.41	34 850.29
偿还债务支付的现金	252 299.81	26 000.00
分配股利、利润或偿付利息所支付的现金	9 647.83	6 486.54
其中：子公司支付给少数股东的股利、利润	78.28	
支付其他与筹资活动有关的现金	4 258.31	187.24
筹资活动现金流出小计	266 205.95	32 673.78
筹资活动产生的现金流量净额	-29 264.54	2 176.51

表3-32(续)

报表日期	2021-12-31	2020-12-31
四、汇率变动对现金及现金等价物的影响	-4.90	
五、现金及现金等价物净增加额	17 448.55	-24 837.31
加：期初现金及现金等价物余额	11 920.20	88 080.90
六、期末现金及现金等价物余额	29 368.75	63 243.59

表 3-33　现金流量表补充资料　　　　　　　　　　单位：元

附注	2021-12-31	2020-12-31
净利润	-10 858.10	14 909.19
少数股东权益		
未确认的投资损失		
资产减值准备	4 415.01	-4 081.22
固定资产折旧、油气资产折耗、生产性物资折旧	8 169.57	4 294.80
无形资产摊销	570.08	360.14
长期待摊费用摊销	203.56	445.62
待摊费用的减少		
预提费用的增加		
处置固定资产、无形资产和其他长期资产的损失	1 640.74	-956.32
固定资产报废损失	29.54	5.30
公允价值变动损失		
递延收益增加（减：减少）		
预计负债		
财务费用	10 580.39	1 366.68
投资损失	349.61	-3.51
递延所得税资产减少	1 419.11	-159.84
递延所得税负债增加	-33.15	
存货的减少	15 278.74	-8 266.94
经营性应收项目的减少	25 022.33	2 599.00
经营性应付项目的增加	740.83	5 607.29
已完工尚未结算款的减少（减：增加）		
已结算尚未完工款的增加（减：减少）		
其他		
经营活动产生现金流量净额	57 919.41	16 120.20
债务转为资本		
一年内到期的可转换公司债券		
融资租入固定资产		
现金的期末余额	29 368.75	63 243.59
现金的期初余额	11 920.20	88 080.90
现金等价物的期末余额		
现金等价物的期初余额		
现金及现金等价物的净增加额	17 448.55	-24 837.31

2. 现金流量表的主要内容

（1）经营活动产生的现金流量。

经营活动是指企业投资活动和筹资活动以外的所有交易和事项。经营活动产生的现金流量是指企业在某一段时间内由于投资活动和筹资活动以外的所有交易和事项产生的现金流入量和现金流出量，两者的差额即经营活动产生的现金流量净额。

经营活动现金流入量主要包括销售商品与提供劳务收到的现金、收到的税费返还、收到的其他与经营活动有关的现金。销售商品与提供劳务收到的现金反映企业销售商品和提高劳务实际收到的现金，包括本期销售商品或提供劳务收到的现金、以前期销售本期才收回的现金和本期预收以后期间的商品款或劳务款。本期发生的销售退回支付的现金直接在本项目中扣除。企业代理供销业务收到的现金也在本项目中反映。收到的税费返还反映企业收到返还的各种税费，如收到的增值税、营业税、所得税、教育费附加返还等。收到的其他与经营活动有关的现金反映企业除了上述项目外，收到的其他与经营活动有关的现金流入，如罚款收入、企业出租出借包装物对方单位逾期未退还而没收的押金收入等。

经营活动现金流出量主要包括购买商品与接受劳务支付的现金、支付给职工及为职工支付的现金、支付的各项税费、支付的其他与经营活动有关的现金

购买商品、接受劳务支付的现金反映企业购买材料、购买商品、接受劳务实际支付的现金，包括本期购买商品与接收劳务支付的现金、本期支付以前期间购买商品与接收劳务的未付款和本期为购买商品、接收劳务而预付的现金。支付给职工及为职工支付的现金反映企业实际支付给职工及为职工支付的现金。支付给职工的现金包括本期实际支付给职工的工资、奖金、各种津贴与补贴等。企业为职工支付的现金是企业为职工购买的各种社会保险、商业保险而发生的现金支出。企业支付给离退休人员的各种费用，在"支付的其他与经营活动有关的现金"项目中反映；支付的在建工程人员的工资及其他奖金，在"购建固定资产、无形资产和长期资产所支付的现金"项目中反映。支付的各项税费反映企业本期实际上交税务部门的各种税费，如增值税、所得税、教育费附加、印花税、房产税、车船使用税、消费税、营业税等。本项目不包括本期实际支付的应计入固定资产价值的各种税费，如耕地占用税。退还的税费在流入项目中反映。支付的其他与经营活动有关的现金反映企业除上述各项流出外，支付的其他与经营活动有关的现金流出，如罚款支出、业务招待费、保险费、经营租赁支付的现金和捐赠支出等。

经营活动产生的现金流量是现金流量的一项重要指标，它说明企业在不动用外部筹资的情况下，通过经营活动产生的现金流量是否足以偿还债务、支付对外投资。

经营活动现金流量净额小于零，说明企业通过正常的商品购销活动所带来的现金流入量不足以支付因经营活动而引起的现金流出，需要采用筹资或拖延债务支付、收回投资等方式来解决经营所需的现金流出。

经营活动现金流量净额等于零，说明企业通过正常的商品购销活动所带来的现金流入量，恰好能够支付上述经营活动而引起的现金流出，企业经营活动现金流量处于"收支平衡"的状态。因此，企业正常的经营活动不需要额外补充流动资金，也不需要通过投资活动及筹资活动来增加现金。

经营活动现金流量净额大于零，说明企业通过正常的商品购销活动所带来的现金流入量不但能够支付因经营活动而引起的现金流出，而且还能为企业的投资等活动提供现金流量支持，表明企业生产的产品产销对路，销售回款能力较强，成本费用控制在较适宜的水平。企业经营活动产生的现金流量良好，表明企业经营活动健康稳定，对企业规模的扩大起到重要的支持作用。

从表 3-32 我们可以看出：Q 企业 2020 年、2021 年经营活动产生的现金流量净额均大于零，分别为 16 120.2 万元、57 919.41 万元，说明 Q 企业经营活动现金流量良好，表明企业经营活动健康稳定，通过经营活动创造的现金流量可以为企业经营规模的扩张提供支持。

（2）投资活动产生的现金流量。

投资活动是指企业长期资产的购建和不包括在现金等价物范围内的投资及其相关的处置活动。长期资产是企业拥有的股权债权投资、固定资产、在建工程、无形资产、其他资产等持有期限在一年以上的各种资产。现金流量表中的投资活动包括对内的各种长期资产的购建投资，也包含对外的股权债权投资。

投资活动产生的现金流量是企业在某一段时间内由于投资活动而产生的现金流入量和流出量，两者的差额即投资活动产生的现金流量净额。

投资活动现金流入量主要包括收回投资所收到的现金、取得投资收益所收到的现金处置固定资产、无形资产和其他长期资产收回的现金净额、处置子企业及其他营业单位收到的现金净额、收到的其他与投资活动有关的现金等内容。收回投资所收到的现金反映企业出售、转让或到期收回除现金等价物以外的交易性金融资产、长期股权投资而收到的现金，以及收回长期债权投资本金而收到的现金。本项目不包括长期债权投资收回的利息，以及收回的非现金资产。取得投资收益所收到的现金反映企业因股权性投资而分得的现金股利，从子企业、联营企业或合营企业分得利润而收到的现金，以及因债权性投资而取得的现金利息收入。本项目的投资收益与利润表中的投资收益金额不一定相等。因为利润表中的投资收益是以权责发生制为基础确定的，不论收益是否收到现金，均包含在内。而本项目中的投资收益只包括收到了现金的投资收益，不包括股票股利收益。处置固定资产、无形资产和其他长期资产收回的现金净额反映企业在出售固定资产、无形资产和其他长期资产所取得的现金，减去为处置这些资产而支付的有关税费后的净额。处置子企业及其他营业单位收到的现金净额反映企业处置子企业及其他营业单位所取得的现金减去子企业或其他营业单位持有的现金和现金等价物及相关处置费用后的净额。收到其他与投资活动有关的现金反映除上述各项流入以外，收到的其他与投资活动有关的现金流入。如企业收到已宣告发放但尚未领取的现金股利或已到付息期但尚未领取的债券利息等。

投资活动现金流出量主要包括购建固定资产、无形资产和其他长期资产所支付的现金、投资所支付的现金、取得子企业及其他营业单位支付的现金净额、支付的其他与投资活动有关的现金。

购建固定资产、无形资产和其他长期资产所支付的现金反映企业购买、建造固定资产时所支付的现金及取得无形资产和其他长期资产时所支付的现金及增值税款。本项目不包括为购建固定资产而发生的借款利息资本化的部分，借款利息应在"筹资活动产生的现金流量"项目中反映。

投资所支付的现金反映企业取得现金等价物以外的权益性投资和债权性投资所支付的现金及支付的佣金、手续费等附加费用。

取得子企业及其他营业单位支付的现金净额反映企业取得子企业及其他营业单位购买出价中以现金支付的部分，减去子企业或其他营业单位持有的现金和现金等价物后的净额。

支付的其他与投资活动有关的现金反映除上述各项流出以外，支付的其他与投资活动有关的现金流出。如企业购买股票、债券时，实际支付的价款中包含的已宣告发放但尚未领取的现金股利或已到付息期但尚未领取的债券利息等。

投资活动是企业现金收付的主要内容之一。对投资活动现金流量的分析，主要应关注投资活动的现金流出与企业发展战略之间的吻合程度。

投资活动产生的现金流量净额小于零，意味着企业在购建固定资产、无形资产和其他长期资产、权益性投资及债权性投资等方面所支付的现金之和大于企业因收回投资、分得股利或利润、取得债券利息收入，处置固定资产、无形资产和其他长期资产而收到的现金净额之和。这表明企业扩大再生产的能力较强，参与资本市场运作、实施股权及债权投资能力较强。

投资活动产生的现金流量净额大于零，意味着企业在投资活动方面产生的现金流入量大于流出量。这种情况，或者是由于企业在本会计期间的投资回收活动的规模大于投资支出的规模而产生的，表明企业投资收效显著，投资回报及变现能力较强；或者是由于企业在经营活动与等资活动方面急需资金而不得不处理手中的长期资产以求变现等原因引起的。

根据表 3-32 可知，Q 企业 2020 年、2021 年投资活动产生的现金流量净额都小于零，分别为 -43 134.03 万元、-11 201.42 万元，说明企业投资规模增大，表明企业扩大再生产的能力较强，或参与资本市场运作、进行股权及债权投资的能力较强。

（3）筹资活动产生的现金流量。

筹资活动，是指导致企业资本及债务规模和构成发生变化的活动。筹资活动现金流量是指企业在某一段时间内由于企业权益性资本及借款规模和构成发生变化所产生的现金流入量和现金流出量，两者的差额即筹资活动产生的现金流量净额。

筹资活动现金流入量主要包括吸收投资所收到的现金、取得借款所收到的现金、发行债券所收到的现金、收到其他与筹资活动有关的现金等内容。吸收投资所收到的现金反映通过发行股票等方式筹集资金时收到的现金净额。股份有限企业公开募集股份，须委托金融机构进行公开发行，由金融机构直接支付手续费、宣传费、咨询费、印刷费等费用，从发行股票取得的现金收入中直接扣除，以净额列示。以发行股票方式筹集资本而由企业直接支付的审计、咨询等费用，不在本项目中反映，而在"支付的其他与筹资活动有关的现金"项目中反映。取得借款所收到的现金反映企业借入的各种短期、长期借款所收到的现金。发行债券所收到的现金反映企业发行债券筹集资金时实际收到的现金。收到其他与筹资活动有关的现金反映除上述项目外收到的其他与筹资活动有关的现金。

筹资活动现金流出量主要包括偿还债务所支付的现金、分配股利、利润或偿还利息所支付的现金、支付的其他与筹资活动有关的现金等内容。偿还债务所支付的现金反映企业以现金偿还债务的本金，包括偿还银行或其他金融机构等的借款本金、偿还债券本金等。企业偿还的借款利息、债券利息不包括在本项目中，企业应将其列入"偿还利息所支付的现金"项目中。另外，企业通过产品或劳务等非现金方式偿付的债务也不在本项目中，企业应将其在报表的附注中说明。分配股利、利润或偿还利息所支付的现金反映企业实际支付的现金股利、支付给其他投资单位的利润，以及用现金支付的借款利息、债券利息等。企业以股票或财产股利的方式支付的利润不在本项目中反映。支付的其他与筹资活动有关的现金反映企业除上述各项目外，支付的与筹资活动有关的现金，如以发行股票、债券等方式筹集资金而由企业直接支付的审计、咨询等费用，融资租赁所支付的现金，以分期付款方式购建固定资产以后各期支付的现金等。其他与筹资活动有关的现金，如果价值较大的，应单列项目反映。

筹资活动现金流量分析，主要应关注筹资活动的现金流量与经营活动、投资活动现金流量之间的适配程度。在企业经营活动、投资活动需要现金支持时，企业应通过筹资活动及时、足额地筹措到相应的资金；在企业经营活动、投资活动产生大量现金时，企业应及时清偿相应的贷款，避免不必要的利息支出。

筹资活动产生的现金流量净额大于零，意味着企业在吸收权益性投资、发行债券及借款等方面所收到的现金之和大于企业在偿还债务、支付筹资费用、分配股利或利润、偿还利息等方面所支付的现金之和。这表明企业通过银行及资本市场筹资的能力较强。同时，企业应密切关注资金的使用效果，防止企业未来无法支付到期的债务本息而陷入债务危机。

企业处于发展的起步阶段时需要大量资金，在企业经营活动的现金流量小于零的情况下，企业现金流量的需求主要通过企业的筹资活动来解决。因此，分析企业筹资活动产生的现金流量大于零是否正常时，关键要看企业的筹资活动是否已纳入企业的发展规划，结合企业发展不同阶段的特点进行分析。

筹资活动产生的现金流量净额小于零，意味着企业在吸收权益性投资、发行债券及借款等方面所收到的现金之和小于企业在偿还债务、支付筹资费用、分配股利或利润、偿付利息等方面所支付的现金之和。这种情况或者是由于企业在本会计期间集中发生偿还债务、支付筹资费用、分配股利或利润、偿付利息等业务而产生的，或者是因为企业经营活动与投资活动在现金流量方面运转较好，有能力完成各项支付而产生的。但是，企业筹资活动产生的现金流量小于零，也可能是企业在投资和企业扩张方面没有更多作为的一种表现。

根据表 3-32 可知，Q 企业筹资活动产生的现金流量净额 2020 年为 2 176.51 万元、2021 年为 -29 264.54 万元，说明企业 2020 年的筹资活动为当年的生产经营和投资提供了有力的支持，2021 年由于经营环境和投资环境的恶化，企业收缩规模，减少债务资金占用，大量偿还债务，金额高达 252 299.81 万元。

3. 现金流量表补充资料的主要内容

现金流量表补充资料包括：①将净利润调节为经营活动现金流量（采用间接法在现金流量表补充资料中披露将净利润调节为经营活动产生的现金流量净额的信息）；②不涉及现金收支的重大投资和筹资活动；③现金及现金等价物净变动情况。

（三）现金流量表的作用

现金流量表是根据收付实现制原则进行编制的，真实地反映了企业现金收支状况，它与基于权责发生制编制的资产负债表和利润表形成鲜明的对比，进而在财务报告体系中占据着重要的地位，在企业投融、生产经营中发挥重要的作用。具体来有如下几个方面：

1. 揭示企业现金流入、流出的来龙去脉

现金流量表能够告诉报表使用者在一定期间内企业的现金"从哪里来，到哪里去"的重要信息，即便于报表使用者了解企业一定会计期间内现金流入与流出的主要来源与去向，现金增减变动的原因和结果。

2. 有助于评价企业的支付能力、偿债能力和周转能力

现金流量表能够告诉报表使用者企业现金的宽裕或紧张程度，使其现金的支付能力和即期债务的应对能力得以充分显现，如果经营活动产生的现金流量充足，则意味着企业充满着活力，并能靠自身经营来赚取收益。企业通过依靠自身生产经营创造出来的现金流量去应对企业面临的风险能力的加强，使企业偿债能力有坚实的基础和后盾。

3. 有助于预测企业未来现金流量和财务前景

通过现金流量表反映的企业过去一定期间内的现金流量及其他生产经营指标，分析人员可以掌握企业经营活动、投资活动和筹资活动所形成的现金流量，了解企业现金的来源和用途是否合理，了解经营活动产生的现金流量有多少，企业在多大程度上依赖外部资金，据以预测企业在未来产生现金的能力，并为分析和判断企业的财务前景提供支撑信息。

4. 有助于评价企业收益质量及经营绩效

由于利润表是按照权责发生制原则编制的，不能反映企业经营活动产生了多少现金，更无法反映投资活动和筹资活动对企业财务状况的影响，因此借助现金流量表提供的信息，

可以弥补这种缺陷，揭示企业净利润与相关现金流量产生差异的原因及差距的大小，进而对利润的质量予以分析、判断，进一步有效地考察企业实际的经营绩效。

二、现金流量的比率分析

现金流量比率分析主要包括流动性分析和获取现金能力分析。

（一）流动性分析

所谓流动性，是指企业的资产能够以一个合理的价格顺利变现的能力，变现速度越快，资产的流动性越强。资产流动性的衡量往往是通过当期现金流量特别是经营活动净现金流量与负债规模之比值予以体现。

1. 流动负债保障率

流动负债保障率是通过当期经营活动净现金流量与平均流动负债之比，用来说明当期经营活动产生的净现金流量对短期债务的保障程度，体现企业资产的短期流动性。该比率越高，说明现金对流动负债的保障程度越强。其计算公式为：

$$流动负债保障率 = 经营活动现金流量净额 \div 平均流动负债$$

根据表 3-32 可知，Q 企业 2021 年经营活动产生的现金流量净额为 57 919.41 万元，另外资料显示 Q 企业 2021 年、2020 年流动负债分别为 91 064.18 万元、51 230.91 万元，则 Q 企业 2021 年流动负债保障率为 57 919.41÷[（91 064.18+51 230.910）÷2]=81.41%。

2. 负债保障率

负债保障率是当期经营活动净现金流量与平均负债之比，用来说明当期经营活动产生的净现金流量与总债务的保障程度，体现企业的短期流动性。该比率越高，说明现金对负债总额的保障程度越高。其计算公式为

$$负债保障率 = 经营活动净现金流量 \div 平均负债$$

根据表 3-32 可知，Q 企业 2021 年经营活动产生的现金流量净额为 57 919.41 万元，另外资料显示 Q 企业 2021 年、2020 年负债总额分别为 108 701.11 万元、51 816.49 万元，则 Q 企业 2021 年流动负债保障率为 57 919.41÷[（108 701.11+51 816.49）÷2]=72.17%。

（二）获取现金能力分析

获取现金能力是指企业当期经营活动净现金流量与投入的各种财务资源之比。企业投入的财务资源包括普通股股数、净资产、营运资本、总资产等财务资源。

1. 每股经营现金流量

每股经营现金流量是企业当期经营活动净现金流量与流通在外的普通股数量之比，反映投资者每股股票的企业经营活动净现金流量水平。其计算公式为

$$每股经营现金流量 = 经营活动产生的现金流量净额 \div 流通在外的普通股股数$$

根据表 3-32 可知，Q 企业 2021 年经营活动产生的现金流量净额为 57 919.41 万元，另外资料显示 Q 企业 2021 年流通在外的普通股股数为 60 000 万股，则 Q 企业 2021 年每股经营现金流量为 57 919.41÷60 000=0.97（元）。

2. 净资产现金回收率

净资产现金回收率是企业当期经营活动净现金流量与平均净资产之比，反映企业当期投入的自有资本通过经营活动净现金流量实现的回收程度。其计算公式为

$$净资产现金回收率 = 经营活动产生的现金流量净额 \div 平均净资产$$

根据表 3-32 可知，Q 企业 2021 年经营活动产生的现金流量净额为 57 919.41 万元，另外资料显示 Q 企业 2021 年、2020 年净资产分别为 173 773.89 万元、181 043.44 万元，则 Q 企业 2021 年净资产现金回收率为 57 919.41÷[（173 773.89+181 043.44）÷2]=32.65%。

（三）营运资本现金回收率

营运资本现金回收率是企业当期经营活动净现金流量与平均营运资本之比，反映企业当期投入的营运资本通过企业经营活动净现金流量实现的回收程度。其计算公式为

营运资本现金回收率＝经营活动产生的现金流量净额÷平均营运资本

上式中，营运资本＝流动资产－流动负债。

根据表3-32可知，Q企业2021年经营活动产生的现金流量净额为57 919.41万元，另外资料显示Q企业2021年、2020年流动资产分别为139 152.35万元、137 388.64万元，流动负债分别为91 064.18万元、51 230.91万元，则Q企业2021年、2020年营运资本分别为48 088.17万元（139 152.35－91 064.18）、86 157.73万元（137 388.64－51 230.91）；营运资本现金回收率为57 919.41÷[（48 088.17＋86 157.73）÷2]＝86.29%。

（四）资产现金回收率

资产现金回收率是企业当期经营活动净现金流量与平均总资产之比，反映企业当期投入的总资产通过企业经营活动净现金流量实现的回收程度。其计算公式为

资产现金回收率＝经营活动净现金流量÷平均总资产

根据表3-32可知，Q企业2021年经营活动产生的现金流量净额为57 919.41万元，另外资料显示Q企业2021年、2020年总资产分别为282 475万元、232 859.93万元，则Q企业2021年资产现金回收率为：57 919.41÷[（282 475＋232 859.93）÷2]＝22.48%。

（五）固定资产现金回收率

固定资产现金回收率是企业当期经营活动净现金流量与平均总固定资产之比，反映企业当期投入的固定资产通过企业经营活动净现金流量实现的回收程度。其计算公式为

固定资产现金回收率＝经营活动净现金流量÷平均固定资产

根据表3-32可知，Q企业2021年经营活动产生的现金流量净额为57 919.41万元，另外资料显示Q企业2021年、2020年固定资产原值分别为120 131.65万元、75 908.35万元，则Q企业2021年固定资产现金回收率为：57 919.41÷[（120 131.65＋75 908.35）÷2]＝59.09%。

三、现金流量的盈利质量分析

企业的盈利即会计利润，是以权责发生制为基础计算出来的，而现金流量表中的现金流量是以收付实现制为基础的。一般来说，利润增加，现金流量净额也增加，但在某些情况下，会出现现金流量净额低于利润的现象，反映出企业盈利质量不佳。因此，分析人员通过现金流量和利润的比较分析，可以对企业的盈利质量做出分析、判断。

利润表是按照权责发生制来归集企业实现的收入和成本费用，而现金流量表是按照收付实现制来归集企业实际的现金收入和支出。它们所反映的经济活动是相同的，只是反映的角度不同。从较长会计期间看，二者反映的累计结果应该趋于一致，即净利润和经营活动产生的现金流量在一段很长时间内的累计结果应该趋于一致。但是在某个会计期间内，净利润和经营活动产生的现金流量净额却往往不一致，两者可通过下面的公式调整差异，反映它们之间存在的数量关系。公式如下：

经营活动净现金流量＝本期净利润＋非付现经营性费用＋非经营性净损失－
非经营性净收益＋非现金经营性资产的减少－
非现金经营性资产的增加＋经营性负债的增加－经营性负债的减少

现金流量表补充资料就是依据这种关系，列表揭示从净利润到经营活动净现金流量的变化过程，因此，分析人员通过分析现金流量表补充资料可以研究利润与现金流量的相互关系，揭示企业盈利的质量。

盈利质量分析是在盈利能力分析的基础上，以收付实现制原则编制的现金流量表所列示的各项财务数据为基本依据，通过一系列现金流量与利润相互关系的比率计算，来反映企业获取的利润品质高低的评价过程。

（一）盈余现金保障倍数

盈余现金保障倍数是企业一定时期实现的经营活动净现金流量与利润之比值，说明企业每1元利润有多少经营活动产生的现金流量来保障，体现了企业盈利的质量水平。其计算公式如下：

$$盈余现金保障倍数 = 经营活动产生的现金流量净额 \div 净利润$$

该比率反映企业分析期经营活动产生的现金流量净额与净利润之间的比率关系。在一般情况下，比率越大，企业盈利质量就越高。如果比率小于1，则说明分析期净利润中存在尚未实现现金的收入。在这种情况下，即使企业存在盈利，也可能发生现金不足，反映出企业盈利质量不高。

根据表3-32、表3-33可知，Q企业2020年、2021年经营活动产生的现金流量净额分别为16 120.20万元、57 919.41万元，净利润分别为14 909.19万元、−10 858.10万元，则Q企业2020年、2021年的盈余现金保障倍数分别为1.08倍（16 120.20÷14 909.19）、−5.33倍〔57 919.41÷（−10 858.10）〕。

这说明企业2020年盈利质量较高，净利润有足够的现金流量作保证；2021年利润为负值，盈利状况差，但企业现金流状况较好，现金充足。

进行盈利质量分析时，仅靠一年的数据分析未必能说明清楚实际问题，通常需要进行连续若干年的盈余现金保障倍数进行比较分析才能得出可靠的结论。

（二）现金毛利率

现金毛利率是企业一定时期实现的经营活动净现金流量与经营活动产生的现金流入量之比值，说明企业每1元经营活动现金流入量实现了多少经营活动现金流量净额，体现了企业经营收入的质量水平。其计算公式如下：

$$现金毛利率 = 经营活动产生的现金流量净额 \div 经营活动产生的现金流入量$$

该比率是对营业净利率、营业毛利率的有效补充，可以识别权责发生制下利润率指标计算结果的可靠性，以便正确评价企业业绩。

根据表3-32可知，Q企业2020年、2021年经营活动产生的现金流量净额分别为16 120.20万元、57 919.41万元，经营活动产生的现金流入量分别为216 423.59万元、431 910.21万元，则Q企业2020年、2021年的现金毛利率分别为7.45%（16 120.20÷216 423.59）、13.41%（57 919.41÷431 910.21）。

该比率的计算结果要与企业历史先进值或者平均值进行比较，才能评价企业经营业绩的变动情况；要与行业先进值或者平均值进行比较，才能评价企业在同行中盈利的水平和市场竞争能力。

（三）现金充分性比率

现金充分性比率是对企业现金状况进行综合衡量，判断企业是否有足够现金偿还到期债务、进行投资以及支付股利和利息等能力的一个比率。其计算公式为

$$现金充分性比率 = （经营活动净现金流量 + 投资活动净现金道量 + 筹资活动净现金流量）\div（到期债务偿还额 + 资本性支出额 + 股利利息支付额）\times 100\%$$

通常，现金充分性比率必须保持在1以上，才能保障企业各项支付的现金需要，如果小于1，则会出现现金短缺局面，影响企业正常经营与投资。

第六节 综合财务分析

前面通过财务比率指标来反映企业偿债能力、盈利能力、营运能力、发展能力等方面，但不能反映这几方面的内在联系和企业的综合财务状况。因此，进行财务分析时还需要利用综合分析方法来对企业内部财务关系和总体财务状况进行分析研究。常用的综合分析方法有杜邦分析法和绩效评分法。

一、杜邦分析法

（一）杜邦分析法的产生及基本原理

杜邦分析法是利用几种主要的财务比率之间的关系来综合分析企业的财务状况及经营成果情况的方法，是一种比较实用的综合财务分析体系。这种方法首先由美国杜邦企业的经理创新使用，故名杜邦财务分析体系或杜邦分析法。

杜邦分析法通过因素分析方法，以净资产收益率为起点，逐层分解，以便找出影响净资产收益率变化的原因。该方法可以用来评价企业综合财务能力和股东获取回报水平，从企业经营和财务角度评价企业的综合绩效。杜邦财务分析体系的主要财务指标及指标体系相关公式如下。

1. 净资产收益率

净资产收益率是综合性最强的财务指标，是杜邦分析体系中的核心指标。净资产收益率取决于总资产报酬率高低和权益乘数的大小，由此形成的指标关系构成杜邦财务分析体系第一层次的首个指标体系。其相关计算分析公式如下：

$$净资产收益率＝总资产报酬率×权益乘数$$

2. 总资产报酬率

总资产报酬率反映企业运用所有资产开展经营活动实现的效益水平，其高低取决于企业营业的获利能力和总资产的周转效率。提高资产报酬率不仅要求企业面向市场，加强生产适销对路的产品，提高产品销售效率和效益，而且要求企业努力提高资产运营效率，加速资产的周转，提高资产的利用程度。三者形成的指标关系构成杜邦财务分析体系第二层次的第一个指标体系，其相关计算分析公式如下：

$$总资产报酬率＝营业净利率×总资产周转率$$

基于总资产报酬率分解为营业净利率、总资产周转率两个影响因素，净资产收益率可以进一步分解为营业净利率、总资产周转率和权益乘数三个要素进行分析，由此形成的指标关系构成杜邦财务分析体系第一层次的第二个指标体系，其相关计算分析公式如下：

$$净资产收益率＝营业净利率×总资产周转率×权益乘数$$

3. 权益乘数

权益乘数反映企业资本结构的稳定性和合理性，企业资本结构状况对净资产利润率有着直接的影响，体现企业利用财务杠杆效应的程度和企业财务风险状况。权益乘数及其相关指标间的联系构成杜邦财务分析体系第二层次的第二个指标体系，其相关计算分析公式如下：

$$权益乘数＝平均资产总额÷平均所有者权益$$
$$＝平均资产总额÷（平均资产总额－平均负债总额）$$
$$＝1÷（1－平均资产负债率）$$

为了确保杜邦财务分析指标体系的数据逻辑，权益乘数应该是分析期的平均水平，因此，其计算分析的相关公式中的各项财务指标也必须用分析期的平均水平。

4. 营业净利率

营业净利率反映企业经营活动实现的盈利水平，其高低取决于净利润和营业收入，即企业经营规模与营业活动的盈利能力。营业净利率及其相关指标间的联系构成杜邦财务分析体系第三层次的第一个指标体系，其相关计算分析公式如下：

$$营业净利率=净利润÷营业收入$$

净利润=营业收入-营业成本-营业税金及附加-营业费用-管理费用-财务费用-

研发费用-营业外收支-所得税额

5. 总资产周转率

总资产周转率反映企业管理、运用所有资产的效率，是营业收入与平均资产总额之比值，其高低取决于资产结构和各资产构成项目的周转速度。总资产周转率及其相关指标间的联系构成杜邦财务分析体系第三层次的第二个指标体系，其相关计算分析公式如下：

$$总资产周转率=营业收入÷资产平均余额$$

总资产=流动资产+非流动资产

=货币资金+应收款项+存货+长期股权债权投资+固定资产+无形资产+其他资产

依据上述指标体系分层次进行综合分析时，分析人员可把不同层次的各项财务指标之间的关系绘制成杜邦分析体系图来梳理分析其总体脉络和相互的逻辑关系，如图3-1所示。

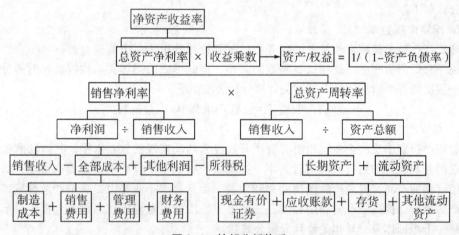

图 3-1　杜邦分析体系

杜邦分析体系图的左边部分，主要是分析企业经营的盈利能力和资产营运效率，展现了企业经营的盈利能力和资产营运能力两者之间的内在联系，以及各自的具体影响因素及相互联系。杜邦分析图的右边部分，主要分析企业筹资决定的资本结构。资产投资收益能力和资本结构共同影响净资产收益率的水平。因此，净资产收益率是杜邦财务分析体系的核心，是综合性最强的指标，反映了企业财务管理基本目标的实现情况，其他各项指标都围绕这一核心指标。分析人员通过研究彼此间的依存制约关系，揭示企业的获利能力及其前因后果。资产净利率也是一个综合性的财务指标，它反映了销售净利率和总资产周转率的状况；销售净利率反映了企业净利润与销售收入的关系，用以衡量企业在一定时期的销售收入获利能力；总资产周转率反映了企业资产总额实现销售收入的综合能力；权益乘数反映了股东权益与总资产的关系，是指资产总额相当于股东权益的倍数，反映企业财务杠杆效应的利用程度和财务风险水平。

（二）杜邦分析法的运用

杜邦财务分析是对企业财务状况和经营成果的综合分析。它通过几种主要财务比率之间的相互关系，全面、系统、直观地反映出企业的经营管理、财务管理的情况，其基本特点是系统、简明、清晰，从而大大节省了财务报表使用者的分析时间。分析人员利用杜邦分析法分析时，需从以下几点进行。

（1）净资产收益率是综合性最强的财务分析指标，是杜邦财务分析系统的核心，是评价企业盈利能力的一个重要财务比率，反映了企业股东获取投资报酬的高低。该比率越高，说明企业盈利能力越强。企业的目标主要是实现股东财富最大化，而净资产收益率反映了企业所有者投入资本获取净利润的能力，说明企业投资、融资、日常经营等各项财务及其管理活动的效率。所以，这一财务分析指标是企业所有者、经营者都十分关心的。净资产收益率高低的决定因素主要有两个方面，即资产净利率和权益乘数。这两个指标分别代表了企业的盈利能力、资产营运能力和偿债能力。这样分解后，就可以将净资产收益率这一综合指标发生升降变化的原因具体化，比只用一项综合性指标更能具体地说明问题。

（2）销售净利率反映企业净利润与营业收入的关系。它是反映企业盈利能力的指标。从图3-4中可以得知，企业要想提高销售净利率：一是要提高营业收入，二是要降低成本费用。扩大销售收入既有利于提高销售净利率，又可以提高总资产周转率。扩大销售收入也有两个途径，一是扩大销售量，二是提高销售单价，因此企业必须努力开发新产品、注重营销策略，努力提高市场占有率，同时需要降低成本费用，要严格进行预算控制，缩减一些不必要的开支，努力降低和控制各项成本费用的发生。

（3）总资产周转率指标反映企业的资金营运能力。其影响因素主要有资产总额和营业收入两方面。企业要提高总资产周转率，即总资产的周转速度有两条主要途径：一是提高营业收入，二是降低资产总额，用较少的资金投入取得更大的营业收入。资产的周转速度直接影响企业的获利能力，如果资产周转速度较慢，获得同样的销售收入就必须占用较多的资金，增加资金占用的机会成本，从而减少企业的利润。对资产周转率的分析不仅要分析企业总资产周转率，更重要的是分析存货周转率和应收账款周转率等指标，及时发现企业在资产管理方面存在的问题，加强对资产的管理，其中最重要的一项工作是做好企业资产结构、投资结构的配置及优化，其中包括对内投资和对外投资的结构配置、对企业内部中长期资产与流动资产的投资结构配置、在流动资产中波动性流动资产和长期性流动资产的投资结构配置等都要尽可能优化。只有这样，企业才能消除资金周转中的瓶颈制约，提高资产的周转速度。

（4）权益乘数是企业资产总额和所有者权益之比，它主要受资产负债率指标的影响。所以权益乘数指标不仅体现企业偿债能力的高低，还体现企业资本结构是否合理、资金成本的大小、财务风险的高低及给企业带来的财务杠杆作用程度大小如何。负债比率越大，权益乘数就越高，说明企业资本结构中负债程度较高，有可能会给企业带来较多的财务杠杆利益，但同时也会带来较大的财务风险。

通过杜邦财务分析体系自上而下分析，分析人员不仅可以了解企业财务状况和经营成果的全貌，还可以明确企业各项主要财务指标间的相互关系，查明各项主要财务指标的增减变动情况及其影响因素和影响程度，而且还为决策者优化经营理财状况、提高企业经营效益、实现财务管理目标提供了基本思路，为其进一步采取具体措施指明了方向，即提高净资产收益率的根本途径在于扩大销售提高营业收入、节约成本费用、优化资源配置和投资结构、加速资金周转、优化融资与融资渠道、树立风险意识等。

【例3-6】以老板电器为例进行杜邦分析法的运用研究。老板电器主要财务指标数据如

表 3-34 所示。

表 3-34　老板电器主要财务指标数据

年度	净资产收益率/%	资产净利率/%	销售净利率/%	总资产周转率	权益乘数
2017	18.99	17.75	14.23	1.2474	1.07
2018	23.19	19.82	15.82	1.2528	1.17
2019	26.14	20.26	18.23	1.1114	1.29

首先，分析人员可以通过因素分析法分析净资产收益率的变动及其相关影响因素的影响方向和影响程度。具体计算分析如下：

（1）净资产收益率的变动：

2018 年比 2017 年为，23.19%-18.99%=4.20%，提高了 4.20%。

2019 年比 2018 年为，26.14%-23.19%=2.95%，提高了 2.95%。

（2）资产净利率的影响：

2018 年为，（19.82%-17.75%）×1.07=2.214%，使净资产收益率提高了 2.214%。

2019 年为，（20.26%-19.82%）×1.17=0.516%，使净资产收益率提高了 0.516%。

（3）权益乘数的影响：

2018 年为，19.82%×（1.17-1.07）=1.982%，使净资产收益率提高了 1.982%。

2019 年为，20.26%×（1.29-1.17）=2.431%，使净资产收益率提高了 2.431%。

（4）营业净利率的影响：

2018 年为，（15.82%-14.23%）×1.2474×1.07=2.1222%，使净资产收益率提高了 2.1222%。

2019 年为，（18.23%-15.82%）×1.2528×1.17=3.5325%，使净资产收益率提高了 3.5325%。

（5）资产周转率的影响：×××

2018 年为，15.82%×（1.2528-1.2474）×1.07=0.0914%，使净资产收益率提高了 0.0914%。

2019 年为，18.23%×（1.1114-1.2528）×1.17=-3.0159%，使净资产收益率降低了 3.0159%。

由此得出指标间的数据关系：

4.20%=2.214%+1.982%=2.1222%+0.0914%+1.982%

2.95%=0.516%+2.431%=3.5325%+（-3.0159%）+2.431%

据此可以进行下面的具体分析：

如表 3-34 所示，老板电器的主要财务指标存在一个总体趋势：老板电器自 2017 年以来各项财务指标逐年上升，显示其经营情况逐年好转，同时从各个财务数据中可以看出其销售净利率、总资产周转率、权益系数的整体变动情况导致了净资产收益率的变动，近三年呈上升态势则说明企业盈利能力增强，投资空间变大。2018 年、2019 年净资产收益率分别提高了 4.20%、2.95%。

资产净利率是反映一个企业盈利能力的重要财务比率，揭示了企业生产经营活动的效率。企业的营业收入、成本费用、资产结构、资产周转速度及资金占用量等因素都直接影响资产净利率的高低，企业的销售净利率越大，资产周转速度越快，资产净利率越高。资本结构即流动资产和非流动资产的比重反映了企业资产的流动性，不仅会影响企业的偿债能力，也会影响其盈利能力。从表 3-34 中可以看出，企业的资产净利率自 2017 年来由

17.75%上升至 2019 年的 20.26%，说明老板电器对资产的利用和控制能力在逐步提高，使 2018 年、2019 年净资产收益率分别提高了 2.214%、0.516%。

权益乘数反映企业资本结构的合理性、财务杠杆效应程度及财务风险状况。其自 2017 年的 1.3%逐年上升至 2019 年的 1.58，说明老板电器对资本结构中负债比重不断增加，财务杠杆效应不断提高，同时财务风险也逐步提高，使 2018 年、2019 年净资产收益率分别提高了 1.982%、2.431%。

销售净利率说明企业净利润占收入的比例，可以评价企业通过销售赚取利润的能力，比例越高说明企业获得营业收入的能力越强。一般来说，营业收入增加，收入利润也会增加。但是企业想要提高销售净利率，一方面必须提高销售收入，另一方面要降低各种成本费用，使净利润的增长高于销售收入的增长。老板电器销售净利率部分相关财务指标如表 3-35 所示。

表 3-35 老板电器销售净利率相关财务指标

年度	净利润/万元	销售收入/万元	销售净利率/%	成本费用/万元	成本费用率/%
2017	37 765	265 381	14.23	188 166	20.07
2018	56 769	358 894	15.82	251 190	22.60
2019	82 595	454 272	18.23	305 907	27.00

从表 3-35 可以看出，老板电器的收入逐年增长，利润增加，且经营成本的增长速度小于营业收入的增长速度，同时成本费用虽然增多，但是其增速也小于净利润和销售收入额增速。由此可见，老板电器的成本及费用得到了有效控制，并可由此说明老板电器的经营状况良好，且经营绩效不断提高。由此，使 2018 年、2019 年净资产收益率分别提高了 2.122 2%、3.532 5%。

总资产周转率是企业的营业收入与资产平均余额之比，用来分析企业全部资产的使用效率。如果这个比率较低，则说明企业利用其资产进行经营的效率较差，会影响企业的盈利能力，企业应采取有效措施提高营业收入、扩大销售规模或处置资产以提高总资产利用效率。其中，流动资产周转次数，是分析流动资产的综合指标，周转得快，可以节约流动资金，提高资金利用效率。但是其并没有一个确定标准，分析人员需要比较历年数据及行业特点。固定资产周转率主要分析企业对厂房、设备等固定资产的利用效率，如果固定资产周转率与同行业水平相比偏低，则说明企业的生产效率较低，可能会影响企业盈利能力。老板电器总资产周转率部分相关财务指标如表 3-36 所示。

表 3-36 老板电器资产周转率相关财务指标

年度	总资产周转率/%	流动资产周转率	固定资产周转率
2017	103.36	1.24	7.82
2018	111.66	1.34	11.06
2019	105	1.30	7.64

由表 3-36 可知，老板电器 2019 年总资产周转率、流动资产周转率有小幅度下降，但固定资产周转率有着大幅下降。通过对老板电器的实际经营情况的了解可知，老板电器在 2019 年"年产 270 万台厨房电器生产设备"完工导致老板电器 2019 年固定资产激增，所以固定资产周转率的下降符合企业发展的实际情况。由此，使 2018 年净资产收益率提高了 0.091 4%，而 2019 年净资产收益率降低了 3.015 9%。

（三）杜邦分析法的局限性

随着社会的发展，资本市场的不断完善，传统的杜邦分析法逐渐显现出了其不足与缺陷。其缺陷主要体现在以下两个方面：

（1）传统杜邦分析法的财务数据主要来源于资产负债表和利润表，反映的问题不全面。传统杜邦法中的数据指标没有考虑现金流量表，因此不能反映出企业在特定时期的现金流入和流出情况，导致反映问题不全面。

（2）传统杜邦分析法中的数据指标虽然反映企业的盈利能力，但忽视了其收益的质量，其得出的结论往往具有片面性，反映问题不客观。

二、沃尔评分法

（一）沃尔评分法的产生及基本原理

1. 沃尔评分法的产生

企业在进行财务报告分析时，通过对本企业当期与往期的财务比率进行比较，仅可以看出企业的发展趋势，但却很难评判其在行业中的优劣地位。虽然分析人员也可以将企业的各种财务比率数据与行业平均数据进行比较，但是该种比较仅能大致了解企业某方面在行业中所处的地位，与行业平均水平相比略好或是略差，很难定量评价企业综合的财务绩效。

为弥补上述缺陷，亚历山大·沃尔在其编写的《信用晴雨表研究》和《财务报表比率分析》等著作中提出了"信用能力指数"概念，选定选择了7个财务比率即流动比率、产权比率、固定资产比率、存货周转率、应收账款周转率、固定资产周转率和自有资金周转率构成财务评价指标体系，将财务指标用线性关系结合起来，然后分别给定各财务指标的权重，确定标准比率（常以行业平均数为基础），并将企业的实际值与标准值进行比较，得出相对比率，将此相对比率与各指标比重相乘，确定各项指标的得分及总评分总体指标的累计分数，进而实现对企业信用状况的综合评价。

2. 沃尔评分法的基本原理

沃尔评分法是指将选定的财务比率用线性关系结合起来，并分别给定各自的分数比重，然后通过与标准比率进行比较，确定各项指标的得分及总体指标的累计分数，从而对企业的信用水平做出评价的方法。其基本原理为

①将若干个财务比率构成综合比率评价体系，并用线性关系结合起来。

②对选中的财务比率给定其在总评价中的比重，其比重总和应为100，然后确定标准比率，并将实际比率与其相比较，评出每项指标的得分，最后得出总评分。

（二）沃尔评分法的运用举例

【例3-7】运用沃尔评分法对老板电器的财务状况进行评分，其计算分析表如表3-37所示。

表3-37 老板电器2019年沃尔评分法分析表

财务比率	权重 （1）	标准值 （2）	实际值 （3）	相对值 （4）=（3）÷（2）	评分 （5）=（1）×（4）
流动比率	25	2.0	2.2	1.1	27.5
净资产/负债	25	1.5	1.7	1.1	27.5
资产/固定资产	15	2.5	4.9	2.0	30
销售成本/存货	10	9.0	1.2	0.1	1

表3-37(续)

财务比率	权重 (1)	标准值 (2)	实际值 (3)	相对值 (4)=(3)÷(2)	评分 (5)=(1)×(4)
销售额/应收账款	10	6.0	7.9	1.3	13
销售额/固定资产	10	4.0	2.5	0.6	6
销售额/净资产	5	3.0	0.8	0.3	1.5
合计	100				106.5

利用沃尔评分法,得出老板电器2019年的财务状况评分的结果是106.5分,按照沃尔评分法的原理,得分越高,企业的总体价值就越高,这表明该企业的财务状况是优秀的。

(三) 沃尔评分法的缺陷及改进意见

1. 沃尔评分法的缺陷

①财务比率的选择具有主观性。对财务比率的选择一般是依据财务数据分析者的主观判断,此外,关于某一方面的财务指标有很多,但是财务分析者往往只会选择部分指标对企业的经营状况进行衡量。因此,财务数据的选择往往过于主观,且存在一定的争议。

②这些比率的权重赋予具有较大的主观随意性:为什么给流动比率25分,而只给销售额净资产5分呢?实际上,后者衡量的周转速度是决定前者中流动资产质量、流动性强弱的重要因素,而并没有明确给出该权重分配大的原因。所以沃尔评分法权重的给定依据模糊,不具有说服力。

③财务比率标准值的确定显然也是经验性的,不同行业、不同规模的企业,甚至同一企业的不同时期,对各个财务比率所要求的"合理状态"也是千差万别的。

④评分规则缺乏合理性。从该方法的评分规则看,比率的实际值越高,其单项得分就越高,企业的总体评价就越好,这并不符合企业的实际与常识。例如,流动比率并非越高越好,因为这将对企业的盈利能力与发展能力造成不利影响,并削弱其长期偿债能力。

2. 改进意见

①财务比率的选择要有个相对系统、全面、灵活而有针对性的框架。系统性就是要兼顾企业的偿债能力、资产运营能力、盈利能力、发展能力等几个基本方面;全面性就是这几个基本方面要选择足够的、能较充分地衡量它的财务比率;灵活性与针对性是指可以根据不同的分析目的对这几个基本方面所赋予的权重进行调整。

②各财务比率权重的赋予要更谨慎、更合理地在以上几个基本方面进行分配,还要注意财务比率之间的联系,越是基础的比率应赋予越高的权重。例如,在反映企业短期偿债能力的财务比率中,速动比率就应赋予比流动比率更高的权重。

③财务比率的标准值既然是经验性的,也就不存在绝对准确、唯一性的"标准答案",因而用一个合理的区间来代替某个具体的孤值显然会更合理也更稳健些。

④改进评分规则,使理论得分值更符合企业的实际状况。例如,个别异常的财务比率可能会对总分造成不合理的影响,因此,我们可以为每个比率的得分确定一个上限和下限,即每个财务比率的得分不可高于其上限也不可低于其下限。例如,我们可以确定每个比率的得分上限为不高于其权重的1.5倍,其下限为不低于其权重的1/2。

基于这些改进意见,沃尔评分法运用于企业综合财务评价时,其具体步骤如下:

(1)选择合理的财务指标,组成财务评价指标体系。

不同的财务报表分析者所选择的财务比率可能都不尽相同,但在选择财务比率时应注意以下几点原则:

①所选择的比率要具有全面性，反映偿债能力、盈利能力、营运能力等的比率都应包括在内，只有这样才能反映企业综合财务状况。

②所选择的比率要具有代表性，即在每个方面的众多财务比率中选取那些典型的、有代表性的、重要的比率指标。

③所选择的各财务比率最好具有变化方向的一致性，即当各财务比率增大时均表示财务状况的改善，当各财务比率减小时均表示财务状况的恶化。例如，在选择反映企业偿债能力时，最好选取股权比率而不是资产负债率，因为通常认为在一定的范围内，股权比率高说明企业的偿债能力强，而资产负债率高则说明企业的安全程度低。

（2）财务指标权重的确定。

如何将 100 分的总分合理地分配给所选择的各个财务比率，是沃尔评分法中非常重要的一个环节。分配标准是各个比率的重要程度，越重要的财务比率所分配的权重越高。对各个比率重要程度的判断，应当结合企业的经营状况、管理要求、发展趋势及分析目的等具体情况而定。

（3）确定各项财务指标的标准值。

财务比率的标准值也就是财务比率高低的比较标准。只有有了标准，我们才可以判断企业的某个财务比率是偏高还是偏低。这个比较的标准可以是企业的历史水平，可以是竞争企业的水平，也可以是行业内的平均水平。其中，最常见的是以行业内的平均水平作为财务比率的标准值。

（4）计算各项财务指标的实际值。利用企业的相关财务数据计算出分析期间企业各个财务比率的实际值。

（5）计算各个财务比率的得分。

通过对各个财务比率实际值与标准值的比较，得出对各个财务比率状况好坏的判断，再结合各个财务比率的权重，计算各个财务比率的得分。计算得分的方法有很多，其中最常见的是用比率的实际值除以标准值得到一个相对值，再用这个相对值乘以该比率的权重得出该财务比率的得分。具体公式为

$$财务比率的分数 = 该财务比率的权重 \times 该指标的相对比率$$
$$= 该财务比率的权重 \times 实际值 \div 标准值$$

（6）计算综合得分。

将各个财务比率的实际得分加总，即得到企业的综合得分。企业的综合得分如果接近 100 分，则说明企业的综合财务状况接近行业的平均水平；企业的综合得分如果明显超过 100 分，则说明企业的综合财务状况明显优于行业的平均水平；相反，若企业的综合得分远低于 100 分，则说明企业的综合财务状况较差，需及时采取措施加以改善。其综合得分的计算公式如下：

$$企业综合得分 = \sum 各项财务比率的得分$$

当前形成的现代沃尔评分法认为企业财务评价选取的内容，首先是盈利能力，其次是偿债能力，再次是成长能力，它们之间大致可按 5∶3∶2 的比重来分配。盈利能力的主要指标是总资产报酬率、销售净利率和净资产收益率，这三个指标可按 2∶2∶1 的比重来安排。偿债能力有自有资本比率、流动比率、应收账款周转率、存货周转率四个常用指标。成长能力有销售增长率、净利增长率、资产增长率三个常用指标。偿债能力指标和发展能力指标中各项具体指标的重要性大体相当，平均它们各自的权重。按重要程度确定各项比率指标的评分值，评分值之和的标准仍为 100 分。

1. 企业战略选择、业务安排、经营策略实施都是通过企业财务来落实的，其结果都会体现在财务报表上。因此，有效地分析财务报表，可以了解企业经营过程，认识企业价值创造，从而探寻企业价值创造的途径。

2. 财务分析是以财务报表为主要依据，并利用财务计划、会计凭证和会计账簿等资料，企业经营及财务状况、财务成果及相关问题所进行的综合性分析。其主要内容包括会计分析、财务能力分析、现金流量分析、财务综合分析及专题分析。其基本方法有比较分析法、结构分析法、趋势分析法、比率分析法和因素分析法。

3. 会计分析是运用一系列的分析工具或技术，对财务报告反映企业经营实质的公允程度进行的分析和评估。其方法包括比较分析法、结构分析法和趋势分析法，通过编制水平分析表、垂直分析表和趋势分析表进行会计分析。

4. 企业财务能力是企业利用所掌握的经济资源通过财务活动实现企业财务目标的能力，财务能力分析的内容包括偿债能力分析、营运能力分析、盈利能力分析和发展能力分析。

偿债能力指企业偿还所欠债务的能力。偿债能力分析分为短期偿债能力分析和长期偿债能力分析两部分。短期偿债能力是企业利用流动资产偿还流动负债的能力，通常使用流动比率、速动比率、现金比率和现金流量比率等评价指标来衡量。长期偿债能力是指企业对债务的承担能力和对偿还债务的保障能力，通常使用资产负债率、权益乘数、产权比率、利息保障倍数等指标来衡量。

营运能力指企业组织管理资产的效率和能力。常用资产周转速度来反映，主要衡量指标有应收账款、存货、流动资产、固定资产、总资产等资产周转率（周转次数）、周转期（周转天数）。

盈利能力指企业在一定时期内赚取利润的能力。其分析指标分为资产经营盈利能力分析指标、资本经营盈利能力分析指标、日常经营盈利能力分析指标和上市公司经营盈利能力分析指标四大类。具体指标有总资产报酬率、股东权益报酬率、资本收益率、盈余现金保障倍数、营业利润率、成本费用利润率、每股收益、每股净资产、市盈率、每股股利等。

发展能力是企业在保障生存的基础上扩大生产经营规模、壮大经济实力的潜在能力。其衡量指标主要有营业收入增长率、利润增长率、资产增长率、资本增长率及技术投入比率等。

5. 现金流量指企业实际的现金收入和现金支出的数额，分为经营活动产生的现金流量、投资活动产生的现金流量以及筹资活动产生的现金流量。现金流量分析包括现金流量比率分析、盈利质量分析。

6. 综合财务分析是利用综合分析方法来对企业内部财务关系和总体财务状况进行分析。常用方法有杜邦分析法和绩效评分法。

［1］张建英.企业财务报表分析在投资决策中的应用研究［J］.中国市场，2019（1009）：95-96.

［2］高玉丽.浅谈中小企业财务报表分析与投资决策［J］.北方经济，2010（231）：

71-72.

　[3] 彭延安. 财务报表分析与投资决策 [D]. 武汉：华中科技大学，2006.

　[4] 陈珏. 从财务报表分析供应链融资效应 [D]. 上海：上海交通大学，2013.

　[5] 卢海. 财务报表分析与企业外部融资 [J]. 经济论坛，2006：92-94.

　[6] 李歆；刘一帆. 财务报表分析在民间融资市场风控审查中的应用 [J]. 财经界，2015（369）：203-204.

　[7] 严复海；李焕生. 基于管理用财务报表的企业价值创造分析：EVA 和 FCF 角度 [J]. 商业会计，2014（533）：34，44-46.

　[8] 张文华. 企业价值创造与分享的财务报告研究：基于利益相关者视角 [J]. 财会通讯，2015（666）：6，108-110.

　[9] 于增彪；梁文涛. 现代企业预算编制起点问题的探讨：兼论企业财务报告的改进 [J]. 会计研究，2002：18-23，65.

　[10] 王仲兵. 企业财务报告演进与预算管理研究 [J]. 北京工商大学学报（社会科学版），2006：34-38.

　[11] 苟志群. 财务报表分析对管理层决策的参考意义探析 [J]. 纳税，2018（12）：124.

　[12] 郑荣静. 基于财务报表分析视角的 A 企业价值管理 [J]. 商场现代化，2016（825）：146-147.

　[13] 李远慧；郝宇欣. 财务报表解读与分析 [M]. 2 版. 北京：清华大学出版社，北京交通大学出版社，2018.

　[14] 裘益政；柴斌锋. 财务报告分析 [M]. 2 版. 北京：科学出版社，2018.

　[15] 汤婧平. 财务报表一本通 [M]. 杭州：浙江大学出版社，2019.

　[16] 李银铃. 财务报表一点通：看懂数字背后的秘密：白金版 [M]. 北京：中国铁道出版社，2015.

　[17] 王征，李晓波. 财报入门与实战技巧 [M]. 北京：中国铁道出版社，2019.

　[18] 杨小舟. 财务报表分析：框架与应用 [M]. 北京：中国财富出版社，2018.

习　题

附　录

第二篇 财务战略与投资

——价值创造规划及源泉

第四章

投资及投资管理概述

■本章导读

投资，是价值创造的源泉。投资者投入一定的资源，在未来一定期间内获得相应回报，从财务学的角度分析，获得的收益减去所有投入的资源，即扣除所有的生产要素成本后的剩余价值，也就是收益与资源投入之间的差额，是价值增长的来源。资金只有在运动中才能够实现价值增长。

然而，失败的投资不仅不能够创造价值，反而会成为吞噬企业资金的无底洞，甚至拖累企业破产倒闭，在现实中，投资失败的例子比比皆是。每一项投资在期望收益的同时也伴随着风险。因此，识别投资机会，采用科学的方法对投资项目进行评估、筛选，进行投资决策，避免投资陷阱，控制投资风险，是企业和投资者面临的巨大挑战。

投资的范畴非常宽泛。如果投资主体是企业，则企业购买固定资产、更新改造设备、开发新产品，或者是在资本市场上买入债券或者股票，甚至是购买并持有其他公司的股票或股权而形成长期股权投资，种种行为都可称之为投资。

本章的内容分为两部分。第一部分为金融资产投资，介绍债券、股票等金融资产的估值；第二部分是长期项目实物资产投资，介绍长期项目投资的基本概念、评估长期项目的基本原理，为第六章、第七章对长期项目进行估值、评价打下基础。

■重点专业词语

金融资产（financial asset）　　实物资产投资（real asset）

证券（security）　　债券（bond）

附息债券（coupon bond）　　票面利率（coupon rate）　　期限（maturity）

股利折现模型（dividend discount model，DDM）

股利增长模型（dividend growth model，DGM）

市盈率（price to earning ratio）　　项目评估（investment appraisal）

资本预算（capital budgeting）　　互斥项目（mutually-exclusive projects）

雅戈尔的证券投资和项目投资

雅戈尔集团股份有限公司是一家总部位于浙江宁波，成立于1993年，以服装纺织业务为主的企业。在20世纪90年代，雅戈尔西装与衬衫占公司主营业务收入的94.75%，主营业务利润占利润总额的71%。雅戈尔衬衫和西服风靡一时，随处可见形象代言人费翔穿着雅戈尔西装出现在大街小巷的广告牌上。1998年，雅戈尔在上海证券交易所上市。根据当时的国内贸易部商业信息中心的数据，雅戈尔品牌的衬衫相对市场综合占有率达12.7%，居全国同行业第一位；西服相对市场综合占有率6.5%，居全国同行业第二位。

时至今日，雅戈尔公司市值已达257亿元（至2018年年底），在服装类上市公司当中仅次于海澜之家（381亿元），2018年以总营收665亿元位列中国民营企业500强的第85名，是当之无愧的行业龙头。

虽然靠主营服装纺织起家，但是雅戈尔（600177）从上市伊始就采用多元化的经营战略，如今，服装纺织、房地产、证券投资已经成为企业的三大板块，近年来雅戈尔在证券市场和房地产市场的亮眼业绩甚至大大超过主营的服装业务。

通过买卖上市公司股票，雅戈尔曾经获利不菲。2007年投资中信证券获利24.6亿元，而当年集团净利才24.7亿元，这意味着服装业务几近亏损，全靠股票投资才扭亏；2009年又通过投资中国平安、广博股份等股票获利18.6亿元，占当年净利的56%。其2015—2020年报显示，用于证券投资的资金"可交易性金融资产"占到总资产的30%以上。

公司的房地产开发项目主要覆盖宁波、苏州区域，得益于近10年中国房地产市场的飞速增长，公司的地产业务也表现优异，表4-1显示了公司报表上近年来各业务板块的营收比。

表4-1 雅戈尔公司的营收比

板块	2014年	2015年	2016年	2017年
房地产旅游板块	72.14%	69.14%	69.81%	49.34%
服装、纺织板块	27.86%	30.86%	30.19%	50.66%

虽然雅戈尔一直被诟病不专心主业，但在主业服装纺织增长有限的情况下，副业还是给股东带来了不错的回报。1998—2018年上市的20年间，公司实现净利润295.8亿元，为股东现金分红137亿元。

然而，地产业务和投资业务都具有不确定性。在"房住不炒"的政策背景下，未来房地产行业很大可能不再像过去那样全面爆涨，2017年雅戈尔年报称"受地产行业周期性因素影响，地产板块营业收入较上年同期下降33.94%"。而投资业务方面，随着近几年中国股市的跌跌不休，雅戈尔"炒股"失败的消息也频见报端。2015年雅戈尔以占总资产近三分之一的资金170亿元买入港股中信股份，之后股价一路下跌，2017年为此计提减值准备33.08亿元，导致2017年归属于上市公司股东的净利润仅为2.9亿元，较上年同期降低91.95%。

从 2017 年开始，公司认识到多元化发展的重要性，同时也受益于消费需求服装行业的回暖，服装板块作为业绩压仓石的作用显现，雅戈尔进行了投资思路的调整，逐渐从金融投资向产业投资、战略投资转型，高调向主业回归。

首先，投资 1 亿元完成了智能化西服工厂的改造并于 2018 年 4 月投入使用，专门用于生产市场售价 6 800 元以上的高级定制西服套装。而上次对工厂设备进行大改造还是在 1995 年，设备已经老化。现在的智能工厂分为数据中心和生产车间，数据中心同步显示车间的服装制造情况、当日产量、产率及成本，并实时更新全国门店新增订单；生产车间安装了全国首条西服全吊挂流水线，每个吊挂架上的编号对应每件西服，包含服装的所有信息并显示在工人工作台前的平板电脑上，工人直接按要求进行缝制，生产完成后自动匹配上衣和裤子，后台记录下每个工人的产量与返工情况并同步到数据中心。

智能化工厂的运行，使得公司生产效率提高 20%，订单反应、批量生产周期缩短 30%，有效降低了生产成本，提高了产品毛利。2018 年下半年，公司又启动了衬衫车间、时装车间的智能化改造。

其次，计划投资 10 亿元建设雅戈尔（珲春）国际服装城，项目位于珲春边境经济合作区，集国际投资、国际合作、国际贸易、现代物流、电子商务、服装生产及销售、服饰批发及销售等于一体，建成后可达到年生产衬衫 500 万件、裤子 100 万条的规模。另计划总投资 10 亿元建设雅戈尔瑞丽服装产业园。该项目位于云南省瑞丽市，计划分 5 年逐步投资建设，主要从事西服、衬衫、裤子、成衣等服装产品的生产。

雅戈尔在服装板块不断加强投入。推广拥有自主产权的新产品"汉麻"，建立汉麻全产业链，2018 年汉麻的产值已达 5 亿元；在服装营销中依托与顺丰、用友等合作对接的大数据分析，研发人体扫描设备、试衣屏等，以期提升消费者购物体验，为店铺引流，同时也为服装的版型改进提供数据分析。2018 年服装业务收入增长 13%。

2018 年，雅戈尔也对金融资产进行了调整，一方面，除了不断出售浦发银行、中信股份、创业软件等股票外，另一方面，在已持有宁波银行可转债 4 030 万元的基础上，又认购了宁波银行的增发股票，并将宁波银行的长期股权投资转为可交易性金融资产，随后在 2020—2021 年期间减持，套现 100 亿元，被戏称为"中国 A 股的巴菲特"。

投资布局的调整，期望能为雅戈尔的股东带来稳定可观的回报。

我们可以思考：

2018 年雅戈尔公司开展了哪些投资活动？哪些是证券投资？哪些是项目投资？公司的投资战略又是什么？

通过以下章节的学习，期望回答这些问题。

第一节 证券投资

证券是多种经济权益凭证的统称，是代表票券持有人享有某种权益的一种凭证或金融工具。我们在这里所说的证券主要指狭义上的证券，指证券市场中的证券产品，包括股票、债券、股票期货、期权等。

证券投资是基金公司、资产管理公司等机构的主业，也是不少实业界企业、居民的一项重要的理财活动，企业和个人，面对众多证券产品，要进行正确地投资决策，免不了要"货比三家"。被誉为"股神"的美国投资大师巴菲特当年购买可口可乐、吉列等公司的股票，持有多年丰厚回报的例子就被人们津津乐道。

证券投资首先要考虑的是买什么或哪种证券，股票还是债券还是基金等，需要结合你的投资目的进行具体分析。其次，如果你打算买股票，花多少钱买合适呢？或者你打算买债券，它现在的价格合适吗？这时需要对证券进行合理的估价，也就是计算证券的投资价值，也称"内在价值"，是证券的理论价格，它与市场价格不一定一致，却是所有证券投资者进行投资决策和证券发行者进行融资决策的出发点。

对金融资产估值的方法有很多，现金流折现法是其中最常见的一种，它意味着：证券的价值就是其预期所有现金流量的现值之和。因此，证券的估值分为两步，先确定证券未来的现金流的数量和时间，再以合适的折现率计算现值。

以下将以债券投资和股票投资为主，介绍证券投资的估价方法。

一、债券价值评估

债券是发行人为了筹集资金而发行，向债券人承诺指定日期还本付息的证券。它具备三个最基本的要素：面值、票面利率（也称息票率）和到期日。在我国，债券的面值通常以100元为单位。需要注意的是，债券的面值只是计算利息的基础，与它的市场价格没有必然联系，票面利率也不代表投资者的收益率。因此，发行人在发行债券时、投资者在投资债券时，都需要对债券进行估值。

（一）债券种类

按不同标准，债券可分为不同种类。

1. 按债券期限

按到期日的长短，债券可分为短期债券（离到期日短于1年）和长期债券（期限长于1年）。比如美国的T-Bills，期限在90天到1年。我国的央行票据，本质上也是一种短期债券，之所以叫"中央银行票据"，是为了突出其短期性特点（从已发行的央行票据来看，期限最短的3个月，最长的也只有1年）。

2. 按发行主体

按发行主体的不同，债券可以分为国债（国家发行）、地方债（地方政府发行）、公司债券（企业发行）等。美国的T-bonds，期限通常为10~30年。

中央政府、地方政府、企业等不同的发行主体，为筹集资金而发行的债券会有不同利率。

比如广西政府债券①，以财政预算为担保，信用等级仅次于国债，所以利率大大低于企业发行的债券。不过，2014 年的美国底特律政府破产，市政债的持有人损失惨重，也提醒投资者警惕政府的财政赤字状况。

从交易额来看，美国国债是世界上最大的债券市场。

3. 按债券本息偿付形式

不同的债券还本付息的方式不同，最常见的是附息债券和折价债券。

附息债券（coupon bond）指按期支付利息，到期还本的债券。其有可能半年或一年支付一次利息。

折价债券是指以低于面值的价格发行，到期按面值偿还本金，通常没有利息（有些是利息极低），也称零息债券（zero coupon bond）。

（二）附息债券的估值

无论是什么类型的债券，采用现金流折现法进行估值时，基本步骤都是一样的：先确定其未来现金流的数量和时间，再选择合适的折现率进行折现。不同类型的债券产生的未来现金流的金额和时间可能不一样，折现率即债券投资者所要求的收益率或债券资金成本。

对附息债券而言，未来的现金流包括两部份：每期的利息和到期的本金。附息债券的价值计算公式：

$$P_0 = \sum_{t=0}^{n} \frac{C}{(1+i)^t} + \frac{P_n}{(1+i)^n} \qquad (4-1)$$

其中，C 是每期发生的利息；P_n 是债券到期偿还的本金；i 是债券投资者所要求的收益率。

如果是按年付息的债券，每年支付的利息 C = 面值×票面利率，该利息金额是固定的，因此，每年的利息支付是年金，则债券价值计算公式为

$$P_0 = C \times (P/A, i, n) + \frac{P_n}{(1+i)^n} \qquad (4-2)$$

【例 4-1】 某公司拟对市场上流通的某债券进行投资，该债券面值为 1 000 元，票面利率 8%，每年付息一次，离到期还有 10 年，到期一次还本。企业对这类债券所要求的收益率为 12%。问该债券的价格是多少时才能投资？

该债券每年支付的利息 C = 1 000×8% = 80；

该债券的价值计算：

$$P_0 = 80 \times (P/A, 12\%, 10) + \frac{1\,000}{(1+12\%)^{10}}$$

$$= 80 \times 5.650 + 1\,000 \times 0.322$$

$$= 774$$

因此，当债券的价格不超过 774 元时，企业可以投资。

【例 4-2】 某公司拟对市场上流通的某债券进行投资，债券面值为 1 000 元，票面利率 8%，每半年付息一次，离到期还有 10 年，到期一次还本。企业对这类债券所要求的收益率为 12%。问该债券的价格是多少时才能投资？

---

① "6 月 19 日，我区成功发行 7 只广西政府债券，共 188 亿元，全部为专项债券，将用于民生等重大项目建设，有力支持民生的保障和改善，促进社会经济稳定发展……从期限来看，3 年期土地储备专项债券 4 亿元，发行利率为 3.43%；10 年期土地储备专项债券 78 亿元，发行利率为 3.5%；30 年期专项债券 106 亿元，其中：公立医院专项债券 9.51 亿元、产业园区专项债券 5.85 亿元、社会领域专项债券 5.02 亿元、收费公路专项债券 65 亿元、高等学校专项债券 20.62 亿元。除了收费公路专项债券发行利率为 4.1%，其余 4 只 30 年期专项债券发行利率为 4.11%。"——《广西提前完成年初下达新增债券发行任务》，广西日报，2019-06-20。

债券每半年付息一次，每次利息 $C = 1\,000 \times 8\% /2 = 40$，在未来 10 年中，总共支付 20 次利息。

$$P_0 = 40 \times (P/A,\ 6\%,\ 20) + \frac{1\,000}{(1 + 12\%)^{10}}$$
$$= 40 \times 11.470 + 1\,000 \times 0.322$$
$$= 780.8$$

因此，当债券的价格不超过 780.8 元时，企业可以投资。

（三）贴现债券的估值

贴现债券是指债券以低于面值的价格发行，到期还本，不支付利息。因此，其价值计算为：

$$P_0 = \frac{P_n}{(1 + i)^n} \tag{4-3}$$

【例4-3】某债券面值为 1 000 元，期限三年，以折价方式发行，不计利息，到期按面值偿还，该债券的收益率为 8%，问它的发行价格应当是多少？

$$P_0 = \frac{1\,000}{(1 + 8\%)^3} = 793.83$$

因此，该债券的发行价格不应高于 793.83 元。

此外，有的债券每期支付比同类其他债券远低得多的利息，不管怎样支付，债券的价值都是它未来所有现金流的现值之和。

（四）影响债券价值的因素

从以上的计算中得知，债券价值主要由票面利率，期限和收益率（市场利率）三个因素决定，票面利率和期限是在债券发行的时候就已经确定了的，而市场利率则随宏观经济周期、企业状况等因素的变化而变化。市场利率变动对不同期限的债券的影响也不一样。

假设企业同时发行两个债券，面值都是 1 000 元，票面利率 9%，唯一的区别是债券的期限分别为 5 年和 15 年。图 4-1 显示了当收益率变动时，这两个债券的价值变动。

从图 4-1 中可以看出，期限越长的债券，其价格受利率变动的影响越大。

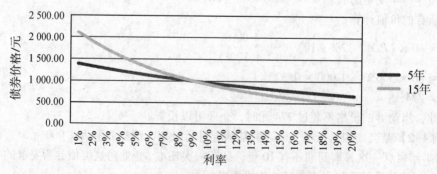

图 4-1　利率、期限与债券价格

二、股票价值评估

股票是股份公司为筹集资金而发行给各个股东作为持股凭证并借以取得股息和红利的一种有价证券。与债券价值评估类似，股票进行价值评估可以采用现金流折现法，假设股东持有股票 n 年后将其卖出，其一般估值模型为

$$P_0 = \sum_{t=1}^{n} \frac{D_1}{(1+r)^t} + \frac{P_n}{(1+t)^t} \qquad (4-4)$$

其中，r 是股票收益率，D_t 是第 t 年发放的股利，P_n 是在第 n 年卖出股票的价格。

如何确定股票收益率，在其他章节将会详细讨论，在这里我们先假设股票收益率已经确定。因此，我们只需将股票预期未来的现金流，即每一股发放的股利和股票出售时得到的金额折现即可得到股票的价值。

然而，与债券的现金流相对固定不同，企业每年发放的股利是不确定的，投资者未来什么时候卖出股票、卖出价格是多少更加难以预测。因此，我们只能假定未来的股利按照一定的规律变化，从而形成几种常见的股票估值模型。

（一）零成长股票估值

如果公司每一年都发放固定的股利，投资者准备永久持有股票，这样股利每年固定不变的股票，其现金流是一个永续年金，股票的估价采用股利折现模型，公式为

$$P_0 = \frac{D}{r} \qquad (4-5)$$

【例4-4】A 公司今年刚发放每股 2 元的股利，假设未来股利每年不变，A 公司投资者要求的收益率为 10%，则 A 公司股票每股价值应当是：

$$P_0 = \frac{2}{10\%} = 20（元）$$

（二）固定成长股票估值

一般说来，公司通常不会把每一年的盈余全部作为股利分配出去，而是留下一部分扩大企业的资本额，不断增长的资本金会创造更多的盈余，又引起下期股利的增长。假设股利按照一个常数 g 增长，那么未来第 t 期的预计股利为

$$D_t = D_0 \times (1+g)^t \qquad (4-6)$$

通常假设股票收益率大于股利增长率，则这种固定股利增长股票的价值为

$$P_0 = \frac{D_1}{r-g} \qquad (4-7)$$

【例4-5】A 公司今年刚发放股利每股 2 元，假设股利未来以每年 6% 的速度增长，A 公司投资者要求的收益率为 10%，则 A 公司股票的价值每股应当是

$$P_0 = \frac{2 \times (1+6\%)}{10\% - 6\%} = 53（元）$$

（三）非固定成长股票的估值

在现实生活中，公司通常很难永远保持高速增长的势头，一般在经过高速成长期后进入相对稳定的成熟期。体现在股利上，其也是前一段时间里高速增长，在之后正常固定成长或者固定不变。因此股票的价值也要分段计算。

【例4-6】假设 B 公司刚推出一种革命性的新产品，预计在未来三年中销售将激增，股利将以每年 10% 的速度增长，此后预计股利增长率为 6%。公司最近发放的现金股利为每股 1.8 元. 如果股东所要求的收益率为 12%，那么 B 公司的股票价值是多少？

根据以上信息，公司前三年高速增长，从第四年起进入固定成长阶段，公司的股票价值为：

$$P_0 = \frac{1.8 \times 1.1}{1+12\%} + \frac{1.8 \times 1.1^2}{(1+12\%)^2} + \frac{1.8 \times 1.1^3}{(1+12\%)^3} + \frac{1.8 \times 1.1^3 \times (1+6\%)}{12\% - 6\%} \times \frac{1}{(1+12\%)^3}$$

$$= 35.34$$

（四）市盈率模型（P/E 模型）

以上几种方法都需要预测公司未来股利或盈利，时间越长，预测的准确性越差。在实务当中人们也常常应用市场类比法，也叫相对估价法进行估值。其原理简单易懂，比如你住的房子价值多少呢？看到相同地段、面积和装修都差不多的房子售价是 100 万，那么你就知道你的房子也价值大概 100 万元。

相对估价法是用拟估价公司的某一变量乘以比率乘数来得到估值。市盈率（P/E）就是最常见的比率乘数，它是股票价格相对于当前会计收益的比值，可以理解为购买公司一元税后利润支付的价格，或者按照市场价格购买公司股票回收投资需要的年份。

$$P_0 = EPS \times 市盈率 \tag{4-8}$$

表 4-2 和表 4-3 显示了一些上市公司市盈率。

表 4-2 公司市盈率（截至 2022-06-09）

股票代码	公司简称	市盈率
600519	贵州茅台	44
000858	五粮液	29
603589	口子窖	19
酿酒行业平均值		39

数据来源：国海证券客户端。

表 4-3 上海市场 A 股市盈率

行业分类名称	市盈率
制造业	24.03
批发和零售业	16.24
信息传输、软件和信息技术服务业	31.53
银行	5.38

数据来源：网易财经。

通常可以假设相似的公司拥有相似的市盈率。

【例 4-7】假如我们想对某非上市企业 A 进行估值，得知该企业的竞争对手（上市公司）市盈率为 21，而 A 企业所处行业过去 5 年的平均市盈率为 17.8，考虑到 A 公司发展较快，给予市盈率 19，A 企业去年的每股收益为 3.5 元，则 A 企业的股票价值应为

每股价值 = 3.5×19 = 66.5（元）

虽然在现实中很难找到各方面完全相同的两个公司，对相似公司的市盈率还需经过调整，但在现实中，市盈率估值模型在收购、兼并、IPO 定价等当中被广泛采用。

第二节 项目投资

一、项目投资概述

项目投资是长期投资的一种，以特定项目为对象，投资建设、经营时间持续一年以上的，都属于项目投资，如企业设备的更新改造、开发新产品、引进新的生产线、开设新厂

甚至开拓新领域等。

长期项目投资决策也就是对超过一年的投资项目进行鉴别、分析、筛选的过程，投入项目的大部份资金将会形成企业的资本性支出，因此也叫做资本预算。无论什么项目，其共同的特点是涉及金额大，周期长，在未来相当长的一段时间内影响企业的获利能力，与企业的战略目标实现密切相关，也是企业价值增长最坚实的基础。因此，在投资之前做好项目可行性分析十分必要。

二、项目投资决策的程序

（一）识别投资机会

投资项目可以在企业内部形成，设备更新或者技术改造都会形成投资项目。尤其是当前，中国大量的制造业企业需要进行设备更新和技术改造，才能由制造大国变为制造强国，以实现工业4.0。企业可以通过分析本行业的发展趋势，在明确自身定位、优势的基础上，适时对技术设备升级换代、开发新产品、使用云计算、将制造业与互联网融合、进行产业升级，加强企业的竞争力，避免陷入低技术含量、低附加值产品的价格战，而企业必须对这些项目的投资进行评估。

潜在的投资项目也可以来自企业外部，如企业开设新厂、整合上下游产业链、进入新领域等，多元化经营已经屡见不鲜。如传统汽车生产企业开发新能源汽车，生产衬衫的雅戈尔进行房地产开发，以冰箱、空调等家电而闻名的美的公司开发生产工业机器人，食品生产企业开设实体店和网店等。在非制造业领域，随着互联网、大数据应用的普及，更多的新经济业态、新模式不断出现，投资机会雨后春笋般出现，更需要经营者有一双慧眼，结合企业的目标和资源，在不断变化的市场环境中对眼花缭乱的各种投资机会进行鉴别，以最终确定属于企业的投资机会。

（二）项目可行性分析

有初步投资意向后，还要进一步分析论证，项目可行性分析报告中大致包括：

国家、地方政府相关政策导向、市场发展前景、技术、工艺可行性、原材料供应、资金筹措、人才保障、社会、环境影响等。

如果项目通过了以上分析，则可以进入下一步骤，对其经济效益进行评估，即项目是否具有财务可行性。

（三）提出各种可能的投资方案，对各投资方案未来的成本和收益进行预测

投资方案提出后，需分年度编制长期资金收支计划，对项目在寿命期内各年的经济活动和全部收支状况进行预测，预测结果是形成最终决策意见的基础，会在很大程度上影响决策的质量，所以预测应尽可能客观、全面、准确，过于悲观或乐观都不可取，企业要对项目的长期发展前景有合理预判。

项目财务预测所要收集和测算的基本数据应包括以下几项：

1. 预测项目寿命期

项目寿命期也叫项目计算期，是指投资项目从开始建设到建成投产、交付使用，直至项目终止（以其主要固定资产报废为标志）所经历的时期。简单地说：

项目计算期 ＝ 建设期 ＋ 经营期

在实践中，通常按照建设的合理工期或建设进度计划合理确定建设期。若建设期不足半年，可假定建设期为零。

项目的经营期，可根据项目所使用的主要固定资产的寿命或项目产品的市场寿命（经济寿命）来预测，由于项目技术含量、市场竞争、新科技的发展等因素的影响，经营期长

短不容易准确地确定，因此企业可以以固定资产使用期限估计销售收入和各类支出的期限，并假定在期限终了时，投资项目之后所有未来价值将包括在该项目的残值内。

2. 项目总投资预测

项目总投资是指投资项目从前期准备工作开始到项目全部建成投产为止所需要的全部投资费用，具体由两部分组成：项目建设期初的初始投资；项目建成后需要垫付的流动资金。

3. 成本费用预测

项目投产后，在经营过程中会发生各种耗费，包括生产费用、管理费用、销售费用等，企业需要对各年的成本费用进行事先估算。

4. 项目销售收入与税金预测

投资的目的是获取利润。为估算项目投产后各年的利润，在对项目投产后各年的总成本费用进行预测之后，企业还需对项目投产后各年的销售量、销售价格、销售收入与销售税金做出预测。

5. 采用合理方法对各方案可行性进行分析、筛选

在完成投资方案未来收支的预测的基础上，我们将采用科学的方法进行对方案进行分析。具体的分析方法讲商平将从第六章估算项目的现金流开始，到第七章项目评价指标的计算。计算的结果将成为决策参考的依据。

投资决策有以下几种：

如果是单一方案，企业决定是接受或拒绝。例如，纺织企业是否购买设备以增加产能；电池企业是否要进行某一新品的开发；外卖平台是否要将应用程序迁移到云，等等。

如果是互斥方案，企业需要决定接受哪一个，或是全部拒绝。例如，某村级企业利用已有的一块土地，是开发建商场、还是建星级酒店、或者是干脆出租做停车场；乙企业在更新设备时是选择售后更好的 A 供货商还是设备运行更稳定的 B 供货商，等等。

如果是多方案选择，在资源有限的情况下，企业需要决定哪个方案或方案组合能为企业带来最大效益。例如，以生产手机为主的企业，在构建家电生态系统的战略目标下，除了生产手机、路由器等产品外，需对电饭煲、风扇、空气净化器、吸尘器等各小家电项目进行排序、筛选。

（四）一旦决定投资，企业需对项目进行持续评估

项目投资金额都比较大，影响时间长。在项目开工后，虽然决策的过程已经完成，但企业仍需对项目进行跟踪评价。这样一方面通过预测数据与实际经营结果的比较，可以对预测、决策等环节进行反思，提高决策水平；另一方面也能尽早发现项目的不良苗头，及时纠偏，甚至果断止损。

三、资本预算的原则

（一）采用现金流量而不是会计利润

在计算投资项目的成本和收益时，采用现金流量而不是会计利润。利润在一定程度上受会计政策选择的影响，比如存货计价、费用摊销、折旧计提方式的选择。比较而言，现金流量是项目实际效果的真实体现，用它来判断更为客观。

项目投资涉及购置固定资产，是大额的现金流出，但需要注意的是，后期的折旧不是现金流量。

（二）全投资假设

全投资假设是指假设在确定项目的现金流量时，只考虑全部投资的运动情况，而不具

体区分投资的资金来源，将自有资金和借入资金同等对待。这样可以使投资决策与融资决策分离，仅考虑项目本身是否可行，也能让使用不同资金来源的投资项目具有可比性。

例如，企业在准备投资一条自动流水生产线，预计设备需 200 万元，能使用 5 年。企业当前资金紧张，打算向银行申请 5 年期贷款，贷款年利率 6%，按月付息，到期还本。那么该笔银行贷款的获得、利息和本金的支付是否应当计入项目现金流量中？很显然，贷款的获得、偿还的利息和本金都不应当计入项目中。

（三）考虑货币的时间价值

项目周期都比较长，同样的 1 000 元，现在投入和两年后投入，其价值是不一样的。所以，在未来相当长的一段时间内项目发生的各项现金流入和流出都必须按货币的时间价值折算后才能进行计算、比较。

除了第一年的初始投资，我们假设后续的所有现金流入和流出都发生在每期的期末，以方便计算现金流的现值。

本章综述

1. 债券和股票都是常见的金融工具。企业在投资之前需要对证券的价值进行分析评估。

2. 估算证券的价值，常用的方法是现金流折现法：证券的价值等于它未来所有现金流的现值之和。

3. 债券有长期债券和短期债券，有政府债券、企业债券。债券的信用等级越高、流动性越好，债券的期望回报率就越低。相反，垃圾债券的回报率高，当然风险也高。

4. 债券的未来现金流，包含每一期支付的利息和到期偿还的本金。债券的价格，由票面利率、期限和回报率三个因素决定。

5. 债券的价格与利率反向运动。市场利率升高则债券的价格下跌，反之亦然。

6. 股票的内在价值可以通过对公司未来发放的股利，按投资者所要求的回报率折现计算。其有三种情况：股利零增长模型；股利固定增长模型；股利非固定增长模型。

7. 在实务中，分析师经常使用比率乘数对股票进行估值，市盈率比率是常用的比例乘数。使用市盈率时需注意，只有相似公司的市盈率才有参考价值。

8. 项目投资是指以特定项目为对象，投资建设、经营时间持续一年以上的长期投资。如企业设备的更新改造、开发新产品、引进新的生产线、开设新厂甚至开拓新领域等。特点是涉及金额大，周期长，在未来相当长的一段时间内影响企业的获利能力，与企业的战略目标实现密切相关。

9. 项目评估也叫做资本预算，是对超过一年的投资项目进行鉴别、分析、筛选的过程。其一般经过以下几个步骤：

（1）识别投资机会；

（2）提出各种可能的投资方案，对各投资方案未来的成本和收益进行预测；

（3）采用合理方法对各方案可行性进行分析、筛选；

（4）一旦决定投资，需对项目进行持续评估。

10. 在对项目的财务可行性进行评估时，要对各投资方案未来的成本和收益进行预测，包括：

（1）预测项目寿命期即项目计算期。项目计算期 = 建设期 + 经营期。

（2）预测项目总投资、成本、收益。

11. 投资方案有单一方案：决定是接受或拒绝；有互斥方案：哪一个可行，或是全部拒绝。

12. 项目评估的原则：

（1）采用现金流量而不是会计利润。

（2）全投资假设，即不具体区分投资的资金来源，将投资决策与融资决策分离。

（3）考虑货币的时间价值。

参考文献

［1］周瑶，吴文婧. 每件西服都有"身份证"雅戈尔靠科技转型服装实现智慧定制［N］. 证券日报，2018-08-08.

［2］刘淑莲. 财务管理［M］. 大连：东北财经大学出版社，2018：75-77.

［3］荆新，王化成，刘俊彦. 财务管理学［M］. 8版. 北京：中国人民大学出版社，2018.

习　题

第五章

财务战略

■ **本章导读**

　　"战略"一词最早应用在军事领域，在20世纪60年代，现代管理学将其引申至商业领域。从确定企业使命、设定战略目标，到战略实施、分析和控制以求目标达成，企业战略是一个整体性规划的过程，又可分为公司战略、职能战略、业务战略及产品战略等几个层面，还包含了竞争战略、营销战略、品牌战略、技术开发战略、人才开发战略、资源开发战略等。

　　虽然不同学者对企业战略有不同定义，但有一点是相同的：都认为企业战略是对企业整体性、长期性、基本性问题的谋划。

　　财务管理管的是资金运动，目标是实现企业价值最大化。在财务管理中应用战略思维就形成了财务战略的概念，属于职能战略的范畴，是企业战略的重要组成部分。

　　本章主要介绍财务战略的含义、目标和特点，制定财务战略的过程以及不同类型的财务战略和不同路径选择，最后从财务活动的角度将财务战略划分为投资战略、融资战略和分配战略。

■ **重点专业词语**

财务战略（financial strategy）	战略计划（strategic plan）
SWOT态势分析法（SWOT analysis）	波特"五力"分析模型（porter's five force）
经济周期（economic cycle）	扩张型战略（expansion strategy）
稳健型战略（stability strategy）	收缩型战略（retrenchment strategy）

为企业长远发展保驾护航——京东的财务战略

京东商城是我国最早涉足电子商务的平台之一。早年，当人们还在诟病淘宝假货泛滥时，京东自营以正品的形象自居，售后服务也颇具口碑；在人们议论快递服务时，京东的快递小哥屡上热搜。不同于淘宝的购物平台模式，京东商城的商业模式一开始就以自营为主，即自采、自销、自送的一体化，以求"为用户提供'极致体验'的产品和服务，为用户创造最大价值"。这个战略目标的本质其实就是最大限度地实现产业链的垂直整合。

京东的战略定位于供应链的优化，通过不断提升自身供应链的效率和差异化竞争力，取得行业竞争优势，因此，京东的投资战略和财务战略都围绕着供应链展开，服务于企业的总体战略规划。

京东的投资战略致力于打造全产业链系统，以电商为核心向上下游拓展，大量资金投入自营商城的升级拓展、仓储自建物流体系建设以及贯穿整个产业链的京东金融服务体系的建设。其报表显示，2013—2021 年，京东的固定资产（物业、厂房及设备）八年增长了 50 倍，从当初的 6.39 亿元至 2021 年已达 329 亿元，还耗资 16 亿美元对"网银在线""易车""金蝶"等公司进行了战略投资和收购，紧紧围绕着电商业务价值链进行挖掘。

京东的整体投资具有重资产、专业化、定位长远收益的特点，致力于取得长期收益而非短期获利。在这种多项投资短期内难以产生效益的定位下，企业的融资战略是否能有力支撑其投资战略的实施尤其显得重要。

京东的融资战略体现了典型的企业生命周期的特征。企业初创期主要依靠私募股权融资。从 2007 年起，凭借自身发展潜力，京东获得了包括今日资本、老虎基金、高瓴资本、红杉基金、加拿大安大略教师退休基金、腾讯等多笔来自国内外的风险投资，2014 年京东在美国上市获得 17.8 亿美元的融资。之后，随着企业信用水平不断提升，债务融资的比重在不断增加，企业资产规模的增加主要来自负债。

上市后的几年内，京东已经成为国内电商巨头，融资战略整体表现出负债比率高（2017 年京东资产负债率达 74%，比竞争对手苏宁 49% 高出不少），融资成本低（低成本的商业信用融资占全部负债的 50% 以上）的特征。债务融资战略紧紧依托供应链展开，大量使用商业信用，充分占用上游供应商的无息资金、延长付款期，并创新供应链金融，发行京东白条、采用 ABS 融资等方式。京东的融资战略的实施显著降低了整体融资成本，并为企业发展提供充足的资金保障。

从成立至今，京东虽然大部分财报年度都是亏损，但营业收入增长强劲，也得到了投资人的认可，至 2022 年 6 月市值达 988 亿美元。公司的商业模式能走多远、企业战略的成败也许一时很难盖棺定论，只有将其放在更长的时间轴进行观察，才能客观地评价。但是这 10 年的成功，充分说明了京东的财务战略是高度统一、密切配合的，它很好地服务于企业总体战略，有助于企业价值最大化目标的实现①。

---

① 董雪，京东财务案例研究［D］.北京：中国财政科学研究院，2018.

第一节　财务战略的基本框架

一、财务战略的含义与目标

财务战略，是指企业为谋求资金均衡有效流动和实现企业战略，为加强企业财务竞争优势，在分析企业内、外环境因素影响的基础上，对企业资金流动进行全局性、长期性和创造性的谋划。财务战略是战略理论在财务管理领域的应用与延伸。

企业财务战略的目标是确保企业资金均衡有效流动而最终实现企业总体战略。

二、财务战略的意义

财务战略从企业内外环境结合整体战略入手，能提高企业财务系统对环境的适应性；财务战略注重系统性分析，提高企业的整体协调性和协同效应；财务战略着眼于长远利益与整体绩效，有助于创造并维持企业的财务优势，进而创造并保持企业的竞争优势。

三、财务战略的特点

企业财务战略具有从属性、系统性、指导性、复杂性的特征。

（一）从属性

财务战略是企业整体战略中的一个子系统，必须服从和体现企业战略的总体要求，与企业战略协调一致，提供资金支持，只有这样，企业整体战略方可实现。若不接受企业战略的指导或简单地迎合战略要求都将导致战略失败，而最终使企业受损。

（二）系统性

财务战略关注的焦点是资金流动，贯穿整个企业的筹资、投资和收益分配的全过程，财务战略作为企业战略的一个子系统必然与企业其他战略之间也存在着长期的、全面的资源与信息交换。为此，企业要始终保持财务战略与其他战略之间的动态联系，并使财务战略也能支持其他子战略。

（三）指导性

财务战略是根据企业长远发展需要而制定的。它是从财务的角度对企业总体发展战略所作的描述，是企业未来财务活动的行动纲领和蓝图，对企业的各项具体财务工作、计划等起着普遍的和权威的指导作用。

财务战略是对企业资金运筹的总体谋划，它规定着资金运筹的总方向、总方针、总目标等重大财务问题。正因为如此，财务战略一经制定便具有相对稳定性，成为财务活动的行动指南。

（四）复杂性

财务战略的制订与实施较企业整体战略下的其他子战略而言，复杂程度更大。最主要的原因在于资金一经投入使用后，其使用方向与规模在较短时期内很难予以调整。比如企业的收购与兼并，已经超越了单纯的财务活动的范畴，从并购的时机、目标选择、支付方式等，成功的并购都离不开财务战略的配合。财务战略对资金配置稍有不慎，就有可能直接导致企业资金周转不灵或陷入财务危机甚至破产倒闭。

此外，企业筹资与投资都直接借助于金融市场，金融工具的创新层出不穷，而金融市场更是风云诡异，难以预测，这也增加了财务战略制订与实施的复杂性。

第二节 财务战略的制定和实施

一、环境分析

环境分析是企业制定财务战略的关键环节。古语说：知己知彼，百战不殆。企业不但要求"知彼"，即客观地分析企业的外部环境，还要求"知己"，即对企业内部的资源进行系统分析。通过研究外部环境，企业可以找出外部环境为企业发展所提供的机会和所构成的威胁，确定"企业可能会选择做什么"；通过研究内部环境，企业可以了解自身的优势和劣势，并以此作为财务战略的出发点，确定"企业能做什么"。

（一）企业环境的构成

企业的环境由外部环境和内部环境共同构成。

1. 外部环境分析

2018年我国企业中兴通讯因中美贸易争端被美国政府禁止采购美国企业的关键元件，导致工厂停工、经营中止，这只是企业受外部环境严重影响的一个例子。事实上，影响企业外部环境的因素众多，商品市场、金融市场在世界经济全球化进程中愈加开放，全球信息网络的建立、消费需求多样化，伴随着贸易保护主义和全球经济一体化的激烈博弈，企业所处的环境更为开放和动荡，这种变化几乎对所有企业都产生了深刻的影响。如曾经全球第一的手机厂商诺基亚由于没有意识到智能手机的趋势而错过移动互联的发展，最终陨落；丰田汽车在20世纪末因日元大幅升值而出口受挫，但企业能及时调整战略，采用在国外投资设厂的方式保持了稳定地增长；众多新能源汽车厂商抓住时机超越传统汽车制造商。许多活生生的案例告诉我们，分析外部环境，未雨绸缪对企业来说尤为关键。

我们大致可以从PEST四个方面，即P（政治/法律）、E（经济）、S（社会/文化）和T（技术）去分析外部环境因素，见图5-1。

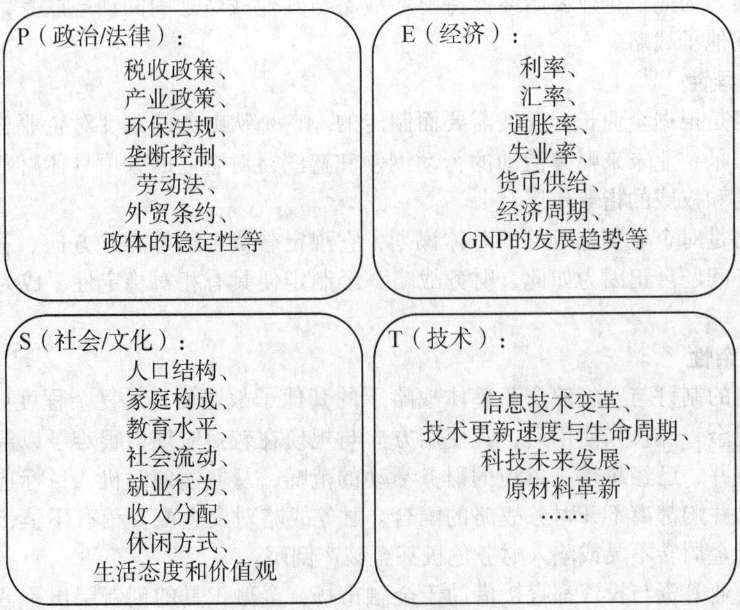

```
┌─────────────────────────┐   ┌─────────────────────────┐
│ P（政治/法律）：          │   │ E（经济）：               │
│        税收政策、        │   │          利率、          │
│        产业政策、        │   │          汇率、          │
│        环保法规、        │   │          通胀率、        │
│        垄断控制、        │   │          失业率、        │
│        劳动法、          │   │          货币供给、      │
│        外贸条约、        │   │          经济周期、      │
│      政体的稳定性等      │   │      GNP的发展趋势等     │
└─────────────────────────┘   └─────────────────────────┘

┌─────────────────────────┐   ┌─────────────────────────┐
│ S（社会/文化）：          │   │ T（技术）：               │
│        人口结构、        │   │                          │
│        家庭构成、        │   │      信息技术变革、      │
│        教育水平、        │   │  技术更新速度与生命周期、│
│        社会流动、        │   │      科技未来发展、      │
│        就业行为、        │   │      原材料革新          │
│        收入分配、        │   │         ……              │
│        休闲方式、        │   │                          │
│     生活态度和价值观     │   │                          │
└─────────────────────────┘   └─────────────────────────┘
```

图 5-1 PEST 分析框架

环境分析可以有不同的角度，除了 PEST 之外，波特"五力"模型也是常见的方法之一。

2. 内部环境分析

内部环境分析，是对企业自身的条件，包括其财务状况、产品线及竞争地位、生产设备、研发能力、营销能力、人力资源、组织结构等的现状和未来发展趋势进行分析，找出影响企业未来发展的优势和劣势，识别企业的核心竞争力，扬长避短，谋求企业的成长和壮大。

SWOT 分析（见表 5-1）模型，又称为态势分析法，可以说是一个众所周知的战略分析工具了，它分析企业优势（strengths）、劣势（weakness）、机会（opportunity）和威胁（threats），实际上是对企业内外部条件各方面内容进行综合和概括，进而分析组织的优劣势、面临的机会和威胁，帮助企业把资源和行动聚集在自己的强项和有最多机会的地方。

表 5-1 SWOT 分析

项目	S 优势	W 劣势
O 机会	企业当前的优势是否足以抓住这个市场机会？ 还缺少哪些关键的资源？ 针对这些机会，我们如何能相比竞争对手做得更好？	利用这些机会能否帮助企业改变劣势？ 针对这些机会的投资，企业的劣势会带来什么风险，如何应对？
T 威胁	企业目前的优势能否帮助企业降低这种威胁？ 企业需要投入怎样的资源，建立新的优势来避免这些威胁？	企业的劣势是否会进一步加剧这种威胁？ 公司战略应如何调整？ 是否应退出某些行业，重新布局公司的业务？

优劣势分析主要着眼于企业自身的实力及其与竞争对手的比较，而机会和威胁分析将注意力放在外部环境的变化及对企业的可能影响上。管理者在分析时，应把所有的内部因素（即优劣势）集中在一起，然后用外部的力量来对这些因素进行评估。

Strengths（优势）：企业本身所具有的优势，可能的内容包括品牌知名度、成本结构、充足的资本、广告和市场营销领域的专业优势等。

Weaknesses（劣势）：企业本身的劣势，可能的内容包括某些关键技术的缺乏、行业经验不足、过高的人力成本、融资渠道缺乏、人才储备不足等

Opportunities（机会）：企业面临的外部机会，比如迅速增长的需求、行政行业壁垒的解除、竞争对手某些决策失误留下市场机会等。

Threats（威胁）：企业面临的外部威胁，比如资本雄厚的新的竞争对手进入、替代产品增多，原材料市场价格上升、不利于企业的行业管制等。

SWOT 分析并不是简单列出这四个方面就结束了，管理者还需从这四个方面考量从而制定或调整企业战略，决定赢得竞争或避免风险的关键性分析。

企业的内部环境也具有一定的复杂性，一些资源难以辩识、难以量化。例如，苹果公司的软硬件架构工程师在多年自行研发操作系统的磨合过程中所形成的高效的组织配合、华为公司创始人任正非的远见卓识等，都是无形当中对竞争者形成的壁垒，是难以模仿的企业优势资源。管理人员在分析企业内部环境时，应注意识别其核心竞争能力，对企业有准确的定位。

3. 企业内部环境与外部环境的联系

企业内部和外部环境之间存在着密切的联系，一方面，外部环境对企业内部环境有制约作用；另一方面，改善企业内部环境（如组织结构、营销管理、生产方式、营销管理等），可以增强企业实力，又对外部环境（如现有或潜在的竞争者）起反作用。全面了解内外环境是确定企业财务战略目标并保证顺利实施的先决条件。企业环境分析如图 5-2 所示。

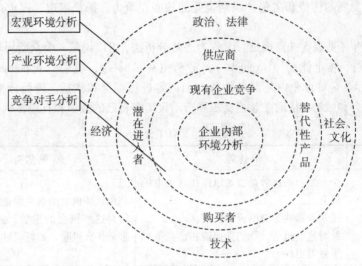

图 5-2   企业环境分析

PEST 分析、SWOT 分析、价值链分析、业务组合分析、波特"五力"分析等工具都从不同角度为分析企业内外环境提供了框架。这些方法角度不同，互有重叠，企业可灵活运用而不应遵循固定模式，这不仅需要管理人员对内外环境因素有深刻理解，更需要其有丰富的实践经验和对未来的洞见。

二、基于环境分析的财务战略选择

（一）财务战略必须与经济周期相适应

经济的周期性波动是经济活动沿着经济发展的总体趋势所经历的有规律的扩张和收缩，是经济总体发展过程中不可避免的现象。

一个企业生产经营状况的好坏，不可避免地受经济大环境的影响。"危巢之下，焉有完卵"，企业无力改变宏观经济环境，唯有积极认清经济形势，把握周期变动，主动适应外部环境的变化。

从财务的观点看，经济的周期性波动要求企业顺应经济周期的过程和阶段，通过制定和选择富有弹性的财务战略，来抵御大起大落的经济震荡，以减少它对财务活动的影响，特别是减少经济周期中上升和下降期抑制财务活动的负效应。财务战略的选择和实施要与经济运行周期相配合。

一个经济周期通常要经历复苏、繁荣、萧条和复苏，企业应当顺势而为，在不同经济周期下选择不同的财务战略（见图 5-3）。

除了宏观经济周期，一些行业也有周期性的波动。由于生产周期的特点，农业养殖就呈现出明显的周期特征，正邦科技、温氏股份、新希望等上市农业企业都采用预测"猪周期"的办法，在周期底部进行仔猪采购、繁育和扩张，在周期顶部卖出并控制规模。还有房地产周期波动，成功者如万科集团就抓住 2001 年之后我国房地产行业的飞速发展期，采取高负债、高投资的激进财务战略，成为中国房地产的龙头企业。

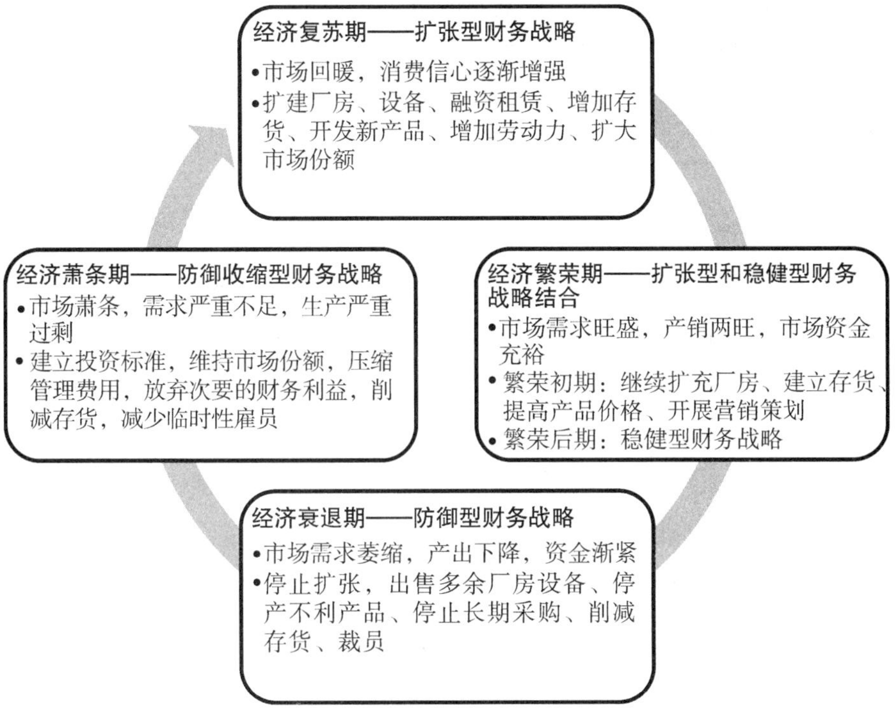

图 5-3　不同经济周期下的财务战略

　　总之，企业财务管理人员要根据时局的变化，对经济的发展阶段做出恰当的反应；要关注经济形势和经济政策，深刻领会国家的经济政策，特别是产业政策、投资政策等对企业财务活动可能造成的影响。如果逆周期而动，不是错过良机就是将企业置于高风险之下。

（二）财务战略选择必须与企业发展阶段相适应

　　典型的企业发展一般要经过初创期、扩张期、稳定期和衰退期四个阶段。企业在不同的发展阶段应该选择不同的财务战略与之相适应。这个阶段的选择战略与经济周期的选择战略基本一致。企业各发展阶段的特点见图 5-4。

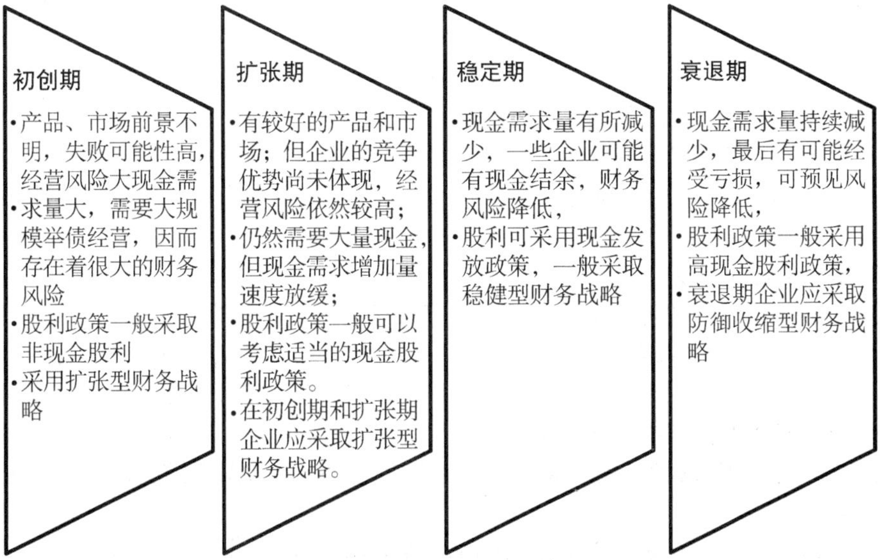

图 5-4　企业各发展阶段的特点

此外，企业在到达扩张期或稳定期后，可能会增长放缓或停滞。要避免落入衰退，维持竞争优势，成功的企业会不断地推出新产品，或者涉足新领域，即企业的"第二曲线"①，阿里巴巴集团就是一个不断开发出第二曲线、让企业不断成长的例子（见图 5-5）。每一项新产品、新业务大致都会经过研发、推广、成熟和衰退几个阶段，不同的阶段都需要相应的财务战略的配合。

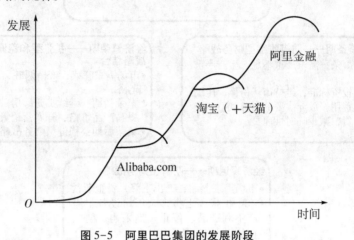

图 5-5　阿里巴巴集团的发展阶段

三、路径选择

财务战略的选择，决定着企业财务资源配置的取向和模式，影响着企业理财活动的行为与效率。根据投融资的方向、规模不同，企业财务战略路径选择可分为以下三种类型：

（一）扩张型财务战略

扩张型财务战略是以实现企业资产规模的快速扩张为目的的一种财务战略，通常是为了配合公司的一体化战略和多元化战略而展开。

扩张型财务战略的特点是公司对外投资规模不断扩大，现金流出量不断增多，为了实施这种财务战略，企业往往需要在将大部分乃至全部利润留存的同时，大量地进行外部筹资，更多地利用负债。企业资产规模的扩张，往往使企业的资产收益率在一个较长的时期内表现出相对较低的水平。

新的产品发展空间，可能会给公司未来带来新的利润增长点和现金净流量，但如果失误，公司财务状况可能恶化，甚至导致公司破产。

此外，对外资本扩张最普遍的运作形式就是收购和兼并。企业的横向一体化战略往往是通过兼并方式实现的，配合并购的财务战略已经超越了财务的范畴，考验着企业领导者的"财技"和远见卓识。

（二）稳健型财务战略

它是以实现企业财务绩效的稳定增长和资产规模的平稳扩张为目的的一种财务战略。此战略通常为了配合公司实施对现有产品的市场开发或市场渗透战略而展开，将尽可能优化现有资源的配置和提高现有资源的使用效率，并以效益作为首要任务，将利润积累作为实现企业资产规模扩张的基本资金来源。

某电器公司提升售后服务以提高客户满意度和回购率，某食品制造公司对设备进行升

---

① 田林. 超越执行力：从传统巨头到新经济独角兽的制胜策略［M］. 北京：北京时代华文书局，2018：228-230.

级改造以提高生产效率，等等，这些都是企业在原来的领域服务原来的客户群体的例子，实施的是稳健型战略。

稳健型财务战略可以充分利用现有资源，对外集中竞争优势，兼有战略防御和战略进攻的双重特点，经常是一种过渡性战略。如果公司现有产品本身已属夕阳产业，发展前景暗淡，仍然实行这种财务战略，则可能给公司带来财务危机，影响公司未来盈利能力和现金流量。

（三）防御收缩型财务战略

它是以预防出现财务危机和求得生存及新的发展为目的的一种财务战略，通常是为了配合公司的收缩、剥离、清算等活动而展开。

防御型财务战略力求迅速降低公司规模，从尽可能减少现金流出和尽可能增加现金流入作为首要任务；通过削减分部、精简机构、盘活存量资产、减轻债务负担等措施，保持稳健的公司财务状况，为将来选择其他财务战略创造时间和空间。但公司会因此而失去一部分产品领域和市场空间，若不能及时创造机会调整战略则会影响公司未来的盈利增长和现金流量。

【案例5-1】　　　　　　　海航：从买买买到卖卖卖

"2018年之于海航，是跌宕起伏、浴火重生的一年，也是聚焦主业、全面转型的一年。"

1993年海南省政府拨出1 000万元财政资金，正式组建运营海南航空公司。利用海南成为首批股份制试点省份的政策优势，公司进行了2.5亿元的定向募资，随后又用这2.5亿元作为信用担保，向银行贷款6亿元，买来2架波音737，开通了海口至北京的首航，第二年就实现利润9 900万元。从此，海航走上了发展的快车道。

海航的初期债务负担重，发展资金多在业务运营的资本市场中积累。公司确立了以并购为核心业务的产业多元化、金融控股的产融结合模式，利用资本市场的融资功能，集团内互相担保、抱团举债提高银行授信额度，同时利用旗下上市公司连环定增，不断扩大融资渠道和融资规模，并通过大规模并购活动实现高速扩张。

从2007年开始，并购扩张导致的企业总资产增长率始终保持在30%以上，2016—2017年并购活动达到高潮：440亿元收购黑石集团持有的希尔顿25%的股份、390亿元收购IMI英迈100%股权、131亿元收购GECAS及其相关方下属45架附带租约飞机租赁资产、667亿元收购CIT下属飞机租赁业务、4.5亿美元投资Azul航空、收购瑞士航空配餐公司Gate-group、收购英国外币兑换运营商ICE、收购卡尔森酒店集团及其持有的瑞德酒店集团约51.3%股权、入股TAP葡萄牙航空公司、收购瑞士飞机维护服务提供商SR Technics部分权益、购买维珍澳洲股权、购买曼哈顿写字楼和伦敦金丝雀码头商厦、成为德意志银行最大股东等。总资产从2014年的3 226亿元变成1.232万亿元，三年增幅达282%。2014年集团跻身《财富》世界前500强，2017年成功排名第170位，旗下共有9家A股上市公司、7家港股上市公司和1家A+H上市公司，涵盖航空、物流、地产、金融和旅游等多个板块。

然而极速膨胀的海航也蕴藏着风险。并购为了融资，融资为了并购，并购既是手段，也是目的。标准普尔全球市场情报数据显示，2016年年底海航集团的长期债务达到3 828亿元，净债务达到EBIT的6.5倍。2017年国家对海外投资严加监管，同时金融"去杠杆"资金紧缩，海航获取新融资变得不再容易，很快出现流动性危机，在巨额利息压力下，海航集团掉头开启了卖卖卖模式。

从2018年起，海航清理了大大小小300多家公司，甩卖超过3 000亿元资产，创下一年内资产处置世界之最。其中，卖掉香港三块地皮回收资金超 200 亿元，接连卖掉国外希尔顿、西班牙 NH 酒店等，回收资金近 100 亿美元，卖出联讯证券、上海和海南的土地、集装箱租赁资产、巴西最大的低成本航空公司蔚蓝航空的股权、纽约伦敦悉尼等地的写字楼等多个项目，减持德意志银行股份，甚至还卖了 48 架飞机回笼 78 亿元，原来的七个产业集团缩减到只保留海航航空和海航物流……最终，海航集团在 2021 年 1 月宣布破产重组。

财务战略的选择必须着眼于企业未来长期稳定的发展，考虑经济周期波动情况、企业发展阶段和企业经济增长方式，顺势而为，及时进行调整以适应内外环境的变化，或扩张，或稳增，或防御，或收缩，从而实现价值长期增长。

第三节 财务战略的主要内容

财务战略主要对企业资金的使用、筹措及分配进行大方向的安排，使企业根据战略目标进行投资，并为满足投资需要筹集必要资金，最终指导合理分配股利。因此，根据财务活动，财务战略可分为投资战略、融资战略和股利分配战略。

一、投资战略

（一）投资战略是企业财务战略的核心和基础

一方面投资战略直接体现了企业的战略目标，主要体现为固定资产投资、流动资产、无形资产投资（如研究开发投资、品牌投资等），甚至是项目投资、证券投资、产业投资和风险投资等，投资最终形成企业的核心竞争力，是创造企业价值的最根本源泉。

另一方面投资战略所确定的投资方向、规模决定了融资的方式和数量，而投资的时机和进度影响着企业的融资和营运资金的管理方式，投资的收益目标又在一定程度上影响着企业的股利分配以及财务风险的控制。

（二）投资战略的主要内容

投资战略主要解决战略期内投资的目标、原则、规模、方式等重大问题。它把资金投放与企业整体战略紧密结合，并要求企业的资金投放要很好地理解和执行企业战略。

一是投资目标，包括收益性目标，这是企业生存的根本保证；发展性目标，实现可持续发展是企业投资战略的直接目标；公益性目标，这虽然在短期内与盈利目标有冲突，但应是一个有社会责任感的企业所应当履行的企业公民义务，有利于企业长远发展。

二是投资原则，主要有集中性原则，即把有限资金集中投放，这是资金投放的首要原则；准确性原则，即投资要适时适量；权变性原则，即投资要灵活，要随着环境的变化对投资战略作相应的调整，做到主动适应变化，而不可刻板投资；协同性原则，即按合理的比例将资金配置于不同的生产要素上，以获得整体上的收益。企业在投资战略中还要对投资规模和投资方式做出恰当的安排。

二、融资战略

融资战略是指企业在整体战略指导下，结合投资财务战略的需求，合理预期企业战略实施对资金的需求量和需求时间，对未来一段时期内的融资规模、融资渠道、融资方式、融资时机等内容做出合理规划。

融资战略以优化企业财务资本结构（资产负债率）、为整体战略实施提供资金保障、降低财务风险为目标，既要保证企业有维持正常生产经营活动及发展所需资金，又要保证稳定的资金来源，增强融资灵活性，降低资金成本与融资风险，不断增强融资竞争力。

企业还应根据战略需求不断拓宽融资渠道，对融资进行合理搭配，采用不同的融资方式进行最佳组合，以构筑既体现战略要求又适应外部环境变化的融资战略。

【案例5-2】 **万科融资战略实施**

在融资战略的制定阶段，通过企业融资能力的评估，结合企业的财务状况和经营情况的分析，明确自身可承受的财务风险，为企业融资结构的确定或改进提供依据，同时根据企业发展战略与投资战略的目标，企业明确了相应的融资目标，确定了资金需求，接下来就进入了融资战略的实施阶段，确定公司拟选用的具体的融资方式。万科的融资方式选择，无一不与企业的发展阶段和战略目标密切相关。

首先就是最常见的房地产预售资金，这是自1994年我国实施房屋预售制度以来，被房地产开发企业采用最广泛的一种经营方式。但是随着商品房预售资金监管力度不断加强，万科也在逐步降低商品房定金与预售资金占房地产开发总投资资金的比重。

其次是股权融资，万科是中国首批上市的房地产开发企业。1998年公开募股，1991年发行A股，1993年发行B股，2002—2004年发行可转换债券，一系列股权融资不仅筹集到了大量的资金，使股本飞速扩张，而且调整了股权结构，推动了公司治理，为万科的职业化管理奠定了基础。

商业银行贷款和发行债券融资银行信贷是房地产开发中重要的资金来源，万科也不例外，其历年来都是总行级客户，2009年获得的建设银行授信额度就达500亿元；债券发行也不甘落后，万科利用其较高的信用评级争取到较有利的利率，如2017年发行的3+2年债券，利率4.54%，2018年还多次发行超短期融资债，最低利率仅为3.25%，大大低于同行。

许多房地产开发商存在着过度依赖银行信贷而融资结构单一且资产负债率过高的现象，一旦国家宏观调控，企业面临巨额资金压力，就有可能资金链断裂甚至破产倒闭。而万科严格控制资产负债率指标，将其一直维持在公司预算范围与财务能力之内，把财务风险保持在可控范围之内，维持企业融资结构的弹性，确保资金链不会绷得太紧，在宏观调控的大潮中仍保有一定的筹资伸展空间。

同时，万科也在不断的拓展其他的融资渠道，从2004年推出新华信托——万科17英里项目集合资金信托计划，到2018年的易方达资产——万科万村租赁住房1号资产支持专项计划，这些房地产信托融资，方式灵活、操作简便，降低了企业融资成本，优化了资产负债结构，巩固了企业的资金链条。

三、股利战略

股利战略是企业融资、投资活动的逻辑延续，是财务活动的必然结果。本来企业的收益应在其利益相关者之间进行分配，包括债权人、企业员工、国家与股东。然而前三者对收益的分配大都比较固定，只有股东对收益的分配富有弹性，所以股利战略也就成为收益分配战略的重点。

股利战略要解决的主要问题是确定股利战略目标、是否发放股利、发放多少股利、以何种形式发放以及何时发放等重大问题。

从战略角度考虑，股利战略目标为促进公司长远发展；保障股东权益；稳定股价，保证公司股价在较长时期内基本稳定。公司应根据股利战略目标的要求，通过制定恰当的股利政策来确定其是否发放股利、发放多少股利以及何时发放股利等重大方针政策问题。

财务战略要服从于企业的整体战略部署，同时具备全局性和长期性，需要充分考虑企业发展现状和内外部条件，协调投资、融资和利润分配三项战略的实施，以实现企业价值或股东利益最大化。

本章综述

1. 财务战略是指企业为谋求资金均衡有效流动和实现企业战略，为加强企业财务竞争优势，在分析企业内、外环境因素影响的基础上，对企业资金流动进行全局性、长期性和创造性的谋划。

2. 企业财务战略的目标是确保企业资金均衡有效流动而最终实现企业总体战略。

3. 财务战略从企业内外环境结合整体战略入手，注重系统性分析，着眼于长远利益与整体绩效。财务战略能提高企业财务系统对环境的适应性；提高企业的整体协调性和协同效应；有助于创造并维持企业的财务优势，进而创造并保持企业的竞争优势。

4. 企业财务战略具有从属性、系统性、指导性、复杂性的特征。

5. 环境分析是制定财务战略的起点。企业所处环境涵盖外部环境和内部环境。环境分析可采用 PEST（P：政治，E：经济，S：社会，T：技术）、SWOT（优势、劣势、机会、威胁），以及其他战略分析工具，从不同角度进行分析。

6. 财务战略应与经济周期、与企业或产品的发展阶段相适应。

7. 从资金使用和筹集的规模来看，财务战略可分为扩张型、稳健型和防御型，根据财务活动又可分为投资战略、融资战略、分配战略。

参考文献

［1］董雪. 京东财务战略案例研究［D］. 北京：中国财政科学研究院，2018.

［2］黎精明，兰飞，石友蓉. 财务战略管理［M］. 2 版. 北京：经济管理出版社，2017.

［3］李清乐. 海航的资本"空手道"［EB/OL］.（2019－07－23）［2022－01－31］. https://baijiahao.baidu.com/s？id＝1551743672316568&wfr＝spider&for＝pc.

［4］匡慧超. 共享单车企业"永安行"的财务战略分析［D］. 南昌：南昌大学，2018.

习 题

第六章

投资评价基础

■本章导读

如何鉴别各种投资机会？企业需要对各项目的未来潜力进行预测和评估。我们常用利润这个指标来评价企业经营的优劣。然而在判断一个项目是否能创造价值、具有投资价值时，最常用的方法不是计算利润，而是计算与该项目相关的现金流量。众所周知，利润的计算受会计政策的影响且易受管理层短期目标驱使而被操纵，而资本项目涉及资金量大、周期长，因此采用现金流量来评估更客观，不易被误导。

本章和第七章将介绍项目投资最常用的方法。本章从预测项目现金流量开始，介绍现金流量的相关概念和计算，在此基础上，第七章将介绍在项目现金流基础上的各评价指标的计算和应用。

■重点专业词语

增量现金流（incremental cash flow）　　机会成本（opportunity cost）

沉没成本（sunk cost）　　　　　　　　现金流入（cash inflow）

现金流出（cash outflow）　　　　　　　净现金流（net cash flow）

初始投资额（initial investment）　　　回收流动资金（working capital recovered）

■开章案例

绝味鸭脖的投资项目

绝味鸭脖是许多年青人津津乐道的休闲食品，是一系列"绝味"食品中的一款。绝味食品股份有限公司最早由6位股东在2008年发起成立，多年来一直专注休闲卤制食品的研发、生产和销售，2017年上市前已经是国内规模最大、拥有门店数量最多的休闲卤制食品连锁企业之一。在2017年的上市公告中，"绝味"提出了一系列未来的投资计划（见表6-1）。

表 6-1　绝味鸭脖的投资计划

投资项目	计划投资额/万元
湖南阿瑞食品有限公司建设年产 16 500 吨酱卤食品加工工厂	13 114.00
江西阿南食品有限公司建设年产 14 000 吨酱卤食品加工工厂	11 212.00
绝味食品股份有限公司营销网络建设和培训中心及终端信息化升级	17 808.00
四川阿宁食品有限公司建设年产 17 000 吨酱卤食品加工工厂	12 731.00
湖南阿瑞食品有限公司建设研发检验中心及信息化升级建设	4 002.00

以上只是"绝味"所公布的投资项目的一部份，每个项目都要投入千万甚至上亿资金，如果没有测算过建厂成本、未来经营成本和销售收入就盲目投资是不可想象的。

资料来源：绝味食品股份有限公司在上海证券交易所披露的相关公告。

第一节　项目现金流估算的基本原则

企业在判断一个项目是否有投资价值时，首先需要预测该项目的现金流量。需要投入的资金是现金流出，因此而增加的收益产生现金流入。在预测时，最基本的原则是：只有增量现金流才是与项目相关的现金流量。

一、增量现金流概念

预测现金流量要建立在增量或边际的概念基础上，还要注意区分相关成本和不相关成本，再根据"有-无"的原则，确认有这项投资与没有这项投资现金流量之间的差额。

增量现金流，是指因为这项投资而产生的增量的成本和收益。我们在估算时需注意以下几个问题：

（一）附加效应

公司投资一个新的项目可能对其原来的项目或业务产生影响。这种影响可能是积极的，即新项目与原有项目之间存在着互补关系，比如卖游戏机的公司决定开发某款游戏，新的游戏项目能促进原有游戏机的销售；但这种影响也有可能是消极的，新项目与原有项目之间存在一定替代关系，新项目实施后会冲击原有的项目，例如，某汽车公司一直生产以传统的汽油为燃料经济型汽车，如果推出电动汽车，旧的车型销量将会下降。

在评估新项目时，我们必须充分预计其对原有项目的影响，估算新项目的现金流量时要加上或扣除这部份受新项目影响的现金流量。

（二）机会成本

机会成本原是经济学术语，是指在投资决策中，从多种方案中选取最优方案而放弃次优方案所丧失的收益。

例如，某村集体有一块空地，出租给别人做停车场，现在租约到期，不想再续约而是想利用这块土地投资建设酒店。这时，收入的租金就是建设酒店的机会成本。

虽然机会成本并未发生实际的现金流入或流出，但它是一种潜在的成本。当存在多种投资机会，而可用的经济资源又有限时，一定存在机会成本，我们必须将其纳入现金流量的计算，才能全面评价投资方案的所得和所失，从而为有限的资源寻求最佳使用途径。

（三）税后净现金流量

$$净现金流量（NCF）= 现金流入量 - 现金流出量 \qquad (6-1)$$

项目产生利润需要交纳所得税，交纳的税款无疑是现金支出，因此估算的净现金流量应当计算税后的净现金流。

与项目相关的固定资产折旧不产生现金支出，但由于计提折旧会加大成本减少利润，应交的所得税也减少，因此减少的这部份税款应视为现金流入。

二、沉没成本

沉没成本是指已经发生、无法由现在或将来的任何决策所能改变的成本。沉没成本与投资决策无关。例如，某投资项目前期已经投入 30 万元，要使工程全部完工需追加 20 万元，这时是否应当追加投资呢？在决策时，只需考虑追加的 20 万元是否能获得合理收益，至于前期已经投入的 30 万元是沉没成本，与决策不相关，不予考虑。如果决策者将沉没成本纳入计算范畴，很容易造成决策失误。

一般情况下，沉没成本大多是与研究开发、投资决策前进行的市场调查等有关的成本。

三、对营运资本的影响

营运资金是指流动资产与流动负债的差额。在项目投资中，除了购建的固定资产外，企业还需要采购原材料、支付员工工资等，需要垫付一定的流动资金才能使项目正常运转。通常流动资金在项目投产时投入并在各期周转，在项目后期随着存货被消化、应收账款被回收等，在项目结束时收回。

第二节　项目净现金流量计算

一个投资项目经过建设期、经营期，最后终结（指固定资产报废回收，而非项目本身结束），根据现金流入和流出的时间，我们将现金流量（cash flow）分成：初始现金流量，存续期现金流量，终结现金流量。

一、初始现金流量

初始现金流量是指在项目建设过程中发生的现金流量。其主要包括：

（一）初始投资（NCF_0）

初始投资包括了项目投资时形成的固定资产、无形资产和其他资产的投资。如建筑工程费、设备购置费、安装费、与项目相关的技术转让费、特许经营权费用、商标权等，其他的费用可能有开办费、培训费等。

（二）增量的营运资金

营运资金是指流动资产与流动负债之间的差额。在项目的计算期内，处于周转使用期的营运资金增加额就是净营运资金的变动额。在项目后期，企业不再需要采购原材料，应收账款也逐渐回笼，营运资金也逐渐回收。

【例6-1】表6-2是某企业在评估A投资项目时测算的营运资金。

表6-2 A投资项目预计营运资本增加额 单位：万元

项目	20×1年	20×2年	20×3年	20×4年	20×5年	20×6年
预计销售收入	5 000	5 400	5 840	4 800	2 800	1 500
现金（销售收入2%）	100	108	116.8	96	56	30
应收账款（销售收入8%）	400	432	467.2	384	224	120
存货（销售收入10%）	500	540	584	480	280	150
应付账款（销售收入7%）	350	378	408.8	336	196	105
营运资金	650	702	759.2	624	364	195
营运资金增加额		52	57.2	−135.2	−260	−169

从表6-2可以看出，企业只要预测每期的现金流入和流出即可，不需要另外对营运资金专门预测。如果在某期追加营运资本，企业只需计入当期的现金流出量即可。为简便起见，一般假设前期投入的所有营运资金在期末一次性全部回收。

（三）旧设备的处置净收入

有的投资项目涉及处置旧的资产，比如设备升级换代，旧设备出售若收益大于账面净值，还需要缴纳所得税。这些在计算现金流量时都需加以考虑。

二、存续期现金流量（NCF$_t$）

存续期现金流量指项目建成后生产经营过程中发生的现金流量，包括增加的销售收入、与项目相关的以现金支付的成本费用（也称付现成本，多为变动成本），也包括因项目而节约的现金流出。

【例6-2】BT公司正在考虑引进一条产品生产线，生产线设备及安装成本共需3 000万元，安装完后还需投入100万元流动资金。预计生产线能使用5年，按直线法计提折旧，报废后残值50万元。在未来5年内，这条生产线每年的营业收入可达2 000万元，原材料、工资等付现成本600万元。公司所得税税率25%。

根据以上信息，该生产线项目各期收入与成本预测如表6-3所示。

表6-3 BT公司生产线项目经营期增量收益预测 单位：万元

项目	第1年	第2年	第3年	第4年	第5年
营业收入	2 000	2 000	2 000	2 000	2 000
营业成本（付现成本）	600	600	600	600	600
折旧	180	180	180	180	180
税前利润	1 220	1 220	1 220	1 220	1 220
所得税（25%）	305	305	305	305	305
净利润	915	915	915	915	915

经营期的现金流量（Net Cash Flow, NCF），可用以下公式计算：

$$经营期现金净流量 = 营业收入 - 付现成本 - 所得税 \tag{6-2}$$

$NCF_{1-5} = 2\ 000 - 600 - 305 = 1\ 095$（万元）

或者：

$$经营期现金净流量 = 税后净利润 + 折旧 \tag{6-3}$$

$NCF_{1-5} = 915 + 180 = 1\ 095$（万元）

或者：

经营期现金净流量 =（营业收入- 付现成本）×（1-所得税税率）+ 折旧×所得税税率

$$(6-4)$$

$$NCF_{1-5} = (2\,000 - 600) \times (1-25\%) + 180 \times 25\% = 1\,095 （万元）$$

三种方法的计算结果完全一样。

三、终结现金流量

终结现金流量是指在项目存续期末发生的现金流量，主要包括两部份：第一，固定资产残值变现净收入；第二，垫支的营运资本的收回，营运资金不受税收因素影响，仅仅是现金流量的增加。

根据例6-2，BT公司生产线项目在第五年因报废固定资产有残值收入50万，扣除所得税，净收入为50×（1-25%）= 37.5万元。BT公司生产线项目现金流量预测见表6-4。

表6-4 BT公司生产线项目现金流量预测　　　　单位：万元

项目	0	1	2	3	4	5
现金流入量：						
营业收入		2 000	2 000	2 000	2 000	2 000
回收固定资产净残值					37.5	
回收营运资金						100
现金流出量：						
设备及安装	−3 000					
营运资金	−100					
经营期付现成本		−600	−600	−600	−600	−600
所得税		−305	−305	−305	−305	−305
净现金流量（NCF$_t$）	−3 100	1 095	1 095	1 095	1 095	1 232.5

如果用利润的公式计算，两者结果一样（见表6-5）：

表6-5 BT公司生产线项目现金流量预测　　　　单位：万元

项目	0	1	2	3	4	5
税前利润		1 220	1 220	1 220	1 220	1 270
所得税（25%）		305	305	305	305	317.5
净利润		915	915	915	915	952.5
加：折旧		180	180	180	180	180
减：资本性支出	−3 000					
减：营运资金	−100					100
净现金流量（NCF$_t$）	−3 100	1 095	1 095	1 095	1 095	1 232.5

本章综述

1. 企业在评估长期项目是否具有财务可行性时，首先要预测该项目未来所有的相关现金流量，包括现金流出量（cash outflow）和现金流入量（cash inflow），以估算出税后净现金流量（NCF）。

$$净现金流量 = 现金流入量 - 现金流出量$$

2. 预测项目的现金流量必须是增量现金流，并注意相关与不相关的范畴。只有因投资该项目才会发生的收入和支出才是相关的，因项目而节约的成本是现金流入量，而沉没成本在项目决策之前就已经发生，与项目无关。

3. 在面临多个投资项目选择时，注意机会成本的存在。虽然机会成本没有导致实际现金流入或流出，但作为一种因项目而放弃的潜在收益，其应当在决策中予以考虑。

4. 现金流入和流出贯穿项目的全过程——建设期和经营期，根据现金流发生的时点，将其分成三大类：

初始现金流量：固定资产投资、垫付的营运资金、开办费、新员工培训费等。

存续期（经营期）现金流量：与项目相关的增量收入、增量经营成本（付现成本）、所得税，有时还需追加投入营运资金。经营期净现金流量可由以下公式计算：

$$经营期现金净流量 = 营业收入 - 付现成本 - 所得税$$

或者：

$$经营期现金净流量 = 税后净利润 + 折旧$$

或者：

$$经营期现金净流量 = （营业收入 - 付现成本）×（1-所得税税率）+ 折旧×所得税税率$$

终结现金流量：在项目期末，除了经营收益之外，还有回收的固定资产净残值收入，回收的垫付的营运资金。

参考文献

［1］刘淑莲. 财务管理［M］. 3 版. 大连：东北财经大学出版社，2018：76-77.

［2］理查德·A.布雷利，斯图尔特·C.迈尔斯，弗兰克林·艾伦. 公司金融（基础篇）［M］. 12 版. 北京：机械工业出版社，2017.

［3］荆新，王化成，刘俊彦. 财务管理学［M］. 8 版. 北京：中国人民大学出版社，2018.

习　题

第七章

投资决策方法及运用

■ **本章导读**

投资决策是评价和选择投资项目、优化资源配置，从而创造更大价值的一种经济活动。在预测投资项目未来各期的现金流量之后，我们需要采取科学方法对一系列现金流量进行分析，计算出相应指标，为最终的投资决策提供依据。

根据格雷厄姆等（Graham et al., 2001）对美国四千多家企业的问卷调查，企业在投资决策中最常用的方法有以下几种（见表7-1）。

表7-1　企业投资决策常用的方法

评估方法	使用比例/%
内部收益率（IRR）	75.2
净现值（NPV）	74.3
基准收益率（Hurdle Rate）	57
投资回收期（Payback）	56.4
市盈率（P/E）	38.6
动态回收期（Discounted payback）	29
实物期权（Real options）	25.7
会计收益率（Book rate of return）	20
获利指数（PI）	11.8

包括科勒曼等（Coleman et al., 2010）等其他的调查研究也显示了相似的结果，内部收益率、净现值和投资回收期都是企业最常用的投资评估方法；而获利指数，虽然只有1/10多一点的企业使用，但在一些场合下这个方法有独特的优势。

本章将学习其中四个指标的计算、在评估投资项目时的具体应用，以及各个指标的优点和缺陷。本章主要内容如下：

- 投资回收期
- 净现值
- 内部收益率
- 获利指数
- 各指标在特定情况下的应用

以上四个指标都是建立在项目的预测净现金流量的基础上的，其中净现值、内部收益率、获利指数都采用了折现现金流（Discounted Cash Flow）的方法，越是大公司，采用折现现金流评价方法的比例越高①。

■重点专业词语

投资回收期（payback period）　　现金流折现法（discounted cash flow method）

净现值（net present value）　　内部收益率（internal rate of return）

获利指数（profitability index）　　年等额净回收额（equivalent annual cost）

资本限额（资本约束）（capital constrain/capital rationing）

■开章案例

可研报告里的 NPV 与企业价值 — 紫金矿业

紫金矿业集团股份有限公司（SH. 601899）是一家在上海和香港两地上市的，以黄金、铜、锌及其他基本金属矿产资源勘查和开发为主的大型矿业集团。公司位居 2018 年《福布斯》全球 2 000 强第 947 位、全球有色金属企业第 14 位、全球黄金企业第 2 位。一直以来，企业坚持资源全球战略布局，不断在海外收购优质矿资源储备，持续推进国际化战略，提升全球领先矿企地位。2017 年紫金矿业海外项目运营贡献见表 7-2。

表 7-2　2017 年紫金矿业海外项目运营贡献

产品	产量	占集团总量
矿产金	19.65 吨	52.42%
矿产铜	2.93 万吨	14%
矿产锌	9.33 万吨	34.56%

2018 年，紫金矿业以 13.9 亿美元（约 93.63 亿元人民币）收购加拿大公司 Nevsun Resource Ltd 的方式获得了塞尔维亚矿山 Timok 铜金矿项目和非洲厄立特里亚在产矿山 Bisha 铜锌矿项目（60%权益）。这项几十亿元的大手笔投资能增加公司价值吗？股东心存疑虑。

这项投资当中的最重要项目就是 Timok 铜金矿，分上带矿和下带矿，都尚未开发。根据《Timok 铜金矿上带矿可研报告》，紫金公司在 Timok 铜金矿的权益铜金属量为 779.69 万吨，金金属量为 213.52 吨。Timok 铜金矿上带矿计划从 2020 年开始建设，预计 2022 年建成试产，项目初始资本开支 5.74 亿美元，建设期为 2.5 年，生产服务年限为 13 年（其中投产期 2 年，达产期 7 年，减产期 4 年）。Timok 铜金上带矿产量估算见表 7-3，其投产后 3 年盈利及现金流情况见表 7-4。

① GRAHAM, JOHN R, CAMPBELL HARVEY. How Do CFOs Make Capital Budgeting and Capital Structure Decisions? [J]. Journal of Applied Corporate Finance, 2002 (15): 8-23.

表 7-3　Timok 铜金上带矿产量估算

年份	1	2	3	4	5	6	7	8	9	10	11	12	13
铜金属量/万吨	5.15	13.5	14.5	12	8.7	4.77	4.68	6.88	6.85	6.4	6.42	5.97	4.58
金金属量/吨	2.46	6.07	5.03	2.6	1.95	0.73	0.7	1.3	1.27	1.2	1.2	1.1	0.85

表 7-4　Timok 铜金上带矿投产后 3 年盈利及现金流情况　　单位：万美元

项目	第 1 年	第 2 年	第 3 年
达产率	50%	70%	100%
营业收入	34 143.1	88 032.3	87 670.2
净利润	21 242.2	58 795.3	55 376
经营活动现金净流量	24 347.8	62 954.6	59 091.8

分析师预计，项目建成投产后，预计采选及管理成本 0.92 美元/磅，以铜价 3.1 美元/磅、贴现率 8%计算，Timok 上带矿预计净现值 18.2 亿美元，内部收益率 60.54%，项目投资回收期（含建设期）为 3.5 年。

从可研报告中我们了解到，这个项目技术、环境上可行，有较好的经济效益，未来有望成为公司新的利润增长点。

第一节　投资回收期

投资回收期（payback period，PP）是指通过项目投产后的现金净流量收回初始投资所需要的时间。简单地说，就是多长时间项目能够回本，也称静态投资回收期。

假设 T 为项目各年累计现金净流量首次出现正值的年份，投资回收期的计算为

$$PP = T - 1 + \frac{第\ T - 1\ 年累计现金净流量的绝对值}{第\ T\ 年的现金净流量} \tag{7-1}$$

【例 7-1】项目 A 累计现金净流量如表 7-5 所示。

表 7-5　项目 A 累计现金净流量　　单位：万元

年份	净现金流量	累计现金流量
0	-15 000	-15 000
1	5 500	-9 500
2	5 500	-4 000
3	5 000	1 000
4	3 000	4 000
5	2 000	6 000

根据表 7-5 数据计算累计现金净流量后，项目 A 的投资回收期为

$$PP = 3 - 1 + \frac{4\ 000}{5\ 000} = 2.8\ （年）$$

这意味着项目 A 的 15 000 元投资要经过 2.8 年才能回收。

显然，回收期越短，项目的吸引力越大。采用投资回收期进行决策的标准是：如果投资回收期小于基准回收期（公司自行确定或根据行业标准确定），接受该项目；反之，则放弃该项目。企业进行互斥项目比较分析时，应以回收期最短的方案作为中选方案。但是，这种方法存在重大缺陷：没有考虑货币时间价值。假设现在投入 1 000 元，一年之后收回 1 000 元，回收期是一年。该方法认定一年之后的 1 000 元与现在的 1 000 元价值相同，这显然是不科学的。

为弥补这一缺陷，有的企业采用折现投资回收期（discounted payback period，DPP），将现金净流量用该项目的折现率折现后计算累计折现现金净流量（见表 7-6）。

表 7-6　项目 A 累计现金净流量　　　　　　　　　　　　单位：万元

年份	现金净流量	现金净流量现值（10%）	累计折现现金净流量
0	−15 000	−15 000	−15 000
1	5 500	5 000	−10 000
2	5 500	4 545.5	−5 455
3	5 000	3 756.6	−1 698
4	3 000	2 049.04	351.1
5	2 000	1 242	1 593

$$项目 A 的折现投资回收期（DPP）= 3 + \frac{1\ 698}{2\ 049.04} = 3.28（年）$$

然而，即使如此，折现投资回收期（DPP）与普通回收期指标一样，仍有缺陷，即忽略了回收期之后产生的现金流量。

【例 7-2】试比较 A、B 两个互斥项目投资方案（见表 7-7）。

表 7-7　A、B 两个互斥项目现金净流量　　　　　　　　单位：万元

年份	项目 A 现金净流量	项目 B 现金净流量
0	−15 000	−15 000
1	5 500	2 000
2	5 500	2 000
3	5 000	8 000
4	3 000	8 000
5	2 000	8 000
回收期（PP）	2.8 年	3.375 年

从回收期来看，回收期短的项目 A 强于项目 B，但该方法忽略了项目投资额回收之后产生的收益，很有可能做出错误的决策，从而错过一些前期投入大而发展后劲足的项目。因此，企业不能单独凭投资回收期指标做出决策，必须与其他方法结合使用。

尽管投资回收期存在一些缺陷，但它计算简单，易于理解，能告诉人们投入资本被项目占用了多长时间，它注重项目早期的现金流，回收期越短，项目的灵活性就越大、不确定性相对较低。因此，它常常作为第一筛选指标被用来衡量项目风险，在现实中被广泛应用。

第二节 净现值

投资是为了创造更大的价值，如何量化衡量价值在学术界、实业界一直是难点。其中，影响最广泛、使用最普遍的方法是采用现金流折旧法（Discounted Cash Flow, DCF）计算的净现值（Net Present Value, NPV）法。

一、净现值的计算

净现值是指在整个建设和经营期内各年净现金流量按一定折现率计算的现值之和。其计算公司为

$$NPV = \sum_{t=0}^{n} \frac{NCF_t}{(1+r)^t} \tag{7-2}$$

其中：NCF_t 为第 t 期的净现金流量；N 为项目周期；r 为项目折现率

在上式中，折现率是指项目投资要求的收益率或资金成本，项目的风险越大，投资者所要求的回报率越高，折现率越高，计算出的 NPV 值越小，同时折现率与公司的资本结构和资金成本密切相关。如何确定项目折现率，将在第 10 章讨论。在本章计算 NPV 时，都假设 r 已确定。

【例 7-3】以例 6-2 的 BT 公司为例，BT 公司期望回报率为 10%，生产线项目净现值见表 7-8，则 BT 公司是否应当投资这条生产线？

表 7-8　BT 公司生产线项目净现值　　　　　　　　　　单位：万元

项目	0	1	2	3	4	5
净现金流量（NCF_t）	-3 100	1 095	1 095	1 095	1 095	1 232.5
折现系数（10%）	1	0.909	0.826	0.751	0.683	0.621
各年净现金流量现值	-3 100	995.45	904.96	822.69	747.90	765.29
NPV	1 135.44					

项目的净现值就是该项目所创造的净收益的现值，如果 NPV 大于零，表明该项目的收益超过期望值，投资可以增加企业的价值；如果 NPV 小于零，表明该项目的收益达不到投资者的要求，投资该项目会降低公司价值；如果 NPV 等于零，说明该项目所提供的收益正好等于企业所要求的收益率，企业价值不会改变。

所以，NPV 的评价标准为

NPV≥0，项目可行；

NPV <0，项目不可行；

若互斥项目的 NPV 都大于零，则选择 NPV 最大的项目。

BT 公司的生产线项目净现值为 1 135 万元[①]，因此，应当投资。

【例 7-4】企业面临两个互斥项目的选择（项目现金净流量见表 7-9），如果企业的资金成本是 8%，应当投资哪个项目？

---

① 因四舍五入，计算结果略有不同。

表 7-9　两个互斥项目现金净流量　　　　　　　单位：万元

年份	项目 A 现金净流量	项目 B 现金净流量
0	−15 000	−15 000
1	5 500	2 000
2	5 500	2 000
3	5 000	8 000
4	3 000	8 000
5	2 000	8 000

项目 A 的净现值：

$$NPV_A = -15\ 000 + \frac{5\ 500}{(1+8\%)^1} + \frac{5\ 500}{(1+8\%)^2} + \frac{5\ 000}{(1+8\%)^3} + \frac{3\ 000}{(1+8\%)^4} + \frac{2\ 000}{(1+8\%)^5}$$

$$= 2\ 343.37\ （万元）$$

项目 B 的净现值：

$$NPV_B = -15\ 000 + \frac{2\ 000}{(1+8\%)^1} + \frac{2\ 000}{(1+8\%)^2} + \frac{8\ 000}{(1+8\%)^3} + \frac{8\ 000}{(1+8\%)^4} + \frac{8\ 000}{(1+8\%)^5}$$

$$= 6\ 242.1\ （万元）$$

两个项目的净现值都大于零，说明这两个项目都能增加企业的价值。但企业资源有限，在只有 15 000 万元可用资金可供投资的情况下，应当选择项目 B，因为其净现值大于项目 A，能为企业创造更大价值。

当未来各年现金净流量相同时，我们可以利用年金的计算方法算出 NPV。

【例 7-5】假设某一持续 7 年的投资项目现金净流量如表 7-10 所示。

表 7-10　投资项目现金净流量　　　　　　　单位：万元

年份	0	1	2	3	4	5	6	7
NCF_t	−2 400	550	550	550	550	550	550	550

如果企业要求收益率为 10%，是否应当投资该项目？

由表 7-10 可知，$NCF_{1-7} = 550$（万元），每年的现金净流量相同，我们可以利用年金的现值系数计算：

$NPV = 550 \times P/A\ (10\%,\ 7) - 2\ 400 = 550 \times 4.868\ 4 - 2\ 400 = 277.62$（万元），大于零，因此，该项目可以投资。

计算 NPV 比较简便、准确的方法是用办公软件 EXCEL 里的函数。如【例 7-3】中，根据表中 BT 公司的投资项目的数据，在单元格中输入折现率和各期现金净流量：

"=NPV（10%, 1 095, 1 095, 1 095, 1 095, 1 232.5）− 3 100"，回车后得出计算结果 1 136.29。

BT 公司该项目在 10% 的折现率下净现值为 1 136.29 万元。

二、净现值（NPV）优点

净现值与企业价值创造的理念一致，NPV 大于零的项目，意味着该项目能为企业创造价值，反之亦然。做为项目评估中运用最广泛的指标之一，NPV 具有以下特点：

（1）NPV 包含了项目完整周期各年现金流量。

（2）NPV 考虑了货币的时间价值。

（3）净现值具有可加性。

假设两个项目互相独立，对它们的评价可以将两个项目合在一起，也可以分开。

【例7-6】某企业在评估两个独立的投资项目，一个项目是组装汽车，另一个项目是生产汽车的引擎盖。企业有足够资金，可以两个项目都投资，也可以只投资一项。假设有以下两种情况：

a. 组装项目的净现值100万元，引擎盖项目的净现值20万元；

b. 组装项目的净现值110万元，引擎盖项目的净现值-10万元；

不考虑企业的战略目标，单纯从盈利来看，企业应当如何决策？

在a状况下，企业可以两个项目都投资，两个项目能为企业带来总净现值：100 + 20 = 120（万元）。

在b状况下，企业应当明确拒绝引擎盖项目，而非认为两个项目的总净现值为100万大于零就可以两个项目都投资。

净现值的可加性也告诉我们，一个亏损的项目并不因为它能附在其他盈利的投资项目上就应当接受。可加性也是其他指标所缺乏的特点。

（4）NPV考虑了折现率的变化。

如果假设公司的资金成本或者要求回报率在未来保持不变，可能与现实不符。净现值的计算可以用随时间变化的折现率进行计算。

【例7-7】BT公司的生产线项目第0年至第5年的现金流量（万元）分别为-3 100、1 095、1 095、1 095、1 095、1 232.5，第1年至第5年的折现率分别为10%、12%、13%、14%和15%。则项目的净现值计算如表7-11所示。

表7-11　BT公司生产线项目净现值　　　　　　　　　　　单位：万元

项目	0	1	2	3	4	5
净现金流量（NCF_t）	-3 100	1 095	1 095	1 095	1 095	1 232.5
折现率		10%	12%	13%	14%	15%
折现系数	1	0.909	0.812	0.718	0.630	0.548
净现金流量现值	-3 100	995.45	888.80	786.55	689.95	675.30
NPV	936.05	万元				

第三节　内部收益率

一、IRR 的含义与计算

内部收益率（IRR，Internal Rate of Return）是指项目净现值为零时的折现率，或现金流入量与现金流出量相等时的折现率。它是一个相对数正指标，是投资项目的预期报酬率。

二、IRR 的计算

根据 IRR 的定义，其满足以下公式：

$$NPV = \sum_{t=0}^{n} NCF_t (1 + IRR)^{-t} = 0 \tag{7-3}$$

【例7-8】根据表7-8的数据，BT公司该项目的内部收益率可按下式计算：

$$NPV = -1\ 100 + \frac{1\ 095}{(1+IRR)^1} + \frac{1\ 095}{(1+IRR)^2} + \frac{1\ 095}{(1+IRR)^3} + \frac{1\ 095}{(1+IRR)^4} + \frac{1\ 232.5}{(1+IRR)^5} = 0$$

根据上式的 n 次方程，可采用试错法（trial and error）确定 IRR。

首先，当折现率 = 25%，$NPV_{25\%} = -110$。

其次，当折现率 = 20%，$NPV_{20\%} = 230$。

可知，IRR 必定在 20%~25%，可用插入法大概计算出内部收益率①。

$$IRR = 20\% + \frac{230}{110+230} \times (25\% - 20\%) = 23.38\%$$

该项目的内部收益率大于 BT 公司该项目的期望收益率 10%，因此，可以投资。

IRR 的计算也可以采用 EXCEL 函数计算，在 EXCEL 电子表格单元格中输入 "= IRR（-3 100，1 095，1 095，1 095，1 095，1 232.5）"，回车后即可得到项目的内部收益率 23.28%。

三、IRR 的应用

利用 IRR 准则评价投资项目的标准是：

如果 IRR ≥ 项目资金成本（或者投资所要求的最小回报率），则接受该项目；

如果 IRR < 项目资金成本（或者投资所要求的最小回报率），则拒绝该项目；

在为互斥项目做出决策时，选择内部收益率最高的项目。

【例7-9】两个互斥项目净现金流量见表7-12，则企业应选择哪个项目。

表 7-12　两个互斥项目净现金流量　　　　　　　　　单位：万元

年份	项目 A 净现金流量	项目 B 净现金流量
0	−15 000	−15 000
1	5 500	2 000
2	5 500	2 000
3	5 000	8 000
4	3 000	8 000
5	2 000	8 000
NPV（8%）	2 343.37	6 242.1
IRR	14.8%	19.4%

企业所要求的回报率为 8%，A 和 B 两个项目都可行，但在企业资源有限的情况下只能选择其一，项目 B 的内部收益率 19.4%，高于项目 A，因此，应当投资 B。

由此可知，当内部收益率大于企业所要求的回报率时，项目的 NPV 也大于零；反之，项目的 NPV 小于零。内部收益率可直接根据投资项目本身的现金流量计算其投资收益率，在大多数情况下，其能正确反映项目本身的获利能力。

四、IRR 的应用问题

内部收益率充分考虑了货币的时间价值，不用事先计算资金成本或预估期望收益率，比较客观地反映了投资项目的真实回报率，易于理解，在实务中的应用非常普遍。除了一

① 因四舍五入，计算结果略有差异。

般企业对项目进行评估，建筑公司的工程项目、基金公司的资产管理等都频繁地用到 IRR，从监理工程师到基金经理，都需要掌握内部收益率的原理和计算方法。

当评估单一投资项目时，在一般情况下，IRR 与 NPV 的结论是一致的。NPV 大于零时，意味着 IRR 也大于期望收益率，反之亦然。

但是，当项目的现金流量出现不规则变动，即未来各期即有现金净流入又有现金净流出时，IRR 将难以确定。

【例 7-10】假设 D 项目在第 0 年至第 6 年的现金流量见表 7-13。

表 7-13　项目 D 现金净流量　　　　　　单位：万元

年份	0	1	2	3	4	5	6
NCF_t	−1 000	800	150	150	150	150	−150

根据定义，内部收益率是使 NPV＝0 的折现率，在项目 D 中：

当折现率＝15.2%时，NPV＝0；

当折现率＝−50%时，NPV＝0，在这样的情况下，无法确定哪一个是项目的内部收益率。

【例 7-11】假设某企业的资金成本为 15%，正在评估 E 项目，其在第 0 年至第 6 年的现金流量见表 7-14。

表 7-14　项目 E 净现金流量　　　　　　单位：万元

年份	0	1	2	3	4
NCF_t	−1 000	800	1 000	1 300	−2 200

经计算，E 项目的内部收益率为 6.6% 和 36.6%，也就是说当折现率分别为 6.6% 和 36.6%时，E 项目的 NPV 都等于零。此时，无法判断该项目是否应当投资。NPV 与 IRR 的变动如图 7-1 所示。

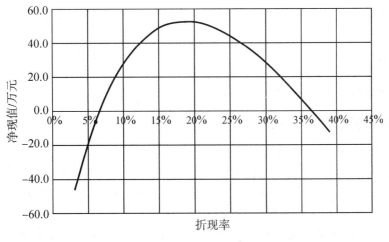

图 7-1　NPV 与 IRR 的变动

由图 7-1 可以看出，有的项目会出现多个 IRR，甚至有的项目会出现没有能满足 NPV＝0 的折现率的情况，无法用内部收益率做标准来评价。在这种情况下，只能用 NPV 法进行评价。

第四节　获利指数

获利指数（profitability index，PI）又称现值指数，是指投资项目未来现金净流量总现值与原始投资额现值的比率。

$$PI = \frac{PV(未来\ NCF)}{PV(原始投资额)} \tag{7-4}$$

根据例6-2，BT公司生产线项目的获利指数为：

$$PI = \frac{\dfrac{1\ 095}{(1+10\%)^1} + \dfrac{1\ 095}{(1+10\%)^2} + \dfrac{1\ 095}{(1+10\%)^3} + \dfrac{1\ 095}{(1+10\%)^4} + \dfrac{1\ 232.5}{(1+10\%)^5}}{3\ 100}$$

$$= \frac{995.36 + 904.47 + 822.35 + 747.89 + 765.38}{3\ 100} \approx 1.37$$

使用现值指数来评价方案的优劣时，决策标准：

现值指数≥1，方案可行；

现值指数<1，方案不可行；

若多个方案中选优，则现值指数越大方案越优。

BT公司的生产线项目PI为1.37，方案可行。

第五节　投资决策指标在特定情况下的运用

在对单一投资项目进行评估时，净现值、内部收益率、获利指数得出的结论是一致的，如果一个项目的NPV>0，则IRR>基准收益率，PI>1；项目的NPV越大，内部收益率也越高，获利指数也越大；反之亦然。

然而，当需要进行多个项目的比较、优选时，这几种方法可能得出不同结论。如果各项目的投资规模不一样，或者项目计算期的长短不同，则难以简单地比较这几个指标。以下介绍几种特定情况下的决策方法。

一、各投资项目的期限不同

【例7-12】固定资产何时更新？

假设某企业在考虑是否对一旧设备进行更新。旧设备只需花500元稍事维修，还能继续使用2年，每年产生净现金流量4 000元；如果买新设备，需投资15 000元，能使用4年，一样的效果但效率更高，预计每年产生净现金流量7 000元。企业是继续使用原有设备，还是应当更新设备？（假设两种设备报废后都无残值，企业的基准收益率为10%）

以上问题可以看成互斥的两个方案（见表7-15）。

表 7-15　各方案净现金流 NCF　　　　　　　　　　　　单位：元

方案	0	1	2	3	4
继续用旧设备	−500	4 000	4 000	—	—
更新设备	−15 000	7 000	7 000	7 000	7 000

两个方案的期限不一样、初始投资额也不一样，可采用：

$$年等额净回收额 = \frac{NPV}{年金系数(P/A,i,n)} \tag{7-5}$$

年等额净回收额是该方案净现值除以相关的年金系数（P/A,i,n），以年等额净回收额最大的项目为优（见表 7-16）。

表 7-16　各方案投资评价指标

方案	NPV（10%）	P/A,i,n	年等额净回收额
继续用旧设备	6 442.15	1.74	3 711.9
更新设备	7 189.06	3.17	2 267.94

因此，企业应当继续使用旧设备。

二、资本约束

进行投资规模不同的项目进行比较时，NPV 和 IRR 可能得出不同结论。

【例 7-13】有两个项目的预计净现金流量和投资指标计算如表 7-17 所示。

表 7-17　项目净现金流与投资指标　　　　　　　　　　　　单位：元

项目	0	1	2	3	4	NPV（12%）	IRR	PI
甲	−26 800	10 000	10 000	10 000	10 000	3 573.5	18%	1.13
乙	−55 900	20 000	20 000	20 000	20 000	4 847.0	16%	1.09

甲、乙两个项目都能为企业创造价值，如果这两个项目互相独立、互不影响，且企业有充足资金，可以考虑两个项目都投资。

如果甲、乙是互斥项目，NPV 和 IRR 则给出了不同结论。在这种情况下，选择的标准取决于企业是否存在资本约束。

企业的资源是有限的，有时面对好几项有潜力的项目会苦于无钱可投，只能从中再进行筛选。这就是资本约束，也称资本限额（capital constrain）。

资本约束也分为硬约束和软约束。软约束是指企业每年给不同部门规定一定的固定金额的资本支出，或者股东或债权人对企业的资本支出有某些限制等，公司整体并不缺乏资本。硬约束是指企业在任何情形下都无法为投资项目筹集到足够的资本，多由外部因素造成，在此情形下企业不得不舍弃一些盈利的项目。

无论何种情形，决策的依据仍然是企业价值最大化。若存在资本约束，获利指数是一种较好的选择标准。

【例 7-14】假设公司有五个可供选择的投资项目 A、B_1、B_2、C_1、C_2，其中 B_1 与 B_2，C_1 与 C_2 是互斥项目，公司可动用的资本最大限额为 500 万元，有关资料见表 7-18。

表 7-18　项目资料　　　　　　　　　　　　　　　　单位：元

投资项目	初始投资 NCF_0	获利指数 PI	净现值 NPV
A	2 000 000	1.375	800 000
B_1	1 800 000	1.467	840 000
B_2	4 000 000	1.25	1 000 000
C_1	1 100 000	1.309	400 000
C_2	1 000 000	1.21	210 000

要求：试确定公司的最佳投资组合。

如果按 NPV，公司应当投资 B2 和 C2，共需投资 500 万元，净现值总计 121 万元。然而，这并不是能使公司价值最大化的方案。

公司可先将投资项目按获利指数排序（见表 7-19）。

表 7-19　各项目的获利指数排序

投资项目	初始投资 C0	获利指数 PI	排序
A	2 000 000	1.375	2
B_1	1 800 000	1.467	1
B_2	4 000 000	1.25	4
C_1	1 100 000	1.309	3
C_2	1 000 000	1.21	5

因此，最佳的投资方案是投资 A、B_1 和 C_1 这三个项目，共需投资 490 万，不超过资本限额，可获得净现值合计 204 万元。

现实的复杂程度总是远超书本，实际的投资方案可能有各种情况，以上介绍的方法为科学决策提供了可靠的、可验证的思路，但也不能涵盖所有的情形。做为决策者，必须结合实际情况具体分析。

本章综述

项目投资决策中，投资者在预测了项目未来各期产生的净现金流量之后，要据此计算出相应指标，为最终的投资决策提供依据。以下是以项目的净现金流量为基础，在项目可行性分析中最常用的四个指标：投资回收期、净现值、内部收益率和获利指数。

1. 投资回收期（PP）

投资回收期是指通过项目投产后的现金净流量收回初始投资所需要的时间。简单地说，就是多长时间项目能够回本。

决策的标准：投资回收期短于基准回收期（公司自行确定或根据行业标准确定），接受该项目；反之，则放弃该项目。企业在进行互斥项目比较分析时，应以回收期最短的方案作为中选方案。

投资回收期方法计算简单、易于理解，但该指标没有考虑货币的时间价值。虽然折现回收期（DPP，Discounted Payback Period，也叫动态回收期）能弥补这个缺陷，但仍然忽略了回收期之后的现金流量，没有将项目全盘考虑。

所以，不能凭该指标就做出决策，该指标只能起辅助作用。

2. 净现值（NPV）

净现值是指在整个建设和经营期内各年净现金流量按一定折现率计算的现值之和，它采用了折现现金流（Discounted Cash Flows）的方法，考虑了货币的时间价值，涵盖了项目产生的全部现金流量，是价值评估中最重要的指标之一。

净现值的计算需要各期现金净流量（NVF_t）和折现率（r，也可以用基准收益率、资金成本或期望收益率、最小收益率），计算公式为

$$NPV = \sum_{t=0}^{n} \frac{NCF_t}{(1+r)^t}$$

NPV 的决策标准：

NPV 大于或等于零时，项目可行，NPV 越大，说明该项目能创造的价值越多；

NPV 小于零，项目不可行。

3. 内部收益率（IRR）

内部收益率是指项目净现值为零时的折现率，或现金流入量等于现金流出量相等时的折现率。它是一个相对数正指标，是投资项目的预期报酬率，易于理解，在实务中使用也非常普遍。

计算 IRR 只需要各期现金净流量（NCFt），公式如下：

$$NPV = \sum_{t=0}^{n} NCF_t(1+IRR)^{-t} = 0$$

解上式方程，可计算出 IRR；也可采用试错法或 EXCEL 计算 IRR。

IRR 的决策标准：

IRR 大于或等于基准收益率时，项目可行；

IRR 小于基准收益率时，项目不可行。

在一般情况下，IRR 与 NPV 的结论是一致的。

但是，当项目产生不规则现金流量时（即各期的现金净流量时正时负），无法确定该项目的内部收益率。

4. 获利指数（PI）

获利指数（PI, Profitability Index）又称现值指数，是指投资项目未来现金净流量总现值与原始投资额现值的比率。

$$PI = \frac{PV(未来\ NCF)}{PV(原始投资额)}$$

现值指数的决策标准：

现值指数≥1，项目可行，若多个方案中选优，则现值指数越大方案越优；

现值指数<1，项目不可行。

5. 在对单一投资项目评估时，净现值、内部收益率、获利指数得出的结论是一致的，如果一个项目的 NPV>0，则 IRR>基准收益率，PI>1；项目的 NPV 越大，内部收益率也越高，获利指数也越大；反之亦然。

6. 当需要进行多个项目的比较、优选时，这几种方法可能得出不同结论。如果各项目的投资规模不一样，或者项目计算期的长短不同，则难以简单地比较这几个指标。投资者必须根据具体情况来分析。

（1）各项目期限不一致的决策。

有时会遇到投资规模不相同、期限不相同的多个项目的比较，比如固定资产何时更新的问题，此时可以计算年等额净回收额，该数值越大，项目的财务可行性越高。

$$年等额净回收额 = \frac{NPV}{年金系数(P/A,i,n)}$$

（2）资本约束下的决策。

资本约束也叫资本限额，是指企业由于资金的限制，只能在若干有盈利潜力的项目中做出选择。

资本约束可能是由于企业受限于内部管理机制、治理结构等所产生的软约束，也有由于企业无法为投资项目筹集到足够资金的硬约束，无论何种情况，企业价值最大化都是决策依据。获利指数是一个较好的评价标准。

参考文献

［1］GRAHAM J R, HARVEY C R. The Theory and Practice of Corporate Finance：Evidence from The Field ［J］. Journal of Financial Economics，2001，60（2）：187－243.

［2］GRAHAM J R, HARVEY C R. How Do CFOs Make Capital Budgeting and Capital Structure Decisions？［J］. Journal of Applied Corporate Finance，2002（15）：8－23.

［3］LES C, KRISHNAN M, SEAN P. Narratives in Managers' Corporate Finance Decisions ［J］. Accounting and Finance，2010（50）：605－633.

［4］紫金矿业. 紫金矿业 2018 年度公开增发 A 股股票预案（修订稿）. http://www.zjky. cn/upload/file/2019/02/26/276ecddc16f84cbba0c96aca5cf22702.pdf

［5］紫金矿业. 紫金矿业集团股份有限公司关于以现金方式要约收购 Nevsun Resources Ltd. 的公告 ［EB/OL］.（2018－09－06）［2022－01－31］. http://www.zjky.cn/upload/file/2018/09/06/565d7b7f28084f1ba444cfd4f fcf1c60.pdf

［6］刘淑莲. 财务管理 ［M］. 3 版. 大连：东北财经大学出版社，2018：76－77.

［7］斯蒂芬·A. 罗斯，伦道夫·W. 威斯特菲尔德，杰弗利·F. 杰富，等. 公司理财 ［M］. 11 版. 北京：机械工业出版社，2017.

习　题

附　录

第八章

投资的风险分析

■ **本章导读**

投资的目的是创造更大价值。虽然我们采用科学方法做预测和决策，然后满怀希望地投入，但是这样有可能大获成功，也有可能惨遭失败。经济周期、行业发展、经营失策、市场和消费者口味变化、科技创新、汇率波动、政治因素，等等，都可能对投资结果产生巨大的影响。正所谓世事难料，任何投资都伴随着风险。

不过，风险并不全是消极负面的，冒风险也意味着潜在的高收益。风险和收益（或称回报）相伴相生密不可分，如何度量冒风险"值不值得"？本章将讨论如何分析风险和收益。第一至第三节从风险与回报之间的关系出发，探讨如何将风险量化衡量并体现在回报率中；第四节将学习如何分析项目现金流的风险并为决策提供依据。

■ **重点专业词语**

投资组合（portfolio）　　　　　　有效投资组合（efficient portfolio）

系统风险（systematic risk）　　　非系统风险（unsystematic risk）

风险溢价（risk premium）　　　　敏感性分析（sensitivity analysis）

敏感因素（sensitivity factor）　　期望值（expected value）

资本资产定价模型（capital asset pricing model，CAPM）

■ **开章案例**

"投资有风险，理财需谨慎"——银行对客户总是反反复复的提醒。

"高风险高回报"——看来风险并不全是坏事。

2021年2月中国证券监督管理委员会发布《公开募集证券投资基金运作指引第3号——指数基金指引》，明确规定：标的指数的成分证券数量不得低于30只。"不能把所有的鸡蛋都放在一个篮子里"——分散化可以降低风险。那么，是不是把所有鸡蛋全部分散，使得每个篮子只放一个鸡蛋就能避免所有的风险呢？

日常生活中我们常听到关于风险的各种说法。什么是风险？做为投资者，怎样去认识、度量风险，从而使投资价值最大化，这些问题将在本章中得到回答。

第一节 风险与收益的衡量

一、风险的含义

如果世上真有"料事如神"的投资者，谈论风险就没有意义了。从不同的角度出发，风险有不同的含义。从投资的角度来看，风险是指资产未来收益相对预计收益变动的可能性和变动幅度，简单地说，就是投资的结局与预期不一致。

与风险相联系的另一个词是"不确定性"（uncertainty），两个概念常常互相通用，含义基本相同，但以美国奈特（1921）为代表的一些经济学家把投资结局能作概率估计的情况称为风险，而把无法进行概率估计的情况称为不确定性。

投资风险与不确定性是客观存在、不可避免的，投资者决策过程中需要对风险与不确定性进行评估。投资者对风险的理解也应当是两面的，它既可以是一个积极正面的概念，意味着机会和收益，也可以是一个消极负面的概念，伴随着危险和损失。所以，机会使投资者敢于承担风险，危险要求承担风险必须得到相应补偿，也就是俗话说的"高风险高回报"。因此，怎样衡量风险和收益是投资者不得不面对的问题。

二、收益率的衡量

国债的收益率是固定的，从某种角度来说，投资国债是没有风险的。而投资风险资产，如股票、公司债券或其他的实业项目，未来收益是不确定的，可能有不同的情况发生。不同的情况发生的概率不同。预测其未来收益可用不同情况下的结果与概率（Possibility）的加权平均值来表示，即期望收益率（也称预期报酬率，Expected Return）。

$$E(r) = \sum_{i=1}^{n} P_i \times r_i \tag{8-1}$$

式中：$E(r)$ 是期望收益率（或者 $\bar{r}$，有时也称平均收益率），P_i 是第 i 种情况出现的概率，r_i 是第 i 种情况下的收益率，n 是指可能出现 n 种情况。

【例8-1】表8-1给出了两只股票 A、B 的可能收益率和发生的相关概率，求它们的期望收益率。

表8-1 A、B 股票在不同情况下可能的收益率

经济环境（i）	发生概率（P_i）	股票 A 收益率 r_A	股票 B 收益率 r_B
萧条	0.20	5%	-6%
一般	0.35	9%	16%
繁荣	0.45	13%	28%
合计	1	10.00%	17.00%

股票 A 的期望收益率 $= 0.2 \times 5\% + 0.35 \times 9\% + 0.45 \times 13\% = 10\%$

股票 B 的期望收益率 $= 0.2 \times (-6\%) + 0.35 \times 16\% + 0.45 \times 28\% = 17\%$

期望收益率是某种资产所有可能的未来收益水平的平均值，投资者通过这一数值的比较可知股票 A 的预期收益比股票 B 的小，但是，未来的实际收益并不一定就是这样，未来的实际收益仍然是不确定的，不一定和期望收益一致。期望收益率的计算过程说明了投资风

险的存在，但没有说明风险的大小。A、C 两只股票在不同情况下可能的收益率见表 8-2。

表 8-2　A、C 股票在不同情况下可能的收益率

经济环境(i)	发生概率(P_i)	股票 A 收益率 r_A	股票 C 收益率 r_C
萧条	0.20	5%	-10%
一般	0.35	9%	6%
繁荣	0.45	13%	22%
合计	1	10.00%	10.00%

股票 C 的期望收益率 = 0.2×（-10%）+0.35×6%+0.45×22% = 10%

期望收益率告诉我们股票 A 和股票 C 的未来预期收益都是 10%，但却没有说明那个股票风险更大。理性投资者在收益相同的情况下会追求更小的风险。

三、风险的衡量

有的股票价格波动很大，而有的股票价格波动幅度小，在统计学中，资产的风险大小可以用未来可能收益水平的离散程度来表示，即用方差或标准差描述收益率与平均值偏离的程度，偏离得越大，风险越大。

$$方差(r) = \sum_{i=1}^{n} P_i \times [r_i - E(r)]^2 \tag{8-2}$$

$$标准差 \sigma = \sqrt{方差(r)} \tag{8-3}$$

以表 8-1 中的 A、B 两只股票为例，衡量它们的风险。

股票 A 的方差 σ_A^2 = 0.2×(5%-10%)^2+0.35×(9%-10%)^2+0.45×(13%-10%)^2 = 0.000 94

股票 B 的方差 σ_B^2 = 0.2×(-6%-10%)^2+0.35×(16%-10%)^2+0.45×(28%-10%)^2 = 0.016 06

股票 A 的标准差 $\sigma_A = \sqrt{0.000\ 94} = 3.07\%$

股票 B 的标准差 $\sigma_B = \sqrt{0.016\ 06} = 12.67\%$

所以，股票 B 比股票 A 的风险大。

【例 8-2】试计算表 8-2 中股票 C 的方差，并与其他股票比较。如果只能在上述三只股票中选一只进行投资的话，选哪只股票？

解答：股票 C 可以首先被淘汰。但对股票 A 和 B 的筛选，理论上，应当以投资者对风险的态度为标准，保守的投资者和激进的投资者各有偏好。不过，在实务中投资者不必只局限于一只股票，他们有更好的选择。

第二节　投资组合风险与收益

"不要把所有的鸡蛋都放在一个篮子里。"这句话虽然简单直白，却包含了睿智的人生智慧和有效的投资策略。投资者很少把所有的资本都投入一种资产或单一项目中，而是有意或无意间构建一个投资组合或投资于一系列项目，通过资产多样化在给定的期望收益水平下降低投资风险。

由于组合投资在分散和降低风险中的重要作用，一些国家的法律和制度都规定银行、保险公司、信托公司、各类基金管理公司等金融机构都必须将其投资分散，形成高度多元化的投资组合，起到避免风险的作用。究竟投资组合能降低多少风险？如何才能使投资组合最大程度的降低风险？1954年美国学者马克维茨（Markowitz）对投资组合收益和风险的深入研究，奠定了现代投资组合理论的基础。

一、投资组合期望收益率

企业或投资者投资不同的证券或项目，就形成了一个投资组合（portfolio）。把投资组合看成一个整体，它的期望收益率是组合中各单项资产预期收益率的加权平均数。

$$E(r_p) = \sum_{i=1}^{n} w_i E(r_i) \tag{8-4}$$

其中：$E(r_p)$ 是投资组合的期望收益率，w_i 是第 i 种资产在组合总价值中的比重，$E(r_i)$ 是第 i 种资产的期望收益率。

【例8-3】以最简单的两只股票的投资组合为例。投资者张三将40%的资金投资于例8-1中股票A，将60%的资金投入股票B，股票A、B的收益率、风险与投资权重见表8-3。则投资组合的期望回报率是多少？

表8-3　股票A、B的收益率、风险与投资权重

项目	期望收益率(r)	标准差(σ)	投资权重(w)
股票A	10%	3.07%	40%
股票B	17%	12.67%	60%
合计	—	—	1

$E(r_p) = 40\% \times 10\% + 60\% \times 17\% = 14.2\%$

因此该投资组合的期望收益率是14.2%。

【例8-4】企业用资金100万元在证券市场上进行投资，分别购买了30万元一年期国债、30万元公司债券和40万元的股票X，资料如表8-4所示。

表8-4　单项投资的收益率、风险与投资额

项目	预期收益率(r)	标准差(σ)	投资额／万元
国债	4%	0	30
公司债券	9%	4.5%	30
股票X	16%	13.8%	40
合计	—	—	100

企业的投资组合预计收益率是组合里各项资产以投资比例为权重的加权平均：

$E(r_p) = 30\% \times 4\% + 30\% \times 9\% + 40\% \times 16\% = 10.3\%$

二、投资组合风险

（一）投资组合里各资产的相关性

与投资组合的期望收益率不同，组合的风险即组合的期望收益率方差，并不是各单项资产风险的加权平均，而是取决于组合中各资产的相关性。换句话说，投资组合能分散风险，至于风险能被分散的程度，取决于投资组合中各资产期望收益率之间的相关程度。

例如，苹果公司在中国有众多供应商，比亚迪（00285.HK）的电池、蓝思科技（300433.SZ）的防护屏、欧菲科技（002456.SZ）的摄像头模组、环旭电子（601231.SH）的无线通讯模组等，手机最后由富士康（601138.SH）组装。2018年年底，受苹果手机销售放缓影响，苹果宣布下调2019年度第一季度利润预期，当天，上述众多的"苹果概念股"股价大跌，清楚表明这些企业的股票收益率相关性很高，而且是高度正相关。如果一个投资组合中只包括这几只股票，一荣俱荣、一损俱损，则风险被化解的程度就很小。

相关程度，也就是资产之间的相互关系可用相关系数 ρ 量化衡量，例如：两只股票 x 和 y 之间的相关系数为 $\rho_{x,y}$，$-1 \leqslant \rho_{x,y} \leqslant 1$。

如果 $\rho_{x,y} = 1$，则 x 和 y 两个股票的收益率正相关，风险无法分散；

如果 $\rho_{x,y} = -1$，则 x 和 y 两个股票的收益率负相关，风险可以全部分散；

如果 $\rho_{x,y} = 0$，则 x 和 y 两个股票的收益率不相关，风险能分散一部份。

（二）两项投资组合的风险

首选从最简单的组合开始，组合中包含了股票 A 和股票 B，组合的风险为

$$投资组合标准差\ \sigma_p = \sqrt{w_A^2\sigma_A^2 + w_B^2\sigma_B^2 + 2w_Aw_B\rho_{A,B}\sigma_A\sigma_B} \tag{8-5}$$

$\sigma_{A,B}$：包含股票 A 和 B 的投资组合的标准差；

$\rho_{A,B}$：投资组合中股票 A 和股票 B 的相关系数。

假设张三的投资组合中的两只股票 A 和 B 的相关系数 $\rho_{A,B}$ 为 0.3，则该投资组合的风险为

$$\sigma_{A,B} = \sqrt{40\%^2 \times 3.07\%^2 + 60\%^2 \times 12.67\%^2 + 2 \times 40\% \times 60\% \times 0.3 \times 3.07\% \times 12.67\%}$$
$$= 8.06\%$$

从上式可以看出，如果组合里的两个股票完全负相关，即 $\rho_{A,B} = -1$，则可以完全消除风险，但在现实中，证券之间达到完全负相关或者完全正相关的情况基本不存在，大部份股票之间的相关系数都在 0 至 1 之间。

包含了股票 A 和 B 的组合，如果改变两只股票的投资权重，不同权重的组合的收益率和标准差如图 8-1 所示。

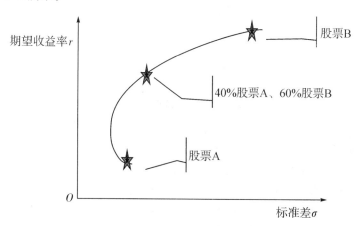

图 8-1　期望收益率与标准差

投资组合并不局限于两种股票，我们可以增加投资的品种，进一步分散风险。最终，有效投资组合的期望收益率和标准差呈现出图 8-2 的关系。

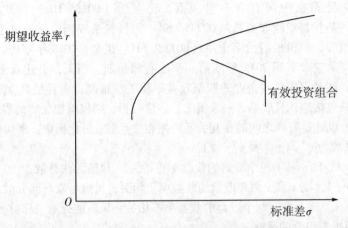

图 8-2　有效投资组合的期望收益率与标准差

在曲线上的都是有效投资组合（efficient portfolio），在任何水平的风险下，有效投资组合的期望收益率最高。

（三）系统风险和非系统风险

随着投资组合中包含的资产个数的增加，组合的标准差逐渐下降，风险在不断降低，但研究发现，标准差下降的趋势呈递减趋势。也就是说，无论怎样组合，总有一部分风险无法消除。因此，我们要分析投资组合的风险，首先要了解其风险构成。组合里的项目数量与组合的标准差见图 8-3。

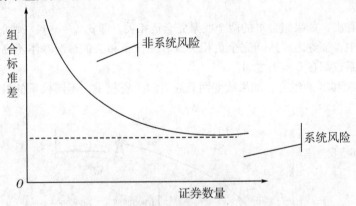

图 8-3　组合里的项目数量与组合的标准差

投资组合的风险可分为非系统风险和系统风险。

1. 非系统风险（unsystematic risk）

非系统风险又叫可分散风险或个别风险，指某些因素对单个证券或行业造成损失的可能性。如公司管理不善、决策失误、2008 年三聚氰胺事件对中国乳业的打击、2014 年上市公司重庆啤酒研发乙肝疫苗失败、2018 年中兴通讯受美国政府制裁，等等。这种风险，可通过多样化投资来抵销，称为可分散风险。一个科学的投资组合，可以分散掉大部分非系统性风险。据学者的研究，当组合中的股票数量达到 15～20 只时，90% 以上的非系统性风险可以被分散掉。因此，对这部分可以通过投资组合分散掉的风险，投资者不会得到补偿。

2. 系统风险（β 系数）（systematic risk）

系统风险也称不可分散风险或市场风险（market risk），指的是由某些因素给市场上所有的证券都带来损失的可能性。例如：宏观经济状况的变化、国家税收、财政政策和货币政策的变化、世界能源状况的变化、新冠疫情甚至战争等不可抗力的影响都会使资产预期收益率发生变化。这些风险将影响所有的企业，没有办法通过投资组合的方式分散掉。对投资者而言，这种风险是无法消除的，因此也称为不可分散风险（undiversified risk）。无论怎样组合，这部分风险都必须承担，所以，投资者需要考虑所承担的风险与预期回报率的关系。

系统性风险的大小通常用β（贝塔）系数来衡量。β系数反映的是个别证券对市场上全部投资的平均收益率的变动程度。市场平均收益率可以用一些具有代表性的证券指数表示，如上海证券综合指数、美国标普指数、金融时报指数等。β系数的计算需要大量数据支持，因此专业投资机构通常定期计算并公布。

表8-5列示了我国几家上市公司2021年12月底以日收益计算的β系数。

表 8-5　股票的贝塔系数（2021-12-31）

股票代码	公司名称	β系数
000651	格力电器	0.51
600519	贵州茅台	1.38
000538	云南白药	1.06
300750	宁德时代	1.90
601398	工商银行	0.25

数据来源：锐思数据库（www.resset.cn）。

如表8-5显示，格力电器的β系数为0.51，表明该股票的系统风险只相当于总系统风险的约一半。如果整个市场证券平均收益率上涨10%，则格力电器的股票收益率上涨5.1%，而若整个市场平均收益率下跌10%，格力电器的收益率则下跌5.1%。若整个市场平均收益的风险β系数为1，则其他的证券β系数越大，收益率波动越大，其风险也越大。

单个资产的风险用β系数表示，投资组合的风险也同样可以用β系数表示，此时组合的β系数是单个β系数的加权平均数。

$$\beta_{组合} = \sum_{t=1}^{n} W_i \beta_i \qquad (8-6)$$

【例8-5】李四将100万元资金投资股票，购买了40万元的格力电器，25万元的贵州茅台和35万元的工商银行，根据表8-5的数据，该投资组合的风险如下：

$$\beta_{组合} = 0.4 \times 0.51 + 0.25 \times 1.38 + 0.35 \times 0.25 = 0.636\ 5$$

该组合风险略小于市场整体风险，若整个市场的收益率上涨10%，张三的收益率上涨6.365%，若市场整体收益率下跌10%，该组合的收益率将下跌6.365%。

此时，我们可以思考：国债的β系数是多少？

第三节　资本资产定价模型

市场上可供选择的投资工具很多，证券市场上有几千只股票、债券、银行或保险公司推出的各种产品，如果将投资范围扩大到海外，则能建立无数个有效投资组合，从而在收益率给定的情况下降低市场风险。如果在组合中增加无风险投资，那么会有什么样的结果呢？

资本资产定价模型（Capital Asset Pricing Model，CAPM）建立在马克维茨（Markowitz）的投资组合理论基础之上，由威廉·夏普（William Sharpe）在1964年提出，该模型第一次在不确定性条件下揭示风险和回报的关系，进而对资产价格进行估值，影响深远，因此威廉·夏普在1990年与马克维茨一起获得诺贝尔经济学奖。

一、基本假设

资本资产定价模型建立在以下的假设基础上：

（1）投资者是理性的，并希望效用最大化；

（2）投资者都能以相同的无风险利率借入或贷出资金；

（3）所有的信息都可用，投资者有着相同的预期结果；

（4）完善的资本市场，即市场没有税收和交易成本、没有进出障碍、没有人能左右市场。

尽管这些假设与现实不一致，但该模型在实践中得到了检验。就像威廉·夏普（1964）提到："一个理论的合理测试不是它假设的现实性，而是它运用的可接受性"。

经济学家在2002年对企业进行问卷调查，发现资本资产定价模型CAPM是企业在进行投、融资决策时确定资金成本的最常用的方法，高达73.5%的企业一直或大部分时候都使用它，而且越是大公司使用CAPM的比例越高[①]。

二、资本资产定价模型（CAPM）

在众多可供选择的投资当中，国债是不可忽视的一项。它的收益率是固定的，不受市场波动影响，因此β系数为零。如果投资者投资风险资产，期望收益率就应当高于国债的收益率。

$$\text{期望收益率 } E(r) = \text{无风险收益率} + \text{风险溢价} \tag{8-7}$$

威廉·夏普等经济学家假设投资者可以以无风险利率借入和贷出资金，在组合中加入无风险投资，扩大了可投资的范围，从而建立了资本资产定价模型（CAPM）：

$$E_{(rj)} = r_f + \beta_j(r_m - r_f) \tag{8-8}$$

式中，E_{ij}是风险资产j的期望收益率，r_f是无风险收益率，β_j是风险资产j的市场风险，r_m是市场期望平均收益率。

【例8-6】假设市场预期平均收益率为9%，短期国债的收益率是3.6%，而同时某上市公司股票的β系数为1.24，则该股票的期望收益率应当是多少？

$E(r) = 3.6\% + 1.24 \times (9\% - 3.6\%) = 10.296\%$

【例8-7】以上例的信息，根据例8-5的数据，计算李四的投资组合的预期收益率：

$E(r_{组合}) = 3.6\% + 0.6365 \times (9\% - 3.6\%) = 7.037\%$

CAPM模型揭示了市场风险与回报率之间的关系：投资的风险溢价与其β系数成简单的正比关系。资本资产定价模型如图8-4所示，所有的投资都必须在斜线上，这条斜线即是证券市场线（security market line，SML）：

---

① GRAHAM J R，HARVEY C R. The Theory and Practice of Corporate Finance：Evidence from The Field ［J］. Journal of Financial Economics，2001，60（2）：196

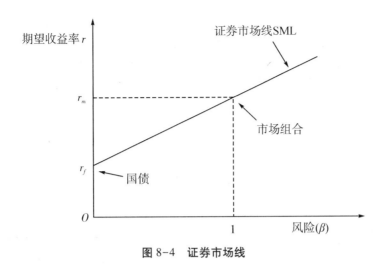

图 8-4　证券市场线

证券市场线显示风险和回报是线性关系。其斜率是市场风险溢价（$r_m - r_f$）。如果某项投资的贝塔系数为 0，说明该项投资只有非系统性风险，可以通过分散投资的方式消除，因此投资者只能得到无风险收益率做为回报。

如果某一证券的实际收益率小于期望收益率，即在证券市场线之下，投资者将会抛售该证券，导致证券价格下跌，直到其期望收益率停留在斜线中；反之亦然。

前章我们在评估投资项目时，对项目未来现金流折现以计算 NPV，折现率即项目的期望收益率。项目风险的高低决定了投资者投资该项目所要求的收益率，而收益率的大小，进而决定了项目价值的大小（NPV），因此 CAPM 解决了在不确定条件下对风险资产的定价。

第四节　无风险利率与风险溢价

资本资产定价模型表明，任何风险资产的期望收益率等于无风险收益率加风险溢价，而风险溢价是由 j 资产的系统风险（β_j）和当前的市场风险溢价决定的。

一、无风险利率（r_f）

国债违约的可能性微乎其微，虽然由于通货膨胀的影响，实际收益仍存在着不确定性，但我们通常可以参考国债收益率来确定无风险利率。在过去，美国国库券被认为是具有代表性的无风险证券，在过去 115 年间的平均收益率为 3.8%。

二、市场风险溢价（$r_m - r_f$）

市场风险溢价（market risk premium）是市场组合的平均收益率与无风险利率之差，表示了承担市场平均风险而要求的补偿。市场组合难以精确计算，一般用有代表性的综合指数来代表，比如上海证券综合指数（Shanghai composite index）、美国标普 500 指数（S&P 500 Index）等。根据过去的数据，1900 年以来美国的市场风险溢价大约为 7%。[1]

① 理查德·A. 布雷利，斯图尔特·C. 迈尔斯，弗兰克林. 艾伦. 公司金融（基础篇）[M]. 12 版. 北京：机械工业出版社，2017：169.

【例8-8】假设某人将资金一半投资于指数基金，市场的平均收益率为14%，另一半购买国债，收益率为4%，大致计算该投资组合的期望收益率和系统风险β系数。

将指数基金视为市场组合，$\beta_m = 1$，而国债的 $\beta_f = 0$，计算如下：

$\beta_{组合} = 0.5 \times 1 + 0.5 \times 0 = 0.5$

$E_{(r组合)} = 4\% + 0.5 \times (13\% - 4\%) = 8.5\%$

所以，该组合的期望收益率为8.5%，系统风险β系数为0.5。

第五节　投资项目风险分析

一、项目风险

项目风险是指某一投资项目本身特有的风险，即该项目未来收益可能与预期不符的情况。虽然项目风险可以体现在计算净现值时采用的折现率上，但项目的现金流量仍受到诸多因素的影响，从而具有不确定。

项目投资周期长、规模大、环节多，一方面由于其特有的因素或估计误差，另一方面受社会、经济、科技、国家产业政策、消费者偏好、不测事件甚至自然灾害等影响，从而导致项目的现金流量与预期偏离。因此，我们需要对项目的现金流量风险进行分析，了解左右项目成败的关键因素。

二、敏感性分析

（一）敏感性分析法概述

敏感性分析是指从众多不确定性因素中找出对投资项目经济效益指标有重要影响的敏感性因素，并分析、测算其对项目基本方案经济评价指标（如NPV）的影响。如果某因素变动幅度大，但对项目经济指标的影响不大，则说明项目对该因素不敏感，风险较小；反之，如果某一因素变动幅度小却对项目的盈利能力影响很大，则说明该因素敏感性强、风险大，在后续决策和经营中需对该因素特别关注。

（二）具体步骤

投资项目的敏感性分析具体步骤如图8-5所示。

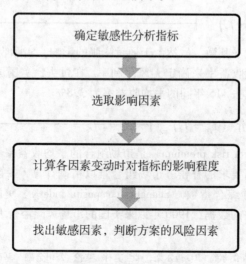

图8-5　敏感性分析步骤

（1）确定敏感性分析指标。

根据投资项目的特点，选出最能反映项目效益的指标做为分析对象，如净现值、内部收益率等。

（2）选取影响因素。

影响项目经济效果的因素很多，必须抓住主要因素。例如，某乳制品企业对新建生产线的评估，需要估计投入的设备、劳动力、原材料，还有销售量、销售价格、广告费用等，几乎所有预测数据都不同程度地受到不确定因素的影响。但在评估中，只分析那些在成本收益构成中占比重较大、并在经济周期中最有可能发生的因素，通常有投资额、项目建设期限、达产期、产品产量及销售量、产品价格、经营成本（特别是其中的变动成本）、折现率。

（3）计算各不确定因素变动时对分析指标的影响程度。

敏感性分析有单因素分析和多因素分析，本章只介绍单因素分析，指就单个不确定因素的变动对方案经济效果的影响所作的分析。

在计算过程中，先假定一个因素变化而其他因素不变，算出分析指标对这个变化的敏感程度，再假定第二个因素变化，算出项目指标对这个变化的敏感程度，依次计算直到选取的影响因素都计算完毕。

$$敏感系数 = \frac{目标值变动百分比}{参量值变动百分比} \tag{8-9}$$

（4）找出敏感因素，判断方案的风险因素。

（三）敏感性分析的应用

【例8-9】越来越多的企业涉足房地产开发领域，房地产项目虽然收益高，但项目周期长、投资规模大、受政策因素影响大，存在着很多不确定性。

现在公司计划参与投资某房地产经营项目，期初一次性投入建设成本1 300万元后，可获得10 000平方米经营面积10年的经营收益权。预计建成后每平方米年租金350元，年经营成本为140万元。项目经营10年后，业主方将收回经营收益权并补偿60万元的装修费。公司当前的资金成本为8%。试对项目进行敏感性分析。

（1）首先，确定分析指标为NPV。计算：

$$NPV = (350 - 140) \times (\frac{P}{A}, 8\%, 10) + \frac{60}{(1 + 8\%)^{10}} - 1\,300 = 136.9（万元）$$

NPV大于零，该项目可行。但计算净现值的这些数据都是预测值，与实际现金流量很可能大不相同。通过敏感性分析，我们可检验计算中使用的这些数据，从而确定这些数据变动对净现值的影响。

（2）选取影响因素。

影响房地产项目收益的因素很多，建设成本包括了建筑材料价格和人工成本，租金收入根据当地经济水平和出租率预测得出，这些数据变动性比较大，再结合开发项目的相关资料，选取建设成本、经营租金收入、资金成本为影响因素进行分析，使其逐一在初始值的基础上按±10%、±20%的变动，分别计算相对应的净现值的变化。

（3）计算各因素对NPV的影响。

当建设成本下降10%时，敏感系数 $= \frac{(266.9 - 136.9) \div 136.9}{-10\%} = 9.5$，依次计算，结果如表8-6所示。

表 8-6　各因素变动对 NPV 的影响

因素	-20%	-10%	0	10%	20%	平均变动1%
建设成本	396.9	266.9	136.9	6.9	-123.1	-9.5
租金收入	-332.8	-95.7	136.9	371.8	606.6	17.0
资金成本	249.0	191.3	136.9	85.5	36.8	-4.0

（4）找出敏感因素，判断项目的风险因素。

从表 8-6 可以看出，项目净现值对租金收入最为敏感，租金收入下降 1%，净现值就会下降 17%；其次的敏感因素是建设成本，成本上升 1%，净现值就下降 9.5%。相对而言，资本成本变动对净现值的影响较小。因此，公司应当对租金收入仔细测算分析，在项目实施阶段对租金收入加强监控管理。

（四）敏感性分析的作用

敏感性分析主要解决一系列"如果……会怎样"的问题。如果租金收入下降 5% 会怎样？如果投资额增加 10% 会怎样？如果建设期拖延了一年会怎样？这种方法在一定程度上就多种不确定因素的变化对项目评价标准的影响进行定量分析，有助于决策者预测可能出现的风险程度，了解决策时需重点分析与控制的因素，从而通过对比各种方案敏感度大小，选择敏感度小（风险小）的项目作投资目标。

但敏感性分析也存在着一定的局限性。第一，该方法分析某一因素的敏感性时假设其他因素不变，这与实际不符。事实上，许多因素都是互相联系的，最简单的例子就是销售单价的下降往往会带来销售量的增加。第二，该方法没有考虑不确定因素在未来发生变动的概率。如在上例中，资金成本不太敏感，但随着公司经营环境的改变，它发生不利变化的概率却很大，实际所带来的风险比敏感因素更大。

三、期望值决策法

投资项目风险不仅取决于各因素的变动，而且还取决于各因素变化的概率。期望值法可以通过计算项目净现值的期望值和净现值大于或等于零时的累计概率，来比较方案优劣、确定项目可行性和风险程度。

【例 8-10】 在例 8-9 中，预期项目的净现值为 136.9 万元，为简化分析，假设除了租金收入外其他因素都是确定的，正常情况下租金收入为 350 万元，预计最差的时候和最好的时候分别为 280 万元和 420 万元，出现的概率及计算如表 8-7 所示。

表 8-7　项目在不同情况下的租金收入、NPV　　　　　　　单位：万元

项目	概率	租金收入	净现值	期望净现值
最差情况	0.3	280	-332.8	-99.84
正常	0.6	350	136.9	82.15
最好情况	0.1	420	606.6	60.66
合计	1	—	—	42.97

该项目的期望净现值为 42.97 万元，仍大于零，因此，项目可行。

1. 风险是指资产未来收益相对预计收益变动的可能性和变动幅度。投资的收益伴随着风险，风险也应当带来回报。

2. 风险投资的收益率可用期望收益率表示，即不同情况下的结果与概率（P，Possibility）的加权平均值。

$$E(r) = \sum_{i=1}^{n} P_i \times r_i$$

3. 风险用方差 σ^2 或标准差 σ 衡量，与均值偏离的程度越大，波动越大，方差或标准差越大，风险也越大。

4. 投资组合可以分散风险，在给定收益率之下能降低组合的标准差。

5. 投资组合的期望收益率是组合内各风险资产收益率的加权平均值；投资组合的风险取决于组合内各风险资产的相关性。

6. 相关性用相关系数 ρ 表示，如果两只股票的相关系数＝1，则这两个股票的收益率正相关，风险无法分散；如果相关系数＝-1，则这两个股票的收益率负相关，风险可以全部分散；如果相关系数＝0，则这两个股票的收益率不相关，能分散一部份风险。

7. 风险分为个别风险和市场风险，有效的投资组合可以将个别风险完全分散，但市场风险无法分散，因此投资者承担了市场风险，就必须要求一定的回报作为补偿。

风险收益率 = 无风险收益率 + 风险溢价

8. 市场风险用 β 衡量，某个证券的 β 越大，其市场风险越大，回报率也应当越大。市场的平均风险 $\beta_m = 1$，无风险的国债 $\beta = 0$。

9. 在投资组合中加入无风险资产，风险资产的收益率与 β 之间的关系可以用资本资产定价模型描述：

$$E_{r(i)} = r_f + \beta_i(r_m - r_f)$$

其中 r_f 为无风险回报率，r_m 为市场平均回报率。

10. 投资项目的关键指标如NPV的计算受多种不确定因素的影响。敏感性分析是指从众多不确定性因素中找出对投资项目经济效益指标有重要影响的敏感性因素，并分析、测算其对项目基本方案经济评价指标（如NPV）的影响。

$$敏感系数 = \frac{目标值变动百分比}{参量值变动百分比}$$

11. 期望值决策法可以通过计算项目净现值的期望值和净现值大于或等于零时的累计概率，来比较方案优劣、确定项目可行性和风险程度。

参考文献

［1］理查德·A.布雷利，斯图尔特·C.迈尔斯，弗兰克林·艾伦.公司金融（基础篇）［M］.12版.赵冬青，译.北京：机械工业出版社，2017.

［2］GRAHAM J R，HARVEY C R. The Theory and Practice of Corporate Finance：Evidence from The Field ［J］. Journal of Financial Economics，2001，60（2）：187-243.

［3］高为民.房地产项目经济评价中敏感性分析方法探索［J］.价值工程，2014，9（23）：308.

习　题

附　录

第三篇　筹资与资本结构

——价值创造的基础和保障

第九章

筹资及筹资管理概述

■**本章导读**

　　资金是企业能够设立并开展生产经营活动的先决条件，筹资活动是企业资金运转的起点，也是关乎企业生存和发展的一项重要财务活动。本章的主要内容包括：

　●企业筹资的概念及实质；

　●企业筹资的主要目的；

　●企业管理筹资活动的基本原则；

　●按照资本来源范围、筹资程序和筹资市场、投资人权益、投资人范围等标准对筹资活动的分类；

　●资金需要量的预测方法。

■**重点专业词语**

企业筹资（corporate financing）　　　内源筹资（internal financing）

外源筹资（external financing）　　　　直接筹资（direct financing）

间接筹资（indirect financing）　　　　股权性筹资（equity financing）

债务性筹资（debt financing）　　　　　私募筹资（private financing）

公募筹资（public financing）　　　　　资金预测（capital forecasting）

·214·

南方航空通过非公开发行股票筹资购机①

中国南方航空股份有限公司（以下简称"南方航空"）是中国运输飞机最多、航线网络最发达、年客运量最大的航空公司。2018年，南方航空的旅客运输量近1.4亿人次，连续40年居中国各航空公司之首，机队规模和旅客运输量均居亚洲第一、世界第三。南方航空于1997年成功在纽约证券交易所（纽交所）和香港联合交易所（联交所，H股）同步上市，后于2003年在上海证券交易所（上交所，A股）上市。

近年来，全球航空运输需求稳定，航油价格保持相对低位，全球航空业盈利普遍向好。南方航空以建设国际化规模网络型航空公司为总体战略目标，形成密集覆盖国内、全面辐射亚洲，有效连接欧洲、美洲、大洋洲、非洲的发达航线网络，取得了良好的经营业绩。面对机遇与挑战并存的市场环境，南方航空为积极应对市场需求计划，进一步扩大机队规模、优化机队结构，使得总机队规模（含经营租赁）从2015年年末的667架增加至2020年年末的超过1 000架，以增强公司主营业务的核心竞争力。为了实现这一计划，南方航空需要筹集大量现金用于购买飞机。

对此，南方航空应该采用什么方式筹集资金呢？是使用自有的内部资金还是从外部筹资？如果使用现有资金，金额是否充足？如果从外部筹资，是发行股票还是向银行贷款或者发行债券？如果发行股票，是面向公众投资者公开发行还是针对特定的投资者非公开发行？

2017年9月，南方航空董事会审议通过了最终的《关于公司非公开发行A股票和非公开发行H股票方案的议案》。根据该议案，南方航空将向以下七名投资者定向发行A股，分别是：南航集团、中国航空油料集团有限公司、春秋航空股份有限公司、中国国有企业结构调整基金股份有限公司、红土创新基金管理有限公司、国新央企运营（广州）投资基金（有限合伙）、中国人寿资产管理有限公司。同时，南方航空向南龙控股有限公司定向增发H股。

南方航空在股东大会上审议通过上述议案之后，相继取得了国资委、民航中南地区管理局、证监会等监管部门的核准。随后，在按照有关规定实施首轮申购、追加认购等程序后，南方航空成功完成了本次非公开发行股票的筹资活动。

截至2018年9月，南方航空本次非公开发行A股的七名发行对象已将认购资金的现金部分（共计人民币77.59亿元）全额汇入指定账户，向南龙控股有限公司定向增发H股所募集的36.26亿港元也已到位。

① 本案例资料来源：中国南方航空股份有限公司在上海证券交易所网站披露的相关公告，具体包括：

a. 中国南方航空股份有限公司2018年年度报告［EB/OL］.（2019-03-30）［2022-01-31］. http://static.sse. com.cn/disclosure/listedinfo/announcement/c/2019-03-30/600029_2018_n.pdf.

b. 中国南航非公开发行A股股票预案（修订稿）［EB/OL］.（2017-09-20）［2022-01-31］. http://static.sse. com.cn/disclosure/listedinfo/announcement/c/2017-09-20/600029_20170920_7.pdf.

c. 中国南航非公开发行A股票发行情况报告书［EB/OL］.（2018-09-28）［2022-01-31］. http://static.sse. com.cn/disclosure/listedinfo/announcement/c/2018-09-28/600029_20180928_4.pdf.

d. 中国南航非公开发行A股股票募集资金使用可行性分析研究报告（修订稿）［EB/OL］.（2017-09-20）［2022-01-31］. http://static.sse.com.cn/disclosure/listedinfo/announcement/c/2017-09-20/600029_20170920_9.pdf.

根据募集资金的使用计划，南方航空将利用本次非公开发行股票的认购资金购买价值约合人民币77亿元的41架新飞机，并在部分新购入的飞机中选装有利于节能减排的轻质座椅（约合人民币1.3亿元）。

南方航空通过本次非公开发行股票，一则使公司的净资产水平得到进一步提高，有利于优化公司的资本结构；二则为公司进一步发挥主业优势提供强有力的保障，提升了公司的竞争力和抗风险能力，为公司实现战略目标奠定坚实基础。

第一节　筹资的概念

企业筹资（也称"融资"）是企业根据其生产经营、对外投资以及调整资本结构等对资本的需要，通过一定的渠道，采取适当的方式，经济有效地筹措资金的行为。资金筹集是企业顺利开展生产经营活动的前提条件和必要保证。任何一个企业，为了形成生产经营能力、保证生产经营正常运行，必须拥有一定数量的资金。因此，筹资活动是企业资金运转的起点，也是关乎企业生存和发展的一项重要财务活动。

筹资活动有广义和狭义之分。广义的筹资活动是指企业筹集各类资金的全部行为，包括短期筹资和长期筹资。其中，短期筹资指的是筹集在一年内或者一个营业周期内到期的资金，长期筹资则是针对期限超过一年或者一个营业周期的资金。狭义的筹资活动仅包括长期筹资。本章及本篇其他章节所谈筹资主要是狭义的范畴（即长期筹资），短期筹资则归为营运资本管理的内容。

为了实现有效的筹资，企业必须关注和管理筹资活动的两个方面：筹资数量和筹资比例。筹资的数量主要基于企业的投资规模、财务状况和法律规定等因素。不同类型筹资金额的比例即资本结构，它会直接影响企业的资本成本和财务风险，是筹资管理中较为复杂和关键的环节。

企业筹资的实质是企业将部分未来的经济利益让渡给资金提供者（所有者或债权人）以换取现在的资金使用权，而企业使用资金的根本目的正是为了实现未来可持续的经济收益。

第二节　筹资的目的

一、满足生产经营的需要

资金是企业能够设立并开展生产经营活动的先决条件，因此筹资的首要目的是满足企业生产经营活动的需要。当企业处于生命周期的不同阶段时（初创期、成长期、成熟期和衰退期），筹资的具体目的也有所不同，但总是需要维持一定的资本规模。企业实施的各种经营策略，例如扩大生产经营规模、采用新技术、购建新设备、研制开发新产品等，往往都要求追加筹资。

二、满足对外投资的需要

企业为获取更大效益，在开拓有发展前途的对外投资领域时，需要做好筹资工作，以满足对外投资的需要；企业在对外投资项目发展良好、需要扩大对外投资规模时，也需要通过筹资来补充对外投资资金的不足。

三、满足调整资本结构的需要

由于内外部环境的变化，企业需要适时调整自身的资本结构。例如，企业现有的资本结构中债务资金所占的比例过大，财务风险过高，这就可以通过债转股、吸收新的股权投资等筹资方式降低负债比率，使资本结构在调整后趋于合理。又如，企业目前的借贷资金成本低于其资产收益率，如果负债比率不高，企业可以适当增加举债金额以充分发挥财务杠杆效应、提高净资产收益率。

第三节　筹资的原则

有效的筹资是企业开展经营活动、对外投资、实现发展战略的必要前提，并直接影响企业的财务效益和财务风险。因此，企业必须认真进行筹资活动的管理工作，遵循合法、规模适当、结构合理、成本优化、筹措及时等基本原则。

一、合法性原则

企业的筹资活动影响整个社会资本配置的秩序和效率，涉及多方主体的经济权益。因此，企业在开展筹资活动时必须遵守国家有关法律法规，依法履行约定的责任，维护有关各方的合法权益，避免非法筹资行为①给企业本身及相关主体造成损失。

二、规模适当原则

企业必须确定合理的筹资规模。企业筹资不论通过何种筹资渠道、运用何种筹资方式，都应该采用一定的方法预测所需资金的数量，从而确定筹资的恰当规模。企业如果筹资不足，将会影响正常经营和投资，侵蚀企业现在和未来的盈利能力；但如果筹资过剩，则可能使资金闲置、浪费，增加资金成本，同样损害企业的经济利益。所以，企业筹资必须有合理的限度，使筹资的数量与所需资金的数量相匹配。

三、资本结构合理原则

企业的资本结构主要是指股权资本和债务资本的比率。合理负债能提高自有资金的收益水平，又可缓解资金紧张的矛盾；若负债过多，则会产生较大的财务风险，甚至由于丧失偿债能力而面临破产。因此，企业应适度举债，合理确定资本结构，以降低财务风险。

---

① 根据中国人民银行发布的《关于取缔非法金融机构和非法金融业务活动中有关问题的通知》，非法集资是指单位或者个人未依照法定程序经有关部门批准，以发行股票、债券、彩票、投资基金证券或其他债权凭证的方式向社会公众筹集资金，并承诺在一定期限内以货币、实物及其他方式向出资人还本付息或给予回报的行为。

四、成本优化原则

企业筹集的资金都需要付出一定的成本，通过不同筹资渠道和筹资方式取得的资金有不同的成本。企业应当根据资金的使用效益，考虑筹资方案的难易程度，认真选择可行并且经济的筹资渠道和方式，以尽量降低筹资成本、提高企业的综合收益率。

五、筹措及时原则

资金在不同时点上具有不同的价值，企业要根据资金需求的具体情况合理安排，使筹资与用资在时间上相衔接，避免筹资过早造成投放前的闲置，或筹资滞后错过资金投放的最佳时机。

第四节　筹资的类型

一、内源筹资与外源筹资

按照资本来源的范围不同，企业筹资可以分为内源筹资和外源筹资。

内源筹资是指企业依靠自身财富的积累（主要是留存收益）形成资本来源，这一来源取决于企业的盈利能力和利润分配政策。内源筹资一般不发生筹资费用、筹资成本较小，但资金规模受到企业经营业绩和生产状况的限制。

外源筹资是指企业从外部来源获取资本，即吸收其他经济主体的资金。通过外源筹资，企业借助外力来经营，与外部投资人（包括股权投资人和债权投资人）共担风险、共享收益。外源筹资往往需要发生大量的筹资费用，筹资成本较高，但能够克服内源筹资对资金规模的限制，是市场经济中企业通常选择的融资方案。

二、直接筹资与间接筹资

按照筹资程序和筹资市场不同，企业筹资可以分为直接筹资和间接筹资。

直接筹资是指企业不通过银行等金融中介机构而直接向资本所有者融入资金。企业从股东处获得投入资本，或者通过证券市场发行股票、债券等均属于直接筹资活动。

间接筹资是指企业通过银行等金融中介机构融入资金的活动。典型的间接融资如银行借贷。银行等金融机构先从资金盈余主体处集聚资金，再将资金提供给有需求的企业，从而在资金融通过程中发挥了中介作用。在间接筹资的资金流转中，企业、金融机构和资金提供者三方之间形成了两次资金的投出——接受关系。

三、股权性筹资与债务性筹资

按照投资人权益不同，企业筹资可以分为股权性筹资（也称"权益性筹资"）和债务性筹资。

股权性筹资是指企业从股东处取得资本，无须还本付息，但可能需要分配红利。股权性筹资按照融资时点不同可以分为上市前融资、上市融资和上市后再融资。上市前融资包括企业注册成立或增资扩股时的股东投入；上市融资是首次公开募股（Initial Public Offering，IPO）；上市后再融资包括上市后的公开增发、定向增发（非公开发行股票）、配股等。

债务性筹资是指企业从外部借款，承担按期还本付息的义务。向银行或非银行金融机构借款、发行债券、融资租赁等都属于债务筹资。

在纯粹的股权筹资和债务筹资之外，有一些筹资活动具有两类筹资的双重属性，属于混合性筹资，比如企业发行优先股或者可转换债券进行筹资。对发行企业而言，优先股的股本不需要偿还，具有股权资本的特征；但是，优先股股利通常是固定的，类似于债务筹资的利息。可转换债券在持有者将其转换为发行企业的股票之前，属于债务性筹资；但在持有者将其转换为发行企业的股票之后，则属于股权性筹资。

四、私募筹资与公募筹资

按照投资人的范围不同，企业筹资可以分为私募筹资和公募筹资。

私募筹资是指企业采用非公开方式，向特定的股权或债权投资人筹资资金。私募筹资的形式多样，如获取天使投资、风险投资或私募股权投资、上市后的定向增发、向银行贷款等。

公募筹资则是采用公开方式，向公众投资人（即不特定的投资人）融入资金，如首次公开募股、上市后的公开增发、公开发行债券等。

第五节　资金需要量预测

企业在筹资之前，应当采用一定的方式预测资金需要量，常用的方法包括定性预测法、因素分析法、销售百分比法和线性回归分析法等。

一、定性预测法

定性预测法是指利用直观的资料，依靠个人的经验和主观分析、判断能力，预测未来资金需要量的方法。其预测过程为：首先由熟悉财务过程和生产经营情况的专家，根据过去所积累的经验，进行分析判断，提出预测的初步意见，然后通过召开座谈会或发出各种表格等形式，对上述初步意见进行修正补充，在一次或数次的修正反馈之后得出预测的最终结果。

定性预测法是十分有用的，但它不能揭示资金需要量与有关因素之间的数量关系。所以这类方法主要是在企业所掌握的数据资料不完备、不准确的情况下使用。

二、因素分析法

因素分析法是以有关项目基期年度的平均资金需要量为基础，根据预测年度的生产经营任务和资金周转加速的要求，进行分析调整，以预测资金需要量的一种方法。这种方法计算比较简单，容易掌握，但预测结果不太精确。因素分析法的计算公式如下：

资金需要量 =（基期资金平均占用额 - 不合理资金占用额）×(1±预测期销售增减率)×

(1±预测期资金周转速度变动率)　　　　　　　　　　　　　　　　　(9-1)

【例9-1】运鸿公司2018年资金平均占用额为700万元，其中不合理的部分是50万元，预计2019年销售额增长率为10%，资金周转速度减慢2%。运用因素分析法预测公司2019年的资金需要量为：

2019年资金需要量 =（700-50）×（1 + 10%）×（1+2%）= 729.3（万元）

三、销售百分比法

销售百分比法是将反映生产经营规模的销售因素与占用资金的资产因素连接起来，根据销售增长与资产增长之间的关系，预测未来资金需要量的方法。资产是资金使用的结果，随着销售额的变动，经营性资产项目（库存现金、应收账款、存货等项目）将占用更多的资金；同时，随着经营性资产的增加，经营性短期债务也会增加，如存货增加会导致应付账款的增加，此类债务称之为"自发性债务"，能为企业提供暂时性资金。经营性资产与经营性负债的差额通常与销售额保持稳定的比例关系。销售百分比法正是基于经营性资产、负债项目与销售额存在的稳定关系，根据销售的变动预计资产、负债和所有者权益的相应变动额，进而确定筹资需要量。基本步骤举例说明如下：

【例9-2】运鸿公司2018年的销售收入为1 500万元，现在还有剩余生产能力，即增加收入不需要扩大对非流动资产的投资。该公司简要资产负债表及各报表项目与销售收入比率如表9-1所示，假定销售净利率为5%，利润留存率为30%，如果2019年公司的销售收入提高到1 650万元，试预测2019年需向外界筹集多少资金？

表9-1　运鸿公司简要资产负债表

2018年12月31日　　　　　　　　　　　　　　　单位：万元

项目	金额	占销售收入比重	项目	金额	占销售收入比重
资产			负债及所有者权益		
现金	75	5%	应付账款	150	10%
应收账款	150	10%	短期借款	250	N
存货	225	15%	长期借款	200	N
固定资产	350	N	实收资本	250	N
无形资产	200	N	留存收益	150	N
资产合计	1 000		负债与所有者权益合计	1 000	

第一步，将资产负债表中预计随销售变动而变动的项目分离出来。

在资产负债表中，有些项目与销售收入之间存在相对稳定的比例关系，但有些项目与销售收入之间不存在直接的关系，前者被称为"敏感项目"，后者被称为"非敏感项目"。对于不同的企业，敏感项目和非敏感项目不一定相同，具体要根据企业的实际情况进行分析。敏感项目又可分为敏感资产和敏感负债。常见的敏感项目有现金、应收账款、存货、应付账款等。非敏感项目主要包括对外投资、短期借款、长期借款、实收资本等。

以运鸿公司为例，随销售变动的项目及其与销售额的关系百分比列示在表9-1中。其中，N是指该项目不随销售的变化而变化。

第二步，确定需要增加的资金。

从表9-1中可以看出，敏感资产和敏感负债分别占销售收入的30%和10%，即销售收入每增加100元，将增加30元的资金占用，但同时又自动增加10元的资金来源（应付账款会因存货的增加而自动增加），两者差额还有20%的资金需求。因此，销售每增加100元而需追加的资金净额为20元。在本例中，销售增长150万元（1 650万元-1 500万元）需追加的资金净额为30万元（150万元×20%）。

第三步，确定需要增加的筹资数量。

2019年的净利润为82.5万元（1 650万元×5%），利润留存率为30%，则将有24.75

万元利润被留存下来，则还需要从外部筹资 5.25 万元。

销售百分比法仅用于预测与销售相关的经营性资金需求，未能考虑企业由于新增投资需要而产生的资金需求。

四、线性回归分析法

线性回归分析法是指根据资金需要量与营业业务量之间的依存关系建立数学模型，然后根据历史有关资料，用回归直线方程预测资金需要量的方法。采用这一方法，根据资金同业务量之间的依存关系，我们可以把资金区分为不变资金和变动资金。不变资金是指在一定的经营规模内，不随业务量增减而相应变动的资金，主要包括为维持营业而需要的最低数额的现金、原材料的保险储备，必要的成品或商品储备，以及厂房、机器设备等固定资产占用的资金。变动资金是指随业务量增减而同比例变动的资金，主要包括最低储备以外的现金、存货和应收账款等占用的资金。采用线性回归分析法预测资金需要量的线性回归模型如下：

$$y = a + bx \tag{9-2}$$

其中，y 为资金需用量，a 为不变资金，b 为单位业务量需要的变动资金，x 为业务量。

根据线性回归模型以及历年的 n 期数据，可以推导出不变资金 a 和单位业务量需要的变动资金 b；然后，根据对预测期所预测的业务量，通过线性回归模型预测资金的需要量。

运用线性回归分析法须注意以下几个问题：①对资金需要量与营业业务量之间线性关系的假定应符合实际情况；②确定 a、b 数值，应利用连续若干年的历史资料，一般要有三年以上资料；③应考虑价格等因素的变动情况，例如原材料价格上涨，应付工资增加等。与销售百分比法类似，线性回归法仅用于预测与业务量相关的经营性资金需求，未能考虑企业由于新增投资需要而产生的资金需求。

本章综述

本章主要介绍了企业筹资活动的概念、主要目的、基本原则、不同的分类方法以及资金需要量的预测方法等。知识要点包括：

1. 筹资活动是企业资金运转的起点。筹资活动有广义和狭义之分，狭义的筹资活动仅包括长期筹资。企业筹资的实质是企业将部分未来的经济利益让渡给资金提供者（所有者或债权人）以换取现在的资金使用权，而企业使用资金的根本目的正是为了实现未来可持续的经济收益。

2. 企业筹资的目的主要是满足生产经营、对外投资以及调整资本结构等方面的需要。为了实现有效的筹资，企业必须关注和管理筹资活动的两个方面：筹资数量和筹资比例。

3. 有效的筹资是企业开展经营活动、对外投资、实现发展战略的必要前提，并直接影响企业的财务效益和财务风险。企业在管理筹资活动时应该遵循合法、规模适当、结构合理、成本优化、筹措及时等基本原则。

4. 筹资活动按照资本来源的范围可以分为内源筹资与外源筹资；按照筹资的程序和筹资的市场可以分为直接筹资与间接筹资；按照投资人的权益可以分为股权性筹资与债务性筹资；按照投资人的范围可以分为私募筹资与公募筹资。

5. 企业预测资金需要量常用的方法分为两类：定性预测法和定量预测法。定量预测法又包括因素分析法、销售百分比法和线性回归分析法等，这三种方法的难易程度不同，但都是基于对企业销售业务量变化的预期而对未来期间的资金需要量做出预测。

参考文献

[1] 蒋红芸,康玲,薛湘.财务管理 [M].2版.北京:人民邮电出版社,2015.

[2] 荆新,王化成,刘俊彦.财务管理学 [M].8版.北京:中国人民大学出版社,2018.

[3] 陈亚民,王天东.战略财务管理 [M].2版.北京:中国财政经济出版社,2016.

[4] 刘淑莲.高级财务管理理论与实务 [M].3版.大连:东北财经大学出版社,2015.

习 题

第十章

筹资渠道与筹资方式

■ **本章导读**

　　长期筹资对企业的经营发展具有重大的影响，这些资金将主要用于新产品和新技术的研发、设备的更新和改造、扩大生产规模、进行对外投资、调整资本结构等方面，这些方面关系到企业核心竞争力的保持和培育，甚至关乎企业的生死存亡。因此，何时筹资、到哪筹资、向谁筹资、以什么方式筹资等是企业必须妥善解决的问题。本章的主要内容包括：

●企业（长期）筹资的主要渠道和方式；

●吸收直接投资、普通股、优先股、长期借款、公司债券和融资租赁的概念和种类，以及各种筹资方式的优缺点；

●公司股票和债券的发行、上市条件及相关监管规定；

●融资租赁租金的计算；

●中国企业（长期）筹资实务的最新发展。

■ **重点专业词语**

直接投资（direct investment）	境外投资（overseas investment）
创业投资（venture capital）	多层次资本市场（multi-level capital market）
股票发行（stock issuance）	股票上市（stock listing）
优先股（preferred stock）	双重股权结构（dual shareholding structure）
公司债券（corporate bonds）	债券发行（bond issuance）
债券上市（bond listing）	信用评级（credit rating）
融资租赁（financial leasing）	

阿里巴巴集团的筹资历程

阿里巴巴集团控股有限公司（简称"阿里巴巴集团"或"阿里巴巴"）由马云带领其他 17 人于 1999 年创建，经过二十多年的发展，已经成为了一个涵盖商业、云计算、数字媒体及娱乐以及创新业务的数字生态[①]。阿里巴巴在 2019 年的《财富》世界 500 强公司中排名第 182 位[②]；在《财富》杂志发布的 2019 年"改变世界的企业"榜单中排名第 37 位[③]。

阿里巴巴能够从一个 18 人的创业公司成为超大型的国际化互联网领军企业之一是多种因素共同作用的结果，其中包括其成功的融资策略和实践。阿里巴巴的发展历程如众多公司一样，经历了初创期、成长期、快速扩张期、成熟期等阶段，在这个发展过程中发生了 10 次主要的融资[④]，每一次融资都与企业所处的发展阶段相适应、恰到好处地支持了业务的稳步发展。

第一次：创业之始，内部筹资。

1999 年 9 月，在马云带领下的 18 位创始人在杭州成立了阿里巴巴，启动资金为 50 万元。这 50 万元的初始投资由 18 位创始人以各自的积蓄出资，既无举债也无外部投资。

第二次：初创阶段，第一轮风险投资。

互联网是个烧钱的行业，它的规模效应比其他行业都重要，所以对资本最为渴求。阿里巴巴仅靠创始人的内部投资远远不足以生存更不用谈发展。1999 年 10 月，由美国高盛集团牵头，联合瑞典 AB 投资公司、新加坡 TDF 基金等四家风险投资商向阿里巴巴投入了 500 万美元的资金。

第三次：成长阶段，第二轮风险投资。

2000 年，阿里巴巴引进第二轮风险投资，日本软银集团领投 2 000 万美元，美国富达投资集团等另外 5 家风险投资商跟投 500 万美元。同年，美国纳斯达克市场的"互联网泡沫"破灭，股价暴跌。在此之后的较长时间里，互联网企业要在公开市场吸引投资非常困难，但阿里巴巴由于获得本轮的风险投资而拥有较充裕的资金度过寒冬。

第四次：成长阶段，第三轮风险投资。

2004 年，软银集团再次向阿里巴巴出资 6 000 万美元，富达集团等另外四家风险投资商跟投 2 200 万美元。在本轮融资过后，马云团队持股 47%，依然保持阿里巴巴最大股东的地位。

---

① 资料来源：阿里巴巴集团网站［EB/OL］．https://www.alibabagroup.com/cn/global/home.

② 资料来源：新浪网．2019《财富》世界 500 强［EB/OL］．（2019-07-22）［2022-01-31］．https://finance.sina.com.cn/china/2019-07-22/doc-ihytcitm3776293.shtml？qq-pf-to=pcqq.c2c.

③ 资料来源：新浪网．《改变世界的企业》榜单［EB/OL］．（2019-08-20）［2022-01-31］．https://finance.sina.com.cn/stock/relnews/us/2019-08-20/doc-ihytcern2223255.shtml.

④ 主要资料来源：搜狐网．市值 4 700 亿美金的阿里巴巴 8 次融资历程、股权结构演变深度解析［EB/OL］．（2017-10-19）［2022-01-31］．https://www.sohu.com/a/198952589_628446.

第五次：快速扩张并进行上市前准备，雅虎入股。

2005年8月，雅虎用10亿美元和雅虎中国的全部资产换取了阿里巴巴40%的普通股股权。这次融资为阿里巴巴迅速做大淘宝网、支付宝等业务提供了强有力的资金支持。但在本轮融资后，雅虎成为阿里巴巴最大的股东，软银持股29.3%，其他风险投资商基本被"清场"。

第六次：高速发展，于香港分拆上市。

2007年11月，阿里巴巴将B2B业务单独分拆出来在香港联交所上市，成功筹集到15亿美元的资金，金额超过之前所有融资总额。

第七次：高速发展，股权私募。

2011年9月，阿里巴巴向美国银湖、俄罗斯DST、新加坡淡马锡和中国云峰基金融资20亿美元。

第八次：私有化计划，债、股并举。

2012年，阿里巴巴从香港联交所回购流通在外的股票，同年完成私有化并从香港联交所退市。在私有化的同时，阿里巴巴从雅虎手中回购20%股权，以解除雅虎作为阿里巴巴第一大股东的地位、保证马云团队对阿里巴巴的控制权。为完成上述控制权调整，阿里巴巴一方面从中国国家开发银行借入10亿美元的贷款，另一方面引入中国投资有限责任公司、中信资本控股有限公司、国开国际控股有限公司等本土国有投资公司成为新股东，新股东投入的资金加上美国银湖等原股东增持投入的资金共计将近43亿美元。

第九次：转道美国整体上市，进入成熟阶段。

为了使整个平台的生态系统得到资本市场的推力，阿里巴巴集团于2013年重新规划整体再上市。由于阿里巴巴采取同股不同权的治理结构，而香港联交所在2018年之前不允许双重股权结构的公司上市，阿里巴巴最终选择美国作为整体上市的目标地。2014年9月，阿里巴巴正式在纽约证券交易所挂牌上市，融资金额约220亿美元，成为美国股票市场有史以来最大的IPO。

第十次：国际资本市场环境变化，重返港股[①]。

近年来，受国际关系等因素的影响，美国资本市场对中概股的监管政策日趋严苛，已经在美国上市的红筹企业面临日益增大的压力。与此同时，香港的资本市场则不断发生重大的改革（包括放开双重股权结构公司的上市资格）以促进新兴及创新产业公司上市。2019年11月，阿里巴巴集团重返香港联交所主板正式挂牌上市，并在上市当天成为港股第一大市值公司。

从阿里巴巴的融资历程可以看到，企业的融资时机、融资金额和融资方式等需要综合考虑多项因素的影响，包括企业所处的发展阶段、生产经营需要、公司治理和控制权安排、资本市场的发展程度和监管制度等。

---

① 资料来源：澎湃新闻网. 阿里董事局主席谈香港上市：感谢时代，相信社会美好相信明天 [EB/OL].（2019-11-26）[2022-01-31]. https://baijiahao.baidu.com/s? id=1651232783122600996&wfr=spider&for=pc.

第一节　筹资渠道

筹资渠道是指企业取得资金的来源渠道，可以分为内源和外源两大类。目前，我国企业的筹资渠道主要有：

（1）企业内部形成的资金。这是指企业从税后利润中提取的盈余公积和未分配利润等，这些资金的重要特征之一是无须企业通过一定的方式去筹集，直接由企业内部生成或转移。

（2）国有资金。这是指国家或地区等各级政府部门以及国有资产管理机构以国有资金对企业的直接投资或财政补助。这类资金是国有企业最主要的资金来源渠道，特别是国有独资公司，其资本全部由国家投资形成，产权归国家所有。

（3）银行信贷资金。银行对企业的各种贷款是我国目前各类企业重要的资金来源。我国银行分为商业性银行和政策性银行两种。商业性银行主要为各类企业提供各种商业性贷款；而政策性银行主要为特定企业提供政策性贷款。

（4）非银行金融机构资金。非银行金融机构是指各种从事金融业务的非银行机构，如信托投资公司、保险公司、证券公司、基金公司、投资公司、租赁公司等。它们提供的金融服务既包括资金的融通服务，也包括为企业承销证券等中介服务。非银行金融机构的资金力量一般比商业银行小，但这些金融机构的资金供应比较灵活方便，是企业融资的一类重要渠道。

（5）社会保险资金（简称"社保资金"）。我国的社保资金包含两个层次：一是地方政府管理的社会保险基金，包括基本养老保险基金、基本医疗保险基金、工伤保险基金、失业保险基金和生育保险基金等；二是由全国社会保障基金理事会负责管理运营的全国社会保障基金，是国家社会保障储备基金，专门用于人口老龄化高峰时期的养老保险等社会保障支出的补充、调剂。社保资金需要进行有效的投资以实现保值增值的目标，其总量巨大，是社会投资资金的一个重要来源。但是，社保资金的投资决策受到国家政策的严格监管并由专门机构负责做出，不能由企业主动接洽以寻求融资。

（6）其他法人单位资金。其他法人单位资金是指法人单位以其可以支配的资金在企业之间相互融通而形成的资金。企业在生产经营过程中，往往有部分暂时闲置的资金可以在企业之间相互调剂余缺，这种资金可以是临时的资金融通，也可以是相互投资形成长期稳定的经济联合。

（7）民间资金。居民个人的节余资金除了通过存款或购买金融产品等方式进入银行和非银行金融机构外，还有部分掌握在个人手中，由个人决定投资对象和投资方式，这部分资金形成了民间资金。

（8）境外资金（"外资"）。境外资金是指国外的政府、企业、个人或其他组织向企业提供的资金。企业利用境外资金的方式有外商直接投资、在境内发行证券供特定资质的境外投资者通过特定渠道进行投资、在境外资本市场发行证券等。特别地，中国在不断开放境外投资者进入国内金融市场的渠道。中国在 2003 年和 2011 年分别推出了合格境外机构投资者（QFII）和人民币合格境外机构投资者（RQFII）政策，允许符合条件的境外投资者直接投资境内的股票市场；2014 年 11 月，国际投资者可以通过"沪港通"经由香港联合交易所买卖规定范围内的上交所上市的股票；2019 年 6 月，"沪伦通"正式通航，伦敦证券交易所的投资者可以买卖由上交所的上市公司发行的存托凭证。扩大对境外资金的利用是全球经济、金融一体化发展的要求，既向境内企业提供了新的融资渠道，也对如何有效监管、保持金融市场稳定有序运行提出了新的挑战。

第二节　筹资方式

筹资方式是指企业筹集资金所采用的具体形式。筹资渠道是客观存在的，而筹资方式则属于企业的主观能动行为，企业筹资管理的重要内容是如何针对客观存在的资金渠道，选择合理的筹资方式进行筹资。认识筹资方式的种类及其特点，有利于企业选择适宜的筹资方式并有效地进行筹资组合，降低资金成本，提高资金使用效益。

本章所谈筹资方式是指企业筹集长期资金的具体方式。长期筹资通常采取吸收直接投资、发行股票、发行债券、取得长期借款、融资租赁等方式，所形成的长期资金可以是股权资金，也可以是债务资金，主要用于购建固定资产和无形资产、开展产品和技术研发、进行对外长期投资、垫支流动资金、调整资本结构等。

一、吸收直接投资

吸收直接投资指企业吸收国家、法人、个人以及境外主体的出资以获得资金的一种筹资方式。在这种方式下，企业不以发行股票为媒介筹集资金，而是由资金提供者直接向企业注入资金。

吸收直接投资是非股份制企业以及未公开发行股票的股份制企业筹措资本的基本方式。吸收直接投资的实际出资额分为两个部分，注册资本部分形成实收资本（或股本），超过注册资本的部分属于资本溢价，形成资本公积。

（一）吸收直接投资的种类

根据直接投资者的身份不同，企业采用吸收直接投资方式筹集的资金一般可分为以下五类。

1. 吸收国家投资

国家投资是指有权代表国家投资的各级各类政府部门或者机构以国有资产投入企业，由此形成国家资本金。吸收国家投资是国有企业筹集自有资金的主要方式。目前，除了国家以拨款形式投入企业所形成的各种资本外，用税后利润归还贷款后所形成的国家资本、财政和主管部门拨给企业的专用拨款以及减免税后形成的资本，也视为国家投资。吸收国家投资一般具有以下特点：

（1）产权归属于国家。根据谁投资、谁所有的原则，由国家投资形成的资产，权属归国家所有。

（2）资本数额较大。由国家直接进行的投资，其涉及资金数额一般都比较大。

（3）在国有企业中采用比较广泛。

（4）资金的运用和处置受国家约束较大。吸收国家直接投资受国家宏观经济政策影响较大，通过此渠道筹集到的资金，在资金运用和处置方面都受到国家的约束。

2. 吸收法人投资

法人投资是指法人单位以其依法可以支配的资产投入企业中，由此形成法人资本。根据出资法人对企业所拥有权力的不同，法人投资形成的企业关系可以分为四类：控股、合营、联营、无重大影响。吸收法人投资一般具有如下特点：①发生在法人单位之间；②投资目的多样，包括参与被投资企业利润分配、控制上下游企业的资源以形成竞争优势、实现多元化经营战略等；③投资方式灵活多样。

3. 吸收个人投资

个人投资是指社会个人或本企业内部职工以个人合法财产投入企业，由此形成个人资本金。吸收个人投资一般具有以下特点：①参加投资的人员较多，个人投资一般为社会个人或本企业内部职工，每人投资的数额相对较少；②通常以参与企业利润分配为目的。

4. 吸收境外投资

吸收境外直接投资一般是直接设立外商独资企业、中外合资企业和中外合作企业（也称"绿地投资"），也包括以外资进行股权并购和资产并购。外商直接投资必须遵守《中华人民共和国外资企业法》《中华人民共和国中外合资企业法》《中华人民共和国中外合作企业法》《关于外国投资者并购境内企业的规定》等法律法规，同时要符合《外商投资产业指导目录（2017年修订）》《鼓励外商投资产业目录（2019年版）》等政策要求。吸收境外投资的一个重要特点是在资金准入、使用和退出等方面均受到国家的严格监管。近年来我国逐步扩大外商投资管理中采用备案制的领域，以简便行政管理流程、降低外资的制度遵循成本，从而有利于吸引境外资金在我国进行绿地投资。

5. 吸收创业投资（venture capital，也称"风险投资"）

从广义来说，创业投资是一种向具有发展潜力的高成长性企业提供股权资本的投资行为。这些被投资的企业往往是高新技术行业中的新创企业或中小企业并且未在资本市场上公开上市①。创业投资的资金来自各类提供者，包括政府机构、金融机构、各种基金以及资金充裕的工商企业和个人等。这些投资者将自身的闲置资金投入专业的创投机构，由创投机构筛选合适的投资项目并管理所有投资事宜，待被投资企业发育成熟后通过股票上市、股权转让或上市等方式获得资本增值收益。

在以"创新""创业"为发展驱动的当今社会，吸收创业投资是那些处于起步和发展阶段、甚至是仍处于构思之中的企业非常重要的融资方式。创业投资不仅为那些不满足传统融资标准的初创企业提供了发展所需资金，同时专业的创投机构以其丰富的知识和经验帮助这些企业更快地成长。从世界范围来看，风险投资对各国的科技创新和高科技产业发展已经发挥并将继续发挥巨大的推动作用。

按照投资对象所处的阶段不同，创业投资通常被分为三类：

（1）天使投资（angel capital）。这是天使投资人对原创项目构思或小型初创企业进行的一次性前期投资，往往由富有的家庭和个人直接向企业进行权益投资，是创业企业最初形成阶段（种子期）的主要融资方式。

（2）狭义的风险资本（venture capital）。一般而言，风险投资进行投资时，被投资企业仍然处于创建期和成长期，还没有发展成熟，可能只是拥有一项新技术、新发明或者新思路，还没有研发出具体的产品或者服务。

（3）私募股权投资（private equity）。私募股权投资的对象通常是那些已经形成一定规模并产生稳定现金流、处于成熟期的企业，但这些企业尚未公开上市。其中有些私募股权基金只倾向于投资临近公开上市的公司。

当然，以上三种分类并非是绝对的，事实上，每个创业投资人或机构虽然存在对特定类型投资项目的偏好，但实现投资理念并追求高回报是最根本的目标，因此有可能会同时

---

① 资料来源：中华人民共和国发展改革委员会、财政部、商务部等十部委于2005年联合发布的《创业投资企业管理暂行办法》（http://www.gov.cn/flfg/2005-11/15/content_99008.htm）。

投资处于不同阶段的企业。

（二）吸收直接投资的程序

企业吸收直接投资一般按照以下程序进行：

1. 确定筹资数量

吸收直接投资通常是在企业开办时或扩大经营、投资规模时所采用的一种筹资方式。在吸收投资以前，企业必须根据其经营范围、生产性质、投资规模、最低注册资金要求、其他筹资方式的可能性和资金成本等情况，确定合理的筹资数量。

2. 寻找投资者

企业在筹资之前需要开展必要的宣传推广工作，让潜在投资者充分了解企业的发展方向和前景、经营性质和规模、获利能力和分配等，以找到合适的合作伙伴。

3. 商定投资事宜

企业找到合意的投资者后，相关各方应就出资金额、比例和方式以及出资者享有的表决权和分配权、参与管理的形式等进行协商。各方就投资意向和具体条件达成一致意见后，应签署投资协议，以书面形式从法律上明确各方的权利、义务和责任。

4. 按期获取资金

企业根据投资协议中的规定按期足额获取投资者投入的资金。如果投资者未按协议规定缴纳所认缴的金额，则应当对已足额出资的其他投资者以及企业承担违约责任。

（三）吸收直接投资的特点

1. 吸收直接投资的优点

对需要资金的企业而言，吸收直接投资有以下优点：

（1）能提高企业的资信和借款能力。吸收直接投资所筹取的资本属于企业的股权资本，与债务资本相比，它能提高企业的资信和借款能力。

（2）有助于企业之间优势互补，能使企业尽快形成生产能力，将产品迅速推向市场。

（3）与负债筹资相比，不存在还本付息的压力，财务风险小。

2. 吸收直接投资的缺点

企业吸收直接投资也有以下缺点：

（1）资金成本较高。吸收直接投资向投资者支付的报酬一般是根据其出资数额和企业实现利润的多少来计算，通常情况下资金成本较高。

（2）筹资范围小，不能面向大众筹资。

（3）容易分散企业控制权。由于投资者人数有限，单个投资者的出资份额往往较大，使得单个投资者获得与投资数额相应的经营管理权也较大，因此新加入的投资者很容易稀释原有投资者对企业的控制权。

（4）不以股票为媒介，产权关系有时不够明晰，不便于转让。

二、发行股票

股份有限公司可以通过向投资者发行股票筹集所需资金。股份有限公司发行股票，必须符合一定的条件。中国证券监督委员会（简称"证监会"）依照法律、法规和国务院授权，统一监督管理全国证券期货市场，制定证券期货市场监管的各项规章，其中包括股份公司发行股票所需遵守的一系列规定，例如《首次公开发行股票并上市管理办法》（2022年修订）、《上市公司证券发行管理办法》（2020年修订）、《上市公司非公开发行股票实施细则》（2020年修订）等。上海证券交易所（简称"上交所"）、深圳证券交易所（简称"深交所"）、证券登记结算机构和中国证券业协会再依据证监会的规章制定具体的业务规则。这一系列监管制度规范了股份公司首次公开发行股票、向原股东配售股份（简称"配股"）、向不特定对象公开募集股份（简称"增发"）、非公开发行股票（也称"定向增发"）等通过发行股票筹集权益资本的行为。

股票按股东权利和义务的不同可以分为普通股和优先股。

（一）发行普通股

1. 普通股的定义

普通股是指在公司的经营管理和盈利及财产的分配上享有普通权利的股份。在公司满足债权人的偿付要求和优先股股东的收益权与求偿权要求后，普通股股东才能享有对剩余财产的索取权。普通股构成公司权益资本的基础，是股票的一种基本形式，也是发行量最大、最为重要的股票。

2. 普通股的种类

股份有限公司根据相关法律法规以及筹资和投资者的需要，可以发行不同种类的普通股。

（1）按有无记名，股票可以分为记名股票和不记名股票。

记名股票是在股票票面上记载股东姓名或名称的股票。这种股票除了股票上所记载的股东外，其他人不得行使其股权，并且股份的转让有严格的法律程序与手续。《中华人民共和国公司法》（2018年修订）规定，向发起人、法人发行的股票，应为记名股票。不记名股票是票面上不记载股东姓名或名称的股票。这类股票的持有人即股份的所有人，具有股东资格，股票的转让也比较自由、方便。

（2）按是否标明金额，股票可分为有面值股票和无面值股票。

有面值股票是在票面上标有一定金额的股票。持有这种股票的股东，对公司享有的权利和承担的义务大小，依其所持有的股票票面金额占公司发行在外股票总面值的比例而定。无面值股票是不在票面上标出金额，只载明所占公司股本总额的比例或股份数的股票。无面值股票的价值随公司财产的增减而变动，而股东对公司享有的权利和承担义务的大小，直接依股票标明的比例而定。目前，《中华人民共和国公司法》不承认无面值股票，规定股票应记载票面金额，股票的发行价格可以等于或者超过票面金额，但不得低于票面金额。

（3）按投资主体的不同，股票可分为国家股、法人股、个人股。

国家股是有权代表国家投资的部门或机构以国有资产向公司投资而形成的股份。法人股是企业法人依法以其可支配的财产向公司投资而形成的股份，或具有法人资格的事业单位和社会团体以国家允许用于经营的资产向公司投资而形成的股份。个人股是社会个人或公司内部职工以个人合法财产投入公司而形成的股份。

（4）按发行对象和上市地区的不同，股票可分为A股、B股、H股、N股、S股等。

A股是人民币普通股票，由我国境内公司发行，境内上市交易，以人民币标明票面金额并以人民币认购和交易的股票。B股即人民币特种股票，由我国境内公司发行，境内上市交易，以人民币标明票面金额但以外币认购和交易的股票。近年来，越来越多的中国内地企业赴境外主要资本市场上市，这些在不同国家和地区上市的股票被冠以代表上市地的简称，比如，H股是在中国香港上市的股票，N股是在纽约上市的股票，S股是在新加坡上市的股票。

（5）按所属市场板块的不同，股票可分为主板、中小板、创业板、科创板和新三板股票等。

自中国共产党第十六届中央委员会第三次全体会议2003年10月首次明确提出"建立多层次资本市场体系"以来，我国已经初步建立了多层次的资本市场。其中，股权交易市场由场内市场和场外市场两部分构成，场内市场包含主板、中小板、创业板和科创板，场外市场包括全国中小企业股份转让系统（新三板）、区域性股权交易市场等。在这些不同层次的市场板块中，场内市场和新三板的公司属于公众公司[①]，能够公开发行股票并上市（场内）或非上市（场外）交易。

不同市场板块实施不同的监管规则、适合不同类型的企业，部分监管要求如表10-1所示：

表10-1　股权市场分层监管对比[②]

监管领域	主板；中小板	创业板	科创板	新三板
服务对象	传统行业的大中型成熟企业	创新型、成长型中型企业	符合国家战略、拥有关键核心技术、市场认可度高的科技创新企业	创新/创业型、成长型中小微企业
对个人投资者的适当性管理	无证券交易经验和资产数额方面的要求	个人须拥有24个月以上证券交易经验，且证券账户及资金账户内的资产不低于10万元	个人须拥有24个月以上证券交易经验，且证券账户及资金账户内的资产不低于50万元	个人须拥有2年以上证券投资经验或金融从业经验，且参与基础层股票交易的个人投资者证券资产在200万元以上，参与创新层股票交易的个人投资者证券资产在100万元以上
主体资格	公司持续经营3年以上	公司持续经营3年以上	公司持续经营3年以上	公司存续满2年
审核制度	核准制：发行人向证监会提交申请文件，由证监会的发行审核委员会审核并作出是否予以核准的决定	核准制：发行人向证监会提交申请文件，由证监会的创业板发行审核委员会审核并作出是否予以核准的决定	注册制：发行人向上交所提交注册申请文件，由上交所审核同意后，报送证监会履行发行注册程序	（1）股票挂牌交易。股东人数未超过200人，直接向全国股份转让系统公司（"全国股转公司"）申请挂牌；股东人数超过200人，经证监会核准后申请挂牌。（2）定向发行股票。发行后股东累计不超过200人，由全国股转公司自律审查；股东超过200人，须在取得全国股转公司的自律审查意见后，报证监会核准

3. 普通股的发行方式

股票发行方式指的是公司通过何种途径发行股票。根据不同的分类方法，股票的发行方式可以分为：公开发行与不公开发行；有偿发行、无偿发行和搭配发行；直接发行与间接发行。

---

① 根据证监会制定的《非上市公众公司监督管理办法》（2021年修订），公众公司包括上市公司和非上市公众公司，后者是指有下列情形之一且其股票未在证券交易所上市交易的股份有限公司：（1）股票向特定对象发行或者转让导致股东累计超过200人；（2）股票公开转让。

② 资料来源：《首次公开发行股票并上市管理办法》（2022年修订）、《深圳证券交易所创业板投资者适当性管理实施办法》（2020年修订）、《首次公开发行股票并在创业板上市管理办法》（2018年修订）、《科创板首次公开发行股票注册管理办法（试行）》（2020年修订）、《上海证券交易所科创板股票交易特别规定》（2019）、《全国中小企业股份转让系统投资者适当性管理办法》（2021年修订）、《全国中小企业股份转让系统股票挂牌条件适用基本标准指引》（2020年）、《全国中小企业股份转让系统业务规则（试行）》（2013年）、《全国中小企业股份转让系统股票定向发行规则》（2020年修订）。

（1）按照股票的发行对象不同：公开发行与非公开发行。

公开发行就是公开募股（"公募"），一般是指向不特定对象发行股票①，广大社会投资者均可以购买所发行的股票。以这种方式发行的股票具备完全的流通性，能够获得的资金来源最广泛，是最常见的股票发行方式之一。由于公开发行涉及的投资者众多，证券监管当局对其的监管往往最严格。

非公开发行（"私募"）指的是公司向特定对象发行股票的行为。这些特定对象可能是公司的老股东、员工、新引进的战略投资者或者其他和公司有某些特殊关系的群体。中国证监会发布的《上市公司证券发行管理办法》（2020年修订）规定非公开发行股票的特定对象不得超过三十五名。与公开发行相比，非公开发行的条件比较宽松、发行程序相对简单、花费的时间也较短，同时，这些被选定的发行对象不仅向公司提供资金，还可能提供管理经验、经营资源等。

（2）按照投资者是否支付股金：有偿发行、无偿发行和搭配发行。

有偿发行指的是购买股票的投资者必须按照股票的发行价支付款项才可以得到相应的股票。这是最常见的发行方式，比如首次公开募股（Initial Public Offering，IPO）、上市后再融资中的公开募股（也称"增发"）都属于有偿增资。

无偿发行指的是投资者不需要向发行公司支付现金就能得到股票。比如发行公司向原股东发放股票股利（也称"送股"），这部分股票的资金来源是公司的留存收益。

搭配发行指的是发行公司按原股东的持股比例发售新股，新股价格按照股票市价作一定折价来确定。这种发行方式适用于股份公司上市后的再融资，比如，向原股东配售股份（简称"配股"）。

（3）根据股票销售方式的不同：直接发行与间接发行。

直接发行指的是发行公司直接面向投资者销售股票，并承担股票发行的所有事务和风险。直接发行适用于有既定的发行对象，或者是发行风险小、手续简单的股票。其优点是发行公司能够直接控制发行过程，实现发行意图，并可以节省发行费用；缺点是往往筹资时间长，而且发行公司要承担全部发行风险，并需要有较高的知名度、信誉和实力。

间接发行（即"承销"）指的是发行公司委托证券公司办理发行事务并向投资者销售股票。承销是目前资本市场中最常见的股票发行方式。《中华人民共和国公司法》（以下简称《公司法》）规定：股份公司向社会公开募集股份，应当由依法设立的证券公司承销。

股票承销分为包销和代销两种方式。所谓包销，是指证券公司将发行公司的股票按照协议价格全部购入、再以较高的价格出售给社会上的认购者，或者证券公司在承销期结束时将售后剩余的股票全部自行购入。对发行公司来说，包销方式能够及时筹足资本，免于承担发行风险（股款未募足的风险由承销商承担）；但股票以较低的价格售给承销商会损失部分溢价。所谓代销，是指证券公司代发行公司发售股票，并由于销售股票而获取一定的佣金，在承销期结束时将未售出的股票全部退还给发行公司。在代销方式下，发行公司自行承担股款未募足的风险，但能够获得较高的股票发行溢价收益。

4. 普通股的权利设定

我国《公司法》（2018年修订）规定：股份的发行，实行公平、公正的原则，同种类的每一股份应当具有同等权利。这意味着股份公司发行的每一股普通股都只有一票投票权，即"同股同权""一股一票"，在主板、中小板、创业板和新三板交易的公司都遵循这一原

---

① 《中华人民共和国证券法》（2019年修订）规定：向特定对象发行证券累计超过二百人（但依法实施员工持股计划的员工人数不计算在内）的情况也属于公开发行。

则发行股票，从全球范围来看这也是最常使用的股票权利设定方式。

近年来，双重股权制度（也称"AB 股制度"）成为国际上很多高科技公司（比如谷歌、京东、百度等）采用的股权架构方式。在双重股权制度下，普通股分为两类：一般的公众投资者持有 A 类普通股，每股一票投票权；公司的创业者、高管等主体持有 B 类普通股，每股享有多票投票权。这两类普通股每股享有的现金流权利相同。

鉴于双重股权制度能够同时满足高科技公司的融资需求和其创始人等特定主体掌握控制权的需要，中国证监会根据《公司法》第一百三十一条"国务院可以对公司发行本法规定以外的其他种类的股份，另行作出规定"，允许在科创板上市的中国境内科技创新企业股东持有特别表决权股份[①]（即每股享有多票投票权的普通股）。《上海证券交易所科创板股票上市规则》（2020 年修订）进一步规定：公司必须在首次公开发行并上市前设置表决权差异安排（即双重股权制度），不得在上市后才开始设置此类安排。同时，每份特别表决权股份的表决权数量不得超过每份普通股份的表决权数量的 10 倍。

以京东的双重股权制度为例，其创始人刘强东持有的 B 类普通股每股拥有 20 票投票权，这一安排在当前中国沪、深交易所的制度框架内尚不被允许，但美国纳斯达克证券交易所允许。

5. 普通股的发行和上市

股票发行和上市是两个不同但有关联的环节，前者是后者的前提。根据《中华人民共和国证券法》（2019 年修订）（简称《证券法》）的规定，公司公开发行证券须报经国务院证券监督管理机构（证监会是最主要的证券监管机构）或者国务院授权的部门注册；证券发行之后要上市交易的，则应当向证券交易所提出申请，由证券交易所依法审核同意。

《证券法》规定公司首次公开发行新股应当满足下列条件，但其中没有包含具体的财务要求：

（1）具备健全且运行良好的组织机构；

（2）具有持续经营能力；

（3）最近三年财务会计报告被出具无保留意见审计报告；

（4）发行人及其控股股东、实际控制人最近三年不存在贪污、贿赂、侵占财产、挪用财产或者破坏社会主义市场经济秩序的刑事犯罪；

（5）经国务院批准的国务院证券监督管理机构规定的其他条件。

《证券法》进一步规定，公司如果申请股票上市，则应当符合证券交易所上市规则规定的上市条件。证券交易所上市规则规定的上市条件，应当对发行人的经营年限、财务状况、最低公开发行比例和公司治理、诚信记录等提出要求。

证监会和证券交易所（上交所、深交所、全国中小企业股份转让系统有限责任公司）将根据法定授权对股票的发行和上市条件做出更细化的规定。中国对多层次资本市场实施分层监管，在不同板块挂牌交易的公司面临不同的发行条件，具体如表 10-2 所示。

值得注意的是，上交所和深交所分别在《上海证券交易所股票上市规则》（2022 年修订）和《深圳证券交易所股票上市规则》（2022 年修订）中规定：股份公司首次公开发行股票后申请其股票在主板（含中小板）上市交易的，股本总额不少于人民币五千万元。这一要求高于证监会令的标准，发行公司需要按最高标准执行。

---

① 资料来源：《科创板首次公开发行股票注册管理办法（试行）》（2020 修订）。

表 10-2　股权市场分层发行并上市的财务条件

准入条件	主板；中小板	创业板	科创板	新三板
盈利要求	最近三年连续盈利且累计超过三千万元。	最近两年连续盈利且两年净利润累计不少于一千万元；或者，最近一年盈利且该年营业收入不少于五千万元	允许符合科创板定位、尚未盈利或存在累计未弥补亏损的企业上市。上市条件和具体标准灵活考虑企业的预计市值、营业收入、盈利、经营活动现金流量、研发费用、技术优势等	无
营业收入或现金流要求	最近三年，经营活动产生的现金流量净额累计超过五千万元，或者营业收入累计超过三亿元			最近两年营业收入累计不低于一千万元；或者，因研发周期较长导致营业收入少于一千万元但最近一期末净资产不少于三千万元
净资产要求	最近一期末无形资产（扣除土地使用权等后）占净资产比例不高于20%，且不存在未弥补亏损	最近一期末不少于二千万元，且不存在未弥补亏损	无	每股净资产不低于1元/股
股本总额	不少于三千万元	不少于三千万元	不少于三千万元	不少于五百万元

资料来源：主板、中小板的发行条件依据证监会发布的《首次公开发行股票并上市管理办法》（2022年修订）；创业板发行条件依据证监会发布的《首次公开发行股票并在创业板上市管理办法》（2018年修订）；科创板发行条件根据《上海证券交易所科创板股票上市规则》（2020年修订）；新三板发行条件根据《全国中小企业股份转让系统股票挂牌条件适用基本标准指引》（2020年修订）。

6. 普通股终止上市

《证券法》规定上市交易的证券，有证券交易所规定的终止上市情形的，由证券交易所按照业务规则终止其上市交易。以《上海证券交易所股票上市规则》（2022年修订）对股票退市的相关规定为例，退市（即终止上市）包括强制终止上市和主动终止上市两大类，其中强制终止上市又分为交易类强制退市、财务类强制退市、规范类强制退市和重大违法类强制退市等四类情形。

例如，对于财务类强制退市，上市公司出现下列情形之一的，上交所对其股票实施退市风险警示：

（1）最近一个会计年度经审计的净利润为负值且营业收入低于人民币1亿元，或追溯重述后最近一个会计年度净利润为负值且营业收入低于人民币1亿元；

（2）最近一个会计年度经审计的期末净资产为负值，或追溯重述后最近一个会计年度期末净资产为负值；

（3）最近一个会计年度的财务会计报告被出具无法表示意见或否定意见的审计报告；

（4）中国证监会行政处罚决定书表明公司已披露的最近一个会计年度经审计的年度报告存在虚假记载、误导性陈述或者重大遗漏，导致该年度相关财务指标实际已触及第（1）项、第（2）项情形的；

（5）交易所认定的其他情形。

上市公司股票因上述情形被实施退市风险警示后，公司同时满足下列条件的，可以在年度报告披露后5个交易日内，向上交所申请撤销对其股票实施的退市风险警示。但是，如果被实施退市风险警示后，公司出现下列情形之一的，上交所将决定终止其股票上市：

（1）公司披露的最近一个会计年度经审计的财务会计报告仍然存在上述规定的财务指标负面情形或财务会计报告被出具保留意见审计报告；

（2）公司未在法定期限内披露最近一年年度报告；

（3）公司未在规定的期限内申请撤销退市风险警示；

（4）半数以上董事无法保证公司所披露最近一年年度报告的真实性、准确性和完整性，且未在法定期限内改正；

（5）公司撤销退市风险警示申请未被交易所同意。

7. 普通股筹资评价

（1）普通股筹资的优点。

①普通股资本具有永久性，无到期日，不需归还。这对保证公司对资本的最低需要、维持公司长期稳定发展极为有益。

②普通股筹资没有固定的股利负担，股利的支付与否和支付多少可以视公司有无赢利和经营需要而定，经营波动给公司带来的财务负担相对较小。由于普通股筹资没有固定的到期还本付息的压力，所以财务风险较小。

③普通股资本是公司最基本的资金来源，并且可以作为其他方式筹资的基础，尤其可为债权人提供保障，增强公司的举债能力。

④由于普通股的预期收益较高并能够在一定程度上抵销通货膨胀对投资收益率的影响，普通股筹资比较容易吸收风险偏好型投资者的资金，在通货膨胀上升等经济环境中也具有较大吸引力。

（2）普通股融资的缺点。

①普通股的资本成本较高。对投资者而言，普通股风险较高，相应地要求有较高的投资报酬率。同时，普通股股利从税后利润中支付，不像债务融资所支付的利息可以作为费用从企业所得税前扣除，因而不具抵税作用。此外，普通股的发行费用一般也较高。

②以普通股筹资会增加新股东，这可能会分散公司的控制权；如果新股东投入的资金未能及时产生足够的经营收益，发行新股将会降低每股收益，从而可能引发股价的下跌。

③公司在股票上市后需要履行信息披露义务，这会带来较大的信息披露成本，也增加了保护公司商业秘密的难度。

④除了信息披露义务，公司在股票上市后还需要遵守业绩标准、公司治理、投资者关系等多方面的监管规定，这会导致较高的合规成本和合规风险。

（二）发行优先股

1. 优先股的定义

优先股是公司在筹集资金时，给予投资者某些优先权的股票。这种优先权主要表现在两个方面：优先股股东按照约定的股息率，优先于普通股股东分配公司利润，在完全支付约定的优先股股息之前，公司不得向普通股股东分配利润；当公司破产进行财产清算时，优先股股东对公司剩余财产有先于普通股股东的要求权。当然，优先股股东的求偿权仍然在债权人之后。优先股一般不参加公司的红利分配，持股人只能针对少数特定事项行使表决权，参与公司决策管理等权利受到限制。

优先股在法律层面一般归属于权益类资本工具，但是同时兼有固定收益的特点，因此在实务上其往往被视为一种"混合证券"，其风险、收益和成本介于普通股和债券之间。对公司而言，优先股是一种灵活高效的财务杠杆，可视为一种永久性负债。企业从税后利润中支付优先股股息是相对固定的，通过优先股安排调整资本结构、充分合理地利用财务杠杆，有助于企业财务管理目标的实现。

2. 优先股的类型

根据不同的分类标准，优先股可以分为以下类型：

（1）累积与非累积优先股。

累积优先股是指在某个营业年度内，如果公司所获得得盈利不足以分派规定的股利，优先股股东有权要求公司在以后年度对所欠股息如数补发。对于非累积的优先股，如果某一年公司所获得的盈利不足以按规定的股利分配时，优先股股东不能要求公司在以后年度中予以补发。一般来讲，对投资者来说，累积优先股比非累积优先股具有更大的优越性。

（2）参与优先股与非参与优先股。

当企业利润超过一定的标准，持股人除享受既定的优先股息外，还可以跟普通股东共同参与利润分配的优先股，称为"参与优先股"。除了既定股息外，不再参与利润分配的优先股，称为"非参与优先股"。一般来讲，参与优先股较非参与优先股对投资者更为有利。

（3）可转换优先股与不可转换优先股。

可转换优先股是指允许优先股持有人在特定条件下把优先股转换成为一定数额的普通股，否则，就是不可转换优先股。可转换优先股是近年来日益流行的一种优先股。虽然可转换的优先股本身构成优先股的一种类型，但在国外投资界，也常把它看作一种实际上收回优先股的方式，只是这种收回的主动权在投资者而不在公司里，对投资者来说，在普通股的市价上升时这样做是十分有利的。

（4）可回购优先股与不可回购优先股。

可回购优先股是指在满足规定的具体条件时，发行公司有权按约定的价格要求赎回优先股或者投资者有权要求按约定的价格回售优先股的情况。当公司认为能够以较低股利的股票来代替已发行的优先股时，其往往会行使这种要求赎回优先股的权利。相对的，如果投资者认为市场上存在收益更高的投资项目时时则会要求向公司回售优先股。不可回购优先股是指公司无权要求赎回并且投资者也无权要求回售的优先股。

3. 我国的优先股实践

2012年9月，我国发布的《金融业发展和改革"十二五"规划》首次提出"探索建立优先股制度"。2013年11月，国务院发布的《关于开展优先股试点的指导意见》奠定了优先股的制度框架，标志着优先股在我国正式落地。中国证监会于2014年3月发布《优先股试点管理办法》，对优先股的发行和交易等事项进行具体规定，并于2021年6月对该办法进行小幅修订。

根据《优先股试点管理办法》，上市公司可以公开或非公开发行优先股，非上市公众公司可以非公开发行优先股。非公开发行优先股指的是仅限于向合格投资者发行优先股并且相同条款优先股的发行对象累计不得超过二百人。

上市公司发行优先股，需要同时满足相关条件，包括（但不限于）：

（1）最近三个会计年度实现的年均可分配利润应当不少于优先股一年的股息；

（2）公司最近三年现金分红情况应当符合公司章程及中国证监会的有关监管规定；

（3）公司报告期不存在重大会计违规事项；

（4）公司已发行的优先股不得超过普通股股份总数的百分之五十，且筹资金额不得超过发行前净资产的百分之五十，已回购、转换的优先股不纳入计算；

（5）发行优先股募集资金应有明确用途，与公司业务范围、经营规模相匹配，除金融类企业外，募集资金使用项目不得为持有交易性金融资产和可供出售的金融资产、借予他人等财务性投资，不得直接或间接投资于以买卖有价证券为主要业务的公司。

上市公司公开发行优先股的，在满足上述条件的基础上，还要求最近三个会计年度连续盈利，并且财务报表被注册会计师出具标准审计报告或带强调事项段的无保留意见审计报告，以及符合以下情形之一：

（1）其普通股为上证 50 指数成份股；

（2）以公开发行优先股作为支付手段收购或吸收合并其他上市公司；

（3）以减少注册资本为目的回购普通股的，可以公开发行优先股作为支付手段，或者在回购方案实施完毕后，可公开发行不超过回购减资总额的优先股。

对于非上市公众公司发行优先股，《优先股试点管理办法》没有规定盈利等财务指标的硬性条件，而仅对合规经营、治理健全、依法履行信息披露义务等方面作出原则性要求。

为了保护上市公司中小投资者合法权益，《优先股试点管理办法》针对上市公司非公开发行优先股时易出现利益输送的环节进行了特别规定，包括：限制上市公司非公开发行优先股的票面股息率水平，要求其"不得高于最近两个会计年度的年均加权平均净资产收益率"；将发行人董事、高级管理人员及其配偶排除在非公开发行的合格投资者范围之外。

2014 年 4 月，中国原银监会与证监会联合发布《关于商业银行发行优先股补充一级资本的指导意见》，规定了商业银行发行优先股的申请条件和发行程序，明确了优先股作为商业银行"其他一级资本工具"的合格标准。2019 年 7 月，银保监会与证监会对上述规定进行了修订，删除了关于非上市银行发行优先股应申请在新三板公开转让股票的要求，有效疏通了非上市银行（以中小银行为主）优先股发行渠道，对于中小银行充实一级资本具有积极的促进作用，有利于保障中小银行信贷投放，进一步提高实体经济服务能力①。

三、发行债券

（一）债券的概念与特征

1. 债券的概念

债券是政府、金融机构、工商企业等机构直接向社会借债筹措资金时，向投资者发行，并且承诺按一定利率支付利息并按约定条件偿还本金的债权债务凭证。

债券的本质是债的证明书，具有法律效力。债券购买人与发行人之间是一种债权债务关系，债券发行人即债务人，投资者（或债券持有人）即债权人。

2. 债券的特征

作为一种重要的融资手段和金融工具，债券具有如下特征：

（1）偿还性。债券通常规定有偿还期限，发行人必须按约定期限支付利息并偿还本金。

（2）流通性。债券持有人可按需要和市场的实际状况，灵活地转让债券，以提前收回本金和实现投资收益。流通性高有利于吸引投资者购买债券，这是债券融资的一个优势。

（3）安全性。与股票相比，债券通常规定有固定的利率，与企业绩效没有直接联系，收益比较稳定，投资风险较小。此外，在企业破产时，债券持有者享有优先于股票持有者对企业剩余财产的索取权。由于投资安全性较高，债券融资的成本一般低于股票融资。

3. 债券的基本要素

一般而言，债券包含以下基本要素：

（1）票面金额。债券的票面金额是发行人在债券到期后应向债券持有人偿还的本金数额，也是发行人按期支付利息的计算依据。债券的票面金额与实际的发行价格并不一定相同，发行价格大于面值时称为溢价发行，小于面值时称为折价发行，等于面值时成为平价发行。

（2）偿还期限。债券的偿还期限是指发行人全部偿还票面金额的期限，即债券发行日

---

① 资料来源：中国政府网. 银保监会、证监会修订商业银行发行优先股相关规定 [EB/OL]. (2019-07-19). http://www.gov.cn/xinwen/2019-07/19/content_5411978.htm.

至到期日之间的时间间隔。发行人应该结合自身资金周转状况及外部资本市场的各种影响因素来确定债券的偿还期。

（3）票面利率。债券的票面利率是指债券利息与债券面值的比率，是发行人承诺以后一定时期支付给债券持有人利息的计算标准。债券票面利率的确定主要受到银行利率、发行者的资信状况、偿还期限和利息计算方法以及当时资金市场上资金供求情况等因素的影响。

（4）付息期。债券的付息期是指债券发行后利息支付的时间。利息可以到期一次支付，也可以按一年、半年、一季度等不同时间间隔分次支付。在考虑货币时间价值和通货膨胀因素的情况下，付息期对发行人的实际融资成本有很大影响。到期一次付息的债券，其利息通常是按单利计算的；而分期付息的债券，其实际融资成本是按复利计算的，因此，如果两只债券的票面利率及其他要素相同，分期付息债券的实际融资成本大于到期一次付息债券的成本，而且利息支付的间隔越短（即支付频率越大），实际融资成本就越大。

（二）债券的分类

1. 按发行主体分类

根据发行主体的不同，债券可分为政府债券、金融债券和公司（企业）债券三大类。

（1）政府债券。

政府债券是政府为筹集资金而发行的债券。其中，由一国中央政府发行的债券称为"国债"（或国库券）；由各级地方政府机构发行的债券称为"地方政府债券"。政府债券不仅用于弥补财政赤字，同时也是政府筹集资金、扩大公共开支的重要手段，并且随着金融市场的发展，其逐渐具备了金融商品和信用工具的职能，成为政府进行宏观经济调控的工具。

企业只能持有政府债券而不能发行政府债券，因此，政府债券对企业而言首先是一项投资工具而不是筹资工具。当然，企业在持有政府债券之后，可以利用这项金融资产进行质押借入贷款或采用其他方式进行融资。

（2）金融债券。

金融债券是指由银行或非银行金融机构发行的债券。发行债券是金融机构的主要资金来源之一（其他主要来源包括吸收存款和向其他机构借款）。金融债券能够使金融机构筹措到稳定且期限灵活的资金，从而有利于优化资产结构，扩大长期投资业务。金融债券的资信通常高于其他非金融机构债券，违约风险相对较小，所以，金融债券的利率通常低于工商企业债券，但高于风险更小的国债和储蓄存款利率。

（3）公司（企业）债券。

公司（企业）债券是指由非金融机构的工商企业发行的债券。由于企业的资信水平通常比不上金融机构和政府，公司（企业）债券的风险相对较大，其利率一般也较高。

在中国，工商企业发行的债券主要包含两类：企业债和公司债。企业债券由国家发展与改革委员会（"国家发改委"）监督管理，在实践中其发债主体为中央企业、国有独资企业或国有控股企业，因此，企业债券在一定程度上体现了政府信用。公司债券由中国证监会主管，发债主体为各种所有制的公司法人（包括股份有限公司和有限责任公司），其信用保障是发债公司的资产质量、经营状况、盈利水平和持续赢利能力等，信用风险一般高于企业债券。

近年来，公司（企业）债券融资工具不断创新，多种专项债券陆续推出，包括：住房租赁专项公司债、扶贫专项公司债、项目收益专项公司债、绿色公司债券、创新创业公司债、纾困专项公司债、"一带一路"建设可续期公司债等。

2. 按有无抵押担保分类

债券根据其有无抵押担保，可以分为信用债券和担保债券。

（1）信用债券。

信用债券也称无担保债券，是仅凭债券发行者的信用而发行的、没有抵押品作担保的债券。一般政府债券及金融债券都为信用债券。少数信用良好的公司也可发行信用债券，但在发行时须签订信托契约，对发行人的有关行为进行约束限制，由受托的信托投资公司监督执行，以保障投资者的利益。

（2）担保债券。

担保债券是指以某种方式作为担保，保证本息偿付的债券，其形式主要有财产担保和第三者担保两种。财产担保债券又可以分为：以土地、房屋、机器、设备等不动产或动产为担保品而发行的抵押公司债券和以有价证券（股票或其他证券）为担保品而发行的抵押信托债券。发债公司如果在债券到期时不能履行还本付息的义务，必须变卖担保品来清偿抵付。第三者担保主要是指由政府、信誉好的银行或发债公司的母公司作为担保人，当发债公司不能按时还本付息时，由担保方进行偿付。

3. 按利息的支付方式分类

根据利息的不同支付方式，债券一般分为零息债券、定息债券和浮息债券。

（1）零息债券。

零息债券，也称贴现债券，是指债券没有规定利率，发行时按设定的折扣率以低于债券面值的价格发行，到期按面值支付本息的债券。零息债券的票面金额与发行价之差即为利息。由于零息债券以低于面额的价格发行，可以看作是利息预付，因而又称为"利息预付债券"或"贴水债券"。

（2）定息债券。

固定利率债券是指在债券存续期间内，发行人将按照固定不变的票面利率向债券持有人支付利息的债券。该利率不随市场利率的变化而调整，因此，发行人在通货紧缩或利率下行环境中承担的融资成本较大。

（3）浮息债券。

浮息债券的利率同当前市场利率挂钩，通常根据市场基准利率加上一定的利差来确定。由于利率随市场利率变动而调整，发行浮息债券的融资成本相对比较合理，虽然这有可能会让发行人丧失在市场利率上升时固定利率带来的好处，但也可以避免市场利率下降时造成的实际融资成本上升。

4. 按发行方式分类

按照是否公开发行，债券可分为公募债券和私募债券。

公募债券是指按法定程序，经证券主管机构批准在资本市场上公开发行的债券，其发行对象是不限定的。这种债券由于发行对象是广大的投资者，因而要求发行人必须遵守信息披露及其他监管制度，以保护投资者利益。

私募债券是发行人向与其有特定关系的少数投资者发行的债券。该类债券的发行范围较小，其投资者大多为金融机构、各类基金等机构投资者，它不需要履行信息公开披露的义务，债券的转让也受到一定程度的限制，流动性较差，但其利率水平一般较公募债券要高。

5. 按债券是否可转换来分类

按是否可转换成其他金融工具，债券又可分为可转换债券与不可转换债券。

可转换债券是能按一定条件转换为其他金融工具的债券。常见的可转换债券是债券持有人在满足一定条件时可以将其转换为发行人的股票。

不可转换债券就是不能转化为其他金融工具的债券。

6. 按债券形态分类

（1）实物债券。

实物债券是指债券发行人印制了标准格式的纸质债券以记录债权债务，券面标有票面金额、票面利率等基本要素。实物债券由于其发行成本较高，越来越少被使用。

（2）凭证式债券。

凭证式债券是指发行人不印刷实物债券，而以向持有人发放购买债券收款凭证的方式发行的债券。凭证式债券一般不能上市流通。

（3）记账式债券。

记账式债券没有实物形态的票券和凭证，以记账方式记录债权，通过证券交易所的交易系统发行和交易。由于记账式债券的发行和交易均实现无纸化，交易效率高、成本低，使用广泛。

7. 按债券发行的区域分类

按发行的区域划分，债券可分为境内债券和境外债券。

境内债券是指由本国的发行主体以本国货币为单位在国内金融市场上发行的债券。

境外债券是境内企业及其控制的境外企业或分支机构在境外发行的、以本币或外币计价、按约定还本付息的债券。根据我国目前的监管规定，企业发行 1 年期以上的境外债券需要在国家（或特定省市）发展改革委提出备案登记申请[①]。随着资本市场全球化的深入发展，我国企业在国际市场中发行债券的数量和金额都有了明显增加，例如，中国东方航空公司的香港全资子公司于 2021 年发行了 5 亿新加坡元的 5 年期担保债券[②]，同年首创置业股份有限公司也发行了 4 亿美元的 5 年期担保债券[③]。

债券还有其他分类方法，比如可赎回债券和不可赎回债券、参加债券（也称"分红债券"）和非参加债券、记名债券和不记名债券等。

（三）公司债券的发行与交易

1. 公司债券的发行

我国《公司法》规定，公司发行公司债券应当符合《证券法》规定的发行条件。

在我国，公司可以公开发行债券（认购者可能包括专业投资者和普通投资者），也可以向不超过二百人的专业投资者[④]非公开发行债券。《证券法》只对公开发行债券进行了原则性的规定，要求发行公司应当符合下列条件：

（1）具备健全且运行良好的组织机构；

（2）最近三年平均可分配利润足以支付公司债券一年的利息；

（3）国务院规定的其他条件。

[①]　资料来源：国家发改委 2015 年发布的《关于推进企业发行外债备案登记制管理改革的通知》。

[②]　资料来源：《中国东方航空股份有限公司 2022 年半年度报告摘要》

[③]　资料来源：搜狐焦点. 首创置业发行 4 亿美元 4.65 厘有担保债券［EB/OL］.（2021-01-20）. https://zixun. focus.cn/f3b2a8e8d02c9b6b.html.

[④]　根据我国《证券法》第八十九条，专业投资者的标准由中国证监会规定，主要考虑投资者的财产状况、金融资产状况、投资知识和经验、专业能力等因素。证券自律组织可以在中国证监会相关规定的基础上，设定更为严格的投资者适当性要求。例如，根据《上海证券交易所债券市场投资者适当性管理办法》（2022 年修订），个人专业投资者须同时符合下列条件：（1）金融资产不低于 500 万元，或者最近 3 年个人年均收入不低于 50 万元；（2）具有 2 年以上金融投资经历或者金融相关从业经验。

中国证监会制定的《公司债券发行与交易管理办法》（2021 年修订）对公司公开与非公开发行债券作出了进一步的规定。其中，对于公开发行债券的财务条件增加了"具有合理的资产负债结构和正常的现金流量"一项。公司公开发行公司债券，由证券交易所负责受理、审核，并报中国证监会注册。非公开发行公司债券没有具体的准入条件，但是应当及时向中国证券业协会报备，报备不代表中国证券业协会实行合规性审查，不构成市场准入，也不豁免发行公司的违规责任。

值得注意的是，中国对公开发行公司债券的上市交易实施分类管理，实行差异化的交易机制和投资者适当性管理制度。《公司债券发行与交易管理办法》规定资信状况符合以下标准的公开发行公司债券，专业投资者和普通投资者可以参与认购：

（1）发行人最近三年无债务违约或者延迟支付本息的事实；

（2）发行人最近三年平均可分配利润不少于债券一年利息的 1.5 倍；

（3）发行人最近一期末净资产规模不少于 250 亿元；

（4）发行人最近 36 个月内累计公开发行债券不少于 3 期，发行规模不少于 100 亿元；

（5）中国证监会根据投资者保护的需要规定的其他条件。

未达到上述规定标准的公开发行公司债券，仅限于专业投资者参与认购。

2. 公司债券的交易

根据《公司债券发行与交易管理办法》，公开发行的公司债券应该在证券交易所上市交易；非公开发行的公司债券仅限于专业投资者范围内转让，可以申请在证券交易场所、证券公司柜台进行交易。《上海证券交易所公司债券上市规则》（2022 年修订）和《深圳证券交易所公司债券上市规则》（2022 年修订）对公司债券的上市交易、暂停和终止交易作出了具体的规定。

公开发行的公司债券申请上市，应当符合下列条件：

（1）符合《证券法》等法律、行政法规规定的公开发行条件；

（2）经有权部门注册并依法完成发行；

（3）债券持有人符合投资者适当性管理规定；

（4）证券交易所规定的其他条件。

上述条件主要重申了《证券法》和《公司债券发行与交易管理办法》的相关要求，没有提出更高的实质性准入条件。

可能导致公司债券停牌的情形包括（但不限于）：

（1）发行人未按照相关规定及时履行信息披露义务，或者已经披露的信息不符合要求；

（2）债券价格发生异常波动；

（3）发行人出现不能按时还本付息或者未能按约定履行加速清偿义务等情形，且未按规定披露相关信息的。

公司债券发生下列情形之一的，终止在证券交易所上市交易：

（1）债券全部完成偿付或者因可交换债券全部换股、发行人解散、被责令关闭或宣告破产以及其他因素导致债券原有债权债务关系灭失的；

（2）经人民法院裁定，批准破产重整计划或者认可破产和解协议的；

（3）经全体债券持有人同意，发行人主动申请终止债券上市交易的；

（4）证券交易所规定的其他情形。

3. 债券的发行价格

债券的发行价格受市场利率（又称社会平均利率）的影响。为了吸引投资者购买，债券的发行价格不应高于债券的内在价值。如果债券票面利率低于发行时的市场利率，债券需要折价发行才能吸引投资者购买。反之，如果债券票面利率高于市场利率，则溢价发行也能吸引投资者。若债券票面利率等于市场利率，债券可以平价发行。

债券的内在价值一般是根据债券产生的现金流（即支付的利息和偿还的债券面值），按照发行当时的市场利率折算成现值来确定。假设某债券发行后，于每期期末支付利息，到期按面值兑现，则其内在价值可按下列公式计算：

$$债券的内在价值 = \sum_{t=1}^{n} \frac{面值 \times 票面利率}{(1 + 市场利率)^t} + \frac{面值}{(1 + 市场利率)^n}$$

式中，t 表示债券付息期数；n 表示债券期限。

【例10-1】某企业发行三年期债券，票面面值为 1 000 元，票面利率为 8%，于发行后每期期末支付利息，发行时市场利率为 6%，则该债券的内在价值为：

债券的内在价值 = 1 000×8%×(P/A,6%,3)+1 000×(P/F,6%,3)

             = 1 053.44（元）

债券发行时，发行价格不应高于这一数值，否则难以吸引投资者购买。

另外，如果考虑到该企业为发行债券所发生的费用，企业以 1 053.44 元作为该只债券的发行价格时，其实际融资成本高于 6%。

【例10-2】承上例，假如上述债券的利息于发行后每期期初发放，则该债券的内在价值为：

债券的内在价值 = 1 000×8%×[(P/A,6%,2)+1]+1 000×(P/F,6%,3)

             = 1 066.27（元）

债券发行时，发行价格不应高于这一数值，否则也难以吸引投资者购买。

（四）债券的评级

1. 债券信用评级的意义

债券的信用评级对于债券发行公司和购买人都有重要影响。这是因为：

（1）债券评级是度量违约风险的一个重要指标。一般来说，资信等级高的债券，能够以较低的利率发行，风险较低；资信等级低的债券，风险较大，只能以较高的利率发行。另外，许多机构投资者将投资范围限制在特定等级的债券之内。

（2）债券评级方便投资者进行债券投资决策。对广大投资者尤其是中小投资者来说，由于受时间、知识和信息的限制，其无法对众多债券进行分析和选择，因此需要专业机构对债券发行人还本付息的能力进行客观、公正和权威的评定，为投资者决策提供参考。正是因为有了债券评级，才使得各类发行公司能够有效地向投资者传递其偿债能力的相关信息，从而实现以合理的发债成本筹集资金的目标。

2. 债券的信用等级

目前国际上公认的最具权威性的信用评级机构，主要有美国的标准·普尔公司和穆迪投资服务公司。这两家公司拥有详尽的资料，采用先进科学的分析技术，又有丰富的实践经验和大量专业人才，因此，它们作出的信用评级具有很高的权威性。但是，这些信用评级只是供投资者决策时参考，信用评级机构对投资者可能遭受的债券投资损失不承担法律上的责任。

标准·普尔公司信用等级标准从高到低可划分为：AAA 级、AA 级、A 级、BBB 级、BB 级、B 级、CCC 级、CC 级 C 级和 D 级。

穆迪投资服务公司信用等级标准从高到低可划分为：Aaa 级，Aa 级、A 级、Baa 级、Ba 级、B 级、Caa 级、Ca 级、C 级。

两家机构信用等级划分大同小异。前四个级别债券信誉高，风险小，是"投资级债券"；第五级开始的债券信誉低，是"投机级债券"。不同信用等级的债券各有其不同的特点，适合不同风险偏好的投资者，大体上可按表10-3进行划分。

表 10-3　债券等级划分

债券等级	特点	适合的投资者
A 级（包括标准·普尔的 AAA 级、AA 级、A 级和穆迪投资服务公司的 Aaa 级，Aa 级、A 级）	①本金和收益的安全性最大；②受经济形势影响的程度较小；③收益水平较低，筹资成本也低；对于此类债券来说，利率的变化比经济状况的变化更为重要	①特别注重利息收入的投资者；②追求保值者
B 级（包括标准·普尔的 BBB 级、BB 级、B 级和穆迪投资服务公司的 Baa 级、Ba 级 B 级）	①债券的安全性、稳定性以及利息收益会受到经济中不稳定因素的影响；②经济形势的变化对这类债券的价值影响很大；③投资者冒一定风险，但收益水平较高，筹资成本与费用也较高	如果投资者具有选择与管理证券的良好能力，愿意承担一定风险，又想取得较高收益，投资 B 级债券会是较好的选择
C 级（包括标准·普尔的 CCC 级、CC 级 C 级和穆迪投资服务公司的 Caa 级、Ca 级、C 级）	无多大的经济意义，属于投机性或赌博性的债券	适于敢于承担风险，试图从差价变动中取得巨大收益的投资者
D 级（标准·普尔公司的 D 级）		

3. 具有证券服务业务资格的资信评级机构

我国《证券法》规定，从事证券市场资信评级业务（下称"证券评级业务"）的资信评级机构应向中国证监会备案。2021 年，中国证监会发布《证券市场资信评级业务管理办法》，其中未对开展证券评级业务规定硬性的准入条件，但鼓励具备下列条件的资信评级机构开展证券评级业务：

（1）实收资本与净资产均超过人民币 2 000 万元。

（2）有 20 名以上证券从业人员，其中 10 名以上具有三年以上资信评级业务经验、3 名以上具备中国注册会计师资格。

（3）有 3 名以上熟悉资信评级业务有关的专业知识，且通过资质测试的高级管理人员。

（4）最近五年未受到刑事处罚，最近三年未因违法经营受到行政处罚，不存在因涉嫌违法经营、犯罪正在被调查的情形。

（5）最近三年在税务、工商、金融等行政管理机关，以及自律组织、商业银行等机构无重大不良诚信记录。

（6）中国证监会基于保护投资者、维护社会公共利益规定的其他条件。

截至 2022 年 9 月，在中国证监会完成 2021 年度备案的证券评级机构共有 13 家，分别是：中诚信国际信用评级有限责任公司、大普信用评级股份有限公司、北京中北联信用评估有限公司、上海资信有限公司、远东资信评估有限公司、联合资信评估股份有限公司、中证鹏元资信评估股份有限公司、安融信用评级有限公司、安泰信用评级有限责任公司、上海新世纪资信评估投资服务有限公司、标普信用评级（中国）有限公司、东方金诚国际信用评估有限公司、大公国际资信评估有限公司。[①]

（五）债券筹资评价

1. 债券筹资的优点

（1）债券筹资的范围广、金额大。债券筹资的对象十分广泛，它既可以向各类银行或非银行金融机构筹资，也可以向其他法人单位、个人筹资，因此筹资比较容易并可筹集较

---

① 资料来源：中国证监会. 完成 2021 年度备案的证券评级机构名录（按照系统报送时间排序）[EB/OL].（2022-09-15）. http://www.csrc.gov.cn/csrc/c105944/c5571071/content.shtml.

大金额的资金。

（2）具有长期性和稳定性。发行债券所筹集的资金一般属于长期资金，且债券的投资者一般不能在债券到期日之前向企业索要本金，因此债券筹资方式具有长期性和稳定性的特点。

（3）具有财务杠杆作用。债券的利息是固定的费用，债券持有人除获取利息外，不能参与公司净利润的分配，因而具有财务杠杆作用，在息税前利润增加的情况下会使股东的收益以更快的速度增加。

2. 债券筹资的缺点

（1）财务风险大。债券有固定的到期日和固定的利息支出，当企业资金周转出现困难时，易使产业陷入财务困境，甚至破产清算。因此筹资企业在发行债券来筹资时，必须考虑利用债券进行投资的项目是否能够产生稳定性好、增长性高的未来收益。

（2）监管合规成本较高。企业在发行债券前需要经过向有关监管机构申请报批等程序，同时还要进行路演、宣传等准备工作，债券发行后仍要履行信息披露、跟踪资信评级、保持遵守各项合规标准等义务，因而，和信贷筹资相比，债券筹资的程序复杂、耗时较长、合规成本较高。

四、长期借款

（一）长期借款的种类

长期借款是指企业向银行或其他金融机构借入偿还期限较长的资金。一般而言，人们把还款期限在 1 年以上的借款称为长期借款。根据不同的分类标准，长期借款可以分为以下类型：

1. 按照利息支付和本金偿还的方式分类

长期借款按照利息支付和本金偿还方式的不同可分为：分期付息、到期还本借款；到期一次还本付息借款；分期偿还本息借款等类型。

2. 按照所借币种分类

长期借款按照所借币种可以分为人民币长期借款和外币长期借款两大类。

3. 按照借款用途分类

长期借款按照用途可分为固定资产投资借款、更新改造借款、科技开发和新产品试制借款等。

4. 按照提供贷款的机构分类

长期借款按照提供贷款的机构可分为政策性银行贷款、商业银行贷款等。此外，企业还可从信托投资公司取得信托投资贷款，从财务公司取得各种中长期贷款等。

5. 按照有无担保分类

长期借款按照有无担保可分为信用贷款和抵押贷款。信用贷款指不需企业提供抵押品，仅凭其信用或担保人信誉而发放的贷款。抵押贷款是指要求企业以抵押品作为担保的贷款。长期贷款的抵押品常常是房屋、建筑物、机器设备、股票、债券等。

（二）长期借款的保护性条款

由于长期借款的期限长、风险大，按照国际惯例，银行通常对借款企业提出一些有助于保证贷款按时足额偿还的条件。这些条件被写进贷款合同中，形成了合同的保护性条款。归纳起来，保护性条款大致有如下三类。

1. 一般性保护条款

一般性保护条款应用于大多数借款合同，但根据具体情况会有不同内容，其具体内容和目的如表 10-4 所示。

表 10-4　一般性保护条款的内容和目的

条款内容	目的
①对借款企业流动资金保持量的规定	保持借款企业资金的流动性和偿债能力
②对支付现金股利和再购入股票的限制	限制现金外流
③对资本支出规模的限制	减少企业日后不得不变卖固定资产以偿还贷款的可能性，仍着眼于保持借款企业资金的流动性
④限制其他长期债务	防止其他债权人取得对企业资产的优先求偿权

2. 例行性保护条款

长期借款例行性保护条款作为例行常规，在大多数借款合同中都会出现，其具体内容和目的如表 10-5 所示。

表 10-5　例行性保护条款内容和目的

内容	目的
①借款企业定期向银行提交财务报表	及时掌握企业的财务情况
②不准在正常情况下出售较多资产	保持企业正常的生产经营能力
③如期缴纳税金和清偿其他到期债务	以防被罚款而造成现金流失
④不准以资产作为其他承诺的担保或抵押	避免企业过重的负担
⑤不准贴现应收票据或出售应收账款	避免或有负债
⑥限制租赁固定资产的规模	防止企业负担巨额租金而削弱其偿债能力，并防止企业以租赁固定资产的办法摆脱对其资本支出和负债的约束

3. 特殊性保护条款

特殊性保护条款是针对某些特殊情况作出的约定，部分借款合同可能会采用，其具体内容和目的如表 10-6 所示。

表 10-6　特殊性保护条款内容及目的

内容	目的
①贷款专款专用	避免贷款被用到其他风险高的项目中，保证企业的偿债能力
②不准企业投资于短期内不能收回资金的项目	保证企业资金的流动性
③限制企业高级职员的薪金和奖金总额	保证企业的偿债能力
④要求企业主要领导人在合同有效期间担任领导职务	避免企业主要领导人更换导致企业经营状况不善
⑤要求企业主要领导人购买人身保险等	避免企业主要领导人因意外身故致企业经营陷入困境，无法偿还债务

（三）长期借款筹资评价

1. 长期借款筹资的优点

（1）融资速度较快。

与发行股票、债券比较，长期贷款手续相对简单，融资速度更快一些。

（2）借款弹性大。

贷款前，企业根据自身需要与银行商量借款具体事宜，如数额、期限、利率、还款方式等；在借款期间，若企业情况发生变化，其也可根据实际情况进行再次协商调整；还款期间，如有正当理由，仍可根据实际情况就还款时限等与银行进行再次协商。所以，长期借款对企业来说具有较大的灵活性。

（3）发挥财务杠杆和税盾作用。

企业借入长期借款只需要支付事先约定好的利息，在经营效益较佳的情况下，总资产收益率大于长期借款的资本成本，由于向债权人支付的利息不随经营收益的增加而增加，股东将能获得更多可供分配的税后利润，从而享受到长期借款筹资带来的财务杠杆正向效应。同时，借款利息可以在企业所得税前扣除，减少企业实际承担的筹资成本，具有税盾作用。

（4）有助于保守企业财务秘密。

长期贷款不必对公众（潜在的投资者）负责，无须对外公开公司的财务状况，不必披露公司的重大事项，银行也负有为企业保密的义务，有助于保守企业的财务秘密。

2. 长期借款筹资的缺点

（1）限制条件多。银行为了维护自身的利益，在与企业签订的长期借款合同中常常会附加许多限制性条款，这些条款会限制企业对借入资金的灵活运用，并在一定程度上减弱企业的再融资能力。

（2）融资数量有限。长期借款只是向某家或几家金融机构融资，不能像发行股票或债券那样融得大量资金。

（3）财务风险高。长期借款有固定利息和还款期限限制，当企业经营不利、陷入财务困难时，固定的利息支出将成为企业的负担，甚至可能导致企业无法偿还到期债务而破产。

五、融资租赁

租赁，是一种以一定费用借贷实物的经济行为。在这种经济行为中，出租人将自己所拥有的某种资产使用权交与承租人使用，承租人由此获得在一段时期内使用该资产的权利，但资产的所有权仍保留在出租人手中。承租人为其所获得的使用权需向出租人支付一定的费用，即租金。

（一）租赁的种类

租赁可从不同的角度进行分类。按租赁的目的分，租赁可分为融资租赁和经营租赁。

1. 融资租赁

融资租赁是指出租人根据承租人对租赁物和供货人的选择或认可，将其从供货人处取得的租赁物按合同约定出租给承租人占有、使用，向承租人收取租金的交易活动[①]。融资租赁具有"融资融物"的性质，承租企业只须定期交付租金，就能从租赁公司获得先进的机器设备，在一定期限内享有专用权，租期结束时还可以续租、留购或用名义价格购买，最终取得物件的所有权，因此融资租赁实质上是金融业务的一种特殊形式。其特点包括：

（1）不可撤销。这是一种不可解约的租赁，在基本租期内双方均无权撤销合同。

（2）完全付清。在基本租期内，设备只租给一个用户使用，承租人支付租金的累计总额为设备价款、利息及租赁公司的手续费之和。承租人付清全部租金后，设备的所有权即归于承租人。

---

① 资料来源：2014 年中国银监会颁布的《金融租赁公司管理办法》。

（3）租期较长。基本租期一般相当于设备的有效寿命。

（4）承租人负责设备的选择、保险、保养和维修等；出资人仅负责垫付货款，购进承租人所需的设备，按期出租，以及享有设备的期末残值。

（5）与租赁资产所有权相关的成本和风险转移给了承租人。

与资产所有权相关的风险主要包括两个方面：一是出售风险，企业拥有某项资产后如因某种原因需将其脱手，往往要蒙受一定的损失，以低于买进的价格在市场上卖出。二是技术陈旧风险，企业拥有的设备有可能因为技术更先进的同类设备出现，或因技术进步使同样设备的价格下降而贬值，从而使企业蒙受损失。由于融资租赁的租期往往包含了租赁资产的绝大部分使用寿命、承租人支付的租金价值几乎相当于租赁资产的总价值、甚至在租期结束后承租人将取得资产的所有权，因此，从租赁开始日起，与租赁资产所有权相关的成本和风险就已经从出租人处转移给了承租人。

在中国，从事融资租赁业务的法定企业有两类：一类是金融租赁公司，属于非银行金融机构，除了融资租赁业务，还可以经营特定类型的金融业务，包括吸收非银行股东 3 个月（含）以上定期存款、同业拆借、境外借款、资产证券化等。另一类是融资租赁公司，属于一般工商企业，不能经营融资租赁以外的金融业务。融资租赁公司根据出资来源又分为外资融资租赁公司和内资试点融资租赁公司。金融租赁公司由中国银行保险监督管理委员会（"银保监会"，原"银监会"）审批设立并负责监管，由于性质上属于金融机构，很多监管规则比照银行业金融机构制定，相较于对融资租赁公司的监管要严格很多。融资租赁公司原来由商务部负责监管，但从 2018 年 4 月 20 日起，也改由银保监会统一监管。从监管权限的这项调整来看，我国监管当局益发强调融资租赁的"金融"性质。

2. 经营租赁

与融资租赁不同，经营租赁是为了满足经营使用上的临时或季节性需要而发生的资产租赁。这是一种短期租赁形式，在这种租赁关系中，出租人不仅要向承租人提供设备的使用权，还要向承租人提供设备的保养、保险、维修和其他专门性技术服务的一种租赁形式。经营租赁以获得租赁物的使用权为目的。其主要特点是：

（1）可撤销性。这种租赁是一种可解约的租赁，在合理的条件下，承租人预先通知出租人即可解除租赁合同，或要求更换租赁物。

（2）经营租赁的期限一般比较短，远低于租赁物的经济寿命。

（3）不完全付清性。经营租赁的租金总额一般不足以弥补出租人的租赁物成本并使其获得正常收益，出租人在租赁期满时将其再出租或在市场上出售才能收回成本，因此，经营租赁不是全额清偿的租赁。

（4）经营租赁的对象主要是那些技术进步快、用途较广泛或使用具有季节性的物品。

（5）经营租赁中租赁物所有权引起的成本和风险由出租人承担。

由于经营租赁不具有金融性质，一般的工商企业只要在办理工商登记时经营范围中包含经营租赁事项的，就可以开展该类业务。

（二）融资租赁的方式

1. 简单融资租赁

简单融资租赁是指由承租人选择需要购买的租赁物件，出租人通过对租赁项目风险评估后出租赁物件给承租人使用的融资租赁。在整个租赁期间，承租人没有所有权但享有使用权，并负责维修和保养租赁物件。出租人对租赁物件的维修保养不负责任，设备折旧由承租人计提。

2. 杠杆融资租赁

杠杆租赁是指涉及承租人、出租人和资金出借人三方的融资租赁业务。一般来说，当所涉及的资产价值昂贵时，出租方自己只投入部分资金，其余资金则通过将该资产抵押担保的方式，向第三方（通常为银行）申请贷款解决。租赁公司将购进的设备出租给承租方，用收取的租金偿还贷款，该资产的所有权属于出租方。出租人既是债权人也是债务人，如果出租人到期不能按期偿还借款，资产所有权则转移给资金的出借者。杠杆租赁是目前采用较为广泛的一种国际租赁方式。

3. 委托融资租赁

常见的委托融资租赁有两种方式。

第一种方式是拥有资金或设备的人委托非银行金融机构从事融资租赁，接受委托的非银行金融机构（租赁合同中的出租人）接受委托人（即拥有资金或设备的人）的资金或租赁标的物，根据委托人的书面委托，向委托人指定的承租人办理融资租赁业务。在租赁期内租赁标的物的所有权归委托人，出租人只收取手续费，不承担风险。这种委托租赁的一大特点就是让没有租赁经营权的企业，可以"借权"经营。

第二种方式是出租人委托承租人或第三人购买租赁物，出租人根据合同以租金的形式分期支付货款，又称委托购买融资租赁。

4. 项目融资租赁

在这种融资租赁方式中，承租人以自己的某项项目自身的财产和效益为保证，与出租人签订项目融资租赁合同，从出租人处租用某设备，出租人对租金的收取只能以项目的现金流量和效益来确定，出租人对承租人项目以外的财产和收益无追索权。

通常，出卖人（即租赁物品生产商）通过自己控股的租赁公司采取这种方式推销产品，扩大市场份额。通讯设备、大型医疗设备、运输设备甚至高速公路经营权都可以采用这种方法。

5. 售后回租

售后回租又称售后租回，是承租人将其所拥有的物品出售给出租人，再从出租人手里将该物品重新租回。采用这种租赁方式可使承租人迅速回收购买物品的资金，加速资金周转。售后回租具有以下特点：在出售回租的交易过程中，出售/承租人可以毫不间断地使用资产；资产的售价与租金是相互联系的，且资产的出售损益通常不得计入当期损益；出售/承租人将承担所有的契约执行成本（如修理费、保险费及税金等）；回租的对象可以是全新的物品也可以是使用过的物品。

售后回租业务是承租人和供货人为同一人的融资租赁方式，因此，"融资"的特征要强于"融物"。

6. 转租赁

转租赁是指承租人经出租人同意，将租赁物转租给第三人的行为。承租人转租的，承租人与出租人之间的租赁合同继续有效，第三人对租赁物造成损失的，承租人应当赔偿损失。承租人未经出租人同意转租的，出租人可以解除合同。

（三）融资租赁的租金

租金计算是融资租赁业务的核心要素，它直接关系承租人和出租人的利益分配，是租赁合同谈判和签约的基本条件，同时又是租赁合同履约过程中双方进行成本收益核算和会计处理的重要依据。

租金计算的方法很多，目前国际上流行的租金计算方法主要有平均分摊法、等额年金法、附加率法、浮动利率法。我国大部分企业采用平均分摊法和等额年金法，下面就对这两种方法进行简单介绍。

1. 平均分摊法

这种计算方法不考虑设备购置成本的货币时间价值，先以确定的利息率和手续费率计算出租赁期间应支付的复利利息和手续费，再加上设备成本，然后按支付次数平均计算每次应支付的租金。

若以 A 表示每次支付的租金，C 表示租赁设备的购置成本，S 表示租赁设备的预计残值，I 表示租赁期间的利息，F 表示租赁期间的手续费，N 表示支付次数，如果残值归租赁公司，则每次支付的租金 A 为

$$A = \frac{(C - S) + F + I}{N}$$

【例10-3】某企业于2018年1月1日从租赁公司租入一套设备，该套设备购置成本为人民币500万元，租期为5年；预计期满时，该套设备残值为5万元，归租赁公司；租赁手续费为设备价值的2%，年利率为9%，利息按复利计算。租金于每年年末分期支付，每期租金为多少？

按照上述平均分摊法的计算公式，租赁该套设备每次支付租金为

$$A = \frac{(500 - 5) + 500 \times 2\% + 500 \times \left[(1 + 9\%)^5 - 1 \right]}{5} = 154.86 \text{（万元）}$$

2. 等额年金法

等额年金法运用年金现值的计算原理测算每期应付租金。在等额年金法下，通常综合考虑租赁手续费率和名义利率，确定租赁的实际利率并以此作为折现率。

假设每期租金在期末支付，若以 A 表示每期支付的租金，PVA_n 表示等额租金的现值，即年金现值；$(P/A, i, n)$ 表示等额租金现值系数，即年金现值系数；N 表示支付租金期数；i 表示折现率，则有：

$$A = \frac{\text{PVA}_n}{(P/A, i, n)}$$

【例10-4】仍采用例10-3的资料。假设综合考虑租赁手续费和利息之后的折现率定为10%，租赁该套设备每次支付租金为多少？

解：租金的现值总和为

$$\text{PVA}_5 = 5\,000\,000 - 50\,000 \left(\frac{P}{F}, 10\%, 5 \right) + 5\,000\,000 \times 2\%$$

$$= 5\,000\,000 - 50\,000 \times 0.620\,9 + 100\,000$$

$$= 5\,068\,955 \text{（元）}$$

每年应支付租金：

$$A = \frac{\text{PVA}_5}{(P/A, 10\%, 5)} = \frac{5\,068\,955}{3.790\,8} = 1\,337\,172.89 \text{（元）}$$

为了便于按计划安排租金的支付，承租企业可编制租金摊销计划表。根据本例的资料，编制的租金摊销计划表如表10-7所示。

表10-7　租金摊销计划表　　　　　　　　　　　　　　　　　单位：元

年份	期初本金 ①	支付租金 ②	应计租费 ③ = ① × 10%	本金偿还额 ④ = ②-③	本金余额 ⑤ = ①-④
2018 年	5 100 000	1 337 172.89	510 000	827 172.89	4 272 827.11

表10-7(续)

年份	期初本金 ①	支付租金 ②	应计租费 ③ = ① × 10%	本金偿还额 ④ = ②-③	本金余额 ⑤ = ①-④
2019 年	4 272 827.11	1 337 172.89	427 282.71	909 890.18	3 362 936.93
2020 年	3 362 936.93	1 337 172.89	336 293.69	1 000 879.20	2 362 057.73
2021 年	2 362 057.73	1 337 172.89	236 205.77	1 100 967.12	1 261 090.61
2022 年	1 261 090.61	1 337 172.89	126 082.28 *	1 211 090.61 *	50 000
合计		6 685 864.45	1 635 864.45	5 050 000	50 000

* 含尾差。

（四）融资租赁筹资评价

1. 融资租赁筹资的优点

融资租赁相对于银行信贷而言是一种较好的融资形式，一般来说，融资租赁具有以下优点：

（1）减轻购置设备的现金流量压力。

承租人不必像一般性购买那样立即支付大量的资金就可取得所需要的资产或设备，因此，融资租赁能帮助企业解决资金短缺和想要扩大生产的问题。企业通过先付很少的资金得到自己所需的生产设备或资产后，通过投入生产，可以用设备所生产的产品出售所得支付所需偿还的租金。这样可以减轻购置资产的现金流量压力，从而提高自有资金的使用效率，降低设备的无形损耗。

（2）筹资的限制条件少。

企业如果从银行等金融机构筹措资金，通常要受到严格的限制，获得贷款的条件往往不容易满足。融资租赁公司主要看重租赁项目自身的效益（即租金来源），而不是企业的综合效益，对企业信用状况的审查也仅限于项目本身，一般不需要第三方担保，相比银行贷款对企业资信和担保的要求宽松很多。

（3）融资速度快。

融资租赁把"融资"和"融物"（采购）两个程序合二为一，减少了许多中间环节，尤其是利用租赁的特性，规避了许多直接采购方式必须走的报批、立项等繁琐流程，提高了工作效率，使得企业能够更快获得融资以投入生产。

2. 融资租赁筹资的缺点

（1）资本成本较高。一般来说，租金通常高于银行借款或债券负担的利息。与长期借款和债券比，融资租赁的资本成本较高。

（2）形成企业的财务负担。公司经营不景气时，租金支出将是一项沉重的财务负担。尤其是对于租期长的融资租赁合约，一般不可撤销，企业资金运用受到制约。

本章综述

本章主要介绍了企业长期资金的主要筹资渠道和筹资方式，以及每种筹资方式的具体类型、监管要求、优点和缺点等。知识要点包括：

1. 企业取得资金的来源渠道分为内源和外源两大类。内源资金是企业内部形成的资金；外源资金主要包括国有资金、银行信贷资金、非银行金融机构资金、社会保险资金、其他法人单位资金、民间资金和境外资金等。

2. 企业筹集长期资金的具体方式主要有：吸收直接投资、发行股票、发行债券、取得长期借款和融资租赁。筹资渠道是客观存在的，而筹资方式则属于主观能动行为，企业筹资管理的重要内容是如何针对客观存在的资金渠道，选择合理的筹资方式。

3. 根据直接投资者的身份不同，吸收直接投资方式筹集的资金可以分为：国家投资、法人投资、个人投资、境外投资和创业（风险）投资。吸收直接投资主要依赖投资者之间达成合意，监管宽松、灵活方便，但不能面向公众、筹资范围较小。

4. 股份有限公司可以发行股票筹资，具体包括：首次公开发行股票、向原股东配售股份（"配股"）、向不特定对象公开募集股份（"增发"）和非公开发行股票（也称"定向增发"）等方式。中国已建立多层次的资本市场体系，公司在不同资本市场板块发行股票将受到不同监管规则的约束。公司可以选择按股东权利和义务的不同发行普通股或优先股。

5. 债券筹资的范围广、金额大，但对发行主体的要求较高、监管较严、合规成本较大。长期借款手续相对简单、融资速度较快、适用于绝大部分企业，但融资金额有限。融资租赁主要适用于有实物资产购买需求的企业。

参考文献

[1] 蒋红芸，康玲，薛湘. 财务管理 [M]. 2版. 北京：人民邮电出版社，2015.
[2] 荆新，王化成，刘俊彦. 财务管理学 [M]. 8版. 北京：中国人民大学出版社，2018.
[3] 陈亚民，王天东. 战略财务管理 [M]. 2版. 北京：中国财政经济出版社，2016.
[4] 刘淑莲. 高级财务管理理论与实务 [M]. 3版. 大连：东北财经大学出版社，2015.

习 题

第十一章

资本成本

■**本章导读**

　　资本成本是衡量筹资、投资经济效益的标准，正确估计企业的资本成本是制定筹资和投资决策的基础。资本成本主要有三种运用形式：个别资本成本、加权平均资本成本和边际资本成本。企业在进行筹资管理时需要统筹运用各种形式的资本成本概念，全面考虑筹资决策对综合资本成本的影响。本章的主要内容包括：

- ●资本成本的概念，运用资本成本的情境和原则；
- ●权益资本、债务资本和混合融资工具个别资本成本率的概念及常用的计算方法；
- ●加权平均资本成本率的概念及计算方法；
- ●边际资本成本率的概念及计算方法。

■**重点专业词语**

资本成本（cost of capital）

个别资本成本（individual cost of capital）

权益资本成本（cost of equity capital）

债务资本成本（cost of debt capital）

混合融资成本（cost of hybrid financing）

加权平均资本成本（weighted average cost of capital）

边际资本成本（marginal cost of capital）

博世科公司发行可转债①

广西博世科环保科技股份有限公司的主营业务是：环保设备制造及销售、环保设施运营、环保技术研究开发及服务、污染治理等，于2015年在深圳证券交易所创业板上市（股票简称"博世科"）。2018年，博世科为了募集资金用于南宁市城市内河黑臭水体治理工程PPP项目，在深交所公开发行可转换公司债券（债券简称"博世转债"）。

"博世转债"本次的募集资金总额为人民币4.3亿元，共发行430万张，每张面值为人民币100元，按面值平价发行；发行费用共计965.3万元，占募集资金总额的2.245%。"博世转债"于2018年7月5日发行，期限为6年，将于2024年7月5日到期。债券的票面利率为：第一年0.4%、第二年0.6%、第三年1.0%、第四年1.5%、第五年1.8%、第六年2.0%，每年付息一次，本金在到期时按面值的106%溢价偿还（相当于提高了债券的实际利率）。该债券从2019年1月11日起至到期日止可以进行转股，初始转股价格为14.30元/股（这一金额是按不低于募集说明书公告日前20个交易日公司的股票交易均价确定）。截至2018年7月11日，该债券发行完毕，所有募集资金已汇入指定账户并进行了验资。

按照"博世转债"的发行条款，持有该可转债所能获得的利息明显少于同期市场收益。2018年，根据中国人民银行制定的贷款基准利率，1年期贷款年利率为1.5%，五年期以上贷款的年利率为4.9%②。既然该可转债的利率偏低，投资者为什么还要购买呢？原因在于持有该债券能够获得两项收益：一是约定的利息；二是按约定价格将债券转为股票的权利，这项权利将使投资者在博世科公司的股票价格上涨并超过转股价格时获得增值收益。

博世科以较低的利率和一项权利作为代价，从资本市场获得融资，鉴于换股的权利并不要求博世科履行现金支付义务，发行可转债的资本成本是否小于单纯发行公司债的资本成本呢？其实不然。可转债能够以低利率发行成功的关键在于投资者预期该公司的股价未来会上涨，上涨的根本原因是公司经营业绩的持续增长；如果博世科的经营业绩不理想、股价未能如预期上涨，转股权利不再具有价值，投资者将不会为了低利率而向博世科投资。因此，对博世科发行的可转债而言，利息只是一部分显性成本，创造可观的经营业绩、提供投资者要求的投资报酬率也是必须兑现的成本。

"博世转债"的上市公告里包含了如下回售条款："在本次发行的可转债最后两个计息年度，如果公司股票收盘价连续30个交易日低于当期转股价格的70%时，可转债持有人有权将其持有的可转债全部或部分按面值加上当期应计利息的价格回售给公司"。这一条款在一定程度上保障了投资者"放弃"的权利，如果投资者在到期日之前

---

① 本案例资料来源：《广西博世科环保科技股份有限公司可转换公司债券上市公告书》，2018-08-13，http://www.szse.cn/disclosure/listed/bulletinDetail/index.html? 9275b58c-5030-4fad-a0c5-1b013d2aaff6。

② 这是2015年10月中国人民银行发布的贷款基准利率（http://www.icbc.com.cn/ICBC/金融信息/存贷款利率表/人民币贷款利率表/），之后央行几乎未再调整贷款基准利率，上海银行间同业拆放利率（Shibor）在市场利率调节方面的作用日益加大。2019年8月17号和2019年12月28日，央行分别宣布对于国内新增贷款利率和存量贷款利率的定价加以改革，正式启用贷款市场报价利率（LPR）。2019年12月，5年期以上LPR为4.80%（http://www.pbc.gov.cn/zhengcehuobisi/125207/125213/125440/3876551/3943007/index.html）。

决定回售可转债（也就是收回资金），博世科在剩余期限内也就无法通过可转债融资。由此可见，可转债成功融资的成本并非只是利息，还包括投资者要求的最低报酬率。

当然，从融资管理的角度出发，博世科也要避免发生过高的筹资成本，所以，"博世转债"还包含了有条件的赎回条款："在本次发行的可转债转股期内，如果公司 A 股股票在任意连续 30 个交易日中至少有 15 个交易日的收盘价不低于当期转股价格的 130%（含 130%），公司有权决定按照债券面值加当期应计利息的价格赎回全部或部分未转股的可转债。"当公司股价高涨，博世科如果按照现在约定的转股价格接受可转债持有人的转股将会使筹资成本激增，因此可能会考虑赎回债券，再以当时的股价发行新股，从而将资本成本保持在一个恰当的水平。

资本成本是财务管理中一个非常重要的概念。资本成本是衡量筹资、投资经济效益的重要标准。企业将筹得的资本投入使用后，只有当投资项目的收益率高于资本成本率，才表明所筹集和使用的资本取得了较好的经济效益。因此，正确估计企业的资本成本是制定筹资和投资决策的基础，也是评价筹资方案和投资项目是否可行的关键指标之一。

第一节　资本成本的含义和作用

一、资本成本的含义

企业从各种渠道筹集的资本不能无偿使用，而要付出代价，这个代价就是资本提供者所要求的投资报酬。按照现代财务管理的思想，资本成本是指资本的机会成本。这种成本不一定需要实际支付，其实质是将资本投资于某一项目而放弃的其他投资机会的收益。例如，投资者投资一个企业的目的是取得回报，他是否愿意投资在很大程度上取决于该企业能否提供具有吸引力的回报。为此，投资者需要比较该企业与其他风险相当的投资机会的期望报酬率。如果投资该企业的期望报酬率高于其他投资机会，投资者就会把资本提供给该企业，因此而放弃的其他投资机会的收益就是向该企业出资的成本。换言之，企业只有创造出符合各类资本提供者预期的投资报酬，才可能筹集到所需要的资本。

从企业筹资过程管理的角度而言，资本成本的内容主要包括筹资费用和用资费用两个部分。

（一）筹资费用

筹资费用是指企业在筹集资本过程中为获取资本而付出的费用。例如，为发行债券、股票所支付的发行费，向银行借款而支付的手续费等。筹资费用一般在筹资时一次发生，通常从筹资额中扣除。

（二）用资费用

用资费用是指企业因使用资本而付出的费用。例如，向债权人支付利息，向股东支付股利等。用资费用一般在资金使用的整个过程中持续发生，它构成了资本成本的主要内容。

需要特别指出的是，部分企业在某些年度不发放或者少发放股利，这并不意味着其从股东处取得的资本没有成本或只有很少的成本。股东实现投资回报的方式主要有两种：一是取得股利，二是从股价上升中获得资本收益。如果企业能够创造稳定良好的经济效益，企业既可以把赚取的利润作为股利充分发放，也可以将其留在企业以供扩大生产、发展经营所用。在后一种方式下，股东虽然没有获得股利，但企业良好的持续盈利能力将会促使股价上升，从而使股东获得（在理论上）与股利相当的资本收益。反之，企业如果无法创造稳定良好的经济效益，则不可能发放持续可观的股利，也不可能促使股价上升，这就无法向股东提供有吸引力的投资回报，最终将失去股东的投资。因此，股利是实际支付的用资费用，而与股利同源但尚未发放的经营利润也是一种隐形的用资费用。

资本成本可以用绝对金额表示，也可以用相对比例表示。企业在筹资实务中，常常运用资本成本的相对比例，即资本成本率表示。资本成本率为年度资金使用费占筹资净额的百分比，用公式表示为

$$资本成本率 = \frac{年度用资费用}{筹资总额 - 筹资费用} \tag{11-1}$$

二、资本成本的作用

（一）资本成本是企业选择资金方式、确定筹资方案的重要依据

企业筹集长期资金一般有很多方式可供选择，如长期借款、发行债券、发行股票等。不同筹资方式的资金成本各不相同，资本成本的高低可以作为比较筹资方式的依据，从而有助于企业选择最优的筹资方案。

（二）资本成本是企业评价投资项目、确定投资方案的主要标准

任何投资项目，如果它的预期投资收益率超过项目的资金成本率，则将有利可图，这个项目在经济上是可行的；如果它的预期投资收益率不能达到资本成本率，则企业用项目投资所得支付资本成本后将发生亏损，这项方案在经济效益上存在劣势。

例如，有 A、B、C 三个投资项目，各个项目的投资额、投资收益率和资金成本率如表 11-1 所示。从表 11-1 中可以看出，B 项目的投资收益率大于资本成本率，有利可图；A 项目的投资收益率和资本成本率相等，虽然没有亏损，但也没有产生净收益；C 项目的投资收益率小于资本成本率，将发生亏损。因此，如果仅从可预期的现金流角度考虑，B 项目是最优的方案。

表 11-1　投资项目

投资项目	投资额/万元	投资收益率/%	资本成本率/%
A	80	7	7
B	90	11	8
C	100	8	10

需要注意的是，资本成本是企业用以确定投资项目可否采用的主要标准，但不是唯一标准。在财务管理实务中，由于很多影响企业效益的因素难以量化（比如一个企业拥有的关系资本、市场地位和声誉等），预期投资收益率的计算通常只包含能够可靠量化的因素（比如新产品的销售收入、原有成本的节约金额、设备处置收入等）。因此，在有些情况下，企业为了获取某种竞争优势（比如研发新技术、与重要商业伙伴建立同盟关系、进入新市场等），有可能选择在一定时期内投资收益率低于资本成本的投资方案，以实现长期战略目标。

（三）资本成本是评价企业经营效益的最低标准

企业的综合资本成本率是企业要求的最低投资报酬率。从企业存续的整个生命周期来

看，无论采取何种方式进行筹资，企业的综合资本成本是所有投资项目必须实现的最低报酬，以补偿企业使用资本需要支付的成本。因此，在实际的生产经营活动中，资本成本率就成为衡量企业投资收益率的最低标准。如果资本成本率高于投资收益率，企业就必须做出相应的改善措施，通过调整筹资方案以降低资本成本，或者通过调整投资方案以提高投资收益率，否则将对企业的持续经营能力造成不利影响。

资本成本有多种运用形式：企业在比较各种筹资方式时，使用的是个别资本成本；在进行资本结构决策时，使用的是加权平均资本成本；在进行追加筹资决策时，则使用边际资本成本。当然，这三种运用形式并非截然独立，企业在筹集一笔资本时，既是增加了筹资金额，又需要选择某一种或某几种筹资方式，同时还可能改变资本结构。这就要求企业在进行筹资管理时必须结合各种形式的资本成本，全面考虑筹资方案对企业综合成本的影响。

第二节　个别资本成本

个别资本成本是指每一种筹资方式的单独成本。企业的长期资本一般可以分为权益资本（如普通股、留存收益、优先股）、债务资本（如长期借款、债券）和混合资本（如可转换债券）三种类型。相应地，个别资本成本率可以分为普通股资本成本率、留存收益资本成本率、优先股资本成本率、长期借款资本成本率、债券资本成本率和可转换债券资本成本率等。

一、权益资本成本

（一）普通股资本成本

企业发行普通股筹集资金，一方面需要支付发行费用，另一方面需要在后续期间赚取充分的利润，在缴纳企业所得税后用税后利润支付股利或满足股东要求的报酬率。普通股资本成本的计算方法主要有资本资产定价模型和股利增长模型。

1. 资本资产定价模型（Capital Assets Pricing Model，CAPM）

在计算权益资本成本时，使用最为广泛的方法是资本资产定价模型。按照资本资产定价模型，权益资本成本等于无风险报酬率加上风险溢价。

$$K_s = R_f + \beta \times (R_m - R_f) \tag{11-2}$$

在公式（11-2）中，K_s 为普通股资本成本率，R_f 为资本市场无风险报酬率，β 为该股票的贝塔系数，R_m 为股票市场的平均报酬率，$(R_m - R_f)$ 为股票市场的风险溢价，$\beta \times (R_m - R_f)$ 为该股票的风险溢价。

【例11-1】假定资本市场无风险报酬率为6%，股票市场平均报酬率为10%，某公司普通股 β 为1.2，则该公司普通股的资本成本率为

$K_s = R_f + \beta \times (R_m - R_f) = 6\% + 1.2 \times (10\% - 6\%) = 10.8\%$

2. 股利增长模型

股利增长模型是依照股票投资的收益率不断提高的思路计算权益资本成本。一般假定股利以固定的年增长率递增，则股票资本成本的计算公式为

$$K_s = \frac{D_1}{P_0 (1-F)} + g \tag{11-3}$$

在公式（11-3）中，K_s 为普通股成本率，D_1 为预期下一年派发的股利额，P_0 为普通股当前市价，F 为发行普通股的筹资费用率，g 为股利的年增长率。

使用股利增长模型的主要问题是估计长期平均增长率 g。如果企业本年已派发股利 D_0 元，则预期下一年派发股利额 $D_1 = D_0(1+g)$。

【例11-2】某公司普通股目前的股价为 10 元/股，筹资费用率为 5%，股利固定增长率4%，企业所得税税率为 25%，预计下期支付的每股股利为 0.8 元，该公司普通股资本成本率为

$$K_s = \frac{D_1}{P_0(1-F)} + g = \frac{0.8}{10 \times (1-5\%)} + 4\% = 12.42\%$$

由于公司是在缴完企业所得税后用净利润向股东支付股利，因此，在这里计算普通股资本成本率时所得税税率不产生影响。

【例11-3】某公司普通股市价 20 元，筹资费用率 3%，本年发放现金股利每股 1 元，预期股利年增长率为 5%。该公司普通股资本成本率为

$$K_s = \frac{D_1}{P_0(1-F)} + g = \frac{D_0(1+g)}{P_0(1-F)} + g = \frac{1 \times (1+5\%)}{20 \times (1-3\%)} + 5\% = 10.41\%$$

3. 进一步讨论

资本资产定价模型没有体现筹资费用对权益资本成本的影响，该模型完全是从投资者要求的最低投资报酬率这一角度去考虑发行股票的资本成本率，这一比率集中反映了投资者来自股利和股价上涨的综合收益。

为什么 CAPM 模型没有将筹资费用的影响纳入计算结果？理解这个问题的关键是我们站在投资者的立场还是站在企业的立场。对投资者而言，能够吸引投资者出资的代价是合理的投资报酬率，筹资费用不是支付给投资者的，因此，这项费用并不影响投资者的投资报酬率、不会改变其出资决策。但是，对需要筹资的企业而言，筹资费用显然是为了获得资本而付出的一项代价，而且是显性的代价，股票的发行费用以及上市后的合规成本是一笔金额不小的支出，筹资企业在选择筹资方式时必须对这项成本予以充分的考虑。对于用资费用，则需要区分不同情况进行分析：在成熟的资本市场，企业如果无法实现符合投资者预期的最低投资报酬率，则难以获取投资者的出资；在新兴发展中的资本市场，受限于制度环境、企业质量、投资者素质等因素，股票发行的供求关系往往存在不同程度的扭曲，从而导致企业即使不发股利、少发股利、经营业绩差也有可能从资本市场获得投资，在这种情况下，投资者要求的最低报酬率并不是企业在选择筹资方案时主要考虑的因素。我们在运用理论模型解释实务、指导实务时需要结合具体的环境条件去分析。

（二）留存收益资本成本

企业的留存收益是由企业税后利润形成的，其实质是所有者放弃当前的股利而向企业追加投资。企业利用留存收益无需发生筹资费用。如果企业将留存收益用于再投资，所获得的收益率低于股东自己进行一项风险相似的投资项目的收益率，那么，股东就会要求企业将收益发放给股东并由股东自行再投资。由此可见，留存收益的资本成本是股东对追加投资要求的报酬率，其计算与普通股成本基本相同，常用的是资本资产定价模型和股利增长模型。

（三）优先股资本成本

和普通股类似，企业通过优先股筹资也要发生发行费用；不同的是，优先股股东在债权人之后、普通股股东之前获得股利，优先股股利虽然也是用税后利润进行发放，但往往是事先约定好的固定金额。因此，优先股的资本成本往往使用固定股利模型进行计算：

$$K_p = \frac{D_0}{P_0 \ (1-F)} \tag{11-4}$$

在公式（11-4）中，K_p为优先股成本率；D_0为每年的优先股股利金额；P_0为优先股当前市价；F为发行优先股的筹资费用率。

【例11-4】某公司优先股市价15元，筹资费用率4%，每年发放现金股利每股1元，该公司优先股资本成本率为

$$K_p = \frac{D_0}{P_0 \ (1-F)} = \frac{1}{15 \times \ (1-4\%)} = 6.94\%$$

二、债务资本成本

债务筹资的特征主要有：①债务筹资产生合同义务。筹资企业在取得资金的同时，必须承担规定的合同义务，这种义务包括在未来某一特定时间归还本金，以及支付本金以外的利息。②债权人对本息的请求权优于支付股东的股利。③债权人只能获得合同约定的利息，没有权利要求除此以外的收益。④根据我国企业所得税法的规定，债务成本的利息可以在企业所得税前列支，因此，企业实际负担的债务资本成本应当考虑利息扣税后的净效应。

（一）长期借款资本成本

银行借款的资本成本包括借款手续费和借款利息。在考虑了利息企业所得税的因素后，长期借款的资本成本率可以按照以下公式计算：

$$K_t = \frac{I_t \ (1-T)}{L \ (1-F_t)} = \frac{R_t \ (1-T)}{1-F_t} \tag{11-5}$$

在公式（11-5）中，K_t为长期借款的资本成本率；I_t为长期借款的年利息；T为企业所得税税率；L为长期借款筹资额，即借款本金；F_t为长期借款的筹资费用率；R_t为长期借款年利率。

【例11-5】某企业从银行取得借款200万元，期限为3年，年利率为8%，每年付息一次，到期一次还本。该笔借款的筹资费用率为1%，企业所得税率为25%，该笔借款的资本成本率为

$$K_t = \frac{I_t \ (1-T)}{L \ (1-F_t)} = \frac{R_t \ (1-T)}{1-F_t} = \frac{200 \times 8\% \times \ (1-25\%)}{200 \times \ (1-1\%)} = \frac{8\% \times \ (1-25\%)}{1-1\%} = 6.06\%$$

【例11-6】某企业从银行取得借款150万元，期限为5年，年利率为10%，每年付息一次，到期一次还本。该笔借款筹资费用为3万元，企业所得税率为25%，该笔借款的资本成本率为

$$K_t = \frac{I_t \ (1-T)}{L - L \times F_t} = \frac{150 \times 10\% \times \ (1-25\%)}{150 - 3} = 7.65\%$$

如果长期借款的筹资费用金额很小，在计算资本成本率时也可以忽略不计。另外，银行可能在向企业提供长期借款时附加有补偿性余额条款。"补偿性余额"是银行要求借款人在银行账户中保持的最低存款余额，该存款余额按贷款限额或实际借款额的一定百分比计算。补偿性余额有助于银行降低贷款风险，补偿其可能遭受的风险；但是，对借款企业来说，补偿性余额减少了实际可用资金，提高了实际借款利率、加重了利息负担。在有补偿性余额的情况下，长期借款资本成本率的计算公式为

$$K_t = \frac{I_t \ (1-T)}{(L-CB) \times \ (1-F_t)} \tag{11-6}$$

在公式（11-6）中，CB 为补偿性余额，其他符号的意义与公式（11-5）相同。

【例 11-7】 某企业从银行取得借款 800 万元，期限为 4 年，年利率为 9%，每年付息一次，到期一次还本。银行要求的补偿性余额为借款本金的 5%，筹资费用忽略不计，企业所得税率为 25%，该笔借款的资本成本率为

$$K_t = \frac{I_t \, (1-T)}{(L-CB) \times (1-F_t)} = \frac{800 \times 9\% \times (1-25\%)}{800 \times (1-5\%) \times (1-0)} = 7.1\%$$

（二）债券资本成本

相较于向银行借款，企业发行债券所发生的筹资费用比较高，债券的筹资费用包括申请费、注册费、印刷费以及推销费等。债券的利息按照债券的票面金额和票面利率确定；但是，债券的筹资额并不是债券的票面价格，而是按实际发行价格确定。债券的发行价格有等价（与票面价格相等）、折价（低于票面价格）、溢价（高于票面价格）三种情况。债券资本成本率的计算公式为

$$K_b = \frac{I_b \, (1-T)}{B \, (1-F_b)} \tag{11-7}$$

在公式（11-7）中，K_b 为债券资本成本率；I_b 为债券的年利息；T 为企业所得税税率；B 为债券的实际筹资额，按发行价格确定；F_b 为债券筹资费用率。

【例 11-8】 某公司发行面值为 1 000 元的 3 年期债券共计 10 000 张，票面利率为 8%，发行价格为 950 元/张，每年付息一次，发行费用为发行价格的 3%，企业所得税率为 25%，则该批债券的资本成本率为

发行价格总额为 = 950 × 10 000÷10 000 = 950（万元）

筹资费用 = 950 × 3% = 28.5（万元）

每年支付的利息 = 1 000 × 8% × 10 000 ÷10 000= 80（万元）

债券资本成本率 $= \dfrac{I_b \, (1-T)}{B \, (1-F_b)} = \dfrac{80 \times (1-25\%)}{950 \times (1-3\%)} = \dfrac{80 \times (1-25\%)}{950-28.5} = 6.51\%$

该债券的发行价格（950 元）低于票面价格（1 000）元，为折价发行，不考虑债券利息的扣税影响时，折价发行的实际利率高于票面利率；但由于债券利息能产生税盾作用（即能在企业所得税前扣除），从而降低债务融资的资本成本，这批债券最终的实际资本成本率还是比票面利率低。

【例 11-9】 沿用例 11-8 的资料，如果债券的发行价格为 1 000 元时，该债券为平价发行，债券的资本成本率为：

债券资本成本率 $= \dfrac{I_b \, (1-T)}{B \, (1-F_b)} = \dfrac{80 \times (1-25\%)}{1\,000 \times (1-3\%)} = 6.19\%$

【例 11-10】 沿用例 11-8 的资料，如果债券发行价格为 1 100 元时，该债券为溢价发行，债券的资本成本率为：

债券资本成本率 $= \dfrac{I_b \, (1-T)}{B \, (1-F_b)} = \dfrac{80 \times (1-25\%)}{1\,100 \times (1-3\%)} = 5.62\%$

在筹资实务中，债券的发行费用金额较大，债券的利率水平也高于同期借款的利率，因此，债券的资本成本一般高于长期借款的资本成本。

（三）进一步讨论

在以上长期借款和债券资本成本率的计算公式中，我们主要讨论了每年付息一次、到期还本的债务融资；但是，在实务中，对债务进行付息还本的方式有很多种，如果利息是按月、按季支付或者到期一次付清，在计算资本成本时需要对上述公式进行调整。

严格来讲，所有方式的债务融资都可以使用现金流折现求得内含利率的方法计算资本成本率。

$$L \times (1 - F_L) = \sum_{t=1}^{T} \frac{CF_t - Tax_t}{(1 + K_L)^t} \tag{11-8}$$

在公式（11-8）中，K_L为债务融资的资本成本率；L为名义筹资额，即债务本金；F_L为筹资费用率；CF_t为第t期支付的本息总额；Tax_t为第t期由于支付利息而少缴纳的企业所得税额；T为债务持续的总期数。

我们根据相关信息列出以上等式，再使用插值法或其他合理方法推算出K_L，即为该笔债务融资的资本成本率。公式（11-5）、公式（11-6）和公式（11-7）是在按年付息、到期还本情况下对公式（11-8）的一种简化处理。

三、混合资本成本

在资本市场中，除了单纯的权益融资和债务融资方式，还有一类混合融资工具，这类融资工具同时具有权益融资和债务融资的特点，因此，在计算该类融资工具的资本成本时要同时考虑几种融资方式资本成本的综合效应，相对比较复杂。

可转换债券是一种典型的混合融资工具，它的融资成本包含筹资费用、在转股前发生的利息支出、转股权的价值和回售权的价值并减去赎回权的价值。首先，可转换债券的利息费用和普通债券不同：普通债券具有固定的期限和固定的发行数量，但可转换债券发生的利息支出取决于转股期开始后各个期间实际未转股的债券数量，这个金额在企业进行融资决策时（可转债尚未发行）只能估计，而且估计的准确性不容易控制。再者，转股权、回售权和赎回权是三项期权（债券持有人和发行公司可以选择行使或不行使），在理论上有若干种期权定价模型可供选择，至于选择何种模型则需要进行专业判断，但无论哪一种定价模型都比较复杂。总的来说，可转换债券的风险介于普通债券和普通股之间，因此其资本成本应该高于普通债券并低于普通股。如果企业在设计可转债发行条款时做出错误的判断，则可能发生两种结果：一是投资报酬率低于市场投资者的预期而导致发行失败、无法融资；另一种可能是实际的资本成本太高，可转债发行后无法撤销对条款的执行，导致企业的融资效率低下。

第三节　加权平均资本成本

加权平均资本成本是指企业在多种融资方式下的综合资本成本，反映的是企业资本成本的整体水平。企业在衡量和评价其筹资的总体经济性时，需要计算加权平均资本成本。

加权平均资本成本率，是以各项个别资本在企业总资本中的比重为权数，对各项个别资本成本率进行加权平均而得到。其计算公式为

$$K_W = \sum_{j=1}^{n} K_j W_j \tag{11-9}$$

在公式（11-9）中，K_W为加权平均资本成本率；K_j为第j种个别资本成本率；W_j为第j种个别资本在全部资本中的比重。

【例11-11】某公司共有长期资本（账面价值）1 000万元，其中长期借款250万元、债券300万元、优先股50万元、普通股150万元、留存收益250万元，其成本分别为

5.64%、6.32%、10.50%、15.00%、15.00%。该公司的综合资本成本可分两步计算,具体如下:

第一步,计算各种资本占全部资本的比重。

长期借款:$W_t = 250 \div 1\,000 = 0.25$

债券:$W_l = 300 \div 1\,000 = 0.30$

优先股:$W_p = 50 \div 1\,000 = 0.05$

普通股:$W_e = 150 \div 1\,000 = 0.15$

留用利润:$W_r = 250 \div 1\,000 = 0.25$

第二步,计算加权平均资本成本率。

$K_w = 5.64\% \times 0.25 + 6.32\% \times 0.3 + 10.50\% \times 0.05 + 15.00\% \times 0.15 + 15.00\% \times 0.25$

$\quad = 9.83\%$

平均资本成本率的计算,存在权数价值的选择问题,即各项个别资本按什么权数来确定资本比重。通常可供选择的价值形式有:账面价值;市场价值;目标价值。

(一) 账面价值权数

账面价值权数指以各项个别资本的会计报表账面价值为基础来计算资本权数,确定各类资本占总资本的比重。其优点是:资料容易获得,可以直接从资产负债表中得到,而且计算结果比较稳定。其缺点是:当债券和股票的市价与账面价值差距较大时,按账面价值计算出来的资本成本,不能反映从资本市场上筹集资本的现时机会成本,不适合评价现时的资本结构。

(二) 市场价值权数

市场价值权数指以各项个别资本的现行市价为基础来计算资本权数,确定各类资本占总资本的比重。其优点是能够反映现时的资本成本水平,有利于进行资本结构决策。但现行市价处于经常变动之中,尤其对于未在公开市场交易的权益和债务而言,现行市价并不容易取得。

(三) 目标价值权数

目标价值权数指以各项个别资本预计的未来价值为基础来确定资本权数,确定各类资本占总资本的比重。公司筹集新资金需要反映期望的资本结构,因此目标价值是有益的,适用于未来的筹资决策,但是目标价值的确定具有较大的主观性。

第四节 边际资本成本

公司无法以某一固定的资本成本率筹集无限的资金,当公司筹集的资金超过一定限度时,原来的资本成本率就会上升。边际资本成本率就是指企业追加筹资的资本成本率。企业追加筹资有时可能只需采用一种筹资方式,这时边际资本成本率就是该种筹资方式的个别资本成本率;有时在筹资金额较大或在目标资本结构(参见第十二章)下,需要通过多种筹资方式的组合来实现,这时边际资本成本率应该按加权平均法计算。

当资本成本率随筹资额的增加而发生相应变化时,边际资本成本率的计算步骤如下:

第一步,确定目标资本结构;

第二步,测算各种资本的成本率;

第三步,测算筹资总额分界点;

第四步，测算边际资本成本率。

其中，筹资总额分界点是指在保持某资本成本率的条件下可以筹集到的资金总限度。在筹资总额分界点范围内筹资，企业只要维持原有的资本结构，资本成本率就不会改变；一旦筹资额超过分界点，即使维持原有资本结构，其资本成本率也会增加。

【例11-12】科博公司拥有长期资金 1 000 万元，其中长期借款 400 万元，普通股 600 万元，该资本结构为公司理想的目标结构（债务融资与权益融资比为 4∶6）。公司拟筹集新的资金，并维持目前的资本结构。公司财务管理人员对金融市场及企业的融资能力分析后认为，随着筹资额增加，各种资金成本的变化如表 11-2 所示。

表 11-2　科博公司追加筹资资本成本资料

资金种类	新筹资额/万元	资本成本
长期借款	≤120	5%
	>120	8%
普通股	≤240	10%
	>240	14%

要求：计算各筹资总额分界点及各筹资范围的边际资本成本率。

（1）确定各种筹资方式的筹资比重：

长期借款在目前资本结构中所占的比重：400÷1 000＝40%

普通股在目前资本结构中所占的比重：600÷1 000＝60%

（2）计算筹资总额分界点，如表 11-3 所示。

表 11-3　筹资总额分界点计算

筹资方式	个别资本成本率	追加筹资范围/万元	筹资总额分界点/万元	筹资总额的范围/万元
长期借款	5%	≤120	120/40%＝300	≤300
	8%	>120		>300
普通股	10%	≤240	240/60%＝400	≤400
	14%	>240		>400

（3）计算各个筹资总额区间的边际资本成本率，如表 11-4 所示。

表 11-4　边际资本成本率的计算

序号	筹资总额的范围（万元）	筹资方式	目标资本结构 ①	个别资本成本率 ②	边际资本成本率 ③＝②×①
1	≤300	长期借款	40%	5%	2%
		普通股	60%	10%	6%
		本筹资总额范围内的边际资本成本率：2%+6%＝8%			
2	300~400	长期借款	40%	8%	3.2%
		普通股	60%	10%	6%
		本筹资总额范围内的边际资本成本率：3.2%+6%＝9.2%			
3	>400	长期借款	40%	8%	3.2%
		普通股	60%	14%	8.4%
		本筹资总额范围内的边际资本成本率：3.2%+8.4%＝11.6%			

本章综述

本章主要介绍了各类资本成本的概念、运用情境和常用的计算方法。知识要点包括：

1. 资本成本是资本的机会成本，它不一定需要实际支付，其实质是将资本投资于某一项目而放弃的其他投资机会的收益。资本成本是衡量筹资、投资经济效益的重要标准，但不是唯一标准。

2. 个别资本成本是指每一种筹资方式的单独成本。其中，权益资本成本常用的计算方法包括资本资产定价模型、股利增长模型和固定股利模型；债务资本成本需要考虑利息的扣税效应，通用的计算方法是内含利率法；混合融资工具的资本成本需要同时考虑几种融资方式的综合成本。

3. 加权平均资本成本是指企业在多种融资方式下的综合资本成本，反映的是企业资本成本的整体水平。企业在衡量和评价其筹资的总体经济性时，需要计算加权平均资本成本。

4. 边际资本成本是企业所追加筹资的资本成本。在筹资总额分界点范围内筹资，企业只要维持原有的资本结构，资本成本率就不会改变；一旦筹资额超过分界点，即使维持原有资本结构，其资本成本率也会增加。

参考文献

[1] 蒋红芸，康玲，薛湘. 财务管理 [M]. 2 版. 北京：人民邮电出版社，2015.
[2] 中国注册会计师协会. 财务成本管理 [M]. 北京：中国财政经济出版社，2019.

习 题

第十二章

资本结构

■**本章导读**

　　资本结构是企业筹资管理的核心问题。合理的资本结构能够降低资本成本、提高股权收益、提升企业价值；失衡的资本结构将引致财务风险、损害企业价值。资本结构受到多层次、多方面因素的影响，这些因素的作用机制比较复杂。一些基本的计算方法能够为资本结构决策提供重要参考。本章的主要内容包括：
- 财务杠杆的原理和衡量方法；
- 资本结构的含义及其影响因素；
- 资本结构基本决策方法的计算过程和优缺点；
- 资本结构经典理论及其发展。

■**重点专业词语**

资本结构（capital structure）　　经营杠杆（operating leverage）

财务杠杆（financial leverage）　　财务杠杆系数（financial leverage coefficient）

筹资组合资本成本比较法（method of comparing the cost of capital for financing portfolio）

每股收益分析法（earnings per share analysis method）

每股收益无差别点（earnings per share indifference point）

企业价值比较法（enterprise value comparison method）

■开章案例

贵阳银行非公开发行优先股①

2012 年 6 月，为了加大对商业银行资本结构和资本质量的监管力度，中国银监会②出台了《商业银行资本管理办法（试行）》。根据这项监管规定，中国的商业银行在 2018 年年底前必须达到核心一级资本充足率不低于 5%、一级资本充足率不低于 6%、资本充足率③不低于 8%，同时，还应按风险加权资产④的 2.5% 计提储备资本、0~2.5% 计提逆周期资本，储备资本和逆周期资本均由核心一级资本来满足。也就是说，商业银行的最低核心一级资本充足率、一级资本充足率和资本充足率应分别为 7.5%~10%、8.5%~11%、10.5%~13%。

贵阳银行股份有限公司（"贵阳银行"）于 2016 年 8 月首次公开发行股票并在上海证券交易所上市，通过 IPO 募集到普通股资本约 41 亿元（全部为核心一级资本），立即提升了当时的资本充足率约 2.35 个百分点。但是，贵阳银行为了落实自身的业务发展规划，仍面临持续补充一级资本的压力。2014—2017 年，贵阳银行的资产总额分别增长 27.38%、52.59%、56.28% 和 24.67%，未来 3~5 年资产规模将在这个基础上保持稳健增长。随着资产规模的不断增长，商业银行需要相应增加的权益资本作为支撑。同时，贵阳银行的各项资本充足率虽然能达到监管要求，但是留有的安全空间不大。2018 年 6 月 30 日，贵阳银行的核心一级资本充足率、一级资本充足率和资本充足率分别为 9.54%、9.57% 和 11.38%，从这些比率可以看出，贵阳银行的资本结构较为单一，以核心一级资本和二级资本为主、明显缺乏其他一级资本。因此，为了支持业务持续发展、应对监管提出的资本要求、进一步优化资本结构，贵阳银行积极从外源继续寻求权益融资。

发行普通股或优先股是获得权益资本的两种主要方式，贵阳银行需要在这些可选的融资方式中进行权衡。增发普通股的缺点是将会稀释原股东的控制权。贵阳银行是一家国有商业银行，在 IPO 之后国有股权的份额已经显著降低。贵阳银行的 2017 年财报显示：第一大股东为贵阳市国有资产投资管理公司，持股 14.4%，所有的国有法人股东合计持股 33.5%。众所周知，33.5% 刚好超过 1/3，这是保持贵阳银行国有控制权的下限。此时，增发新股对贵阳银行而言并不是一个合适的选择，因为这会冲击国有股东的持股份额。

相较而言，发行优先股具有较大的优势。目前在中国有两种方式发行优先股：一种是公开发行；另一种是向不超过 200 人的特定投资者发行，也称"非公开发行"。根据中国证监会发布的《优先股试点管理办法》，公开发行优先股必须满足固定股息率、在有可分配税后利润时强制分红、执行累积股利政策。上述规定是出于对公众投资者的保护；但是，这将导致公开发行的优先股不符合《企业会计准则》对权益工具的定

---

① 本案例资料来源于贵阳银行股份有限公司在上海证券交易所网站发布的相关年度报告和公告，主要包括：《非公开发行优先股预案》《非公开发行优先股募集说明书》《非公开发行优先股发行情况报告书》《非公开发行优先股挂牌转让公告》。（http://www.sse.com.cn/assortment/stock/list/info/announcement/index.shtml？productId=601997）。

② 中国银监会已于 2018 年与中国保监会完成整合，现为"中国银行保险监督管理委员会"。

③ "资本充足率"是指商业银行持有的股权资本与风险加权资产之间的比率。具体计算方法可以参见《商业银行资本管理办法（试行）》。

④ 各类贷款是商业银行主要的风险资产，不同的贷款项目具有不同的风险水平。

义，而只能在财务报表中被确认为负债，这就丧失了补充权益资本的功能。相反地，非公开发行优先股可以不受固定股息率等政策的限制，因而成为商业银行增加权益资本的较优选择。

2017年3月，贵阳银行的股东大会通过了《非公开发行优先股方案的议案》，决议采取非公开发行优先股的方式募集资金50亿元，并采取分阶段调整股息率、非强制分红、非累积股息等政策。2018年11月，贵阳银行确定的8名发行对象均已将认购款缴齐，本次优先股发行完成并于次月挂牌交易。贵阳银行本次发行的优先股满足会计准则对权益工具的定义，因此，在财务报表上被列示为"其他权益工具"，增加了该行的其他一级资本，成功实现了优化资本结构的目标（优先股发行后相关指标的变化表12-1所示）。

表12-1 贵阳银行优先股发行前后监管指标比较

监管指标	测算基准日：2018年6月30日	
	优先股发行前	优先股发行后
核心一级资本充足率	9.54%	9.54%
一级资本充足率	9.57%	11.28%
资本充足率	11.38%	13.09%

企业筹资管理的核心问题是资本结构。资本结构是指企业资本总额中各种资本的构成及其比例关系。资本结构有广义和狭义之分。广义的资本结构是指企业全部资本（包含短期和长期）的构成及其比例关系；狭义的资本结构则指企业长期资本（即长期债务资本与股权资本）的构成及其比例关系。一般来说，资本结构是指狭义的概念。短期资本的需要量和筹集经常变化，并且在整个资本总量中所占的比重不稳定，因此通常作为营运资金管理，而不列入资本结构的管理范畴。本章也是围绕狭义的资本结构进行讨论。

不同的资本结构会给企业带来不同的后果。企业利用债务资本进行举债经营具有双重作用，一方面可以发挥财务杠杆效应，另一方面也可能带来财务风险。因此企业必须权衡财务风险、资本成本和收益的关系，确定合理的债务与权益比例。

评价企业资本结构最佳状况的标准主要是是否能够提高股权收益、降低资本成本、提升企业价值。股权收益通常表现为净资产收益率或普通股每股收益；资本成本则是企业的平均资本成本率。根据资本结构理论，当企业平均资本成本最低时，公司价值最大。因此，最佳资本结构是指在一定条件下使企业平均资本成本率最低、企业价值最大的资本结构。

从理论上讲，最佳资本结构是存在的，但由于企业内部条件和外部环境的经常性变化，动态地保持最佳资本结构十分困难。因此，在实践中，目标资本结构通常是企业结合自身实际进行适度负债经营所确定的资本结构。

第一节 杠杆利益与风险衡量

一、经营风险与经营杠杆

（一）经营风险

经营风险是指企业未使用债务时经营失利的内在风险。影响企业经营风险的因素有很多，主要有以下几个方面：

（1）产品需求。如果市场对企业产品的需求稳定，则企业有稳定的营业收入来源，经营风险小；如果市场对企业产品的需求波动大，则企业营收不稳定，经营风险大。

（2）产品售价。如果企业产品的售价稳定，则企业的经营风险小；如果产品售价波动大，则企业的经营风险大。

（3）产品成本。产品收入减去产品成本为产品利润，如果产品成本波动大，将导致产品利润不稳定，经营风险大；反之，经营风险小。

（4）调节产品价格能力。当产品成本变动时，如果企业调节产品价格的能力较强，则能够保持稳定的利润，经营风险小；反之，经营风险大。

（5）固定成本比重。如果企业的固定成本在总成本中所占比重较大，经营利润会随着产销量的变动而发生较大幅度的变动，企业的经营风险大；反之，企业的经营风险小。

以上因素往往直接影响企业的经营利润，而引致这些因素变化的原因包括企业所处行业的市场结构、技术进步、竞争格局、消费者偏好等。

（二）经营杠杆的含义

经营杠杆是指由于固定经营成本的存在，企业息税前利润的变动率大于业务量变动率的现象。经营杠杆反映了资产报酬受固定经营成本影响的波动性，可以用来评价企业的经营风险。

息税前利润的计算公式为

$$EBIT = S - V - F = (P - V_c) Q - F = M - F \tag{12-1}$$

在公式（12-1）中，EBIT 为息税前利润；S 为销售总额；V 为变动成本总额；F 为固定成本总额；P 为销售单价；V_c 为单位变动成本；Q 为产销业务量；M 为边际贡献。

当息税前利润为零时，企业的销售收入和成本总额（变动成本总额＋固定成本总额）相等，达到盈亏平衡点，此时产品销售数量为

$$Q = \frac{F}{P - V_c} \tag{12-2}$$

【例 12-1】 某企业生产产品 A，销售单价为 50 元，单位变动成本 30，固定成本总额为 10 000 元，则盈亏平衡点的销量为

$$Q = \frac{F}{P - V_c} = \frac{10\ 000}{50 - 30} = 500 \ （件）$$

如果 A 产品的销售量小于 500 件，则该企业的边际贡献不足以弥补固定成本，利润总额为负，即发生经营亏损；如果销售量大于 500 件，则边际贡献在弥补全部固定成本后还有剩余，利润总额为正，实现盈利。

（三）经营杠杆系数

由息税前利润计算公式可知，影响息税前利润的因素包括销售单价、销售量、产品成

本等因素。当产品成本中存在固定成本时，如果其他条件不变，产销业务量的增加虽然不会改变固定成本总额，但单位固定成本会降低，单位产品的利润得到提高，使息税前利润的增长率大于产销业务量的增长率，从而产生经营杠杆效应①。当不存在固定成本时，所有成本都是变动成本，边际贡献等于息税前利润，此时息税前利润的变动率与产销业务量的变动率完全一致。

【例12-2】假设 A、B、C 三个公司下一年度销售量增加 20%，且下一年度三家公司的固定经营成本保持不变，三家公司下一年度息税前利润分别变动多少？

表 12-2　A、B、C 公司息税前利润分析表

项目	A 公司	B 公司	C 公司
本年度			
销量/件	200	200	200
单价/元	10	10	10
销售收入/元	2 000	2 000	2 000
单位变动成本/元	6	6	6
变动成本总额/元	1 200	1 200	1 200
固定成本总额/元	0	200	400
息税前利润/元	800	600	400
固定成本/总成本	0	14.28%	25%
下一年度			
销量/件	240	240	240
单价/元	10	10	10
销售收入/元	2 400	2 400	2 400
单位变动成本/元	6	6	6
变动成本总额/元	1 440	1 440	1 440
固定成本总额/元	0	200	400
息税前利润/元	960	760	560
息税前利润变动率	20%	26.67%	40%

从表 12-2 中可以发现两个现象：

（1）A、B、C 公司预计下一年度销售量均增加 20% 时，由于 A 公司没有固定成本，息税前利润变动率也增长了 20%，由于 B、C 公司存在固定成本，两家公司息税前利润分别增长了 26.67%、40%。

（2）由于 C 公司固定成本占总成本的比重大于 B 公司，因此，息税前利润变动程度大于 B 公司。B 公司增加了 26.67%，而 C 公司增加了 40%。

经营杠杆系数（Degree of Operating Leverage，DOL），也称营业杠杆系数或营业杠杆程度，是指息税前利润（EBIT）的变动率相当于产销业务量变动率的倍数。只要企业存在固定性经营成本，就存在经营杠杆效应。计算公式为

$$DOL = \frac{息税前利润变动率}{产销量变动率} = \frac{\Delta EBIT}{EBIT} \bigg/ \frac{\Delta Q}{Q} \qquad (12-3)$$

在公式（12-3）中，DOL 为经营杠杆系数；$\Delta EBIT$ 为息税前利润的变动额；ΔQ 为产销业

---

① 所谓"杠杆"，即当某一个因素以较小幅度变动时，另一相关因素会以较大的幅度变动。

务量的变动值。

由于 $EBIT = (P-V_c)Q-F$，$\Delta EBIT = (P-V_c)\Delta Q$，因此 DOL 也可以表示为

$$DOL = \frac{(P-V_c)Q}{(P-V_c)Q-F} \qquad (12-4)$$

对以上公式推导，经营杠杆系数的计算也可以简化为以下两个公式：

$$DOL = \frac{S-V}{S-V-F} \qquad (12-5)$$

$$DOL = \frac{EBIT+F}{EBIT} \qquad (12-6)$$

从公式（12-5）和公式（12-6）可以看出，如果固定成本等于零，则经营杠杆系数为1，即不存在经营杠杆效应。当固定成本不为零时，经营杠杆系数大于1，即显现出经营杠杆效应。固定成本的比重越大，经营杠杆系数越大，息税前利润随产销量变化而波动越剧烈，则经营风险就越大。

【例12-3】某企业生产产品 Q，固定成本为50万元，单位变动成本为100元/件，售价为200元/件，当企业的销量分别为10 000件、8 000件、5 000件时，根据公式（12-4）计算经营杠杆系数分别为

当销量为10 000件时，$DOL = \dfrac{10\,000\times(200-100)}{10\,000\times(200-100)-500\,000} = 2$

当销量为8 000件时，$DOL = \dfrac{8\,000\times(200-100)}{8\,000\times(200-100)-500\,000} = 2.67$

当销量为5 000件时，$DOL = \dfrac{5\,000\times(200-100)}{5\,000\times(200-100)-500\,000} = \infty$

以上计算结果表明：在固定成本不变的情况下，销售收入越大，经营杠杆系数越小，经营风险就越小；销售收入越小，经营杠杆系数越大，经营风险就越大。当销量为1万件时，销售收入为200万元，经营杠杆系数为2；当销量为8 000件，销售收入为160万元，经营杠杆系数为2.67；当销量为5 000件，销售收入为100万，恰好处于盈亏平衡点，经营杠杆系数为∞，此时企业销售额稍有减少便会导致亏损。显然，产销量越接近盈亏平衡点，盈利的不稳定性越大，销售额的微小变化可能导致企业在盈利和亏损之间发生质的转变，经营风险很大。

经营杠杆说明，企业管理层在控制经营风险杠杆系数时，不能简单考虑固定成本的绝对量，而应关注固定成本与盈利水平的相对关系。企业一般可以通过增加销量、提高销售单价、降低单位变动成本、降低固定成本占总成本比重等措施降低经营风险。

二、财务风险与财务杠杆

（一）财务风险

财务风险是指由于企业运用了债务筹资方式而产生的丧失偿付能力的风险。企业财务风险的表现主要有：

（1）无力偿还债务的风险。企业举债必须承担在约定期限还本付息的义务，如果企业利用负债进行投资却未能按时收回并取得收益，则无法偿还利息及本金，其结果不仅导致公司资金链紧张，还会影响企业的信誉，甚至走向破产。

（2）利率变动风险。企业在负债期间，由于通货膨胀、贷款利率增加等因素影响，负债的资本成本增加，抵减了预期收益。

（3）筹资风险。企业如果连续举债，债权人的权益保障将会受到损害，从而限制企业再从其他渠道增加负债筹资的能力。

（二）财务杠杆的含义

财务杠杆是指由于固定性资本成本的存在，从而使得企业的普通股收益变动率大于息税前利润变动率的现象。财务杠杆反映了企业普通股资本报酬受资本成本影响的波动性，可以用来评价财务风险。普通股权益资本报酬可用每股收益表示，公式为

$$EPS = (EBIT-I)(1-T)/N \tag{12-7}$$

在公式（12-7）中：EPS 为每股收益；I 为债务资本利息；T 为所得税税率；N 为普通股数。

从上式可以看出，在其他条件不变的情况，息税前利润的增加不改变固定利息费用总额，但会降低每一元息税前利润分摊的利息费用，提高每股收益，因此每股收益的增长率大于息税前利润的增长率，产生财务杠杆效应。

（三）财务杠杆系数

由于财务杠杆的作用，如果企业的经营收益增加，普通股每股收益将会有更大的增长率，在一定的条件下甚至可成倍地增长；反过来，如果经营收益减少，财务杠杆将会显著降低每股收益。

【例12-4】假定有 A、B、C 三家公司，目前的息税前利润均为20万元，如果息税前利润均增长100%，这三家公司的每股收益将会如何变动？具体资料及分析过程如表12-3所示。

表12-3 A、B、C 公司财务杠杆作用分析表

项目	A公司	B公司	C公司
息税前利润为200 000元			
普通股股数/股	10 000	10 000	10 000
资本总额/元	2 000 000	2 000 000	2 000 000
债务总额/元	0	500 000	1 000 000
资产负债率/%	0	25	50
利率/%	0	8	8
利息支出/元	0	40 000	80 000
息税前利润/元	200 000	200 000	200 000
利息支出/息税前利润/%	0	20	40
税前利润/元	200 000	160 000	120 000
所得税（25%）/元	50 000	40 000	30 000
税后利润/元	150 000	120 000	90 000
每股收益/元	15	12	9
普通股权益收益率（＝税后利润/普通股资本总额）	7.5%	8%	9%
息税前利润增加100%，即400 000元，其他条件不变			
普通股股数/股	10 000	10 000	10 000
资本总额/元	2 000 000	2 000 000	2 000 000
债务总额/元	0	500 000	1 000 000
资产负债率/%	0	25	50

表12-3(续)

项目	A 公司	B 公司	C 公司
利率/%	0	8	8
利息支出/元	0	40 000	80 000
息税前利润/元/	400 000	400 000	400 000
利息支出/息税前利润/%	0	10	20
税前利润/元	400 000	360 000	320 000
所得税（25%）/元	100 000	90 000	80 000
税后利润/元	300 000	270 000	240 000
每股收益/元	30	27	24
每股收益变动率/%	100	125	167
普通股权益收益率（=税后利润/普通股资本总额）/%	15	18	24

通过分析表 12-3 的信息，我们可以得出以下结论：

（1）三家公司的总资本收益率（=息税前利润/资本总额）均为 10%。债务成本（利率）为 8%，低于总资本收益率，这意味着每 1 元债务资本产生的收益在偿还固定利息之后还有剩余，这个剩余的收益将归属于普通股股东，即增加了股权资本的收益率。A 公司没有发生债务成本，其利润总额（税前利润）和净利润（税后利润）均大于 B 公司和 C 公司；但是，由于企业所需资本全部由股东提供，没有获得债务资本的剩余收益，其普通股资本的收益率是三家企业中最低的。

（2）对于完全没有负债的 A 公司，息税前利润增加 100%，每股收益也增加了 100%，二者同步变化，没有显现出财务杠杆效应。而 B 公司、C 公司每股收益分别上涨了 125% 和 167%，显示出财务杠杆效应。

（3）B 公司每股收益变动率低于 C 公司每股收益变动率，是由于 B 公司的资产负债率较低、发生的债务成本较少。这表明：资产负债率越高的公司，固定债务成本越大，其每股收益随经营收益变化的程度就越大，财务杠杆效应越明显。实质上，C 公司的资产负债率最高、债务资本最多，因此，由债务资本产生的收益在偿还固定利息之后的剩余收益金额就最大，对每股收益的提升作用最明显。

（4）在息税前利润增加后，B 公司、C 公司的利息支出占息税前利润的比重降低了。这表明息税前利润增加，降低了公司的财务风险。

财务杠杆效应放大了企业息税前利润的变化对每股收益的变动程度，财务杠杆作用越大，财务风险也就越大。衡量财务杠杆效应大小的指标是财务杠杆系数。财务杠杆系数（Degree of Financial Leverage，DFL），是指普通股每股收益的变动率相对于息税前利润变动率的倍数。只要企业存在固定的筹资成本，就存在财务杠杆效应。财务杠杆系数的计算公式为

$$DFL = \frac{每股收益变动率}{息税前利润变动率} = \frac{\Delta EPS/EPS}{\Delta EBIT/EBIT} \qquad (12-8)$$

在公式（12-8）中：DFL 为财务杠杆系数；ΔEPS 为普通股每股收益变动额；EPS 为变动前的普通股每股收益；$\Delta EBIT$ 为息前税前利润变动额；EBIT 为变动前的息税前利润。

$\because EPS = (EBIT - I)(1 - T)/N$

$\Delta EPS = \Delta EBIT (1 - T)/N$

$$\therefore \text{DFL} = \frac{\text{EBIT}}{\text{EBIT} - I} \qquad (12-9)$$

从公式（12-9）可以推知：财务杠杆系数取决于固定性资本成本与息税前利润之间的比例关系。固定性资本成本主要由企业的资本结构决定，一个企业的债务资本越多，财务杠杆系数越大。企业如果全部采用权益资本筹资（此时财务杠杆系数最小，取值为1），在经营收益上升时不能发挥财务杠杆提升每股收益的放大效应，出资人也不能享受利息可以在税前扣除的税盾作用；但如果举债太多、财务杠杆系数太大，在经营收益下滑时仍须支付固定利息，利息支出将蚕食股东收益，并且财务风险也越高。因此，企业应该适度负债。

【例12-5】甲公司生产产品G，共销售1 000件，售价为100元/件，固定成本为10 000元，单位变动成本为50元，发生借款利息20 000元，该公司的财务杠杆系数为

EBIT = 1 000 × (100 − 50) − 10 000 = 40 000（元）

$$\text{DFL} = \frac{\text{EBIT}}{\text{EBIT} - I} = \frac{40\ 000}{40\ 000 - 20\ 000} = 2$$

在本例中，甲公司的息税前利润如果增长1倍，则每股收益将增长2倍；反之，如果息税前利润减少1倍，则每股收益将减少2倍。需要特别注意的是，由于固定性资本成本保持不变，当息税前利润增加时，财务杠杆系数将会降低；而当息税前利润减少时，财务杠杆系数将会提高，在这种情况下，如果经营业绩进一步恶化，每股收益将会以更快的速度缩减。换言之，一个企业即使保持稳定的资本结构，其财务杠杆系数也会随着经营收益的变化而变化。

三、公司总风险与复合杠杆

公司风险包括企业的经营风险和财务风险。经营杠杆与财务杠杆的连锁作用被称为复合杠杆（或总杠杆）作用。复合杠杆作用直接反映了企业销售业务量的变化对每股收益的影响程度，我们通常用复合杠杆系数（Degree of Combined Leverage，DCL）来衡量复合杠杆作用的大小。复合杠杆系数是指每股收益变动率相当于产销量变动率的倍数，其计算公式为

$$\text{DCL} = \frac{每股收益变动率}{产销量变动率} = \frac{\Delta \text{EPS}/\text{EPS}}{\Delta Q/Q} \qquad (12-10)$$

复合杠杆系数可以进一步表示为经营杠杆系数和财务杠杆系数的乘积，反映了企业经营风险与财务风险的组合效果。

$$\text{DCL} = \text{DOL} \times \text{DFL} \qquad (12-11)$$

【例12-6】甲公司的经营杠杆系数为1.5，财务杠杆系数为2，则其复合杠杆系数为

DCL = DOL × DFL = 1.5 × 2 = 3

在本例中，当甲公司的销售量增长10%时，每股收益将增长30%；反之，当销售量下降10%时，每股收益将下降30%。

复合杠杆可用来衡量企业的总体风险。由于复合杠杆是经营杠杆和财务杠杆的综合效应，企业可以通过调整经营风险或财务风险（即调整经营杠杆和财务杠杆的高低）来控制总风险。在总风险不变的条件下，较高的经营风险可以被较低的财务风险抵销，或者相反。当然，合适的总风险水平需要企业在总风险和期望收益之间进行权衡。

第二节 资本结构决策

一、资本结构的影响因素

财务杠杆是把"双刃剑",如何确定适当的负债水平是资本结构决策中的核心问题。影响资本结构的因素较为复杂,企业在确定资本结构时,需要考虑的因素主要包括:宏观经济环境、所处行业的状况和企业内部特征。

(一)宏观经济环境和制度

宏观经济环境和政府的管制政策,尤其是经济周期的变化、资本市场的发展状态、货币金融政策、财政税收政策等因素常常会深刻影响到企业资金来源的可获得性以及资金成本,企业在决定资本结构时必须综合考虑这些方面的因素。

在宏观经济上行时期,市场需求旺盛、购买力充足,企业具有稳定的经营收益来源,抵御财务风险的能力较强,此时可以从最小化平均资本成本的原则出发,适当提高负债水平。在经济不景气、低迷甚至危机时期,市场需求疲软,企业经营业绩下滑,按理应该减少负债以控制财务风险;但是,此时企业在进行融资决策时所考虑的往往已经不是资本结构是否优化的问题,而是想方设法筹措尽可能多的资金,避免资金链条断裂,以解燃眉之急(林杰辉,2019),无论是债务资本还是权益资本,企业能够获得哪一种就会采用那一种,此时的资本结构很可能就会偏离最优的选择。

当一国政府执行紧缩的货币政策时,市场利率较高,企业债务资本成本增大,应该控制债务资本总额;相反地,当政府执行货币宽松政策时,市场利率较低,企业债务成本减小,可以顺势增加负债水平。另外,当企业适用的所得税税率较高时,债务利息抵税作用大,企业可以适当增加债务资本的比重以充分利用抵税作用、提高企业价值。

需要特别指出的是,由于受到政府管制和资本市场发育程度的约束,企业在自由选择负债比例和融资方式上的空间是有限的。比如,规模小、可抵押资产少的企业,即使能够实现可观的总资产收益率[①],但因为不满足银行放贷的条件、也不符合发行债券的条件也难以获得债务融资,对这类企业而言,虽然提高负债水平有利于增加股东收益和企业价值,但囿于现实融资条件而只能保持较低的财务杠杆。再比如,资产负债率过高的企业为了控制财务风险应该增加权益融资,但是由于不符合在资本市场发行股票的监管条件而只能另觅他处,在新三板挂牌之后由于新三板市场流动性过低也未能成功融资,这就对资本结构的优化形成了较大的障碍。

(二)行业特征和发展周期

不同行业的企业因其经营范围、运营模式、生产周期和资金需求不同,融资行为会存在较大差异,因而资本结构表现出明显的产业特征。比如,市场成熟、销售稳定的产业经营风险低,可以提高债务资本比重,发挥财务杠杆作用。不成熟的产业,如高新技术企业等,经营风险大,可以适当地降低债务资本,降低财务杠杆风险。表12-4列出了部分行业上市公司的资产负债率,从中可以看出各个行业的资本结构具有很大的差异:铁路运输业的

---

① 总资产收益率和总资本收益率是两个不同的比率;但是,对同一家企业而言,在其他条件(包括资本结构、资本成本等)不变的情况下,息税前利润越大,总资产收益率和总资本收益率就越高,二者同方向变动。

财务杠杆最低，资产负债率在 20% 左右；金融业的财务杠杆最高，资产负债率超过 90%。

表 12-4　中国 A 股上市公司部分行业资产负债率　　　　单位:%

行业名称	2018 年	2017 年	2016 年	2015 年	2014 年
铁路运输	21.76	20.89	23.88	20.25	19.56
餐饮业	32.19	29.53	30.22	30.86	47.23
医药制造业	38.84	36.32	35.47	36.61	38.01
农业	40.29	41.54	37.24	37.91	38.21
互联网业	42.88	40.56	43.70	47.61	49.82
科研技术业	45.87	47.90	45.28	48.21	48.10
汽车制造业	58.23	57.83	58.33	56.95	55.86
批发零售业	64.24	63.30	61.41	64.94	65.12
房地产业	79.80	78.72	76.94	76.28	74.32
金融业	91.24	91.53	92.07	92.00	92.44

资料来源：wind 数据库。

（三）企业内部特征

资本结构的确定还需要综合考虑本企业内部特征，包括企业自身的发展战略、经营理念、获利能力、规模、成长性、管理层风险偏好、竞争优劣势等。不同于宏观因素和行业因素，企业内部因素在一定程度上是可控的，因而与资本结构调整变化之间的关系也更加紧密，不同的内部因素往往直接导致企业选择不同的资本结构及融资策略。

1. 企业的生命周期

同一企业在不同阶段会采用不同的资本结构。在初创期，企业经营风险高，应控制负债比率；在成熟期，企业经营风险低，可适度地提高负债比率；在衰退期，企业经营风险高，应控制负债比率。

2. 企业的经营绩效

如果企业营业收入稳定，则其可以负担较多的固定资本成本，因为可以适当增加负债；如果营业收入能够以较高的水平增长，则其采用高负债的资本结构可以提升权益资本的报酬。如果企业的经营活动具有明显的周期性，在业务清淡时期其要负担固定的债务成本，将承担较大的财务风险，因此企业应该根据经营周期的强弱变化相应调整负债水平。

3. 企业的财务状况

企业财务状况良好，信用等级高，债权人愿意向企业提供资金，债务成本较低，而且增加负债对财务状况的压力较小，企业可以适当增加债务资本。相反，如果企业财务状况欠佳，信用等级较低，债权人考虑到投资风险大而要求较高的利息，企业再增加举债的成本较大而且会进一步激化财务风险，企业应该尽量减少债务融资、增加权益融资；但是，当企业面临恶化的财务状况时，避免资金链断裂、安全度过危机才是当务之急，在这种情况下，企业很可能对债务融资和权益融资都趋之若鹜。

4. 股东和管理层的态度

企业进行权益再融资将会稀释原有股东的控制权，原股东如果意图保持手中持有的控制权，通常会选择发行优先股或债务融资，这将增加企业的固定资本成本并可能提高负债水平。从企业管理层的角度来看，高负债的资本结构伴随着高企的财务风险，经营一旦失利就容易出现财务危机，因此，风险厌恶型的管理层会偏向权益融资、采取较低的财务杠杆，而风险偏好型的管理层则相反。当然，管理层在进行融资决策时具有一定的自主权限，重大的融资决策则必须获得股东同意，当双方的利益不一致时，资本结构的决策将是双方博弈的结果。

二、资本结构理论

资本结构的决策问题（主要是债务资本的比例安排问题）是企业筹资管理的一个核心问题。资本结构究竟与企业价值以及企业目标的实现有什么关系、债务融资与股权融资有没有一个标准的比例，众多学者对这些问题进行了大量的讨论并形成了若干理论。资本结构理论试图为企业找出最为合适的资本结构、融资方式或者融资工具。经典的资本结构理论主要包括 MM 理论、优序理论和权衡理论；随着当代财务学的发展，学者们不断形成一些新的资本结构理论，比较有代表性的是代理成本理论、控制权理论等。

（一）MM 理论（MM Theory）

MM 理论是由美国经济学家 Modigliani 和 Miller 在 1958 年提出的，这个理论是企业财务理论的重要基石。MM 理论的核心内容是：在一个完美的市场里，企业的价值与其资本结构无关，换言之，企业改变自身的负债率并不会引起企业价值的变化。"完美市场"必须满足以下严格的条件：没有税收，没有交易费用，信息是对称的，市场完全竞争，没有破产成本，没有代理成本等。由于现实世界与完美市场相差甚远，我们必须放弃完美市场的假设、考虑经济摩擦力，才可能建立能够解释实际的理论。

1963 年，Modigliani 和 Miller 对 MM 定理进行了一些修正，把企业所得税引入原来的分析之中，并得出新的结论：由于利息具有减税作用，所以企业的负债越多，企业的加权平均资本成本就越低，企业的价值也越高。因此，企业价值与资本结构决策有着密切关联，提高企业的负债率会使企业的价值增大。包含企业所得税的 MM 理论虽然在一定程度上更接近现实，但只考虑了负债的好处，而没有考虑负债显而易见的坏处，因此仍未能较好地解释企业的财务实践。

（二）权衡理论（Trade-off Theory）

权衡理论认为，负债虽然会产生税盾效应，但同时也会增加企业破产的风险，所以，企业在税盾收益与破产成本之间必须进行权衡，从理论上说，一个企业的最优负债率是负债带来的税收节约边际收益与其可能导致破产的边际成本相等时的水平。

企业在面临较高的破产风险时（即陷入财务困境），投资者、客户、供应商、员工等利益相关者会对企业的生存前景产生担忧，从而产生流失，这些流失会对公司的经营造成损失甚至沉重的打击。当企业实际发生破产时，还会产生破产法律过程中的相关费用，这类直接破产成本也会减少企业的最终价值。因此，考虑到破产成本，一个最优的资本结构应该对负债比率有一定的上限约束。权衡理论的原理是企业财务工作者比较喜欢的一种思路；但是，破产风险的成本很难具体量化，因此，这个理论实际上无法帮助我们得到一个适当的负债比例以供决策参考。

（三）优序理论（Pecking Order Theory）

优序理论放宽了对完全信息的假定，以信息不对称为基础，并考虑交易成本的存在，认为外部融资要额外支付各种成本，同时，权益融资会向投资者传递企业经营的负面信息，因而企业融资一般会遵循内源融资、债务融资、权益融资的先后顺序。

具体而言，内源融资主要来源于企业内部经营形成的现金流，无须支付各种新增的融资费用，所受限制少，相较于外源融资而言，既没有额外的交易成本，也没有内部人和外部人之间的信息不对称问题，因而是首选的融资方式。外源融资除了会发生大量的融资费用，还存在一个突出问题：企业管理者和外部出资人之间存在信息不对称。管理者可能会利用自身掌握的内部信息判断本企业的股票价格是否被高估，当管理层认为股价被高估时，则倾向于发行新股融资。投资者本身也意识到这种倾向，因此，当企业宣布发行新股时，投资者会调低对企业股票的股价，导致企业市场价值降低、股权融资的资本成本急剧增加，从而大大降低股权融资对管理层的吸引力。另外，企业进行债务融资时需要以提供资产抵押、信用评级、按期还本付息等方式保障债权人的利益，债权人承担的风险比股东要小得多，因而债务融资的资本成本较低，存在的信息不对称程度也较轻，管理层将先考虑债务融资，后考虑股权融资。

由此，按照优序理论，企业不存在明显的目标资本结构，因为管理者往往倾向于按照固定的偏好顺序进行融资。换言之，获利能力较强的企业之所以负债比例较低，并不是由于确定了低负债的目标资本结构，而是由于有充足的内源资本，不需要外部融资；获利能力较差的企业负债比例较高也不是因为高负债是最优资本结构，只是因为没有足够的留存收益而不得不进行外部融资，而在外部融资中债务融资优先于股权融资。

优序理论虽然比较符合西方企业的融资结构，但仍然未能对世界范围内的企业融资实务具有普适性。例如，在中国，上市公司在融资方式的选择上呈现出强烈的股权融资偏好（陈亚民和王天东，2016），这一现象明显偏离优序理论的预期。

（四）代理成本理论（Agency Cost Theory）

1970 年以来，经济学理论的一个重要发展是委托代理理论的发展，这个理论也被应用到了对资本结构的研究，成为我们理解企业怎样选取资本结构的一个重要理论框架。Jensen 和 Meckling 在 1976 年开创了资本结构的代理成本理论，该理论认为：现代股份制企业普遍存在着两类冲突，一是股东与管理者之间的冲突，二是债权人与股东之间的冲突。这些冲突导致代理成本的产生，前一类冲突所造成的成本被称为"股权融资的代理成本"，后一类冲突所造成的成本被称为"债务融资的代理成本"。最优资本结构的选择就是为了实现代理成本总和的最小化。

具体而言，股权融资代理问题主要表现为管理者努力程度偏低和挥霍企业现金。解决这类问题的有效手段包括给予管理层一定的股权以及减少管理层可以处置的过多自由现金流。在两权分离的条件下，管理者没有足够的激励将自由现金流还给投资者，现金很可能被用在不能盈利的项目上而导致浪费。由于债务融资需要在固定的时间还本付息，增加借债对管理者浪费自由现金流是一种硬约束，从而可以减少股权融资的代理成本。债务融资的代理问题是由于股东和债权人的利益冲突而产生。随着企业负债率的上升，债权人所承担的企业经营风险上升，而股东通过管理者仍然控制企业的投资运营，这时股东可能会有激励去开展高风险的项目，从而损害债权人的利益，对债权人而言这就是出借资本所产生的代理成本。由于债务融资对两类代理成本存在相反方向的影响，最适宜的债务水平是对两种代理成本的权衡，当总的代理成本最小时，资本结构最优。当然，代理成本难以量化，这在一定程度上限制了代理成本理论在实际中的运用。

（五）控制权理论（Control Right Theory）

20 世纪 80 年代以来，随着企业并购活动的广泛开展，很多学者对资本结构的研究视角转向了对企业剩余控制权分配的分析。Harris 和 Raviv（1988）指出，企业的管理者拥有本企业的股份越多，潜在接管（即外部并购方实施股权收购）成功的可能性就越小，因此，管理者可以通过改变自己所持股份比例来影响企业被接管的概率。由于在位的管理者和潜在的收购者经营企业的能力不同，从而导致不同的企业价值，企业价值取决于接管竞争的结果，而这种结果又由管理者的持股份额决定。在位管理者和潜在收购者之间的控制权之争将可能引起管理者改变持股比例，这进一步影响了企业的融资结构。Stulz（1988）则认为债务杠杆可能成为在位管理者反对收购的一种方法，急剧增加企业负债将导致企业价值下降从而吓退潜在的收购者。由此可见，企业的财务决策会受到控制权竞争的影响。

关于资本结构，不同学者从不同角度进行了研究，形成了不同的理论（除了以上五个理论，还有市场择时理论、惰性理论①等），可谓资本结构理论"丛林"。然而，研究者们发现每一种理论都只能在某个局部对现实企业的资本结构予以解释，而没有任何一种理论能够全面地解释融资实务。对此，一个可能的原因是：影响企业资本结构的因素涉及多个层面和多个方面（正如本章第二节所讨论的），不同影响因素对资本结构的作用各有不同，包括作用的大小不同、期限不同等等；然而，没有一种现存的理论能够综合考虑这诸多因素共同作用的机制。现有的理论都只是考虑了一种或少数几种因素对资本结构的影响，因而无法具有普适的解释力。

近年来，越来越多的研究开始考察不同因素作用对资本结构的综合影响。例如，Flannery 和 Rangan（2006）对 1965—2001 年的 12 919 家企业进行实证分析，结果显示：在较短的期间内，企业可能会受到股票价格波动（择时理论）、融资方式的便利程度（优序理论）等因素的冲击而暂时偏离最优资本结构，但从较长的时期来看，企业会围绕目标杠杆率进行调整，目标资本结构的存在表明（动态）权衡理论在发挥作用。李井林和杨姣（2018）对 2007—2014 年的中国上市公司进行研究也得到了类似的结论：动态权衡理论在企业的资本结构调整中发挥了重要作用，而市场择时效应则会影响企业向目标资本结构调整的速度。当然，将动态权衡理论和市场择时理论结合起来仍不足以全面解释企业的资本结构行为。程六兵等（2017）以 2001—2016 年的中国上市公司为样本，研究发现：由于中国的信贷和股票市场受管制的程度较高，上市公司的资本结构不符合基于自由资本市场的权衡理论和优序理论的预期，而与管制下的资本结构特征相符。事实上，世界上每一个国家和地区的管制环境都会影响当地企业的融资行为，只是影响的程度不同，在部分国家和地区，管制条件甚至是影响资本结构最重要的因素之一。但是，研究者们尚未将管制因素纳入资本结构的决策模型中以形成成熟的理论。

综上所述，企业的资本结构决策是一个高度情境化的问题。虽然我们还缺少一个完整的理论框架去整合相关因素的作用机制，但随着相关学科的发展，我们对资本结构行为的了解一直在不断深化。这也要求我们在分析企业最佳资本结构时全面运用有关理论成果，而不应片面、机械地套用某一个理论。

三、资本结构决策的基本方法

虽然目前学术界和实务界并没有就如何确定最佳资本结构形成统一的看法，但是，从降低综合资本成本、提高每股收益、增加企业价值的基本原则出发，有关各方在进行资本结构决策时会以一些常用的方法作为考虑的起点，把根据这些方法得出的资本结构作为决策的一项重要参考因素。

（一）筹资组合资本成本比较法

筹资组合资本成本比较法是指通过计算每种筹资组合方案的平均资本成本，选择资本

---

① 市场择时理论（Market Timing Theory）的基本观点是：企业的管理者利用股票市场出现的机会选择融资方式，当公司的股票价格被高估时，管理者将会发行股票融资，当公司的股票价格被低估时，管理者将选择债务融资。对企业而言，没有一个最优的资本结构，企业的资本结构只是企业历史上有意的市场择时行为的累积结果。惰性理论（Inertia Theory）的基本观点是：股票价格的波动会引起以市值计算的财务杠杆率的变动，而企业的管理层对这类变动放任自流，而不会寻求一个目标资本结构。

成本率最低的方案。这种方法侧重从资本投入的角度对筹资方案和资本结构进行优化分析。

【例12-7】A公司需要筹集1 000万元长期资本，可以用向银行贷款、发行债券、发行股票三种方式筹资，个别资本成本率已分别测定，A公司应该选择哪个方案。有关资料如表12-5所示。

表12-5　A公司资本成本与资本结构方案

筹资方式	资本结构			个别资本成本率
	方案一	方案二	方案三	
贷款	30%	20%	35%	6%
债券	20%	40%	35%	8%
普通股	50%	40%	30%	11%
合计	100%	100%	100%	

筹资方案一：资本成本率 K = 30% × 6% + 20% × 8% + 50% × 11% = 8.9%
筹资方案二：资本成本率 K = 20% × 6% + 40% × 8% + 40% × 11% = 8.8%
筹资方案三：资本成本率 K = 35% × 6% + 35% × 8% + 30% × 11% = 8.2%

从上述计算结果可知，方案三的筹资成本最低，因此，我们可以选择筹资方案三。

筹资组合资本成本比较法仅以资本成本最低作为选择标准，测算过程简单，是一种比较便捷的方法。但是，这种方法仅仅比较了各种融资方案的资本成本，没有考虑不同融资方案的财务风险。例如，在【例12-7】中，方案三的综合资本成本最低但财务杠杆最高，可能引致较大的财务风险。因此，采用此方法进行决策时，企业还需要结合财务风险等其他相关因素一并进行考虑。

（二）每股收益分析法

企业也可以根据每股收益的变化来寻求适当的资本结构。一般而言，合理的资本结构能够提高普通股每股收益。从前面关于财务杠杆的分析中可以知道，每股收益同时受到经营利润和债务资本成本等因素的影响。在资本总额一定的前提下，企业的经营利润越大，总资本收益率越高；反之，经营利润越小，总资本收益率越低：①当总资本收益率大于债务资本成本率时，债务资本产生的收益大于需要支付的利息费用，增加负债可以在扣除固定的利息费用后向普通股股东提供更多的剩余收益，从而提高每股收益。②当总资本收益率小于债务资本成本率时，债务资本产生的收益不足以支付固定的利息费用，需要攫取股本资本的收益以支付利息，从而降低了普通股每股收益。此时，减少举债可以减轻债务成本压力、减少对普通股每股收益的压缩效应。③当总资本收益率等于债务资本成本率时，债务资本产生的收益刚好够支付利息，举债既不能增加也不会减少普通股每股收益，此时负债水平不影响每股收益。

根据以上关系，企业可以分析在什么样的息税前利润水平条件下，宜增加还是减少债务水平，进而确定合理的资本结构安排。企业在一定的资本总额条件下，息税前利润较大时，总资本收益率较高，宜增加负债；当息税前利润较小时，总资本收益率较低，宜减少负债；当息税前利润位于某一特定水平时，无论采用债务融资还是股权融资，每股收益都相等，这时的息税前利润被称为"每股收益无差别点"。

假设企业有两种可选的筹资方案，在每股收益无差别点时不同筹资方案的每股收益是相等的，这一关系可以用公式（12-12）表示：

$$\frac{(\overline{EBIT} - I_1)(1 - T)}{N_1} = \frac{(\overline{EBIT} - I_2)(1 - T)}{N_2} \tag{12-12}$$

在上式中，EBIT 为每股收益无差别点时的息税前利润；I_1、I_2 为两种筹资方式下的债务利息；N_1、N_2 为两种筹资方式下的普通股股数。通过公式（12-12）对每股收益无差别点的息税前利润进行求解，得到公式（12-13）：

$$\overline{\text{EBIT}} = \frac{I_1 \times N_2 - I_2 \times N_1}{N_2 - N_1} \tag{12-13}$$

当预期息税前利润大于每股收益无差别点时，企业宜选择较高的财务杠杆和增加负债的筹资方案；反之，当预期息税前利润小于每股收益无差别点时，企业宜选择减少负债的筹资方案。

【例12-8】某公司的资本结构为：总资本为 2 000 万元，其中债务资本为 900 万元，年利率为 8%，普通股资本为 1 100 万元（1 100 万股，面值 1 元，市值 5 元）。企业目前要投资一个新的项目，项目需要资金为 500 万元，现有两种筹资方案：

甲方案：发行债券 500 万元，利息率为 9%。

乙方案：发行普通股 125 万股，每股发行价格为 4 元。

假定该公司的所得税率为 25%，根据以上数据，则这两种方案的每股收益无差别点为：

方案甲：$I_1 = 900 \times 8\% + 500 \times 9\% = 117$ 万元

$\qquad N_1 = 1\ 100$ 万股

方案乙：$I_2 = 900 \times 8\% = 72$ 万元

$N_2 = 1\ 100 + 125 = 1\ 225$

$$\frac{(\overline{\text{EBIT}} - I_1)(1 - T)}{N_1} = \frac{(\overline{\text{EBIT}} - I_2)(1 - T)}{N_2}$$

$$\frac{(-117)(1 - 25\%)}{1\ 100} = \frac{(-72)(1 - 25\%)}{1\ 225}$$

$$\overline{\text{EBIT}} = 513 \text{（万元）}$$

当息税前利润为 513 万元时，增发普通股和发行债券后的每股收益是相等的，即选择两种筹资方案给股东带来的利益是相等的，如表 12-6 所示。

表 12-6　每股收益计算表

项目	发行债券	增发普通股
息税前利润/万元	513	513
减：利息/万元	117	72
税前利润/万元	396	441
减：所得税（25%）/万元	99	110. 25
普通股股份数/万股	1 100	1 225
每股收益/元	0. 27	0. 27

根据上述对每股收益无差别点的分析，可绘制图 12-1。

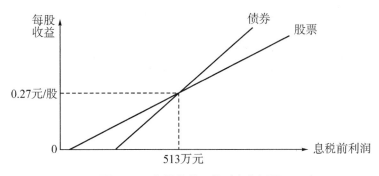

图 12-1 每股收益无差别点分析图

EBIT为513万元的意义在于：当息税前利润大于513万元时，企业采用发行债券的筹资方式要比增发普通股有利于提高每股收益；当息税前利润小于513万元时，发行债券将拉低每股收益，企业应尽量避免增加债务。

现再举一例对上述结论加以说明。

【例12-9】假设企业的息税前利润分别为400万元和600万元，其他条件如【例12-8】不变，试计算两种情况下增发普通股和发行债券的每股收益。具体计算如表12-7所示。

表 12-7　每股收益计算表　　　　　　　　　　　单位：万元

项目	息税前利润 400 万元		息税前利润 600 万元	
	增发普通股	发行债券	增发普通股	发行债券
息税前利润	500	500	500	500
减：利息	72	117	72	117
税前利润	328	283	528	483
减：所得税（25%）	82	70.75	132	120.75
普通股股份数/万股	1 225	1 100	1 225	1 100
每股收益	0.200 8	0.193 0	0.323 3	0.329 3

由表12-7可以看出，当该企业息税前利润高于513万元，达到600万元时，采用发行债券方式筹资，企业的普通股每股收益为0.329 3元，高于采用发行股票筹资的每股收益0.323 3元；当企业息税前利润低于513万元，降为400万元时，采用发行债券方式筹资，每股收益为0.193 0元，低于采用发行股票筹资的每股收益0.200 8元。因此，企业可以利用每股收益无差别点作为选择（追加）筹资方案、调整资本结构的重要依据。

当然，企业进行债务筹资是有一定限制的。当企业的负债增加到一定程度时，对债权人的债权保障程度将会显著降低，企业的信用等级会下降，而债务的利率将会上升，企业还本付息的风险很大，此时，再增加负债就不仅仅是影响每股收益的问题，还会加大企业的财务风险甚至破产风险。因此，每股收益分析法提供了在特定预期盈利水平下如何选择融资方案的一种思路，这种方法的原理比较容易理解、测算过程也比较简单，但是，不足之处在于仅以每股收益为决策标准，没有充分考虑不同融资方案的风险因素。

（三）企业价值比较法

企业价值比较法是以综合资本成本最低和企业价值最大为标准来衡量资本结构是否合理的方法。

设：V 表示企业价值，B 表示债务资本价值，S 表示权益资本价值。企业价值应该等于

资本的市场价值，即

$$V = S + B \tag{12-14}$$

为简化分析，假设债务资本的市场价值等于其面值，企业无优先股，各期的息税前利润保持不变，股东要求的回报率（即权益资本成本率）不变，则权益资本（普通股股票）的市场价值为

$$S = \frac{(\text{EBIT}-I)(1-T)}{K_e} \tag{12-15}$$

在公式（12-15）中，EBIT 为息税前利润；I 为年利息额；T 为企业所得税税率；K_e 为权益资本成本率。

采用资本资产定价模型（CAPM）计算普通股的资本成本率 K_e：

$$K_e = R_f + \beta(R_M - R_f) \tag{12-16}$$

在公式（12-16）中，R_f 为资本市场无风险报酬率；β 为该企业普通股股票的贝塔系数；R_m 为证券市场的平均报酬率。

加权平均资本成本 = 税前债务资本成本 × 债务价值占总资本比重 ×（1-所得税税率）
  + 权益资本成本 × 股票价值占总资本比重

$$K_{\text{WACC}} = K_d(1-T) \times \frac{B}{V} + K_e \times \frac{S}{V} \tag{12-17}$$

在公式（12-17）中，K_{WACC} 为加权平均资本成本；K_d 为税前的债务资本成本。

通过公式（12-14）~公式（12-17）可以计算出企业总价值和加权平均资本成本，再以企业价值最大化为标准确定最佳资本结构，此时的加权平均资本成本最小。

下面举例说明企业价值比较法的应用。

【例12-10】某公司息税前利润为 400 万元，资本总额账面价值为 1 000 万元，假设无风险报酬率为 5%，证券市场平均报酬率为 10%，所得税率为 25%，经过测算，不同债务水平下的债务资本成本率和权益风险系数（β）如表 12-8 第②、③列所示（随着负债规模的扩大，财务风险不断增加，该公司的债务资本成本率和权益风险系数将不断提高）。

然后，根据公式（12-15）和公式（12-16）计算得到权益资本成本率和普通股的市场价值，分别如表 12-8 第④、⑤列所示。

表 12-8　不同债务水平下的债务资本成本率和权益资本成本率

债务市场价值 B ①	税前债务资本成本率 K_d ②	贝塔系数 β ③	权益资本成本率 K_e ④=5%+③×(10%-5%)	普通股(权益)市场价值 S ⑤=(400-①×②)×(1-25%)/④
0	—	1.1	10.50%	2 857.14 万元
300 万元	8.00%	1.15	10.75%	2 623.26 万元
600 万元	8.30%	1.2	11.00%	2 387.73 万元
900 万元	10.00%	1.4	12.00%	1 937.50 万元
1 200 万元	11.50%	2	15.00%	1 310.00 万元
1 500 万元	13.00%	2.3	16.50%	931.82 万元
1 800 万元	14.00%	2.6	18.00%	616.67 万元
2 100 万元	14.50%	2.9	19.50%	367.31 万元

在表 12-8 的基础上，根据公式（12-14）和公式（12-17）可以计算出不同长期债务规模下的企业价值和加权平均资本成本，计算结果如表 12-9 第③列和第⑥列所示。

表 12-9　企业市场价值和加权平均资本成本

债务市场价值 B 万元 ①	股票市场价值 S 万元 ②	企业市场价值 V 万元 ③ = ① + ②	税前债务资本成本 K_d ④	权益资本成本 K_e ⑤	加权平均资本成本 K_{WACC} ⑥
0	2 857.14	2 857.14	—	10.50%	10.50%
300	2 623.26	2 923.26	8.00%	10.75%	10.26%
600	2 387.73	2 987.73	8.30%	11.00%	10.04%
900	1 937.50	2 837.50	10.00%	12.00%	10.57%
1 200	1 310.00	2 510.00	11.50%	15.00%	11.95%
1 500	931.82	2 431.82	13.00%	16.50%	12.34%
1 800	616.67	2 416.67	14.00%	18.00%	12.41%
2 100	367.31	2 467.31	14.50%	19.50%	12.16%

注：⑥ = ④×（1−25%）×①/③ +⑤×②/③

从表 12-9 中可以看出，企业从 0 开始增加债务时，企业的市场价值总额先逐渐上升、加权平均资本成本逐渐降低，直到债务到达 600 万元时，企业价值最大（为 2 987.73 万元）、对应的加权平均资本成本最低（为 10.04%）。在这一资本结构上，如果企业继续扩大负债规模，企业价值开始下跌、加权平均资本成本开始上升。因此，债务为 600 万元的资本结构是最优的资本结构。

与筹资组合资本成本比较法、每股收益分析法相比，企业价值比较法在测算时考虑了企业的风险因素、整个分析过程比较全面，但是，该方法需要测算企业在不同债务水平下的债务资本成本率和权益风险系数，这两个指标的测算难度较大，而且具有较高的主观性，这可能导致最终推导出来的企业价值和加权平均资本成本不够准确。

本章综述

本章主要介绍了资本结构的概念及其对企业的意义、影响因素、相关的经典理论和决策的基本方法。知识要点包括：

1. 狭义的资本结构是指企业长期资本（即长期债务资本与股权资本）的构成及其比例关系。资本结构是企业筹资管理的核心问题，受到宏观经济环境、行业状况和企业内部特征等多层次、多方面因素的共同影响。

2. 财务杠杆是指由于固定性资本成本的存在，从而使得企业的普通股收益变动率大于息税前利润变动率的现象。当总资本收益率大于债务资本成本率时，增加财务杠杆可以提升每股收益；当总资本收益率小于债务资本成本率时，增加财务杠杆将会降低每股收益。财务杠杆越高，财务风险就越大。

3. 有代表性的资本结构理论主要包括 MM 理论、优序理论、权衡理论、代理成本理论、控制权理论、择时理论等。目前，我们还缺少一个完整的理论框架去整合相关因素的作用机制，因此，我们在分析企业最佳资本结构时应该全面运用相关的理论成果。

4. 筹资组合资本成本比较法、每股收益分析法和企业价值比较法可以为决策最优资本结构提供重要参考，但每种方法各有优缺点。

参考文献

[1] FLANNERY M J, RANGAN K P. Partial Adjustment toward Target Capital Structures [J]. Journal of Financial Economics, 2006 (79): 469-506.

[2] 陈亚民,王天东. 战略财务管理 [M]. 2版. 北京:中国财政经济出版社, 2016.

[3] 程六兵,叶凡,刘峰. 资本市场管制与企业资本结构 [J]. 中国工业经济, 2017 (11): 155-173.

[4] 蒋红芸,康玲,薛湘. 财务管理 [M]. 2版. 北京:人民邮电出版社, 2015.

[5] 李井林,杨姣. 目标资本结构、市场错误定价与资本结构调整速度 [J]. 财经问题研究, 2018 (10): 81-88

[6] 林杰辉. 企业资本结构与融资路径研究 [J]. 云南社会科学, 2019 (6): 71-78.

习　题

第十三章

股利政策

---- ■本章导读 ----

股利政策是公司利润分配方案的一个重要组成部分，其直接影响到公司与投资者、公司当前利益和长远利益的关系。正确选择股利政策，对公司的发展具有十分重要的意义。因此，我们必须综合考虑其影响因素及经济后果，制定合理的股利政策。本章主要介绍股利分配理论、股利分配政策、影响股利分配的因素及不同的股利类型。

---- ■重点专业词语 ----

股利（dividend）　　　　　　股利政策（dividend policy）

现金股利（cash dividend）　　股票股利（stock dividend）

股票分割（stock split）　　　　股票回购（stockrepurchase）

---- ■开章案例 ----

贵州茅台披露"最豪"分红方案

贵州茅台 2019 年 3 月披露分红方案，公司将派发 2018 年现金股利 182.64 亿元（含税），即每 10 股派发人民币 145.39 元，占该年度总盈利的 51.88%。每股派现金额再次刷新 A 股历史纪录，堪称史上最豪[1]。与之相反，也有金杯汽车、海航科技、园城黄金等 9 家公司自上市 20 多年来，从未进行分红[2]。可见各个公司的分红政策大不相同。从总体来看，我国 2017—2018 年间进行分红的 A 股上市公司数超过总数的四分之三[3]，

---

[1]　资料来源：史上最豪分红！贵州茅台股价创新高，高盛上调目标价至 1 000 元以上［EB/OL］.（2018-12-30）［2022-01-31］. https://finance.ifeng.com/c/71QmpDm5dz2？fks＝7b519b&top＝{"sfhs＝1"}.

[2]　资料来源：相关公司的年报。

[3]　资料来源：中证指数发布的《2018 年 A 股证券市场分红报告》。

第一节　股利及其分配

股利是指股份公司从公司利润中以现金、股票或其他形式支付给股东的报酬，是利润分配的一种形式。股利政策是关于公司是否发放股利、发放多少股利以及何时发放股利等方面的方针和策略。股利政策涉及的方面很多，其中最主要的是确定股利的支付比率，即用多少盈余发放股利，多少盈余为公司所留用（称为内部融资），因为这可能会对公司股票的价格产生影响。过高的股利支付率影响企业再投资能力，会使未来收益减少，造成股价下跌，过低的股利支付率可能引起股东不满，股价也会下跌。对股份公司而言，确定其最优股利政策，就是确定目前支付的股利与其未来成长率之间的平衡，以使公司股票价格达到最高。

一、股利支付程序

股利支付程序指公司从宣布支付股利，到将股利发放到股东手中的过程。其过程主要经历：股利宣告日、股权登记日、除息日、股利支付日。

股利宣告日即公司董事会将股利支付情况予以公告的日期。公告中将宣布每股支付的股利、股权登记期限、除去股息的日期和股利支付日期等事项。股权登记日即有权领取股利的股东资格登记截止日期，也称为除权日，即决定哪些股东能够取得本次股利的日期界限。股权登记日之前在册的股东能够取得本次派发的股利，股权登记日之后新加入的股东不能取得本次股利。

除息日即指领取股利的权利与股票相互分离的日期。在除息日前，股利权从属于股票，持有股票者即享有领取股利的权利；从除息日开始，股利权与股票相分离，新购入股票者不能分享股息和红利。

股利支付日即向股东发放股利的日期。

二、股利支付方式

股利有多种支付方式，一般有现金股利、股票股利、财产股利和负债股利等。后两种形式应用较少，我国有关法律规定，股份公司只能采用现金股利和股票股利两种形式。

（一）现金股利

现金股利是股份公司以现金形式支付给股东的股利，它是股利支付的主要方式。例如，每 10 股派 2 元。

支付现金股利要求公司必须有足够的净利润和现金。企业要综合分析投资机会、筹资能力等各方面因素，确定适当的现金股利支付率。

（二）股票股利

股票股利是公司以增发的股票作为股利的支付方式，其具体形式有送股、配股，一般为派发股票股利。例如，每10股送2股。

股票股利的优点在于公司既进行了股利分配，又没有动用现金，而且股东不用交税。

例如，每10股送3股，相当于每10股送3元钱红利。红利要缴纳20%个人所得税，而股票不用。

1. 送股

送股是指公司将红利或公积金转为股本，按增加的股票比例派送给股东，如每10股送4股，是指每持有10股股票的股东可无偿分到4股。

2. 配股

配股是指公司在增发股票时，以一定比例按优惠价格配售给老股东的股票。配股和送股的区别在于：

①配股是有偿的，送股是无偿的。

②配股成功会使公司现金增加。

③配股实质上是给予老股东的补偿，是一种优惠购买股票的权力。

第二节 股利分配理论

股利分配作为财务管理的一部分，同样要考虑其对公司股价或企业价值的影响。在这一问题上主要有两种观点：股利无关论和股利相关论。

一、股利无关论

股利无关论认为股利分配对公司的市场价值（或股票价格）不会产生影响。股利无关论最初是由美国财务学专家米勒（Miller）和莫迪格莱尼（Modigliani）于1961年提出的，因此该理论也被称为MM理论。

MM理论认为，在完善的资本市场条件下，股利政策不会影响公司的价值。公司价值是由公司投资决策所确定的本身获利能力和风险组合决定，而不是由公司股利分配政策决定。

这一理论建立在这样一些假定之上：公司的投资者和管理当局可相同地获得关于未来投资机会的信息；不存在个人或公司所得税，对投资者来说，无论收到股利或是资本利得都是无差别的；不存在股票发行和交易费用（即不存在股票筹资费用）；公司的投资决策独立于其股利政策（即投资决策不受股利分配影响）。MM理论假定投资者处于完美无缺的市场，因而股利无关论又被称为完全市场理论。

股利无关论认为：投资者并不关心公司股利的分配，对股利和资本利得并无偏好，即对于当期利益和长远利益并无偏好，送股和送红利没有区别；股利的支付比率不影响公司的价值，既然投资者不关心股利的分配，公司的价值就完全由其投资获利能力所决定，公司的盈余在股利和保留盈余之间的分配并不影响公司的价值。

毫无疑问，关于股利无关论的上述论证是严谨的，但其结论却是令人震惊，它意味着股利策略的无用性。这仿佛与现实生活中人们的感觉完全相悖。如果确是这样的话，那么在现实中，公司为什么要支付股利呢？股东又为什么那么重视公司的股利政策呢？现代股利政策理论回答是，股利政策并不像MM理论认为的那样与公司的价值无关，它会影响公司的市场价值。现代股利政策理论认为，MM定理是正确的，但是其正确性只有与其前提

"完善的资本市场""理性行为"和"充分确定性"联系在一起，并在这些假设条件下才能得到体现。然而，在现实中，MM定理所假定的条件过于偏离现实性，以致使其结论与现实不吻合。股利政策实际上非常重要，甚至米勒和莫迪格莱尼在他们1961年的论文中也承认："公司股利政策对其股票市场价格的影响，无论对决定政策的公司高管或分散投资的投资者，还是对试图理解并评价资本市场运行的经济学家，都是十分重要的。"但不管如何，MM理论开创了股利政策研究的新篇章。此后，人们对公司股利政策的探索发生显著变化，财务学家的研究重点转移到考察放松假设条件后的不完善市场中的MM理论。

二、股利相关论

股利相关论认为股利分配对公司的市场价值（或股票价格）会产生影响。其主要代表性观点有：

（一）"一鸟在手"理论

在米勒和莫迪格莱尼1961年的论文问世以前，股利政策研究以规范研究为主。当时流行的观点是由财务学家戈登（Myron Gordon）与林特纳（John Lintner）根据对投资者心理状态分析提出的。他们认为，由于投资者对风险有天生的反感，并且认为风险将随时间延长而增大，因而在他们心目中，认为通过保留盈余再投资获得资本利得的不确定性要高于股利支付的不确定性，从而股利的增加是现实的、至关重要的。实际能拿到手的股利，同增加留存收益后再投资得到的未来收益相比，后者的风险性大得多。所以，投资者宁愿目前收到较少的股利，也不愿等到将来再收回不确定的较大的股利或获得较高的股票出售价格。投资者的上述思想又会产生下述结果：公司如果保留利润用于再投资，那么未来的收益必须按正常的市场回报率和风险溢价之和进行贴现。也就是说，投资者不仅要求获得市场水平的投资回报，而且还要求公司为他们承担风险支付报酬。否则，在同样价值的现金股利与资本增值之间，投资者将选择前者。这一观点因此被形象地概括为"一鸟在手"理论。

"一鸟在手"理论强调股利发放的重要性，认为"千鸟在林，不如一鸟在手"。问题在于，既然这一理论强调股利发放的重要性，那为什么在现实中有那么多的公司分发很少甚至不分发股利？同时，它也很难解释投资者在收到现金股利后又购买公司新发行的普通股现象。其实际上混淆了投资决策和股利决策对股票价格的影响。

（二）税差理论

股东投资股票的收益分为股利和资本收益两部分，两者之间存在此增彼减的关系。

资本收益本质上为公司资产的增值，实务上是通过买卖股票的差价实现的。现在我们从税差效应这一角度研究股利政策对股东的影响。该理论放宽MM理论中无税收的假设，引进税赋因素研究股利政策。

一般而言，当现金股利与资本利得之间存在显著的税负差异时，税负差异效应会成为影响股利形式的相当重要的因素，如果现金股利税高于资本利得税，这一效应对股利政策的影响会使公司倾向于支付较低的股利。因此，所得税差异论认为，因为股利税率比资本利得的税率高，所以只有采取低股利支付率政策，才有可能使公司的价值达到最大。而且在我国税法中对此也有规定，股东因股票投资获得的现金股利，必须按照20%的固定税率缴纳所得税，而对股东买卖股票获得的资本收益不征资本收益税。因此，对股东而言，在现金股利和资本收益之间存在一个税收差异。即使把股票买卖过程中的佣金和印花税考虑在内，股东获得现金股利的成本也要比获得资本收益的成本高出不少。因此，对于股票投资者特别是巨额投资者来说，获得较高的资本收益可以达到避税效果，也就是说，从税收角度讲，较低的现金股利维护了股票投资者的利益。

（三）信号传递理论

股利政策的信号揭示模型通过放松 MM 定理中完全信息这一假设，即在不对称信息条件下考察和分析股利政策的重要性——信号揭示功能。在这方面做出开拓性贡献的是默尔顿·米勒和哈佛大学经济学家凯文·洛克（Kevin Rock）。他们于 1985 年发表在 *Journal of Finance* 上的《不对称信息下的股利政策》（*Dividend Policy Under Asymmetric Information*）一文对此做了系统的论述。

在米勒和洛克的模型中，公司实行的股利政策被认为包含了关于公司价值的信息。公司的股利政策将公司的真实情况反映给市场。股利的信号传递作用来自于投资者的信心，他们认为作为内部人的经营者对公司目前的经营状况和前景拥有权威的信息。股利的信号传递效应正是源于投资者的这种信念。因此，较高的股利意味着公司有较高的当期净收益，表现在股票市场上，是公司股票价格的上升和股东以股票形式持有的财富的增加。因为每股较高的股息将被股东解释成好消息，股东认为这意味着公司相信未来现金流量将多得足以保持较高的股息水平。国外许多实证研究表明，股利增长给股东带来的信息是公司可能有更好的盈利机会；相反，股利的削减被认为预示不乐观的公司前景。根据信号传递理论，稳定的股利政策向外界传递了企业经营状况稳定的信息，有利于企业股票价格的稳定，因此，企业在制定股利政策时，应当考虑市场的反应，避免传递易于被投资者误解的信息。

第三节 股利分配政策

从股利分配的相关理论可以看出，企业在制定股利政策时，究竟应该采取高股利支付率还是低股利支付率的股利政策，在理论界并没有定论。以下将从实践的角度探讨企业股利政策，以便为股利政策的制定提供有益的参考。

一、股利政策的类型

在实践中，不同的企业往往采取不同的股利政策，而不同的股利政策也会对企业的股票价格产生不同的影响。企业在具体制定股利政策时，可以选择以下几种类型。

（一）剩余股利政策

剩余股利政策是指在保证企业最佳资本结构的前提下，税后利润首先用来满足企业投资的需求，若有剩余才用于股利分配的股利政策。剩余股利政策是股利无关论在股利政策实务上的具体应用。根据股利无关论的观点，股利政策不会对企业的股票价格产生任何影响，企业在有较好的投资机会时，可以少分配甚至不分配股利，而将留存利润用于企业再投资。这是一种投资优先的股利政策。

采用剩余股利政策的先决条件是企业必须有良好的投资机会，而且该投资机会的预期报酬率要高于股东要求的必要报酬率，只有这样才能为股东所接受。否则，企业应将税后利润以现金股利的方式发放给股东，让股东自己去寻找更好的投资机会。

实行剩余股利政策，一般应按照以下步骤决定股利的分配额：①根据选定的最佳投资方案，确定投资所需的资金数额；②按照企业的目标资本结构，确定投资需要增加的股东权益资本的数额；③税后利润首先用于满足投资需要增加的股东权益资本的数额；④将满足投资需要后的剩余部分用于向股东分配股利。下面举例说明剩余股利政策的应用。

【例 13-1】 假定 C 公司 20×0 年的税后净利润为 6 800 万元，目前的资本结构为：负债资本 40%，股东权益资本 60%。该资本结构也是其下一年度的目标资本结构。如果 20×1 年该公司有一个很好的投资项目，需要投资 9 000 万元，该公司采用剩余股利政策该如何融资？分配的股利和股利支付率是多少？

根据目标资本结构的要求，公司需要筹集 5 400 万元（9 000×60%）的权益资本和 3 600 万元（9 000×40%）的负债资本来满足投资需要。公司可将净利润中的 5 400 万元作为留存利润，因此，公司还有 1 400 万元（6 800-5 400）可用于分配股利，公司的股利支付率为 20.59%（即 1 400/6 800）。

在剩余股利政策下，企业每年发放的股利额随着企业的投资机会和盈利水平的变动而变动。即使在盈利水平不变的情况下，股利也将与投资机会成反向变动，投资机会越多，股利发放越少；反之，投资机会越少，股利发放越多。而在投资机会不变的情况下，股利的多少又随着每年盈利的多少而变动。在这种股利政策下，每年的股利额变动较大。因此，一般企业很少会机械地照搬剩余股利政策。由于企业的最佳资本结构是一个范围而非一个具体的数字，许多企业运用这种理论帮助其建立股利的长期目标发放率，即通过预测企业未来 5~10 年的盈利情况，确定在这些年度企业的一个长期目标发放率，从而维持股利政策的相对稳定性。

（二）固定股利或稳定增长的股利政策

在实务中，很多企业都将每年发放的每股股利额固定在某一特定水平上，然后在一段时间内维持不变，只有当企业认为未来盈利的增加足以使它能够将股利维持到一个更高的水平时，企业才会提高每股股利的发放额。这种股利政策就是固定股利或稳定增长的股利政策。

固定股利或稳定增长的股利政策的一个重要原则是，一般不降低年度每股股利的发放额。实施这种股利政策的理由是：①股利政策是向股东传递有关企业经营信息的手段之一。如果企业支付的股利稳定，就说明企业的经营业绩比较稳定，经营风险较小，这样可使股东要求的必要报酬率降低，有利于股票价格的上升；如果企业的股利政策不稳定，股利忽高忽低，就会给股东传递企业经营不稳定的信号，从而导致股东对风险的担心，使股东要求的必要报酬率提高，进而使股票价格下降。②稳定的股利政策有利于股东有规律地安排股利收入和支出，特别是那些希望每期能有固定收入的股东更喜欢这种股利政策。忽高忽低的股利政策可能会降低他们对这种股票的需求，从而使股票价格下降。

应当看到，尽管这种股利政策有股利稳定的优点，但是有时也会给企业造成较大的财务压力，尤其是在企业净利润下降或现金紧缺时，企业为了保证股利的正常支付，容易导致资金短缺。因此，这种股利政策一般适用于经营比较稳定的企业。

（三）低正常股利加额外股利政策

这种股利政策每期都支付稳定但相对较低的股利额，当企业盈利较多时，再根据实际情况发放额外股利。这种股利政策具有较大的灵活性，在企业盈利较少或投资需要较多的资金时，这种股利政策可以只支付较低的正常股利，这样既不会给企业造成大的财务压力，又能保证股东定期得到一笔固定的股利收入；在企业盈利较多并且不需要较多的投资资金时，可以向股东发放额外的股利。这种股利政策一般适用于季节性经营企业或受经济周期影响较大的企业。

（四）固定股利支付率股利政策

这是一种变动的股利政策，即企业每年从净利润中按固定的股利支付率发放股利。采用这种股利政策的管理者信守的格言是，公司赚 2 元钱，1 元分给股东，另 1 元留在公司。

他们认为，只有维持固定的股利支付率，才算真正公平地对待每一位股东。

这种股利政策使企业的股利支付与企业的盈利状况密切相关，盈利状况好，则每股股利额就增加；盈利状况不好，则每股股利额就下降。这种股利政策不会给企业造成很大的财务负担，但是，其股利变动较大，容易使股票价格产生较大波动，不利于树立良好的企业形象。

二、制定股利分配政策时应考虑的因素

尽管有上述四种常见的股利分配政策可供选用，但企业在制定股利分配政策时仍应考虑如下因素，以选择合适的股利政策。

1. 企业的投资机会

企业的投资机会是影响企业股利政策的一个非常重要的因素。在企业有良好的投资机会时，其应当考虑少发放现金股利，增加留存利润用于再投资，这样可以加速企业发展，增加企业未来的盈利能力。在企业没有良好的投资机会时，其可以多发放现金股利。

2. 企业的资金成本

资金成本是企业选择筹资方式的基本依据。留存利润是企业内部筹资的一种重要方式，同发行新股票相比，它具有成本低的优点。因此，企业在制定股利政策时，应充分考虑资金成本的影响。

3. 企业的现金流量

企业在经营活动中必须有充足的现金，否则就会发生支付困难。企业在发放现金股利时，必须考虑现金流量和资产的流动性，过多发放现金股利会减少企业的现金持有量，影响未来的支付能力。

4. 企业所处的生命周期

企业理所当然地应该采用最符合其当前所处生命周期阶段的股利政策。一般来说，处于快速成长期的企业有较多的投资机会，通常不会发放很多股利，因为企业需要大量的现金流量来扩大企业规模，不愿意将大量的盈余给股东发放股利。而成熟期的企业一般会发放较多的股利。

5. 企业所处的行业

不同行业的股利支付率存在系统性差异。其原因在于，投资机会在行业内是相似的，但在不同行业间存在着差异。

6. 企业的股权结构

股利政策必须经过股东大会决议通过才能实施，而不同的股东对现金股利和资本利得的偏好不同，因此股权结构对企业的股利政策具有重要影响。如果企业股东中依赖于企业股利维持生活的股东或可以享受股利收入减免税的机构股东较多，则这些股东倾向于企业多发放现金股利，而反对企业留利过多；如果企业股东中边际收入税率很高的高收入阶层较多，则高收入阶层的股东为了避税往往反对企业发放过多的现金股利；如果企业股权相对集中，对企业有一定控制权的大股东出于对企业控制权可能被稀释的担心，往往倾向于企业少发放现金股利，多留存利润，这样就不需要进行新的股权融资来筹集资金。

7. 其他因素

其他因素包括法律因素和契约性约束等。法律因素是指有关法律法规对公司股利分配的限制，如我国的《公司法》《证券法》规定，不能用筹集的经营资本发放股利，公司只

有在保证公司偿债能力的基础上才能发放股利等。契约性约束是指当企业以长期借款、债券契约、优先股协议和租赁合约的形式向企业外部筹资时，常常应对方的要求，接受一些关于股利支付的限制。这种契约性约束的目的在于促使企业把利润的一部分按有关条款的要求，以某种形式进行再投资，以保障债权人等相关利益主体的利益。

第四节　股票股利、股票分割和股票回购

除现金股利外，企业还可以以股票股利、股票分割、股票回购等方式回报股东。以下对这些方式进行简要介绍。

一、股票股利

股票股利是指企业以股票的形式发放给股东的股利。与现金股利不同，股票股利分配方式不会导致企业现金的真正流出。从会计的角度看，股票股利只是资金在股东权益账户之间的转移，企业不需要付出现金。股票股利只不过是将资金从未分配利润或公积金账户转移到普通股账户中，它并未改变股东权益总额，也不会改变每位股东的持股比例。

【例 13-2】假设 D 公司发放 10% 的股票股利前的资产负债表如表 13-1 所示。

表 13-1　发放股票股利前的资产负债表　　　　单位：万元

资产	1 000	负债	300
		普通股（1 000 000 股，每股 1 元）	100
		资本公积	100
		未分配利润	500
		股东权益合计	700
资产总计	1 000	负债与股东权益总计	1 000

假设公司宣布发放 10% 的股票股利，即每 10 股可以收到 1 股股票股利，公司需增发 100 000 股新股，当时股票的市价为每股 10 元。随着股票股利的发放，未分配利润中有 1 000 000 元（100 000×10）的资金要转移到普通股和资本公积账户中。由于面额不变，增发 100 000 股普通股后，普通股账户仅增加 100 000 元，其余 900 000 元则转移到资本公积账户，而该公司资产负债表中股东权益总额不变。股票股利发放后对资产负债表中各账户的影响如表 13-2 所示。

表 13-2　发放股票股利后的资产负债表　　　　单位：万元

资产	1 000	负债	300
		普通股（1 000 000 股，每股 1 元）	110
		资本公积	190
		未分配利润	400
		股东权益合计	700
资产总计	1 000	负债与股东权益总计	1 000

股票股利并没有改变股东权益总额的账面价值，但会增加市场上流通股的数量。因此，股票股利会使企业的每股利润下降，在市盈率保持不变的情况下，发放股票股利后的股票价格，应当按发放的股票股利的比例成比例下降。例如，在例 13-1 中，D 公司在发放股票股利后，公司的股票在除权日后的市场价格应降至 9.09 元/股（10/1.1）。

对于股东而言，股票股利并没有改变股东的持股比例，只是增加了股东所拥有的股票数量。由于发放股票股利后企业的股票价格下降，因此，股东在分配前后持股总价值不变。

【例 13-3】假设在例 13-1 中，某股东持有该公司的股票 10 000 股。发放股票股利后，该股东拥有的股票数增加，共拥有 11 000 股，但其持股比例不变，仍为 1%。

该股东在股利分配前所持股的总价值为 100 000 元（10 000×10），由于股票市价在除权日后降至 9.09 元/股，股利分配后该股东所持股的总价值仍为 100 000 元（11 000×9.09）。

由此可见，股票股利对股东而言，在发放股利前后并不能带来财富的增加。但如果企业在发放股票股利后，还能发放现金股利，且能维持每股现金股利不变；或者股票价格在除权日后并没有随着股票数量的增加而同比例下降，即股票能够填权，走出填权行情，则股东的财富就会增长。

就企业管理当局而言，发放股票股利可以满足如下动机：第一，可以降低股票价格，吸引更多的股东进行投资。一般认为股票价格应该维持在某一合理的范围之内。以美国为例，大多数股票的合理价位为 20~80 美元。因此，如果企业管理人员认为本企业的股票价格太高，影响股票的流动性，就可以采用股票股利的方式将股票价格降下来。第二，可以将更多的现金留存下来，用于再投资，以利于企业长期、稳定的发展。通常，处于成长中的企业因为面临较多的投资机会，通常会采取股票股利的方式以保留现金。因此，一般认为股票股利可以向股东传递企业未来盈余增长的信息。

股票股利的缺陷在于，由于股票股利增加了企业的股本规模，因此它的发放将为企业后续现金股利的发放带来较大的财务负担。因此，国外企业一般很少发放股票股利。

二、股票分割

股票分割是指将面额较高的股票分割为面额较低的股票的行为，如将原来的一股股票分割为两股股票。

就会计而言，股票分割对企业的权益资本账户不产生任何影响，但会使企业的股票面值降低、股票数量增加。

【例 13-4】假设例 13-1 中的 D 公司决定实施将一股股票分割为两股的股票分割计划代替 10% 的股票股利。则在实施股票分割计划后，公司的资产负债表如表 13-3 所示。

表 13-3　股票分割后的资产负债表　　　　　　　　　　　单位：万元

资产	1 000	负债	300
		普通股（1 000 000 股，每股 1 元）	100
		资本公积	100
		未分配利润	500
		股东权益合计	700
资产总计	1 000	负债与股东权益总计	1 000

由于股票分割会导致企业的股本规模扩大，因此，如果企业的市盈率不变，则股票分割后股票的价格将会下降。

总之，除了会计处理不同，股票分割与股票股利所产生的效果十分相近，即两者都没有增加股东的现金流量；都使流通在外的普通股股数增加；都没有改变股东权益总额。但股票股利使股东权益资金内部发生了变化，并且必须以当期的未分配利润进行股利支付；而股票分割却不受此限制，即使企业当期没有未分配利润，仍然可以进行股票分割。

就企业管理当局而言，实行股票分割的主要动机如下：第一，降低股票市价。如前所述，企业的股票价格有一个合理的区间。如果股票价格过高，则不利于股票交易活动。企业通过股票分割，可以使其股票更广泛地分散到股东手中，增强股票的流动性。第二，为发行新股做准备。股票价格过高会使许多潜在的股东不敢轻易对企业股票进行投资。在新股发行之前，利用股票分割降低股票价格，有利于提高股票的可转让性，促进新股票的发行。

三、股票回购

股票回购是指企业出资回购其所发行的流通在外的股票。被回购的股票通常称为库藏股票。如果有必要，库藏股票也可重新出售。

企业如有现金，既可以采取现金股利的方式发放给股东，也可以采用股票回购的方式回报股东。假设企业进行股票回购，由于市场上流通的股票数量将减少，在企业总利润不变的情况下，企业流通在外的股票的每股利润将会有所提高，从而导致股价上涨，股东可以从股票价格的上涨中获得资本利得。因此，股票回购实际上可以看作现金股利的一种替代方式。我们通过下面的例子对股票回购和现金股利进行对比分析。

【例13-5】假设 E 公司股利分配前的资产负债表如表13-4所示。此时，流通在外的普通股股数为110 000股，每股市价为11元。

表13-4 股利分配前的资产负债表　　　　　　　　单位：万元

资产		负债和所有者权益	
现金	250 000	负债	0
其他资产	850 000	股东权益	1 100 000
资产总计	1 100 000	负债和所有者权益合计	1 100 000
流通在外的普通股股数（股）	110 000		
每股市价	11		

公司20×0年度的税后利润为220 000元，其中110 000元计划分配给普通股股东。公司既可以将110 000元以现金股利的方式发放，每股股利额为1元，也可以以每股11元的价格回购10 000股股票。如果股票的市盈率保持不变，在这两种方案下，公司的资产负债表分别如表13-5和表13-6所示。

表13-5 发放现金股利的资产负债表　　　　　　　　单位：万元

资产		负债和所有者权益	
现金	140 000	负债	0
其他资产	850 000	股东权益	990 000
资产总计	990 000	负债和所有者权益合计	990 000
流通在外的普通股股数（股）	110 000		
每股市价	10		

表 13-6　股票回购的资产负债表　　　　　　　　　　单位：万元

资产		负债和所有者权益	
现金	140 000	负债	0
其他资产	850 000	股东权益	990 000
资产总计	990 000	负债和所有者权益合计	990 000
流通在外的普通股股数（股）	100 000		
每股市价	11		

从上述分析可以看出，现金股利政策和股票回购政策对企业的影响是相同的。在这两种方式下，企业都需要支付相同数量的现金，不论是以现金股利的形式发放，还是进行股票回购，其结果都是使企业的总资产减少了 110 000 元。但由于股票回购减少了企业流通在外的股票，使得每股利润增加，从而导致企业股票价格上涨。

在例 13-5 中，对股东而言，要么得到每股 1 元的现金股利，要么得到每股 1 元的资本利得，因此，不管企业采取哪种方案，股东得到的税前收益都是相同的。但如果股东的现金股利的所得税税率高于资本利得的所得税税率，则股票回购显然对股东更有利。

对股东而言，与现金股利相比，股票回购不仅可以节约税收，而且具有更大的灵活性。这是因为，需要现金的股东可以选择卖出股票，而不需要现金的股东可以继续持有股票。

对企业管理当局而言，企业采用股票回购的方式主要出于以下动机：

（1）分配企业的超额现金。如果企业的现金超过其投资机会所需要的现金，则可以采用股票回购的方式将现金分配给股东。如前所述，企业股利政策应维持相对稳定性。企业一般不会轻易提高股利，除非能够长期维持新的股利水平。由于信号影响的存在，企业一般也不愿削减股利。对于暂时的剩余现金，企业宁愿以回购的方式一次性分配给股东。因此，股票回购既可以将企业临时的超额现金一次性发放给股东，又不影响企业股利政策的稳定性。所以，这种方式在实践中越来越受到管理人员的重视。

（2）改善企业的资本结构。如果企业认为其股东权益资本所占比例过大、资本结构不合理，则可能对外举债，并用举债获得的资金进行股票回购，以实现企业资本结构的合理化。

（3）提高企业的股票价格。如果企业的股票价格较低，股票回购则是针对信息不对称的一种有效的财务策略。由于信息不对称和预期差异的影响，股票市场存在着低估企业股票价格的现象，在这种情形下，企业可进行股票回购，以提升股票价格。

但是，股票回购也可能会对上市公司产生消极影响，主要表现在：

（1）股票回购需要大量资金，因此进行回购的企业必须有雄厚的资金。如果企业的负债率较高，再举债进行回购，会背负巨大的偿债压力，影响企业正常的生产经营和发展。

（2）股票回购容易导致内幕交易。允许上市公司回购本公司股票，容易导致其利用内幕消息对本公司股票进行炒作。因此，各国对股票回购有严格的法律限制。

在西方，股票回购的方式主要有以下三种：

（1）公开市场购买（open market）。公开市场购买是指上市公司通过经纪人在股票公开市场上按照当前公司股票的市价回购自身的股票。这种方式很容易导致股票价格升高，从而增加回购成本。另外，交易税和交易佣金方面的成本也较高。企业通常利用该方式在股票市场表现欠佳时小规模回购股票期权、可转换债券等执行特殊用途时所需的股票。

（2）投标出价购买（tender offer）。投标出价购买是指企业按某一特定价格向股东提出回购若干数量的股份的方式。投标出价通常高于当时的市价。投标出价的时间一般为 2~3

个星期。如果各股东愿意出售的股票总数多于企业原定想要购买的数量，则企业可自行决定购买部分或全部股票；相反，如果投标出价不能买到企业原定回购的数量，则企业可以通过公开市场回购不足的数量。由于在投标出价购买时须披露企业回购股票的意图，同时股东有选择依据投标出价出售或继续持有股票的权利，因此，当企业想回购大量股票时，投标出价方式比较适用。

（3）议价回购方式。议价回购方式是指企业以协议价格为基础，直接向特定股东回购股票的方式。在此种方式下，企业同样必须披露其回购股票的目的、数量等信息，并向其他股东保证企业的购买价格是公平的，不损害其他股东的利益。

本章综述

1. 本章首先介绍了股利及其分配的内容，然后详细介绍了股利有关理论，即 MM 理论、"一鸟在手"理论、税差理论和信号传递理论，随后详细阐述了剩余股利政策、固定股利或稳定增长的股利政策和低正常股利加额外股利政策的含义及其特点，分析了各种股利政策的优缺点，并明确了影响股利政策的各种因素。

2. 本章介绍了股票股利、股票分割、股票回购三种公司回报股东的方式。

参考文献

中国注册会计师协会. 2019 年注册会计师全国统一考试辅导教材：财务成本管理 [M]. 北京：中国财政经济出版社，2019.

习　题

第四篇　财务规划与运营

——企业价值创造过程的计划、实施与控制

第十四章 | 财务规划、财务预测 与财务决策

--- ■本章导读 ---

　　企业发展战略的部署需要通过财务战略对企业资源，尤其是经济资源进行财务规划来落实，为此要分析企业外部环境的发展趋势变化和企业内部的状况及条件，做出合理的财务预测，依据可供选择的各种中长期和近期行动方案利用专门的方法做出正确的财务决策。这就是财务管理过程前期阶段的财务规划、财务预测、财务决策环节。

　　本章主要内容：

● 财务规划

● 财务预测

● 财务决策

--- ■重点专业词语 ---

财务计划（financial plan）　　　　财务预测（financial projections）

销售预测（sales forecast）　　　　成本预测（cost forecast）

利润预测（profit forecast）　　　　资金需要量预测（fund requirement forecast）

--- ■开章案例 ---

　　财务预测是根据财务活动的历史资料和现实情况，采用一定的方法对企业未来的财务数据做出的预计和测算。从股票投资的角度来说，财务预测是对公司基本面进行分析，是完成股票估值前不可缺少的步骤。根据估值模型的不同，预测对象、预测时间跨度都可能不一样。

　　无论是采用哪一种方法，收入的预测似乎都是必不可少的，甚至可以说是至关重要的，收入预测的准确度很大程度上决定了其他财务数据预测的可靠性。

第一节　财务规划

一、财务规划的含义及实施步骤

（一）财务规划的含义

财务规划是企业根据自身的总体目标，对相关经济资源，特别是财务资源进行筹划和布局，通过财务战略来落实。财务规划主要对企业的中、长期资金流动进行分析，其总体目标是优化公司的盈利能力，充分利用资金。

（二）财务规划实施步骤

财务规划包括：①预测企业的中期和长期财务需求；②制定财务战略，落实资源配制，特别是财务资源筹划与布局；③建立有效的财务控制长效机制；④监察和督促企业总体目标的实现。

（1）根据企业总体目标的要求，预测企业中长期财务需求。

任何企业的财务规划都离不开中期和长期预测。企业中长期预测是指根据企业总体目标分析研究企业内部条件和外部环境的状况和发展趋势，估计企业各种经济资源特别是财务资源的状况及发展变化趋势、投融资及生产经营的状况及趋势、产值市场及财务的状况及成果趋势。中长期预测在企业的财务规划、战略计划中发挥至关重要的作用，它会提出下列这些问题：企业是做什么的？今后 5 年，是否要继续从事这行吗？企业的市场在哪？有哪些资源？未来 10 年，应该在技术、新厂房和设备上投入多少？如何规划财务资源的配置？企业中长期的财务状况如何？有足够的现金来支付长期债务、开展扩张投资吗？企业高管和业务经理有了长中期预测，便可基本了解不同战略计划可能带来的收入或利润，为编制企业预算提供前期数据支撑和前提条件。

（2）制定财务战略，落实资源配置。

财务战略是指为了谋求企业的长远发展，根据企业战略要求和资金运动规律，在分析企业内外环境因素的变化趋势及其对财务活动影响的基础上，对企业未来财务活动的发展方向、目标以及实现目标的基本途径和策略所作的全局性、长远性、系统性和决定性的谋划。财务战略是按财务规划的具体化，是企业总体目标的谋划、经济资源的布局、投融资及生产经营活动规划的具体落实，通过投资战略、筹资战略、营运战略和股利战略等落实财务资源及财务活动的规划，通过不同的扩张型财务战略、稳增型财务战略、防御型财务战略和收缩型财务战略的选择与安排落实企业未来发展的规划。

（3）建立财务控制长效机制，保障企业总体目标的实现。

财务控制是基于资金流的反映与分析对企业的投融资及生产经营的过程和结果从资金的角度进行衡量与纠正，目的是确保企业总体目标以及为达到此目标所做出的财务规划及财务战略得以有效地实现。它具有以下特征：①以价值形式为控制手段；②以不同岗位、部门和层次的不同经济业务为综合控制对象；③以控制日常现金流量为主要内容。企业通过设置内部控制组织、诊断与完善内部环境、规范控制活动过程、维护信息交流与沟通、设计内部监督手段等措施建立财务控制机制，帮助管理者发现财务规划中可能产生的偏差，判断这些偏差是否在合理的范围内，是否值得重新调整规划，并在必要时采取纠正措施。管理者可以在经济形势突变、全球事件突发改变财务规划时，减缓不利因素对企业目标实现的影响。

二、财务战略的含义及分类

（一）财务战略的含义

财务战略是为了谋求企业的长远发展，根据企业战略要求和资金运动规律，在分析企业内外环境因素的变化趋势及其对财务活动影响的基础上，对企业未来财务活动的发展方向、目标以及实现目标的基本途径和策略所作的全局性、长远性、系统性和决定性的谋划。

（二）财务战略的分类

财务战略按照不同的依据有不同的分类。具体如下：

（1）按职能可分为投资战略、筹资战略、营运战略和股利战略。

投资战略：投资战略是涉及企业长期、重大投资方向的战略性筹划。企业重大的投资行业、投资企业、投资项目等筹划，属于投资战略问题。

筹资战略：筹资战略是涉及企业重大筹资方向的战略性筹划。企业重大的首次发行股票、增资发行股票、发行大笔债券、与银行建立长期合作关系等战略性筹划，属于筹资战略问题。

营运战略：营运战略是涉及企业营运资本的战略性筹划。企业重大的营运资本策略、与重要的供应商和客户建立长期商业信用关系等战略性筹划，属于营运战略问题。

股利战略：股利战略是涉及企业长期、重大分配方向的战略性筹划。企业重大的留用利润方案、股利政策的长期安排等战略性筹划，属于股利战略问题。

（2）按综合可分为扩张型财务战略、稳增型财务战略、防御型财务战略和收缩型财务战略。

扩张型财务战略：扩张性财务战略一般表现为长期内迅速扩大投资规模，全部或大部分保留利润，大量筹措外部资本。

稳增型财务战略：稳健性财务战略一般表现为长期内稳定增长的投资规模，保留部分利润，内部留利与外部筹资相结合。

防御型财务战略：防御性财务战略一般表现为保持现有投资规模和投资收益水平，保持或适当调整现有资产负债率和资本结构水平，维持现行的股利政策。

收缩型财务战略：收缩性财务战略一般表现为维持或缩小现有投资规模，分发大量股利，减少对外筹资，甚至通过偿债和股份回购归还投资。

第二节　财务预测

一、财务预测的概述

（一）财务预测概念及主要任务

财务预测是根据财务活动的历史资料，考虑现实的要求和条件，运用科学的预测方法，对企业未来的财务活动和财务成果做出科学预计和测算的过程。

财务预测的主要任务在于：

（1）测算各项生产经营方案的经济效益，为决策提供可靠的依据；

（2）预计财务收支的发展变化情况，以确定经营目标、测定各项定额和标准，为编制计划、分解计划指标服务。

（二）财务预测的意义

财务预测对企业运营具有非常重要的意义，具体表现在以下四个方面：

1. 财务预测是进行经营决策的基础和重要依据

管理的关键在决策，决策的关键是预测。财务管理人员通过预测为决策的各种方案提供依据，以供决策者权衡利弊进行正确选择。成本预测、利润预测、资金需要量预测等能为公司的投融资决策与经营决策提供依据。凡事预则立，不预则废。因此，财务预测直接影响到经营决策的质量。

2. 财务预测是公司合理安排收支，提高资金使用效益的前提

要做好资金的筹集和使用工作，财务管理人员不仅需要熟知公司过去的财务收支规律，还要善于预测公司未来的资金流量，即公司在计划期内有哪些资金流入和流出，收支是否平衡，要做到瞻前顾后、长远规划，使财务管理工作处于主动地位。

3. 财务预测是企业进行科学管理的基础

财务预测不仅为科学的财务决策和财务计划提供支持，也有利于培养管理会计人员的超前性、预见性思维，使之居安思危，未雨绸缪。同时，财务预测中涉及大量的科学方法以及现代化的管理手段，这无疑对提高管理会计人员的素质大有裨益。

4. 财务预测有利于提高企业的市场竞争力

企业依靠科学的财务预测，可以充分了解竞争的形势和竞争对手的情况，通过采取合理的策略，在竞争中争取主动，从而提高竞争能力。

（三）财务预测的原则

财务预测应该遵循以下五项基本原则：

1. 连续性原则

财务预测必须具有连续性，即预测必须以过去和现在的财务资料为依据来推断未来的财务状况。这是认为过去和现在的某种发展规律将会延续下去，并假设决定过去和现在发展的条件同样适用于未来。财务预测根据这一原则，就可以把未来作为过去和现在的延伸进行推测。

2. 关键因素原则

企业在进行财务预测时，应首先集中精力于主要项目，而不必拘泥于面面俱到，以节约时间和费用。

3. 实事求是原则

这一原则要求我们依据真实可靠的数据信息进行预测，收集数据信息时，要根据实事求是的原则从实际出发，既要收集有利条件下的信息，也要收集不利因素的信息。财务预测只有建立在实事求是原则的基础上，才有可能得出正确的结论。

4. 科学性原则

企业在进行财务预测时，一方面要使用科学方法，如数理统计方法；另一方面要善于发现变量之间的相关性和相似性等规律，进行正确预测。

5. 经济性原则

经济性原则，即预测活动本身花费的成本费用不应该超出其带来的收益。

二、销售预测

销售预测是指企业对其在一定的时期内、在特定的市场上按预定的市场营销计划可能实现的销售所作的估计。销售预测的方法分为定性预测分析法和定量预测分析法。

（一）销售预测的定性预测分析法

定性预测分析法，又称非数量预测分析法，是指由专业人员根据实际经验，对预测对象的未来情况及发展趋势做出判断性预测的一种预测分析方法。它一般适用于预测对象历史资料不完备或无法进行定量预测分析时采用。销售预测的定性预测分析方法见图14-1。

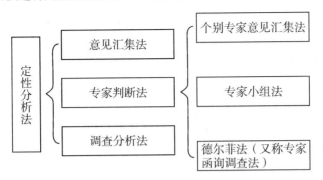

图14-1　销售预测的定性预测分析方法

1. 意见汇集法

意见汇集法，又称营销人员判断法，这种方法的优点在于用时短、成本低、比较实用。但是这种方法单纯靠营销人员的主观判断，具有较多的主观因素和较大的片面性。

【例14-1】某公司有三名销售人员和一名经理。每个预测者预计的销售量和概率如表14-1所示，管理者认为经理的预测更准确、更重要，将其预测的权重定为2，而将三名销售人员的预测权重均定为1，试用意见汇集法进行销售预测。

表14-1　预测者预计的销售量和概率

项目	销售量/件	概率
甲销售员预测		
最高	1 200	0.3
最可能	1 000	0.5
最低	800	0.2
乙销售员预测		
最高	1 500	0.2
最可能	1 200	0.5
最低	1 000	0.3
丙销售员预测		
最高	1 200	0.2
最可能	900	0.6
最低	700	0.2
经理预测		
最高	1 150	0.2
最可能	1 000	0.5
最低	900	0.3

解：根据表14-1的资料，先用概率计算出每位预测者的期望值如表14-2所示。

表 14-2 预测者的期望值

项目	销售量/件	概率	销售量×概率/件
甲销售员预测			
最高	1 200	0.3	360
最可能	1 000	0.5	500
最低	800	0.2	160
期望值			1 020
乙销售员预测			
最高	1 500	0.2	300
最可能	1 200	0.5	600
最低	1 000	0.3	300
期望值			1 200
丙销售员预测			
最高	1 200	0.2	240
最可能	900	0.6	540
最低	700	0.2	140
期望值			920
经理预测			
最高	1 150	0.2	230
最可能	1 000	0.5	500
最低	900	0.3	270
期望值			1 000

然后用加权平均法加以综合，由于经理的预测权重为 2，销售人员的预测权重均为 1，因此综合的预测销售量 $= \dfrac{1\ 020×1+1\ 200×1+920×1+1\ 000×2}{1+1+1+2} = 1\ 028$（件）。

2. 专家判断法

专家判断法，是由专家根据他们的经验和判断能力对特定产品的未来销售量进行判断和预测的方法，主要有三种不同形式：个别专家意见汇集法；专家小组法；德尔菲法。

意见汇集法和专家判断法一般适用于不便直接向顾客调查的公司。

3. 调查分析法

调查分析法是指通过对有代表性顾客的消费意向的调查，了解市场需求的变化趋势，进行销售预测的一种方法。

在调查时应当注意的问题包括：

①选择的调查对象要具有普遍性和代表性，调查对象应能反映市场中不同阶层或行业的需要及购买需要；

②调查的方法必须简便易行，使被调查对象乐于接受调查；

③对调查所取得的数据与资料要进行科学的分析，特别要注意去伪存真、去粗取精，以保证所获得的资料具有真实性、代表性。

调查分析法一般适用于顾客数量有限，调查费用不高，每个顾客意向明确又不会轻易改变的情况。

（二）销售预测的定量预测分析法

定量预测分析法，又称数量预测分析法，是指在预测对象有关资料完备的基础上，运用一定的数学方法，建立预测模型并做出预测。销售预测的定量预测分析方法见图 14-2。

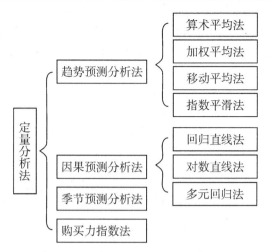

图 14-2　销售预测的定量预测分析方法

1. 趋势预测分析法

①算术平均法。

【例 14-2】某公司过去 8 年的产品销售量资料如表 14-3 所示：

表 14-3　2014—2021 年的产品销售量资料

年度	2014	2022	2016	2017	2018	2019	2020	2021
销售量/万件	5 000	4 500	4 800	5 100	5 300	5 400	5 450	5 600

要求：根据以上资料，用算术平均法预测公司 2022 年的销售量（计算结果保留整数）。

解：根据算术平均法的计算公式：

2022 年公司预测销售量 =（5 000+4 500+4 800+5 100+5 300+5 400+5 450+5 600)/8 = 5 144（万件）

算术平均法适用于每月销售量波动不大的产品的销售预测，当各历史时期的销售量呈现增减趋势时，就不宜采用算术平均法了，因为算术平均法把每个样本值看成同等重要，不能体现这种增减趋势。

②移动平均法。

【例 14-3】某公司过去 8 年的产品销售量资料如表 14-4 所示：

表 14-4　2014—2021 年的产品销售量资料

年度	2014	2022	2016	2017	2018	2019	2020	2021
销售量/万件	5 000	4 500	4 800	5 100	5 300	5 400	5 450	5 600

要求：根据以上资料，用移动平均法预测公司 2022 年的销售量（假设样本期为 3 期，计算结果保留整数）。

解：移动平均法下 2022 年公司预测销售量 =（5 400+5 450+5 600）/3 = 5 483（万件）

移动平均法是以最后一个 m 期的平均数作为未来第 n+1 期销售预测值。

其缺点是：只考虑近期对预测期的影响，没有考虑远期对预测期的影响。

为了能使预测值更能反映销售量变化的趋势，我们可以对上述结果按趋势值进行修正。

其计算公式为：

$$修正移动平均值 = 本期移动预测值 + （本期移动预测值 - 上期移动预测值）$$
$$= Y_{n+1} = Y_{n+1} + （Y_{n+1} - Y_n）$$

沿用例 14-3 中的资料，要求：用修正的移动平均法预测公司 2022 年的销售量。

解：公司 2021 年的预测销售量 = （5 300+5 400+5 450）/3 = 5 383（万件）

修正后 2022 年的预测销售量 = 5 483+（5 483-5 383）= 5 583（万件）

移动平均法适用于销售量略有波动的近期预测。

③加权平均法。

【例14-4】沿用案例 14-2 中的资料，假设 2014—2021 年各期数据的权数如表 14-5 所示。

表 14-5　2014—2021 年各期数据的权数

年度	2014	2022	2016	2017	2018	2019	2020	2021
销售量/万件	5 000	4 500	4 800	5 100	5 300	5 400	5 450	5 600
权数	0.03	0.05	0.08	0.1	0.13	0.17	0.21	0.23

要求：根据以上资料，用加权平均法预测公司 2022 年的销售量（计算结果保留整数）。

解：根据加权平均法的计算公式，可得

2022 年公司预测销售量 = 5 000×0.03+4 500×0.05+4 800×0.08+5 100×0.1+5 300×0.13+5 400×0.17+5 450×0.21+5 600×0.23 = 5 309（万件）

注意：权数的规定采取"近大远小"的原则，以使预测值更接近近期的样本值。

加权平均法较算术平均法更为合理，计算也较方便，因而在实践中应用较多。

④指数平滑法。

指数平滑法实质上是一种加权平均法，是以事先确定的平滑指数 a 及（$1-a$）作为权数进行加权计算，预测销售量的一种方法。

其计算公式为：

$$Y_n = aX_{n-1} + （1-a）Y_{n-1}$$

平滑指数 a 的取值越大，近期实际销售量对预测结果的影响越大；a 的取值越小，近期实际销售量对预测结果的影响也越小。

【例14-5】沿用案例 14-2 中的资料，假设 2021 年预测销售量为 5 500 万件，平滑指数 = 0.6，用指数平滑法预测公司 2022 年的销售量。（计算结果保留整数）

解：根据指数平滑法的计算公式，可得

2022 年公司预测销售量 = 0.6×5 600+（1-0.6）×5 500 = 5 560（万件）

与加权平均法相比，指数平滑法有以下两个优点：

第一，a 值可以任意设定，比较灵活方便；

第二，在不同程度上考虑了以往所有各期的观察值，比较全面。

2. 因果预测分析法

因果预测分析法就是指确定影响产品销售量（因变量）的相关因素（自变量）以及它们之间的函数关系，并利用这种函数关系进行产品销售预测的方法。

因果预测分析法最常用的方法是回归分析法。回归分析法又包括回归直线法、对数直线法和多元回归法等。

①回归直线法。

已知：x_i，y_i（$i = 1, \cdots, n$）都在直线 $y = a+bx$ 上。

求：a、b

$$\begin{cases} b = \dfrac{n\sum xy - \sum x \sum y}{n\sum x - (\sum x)} \\ a = \dfrac{\sum y - b\sum x}{n} \end{cases}$$

待求出 a、b 的值后,代入 $y = a+bx$,结合自变量 x 的取值,即可求得预测对象 y 的预测销售量或销售额。

【例 14-6】北方公司的财务部门目前正帮助销售部门研究广告支出与销售量的关系,并测算 2022 年的销售量。取得资料如表 14-6 所示:

表 14-6 北方公司的销售资料

年度	2014	2022	2016	2017	2018	2019	2020	2021
销售量/吨	3 200	3 400	3 250	3 350	3 500	3 450	3 300	3 600
广告费用支出/万元	90	140	100	125	140	135	105	150

假定产品销售量只受广告费用支出大小的影响,预计 2022 年度预计广告支出为 185 万元。

要求:用回归直线法预测公司 2022 年的产品销售量。

【分析】根据给定资料编制计算表,如表 14-7 所示。

表 14-7 根据给定资料得出的结果

年度	广告费支出 x/ 万元	销售量 y/ 吨	xy	x^2
2014	90	3 200	288 000	8 100
2015	140	3 400	476 000	19 600
2016	100	3 250	325 000	10 000
2017	125	3 350	418 750	15 625
2018	140	3 500	490 000	19 600
2019	135	3 450	465 750	18 225
2020	105	3 300	346 500	11 025
2021	150	3 600	540 000	22 500
合计	985	27 050	3 350 000	124 675

根据公式有:

$b = (8 \times 3\ 350\ 000 - 985 \times 27\ 050)/(8 \times 124\ 675 - 985 \times 985) = 5.73$

$a = (27\ 050 - 5.73 \times 985)/8 = 2\ 675.74$

则,预计 2022 年的产品销售量 $= a+bx = 2\ 675.74 + 5.73 \times 185 = 3\ 735.79$(吨)

②对数直线法(也称指数曲线法)。

对数直线法是在因变量 y 和自变量 x 满足方程 $y = ab^x$ 的指数函数关系时所采用的一种预测方法。使用该种方法时,先将指数方程通过两边同时取对数的方式,转化为对数直线方程 $\lg y = \lg a + x\lg b$,然后采用与回归直线相同的方法,求出常数 $\lg a$ 和 $\lg b$,从而确定对数直线方程。

其中,$\lg y$、$\lg a$、$\lg b$ 分别相当于回归直线方程中的 y、a、b。因此,计算 a、b 值的公式也可演变成计算 $\lg a$、$\lg b$ 的公式:

$$lga = \frac{\sum lgy - lgb \sum x}{n}$$

$$lgb = \frac{n \sum xlgy - \sum x \sum lgy}{n \sum x^2 - \left(\sum x\right)^2}$$

这种方法适用于销售量大致按比率变动（增减）的情况。

③ 多元回归法。

多元回归方程的表达式如下：

$$y = a + b_1x_1 + b_2x_2 + b_3x_3 + \cdots + b_nx_n$$

式中，y 表示因变量；x_i 表示各个自变量；b_i 表示每个 x_i 变动一个单位时 y 的变动值。

【例14-7】某公司生产专门生产某种汽车配件，决定这种汽车配件销售量的主要因素是汽车的销售量以及广告费的支出情况。假设近5年全国汽车实际销售量的统计资料和该公司汽车配件的实际销售量和广告费支出情况如表14-8所示。

表14-8 相关资料

年份	2017	2018	2019	2020	2021
汽车配件销售量/万件	25	30	35	40	45
广告费/万元	1	1	2	2	3
汽车销售量/万辆	40	45	55	60	70

假设预测期2022年全国汽车的销售量预测为80万辆，公司计划安排广告费4万元，采用多元回归模型预测2022年该公司汽车配件的销售量。

解：①建立多元回归模型。

$$y = a + b_1x_1 + b_2x_2$$

其中，y 为该公司汽车配件销售量；x_1 为该公司广告费支出；x_2 为全国汽车销售量。

②通过下列三元一次方程组求 a，b_1，b_2 的值。

$$\begin{cases} \sum y_i = na + b_1 \sum x_{1i} + b_2 \sum x_{2i} \\ \sum x_{1i}y_i = a \sum x_{1i} + b_1 \sum x_{1i}^2 + b_2 \sum x_{1i}x_{2i} \\ \sum x_{2i}y_i = a \sum x_{2i} + b_1 \sum x_{1i}x_{2i} + b_2 \sum x_{2i}^2 \end{cases}$$

③根据给定资料编制计算表，如表14-9所示。

表14-9 根据给定资料得出的结果

y_i	x_{1i}	x_{2i}	x_{1i}^2	x_{2i}^2	$x_{1i}x_{2i}$	$x_{1i}y_i$	$x_{2i}y_i$
25	1	40	1	1 600	40	25	1 000
30	1	45	1	2 025	45	30	1 350
35	2	55	4	3 025	110	70	1 925
40	2	60	4	3 600	120	80	2 400
45	3	70	9	4 900	210	135	3 150
$\sum y_i = 175$	$\sum x_{1i} = 9$	$\sum x_{2i} = 270$	$\sum x_{1i}^2 = 19$	$\sum x_{2i}^2 = 15\,150$	$\sum x_{1i}x_{2i} = 525$	$\sum x_{1i}y_i = 340$	$\sum x_{2i}y_i = 9\,825$

将表14-9的数值代入方程组：

$$\begin{cases} 175 = 5a + 9b_1 + 270b_2 \\ 340 = 9a + 19b_1 + 525b_2 \\ 9\ 825 = 270a + 525b_1 + 15\ 150b_2 \end{cases}$$

得 $a = -10$，$b_1 = -5$，$b_2 = 1$

④ 建立销售预测模型。

$$y = -10 - 5x_1 + x_2$$

⑤2022 年该公司预计汽车配件销售量为

$y = -10 - 5 \times 4 + 1 \times 80 = 50$（万件）

3. 季节预测分析法

季节性变动是指由于消费者习惯及企业生产规律形成的在一年四季中有规律的波动，它是每年重复出现的周期性变动。季节性变动的周期为 12 个月，许多行业的产品销售具有季节性变动的特点。所以，企业对销售具有季节性变动特点的产品进行销售预测时，应当充分考虑季节变动的影响。

季节性变动对产品销售的影响方式，可以用两个基本公式表达：

① 加法模型：

$$Y_t = T_t + S_t$$

式中，Y 表示销售量；T 表示趋势值；S 表示季节加量或季节指数；t 表示时间。在不同的时间，T 与 S 的取值是不相同的。

② 乘法模型：

$$Y_t = T_t S_t$$

式中，T 表示一种长期趋势，它是决定 Y 大小的基本成分；S 表示由于受季节性影响所增加的量。

这里所说的季节可以是季度、月份、周、日等。S 以一定的周期循环取值。例如，Y 代表某企业每个季度某产品的销售量，则周期为 4；如果代表每个月的销售量，则周期为 12。

在季节预测分析法下，季节加量或季节指数须按一定的周期取值。

一般来说，如果所取观察值的季节波动与趋势值成比例关系，则应采用 $Y_t = T_t S_t$ 这种模式（乘法模式）；如果所取观察值的季节波动与趋势值不成比例关系，则应采用 $Y_t = T_t + S_t$ 这种模式（加法模式）。

从这两个基本公式可以看出：对受季节性影响的产品销售进行预测，其结果是在前面讲过的预测方法基础上，再加上（或乘以）季节加量（或季节指数）得出的。因而，季节预测分析法是前面各种方法在考虑季节因素情况下的一种变化。

4. 购买力指数法（也称多因素指数法）

购买力指数是指各地区市场上某类商品的购买力占整个市场购买力的百分比。

购买力指数法是指借助与区域购买力有关的各种指数（如区域购买力占全国总购买力的百分比，该区域个人可支配收入占全国的百分比，该区域零售额占全国的百分比，以及居住在该区域的人口占全国的百分比等）来估计其市场潜量的方法。

影响商品购买力的因素主要有人口和个人收入等因素。因此，企业在预测地区购买力指数时，应根据这些因素对购买力影响的大小，分别为每个因素设定相应的权数或比重，建立数学预测模型。

购买力指数的预测模型如下：

$$B_i = a_i y_i + b_i r_i + c_i p_i$$

式中：B_i 表示 i 地区购买力占全国总购买力的百分比；y_i 表示 i 地区可支配的个人收入占全

国可支配个人收入的百分比；r_i表示i地区零售额占全国零售额的百分比；p_i表示i地区人口占全国人口的百分比；a_i，b_i，c_i为上述三个因素相应的权数。

【例14-8】北方公司拟将该公司电动车的销售潜量 6 000 000 元分配给甲、乙、丙三个地区。假设a_i，b_i，c_i三个权数分别为 0.5、0.3 和 0.2，已知甲、乙、丙的"地区可支配的个人收入占全国可支配个人收入的百分比y_i""地区零售额占全国零售额的百分比r_i""地区人口占全国人口的百分比p_i"资料如表 14-10 所示。

表 14-10 相关资料

地区	y_i	r_i	p_i
甲	40%	50%	40%
乙	30%	20%	35%
丙	30%	30%	25%
全国	100%	100%	100%

要求：利用购买力指数的预测模型，计算北方公司在甲、乙、丙三个地区的购买力指数，并以此为依据，分配北方公司在甲、乙、丙三个地区的销售潜量。

解：计算结果如表 14-11 所示。

表 14-11 计算结果

地区	Y_i/%	$0.5y_i$/%	r_i/%	$0.3r_i$/%	p_i/%	$0.2p_i$/%	B_i/%	公司销售潜量/元
甲	40	20	50	15	40	8	43	2 580 000
乙	30	15	20	6	35	7	28	1 680 000
丙	30	15	30	9	25	5	29	1 740 000
全国	100	50	100	30	100	20	100	6 000 000

要注意的是，这种购买力指数不管是怎样计算出来的，都只能反映生产同类产品的所有公司的销售机会，而不是某一公司的销售机会。

由于各个公司在各地区的推销力度和遇到的竞争强度是不一样的，所以其在运用购买力指数时，应该对某些地区的指数根据具体情况加以调整。对于推销力度较大而遇到的竞争强度较弱的地区，其购买力指数可以调高些；反之，则调低些。但是，各地区的指数之和必须等于100%。

三、成本预测

（一）成本预测的概述

1. 成本预测的概念

成本预测是在编制成本预算之前，根据企业的经营总目标和预测期可能出现的各个影响因素，采用定量和定性分析方法，确定目标成本、预计成本水平和变动趋势的一种管理活动。

2. 成本预测的意义

成本预测对企业预测、决策分析具有非常重要的意义，主要体现在以下三个方面：

①成本预测既是全面加强企业成本管理的首要环节，也是正确编制产品成本计划的前提条件。

②成本预测为企业挖掘降低成本的潜力、提高经济效益指明方向。

③成本预测是企业管理层正确进行生产经营决策的依据。

3. 成本预测的要求

为了保证成本预测达到预期的目标，成本预测应该做到如下三点：

①成本预测应该服从企业总的经营目标，各部门、单位的成本预测应该以企业经营目标为基准进行协调，以保证整个企业的成本预测，决策系统的协调性、一致性。

②成本预测的方案应该切实可行，包括技术上是否可行、产品质量是否有保证、是否符合国家有关法律及社会道德的约束等。

③成本预测方案应该具有应变能力，必须考虑到可能发生的因素变化，并拟定应变措施，使成本预测、决策方案具有一定的弹性。

4. 成本预测的步骤

一般来说，成本预测的步骤包括：

①根据企业总体目标提出初步成本目标。

②初步预测在目前情况下成本可能达到的水平，找出达到成本目标的差距。其中初步预测，就是不考虑任何特殊的降低成本措施，按目前主客观条件的变化情况，预计未来时期成本可能达到的水平。

③提出各种降低成本的方案，预计实施各种方案后成本可能达到的水平并做出对比和分析。

④选取最优成本方案，预计实施后的成本水平，正式确定成本目标。

以上成本预测步骤表示的只是单个成本预测过程，而要达到最终确定的正式成本目标，这种过程必须反复多次。也就是说，只有经过多次的预测、比较以及对初步成本目标的不断修改、完善，才能最终确定正式成本目标，并依据本目标组织实施成本管理。

5. 成本预测的分类

①按预测的期限划分，成本预测可以分为长期成本预测和短期成本预测。

②成本预测按产品的不同，又可分为可比产品成本预测和不可比产品成本预测。

（二）可比产品成本预测

可比产品是指以往年度正常生产过的产品，其过去的成本资料比较健全和稳定。下面结合成本预测的步骤介绍可比产品成本预测。

1. 提出初步成本目标

成本目标是指企业为实现经营目标所应达到的成本水平，也是企业未来期间成本管理所应达到的目标。选择可比产品的初步成本目标主要有两种方法。

①选择某一先进的成本水平作为初选成本目标

根据本企业上年实际平均单位成本和上级下达的成本降低率来计算；可以是国内外同种产品的先进成本；本企业历史上先进水平的实际成本；按本企业根据平均先进的消耗定额制定的定额成本或计划成本。

②根据企业预测期的目标利润来测算成本目标

目标成本（成本目标）＝按市场可接受价格计算的销售收入－企业测算的目标利润－应纳税金

按上述公式测算的目标成本仅仅是初步要求。因此，企业还要进一步进行成本初步测算并选择最优方案，并根据成本可能降低的程度最后确定预测期目标成本。

2. 成本初步预测

成本初步预测是指在当前生产条件下，不采取任何新的降低成本措施确定预测期可比产品能否达到初选目标成本要求的一种预测。

初步预测是根据历史资料来推算的，一般有两种方法：

（1）按上年预计平均单位成本测算预测期可比产品成本。

$$
\text{上年预计平均单位成本} = \frac{\text{上年1~3季度实际平均单位成本} \times \text{上年1~3季度实际产量} + \text{上年第4季度预计单位成本} \times \text{上年第4季度预计产量}}{\text{上年1~3季度实际产量} + \text{上年第4季度预计产量}}
$$

$$
\text{按上年预计平均单位成本计算的预测期可比产品总成本} = \sum \left(\text{各种可比产品上年预计平均单位成本} \times \text{预测期各种可比产品预计产量} \right)
$$

（2）根据前3年可比产品成本资料测算预测期可比产品成本。

其具体方法有简单平均法、加权平均法，在采用这两种方法时，采用的程序依次是：

第一，对过去3年的成本资料进行必要的调整，剔除成本中的那些偶然费用，特别是数额较大的，如自然灾害和意外事故造成的停工损失等；

第二，对涉及产品设计、工艺改变从而使耗用的价格有重大变化的情况也要进行调整；

第三，根据实际资料，将前3年可比产品成本划分为变动成本和固定成本两部分，对于混合成本也要采用一定的方法分解为变动成本和固定成本，以便进行预测。

下面对简单平均法和加权平均法分别介绍：

（1）简单平均法。

简单平均法适用于前3年销售和成本基本稳定的产品成本预测。

预测公式如下：

$$
\text{预测期可比产品总成本} = \frac{\text{前3年单位变动成本之和}}{3} \times \text{计划年度生产销售量} + \frac{\text{前3年固定成本总额之和}}{3}
$$

（2）加权平均法。

$$
\text{预测期可比产品总成本} = \frac{\text{预测期前1年单位变动成本} \times 3 + \text{预测期前2年单位变动成本} \times 2 + \text{预测期前3年单位变动成本} \times 1}{6} \times \text{计划年度生产销售量}
$$
$$
+ \frac{\text{预测期前1年固定成本总额} \times 3 + \text{预测期前2年固定成本总额} \times 2 + \text{预测期前3年固定成本总额} \times 1}{6}
$$

（三）提出各种降低成本方案

其主要从以下三个方面着手：

（1）改进产品设计，开展价值分析，努力节约原材料、燃料和人力等消耗。

（2）改善生产经营管理，合理组织生产。

（3）严格控制费用开支，努力降低管理费用。

企业对产品结构设计分析，可采用功能成本分析的方法。

功能成本分析也叫价值分析，其目的是以最低的总成本可靠地实现产品的必要功能，提高产品效益。

产品功能与成本预测分析的基本原理，可以用下面的公式进行说明：

功能与成本的比值=产品功能/产品成本

这个比值，表明每1元成本开支所获得的产品功能的大小，比值与产品成本成反比，与产品功能成正比。功能大，成本低，功能与成本的比值就高；反之，功能低，成本高，功能与成本的比值就低。它不是单纯强调功能，也不是盲目追求降低成本，而是辩证地处理两者的关系，力图实现它们之间的合理结合，以提高产品功能与成本的比值，实现价廉物美的要求，提高企业经济效益。

（四）正式确定成本目标

企业的成本降低措施和方案确定后，应进一步测算各项措施对产品成本的影响程度，据以修订初选目标成本，正确确定企业预测期的成本目标。

影响成本的重点因素一般有原材料的消耗水平、劳动生产率、设备的利用、管理费用和废品损失等，所以，一般可以从节约原材料的消耗、提高劳动生产率、合理利用设备、节约管理费用、减少废品损失等方面进行测算。

1. 测算材料费用对成本的影响

原材料费用是构成产品成本的主要项目之一，在产品成本中一般占有较大的比重。在保证产品质量的前提下，合理、节约地使用原材料，降低原材料费用，是不断降低产品成本的主要途径。

影响原材料费用变动的因素包括材料消耗定额和材料价格。

材料消耗定额降低，会使产品单位成本中的材料费用相应地降低，两者的降低幅度是一致的。例如，材料消耗定额降低 5%，材料费用也会相应降低 5%。但是，由于材料费用并不代表全部的产品成本，所以，材料费用的降低率并不等同于产品成本的降低率。

材料消耗定额降低形成的节约，可以按下列公式计算：

材料消耗定额降低影响的成本降低率＝材料费用占成本的百分率×材料消耗定额降低的百分率

如果价格在材料消耗定额变动的同时也发生了变动，则材料价格变动对成本的影响，可以按下列公式计算：

材料价格变动影响的成本降低率＝材料费用占成本的百分率×（1-材料消耗定额降低百分率）×材料价格降低的百分率

以上两个公式可以合并计算如下：

材料消耗定额和价格同时降低影响的成本降低率＝材料费用占成本的百分率×［1-（1-材料消耗定额降低的百分率）×（1-材料价格降低的百分率）］

在某些工业企业里，提高原材料利用率是节约材料费用的重要途径。在产品质量不变的情况下，提高原材料利用率就会相应节约原材料的消耗。所以，我们也可以单独测算提高原材料利用率对产品成本的影响程度。其计算公式如下：

$$
\begin{array}{l}
原材料利用率提高 \\
影响的成本降低率
\end{array} = \left(1 - \frac{上年的原材料利用率}{计划年度的原材料利用率}\right) \times \begin{array}{l} 材料费用占 \\ 成本的百分率 \end{array}
$$

以上公式同样适用于燃料和动力费的测算。

材料利用率通常可以用两种方法来表示：

①用产品中所含材料的净重量占其耗用量的比例来表示，计算公式如下：

材料利用率＝（单位产品中所包含的材料净重量/单位产品耗用材料重量）×100%

上列材料利用率的数值越大，表明材料的有效利用程度越高。如果能达到 100%，就表示投入生产的材料全部得到了有效的利用。

②用一定的材料消耗量所生产的产品数量来表示，计算公式如下：

材料利用率＝合格产品中包含的材料数量/生产该产品的材料总消耗量

上列材料利用率的数值越大，表明一定数量的材料能够生产的产品越多。

2. 测算工资费用对成本的影响

其分为以下四种情况：

①测算在生产工人人数和工资不变的情况下，由于劳动生产率提高而形成的节约。

劳动生产率提高，说明单位时间内的产量增加，在其他因素不变的条件下，单位产品所分担的工资费用减少。因此，在只有这一个因素变动时，劳动生产率对成本的影响可以按下列公式计算：

$$劳动生产率提高影响的成本降低率 = 生产工人工资占成本的百分率 \times \left(1 - \frac{1}{1+劳动生产率提高的百分率}\right)$$

②测算由于劳动生产率提高超过平均工资增长率而形成的节约。

劳动生产率的变动，同单位产品中工资费用的变动呈反比例的关系；而平均工资的增长，同单位产品中工资费用的增长呈正比例关系。所以，当劳动生产率的增长速度超过平均工资的增长速度时，企业就能节约产品成本中的工资费用。其计算公式为

$$劳动生产率和平均工资相互作用影响的成本降低率 = 生产工人工资占成本的百分率 \times \left(1 - \frac{1+平均工资增长的百分率}{1+劳动生产率提高的百分率}\right)$$

③测算生产增长超过制造费用增加而形成的节约。

在企业的制造费用中，有一部分费用属于固定费用，如管理人员工资、办公费、差旅费、折旧费用等，这些费用一般不随产量的增加而变动；另一部分费用属于变动费用，如消耗性材料、计件工资、运输费等，这些费用则随产量增长而有所增加，但只要采取适当的节约措施，其增长速度一般会小于生产增长速度。所以，企业生产的增长会使单位产品中应分摊的制造费用减少，从而使产品单位成本降低。其计算公式为

$$生产增长超过制造费用增加影响成本降低率 = 制造费用占成本的百分率 \times \left(1 - \frac{1+制造费用增加的百分率}{1+生产增长的百分率}\right)$$

④测算废品率降低而形成的节约。

生产中发生废品，意味着人力、物力和财力的浪费，合格产品的成本也会随之提高。而降低废品率可以减少废品损失，从而降低产品成本。其计算公式为：

废品损失减少影响的成本降低率 = 废品损失占成本的百分率 × 废品损失减少的百分率

某因素变动影响成本的降低额 = 该因素影响的成本降低率 × 按上年预计（或实际）平均单位成本计算的预测期可比产品总成本

预测期可比产品成本总降低额 = ∑各因素变动影响成本的降低额

= （∑各因素影响的成本降低率）× 按上年预计（或实际）平均单位成本计算的预测期可比产品总成本

【例14-9】北方公司预测期的目标成本初步测算可比产品成本降低率为6.5%，国家下达的降低任务为6%。经过充分论证，确定预测期影响成本的主要因素及变化率如表14-12所示。

表14-12　影响北方公司成本的主要因素及变化率　　　　单位：%

可比产品生产增长	25
原材料消耗定额降低	8
原材料价格平均上涨	6
劳动生产率提高	20
生产工人工资增加	5
制造费用增加	5
废品损失减少	8

该企业按上年预计平均单位成本计算的预测期可比产品总成本为827 600元，可比产品各成本项目的比重如表14-13所示。

表 14-13 北方公司各成本项目的比重 单位:%

原材料	65
生产工人工资	18
制造费用	12
废品损失	5
合计	100

要求：根据上述资料分项计算可比产品成本降低率和降低额，并说明是否可以把初步预测的目标成本降低率作为正式的目标来编制成本计划。

解：①由于原材料消耗定额下降及平均价格上升综合作用形成的节约：

成本降低率 $=65\%\times[1-(1-8\%)\times(1+6\%)]=1.61\%$

成本降低额 $=827\,600\times1.61\%=13\,324.36$（元）

②由于劳动生产率提高超过平均工资增长而形成的节约：

成本降低率 $=18\%\times[1-(1+5\%)/(1+20\%)]=2.25\%$

成本降低额 $=827\,600\times2.25\%=18\,621$（元）

③由于生产增长超过制造费用增加而形成的节约：

成本降低率 $=12\%\times[1-(1+5\%)/(1+25\%)]=1.92\%$

成本降低额 $=827\,600\times1.92\%=15\,889.92$（元）

④由于废品损失减少而形成的节约：

成本降低率 $=5\%\times8\%=0.4\%$

成本降低额 $=827\,600\times0.4\%=3\,310.4$（元）

综合以上计算结果，预测期可比产品成本总降低率为 6.18%（即 1.61%＋2.25%＋1.92%＋0.4%），总降低额为 51 145.68 元（13 324.36＋18 621＋15 889.92＋3 310.4），接近初步预测的目标成本降低率（6.5%），并可以实现上级下达的可比产品成本降低任务（6%）。因此，北方公司可以把 6.18%的可比产品成本总降低率作为正式的目标，并据以编制成本计划。

（五）不可比产品成本预测

不可比产品是指企业在以前年度没有正式生产过的产品，因为从来没有生产过，所以没有实际可以比较的产品。

由于不可比产品成本水平无法与过去进行比较，所以就不能像可比产品那样通过采用下达成本降低指标的方法控制成本支出。但在新技术高速发展、产品更新换代加快的情况下，不可比产品的比重在不断上升，因此，为了全面控制企业费用支出，加强成本管理，企业除了对可比产品成本进行预测，还应对不可比产品成本进行预测。

不可比产品的成本预测主要采用以下三种方法。

（1）技术测定法：是指在充分挖掘生产潜力的基础上，根据产品设计结构、生产技术条件和工艺方法，对影响人力、物力消耗的各项因素进行技术测试和分析计算，从而确定产品成本的一种方法。该方法虽然比较科学，但工作量较大，只能适用于品种少、技术资料比较齐全的产品。

（2）产值成本法：是指按工业总产值的一定比例确定产品成本的一种方法。产品的生产过程同时也是生产的耗费过程，在这一过程中，产品成本体现生产过程中的资金耗费，而产值则以货币形式反映生产过程中的成果。产品成本与产品产值之间客观上存在一定的比例关系，比例越大说明消耗越大，成本越高；比例越小说明消耗越小，成本越低。这样，企业进行预测时，就可以参照同类企业相似产品的实际产值成本率加以分析确定。不可比产品预测单位成本计算公式如下：

$$某种不可比产品的预测单位成本 = \frac{某产品的总产值 \times 预计产值成本率}{预计产品产量}$$

该方法虽然不太准确，但工作量小，简便易行。

【例14-10】某公司准备开发一种新产品A，预计年度产量为10 000件，总产值为50万元，同类企业相似产品的产值成本率为60%，请预测A产品的单位成本。

解：由于A产品是新开发的，所以对于该公司来说A是不可比产品。

不可比产品单位成本=（总产值×预计产值成本率）/预计产品产量

　　　　　　　　　=500 000×60%/10 000=30（元）

（3）目标成本法：是指根据产品的价格构成来制定产品目标成本的一种方法。产品价格包括产品成本、销售税金和利润三个部分。企业在实行目标管理的过程中，应先确定单位产品价格和单位目标利润，然后按下列公式计算单位产品的目标成本：

　　　　单位产品目标成本=预测单位售价-单位产品销售税金-单位产品目标利润

或：

$$单位产品目标成本 = 预测单位售价 \times （1-税率） - \frac{目标利润总额}{预测产量}$$

【例14-11】某公司准备开发一种新产品B，公司预测出的单位售价为100元，适用的消费税率为5%（假设不考虑其他销售税金），公司制定的目标利润总额为10万元，预计下一年度产量为10 000件，请预测B产品的单位成本。

解：由于B产品是新开发的，所以对于该公司来说B是不可比产品。

不可比产品单位成本=预测单位售价×（1-税率）-目标利润总额/预测产量

　　　　　　　　　=100×（1-5%）-100 000/10 000=85（元）

四、利润预测

（一）利润预测的概念

利润预测是指企业在销售预测和成本预测的基础上通过对销售量、产品成本、营业费用以及其他对利润发生影响的因素进行综合分析与研究，进而对企业在未来某一时期内可以实现的利润进行科学预计和测算。

利润总额的计算公式如下：

　　　　利润总额=营业利润+投资净收益+（营业外收入-营业外支出）

　　　　　　　　=营业利润+投资净收益+营业外收支净额

根据这个计算式，企业预测时，可先分别预测营业利润、投资净收益、营业外收支净额，然后将各部分的预测结果相加，得出利润预测数额。

（二）利润预测的方法

1. 直接预测法

直接预测法是指根据本期的有关数据，直接推算出预测期的利润数额。企业预测时可根据上面介绍的利润总额的计算公式，先分别预测营业利润、投资净收益、营业外收支净额，然后将各部分预测数相加，得出利润预测数额。即

　　　　　　　　利润总额=营业利润+投资净收益+营业外收支净额

营业利润是由产品销售利润和其他业务利润组成的，这两部分预测利润的公式分别为

预测产品销售利润＝预计产品销售收入－预计产品销售成本－预计产品销售税金

＝预计产品销售数量×（预计产品销售单价－预计单位产品成本－预计
单位产品销售税金）

预测其他业务利润＝预计其他业务收入－预计其他业务成本－预计其他业务税金

预测企业的投资净收益是根据预计企业向外投资的收入减去预计投资损失后的数额得出的。预测营业外收支净额是用预计营业外收入减去预计营业外支出后的差额。

最后，将所求出的各项预测数额加总，便可计算出下一期间的预测利润总额。

【例14-12】北方公司生产甲、乙、丙三种产品，本期有关销售价格、单位成本及下期产品预计销售量如表14-14所示，预测下期其他业务利润的资料为：其他业务收入为50 000元，其他业务成本为26 000元，其他业务税金为10 000元。

表14-14　北方公司生产销售产品情况　　　　　　单位：元

产品	销售单价	单位产品		预计下期产品销售量/件
		销售成本	销售税金	
甲	200	100	40	5 000
乙	500	360	80	2 000
丙	150	80	25	8 000

要求：根据上述资料，预测下一会计期间的营业利润。

解：①预测各产品销售利润额为

甲产品：5 000×（200-100-40）＝300 000（元）

乙产品：2 000×（500-360-80）＝120 000（元）

丙产品：8 000×（150-80-25）＝360 000（元）

三个产品合计销售利润额为300 000+120 000+360 000＝780 000（元）

②预测其他业务利润为

50 000-26 000-10 000＝14 000（元）

所以，结合上面两项，预测下一会计期间的营业利润为：

预测营业利润＝预测产品销售利润+预测其他业务利润

＝780 000+14 000＝794 000（元）

2. 因素分析法

因素分析法是在本期已实现的利润水平基础上，充分估计影响产品销售利润的各因素在下期增减变动的可能，来预测企业下期产品销售利润的数额。

影响产品销售利润的主要因素有产品销售数量、产品品种结构、产品销售成本、产品销售价格及产品销售税金等。

企业在预测下一会计期间的产品销售利润额时，应首先计算本期的成本利润率：

$$本期成本利润率＝\frac{本期产品销售利润额}{本期产品销售成本}×100\%$$

计算出本期成本利润率后，企业就可以进一步预测下期各相关因素变动对产品销售利润的影响。

①预测产品销售量变动对利润的影响。

在其他因素不变的情况下，预测期产品销售数量增加，利润额也会随之增加；反之，预测期产品销售数量减少，利润额也会随之下降。因为企业在对下期的产品销售成本进行测算时，已将销售量变动而使生产量变动的因素考虑在内了，由产品销售数量变动而使利润增加或减少的数额，可用本期的销售成本与下期预测销售成本相比较，再根据本期的成本利润率求得。其计算公式为：

因销售量变动而增减的利润额＝（预测下期产品销售成本－本期产品销售成本）×
本期成本利润率

②预测产品品种结构变动对利润的影响。

产品品种结构变动对利润的影响是由于各个不同品种的产品利润率不同，而预测下期利润时是以本期各种产品的平均利润率为依据的。

如果预测期不同利润率的产品在全部产品中所占的销售比重发生变化，就会引起全部产品平均利润率发生变动，从而影响到利润额的增加或减少。所以，企业应根据预测的下期产品品种结构变动情况确定下期平均利润率，然后通过比较本期和下期利润率的差异，计算预测期由于品种结构变动而增加或减少的利润数额。其影响可按下列公式计算：

由于产品品种结构变动而增减的利润＝按本期成本计算的下期成本总额×（预测期平均
利润率－本期平均利润率）

预测期平均利润率＝∑（各产品本期利润率×该产品下期销售比重）

③预测产品成本降低对利润的影响。

在产品价格不变的情况下，降低产品成本会使利润相应增加。由于成本降低而增加的利润，企业可根据经预测确定的产品成本降低率求得。其计算公式为：

由于成本降低而增加的利润＝按本期成本计算的预测期成本总额×产品成本降低率

④预测产品价格变动对利润的影响。

如果在预测期产品销售价格比上期提高，则销售收入也会增多，从而使利润额增加；反之，如果产品销售价格降低，也会导致利润额减少。销售价格增加或减少同样会使销售税金相应地随之增减，这一因素同样要予以考虑。其计算公式为：

由于产品销售价格变动而增减的利润＝预测期产品销售数量×变动前售价×
价格变动率×（1－税率）

⑤预测产品销售税率变动对利润的影响。

产品销售税率变动直接影响利润额的增减。如果税率提高，则利润额减少；如果税率降低，则会使利润额增加。其计算公式如下：

由于产品销售税率变动而增减的利润＝预测期产品销售收入×（1±价格变动率）×
（原税率－变动后税率）

五、资金需要量预测

（一）资金需要量预测的概念及意义

资金需要量预测，就是以预测期企业生产经营规模的发展和资金利用效果的提高等为依据，在分析有关历史资料、技术经济条件和发展规划的基础上，运用数学方法，对预测期资金需要量进行科学的预计和测算。资金的需要量是筹资的数量依据，应当科学合理地进行预测。资金需要量预测的基本目的，是保证筹集的资金既能满足生产经营的需要，又不会产生资金多余而闲置。

资金需要量的预测在提高企业经营管理水平和企业经济效益方面具有十分重要的意义：

（1）资金需要量的预测是进行经营决策的主要依据；

（2）资金需要量的预测是提高经济效益的重要手段；

（3）资金需要量的预测是编制资金预算的必要步骤。

资金需要量预测的方法主要有因素分析法、资金增长趋势预测法、预计资产负债表预测法。

（二）因素分析法

因素分析法又称分析调整法，是以有关项目基期年度的平均资金需要量为基础，根据预测年度的生产经营任务和资金周转加速的要求，进行分析调整，来预测资金需要量的一种方法。因素分析法的计算公式如下：

资金需要量＝（基期资金平均占用额−不合理资金占用额）×（1±预测期销售增减率）×（1±预测期资金周转速度变动率）

【例 14-13】北方公司上年度资金平均占用额为 200 万元，其中不合理的部分是 10 万元，预计本年度销售增长率为 5%，资金周转速度降低 7%，要求：计算本年度资金需要量。

解：预测年度资金需要量 ＝（200−10）×（1+5%）×（1+7%）＝213.47（万元）

注意：销售增长和资金周转速度降低都会使资金需要量增加。相反，销售减少和资金周转速度加快则会使资金需要量减少。

这种方法计算简便，容易掌握，但预测结果不太精确。它通常用于品种繁多、规格复杂、资金用量较小的项目。

（三）资金增长趋势预测法

资金增长趋势预测法，就是运用回归分析法（最小二乘法）原理对过去若干期间产销量（或销售收入）及资金需要量的历史资料进行分析、计量后，确定反映产销量与资金需用量之间的回归直线，并据以推算未来期间资金需要量的一种方法。

虽然影响资金总量变动的因素很多，但从短期经营决策角度看，引起资金发生增减变动的最直接、最重要的因素是产销量（或销售收入）。在其他因素不变的情况下，产销量增加，往往意味着企业生产规模扩大，从而需要更多的资金；相反，产销量减少，往往意味着企业生产规模缩小，所需资金也就随之减少。因此，资金需要量与产销量之间存在内在的联系，利用这种联系可以建立数学模型，用以预测未来期间产销量达到一定水平时的资金需要总量。

回归直线的表达式如下：

$$Y = a + bX$$

式中：Y 表示资金占用量，X 表示产销量，a 为不变资金；b 为单位产销量所需变动资金。

这种方法基于企业资金占用与产销量之间存在的依存关系，即资金习性，根据企业资金占用总额与产销量的历史数据，把资金分为不变资金和变动资金两部分，然后结合预计的销售量来预测资金需要量。故这种方法也称为资金习性预测法。

不变资金是指在一定的产销量范围内，不受产销量变动的影响而保持固定不变的那部分资金。也就是说，产销量在一定范围内变动，这部分资金占用水平保持不变。这部分资金包括：为维持营业而占用的最低数额的现金，原材料的保险储备，必要的成品储备，厂房、机器设备等固定资产占用的资金。

变动资金是指随产销量的变动而同比例变动的那部分资金。它一般包括直接构成产品实体的原材料、外购件等占用的资金。另外，在最低储备以外的现金、存货、应收账款等也具有变动资金的性质。

【例 14-14】正大公司 2017—2021 年的销售量和资金需要量的历史资料如表 14-15 所示。

表 14-15 正大公司的历史资料

年度	销售量（X）/万件	资金需要量（Y）/万元
2017	40	12 000
2018	160	27 000
2019	120	24 000
2020	80	22 000
2021	200	40 000

假设 2022 年的销售量预计为 320 万件。要求：预测 2022 年的资金需要量。

解：根据回归分析原理，对表 14-15 中的数据进行加工整理，如表 14-16 所示。

表 14-16 计算得出的结果

年度	销售量（X）/万件	资金需要量（Y）/万元	XY	X^2
2017	40	12 000	480 000	1 600
2018	160	27 000	4 320 000	25 600
2019	120	24 000	2 880 000	14 400
2020	80	22 000	1 760 000	6 400
2021	200	40 000	8 000 000	40 000
$n = 5$	$\sum X = 600$	$\sum Y = 125\ 000$	$\sum XY = 17\ 440\ 000$	$\sum X^2 = 88\ 000$

将表 14-16 中的数值代入回归分析法的公式中，计算 a 与 b 的值。

$$b = \frac{n \sum XY - \sum X - \sum Y}{n \sum X^2 - (\sum X)^2}$$

$$= (5 \times 17\ 440\ 000 - 600 \times 125\ 000)/(5 \times 88\ 000 - 600 \times 600) = 152.5$$

$$a = \frac{\sum y - b \sum x}{n} = (125\ 000 - 152.5 \times 600)/5 = 6\ 700$$

因此，资金需要量预测模型为：$y = 6\ 700 + 152.5x$

2022 年的资金需要量为：$6\ 700 + 152.5 \times 320 = 49\ 470$（万元）

（四）销售百分比法

销售百分比法，是根据企业资产、负债的增长与销售增长之间的关系，预测企业未来资金需要量的一种方法。企业的销售规模扩大时，要相应增加流动资产和流动负债；如果销售规模增加很多，还必须增加长期资产。为取得扩大销售所需增加的资产，扣除销售增长自然增加负债的资金来源，即形成企业需要筹措的资金。这些资金，一部分来自留存收益，另一部分通过外部筹资取得。

其基本原理基于企业某些资产和某些负债随销售额同比例变化（或者占销售百分比不变）的假设，在预计的销售增长下预测尚未融资的情况下增加的资产、负债和所有者权益，或资产总额、负债总额和所有者权益总额，再依据资产、负债和所有者权益之间的恒等关系，预测出企业资金需要量和对外融资需要量。

其中，随销售额同比例变化的资产称为敏感资产，亦即经营性资产，随销售额不成比例变化的资产称为非敏感资产，亦即非经营性资产；随销售额同比例变化的负债称为敏感负债，亦即经营性负债，随销售额不成比例变化的负债称为非经营性负债，亦即筹资性负债。一般地，经营性资产包括现金、应收账款、应收票据和存货等；经营性负债包括应付票据、应付账款等，不包括短期借款、短期融资券、长期借款等筹资性负债。

从增量的角度来看，依据会计恒等关系形成如下联系：

$$\triangle 资产 = \triangle 负债 + \triangle 所有者权益$$

$$\triangle 经营性资产 + \triangle 非经营性资产 = \triangle 经营性负债 + \triangle 非经营性负债 + \triangle 外源股权 +$$

$$\triangle 内源股权$$

（1）需增加的资金量 = 增加的资产 – 增加的经营性负债

增加的资产 = 增量销售额 × 基期经营性资产占基期销售额的百分比 + 增加的非经营性资产

增加的经营性负债 = 增量销售额 × 基期经营性负债占基期销售额的百分比

（2）外部融资需求量 = $\triangle$ 非经营性负债 + $\triangle$ 外源股权

= 增加的资产 – 增加的经营性负债 – 增加的内源股权

增加的内源股权，即增加的留存收益 = 预计销售额 × 销售净利率 × 利润留存率

综上所述，可得以下计算公式：

外部融资需求量 = 增加的资产 – 增加的负债 – 增加的留存收益

$$= A/S_0 \times \triangle S - B/S_0 \times \triangle S - S_1 \times P \times E$$

式中，A 为随销售变化的资产（经营性资产）；A/S_0 为经营性资产占基期销售额的百分比；B 为随销售变化的负债（经营性负债）；B/S_0 为经营性负债占基期销售额的百分比；S_0 为基期销售额；S_1 为预测期销售额；$\triangle S$ 为销售的变动额；P 为销售净利率；E 为利润留存比率 = 1 – 股利支付率。

采用销售百分比法预测企业资金需要量的基本步骤如下：

（1）确定随销售额而变动的资产和负债项目（经营性资产和经营性负债）。

（2）确定经营性资产与经营性负债的销售百分比。

（3）根据增加的销售额、预计销售额、销售净利率和利润留存率，确定需要增加的筹资数量：

$$外部融资需求量 = A/S_0 \times \triangle S - B/S_0 \times \triangle S - S_1 \times P \times E$$

注意，如果存在长期资产的增加，计算需增加的资金量和外部融资需求量时，公式还需要加上增加的非敏感资产

【例 14-15】已知某公司 2019 年销售收入为 20 000 万元，2019 年 12 月 31 日的资产负债表（简表）如表 14-17 所示：

表 14-17　资产负债表（简表）

2019 年 12 月 31 日　　　　　　　　　　　　单位：万元

资产	期末余额	负债及所有者权益	期末余额
货币资金	1 000	应付账款	1 000
应收账款	3 000	应付票据	2 000
存货	6 000	长期借款	9 000
固定资产	7 000	实收资本	4 000
无形资产	1 000	留存收益	2 000
资产总计	18 000	负债与所有者权益合计	18 000

该公司 2020 年计划销售收入比上年增长 20%，为实现这一目标，公司需新增设备一台，需要 320 万元资金。据历年财务数据分析，公司流动资产与流动负债随销售额同比率增减。假定该公司 2020 年的销售净利率可达到 10%，净利润的 60%分配给投资者。要求：

（1）计算 2020 年流动资产增加额；

（2）计算 2010 年流动负债增加额；

（3）计算 2010 年公司需增加的营运资金；

（4）计算 2010 年公司需增加的资金量；

（5）计算 2010 年的留存收益；

（6）预测 2010 年需要对外筹集的资金量。

解：（1）2010 年流动资产增加额 ＝ 20 000×20%×50% ＝ 2 000（万元）

或，流动资产增长率为 20%

2019 年年末的流动资产 ＝ 1 000＋3 000＋6 000 ＝ 10 000（万元）

2020 年流动资产增加额 ＝ 10 000×20% ＝ 2 000（万元）

（2）2020 年流动负债增加额 ＝ 20 000×20%×15% ＝ 600（万元）

或，流动负债增长率为 20%

2019 年年末的流动负债 ＝ 1 000＋2 000 ＝ 3 000（万元）

2020 年流动负债增加额 ＝ 3 000×20% ＝ 600（万元）

（3）2020 年公司需增加的营运资金 ＝ 流动资产增加额－流动负债增加额

＝ 2 000－600 ＝ 1 400（万元）

（4）2020 年公司需增加的资金量 ＝ 1 400＋320 ＝ 1 720（万元）

（5）2020 年的销售收入 ＝ 20 000×（1＋20%）＝ 24 000（万元）

2020 年的净利润 ＝ 24 000×10% ＝ 2 400（万元）

2020 年的留存收益 ＝ 2 400×（1－60%）＝ 960（万元）

（6）2010 年需要对外筹集的资金量 ＝（1 400＋320）－960 ＝ 760（万元）

从总量的角度来看，依据会计恒等关系形成如下联系：

资产＝负债＋股东权益＝经营性负债＋筹资性负债＋股本＋留存收益

对外筹集的资金量＝增加的筹资性负债＋增加的股本

＝年末资产－（年末经营性负债＋年末留存收益＋年初筹资性负债＋年初股本）

其中，留存收益增加＝盈余公积增加＋未分配利润增加

＝预计净利润－预计支付的股利

＝预计净利润×（1－预计股利支付率）

＝预计销售净利率×预计销售收入×（1－预计股利支付率）

由于资产、负债的许多项目随销售收入的增加而增加，随其减少而减少，呈现一定的比例关系，因此，企业可以利用基年资产、负债各项目与销售收入的比例关系，预计预测期的资产、负债各项目的数额，从而预测企业对外融资需要量。具体预测可以使用上述公式计算，也可以通过编制预计资产负债表推算。

如根据上例的资料，可编制如下相应的预计资产负债表，推算出对外融资需要量为 760 万元（见表 4-18）。

表 4-18 根据资料得出的结果 单位：万元

资产	期末余额（2019 年）	期末余额（2020 年）	负债及所有者权益	期末余额（2019 年）	期末余额（2020 年）
货币资金	1 000	1 200	应付账款	1 000	1 200
应收账款	3 000	3 600	应付票据	2 000	2 400
存货	6 000	7 200	长期借款	9 000	9 000
固定资产	7 000	7 320	实收资本	4 000	4 000
无形资产	1 000	1 000	留存收益	2 000	2 960
资产总计	18 000	20 320	负债与所有者权益合计	18 000	19 560
			对外融资额		760

（五）固定资金需要量预测

固定资金需要量预测是对未来一定时期内企业进行生产经营活动所需固定资金进行预计和测算，构成企业资本预算的重要内容。

企业进行资本性投资需要进行固定资金需要量预测，做好资本预算。企业要预测固定资金需要量，首先要预测固定资产的需要量。固定资产需要量的预测，就是根据企业的生产经营方向、生产经营任务和现有的生产能力，预计和测算企业为完成生产经营任务所需要的固定资产数量。

固定资产需要量的预测既要保证生产经营的正常需要，又要尽可能地节约资金、减少占用；既要考虑企业现有的技术条件，充分利用、挖掘现有的生产经营能力，又要尽可能地采用先进的科学技术成果，不断提高企业生产经营技术的现代化水平。

企业的固定资产品种并不是单一的，有许多不同的种类，不同的生产经营活动需要不同的固定资产，所从事的行业不同，所需要的固定资产差别也很大。企业预测时不可能逐个详细计算，而必须有重点地进行。

在工业企业全部固定资产中，生产设备的品种繁多、构成复杂、数量很大、占用资金最多，它是企业进行生产经营活动的主要物质技术基础，是决定生产经营的基本因素。所以，固定资产需要量的预测应以生产设备为重点。在正确预测生产设备需要量的基础上，其他各类固定资产可以根据生产设备配套的需要量合理地进行测算。

以工业企业为例，介绍固定资产需要量预测的具体方法。

1. 生产设备需要量的预测

生产设备需要量预测的最基本方法是生产能力和生产经营任务相平衡的方法，即在对现有设备的数量、质量和生产能力进行彻底清查的基础上，将现有生产设备全年有效台时总数与完成预测期生产经营任务所需要的定额台时总数进行比较，计算出各类生产设备完成预计生产经营任务的保证程度以及多余或不足的设备数量，最后决定出针对多余或不足设备的处理方法。其计算公式如下：

$$某项生产设备需要量 = \frac{预计生产经营能力（实物量或台时数）}{单台设备生产能力（实物量或台时数）}$$

式中，预计生产经营能力和单台设备生产能力可以用实物量（预计产量和单台设备年产量）表示，也可以用台时数（全年预计有效工作台时数和单台设备预计工作时数）表示。如果生产出的产品品种单一，可以直接按实物量计算设备需要量；如果生产出的产品品种多样，并且有些产品需要经过若干个加工工序才能完成，则应按定额台时数计算。

生产设备需要量预测一般有如下步骤：

①单台设备生产能力的测算。

单台设备生产能力的测算又分为按实物量和按台时数测算两种。

（a）单台设备年生产能力按实物量测算。

如果按实物量测算，则是单台设备的年产量。设备的年产量取决于台班产量、开工班次、全年预计工作日数等因素；台班产量可参照设计、实际、最高能力等因素确定；开工班次应根据生产任务、现有人力、设备数量确定；全年预计工作日数等于日历日数减去法定节假日和检修停台日数。

计算公式如下：

单台设备年生产能力（件）＝台班产量×日开工班次×全年预计工作日数

（b）单台设备年生产能力按台时数测算。

如果按台时数测算，就是单台设备预计有效工作时数。计算公式如下：

单台设备预计年有效工作时数＝（全年制度工作日数－设备检修停台日数）×每日开班数×每班工时数

②预计年生产经营任务的测算。

预计生产经营任务的测算也分为按实物量和按台时数测算两种：

（a）预计生产经营任务按实物量测算，即预计产量。

根据市场需求状况规定的产品品种和数量，是计算固定资产需要量的主要依据。如果企业产品品种少，则可按不同品种的产量分别测算；如果企业产品品种繁多，按不同产品品种分别测算有困难，则可按产品结构或工艺过程进行适当分类，从中选择一种规格的产品为代表产品，将其他规格的产品按照换算系数换算成代表产品的产量。换算系数的计算公式中下：

$$某产品的换算系数 = \frac{该产品单位定额台时数}{代表产品单位定额台时数} \times 100\%$$

（b）预计生产经营任务按台时数测算，即预计生产经营任务台时定额总数。

各类生产设备需用台时定额是将全年预计生产经营任务的实物量按单位产品台时定额换算而成的。计算公式如下：

预计生产经营任务台时定额总数 ＝ $\sum$（预计产量 × 单位产品台时定额）× 定额改进系数

当企业生产一种产品或生产产品品种少时，预计产量可按生产经营任务规定的各种产品的预计产量直接计算；如果企业产品品种繁多，难以按不同品种计算，则预计产量应折合成代表产品的产量。其换算方法与按实物量测算预计生产经营任务相同。

单位产品台时定额，是指企业技术资料所规定的现行台时定额。

定额改进系数，是指企业预计新定额占现行定额的百分比。由于现行定额制定后，并不是经常修订，在执行过程中，由于采用新技术或劳动生产率提高，现行定额被突破，预测年度单位产品台时定额往往比现行定额先进。企业根据基年台时定额的完成情况，考虑到预测年度可能达到的水平，确定出预测年度改进后的定额，此项定额称为预计新定额。例如，企业现行单位产品台时定额为30台时，预计预测年度可压缩为27台时，则定额改进系数＝（27/30）×100％＝90％。

③生产能力与预计生产任务平衡情况的预测。

生产能力与预计生产任务的平衡，是测算生产设备需用量的重要一环。企业通过平衡计算，可以掌握生产设备能力余缺情况，为调整生产设备、充分利用设备生产能力提供依据。生产设备能力余缺是通过计算设备负荷系数来确定的。其计算公式为

$$某类设备负荷系数 = \frac{预计生产经营任务需用台时定额总数}{该种设备全年预计有效工作台时总数} \times 100\%$$

2. 其他固定资产需要量的预测

除了生产设备外，企业还有其他配套性固定资产，如厂房、动力设备、运输设备等，它们的需要量与生产设备需要量有一定的比例关系。

配套性固定资产需要量的预测可在测定生产设备需要量的基础上，按照其在基年与生产设备的比例关系，结合预测年度提高设备利用率的要求进行。将预测年度需要量与基期实有数进行比较，就可算出预测年度该类设备的多余或不足。

至于非生产性固定资产的需要量，则应按照企业的实际需要和可能出现的各种具体情况决定。企业可以在现有非生产性固定资产数量的基础上，结合职工人数的增减和改善职工物质文化生活的实际需要，估算出预测年度需要增加的非生产性固定资产项目。

在预测出固定资产需要量之后，企业根据固定资产的原始价值即可计算出固定资金需要量。

其他行业企业固定资金需要量的预测，其基本原理与工业企业基本一致，可参照上述方法进行。

（六）流动资金需要量预测

流动资金预测是以历史数据和现实调查资料为基础，运用科学的方法，对流动资金的未来需要量所做的预计和推测。

预测流动资金需要量的方法有很多，最常见的有资金占用比例法、周转期预测法、因素测算法和余额测算法。

1. 资金占用比例法

资金占用比例法是指企业根据预测期确定的相关指标（如净产值、营业收入、营业成本费用、营业利润等指标），按基期流动资金实际平均占用额与相关指标的比例关系来预测流动资金需要总量的一种方法。其基本计算公式

预测期流动资金需要量 = 预测期相关指标 × 基期相关指标流动资金率 × (1 ± 预测期流动资金周转速度变动率)

$$基期相关指标流动资金率 = \frac{基期流动资金实际平均占用额 - 不合理平均占用额}{基期相关指标实际数额} \times 100\%$$

2. 周转期预测法

周转期预测法又称定额日数计算法，它是根据流动资金完成一次循环所需要的日数（资金定额日数）和每日平均周转额（每日平均资金占用额）来计算流动资金需要量的一种方法。周转期计算法的计算公式如下：

某项流动资金需要量 = 该项流动资金每日平均周转额 × 该项流动资金周转日数

该方法计算比较复杂，但结果比较精确，是预测流动资金需要量的基本方法，通常用于品种少、用量大、价格高、占用多的资金项目预测。在工业企业中，原材料、在产品、产成品等资金项目通常都是采用该方法进行测算的。

3. 因素测算法

因素测算法又称分析调整法，它是以有关流动资金项目上年度的实际平均需用量为基础，根据预测年度的生产经营任务和加速流动资金周转的要求进行分析调整，来预测流动资金需用量的一种方法。采用这种方法时，企业首先应在上年度流动资金平均占用额的基础上，剔除其中呆滞积压不合理部分，然后根据预测期的生产经营任务和加速流动资金周转的要求进行测算。因素测算法的计算公式如下：

$$流动资金需要量=(上年流动资金实际平均占用量-不合理平均占用额)×(1±预测年度$$
$$生产增减的百分比)×(1±预测期流动资金周转速度变动率)$$

该方法计算比较简单、易掌握,但预测结果不太精确,因此通常用于品种繁多、规格复杂、用量较小、价格较低的资金占用项目的预测。

4. 余额测算法

余额测算法是以上年结转余额为基础,根据预测年度发生数额、摊销数额来测算流动资金需要量的一种方法。余额测算法计算公式如下:

$$流动资金需要量=预测年度期初结转余额+预测年度发生额-预测年度摊销额$$

该方法适用于流动资金占用数额比较稳定的项目。

第三节 财务决策

一、财务决策的含义、目的及作用

(一) 财务决策的含义

财务决策就是对财务预测所提出的诸多财务方案进行可行性研究,从而选出最优方案的过程。在商品经济条件下,财务管理的核心是财务决策,财务预测是为财务决策服务的,财务计划是财务决策的具体化。

只有确定了效果好并切实可行的方案,财务活动才能取得好的效益,完成企业价值最大化的财务管理目标。因此财务决策是整个财务管理的核心。财务决策是对财务预测结果的分析与选择。财务决策是一种多标准的综合决策。决定方案取舍的既有货币化、可计量的经济标准,又有非货币化、不可计量的非经济标准,因此决策方案往往是多种因素综合平衡的结果。

(二) 财务决策的目的

所有决策的目的都是使企业目标最优化。例如,营利企业就是利润最大化,非营利慈善组织就是令某种非定量化目标最大化。对于财务决策来说,从短期看战略的因素考虑较少,主要注重收益最大化,或在收入不变的情况下寻求成本最低。

(三) 财务决策的作用

1. 财务决策能使企业加强预见性、计划性,减少盲目性

财务决策运用一系列科学的决策方法,能够比较深刻地洞察决策对象的本质,不被其表面现象所迷惑。通过财务决策,企业可以否定那些似是而非的方案,肯定那些表面上看起来似乎错误的方案,提高计划的准确性。众所周知,计划的节约是最大的节约,计划造成的浪费是最大的浪费,计划准确能增加企业盈利,避免重大损失,真正做到防患于未然。财务决策对于制订正确的计划具有重要的作用。

2. 财务决策是企业财务活动的依据

企业财务管理包括财务决策,财务预算、财务控制等内容。在企业财务管理中,一些重要的财务问题,比如制定和选择财务活动方案,确定各种财务活动的目标及实现的途径和方法,从多种渠道合理筹集企业必需的资金,确定资金的使用方向,在企业现有资源条件限制下,使企业的价值最大化等一系列重大财务问题都由财务决策完成。财务决策在财务管理中占据着举足轻重的地位。

3. 财务决策可以评价和选择企业的经营决策

企业的大部分经营决策都涉及资金和盈利问题，比如投资决策、产品生产决策等。企业的一些重大经营活动往往是经营决策和财务决策互相交织在一起，只不过对同一个经营活动的着眼点不同而已。经营决策侧重于从经营角度，而财务决策则侧重于从资金占用和盈利的角度看问题，二者殊途同归，都是为了求得企业的生存与发展，提高企业的经济效益。为了全面地看问题，这些经营决策都应最终汇总于财务决策，通过财务决策对这些经营决策进行评价和选择，确定各种经营决策的优劣及正确与否，以便决定经营方案的取舍。财务决策对正确进行经营决策起着检查、把关的作用，可以对经营决策进行评价和选择，保证经营决策的正确性与最优化。

4. 财务决策可以合理配置企业的各种资源

企业的一切生产经营活动都离不开各种资源。只有从实物形态与价值形态的结合上合理配置各种资源，才能使企业获得较优的经济效益。从价值形态上配置各种资源，实际上是在资金合理分配的基础上实现的，这项工作只有通过财务决策才能完成。财务决策能使各种资源得到合理配置，从而为企业卓有成效地利用企业有限的资源，提高资源使用效果创造极为有利的条件。显而易见，财务决策在企业经营管理中具有不可忽视的重要作用。

二、财务决策的分类

1. 财务决策按照能否程序化，可以分为程序化财务决策和非程序化财务决策

前者指对不断重复出现的例行财务活动所做的决策，后者指对不重复出现，具有独特性的非例行财务活动所做的决策。

2. 按照决策所涉及的时间长短，财务决策可分为长期财务决策和短期财务决策

前者指所涉及时间超过一年的财务决策，后者指所涉及时间不超过一年的财务决策。

3. 财务决策又可以按照决策所处的条件，分为确定型财务决策、风险型财务决策和非确定型财务决策

前者指对未来情况完全掌握、每种方案只有一种结果；次者指对未来情况不完全掌握，每种方案会出现几种结果，但可按概率确定的条件的决策；后者指对未来情况完全不掌握，每种方案会出现几种结果，且其结果不确定的决策。

4. 按照决策所涉及的内容，财务决策还可以分为投资决策、筹资决策和股利分配决策

前者指资金对外投出和内部配置使用的决策；次者指有关资金筹措的决策；后者指有关利润分配的决策。

5. 财务决策还可以分为生产决策、市场营销决策等

生产决策是指在生产领域中，对生产什么，生产多少以及如何生产等几个方面的题做出的决策，具体包括剩余生产能力如何运用、亏损产品如何处理，联产品是否进一步加工和生产批量的确定等。

市场营销决策往往涉及三个方面的问题：

一是销售价格的确定，即定价决策。它可以针对标准产品，需要从较长时期角度考虑成本补偿和目标利润实现问题，往往要根据完全成本法的单位产品成本来确定；可以是针对新产品的定价决策，这往往涉及企业的竞争策略，而管理会计提供的决策支持信息也主要是新产品的生产成本。短期财务决策中的定价决策涉及的主要是剩余生产能力情况下的特殊订货，需要通过成本、业务量和利润之间关系的分析来确定最低可以接受的价格。

二是如何在销售价格和销售量之间取得平衡，以谋求利润最大。它要利用经济学中关于供需变化规律的研究成果，通过对成本、业务量和利润之间的依存关系分析来确定最优的价格水平，为市场竞争中的价格竞争提供决策依据。

三是如何充分利用有限的资源，以谋求利润最大。它涉及单一约束条件下的品种规划和多因素约束条件下的品种规划两方面的决策。

三、财务决策方法

（一）财务决策的方法分为定性决策方法和定量决策方法两类

（1）定性财务决策是通过判断事物所特有的各种因素、属性进行决策的方法，它建立在经验判断、逻辑思维和逻辑推理之上，主要特点是依靠个人经验和综合分析对比进行决策。定性决策的方法有专家会议法、德尔菲法等。

（2）定量决策是通过分析事物各项因果、属性的数量关系进行决策的方法，主要特点是在决策的变量与目标之间建立数学模型，根据决策条件，通过模型计算、分析比较得出决策结果。定量财务决策的方法主要有对比分析法、数学微分法、线性规划法、概率决策法和损益决策法等。

①对比分析法。

对比分析法是把各种不同方案排列在一起，按其经济效益的好坏进行对比分析，进而做出决策的方法。它是财务决策的基本方法，按对比方式可分为总量对比法、差量对比法和指标对比法等。总量对比法是将不同方案的总收入、总成本或总利润进行对比，以确定最佳方案的一种方法。差量对比法是将不同方案的预期收入之间的差额与预期成本之间的差额进行对比，求出差量利润，进而做出决策的方法。指标对比法是把反映不同方案经济效益的指标进行对比来确定最优方案的方法。

②数学微分法。

数学微分法是根据边际分析原理，运用数学上的微分方法，对具有曲线联系的极值问题进行求解，进而确定最优方案的一种决策方法。凡以成本为差别标准时，一般求最小值；凡以收入或利润为差别标准时，一般是求最大值。这种方法常被用于最优资本结构决策、现金最佳余额决策、存货的经济批量决策等。

③线性规划法。

线性规划法是解决多变量最优决策的方法，是在各种相互关联的多变量约束条件下，解决或规划一个对象的线性目标函数最优的问题，即给予一定数量的人力、物力和资源，如何应用才能得到最大经济效益。其中，目标函数是决策者要求达到目标的数学表达式，用一个极大值或极小值表示；约束条件是指实现目标的能力资源和内部条件的限制因素，用一组等式或不等式来表示。在有若干个约束条件（如资金供应、人工工时数量、产品销售数量）的情况下，这种方法能帮助管理人员对合理组织人力、物力、财力等做出最优决策。

④概率决策法。

概率决策法又称决策树法，是进行风险决策的一种主要方法。它利用了概率论的原理，并且利用一种树形图作为分析工具。其基本原理是用决策点代表决策问题，用方案分枝代表可供选择的方案，用概率分枝代表方案可能出现的各种结果，经过对各种方案在各种结果条件下损益值的计算比较，为决策者提供依据。

⑤损益决策法。

损益决策又称不确定性决策，是指在未来情况很不明了的情况下，只能预测有关因素可能出现的状况，但其概率是不可预知的决策，通常采用最大最小收益值法（小中取大法），或最小最大后悔值法（大中取小法）。最大最小收益值法是把各个方案的最小收益值都计算出来，然后取其最大者所对应的方案为最优方案。采用这种方法来决策时，决策者对决策事物的前景抱悲观的估计，总是从不利条件下寻求最好的方案。因此，这种决策也叫做"保守型"决策。最小最大后悔值法是把各方案的最大损失值都计算出来，然后取其最小者所对应的方案为最优方法。采用这种方法来决策时，决策者对事物未来的前景估计是乐观的，愿意承担一定的风险代价去获取最大的收益。因此，这种决策也叫做"激进型"决策。

（二）财务决策依据

管理人员在做出决策前必须权衡比较各个备选方案。列出各个备选方案的正反效果（包括定量和定性因素），确定各个备选方案的净效益，然后比较各个备选方案的净效益，选择一个效益最好的方案实施，这就是决策。在决策过程中，"成本效益分析"贯穿始终。成本效益分析的结果就成为选择决策方案的依据。效益最大或成本最低的备选方案就是管理人员应采取的方案。成本效益分析需要两方面的信息：

1. 财务信息

所谓财务信息是指与特定决策相关的能够用货币计量的因素。如在零部件是自制还是外购的决策中，自制的成本和外购的价格因其能用货币进行计量，就属于财务信息。

管理会计关注的主要是定量化因素或能用货币计量之因素的成本效益分析。其基本规则是，在其他因素相同的情况下，用货币计量的效益最大或成本最低的方案就是最佳方案。在管理会计中，成本效益分析比日常生活中的决策更为系统化。系统化研究的好处之一，就是能够保证在进行成本效益分析时与决策有关的所有成本和效益因素都不会被遗漏。如被遗漏，就可能导致错误的决策。在进行成本效益分析时，最困难的是在所有的信息中识别出与被选方案有关的成本（即相关成本）和效益因素。在成本效益分析中，成本效益分析的方法是简单的，首先，考察所取得的全部信息，并识别备选方案中与决策有关的成本和效益。然后用表式列出所有的成本及相关的效益。最后用效益减成本，两者之差就是某个或某系列备选方案的净效益或净成本。如何列示成本和效益因素没有固定的形式，但是，在陈述相关信息时，必须保证这些信息容易理解，所有备选方案的最终比较结果是在一个相似的基础上得出的。这样有利于最佳方案的选择。

2. 非财务信息

尽管管理会计主要关注的是决策方案的财务信息，但非财务信息（或称定性因素）对成本效益分析以及决策，其重要性决不亚于定量因素或可用货币计量的因素。大多数备选方案中都隐含着非财务性因素。这些非财务性因素中包括决策中的人际因素如雇员士气、公共关系、质素以及不能用货币确切计量的长远影响等。管理人员在做出具体决策前，必须充分考虑这些定性因素。

四、财务决策步骤

企业进行财务决策通常经过如下步骤：

（1）确定决策目标，指确定决策所要解决的问题和达到的目的。确认最优化的目标：收益最大或成本最小。

（2）进行财务预测，即通过财务预测，取得财务决策所需的已经科学处理的预测结果。

（3）方案评价与选优，指依据预测结果在目标的制约下，根据资源和机会，设计备选方案。建立若干备选方案，并运用决策方法和根据决策标准对各方案进行分析论证，做出综合评价，选取其中最为满意的方案。

（4）决策过程的结束。做出决策后，企业首先要进行具体的计划安排，组织实施，并对计划执行过程进行控制和搜集执行结果的信息反馈，以便判断决策的正误，及时修正方案，确保决策目标的实现。然后运用各种定性和定量的方法分析各方案的影响及其能够达到的目标。最后，比较各备选方案，选择其中最优的方案。这一最优的方案就是使目标最优化的方案。

决策是面向未来的，而未来含有许多不确定性因素，因此良好的预测是决策的基础，是决策科学化的前提。没有准确科学的预测，就不可能做出符合客观实际的科学决策。同时，决策是规划的基础，没有具体的决策结论，就无法做出相应的计划和预算，也无法进行相应的控制和考核。

本章综述

1. 财务规划：是企业根据自身的总体目标，对相关经济资源，特别是财务资源进行筹划和布局，并通过财务战略来落实。财务规划主要对企业的中长期资金流动进行分析，其总体目标是优化公司的盈利能力，充分利用资金。

2. 财务预测：是根据财务活动的历史资料，考虑现实的要求和条件，运用科学的预测方法，对企业未来的财务活动和财务成果做出科学预计和测算的过程。

3. 销售预测：指单个企业对其在一段具体的临近时期内、在特定的市场上按预定的市场营销计划可能实现的销售所做的估计。

4. 成本预测：是在编制成本预算之前，根据企业的经营总目标和预测期可能出现的各个影响因素，采用定量和定性分析方法，确定目标成本，预计成本水平和变动趋势的一种管理活动。

5. 利润预测：是指企业在销售预测和成本预测的基础上通过对销售量、产品成本、营业费用以及其他对利润发生影响的因素进行综合分析与研究，进而对企业在未来某一时期内可以实现的利润进行科学的预计和测算。

6. 资金需要量预测：是以预测期企业生产经营规模的发展和资金利用效果的提高等为依据，在分析有关历史资料、技术经济条件和发展规划的基础上，运用数学方法，对预测期资金需要量进行科学的预计和测算。

7. 财务决策就是对财务预测所提出的诸多财务方案进行可行性研究，从而选出最优方案的过程。财务决策按照能否程序化，可以分为程序化财务决策和非程序化财务决策；按照决策所处的条件，分为确定型财务决策、风险型财务决策和非确定型财务决策。财务决策的方法分为定性决策方法和定量决策方法两类。

参考文献

[1] 荆新，王化成，刘俊彦. 财务管理 [M]. 北京：中国人民大学出版社，2018.

[2] 罗伯特·C.希金斯. 财务管理分析 [M]. 沈艺峰，译. 北京：北京大学出版社，2015.

[3] 刘娥平. 企业财务管理 [M]. 北京：北京大学出版社，2014.

习　题

第十五章

财务计划、财务预算与财务控制

■ **本章导读**

本章主要讲授财务预算的概念、作用及编制方法，并在此基础上介绍了财务预算的运用以及了解财务控制的意义和财务控制的种类，掌握各责任中心的特点与区别，并能运用考核指标进行财务控制分析。

■ **重点专业词语**

财务预算（financial budget）　　　　销售预算（sales budget）

生产预算（production budget）　　　现金预算（cash budget）

固定预算（fixed budget）　　　　　弹性预算（flexible budget）

增量预算（incremental budget）　　　零基预算（zero base budget）

定期预算（periodic budget）　　　　滚动预算（rolling budget）

财务控制（financial control）　　　　责任中心（accountability center）

剩余收益（remaining earnings）

■ **开章案例**

企业生产经营的全面预算以企业的经营目标为出发点，以市场需求预测为基础，以销售预算为主导，进而包括生产、成本和现金收支等各个方面，并落实到生产经营活动对企业经营成果和财务状况的影响。财务预算在全面预算体系中占有举足轻重的地位，是企业全面预算的核心组成部分。

财务控制是企业财务管理的重要环节，对于贯彻财务决策、财务预算以及最终实现企业的财务管理目标有十分重要的作用。财务预算完成以后就要进入执行阶段，财务管理工作的重心也就转向了财务控制，并在控制中进行考核。

第一节　财务计划

一、财务计划的概念

　　财务计划是企业以货币形式预计计划期内资金的取得与运用和各项经营收支及财务成果的书面文件。它是企业经营计划的重要组成部分，是进行财务管理、财务监督的主要依据。

　　财务计划是在生产、销售、物资供应、劳动工资、设备维修、技术组织等计划的基础上编制的，其目的是确立财务管理上的奋斗目标。

二、财务计划的分类

　　短期计划：是指一年一度的财务预算。

　　长期计划：通常企业制定为期 5 年的长期计划，且是战略性计划，它规定组织较长时期的目标及实现目标的战略性计划。在进行长期计划时，管理者一般需要编制预计财务报表，并在以下四个方面使用：

　　（1）企业通过预计财务报表，可以评价企业预期经营业绩是否与企业总目标一致，以及是否达到股东的期望水平。

　　（2）预计财务报表可以预测拟进行的经营变革将产生的影响。

　　（3）预计管理者利用财务报表预测企业未来的融资需求。

　　（4）预计财务报表被用来预测企业未来现金流，管理者可以通过预测不同经营计划下的实体现金流量和资本需求，选择能使股东价值达到最大化的计划。

三、财务计划的内容

　　以国有企业为例，国有企业的财务计划主要包括以下内容：

　　（1）生产经营活动中的各项收入、支出和盈亏情况；

　　（2）产品成本和费用预算；

　　（3）纯收入的分配和亏损的弥补，以及企业与国家预算的缴款、拨款关系；

　　（4）流动资金来源和占用以及周转情况；

　　（5）专项基金的提存、使用以及企业依法留用利润的安排、使用情况。

四、财务计划的基本步骤

　　（1）确定计划并编制预计财务报表，运用这些预测结果分析经营计划对预计利润和财务比率的影响。这些预测结果还能用于监督实施阶段的经营情况。实施情况一旦偏离计划，管理者能否很快得知是控制系统好坏的重要标准，也是公司能否在一个变化迅速的世界取得成功的必要因素。

　　（2）确认支持长期计划需要的资金，包括购买设备等固定资产以及存货、应收账款、研究开发、主要广告宣传需要的资金。

　　（3）预测未来长期可使用的资金，包括预测可从内部产生的和向外部融资的部分。任何财务限制导致的经营约束都必须在计划中体现，这些约束包括对负债率、流动比率、利息保障倍数等的限制。

（4）在企业内部建立并保持一个控制资金分配和使用的系统，目的是保证基础计划的适当展开。

（5）制定调整基本计划的程序。基本计划在一定的经济预测基础上制定，当基本计划所依赖的经济预测与实际的经济状况不符时，需要对计划及时做出调整。例如，如果实际经济走势强于预测，这些新条件必须在更新的计划里体现，如更高的生产计划额度、更大的市场份额等，并且计划调整得越快越好。因此，此步骤实际上是"反馈环节"，即基于实际情况的变化对财务计划进行修改。

（6）建立基于绩效的管理层报酬计划。奖励管理层按照股东的想法（即股东价值最大化）经营非常重要。

五、财务计划的基本原则

（1）合法性原则：财务计划的编制，应当符合国家政策、法令的各项规定。

（2）可实行性原则：财务计划的各项指标既要能够调动职工增产节约、改善经营管理的积极性，又要有切实的措施保证其实现。

（3）适应性原则：财务计划中的各项指标要与企业的全部生产经营活动相适应，要与其他各项计划协调一致；

（4）分期原则：要按年度、季度、月度分别编制财务计划，以月保季、以季保年。

第二节　财务预算

一、财务预算概述

预算是计划工作的成果，既是计划的具体化，又是控制生产经营活动的依据。预算在传统上被看成是控制支出的工具，但新的观念将其看成是"利用企业现有资源增加企业价值的一种方法"。而财务预算是整个预算制度成功的关键，有助于财务目标的顺利实现。

（一）财务预算的概念

广义上的财务预算是一系列专门反映企业未来一定预算期内的财务状况和经营成果，以及现金收支等价值指标的各种预算的总称，如反映销售收入的销售预算，反映成本、费用支出的生产费用预算和期间费用预算，反映资本支出活动的资本预算，反映现金收支活动的现金预算等。狭义上的财务预算通常包括现金预算、利润表预算、资产负债表预算等。为了区别财务预算与其他预算，我们通常会将企业未来一定时期内经常发生的各种经营活动的预算称之为营业预算，将专门针对企业固定资产、无形资产等特殊业务的预算归结到资本支出预算。

（二）财务预算的作用

财务预算是企业的综合预算，它在预算体系中有以下重要作用：

（1）财务预算使决策目标具体化、系统化和定量化。

在现代企业财务管理中，财务预算到全面、综合地协调、规划企业内部各部门、各层次的经济关系与职能，使之统一服从于未来经营总体目标的要求；同时，财务预算又能使决策目标具体化。系统化和定量化，能够明确规定企业有关生产经营人员各自的职责及相应的奋斗目标，做到人人心中有数。

（2）财务预算是企业各级部门工作控制的标准。

通过财务预算，企业可以建立评价其财务状况的标准，各部门将实际数与预算数对比，可及时发现问题和调整偏差，使企业的经济活动按预定的目标进行，从而实现企业的财务目标。

（3）财务预算是企业各级各部门考核的依据。

现代企业必须建立起健全的责任制度，这就离不开对工作业绩的考核。在预算实施过程中，实际偏离预算的差异，既是企业控制日常经营活动的标准，也是考核各部门工作业绩的主要依据。

（三）财务预算的步骤

（1）根据销售预测编制销售预算，确定预计销售量。

（2）在预计销售量的基础上，结合产成品的期初结存量和预计期末结存量编制生产预算，确定预计生产量。

（3）在预计生产量的基础上，先分别编制直接材料采购预算、直接人工预算和制造费用预算，汇总编制出产品生产成本预算。

（4）根据销售预算编制销售及管理费用预算。

（5）根据销售预算和生产预算估计所需的固定资产投资，编制资本资产预算。

（6）根据执行以上各项预算所产生的现金流量和必需的现金流量，编制现金预算。

（7）综合以上各项预算，进行试算平衡，编制预计财务报表。

二、财务预算的编制方法

财务预算的内容比较复杂，编制财务预算需要采用适当的方法。常见的预算方法主要包括固定预算法与弹性预算法、增量预算法与零基预算法、定期预算法与滚动预算法，这些方法广泛应用于营业活动有关预算的编制。概率预算法主要应用于利润预算，现金收支法常常应用于现金预算。

（一）固定预算法与弹性预算法

按其业务量基础的数量特征的不同，编制财务预算的方法可以分为固定预算法和弹性预算法两类。

1. 固定预算法

固定预算法又称静态预算法，是指在编制预算时，只根据预算期内正常、可实现的某一固定的业务量（如生产量、销售量）水平作为唯一基础来编制预算的方法。显然，以未来固定不变的业务水平所编制的预算赖以生存的前提条件是预计业务量与实际业务量相一致（或相差很小）。

固定预算的缺点：一是过于呆板。因为编制预算的业务量基础是事先假定的某个业务量，所以在这种方法下，不论预算期内业务量水平实际可能发生哪些变动，都只能以事先确定的某一个业务量水平作为编制预算的基础。二是可比性差。对那些未来业务量不稳定、经常发生波动的企业来说，当实际的业务量与编制预算所依据的业务量发生较大差异时，有关预算指标的实际数与预算数就会因业务量基础不同而失去可比性，还可能对企业预算的业绩考核和评价产生扭曲甚至误导作用。例如，编制财务预算时，预计业务量为生产能力的90%，其成本预算总额为40 000元，而实际业务量为生产能力的100%，其成本实际总额为55 000元，实际成本与预算相比，超支很大。但是，实际成本脱离预算成本的差异包括了因业务量增长而增加的成本差异，而业务量差异对成本分析来说是无意义的。

2. 弹性预算法

弹性预算是根据量、本、利之间的依存关系，考虑到计划期间业务量可能发生的变动，编制出一套适应多种业务量的费用预算，以便分别反映在各种业务量的情况下所应支付的费用水平。弹性预算法又称为动态预算法，是为克服固定预算法的缺点而设计的，在成本（费用）习性分类的基础上，以业务量、成本和利润之间的依存关系为依据，按照预算期内可能的一系列业务量（如生产量、销售量、工时等）水平编制的系列预算方法。在编制预算时，变动成本随业务量的变动而予以增减，固定成本则在相关的业务量范围内稳定不变，然后分别按一系列可能达到的预计业务量水平编制能适应企业在预算期内任何生产经营水平的预算。由于这种预算是随着业务量的变动作机动调整的，适用面广，具有弹性，故称为弹性预算或变动预算。

弹性预算的优点：一是预算范围宽；二是可比性强。弹性预算一般适用于与预算执行单位业务量有关的成本（费用）、利润等预算项目。由于未来业务量的变动会影响到成本、费用、利润等各方面，因此，弹性预算法理论上适用于编制财务预算中所有与业务量有关的预算。但在实务中，其主要用于编制成本费用预算和利润预算。由于收入、利润可以利用概率进行风险分析预算，直接材料、直接人工一般按标准成本制度进行标准预算，因此，制造费用、销售费用等间接费用应用弹性预算法较为广泛。

弹性预算的编制程序为：

（1）确定某一相关业务量范围。弹性预算法所采用的业务量的范围，要保证实际业务量不至于超出相关业务量范围。一般来说，其可定在正常生产能力的70%~120%之间，或以历史上的最高业务量或最低业务量为其上下限。弹性预算法编制预算的准确性，在很大程度上取决于成本性态分析的可靠性。

（2）选择业务量的计量单位。编制弹性预算首先要选择适当的业务量。选择业务量包括选择业务量计量单位和选择业务量范围两部分内容，两者都应根据企业的具体情况进行选择。例如，以手工操作为主的车间，可以选用人工工时；生产单一产品的部门，可以选用产品数量；修理部门可以选用直接修理工时。

（3）按照成本性态分析的方法，将企业的成本分为固定成本和变动成本两大类，并确定成本函数（$y = a + bx$）。

（4）确定预算期内各业务量水平的预算额。

弹性预算编制一般采用公式法和列表法两种。

①公式法。

公式法是运用成本性态模型，测算预算期的成本费用数额，并编制弹性预算的方法。根据成本性态，成本与业务量之间的数量关系可以用公式表示为：$y = a + bx$。（其中，y表示某项预算成本总额，a表示该项成本中的预算固定成本额，b表示该项成本中的预算单位变动成本额，x表示预计业务量。）

【例15-1】已知：M公司按公式法编制的制造费用弹性预算见表15-1。

表15-1　制造费用弹性预算（公式法）　　　　　　　　单位：元

费用项目	7 000~12 000（人工工时）	
	固定费用 a	变动费用 b
管理人员工资	8 000	—
设备租金	6 000	—
保险费	4 000	—

表15-1（续）

费用项目	7 000~12 000（人工工时）	
	固定费用 a	变动费用 b
维修费	2 000	0.15
辅助材料	1 000	0.10
辅助工人工资		0.25
检验员工资		0.20
合计	21 000	0.70

根据表15-1，我们可利用 $y=21\,000+0.70x$，计算出人工工时在 7 000~12 000 小时，任一业务量基础上的制造费用预算总额，也可计算出在该人工小时变动范围内，任一业务量的制造费用中某一费用项目的预算额，如辅助材料 $y=1\,000+0.10x$，检验员工资 $y=0.20x$ 等。

公式法的优点是便于计算任何业务量的预算成本，编制预算的工作量较小。但是，在进行预算控制和考核时，不能直接了解特定业务量下的成本预算，阶梯型成本和曲线成本还需要修正为直线，才能采用公式法，比较麻烦，也存在有一定的误差。

②列表法。

列表法是指通过列表的方式，在相关范围内将业务量分为若干个水平，然后按不同的业务量水平编制预算的方法。

【例15-2】已知：M公司按列表法编制的制造费用弹性预算见表15-2。

表 15-2　制造费用弹性预算（列表法）　　　　单位：元

直接人工小时	7 000	8 000	9 000	10 000	11 000	12 000
生产能力利用%	70	80	90	100	110	120
变动成本项目：	3 150	3 600	4 050	4 500	4 950	5 400
辅助工人工资	1 750	2 000	2 250	2 500	2 750	3 000
检验员工资	1 400	1 600	1 800	2 000	2 200	2 400
混合成本项目：	3 850	4 400	4 950	5 500	6 050	6 600
维修费	2 450	2 800	3 150	3 500	3 850	4 200
辅助材料	1 400	1 600	1 800	2 000	2 200	2 400
固定成本项目：	18 000	18 000	18 000	18 000	18 000	18 000
管理人员工资	8 000	8 000	8 000	8 000	8 000	8 000
设备租金	6 000	6 000	6 000	6 000	6 000	6 000
保险费	4 000	4 000	4 000	4 000	4 000	4 000
制造费用预算	25 000	26 000	27 000	28 000	29 000	30 000

表15-2中的业务量间距为10%，实际工作中，我们可以选择更少的间距。显然，业务量的间距越少，实际业务量水平出现在预算表中的可能性就越大，但工作量也就越大。列表法的优点是可以直接从表中找到与业务量相近的预算成本，便于预算的控制和考核，但这种方法工作量较大，且不能包括所有业务量条件下的费用预算。

（二）增量预算法和零基预算法

按其出发点的特征不同，编制预算的方法可分为增量预算法和零基预算法两类。

1. 增量预算法

增量预算法是指在基期成本费用水平的基础上，结合预算期业务量水平及有关影响成本因素的未来变动情况，通过调整有关原有成本费用项目而编制预算的一种方法。增量预算法的前提条件主要有两点：第一，现有的业务活动是企业所必需的。只有保留企业现有的每项业务活动，才能使企业的经营过程得到正常发展。第二，原有的各项业务都是合理的。既然现有的业务活动是必需的，那么原有的各项费用开支就一定是合理的，必须予以保留。

增量预算法比较简单，但它以过去的经验为基础，实际上是承认过去所发生的一切都是合理的，主张不需在预算内容上做较大改进，而是沿袭以前的预算项目。这种方法容易受原有费用项目限制，可能使原来不合理的费用开支继续存在下去，使不必要的开支合理化，造成预算上的浪费，也容易滋长预算中的"平均主义"，不利于调动各部门降低费用的积极性。按照这种方法编制的费用预算，只对目前已存在的费用项目编制预算，而那些对企业未来发展有利、确实需要开支的费用项目却未予考虑，不利于企业未来的发展。

2. 零基预算法

零基预算法是指在编制预算时，对于所有的预算支出以零为基础，不考虑其以往情况如何，从实际需要与可能出发，研究分析各项预算费用开支是否必要合理，进行综合平衡，从而确定预算费用的一种方法。

零基预算法是美国德州仪器公司彼得·派尔在 20 世纪 70 年代提出来的，作为管理间接费用的一种新的有效方法，现在已被很多国家广泛采用。

零基预算是区别于传统的增量预算而设计的一种编制费用预算的方法，它打破了传统的编制预算的观念，不再以历史资料为基础进行调整，而是一切以零为基础。企业在编制预算时，首先要确定各个项目是否应该存在，然后按项目的轻重缓急，安排企业的费用预算。零基预算法的具体步骤：

（1）企业内部各有关部门，根据企业的总体目标和各部门的具体任务，分析预算期内需要发生的各种业务活动及其费用开支项目的性质、目的和数额。

（2）对各项预算方案进行成本—效益分析，即对每一项业务活动的所费与所得进行对比，权衡得失与轻重缓急，据以判断各项费用开支的合理性及排列优先顺序。

（3）根据生产经营的客观需要与一定期间资金供应的实际可能，在预算中对各个项目进行择优安排，分配资金，落实预算。

（4）划分不可延缓费用项目和可延缓费用项目。在编制预算时，企业应根据预算期内可供支配的资金数额在各费用之间进行分配，优先安排不可延缓费用项目的支出；然后再根据需要和可能，按照费用项目的轻重缓急确定可延缓项的开支，分解落实相应的费用控制目标，编制相应的费用预算。

零基预算的优点是不受现有条条框框的限制，对一切费用都以零为出发点，这样不仅能压缩资金开支，而且能切实做到把有限的资金，用在最需要的地方，从而调动各部门人员的积极性和创造性，量力而行，合理使用资金，提高效益。但零基预算的工作量较大，编制预算需要较长的时间。为了克服这一不足，企业不需要每年都按零基预算的方法编制预算，只需每隔几年按此方法编制一次预算。

【例 15-3】M 公司为降低费用开支水平，拟对历年来超支严重的业务招待费、劳动保护费、办公费、广告费、保险费等间接费用项目按照零基预算法进行编制。经讨论研究，确定预算年度所需发生的费用项目及支出数额见表 15-3。

表 15-3　预计费用项目及开支金额　　　　　　　　单位：元

费用项目	开支金额
1. 业务招待费	100 000
2. 差旅费	50 000
3. 办公费	120 000
4. 广告费	200 000
5. 保险费	160 000
6. 租金	30 000
合　计	660 000

对上述各项费用进行充分论证，对各费用项目中属于可避免成本的业务招待费和培训费，参照历史经验，业务招待费成本收益率为 1：15，广告费成本收益率为 1：25。然后，权衡上述各项费用开支的轻重缓急，排出等级及顺序。

第一等级：差旅费、办公费、保险费和租金属于约束性成本，为预算必不可少的开支，应全额得到保证。

第二等级：广告费属于可避免成本，可以根据预算期企业资金供应情况酌情增减，但由于广告费的成本收益率高于业务招待费，因而列入第二等级。

第三等级：业务招待费，也属于可避免成本，根据预算期企业资金供应情况酌情增减，但由于成本收益率最低，因而列入第三等级。

假定该公司预算年度对上述各项费用可动用的资金只有 600 000 元，根据以上排列的等级和顺序分配落实预算资金：

（1）第一等级的费用项目所需资金应全额满足：

50 000+120 000+160 000+30 000＝360 000 （元）

（2）确定可分配的资金数额：

600 000－360 000＝240 000 （元）

（3）按成本收益率的比例分配业务招待费和广告费，则

$$业务招待费可分配资金 = 240\ 000 \times \frac{15}{15+25} = 90\ 000\ （元）$$

$$广告费可分配资金 = 240\ 000 \times \frac{25}{15+25} = 150\ 000\ （元）$$

零基预算法与传统预算方法相比，它以零为起点，不受前期费用项目和费用水平的制约，可以促使企业合理有效地进行资源分配，能够调动企业各部门降低费用的积极性，能对环境变化做出较快反应，能够及时地复核成本状况，但需要对企业现状和市场进行大量的调研，耗时巨大，参加预算工作的人员先要进行培训，并且需要全员参与。因此，在实务中，企业并不需要每年都按零基预算法来编制预算，而是每隔几年才按此方法编制一次预算。其一般适用于产出较难辨认的服务性部门费用预算的编制。

（三）定期预算法和滚动预算法

按预算期的时间特征不同，预算法可分为定期预算法和滚动预算法两类。

1. 定期预算法

定期预算法是指在编制预算时，以固定不变的会计期间（如年度、季度、月份）作为预算期间编制预算的方法。

采用定期预算法编制预算，要保证预算期间与会计期间在时期上配比，以便于依据会

计报告的数据与预算进行比较，考核和评价预算的执行结果。但定期预算往往是年初或提前几个月编制的，不能随情况的变化及时调整，不利于前后各个期间的预算衔接，不能适应连续不断的业务活动过程的预算管理，不利于企业的长远发展。

定期预算法的优点是便于将实际数与预算数进行对比，也有利于对预算执行情况进行分析和评价。其缺点在于：第一，盲目性。因为定期预算多在其执行年度开始前两三个月进行，难以预测预算期后期情况，特别是在多变的市场下，许多数据资料只能估计，具有盲目性。第二，不变性。预算执行中，许多不测因素会妨碍预算的指导功能，甚至使之失去作用，而预算在实施过程中又往往不能进行调整。第三，间断性。预算的连续性差，定期预算只考虑一个会计年度的经营活动，即使年中修订的预算也只是针对剩余的预算期，对下一个会计年度很少考虑，形成人为的预算间断。

2. 滚动预算法

滚动预算法，又称永续预算法，是指在编制预算时，将预算期与会计期间脱离，调整和编制下期预算，随着预算的执行不断地补充预算，将预算期间逐期连续向后滚动推移，使预算期间保持为一个固定期间的一种预算编制方法。

滚动预算能使企业各级管理人员对未来始终保持整个固定时间长度的考虑和规划，保证企业的经营管理工作能够稳定而有秩序地进行，从而克服了传统定期预算的盲目性、不变性和间断性，从这个意义上说，编制预算已不再仅仅是每年末才开展的工作了，而是与日常管理密切结合的一项措施。

滚动预算法按其预算编制和滚动时间单位不同可分为逐月滚动、逐季滚动和混合滚动三种方式。

①逐月滚动方式。逐月滚动方式是指在预算编制过程中，以月份为预算的编制和滚动单位，每个月调整一次预算的方法。如在 2017 年 1 月至 12 月的预算执行过程中，需要在 1 月末根据当月预算的执行情况，修订 2 月至 12 月的预算，同时补充 2018 年 1 月的预算；到 2 月末可根据当月预算的执行情况，修订 3 月至 2018 年 1 月的预算，同时补充 2018 年 2 月的预算……以此类推。逐月滚动预算见图 15-1 所示。

按照逐月滚动方式编制的预算比较精确，但工作量很大。

图 15-1　逐月滚动预算

②逐季滚动方式。逐季滚动方式是指在预算编制过程中，以季度为预算的编制和滚动单位，每个季度调整一次预算的方法。如在 2017 年第一季度至第四季度的预算执行中，需要在第一季末根据当季预算的执行情况，修订第 2 季度至第 4 季度的预算；同时补充 2018 年第 1 季度的预算；第 2 季度末根据当季预算的执行情况，修订第 3 季度至 2018 年第 1 季

度的预算，同时补充 2018 年第 2 季度的预算……以此类推。

按照逐季滚动编制的预算比逐月滚动的工作量要小，但预算精度略差。

③混合滚动方式。混合滚动方式是指在预算编制过程中，同时使用月份和季度作为预算的编制和滚动单位的方法。它是滚动预算的一种变通方式。

这种预算方法的理论依据是：人们对未来的了解程度具有对近期把握较大，对远期把握较小的特征。为了做到长计划短安排，远略近详，在预算编制过程中，企业可以对近期预算提出较高的精度要求，使预算的内容相对详细；对远期预算提出较低的精度要求，使预算的内容相对简单，这样可以减少预算工作量。

如对 2017 年 1 月至 3 月的头 3 个月逐月编制详细预算，其余 4 月至 12 月分别按季度编制粗略预算；3 月末根据第 1 季度预算的执行情况，编制 4 月至 6 月的详细预算，并修订第 3 至第 4 季度的预算，同时补充 2018 年第 1 季度的预算；以此类推。混合滚动预算如图 15-2 所示。

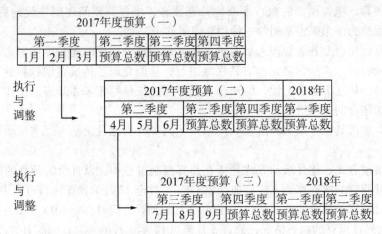

图 15-2　混合滚动预算

在实际工作中，采用哪一种滚动预算方式应视企业的实际需要而定。

与传统定期预算法相比，按滚动预算法编制的预算实现了与日常管理的紧密衔接，能够使管理人员始终从动态的角度把握住企业近期的规划目标和远期的战略布局，使预算具有较高的透明度。另外，由于滚动预算能根据前期预算的执行情况，结合各种因素的变动影响，及时调整和修订近期预算，从而使预算更加切合实际，并充分发挥预算的指导和控制作用。其缺点是预算工作量较大。

（四）概率预算法

概率预算法是为了反映企业在实际经营过程中各预定指标可能发生的变化而编制的预算。它不仅考虑了各因素可能发生变化的水平范围，而且考虑到在此范围内有关数据可能出现的概率情况。因此，在预算的编制过程中，编制人员不仅要对有关变量的相应数值进行加工，还需对有关变量可预期的概率进行分析。用该方法编制出的预算由于在其形成过程中，把各种可预计到的可能性都考虑进去了，因而比较接近客观实际情况，同时还能帮助企业管理者对各种经营情况及其结果出现的可能性做到心中有数，有备无患。

【例 15-4】假设 M 公司预算期产品销售单价为 100 元，销售量和变动成本的预测值及相应的概率，以及其他有关数据如表 15-4 所示。

表 15-4 产品相关资料 单位：元

销售量/件	20			25			30		
销售收入/元	2 000			2 500			3 000		
概率Ⅰ	0.2			0.6			0.2		
变动成本（生产）/元	50	55	60	50	55	60	50	55	60
变动成本（销售）/元	5	5	5	5	5	5	5	5	5
概率Ⅱ	0.3	0.4	0.3	0.3	0.4	0.3	0.3	0.4	0.3
固定成本/元	400	400	400	450	450	450	500	500	500
利润/元	500	400	300	675	550	425	850	700	550
总概率（Ⅰ×Ⅱ）	0.06	0.08	0.06	0.18	0.24	0.18	0.06	0.08	0.06
利润期望值/元	550								

根据表 15-4，通过将各变量的有关数据与其相对应的总概率相乘，然后汇总，就可以求得各变量的预期值。

前面介绍的六种预算法属于三种类型，固定预算法与弹性预算法归为一类，增量预算法与零基预算法归为一类，定期预算法与滚动预算法归为一类。概率预算法多用于利润的预算，现金收支法主要应用于现金预算的编制。后面将介绍现金预算的编制。任何一种预算方法只有通过具体的预算才能发挥作用，即使是不同类型之间的预算方法之间也并非完全相互排斥的关系，在编制某一特定内容的预算过程中，完全有可能同时采用两种预算方法。

三、财务预算的编制

（一）营业预算的编制

1. 销售预算

销售收入是企业盈利的主要来源，也是企业现金流量中经营现金流量实现的保证。显然，销售预算既要考虑销售预测，又要避免过高的风险，一般销售预算要略低于企业预测值。销售预算同其他各项预算之间，在不同程度上有着直接或间接的相互关系。因此，销售预算一经确定，就成为生产预算以及各项生产成本预算等的编制依据。

销售预算以销售预测为基础，预测的主要依据是各种产品历史销售量的分析，结合市场预测中各种产品发展前景等资料，先按产品、地区、顾客和其他项目分别加以编制，然后加以归并汇总。本章按照季度销售数据编制营业预算。

销售预算中通常还包括现金收入的计算，是为后面编制现金预算提供必要的资料。第一季度的现金收入包括两部分，即上年应收账款在本年第一季度收到的货款，以及本季度销售中可能收到的货款两部分。

根据销售预测确定未来期间预计的销售量和销售单价后，可得到以下公式：

$$预计销售收入 = 预计销售量 \times 预计销售单价 \tag{15.1}$$
$$预计含税销售收入 = 该期预计销售收入 + 该期预计销项税额 \tag{15.2}$$
$$某预算期现金收入 = 该期现销含税收入 + 该期回收以前期的应收账款 \tag{15.3}$$

【例 15-5】M 公司生产一种产品，销售单价为 1 000 元，预算年度内 4 个季度的销售量分别为 100 件、150 件、200 件和 180 件。假设每季度销售收入中，本季度收到现金 60%，另外的 40%要到下季度才能收到。预计第一季度可收回上年第四季度的应收账款 12 000 元。

根据上述资料，编制销售预算及预计现金收入预算表，如表 15-5 所示。

表 15-5　销售预算　　　　　　　　　　单位：元

季度	一	二	三	四	全年
预计销售量	100	150	200	180	630
销售单价	100	100	100	100	100
销售收入	10 000	15 000	20 000	18 000	63 000
增值税销项税额	1 700	2 550	3 400	3 060	10 710
含税销售收入	11 700	17 550	23 400	21 060	63 710
期初应收账款	12 000				12 000
第一季度	7 020	4 680			11 700
第二季度		10 530	7 020		17 550
第三季度			14 040	9 360	23 400
第四季度				12 636	12 636
现金收入合计	19 020	15 210	21 060	21 996	77 286

根据表 15-5 中的数据还可以计算出 M 公司年末应收账款的余额：

应收账款余额 = 21 060×40% = 8 424（元）

2. 生产预算

生产预算是根据销售预算编制的，计划为满足预算期的销售量以及期末存货所需的资源。通常，企业的生产和销售不能做到"同步同量"，计划期间除必须有足够的产品以供销售之外，还必须考虑到计划期期初和期末存货的预计水平，以避免存货太多形成积压，或存货太少影响下期销售。计算公式：

$$预计生产量 = 预计销售量 + 预计期末存货 - 预计期初存货 \qquad (15.4)$$

生产预算是所有营业预算中唯一只使用实物量单位的预算，可以为有关费用和成本提供实物量数据。生产预算在实际编制时比较复杂，一方面产量受到生产能力的限制，另一方面存货数量又会受到仓储容量的限制。

为了了解现有生产能力是否能够完成预计的生产量，生产设备管理部门有必要再次审核生产预算，若无法完成，预算委员会可以修订销售预算或考虑增加生产能力；若生产能力超过需要量，则可以考虑把生产能力用于其他方面。实践中，一般是按事先估计的期末存货量占下期销售量的比例进行估算。

【例 15-6】依【例 15-5】资料，假设 M 公司期末存货量为下期销售量的 10%，预算年度第一季度期初存货量为 10 件，期末存货量为 20 件。

根据销售预算的预计销售量和上述有关数据，编制预算年度的生产预算表，如表 15-6 所示。

表 15-6　生产预算　　　　　　　　　　单位：元

季度	一	二	三	四	全年
预计销售量	100	150	200	180	630
加：预计期末存货	15	20	18	20	20
减：预计期初存货	10	15	20	18	650
预计生产量	105	155	198	182	640

3. 直接材料预算

直接材料预算即为直接材料采购预算，是指在预算期内，根据生产预算所确定的材料采购数量和材料采购金额的计划。直接材料采购预算是以生产预算为基础，根据生产预算的每季预计生产量、单位产品的材料用量、期初和期末存量量、材料的计划单价以及采购材料的付款条件等编制的预算期直接材料采购计划。"预计生产量"的数据来自生产预算，"单位产品材料用量"的数据来自标准成本资料或消耗定额资料，"生产需用量"是上述两项的乘积。期初、期末的材料库存量是根据当前情况和销售预测估计得到。实践中，各季度"期末材料存量"一般根据下季度需用量的百分比确定。

预计各季度采购量，根据下式计算确定：

$$预计采购量=生产需要量+预计期末库存量-预计期初库存量 \qquad (15.5)$$

在实际工作中，直接材料采购预算往往还附有"预计现金支出计算表"，用以计算预算期内为采购直接材料而支付的现金数额，以便编制现金预算。

预算期采购金额的计算公式为

$$预算期采购金额=该期预计采购总成本+该期预计进项税额 \qquad (15.6)$$

预算期内的采购现金支出的计算公式为

$$预算期采购现金支出 =该期现购材料现金支出+该期支付前期的应付账款 \qquad (15.7)$$

【例15-7】假设 M 公司所生产产品只需要一种原材料，单位产品材料用量为 4 千克/件，材料采购单价为 5 元/千克，每季度末的材料存量为下季度生产用量的 20%，估计预算年度期初存货量 120 千克，期末材料存货量 150 千克。假定每季采购金额中，有 60%需要当季支付现金，其余 40%到下季支付。预算年度第一季应付上年第四季度赊购材料款为 2 500 元。

根据预计生产量和上述单位产品的材料消耗定额以及期初、期末的材料存量等相关资料，编制直接材料预算及材料采购现金支出计算表，如表 15-7 所示。为了简化计算，计算结果保留为整数。

表 15-7　直接材料预算　　　　　　　　　　单位：元

季　　度	一	二	三	四	全年
预计生产量/件	105	155	198	182	640
单位产品材料用量/千克/件	4	4	4	4	4
生产需用量/千克	420	620	792	728	2 560
加：预计期末库存量/千克	124	158	146	150	150
减：预计期初库存量/千克	120	124	158	146	120
预计采购量	424	654	780	732	2 590
材料采购单价/元/千克	5	5	5	5	5
预计采购成本/元	2 120	3 270	3 900	3 660	12 950
增值税进项税额/元	360	556	663	622	2 201*
预计采购金额合计/元	2 480	3 826	4 563	4 282	15 151
预计现金支出：					
上年应付账款	2 500				2 500
第一季度	1 488	992			2 480
第二季度		2 296	1 530		3 826
第三季度			2 738	1 825	4 563
第四季度				2 569	2 569
现金支出合计	3 988	3 288	4 268	4 394	15 938

备注：*的地方有尾差。

根据表 15-7 中的数据还可以计算出 M 公司年末期末应付账款的余额：应付账款余额 = 4 282×40% = 1 713（元）

4. 应交税费预算

应交税费预算是指为规划一定预算期内预计发生的应交增值税、营业税、消费税、资源税、城市维护建设税和教育费附加金额而编制的一种经营预算。本预算中不包括预交的所得税和直接计入管理费用的印花税。

【例 15-8】M 公司流通环节只缴纳增值税，并于销售的当期用现金完税，城建税率为 7%，教育费附加征收率为 3%。

根据前例预计的增值税销项税额和进项税，编制应交税费预算表，如表 15-8 所示。为了简化起见，计算结果保留为整数。

表 15-8　应交税费预算　　　　　　　　　　　　单位：元

季度	一	二	三	四	全年
增值税销项税额	1 700	2 550	3 400	3 060	10 710
增值税进项税额	360	556	663	622	2 201
应交增值税	1 340	1 994	2 737	2 438	8 509
应交城建税及教育费附加	134	199	274	244	851
现金支出合计	1 474	2 193	3 011	2 682	9 360

5. 直接人工预算

直接人工预算也是以生产预算为基础编制的。其主要内容有预计产量、单位产品工时、人工总工时、单位工时工资率和人工总成本。单位产品工时和单位工时工资率数据来自标准成本资料。人工总工时和人工总成本是在直接人工预算中计算出来的。直接人工预算可以反映预算期内人工工时的消耗水平和人工成本。

由于人工工资一般均由现金支付，因此通常不单独编制列示与此相关的预计现金支出开支。即便我国有一些企业的工资不一定在提取的当期用现金开支，但都是不受职工欢迎的。

【例 15-9】M 公司的单位产品工时定额为 5 小时，单位工时工资率为 8 元。

根据单位产品工时定额、单位工时工资率和预计生产量，编制直接人工预算表，如表 15-9 所示。

表 15-9　直接人工预算　　　　　　　　　　　　单位：元

季度	一	二	三	四	全年
预计生产量（件）	105	155	198	182	640
单位产品工时（小时/件）	5	5	5	5	5
人工总工时（小时）	525	775	990	910	3 200
单位工时工资率（元/小时）	8	8	8	8	8
人工总成本（元）	4 200	6 200	7 920	7 280	25 600

6. 制造费用预算

制造费用是一种能反映直接人工预算和直接材料使用和采购预算以外的所有产品成本的预算计划。为编制预算，制造费用通常可按其成本性态分为变动制造费用和固定制造费用两部分。固定制造费用可在上年的基础上根据预期变动加以适当修正进行预计；变动制造费用根据预计生产量乘以单位产品预定分配率进行预计。对于制造费用中的混合成本项目，企业应将其分解为变动费用和固定费用两部分，并分别列入制造费用预算的变动费用和固定费用。

为了全面反映企业资金收支，在制造费用预算中，通常包括费用方面预期的现金支出。需要注意的是，由于固定资产折旧费是非付现项目，故在计算时应予剔出。

【例 15-10】M 公司在预算期间的变动制造费用为 3 200 元，固定制造费用为 8 000 元。根据变动制造费用和固定制造费用相关资料，编制制造费用预算表，如表 15-10 所示。

表 15-10 制造费用预算　　　　　　　　　　　单位：元

季度	一	二	三	四	全年
变动制造费用：					
间接人工（1 元/件）	105	155	198	182	640
间接材料（1 元/件）	105	155	198	182	540
维修费（2 元/件）	210	310	396	364	1 280
水电费（1 元/件）	105	155	198	182	640
小　计	525	775	990	910	3 200
固定制造费用：					
管理人员工资	1 000	1 000	1 000	1 000	4 000
折旧费	400	400	400	400	1 600
办公费	250	150	180	320	900
保险费	200	350	450	500	1 500
小计	1 850	1 900	2 030	2 220	8 000
合　计	2 375	2 675	3 020	3 130	11 200
减：折旧	400	400	400	400	1 600
现金支出的费用	1 975	2 275	2 620	2 730	9 600

为了便于以后编制现金预算，企业需要预计现金支出。制造费用中，除折旧费外都必须支付现金，所以，各个季度制造费用数额扣除折旧费后，即可得出"现金支出的费用"。

根据表 15-10 可得，

$$变动制造费用分配率 = \frac{3\ 200}{3\ 200} = 1（元/小时）$$

$$固定制造费用分配率 = \frac{8\ 000}{3\ 200} = 2.5（元/小时）$$

7. 产品成本预算

产品成本预算是指为规划一定预算期内每种产品的单位产品成本、生产成本、销售成本等内容而编制的一种日常业务预算。产品成本预算是生产预算、直接材料预算、直接人工预算、制造费用预算的汇总，即产品成本预算主要依据生产预算、直接材料预算、直接人工预算、制造费用预算等汇总编制。产品成本预算的主要内容是产品的总成本与单位成本。单位产品成本，可根据下式计算确定：

某种产品某期预计发生的单位生产成本＝单位直接材料成本＋单位直接人工成本＋单位制造费用

(15.8)

不同的存货计价方法，需要采取不同的预算编制方法。此外，不同的成本计算模式也会产生不同的影响。在变动成本法下，产成品存货一般按先进先出法计价，产品成本只考虑直接材料、直接人工和变动制造费用。

【例15-11】根据表15-7、表15-9和表15-10的数据，编制产品成本预算表，如表15-11所示。（只编制全年的产品成本预算）

表15-11　产品成本预算　　　　　　　　　单位：元

项目	单位成本			生产成本（640件）	期末存货（20件）	销货成本（630件）
	每千克或每小时	投入量	成本			
直接材料	5	4	20	12 800	400	12 600
直接人工	8	5	40	25 600	800	25 200
变动制造费用	1	5	5	3 200	100	3 150
固定制造费用	2.5	5	12.5	8 000	250	7 875
合　计	—	—	77.5	49 600	1 550	48 825

8. 销售及管理费用预算

销售费用预算，是指为了实现销售预算所需支付的费用预算。它以销售预算为基础，分析销售收入、销售利润和销售费用的关系，力求实现销售费用的最有效使用。企业在安排销售费用时，要利用本量利分析方法，费用的支付应能获取更多的收益。

管理费用预算是指企业日常生产经营中为搞好一般管理业务所必需的费用预算。企业在编制管理费用预算时，要分析业务成绩和经济状况，务必做到合理化。

销售及管理费用预算也要编制相应的现金支出预算，其中固定资产折旧费、无形资产摊销等均属不需要现金支出的项目，在预计费用现金支出时，应予以扣除。

【例15-12】假定M公司在预算期间变动销售及管理费用为1 260元，按销售量计算分配率，固定销售及管理费用为1 200元，其中年折旧费用为800元。

根据预计销售量和上述资料，编制销售及管理费用预算表，如表15-12所示。

表15-12　销售及管理费用预算

季度	一	二	三	四	全年
预计销售量/件	100	150	200	180	630
变动销售及管理费用分配率	2	2	2	2	2
变动销售及管理费用/元	200	300	400	360	1 260
固定销售及管理费用/元	300	300	300	300	1 200
减：折旧费/元	200	200	200	200	800
现金支出的费用/元	300	400	500	460	1 660

上例中，变动销售及管理费用分配率=1 260÷630=2（元/件）

（二）专门决策预算的编制

专门决策预算又称特种决策预算，是指企业为不经常发生的长期投资项目或者一次性专门业务所编制的预算，一般包括资本支出预算和经营决策预算两种。资本支出预算又称投资预算，是指企业为了今后更好地发展，获取更大的报酬而做出的资本支出计划。它是综合反映建设资金来源与运用的预算，其支出主要用于经济建设，其收入主要是债务收入。由于这类预算涉及长期建设项目的投资投放与筹措等，并经常跨年度，因此，除个别项目外一般不纳入日常业务预算，但应计入与此有关的现金预算与预计资产负债表。

经营决策预算是指与短期经营决策密切相关的特种决策预算，该类预算的主要目标是通过制定最优生产经营决策和存货控制决策来合理地利用或调配企业经营活动所需要的各种资源。本类预算通常是在短期经营决策确定的最优方案基础上编制的，因而需要直接纳入日常业务预算体系，同时也将影响现金预算等财务预算。

【例 15-13】M 公司为了开发新产品，决定预算期间上马一条新的生产线，预计在 1 季度购置 60 000 元的设备。为筹措该项投资资金，M 公司年初向银行借入年利率为 10% 的 3 年期的长期借款 60 000 元，每季末支付利息，到期还本。

根据上述设备购置及资金筹措的资料，编制投资项目预算表，如表 15-13 所示。

表 15-13　新产品生产线项目投资预算及资金筹措方案　单位：元

季度	一	二	三	四	全年
设备购置	60 000				60 000
投资支出合计	60 000				60 000
投资资金筹措					
向银行借款	60 000				60 000
合计	60 000				60 000

（三）财务预算的编制

1. 现金预算

现金预算也称现金收支预算，是所有有关现金收支预算的汇总。现金预算通常包括现金收入、现金支出、现金收支差额以及资金的筹措及运用四个方面。

现金收入部分包括期初现金余额和预算期现金收入，主要是销货取得的现金收入，来自销售预算。

现金支出部分包括预算期各项现金支出，由"直接材料""直接人工""制造费用""销售费用""管理费用""财务费用""支付的税金以及预交所得税"等组成，有时还涉及资本性现金支出。

现金收支差额部分列示现金收入合计与现金支出合计的差额。差额为正，说明收大于支，现金有多余；差额为负，说明支大于收，现金不足。

企业根据预算期现金收支差额的性质、数额的大小和期末应保持的现金余额，确定筹集或运用资金的数额。如果现金多余，可用于偿还向银行取得的借款，或用于购买有价证券；如果现金不足，要向银行取得新的借款或抛售有价证券。

【例 15-14】假定 M 公司每季末现金余额不得少于 4 000 元，否则向银行借款，借款数额一般为 1 000 的倍数。借款年利率为 12%。现金多余时，可购买年利率为 6% 的有价证券作为临时调剂。预计预算期期初现金余额为 4 000 元。

根据前述有关销售预算、直接材料预算等相关资料，编制预算各季度的现金预算表，如表 15-14 所示。

表 15-14　现金预算　单位：元

季度	一	二	三	四	全年
期初现金余额	4 000	4 583	4 857	4 098	4 000
加：销售现金收入	19 020	15 210	21 060	21 996	77 286
可供使用现金合计	23 020	19 793	25 917	26 094	81 286
减：现金支出：					

表15-14（续）

季度	一	二	三	四	全年
直接材料	3 988	3 288	4 268	4 394	15 938
直接人工	4 200	6 200	7 920	7 280	25 600
制造费用	1 975	2 275	2 620	2 730	9 600
销售及管理费用	300	400	500	460	1 660
支付增值税、城建税等	1 474	2 193	3 011	2 682	9 360
预交所得税	1 000	1 000	1 000	1 000	4 000
购买设备	60 000				60 000
预分股利（估计）	2 000	2 000	2 000	2 000	8 000
现金支出合计	74 937	17 356	21 319	20 546	134 158
现金收支差额	(51 917)	2 437	4 598	5 548	(52 872)
资金筹措及运用：					
加：借入的长期借款	60 000				60 000
借入的短期借款		4 000			4 000
减：归还借款本金					
短期借款利息（8%）		80			80
长期借款利息（10%）	1 500	1 500	1 500	1 500	6 000
购买有价证券	2 000		(1 000)		1 000
期末现金余额	4 583	4 857	4 098	4 048	4 048

本例中，购置设备向银行借入的长期借款 60 000 元，每季支付利息为 1 500 元：

利息 = 60 000×10%÷4 = 1 500 （元）；

现金不足时，向银行借入的短期借款，一般按"每期期初借入，每期期末归还"来预计利息，第二季度末应支付的利息为 80 元。短期借款本金借款期限设定为一年。

现金预算是企业现金管理的重要工具，有助于企业合理安排和调动资金，降低资金的使用成本。现金预算涉及面广，比较复杂，一定要注意现金预算表各项目之间的勾稽关系。

2. 利润表预算

利润表预算是指以货币形式综合反映预算期内企业经营活动成果（包括利润总额、净利润）计划水平的一种财务预算。利润表预算与实际利润表格式、内容相同，只不过数据是面向预算期的。该预算需要在销售预算、产品成本预算、营业税金及附加预算、制造费用预算、销售及管理费用预算和财务费用预算等的基础上编制。

【例 15-15】根据 M 公司前例各预算资料，编制利润表预算表，如表 15-15 所示。

表 15-15 利润表预算 单位：元

项目	金额
销售收入	63 000
减：销售成本	48 825
营业税金及附加	851
销售及管理费用	2 460
财务费用	6 080
利润总额	4 784
所得税费用（估计）	4 000
净利润	784

其中，销售收入数据来自销售预算；销售成本数据来自于产品成本预算；营业税金及附加数据来于应交税费预算；销售及管理费用数据来自于销售及管理费用预算；财务费用的数据来源于现金预算。所得税费用是估计数值，并已列入现金预算。它通常不是根据利润和所得税税率计算出来的，如果根据利润和税率重新计算，就需要修改现金预算，引起信贷计划修订，进而改变利息，最终又要修改利润，从而陷入数据的循环修改。另外，所得税费用计算还存在诸多纳税调整的事项。

通过编制利润表预算，企业可以了解其预期的盈利水平，如果预算利润与目标利润有较大出入，就需要重新分析研究，修改目标利润。

3. 资产负债表预算

预计资产负债表是指用于总括反映企业预算期末财务状况的一种财务预算。资产负债表预算与实际资产负债表格式、内容相同，只不过是由预算数据形成。资产负债表预算表中除上年期末数已知外，其余项目均应在前述各项营业预算和特种决策预算的基础上分析填列。

【例 15-16】根据 M 公司前例各预算资料，编制资产负债表预算表，如表 15-16 所示。

表 15-16　资产负债表预算　　　　　　单位：元

资产			负债及所有者权益		
项目	年初	年末	项　目	年初	年末
现金（表 15-14）	4 000	4 048	应付账款	2 500	1 713
应收账款（表 15-5）	1 2 000	8 424	短期借款	0	4 000
有价证券投资（表 15-14）	0	1 000	长期借款	10 000	70 000
产成品存货（表 15-6、表 15-10）	775	1 550	负债合计	12 500	75 713
原材料存货（表 15-7）	600	750	普通股	20 000	20 000
固定资产（表 15-12）	30 000	90 000	未分配利润	12 875	5 659
累计折旧（表 15-10、表 15-12）	2 000	4 400			
			所有者权益合计	32 875	25 659
资产总额合计	45 375	101 372	负债及所有者权益合计	45 375	101 372

根据表 15-15 的资料可知：期末未分配利润 = 12 875+784-8 000 = 5 659（元）。

企业编制资产负债表预算的目的在于判断预算反映的财务状况的稳定性和流动性。如果企业通过分析资产负债表预算，发现某些财务比率不佳，则在必要时可修改有关预算，以改善财务状况。

第三节　财务控制

一、财务控制概述

财务控制是内部控制的一个重要组成部分，是内部控制的核心，是内部控制在资金和价值方面的体现。内部控制是指对一个组织活动进行约束和指导，使之按既定目标运行的过程。要达到对经营活动实施控制的目的，企业需要设立一系列控制制度、组织、方法和程序。其中，侧重于对企业财务状况和资金运动过程而进行的监督与跟踪调查，就属于财务控制。

（一）财务控制的概念和特征

财务控制是按照一定的程序和方法，确保企业及其内部机构和人员全面落实、实现对企业资金的取得、投放、使用和分配过程的控制。作为现代企业管理水平的重要标志，它是运用特定的方法、措施和程序，通过规范化的控制手段，对企业的财务活动进行控制和监督。财务控制具有以下特点：

1. 财务控制是一种价值控制

财务控制的对象以实现财务预算为目标，而财务预算所包含的现金预算、预计利润表和预计资产负债表都是以价值形式反映的，这就决定了财务控制必须实行价值控制。

2. 财务控制是一种全面控制

财务控制用价值手段来实施其控制过程，因此，它不仅可以将各种不同性质的业务综合起来控制，而且可以将不同层次、不同部门的业务综合起来控制，体现财务控制的全面性。

3. 财务控制以现金流量为控制重点

企业日常的财务活动表现为组织现金流量的过程，因此，财务控制的重点应放在现金流量的控制上，通过现金预算、现金流量表等保证企业资金活动的顺利进行。

（二）财务控制的基础

实施财务控制要具备组织和制度两个基础条件。

1. 组织基础

财务控制的首要基础是围绕控制目标所建立的组织机构。比如，为确定财务预算建立的决策和预算编制机构，为组织和实施日常财务控制建立的监督、协调、仲裁机构，为便于内部结算建立的内部结算组织，为考评预算的执行结果建立的考评机构等。在实践中，企业可以根据需要将这些机构的职能合并到其常设机构中。

2. 制度基础

内部控制制度是企业为了顺利实施控制过程所进行的组织机构的设计、控制手段的采取以及各种措施的制定。这些方法和措施的主要作用在于检查财务预算目标的制定、会计信息的准确性和可靠性，确保财务预算的有效执行，以提高财务控制效率。

（三）财务控制应遵循的基本原则

1. 相互制约

处理每一项经济业务的全过程，必须由两人或两人以上共同分工负责，彼此的工作可以相互印证，以起到相互制约的作用。

2. 会计独立

资金实物形态的保管、处理必须与反映资金变化的记录完全独立开来，即会计工作与其他业务工作分开，会计部门不与其他部门合并。经营财产实物的部门必须由管理当局授权。

3. 记录完备

会计制度从设计起就应规定，利用完备的会计记录对企业的经济业务进行分类、整理、总结、监督，以保证企业所发生的所有重要经济业务都有详细的记录并反映在会计报表上。这些记录包括计划、预算、定额标准、会计凭证、账簿及各类报表。

4. 稽核对证

会计部门要充分利用内部稽核办法，保证账账相符。控制实物和货币支出不超过预算定额，并要经常进行实物盘点，及时与账簿记录相互复核对证。

5. 内部审计

企业要建立独立于会计部门之外的内部审计部门，对企业的会计记录和会计报告、会计制度执行情况进行经常性检查和监督。

（四）财务控制的分类

（1）按控制时间分为事前财务控制、事中财务控制和事后财务控制。

事前财务控制是在财务收支活动尚未发生之前所进行的控制，如申报审批制度。事中财务控制是在财务收支活动发生过程中所进行的控制，如按财务预算监督财务预算的执行情况，对各项收支的去向进行监督等。事后财务控制是对财务收支活动的结果所进行的考核及相应的惩罚

（2）按控制的依据分为预算控制和制度控制。

预算控制是以财务预算为依据，对预算执行主体的财务收支活动进行监督、调整的一种控制形式。预算表明了执行主体的责任和奋斗目标，规定了执行主体的行为。制度控制是指通过制定企业内部规章制度，并以此为依据约束企业和各责任中心财务收支活动的一种控制形式。制度控制带有防护性的特征，预算控制带有激励性的特征。

（3）按控制的对象分为收支控制和现金控制。

收支控制是指对企业和各责任中心的财务收入和支出活动所进行的控制。企业可以通过收支控制来促使企业收入达到既定目标，并使成本达到最小，以实现企业利润最大化。现金控制是指对企业和各责任中心的现金流入和现金流出活动所进行的控制。现金控制的目的在于实现企业现金流入、流出的基本平衡，既要防止因现金短缺而可能出现的支付危机，也要防止现金沉淀而可能带来的机会成本的增加。

（4）按控制的手段分为绝对控制和相对控制。

绝对控制是指对企业和各责任中心的财务指标采用绝对数控制。一般而言，企业对于激励性指标，是通过绝对数控制其最低限度；对于约束性指标，是通过绝对数控制其最高限度。相对控制是指对企业和各责任中心的财务指标采用相对比率控制。一般而言，相对指标具有反映投入与产出对比、开源与节流并重的特征。

二、财务控制的主要内容

20世纪早期，最初促使对组织内的财务控制加以利用的就是分权。分权的重要目标是给予决策者做出营运决策的责任。而这一责任要求决策者运用财务控制来控制运营，当经营不好需要改善的时候，财务控制就会揭示相关的信息。我们认为财务控制系统包括制度控制、预算控制、评价控制和激励机制等内容。

（一）制度控制

企业要搞好财务控制，必须建立严密的财务控制制度。企业制定财务控制制度的目的在于细化并明确企业财务机构和会计人员的职责、工作要求、工作流程，能够规范约束财务机构、人员的行为，保证企业能够正确核算经营成果。财务控制制度对财务管理工作有条不紊的进行具有重要作用，能够使财务管理的监管作用更好地发挥。其主要体现在三个方面：第一，不相容职务分离制度。第二，授权批准控制制度。第三，会计系统控制制度。

制度控制的优点在于操作简单，便于全员执行；但是也限制了管理者及职工的主观能动性。

（二）预算控制

预算控制是指通过预算的形式规范企业的目标和经济行为过程，调整与修正管理行为

与目标偏差，保证各级目标、策略、政策和规划的实现。财务控制包括将与目标有关的财务数字与标准数字进行比较，以找出差异。不利的差异就是警告的信号，可能会引发一系列的作业活动，以找出产生不利业绩的原因并加以改正。

预算控制的优点在于企业行为量化标准明确，企业总体目标与个体目标紧密衔接，可以及时发现问题、纠正偏差。其缺点在于财务预算定制比较复杂，在某种程度上限制了人员的主观能动性。

（三）评价控制

评价控制是企业通过评价的方式规范企业中的各级管理者及员工的经济目标和经济行为。财务控制中的各个业绩指标是有所不同的，因此企业必须了解各个责任中心的性质和角色。责任中心包括成本中心、利润中心和投资中心。评价控制的目标在总体上与管理控制相一致，即追求经营效率和效果。评价控制的作用在于使各级管理者和员工明确自己的工作效果与自身利益及上级、同级目标的关系，从而调动其主观能动性、规范其行为，为实现个体目标而努力。

评价控制的优点在于既有明确的控制目标，又有相应的灵活性，有利于管理者及员工在实现目标过程中主观能动性的发挥。缺点在于企业文化需要得到职工的认同。

（四）激励控制

激励控制是企业通过激励的方式控制管理者的行为，使管理者的行为与企业战略目标相协调。激励控制的目标在总体上与企业战略控制目标一致，激励控制与评价控制密不可分，如果评价控制与激励控制能很好地衔接，实现以长期业绩为中心的激励目标，管理者与所有者的利益及目标就会协调一致，必然为企业创造更大的价值。

激励控制的优点在于将管理者的利益与所有者的利益相联系，通过利益约束机制来规范管理者的行为，管理者可根据环境的变化及时调整目标和战略，但缺点是对管理者要求较高。

三、财务控制的方法

财务控制作为现代企业管理水平的重要标志，通过规范化的控制手段和特定的方法、措施和程序，对企业的财务活动进行控制和监督。因此财务控制必须以确保单位经营的效率性和效果性、资产的安全性、经济信息和财务报告的可靠性为目的。从这个目的出发，企业管理者必须了解财务控制的方法。

（一）组织规划控制

根据财务控制的要求，单位在确定和完善组织结构的过程中，应当遵循不相容职务相分离的原则，即一个人不能兼任同一部门财务活动中的不同职务。单位的经济活动通常划分为五个步骤：授权、签发、核准、执行和记录。如果上述每一步骤由相对独立的人员或部门实施，就能够保证不相容职务的分离，便于财务控制作用的发挥。

（二）授权批准控制

授权批准控制指对单位内部部门或职员处理经济业务的权限控制。单位内部某个部门或某个职员在处理经济业务时，必须经过授权批准才能进行，否则就无权审批。授权批准控制可以保证单位既定方针的执行和限制滥用职权。授权批准的基本要求是：首先，要明确一般授权与特定授权的界限和责任；其次，要明确每类经济业务的授权批准程序；最后，要建立必要的检查制度，以保证经授权后所处理的经济业务的工作质量。

（三）预算控制

预算控制是财务控制的一个重要方面，包括筹资、融资、采购、生产、销售、投资、管理等经营活动的全过程。其基本要求是：第一，所编制预算必须体现单位的经营管理目标，并明确责任。第二，预算在执行中，应当允许经过授权批准对预算进行调整，以使预算更加切合实际。第三，应当及时或定期反馈预算的执行情况。

（四）成本控制

成本控制分粗放型成本控制和集约型成本控制。粗放型成本控制是从原材料采购到产品的最终售出进行控制的方法，具体包括原材料采购成本控制、材料使用成本控制和产品销售成本控制三个方面。集约型成本控制一是通过改善生产技术来降低成本，二是通过产品工艺的改善来降低成本。

（五）风险控制

风险控制就是尽可能地防止和避免出现不利于企业经营目标实现的各种风险。在这些风险中，经营风险和财务风险显得极为重要。经营风险是指因生产经营方面的原因给企业盈利带来的不确定，而财务风险是指由于举债而给企业财务带来的不确定性。由于经营风险和财务风险对企业的发展具有很大的影响，所以企业在进行各种决策时，必须尽力规避这两种风险。

（六）审计控制

审计控制主要是指内部审计，它是对会计的控制和再监督。内部审计是在一个组织内部对各种经营活动与控制系统的独立评价，以确定既定政策的程序是否被认真贯彻，建立的标准是否有利于资源的合理利用，以及单位的目标是否达到。内部审计对会计资料的监督、审查，不仅是财务控制的有效手段，也是保证会计资料真实、完整的重要措施。

四、内部控制业绩评价

财务控制强调通过衡量和评估公司财务成果来评价公司取得财务的成功的过程，财务控制中经常使用的业绩指标包括收入、成本、利润等。而公司整体的业绩目标，需要落实到内部各部门和经营单位，因此组织内运用财务控制的不同类型的部门实质上就是责任中心。也可以说，财务控制的基础就是责任中心的概念。企业根据内部各部门控制成本、收入、利润和投资回报的能力来对其责任进行分类。

（一）责任中心的概念和特征

责任中心是指承担一定经济责任，并享有一定权利的企业内部责任单位。凡是管理上可以分离、责任可以辨认、业绩可以单独考核的单位，都可以划分为责任中心，大到分公司、地区工厂或部门，小到车间、班组都可作为责任中心，如旅店连锁集团中的一家酒店、邮件订货业务中的传运部门。责任中心通常包括以下特征：

1. 责任中心是一个责权利相结合的实体

每一个责任中心都要对财务指标的完成情况负责任。同时，责任中心被赋予与其承担责任的范围大小相适应的权利。

2. 责任中心具有承担责任的条件

责任中心具有履行经济责任中心条款的行为能力。责任中心一旦不能履行经济责任，不能对其后果承担责任，就不再作为责任中心了。

3. 责任中心所承担的责任和行使的权力都应是可控的

责任中心对其职责范围内的成本、收入、利润和投资负责。因此，这些内容必定是该责任中心所能控制的内容。企业在对责任中心进行责任预算和业绩考核时，也只能包括该中心所能控制的项目。一般而言，责任中心层次越高，其可控范围越大。

4. 责任中心具有相对独立的经营业务和财务收支活动

这是确定经济责任的客观对象及责任中心得以存在的前提条件。

5. 责任中心便于进行责任核算、业绩考核与评价。

责任中心不仅要划清责任，而且要能够进行单独的责任核算。划清责任是前提，单独核算是保证。只有既划清责任又能进行单独核算的企业内部单位，才能作为一个责任中心。按照责任对象的特点不同和责任范围的大小，责任中心可以分为成本中心、利润中心和投资中心。

（二）成本中心

1. 成本中心的含义和特征

成本中心是指只发生成本而不取得收入的责任单位，是最基本的责任中心。成本中心只考核责任成本，不考核其他内容。任何发生成本的责任领域都可以成为成本中心。生产工厂的生产部门就是成本中心。成本中心相对于其他层次的责任中心有其自身的特点，主要表现在：

①成本中心只考评成本费用不考评收益。

成本中心一般不具有经营权和销售权，其经济活动的结果不会形成可以用货币计量的收入；工作成果不会形成可以用货币计量的收入，或其工作成果仅计量和考核发生的成本。工作业绩的评价考核，主要是通过一定期间实际发生的成本，与其预定的尺度（通常为"预算成本"）进行对比，编制业绩报告，剖析差异形成的原因和责任。

②成本中心只对可控成本承担责任。

可控成本是指可以预先知道的、有办法计量的、能为该责任中心所控制、为其工作好坏所影响的成本。成本的可控性，是就特定的责任中心、特定的期间和特定的权限而言的。成本的可控与否，与责任中心的权力层次有关；与责任中心的管辖范围有关；可控成本和不可控成本可以在一定条件下相互转化。

一般地，成本中心的变动成本大多是可控成本，固定成本大多是不可控成本；各成本中心发生的直接成本大多是可控成本，其他部门分配的间接成本大多是不可控成本。

③成本中心只对责任成本进行考核和控制。

责任成本是各成本中心当期确定或发生的各项可控成本之和。对成本费用进行控制，应以各成本中心的预算责任成本为依据，确保实际责任成本不会超过预算责任成本。

责任成本与产品成本是既有联系又有区别的两个概念。两者的区别有以下四点：

第一，归集和分配的对象不同。责任成本是以责任中心为费用归集和分配对象；而产品成本则是以产品为费用归集和分配对象。

第二，分配的原则不同。责任成本的分配原则是"谁负责，谁承担"，其中的"谁"是指责任中心及其责任人；产品成本的分配原则是"谁受益，谁承担"，其中的"谁"是指产品本身。

第三，核算的基础条件不同。责任成本核算要求以成本的可控性为分类标志；产品成本则是以成本的经济用途为分类标志。

第四，核算的主要目的不同。责任成本核算的主要目的在于控制耗费、降低成本、考核和评价责任中心的工作业绩；产品成本核算的主要目的是为资产的计价、成本的补偿和计量经营成果提供信息。

两者之间也有以下两点联系：第一，成本的本质是相同的，无论是责任成本还是产品成本都是由企业生产经营过程中一定量的资金耗费构成的；第二，在一定时期内，企业发生的全部责任成本之和应当等于全部产品成本之和。

2. 成本中心的业绩考核与评价

成本中心的考核指标包括责任成本的变动额和变动率两类指标，其计算公式为：

责任成本的增减额＝实际责任成本－预算责任成本

责任成本的升降率＝责任成本增减额/预算责任成本×100%

【例15-17】假设 M 公司有甲、乙、丙三个成本中心，三个成本中心某日的责任成本预算值分别为 4 000 元、5 000 元、6 000 元，其可控成本实际发生额分别为 3 800 元、5 500元、5 800 元。根据上述公式计算得到责任成本预算完成情况表，如表15-17所示。

表 15-17　责任成本预算完成情况表

成本中心	预算/元	实际/元	增减额/元	升降率/%
甲	4 000	3 850	−150	−3.75
乙	5 000	5 500	+500	10
丙	6 000	5 800	−200	−3.33

显然，在三个成本中心中，甲和丙成本中心的实际成本都比预算节约超过3%，其中甲成本中心的成本预算完成情况最好，而乙成本中心的成本完成情况最差。

企业在对成本中心的预算完成情况考核时应该注意，如果实际产量与预算产量不一致，首先应区分固定成本和变动成本，再按照弹性预算的方法调整预算指标，然后继续上述计算、分析和比较。

责任成本考核与评价是指通过责任成本差异指标考核各责任中心的责任成本预算执行情况。企业考核时要考核责任成本预算差异，以揭示各项成本的支出水平，评价各责任中心通过增加产量形成的成本相对节约额，促使责任中心寻求降低成本的途径。

特别要注意的是，仅仅根据成本中心控制和降低成本的能力来评估成本中心的业绩是我们经常犯的一个错误，其他一些诸如质量、反应时间等关键衡量方式就会被忽视，因此业绩评价应该体现成本中心对组织的贡献。

（三）利润中心

1. 利润中心的含义

利润中心是组织中对产品销售以及成本控制负责的责任中心。利润中心管理人员一般有权进行产品定价、决定产品组合等。利润中心就像一个独立的公司，只有一点不同，即在公司中是高层管理人员而不是责任中心经理来控制责任中心的管理。如连锁店中的一家经销店经理有责任进行产品定价、选择买入产品以及对产品进行打折，因而经销店满足作为一个利润中心的条件。

2. 利润中心的业绩考核与评价

利润中心的考核指标为可控利润，即责任利润。如果利润中心获得的利润中有该利润中心不可控因素的影响，则必须进行调整。由于不同类型、不同层次的利润中心的可控范围不同，因而用于评价的责任利润指标也不同，主要有边际贡献、可控边际贡献和部门营业利润三种收益形式。

【例15-18】根据 M 公司的一分公司下两个利润中心的某一个部门的有关数据，利润中心的责任预算如表15-18所示。

表 15-18　利润中心的责任预算表　　　　　　　　　　　　　单位：元

项目	成本费用	收益
销售净额		20 000
减：销售成本	12 000	

表15-18（续）

项目	成本费用	收益
变动费用	2 000	
（1）边际贡献		6 000
可控固定成本	1 000	
（2）部门可控边际贡献		5 000
不可控固定成本	800	
（3）部门营业利润		4 200

显然，以边际贡献 6 000 元作为利润中心的业绩评价依据不够全面。部门经理至少可以控制某些固定成本，并且在固定成本和变动成本的划分上有一定选择余地。否则将有可能导致部门经理尽可能多地支出固定成本以减少变动成本。

以可控边际贡献 5 000 元作为利润中心的业绩评价依据可能是最好的。部门经理可控制收入以及变动成本和部分固定成本，因而可以对可控边际贡献承担责任。但是要注意部门经理使用资源的权力有多大，如何区分固定成本的可控性变得困难。如雇员的工资水平通常由公司集中决定，但部门经理有权决定本部门雇佣多少职工，这样一来，工资水平就是他的可控成本了。

以部门营业利润 4 200 元作为业绩评价依据，可能更适合评价该部门对公司利润和管理费用的贡献，而不适合于对部门经理的评价。如果要决定该部门的取舍，部门营业利润是有重要意义的信息。如果要评价部门经理的业绩，由于有一部分固定成本是过去最高管理层决策的结果，现在的部门经理已很难改变，部门营业利润已经超出了部门经理的控制范围。

3. 内部转移价格

分散经营的组织单位之间相互提供产品或劳务时，需要制定一个内部转移价格。转移价格对于提供产品或劳务的生产部门来说表示收入，对于使用这些产品或劳务的购买部门来说则表示成本。因此，转移价格会影响到这两个部门的获利水平，使得部门经理非常关心转移价格的制定。制定转移价格的目的有两个：一是防止成本转移带来的部门间责任转嫁，使每个利润中心都能作为单独的组织单位进行业绩评价；二是作为一种价格引导下级部门采取明智的决策，生产部门据此确定提供产品的数量，购买部门据此确定所需要的产品数量。但是，这两个目的往往有矛盾。我们要根据公司的具体情况，来尽量寻求能够兼顾业绩评价和制定决策的转移价格。通常采用的转移价格有以下几种：

①以市场为基准的转移价格。如果存在着中间产品或服务的外部市场，那么市场价格对于责任中心之间传递的货物或劳务是最好的基础。市场价格提供了转移产品或服务的独立的估计以及对于每一个利润中心在交易时对组织做出贡献的独立的评估标准。比如，销售部门将产品对外销售而不是内部转移。同样的，买入部门可以向外面购买货物而不是接受内部的转移。

值得注意的是，外部供应商为了促使交易可能先报一个较低的价格，同时期望日后抬高价格。因此利润中心确认外部价格时要采用可以长期保持的价格。

②以成本为基础的转移价格。当转移的货物或劳务并没有一个定义好的价格时，另一种选择就是基于成本来考虑价格。通常的一些转移价格都是可变成本加上其涨价的成分，或完全成本加上其涨价的成分。这种方法假定可以通过一种合理、精确的方式计算产品成本。由于成本核算已经被会计系统所运用，所以该价格方法容易执行。

但是强调任何成本为基础的转移价格而不是边际成本导致了部门容易选择一个次优的交易标准，从而引起整个企业的经济损失。举例来说，如果转移价格比边际成本高，供应单位则希望销售更多的产品，而买入部门则希望买进更少的产品，但是又不能强迫各部门买入或卖出超过他们预期的产品量。因此定购并且提供的产品量往往会少于实际提供并且需要的产品量。

③通过谈判确定的转移价格。在没有市场价格时，有些企业允许都是责任中心的供需双方通过谈判来确定转移价格。通过谈判确定的转移价格必须有两个前提：首先，要有一个某种形式的外部市场，部门可以自由选择接受或拒绝某一价格，以防止垄断价格。其次，共享所有的信息资源。只有信息公开畅通，谈判才会有价值。通过谈判确定转移价格反映了责任中心控制下的可信度及可控性，因为每个部门最终要对通过谈判确定的转移价格负责。

通过谈判确定转移价格可能带来问题。双边谈判导致供方希望价格高于最优价，需方希望价格低于最优价。当实际的转移价格与最优价不一致时，组织利益作为一个整体将受到损害。同时，谈判往往浪费时间和精力，可能导致部门之间的矛盾，部门获利能力大小反映的可能是双方的谈判技巧，而不是经济原因。一旦谈判破裂，最高管理层要适时进行必要的干预。

④通过行政确定的转移价格。当一种特定的交易经常发生时，企业通常会应用行政手段确定转移价格，比如，比市场价低5%或在完全成本基础上加5%。这是一种实际易操作的方法，但又是非常武断的方法，行政转移价格不可避免地在一些部门中提供补贴，对激励造成不利影响。

（四）投资中心的业绩考核与评价

1. 投资中心的含义

投资中心是指除了能够控制成本中心、收入中心和利润中心外，还能对投入的资金进行控制的中心。投资中心是最高层次的责任中心，它拥有最大的决策权，也承担最大的责任。投资中心必然是利润中心，但利润中心并不都是投资中心。如石化企业的油气勘探、化工生产都是投资中心。

2. 投资中心的考核指标

投资中心的考核指标有三种：

①投资报酬率。投资报酬率是投资中心一定时期的营业利润和该期的投资占用额之比。这是最常见的考核投资中心业绩的指标。该指标既能揭示投资中心的销售利润水平，又能反映资产的使用效果。其计算公式为：

$$投资报酬率＝营业利润/部门平均总资产$$
$$＝(营业利润/销售收入)\times(销售收入/营业资产)$$
$$＝销售利润率\times资产周转率$$

【例 15-19】假设 M 公司有 A 和 B 两个部门，相关数据如表 15-19 所示。

表 15-19　A、B 部门相关数据　　　　　　　　　　　单位：元

项目	A 部门	B 部门
营业收入	1 000 000	850 000
营业利润	108 000	90 000
税后利润	27 000	22 500
平均总资产	900 000	600 000
平均经营负债	50 000	40 000
平均净经营资产（投资资本）	850 000	560 000

下面我们计算投资报酬率，并进一步将各投资中心的业绩进行分解。

A 部门投资报酬率 =（108 000/1 000 000）×（1 000 000/900 000）

= 10.8% ×1.111 = 12%

B 部门投资报酬率 =（90 000/850 000）×（850 000/600 000）

= 10.59% ×1.417 = 15%

通过对投资报酬率的分解可以发现，A 部门、B 部门两个投资中心的销售利润率均接近 10.6%，但是 B 部门的资产周转率较 A 部门要高，所以 B 部门的投资报酬率要高于 A 部门。

投资报酬率综合反映了投资中心的经营业绩，考虑了投资规模，是一个相对指标，可以用于不同的投资中心的横向比较，也可以用于不同规模的企业和同一企业不同时期的比较。但是投资报酬率存在着自身的缺陷。该指标可能会使部门经理拒绝接受超出企业平均水平的投资报酬率而低于该投资中心现有报酬率的投资项目，有损企业的整体利益。另外，投资报酬率有可能导致决策的短视行为从而损坏公司的长远利益。另外，管理层常常会想方设法减少经营成本和管理费用，其可能首先会减少诸如研发费用投入等企业未来增长所必要的投资。

依前例，假设 M 公司要求的投资税前报酬率为 11%。目前 B 部门面临一个投资报酬率为 13% 的投资机会，投资额为 100 000 元，每年部门营业利润为 13 000 元。这个项目远远高于公司要求的投资报酬率，值得投资。但是 B 部门追加投资后投资报酬率由原来的 15% 下降到 14.71%，即使高于公司要求的投资报酬率，但 B 部门可能因为业绩评价而放弃这项投资机会。

B 部门追加投资后的投资报酬率 =（90 000+13 000）/（600 000+100 000）×100%

= 14.71%

若 B 部门现有一项资产价值 50 000 元，年获利 6 500 元，投资报酬率也达到了 13%。同样为了业绩评价，B 部门拟放弃这项资产，以提高部门的投资报酬。

B 部门放弃资产后的投资报酬率 =（90 000−6 500）/（600 000−50 000）×100%

= 15.18%

B 部门追加投资后投资报酬率由原来的 15% 下降到 14.71%，即使高于公司要求的投资报酬率，但 B 部门可能因为业绩评价而放弃这项投资机会；但 B 部门却愿意放弃一项资产，因为投资报酬率由原来的 15% 上升到 15.18%。

由此可见，使用投资报酬率作为业绩评价标准时，部门经理可能会考虑自身部门利益而忽视整体利益，从引导部门经理顾全大局方面的决策来看，投资报酬率不是很理想的选择。

②剩余收益。剩余收益是投资中心获得的利润扣减其投资额（或净资产占用额）后，按规定的最低收益率计算的投资收益后的余额。其计算公式为

剩余收益 = 部门营业利润−部门资产应计报酬

= 部门营业利润−部门资产×资本成本率　　　　　　（15.12）

式中的部门营业利润通常指税前营业利润。

【例 15-20】依前例，假设 A 部门资本成本率为 10%，B 部门的资本成本率为 12%，计算剩余收益如下：

A 部门剩余收益 =（108 000−900 000）×10% = 18 000 （元）

B 部门剩余收益 =（900 000−600 000）×12% = 18 000 （元）

若 B 部门接受追加投资额为 100 000 元（投资报酬率为 13%）的投资机会，可知追加投资后的剩余收益 =（900 000+13 000）−（600 000+100 000）×12% = 19 000 （元）

若 B 部门放弃一项价值为 50 000 元的资产（投资报酬率为 13%）的投资机会，可知放弃资产后的剩余收益 =（900 000-6 500）-（600 000-50 000）×12% = 17 500（元）

根据剩余收益的计算结果可知，B 部门追加投资后剩余收益增加了 1 000 元，放弃资产后剩余收益减少了 500 元。因此 B 部门会选择追加投资的决策，与公司总目标一致。只要投资项目收益高于资本成本率或企业要求的最低收益率，就会给企业带来利润，也会给投资中心增加剩余收益，从而保证投资中心的决策行为与企业总体目标一致。

因此，剩余收益正是为克服投资报酬率的缺点而设计的，它可以使业绩评价与公司的目标协调一致，引导部门经理采取与总公司总体利益一致的决策。另外，剩余收益允许使用不同的风险调整资本成本，比较符合实际。但是剩余收益是一个绝对数指标，不便于不同规模的公司和部门的比较。

③经济附加值。经济附加值（Economic Value Added，EVA）是美国思腾思特公司于 1982 年提出并实施的一套以经济增加值理念为基础的财务管理系统、决策机制及激励报酬制度。国务院国有资产监督委员会从 2010 年开始对央企负责人实行经济增加值考核。经济附加值实质是对剩余收益加以调整后的变形，其中存在的差异在于使用了税后利润；其二是总资产减去流动负债，业务短期债权人的资金需要马上支付，并且在长期来看不会创造利润；其三是用加权平均资本成本代替了期望回报率。其计算公式为

经济附加值 = 税后利润+调整项目-（总资产-流动负债）×加权平均资本成本 (15.13)

【例 15-21】依前例，假设加权平均资本成本为 9%，所得税率为 25%，无调整项目。

A 部门经济附加值 = 108 000×（1-25%）-（900 000-50 000）×9% = 4 500（元）

B 部门经济附加值 = 90 000×（1-25%）-（600 000-40 000）×9% = 17 100（元）

若 B 部门追加接受投资额为 100 000 元（投资报酬率为 13%）的投资机会，可知：追加投资后经济附加值 =（90 000+13 000）×（1-25%）-（600 000-40 000+100 000）×9% = 17 850（元）

若 B 部门放弃一项价值为 50 000 元的资产（投资报酬率为 13%）的投资机会，可知放弃资产后的经济附加值 =（90 000-6 500）×（1-25%）-（600 000-40 000-50 000）×9% = 16 725（元）

根据计算结果可知，B 部门追加投资后经济附加值增加了 750 元，放弃资产后的剩余收益减少了 375 元。因此 B 部门会选择追加投资的决策，与公司总目标一致。只要投资项目收益高于资本成本率或企业要求的最低收益率，就会给企业带来利润，也会给投资中心增加剩余收益，从而保证投资中心的决策行为与企业总体目标一致。

以 EVA 作为考核评价体系的目的就是基于资本市场的计算方法，资本市场上权益成本和债务成本变动时，公司要随之调整加权平均资本成本。而剩余收益根据投资要求的报酬率计算，该资本投资报酬率带有一定的主观性。当然，税费也是一个重要因素，经济附加值能比剩余收益更好地反映部门盈利能力。当然，进行经济附加值的计算时，如果净收益的调整事项以及资本成本的确定还无法有统一意见，也不利于建立统一的业绩评价指标。

以上都属于财务指标基础上的业绩评价，事实上责任中心都有重要的非财务的业绩考评指标，如商品或服务的质量、顾客满意度、员工满意度和市场占有量等。这些非财务指标的重要性因责任中心的划分而各不相同。

本章综述

1. 固定预算：是一种最基本的全面预算编制方法，该方法所涉及的各项预定指标均为固定数据，这种预算方法也叫静态预算。

2. 弹性预算：就是在变动成本法下，充分考虑预算期各预定指标（如销售量、售价及各种变动成本费用等）可能发生的变化，进而编制出的能适应各预定指标不同变化情况的预算，也称为动态预算。

3. 增量预算是指在基期成本费用水平的基础上，结合预算期业务量水平及有关降低成本的措施，通过调整原有关成本费用项目而编制预算的方法。

4. 零基预算：是指在编制预算时，对于所有的预算支出以零为基础，不考虑其以往情况如何，从实际需要与可能出发，研究分析各项预算费用开支是否必要合理，进行综合平衡，从而确定预算费用。

5. 定期预算：是指在编制预算时以不变的会计期间作为预算期的一种编制预算的方法。

6. 滚动预算：又称永续预算，其主要特点在于：不将预算期与会计年度挂钩，而是始终保持十二个月，每过去一个月，就根据新的情况进行调整和修订后几个月的预算，并在原预算基础上增补下一个月预算，从而逐期向后滚动，连续不断地以预算形式规划未来经营活动。

7. 现金预算：也称现金收支预算，是以日常业务预算和特种决策预算为基础所编制的，反映现金收支情况的预算。

8. 财务控制：是按照一定的程序和方法，确保企业及其内部机构和人员全面落实、实现对企业资金的取得、投放、使用和分配过程的控制。

9. 责任中心：是指承担一定经济责任，并享有一定权利的企业内部（责任）单位。凡是管理上可以分离、责任可以辨认、成绩可以单独考核的单位，都可以划分为责任中心。

10. 剩余收益：是指投资中心获得的利润，扣减其投资额（或净资产占用额）后，按规定（或预期）的最低收益率计算的投资收益后的余额。

参考文献

［1］杨志慧，侯立新，石倩倩. 企业全面预算管理［M］. 北京：人民邮电出版社，2019.

［2］江涛. 财务预算与控制［M］. 成都：西南财经大学出版社，2017.

［3］吴井红，张纯. 财务预算与分析［M］. 上海：上海财经大学出版社，2016.

习　题

第十六章

营运资本管理

■**本章导读**

　　营运资金是一个企业保持正常生产经营活动顺利实施的必备资金。营运资金管理是企业财务管理活动中非常重要的内容。营运资金管理的目标是在保证企业日常运营活动正常开展的基础上，尽量加速资金运转，减少资金的过度占用，从而提高资金运用的效率，降低资金的使用成本。本章主要研究营运资金管理中的现金管理、应收账款管理、存货管理、短期投资管理和流动负债管理等内容。

■**重点专业词语**

营运资金(working capital)　　　　　　流动资产(current asset)

流动负债(current liability)　　　　　　现金(cash)

现金预算(cash budget)　　　　　　　最佳现金持有量(optimal cash holding)

应收账款(accounts receivable)　　　　信用政策(credit policy)

收账政策(collection policy)　　　　　存货(inventory)

经济订货批量(economic order quantity)　短期银行借款(short-term bank loan)

信用额度(credit line)　　　　　　　　补偿性余额(compensating balance)

商业信用(business credit)　　　　　　信用政策(credit policy)

短期融资券(short-term commercial paper)

财务管理

房企现金是否充裕成焦点①

2019年8月，随着上市房企半年报逐渐披露，其流动性情况受到关注，在手现金成为重要衡量指标。业内人士表示，往年财报季，房企销售额大小、土地储备是否雄厚、营收净利增长水平等指标往往是关注焦点。今年以来，房地产企业融资难度加大，在手现金的多少一定程度上决定了房企布局和规划。

近期房企中期业绩发布会上，众多房企围绕在手现金规模着墨较多。万科董秘朱旭表示，万科在手现金充足，净负债率保持低位。公司在手现金1 438.7亿元，远远高于一年内到期有息负债。龙湖集团执行董事兼首席财务官赵铁表示，截至报告期末，公司在手现金580.7亿元，净负债率为53.0%。碧桂园则指出，公司在手现金余额2 228.4亿元，对于短期有息债务的覆盖比例达到2倍，拥有极好的财务安全"护城河"。

某会计师事务所人士对中国证券报记者表示，在目前这个时点，在手现金是否充裕对房企而言有两方面意义：一是在土地出让市场收缩，优质地块溢价率居高不下的背景下，充足的子弹有助于获得优质地块。二是在面临即将到期的债务时，房企如果有足够的现金流，有助于获得较充裕的融资周期，维持甚至改善企业合理的债务结构。

川财证券则指出，在房地产融资端政策趋紧的大环境下，不少房企出现财务杠杆升高和现金流明显承压的情况。预计现阶段债务风险较大，融资能力较弱的中小房企面临的经营风险将上升。

现金是企业营运资金的重要组成部分，而企业的营运资金对企业的生存至关重要，一旦企业的营运资金管理不善，营运资金断流，企业将直接面临破产的风险。

第一节　营运资本管理概述

一、营运资本的概念

营运资本的概念有广义和狭义之分。

广义的营运资本又称总营运资本或毛营运资本，是指公司投放在流动资金上的资金，具体包括现金、有价证券、应收账款、存货、预付费用等。

狭义的营运资本又称净营运资本，是指企业流动资产与流动负债的差额。它与流动比率、速动比率、现金比率等结合可用来衡量公司资产的流动性程度。

二、营运资本的特点

为了有效管理企业的营运资本，企业必须研究营运资本的特点，以便有针对性地进行管理。营运资本一般具有以下特点：

（1）周转快。流动资产和流动负债在一个正常运转经营的企业中，其周转循环的时间

---

① 资料来源：江钰铃.房企现金是否充裕成焦点［N］.中国证券报，2019-08-28（A06）.

一般较短，如果营运资本周转很慢，那么企业的日常经营很可能出现了问题。

（2）易变现。现金和银行存款项目一般情况下可以随时供企业支配，不存在变现的问题。其他的非现金形态的营运资本，如存货、应收账款、短期有价证券等，相对固定资产等长期资本来说也比较容易变现，这一点对于企业应付临时性、突发性的资金需求有着重要意义。

（3）常波动。流动资产或流动负债项目容易受到企业内外部条件的影响，数量的波动往往很大，企业必须能够有效地预测和控制这种波动，防止其影响企业正常的生产经营活动。

（4）多样化。营运资本的来源渠道多种多样。营运资本的需求问题既可通过长期筹资方式解决，也可通过短期筹资方式解决，仅短期筹资就有短期银行借款、商业信用等多种方式。

三、营运资本政策

营运资本政策是选择确定企业营运资本持有量和营运资本筹集方式的政策，包括营运资本持有政策和营运资本筹集政策。

（一）营运资本持有政策

营运资本持有政策的确定是在企业风险和收益之间进行权衡的。企业流动资产持有量越高，企业支付能力和向顾客提供商品的能力就越强，企业风险就越小。但是由于流动资产获取收益的能力低于固定资产，持有占总资产比重较高的流动资产，将会导致企业的收益性降低。较低的流动资产持有量虽然可以提高资产的收益性，但又会造成企业支付能力下降，企业资产的流动性降低，企业的风险加大。因此，企业必须合理规划营运资本的持有量，在风险和收益之间做出正确选择。

营运资本的持有政策有下列三种：

（1）稳健型。稳健型的营运资本持有政策的出发点是维护企业的安全运营。在稳健型营运资本政策下，企业持有足够多的营运资本，现金除满足企业正常生产经营需要外，还有大量剩余，可用于满足企业临时性现金支付需要；企业信用条件较为宽松，以满足企业销售需要；对存货进行大量投资，以保证生产和销售的需要，使企业生产和销售不受存货不足的限制。稳健型的营运资本政策的结果是流动性最强而收益性较低。

（2）激进型。激进型营运资本持有政策的出发点是使企业获取最大收益。在激进型营运资本政策下，企业持有的营运资本较低，除满足企业日常生产经营需要外，一般不置存多余的现金；企业存货的置存量被压缩到最低程度，以释放存货占用的资金，降低资金占用成本；应收账款的置存量也较低，以减少资金占用，避免由于应收账款置存量过大造成的机会成本和坏账费用的升高。激进型营运资本持有政策的结果是风险大收益亦大。

（3）适中型。适中型的营运资本持有政策的出发点是保持恰当的风险和收益水平。在适中型营运资本持有政策下，营运资本的持有量既不过高也不过低，现金恰好足够支付企业所需，存货足够满足生产和销售，应收账款能在流动性和收益性二者之间达到平衡。适中型营运资本政策使企业能够保持较为恰当的收益与风险水平。但是，在理论上，我们只能够将其视为较为理想的政策，是企业确定营运资本的指导理念，实际上难以通过数量模型准确确定企业营运资本的持有水平。

（二）营运资本筹集政策

营运资本筹集政策是确定流动资产与流动负债之间匹配关系的政策。

企业流动资产按照用途可以分为临时性流动资产和永久性流动资产。临时性流动资产是指那些受季节性、周期性影响的流动资产，如季节性存货、销售高峰期增加的应收账款等；永久性流动资产指那些即使企业处于生产经营低谷也仍然要保留的、用于满足企业长期稳定需要的流动资产。

企业流动负债按照债务来源方式分为临时性负债和自然性负债。临时性负债是因为临时的资金需求而发生的负债，如为满足季节性销售时因存货的大量增加而举借的临时债务等；自然性负债则产生于企业正常的持续经营活动中，如商业信用、应付职工薪酬、应交税费等，自然性负债的数额一般波动较小，是企业一项比较稳定的资金来源。

营运资本筹集政策的类型主要有：

（1）稳健型。稳健型营运资本筹集政策的出发点是维护企业的安全运营，降低企业到期不能偿还债务的财务风险。稳健型营运资本筹集政策特点是：临时性负债只满足部分临时性流动资产的需要，另一部分临时性流动资产和永久性资产以长期负债、自然性负债和权益资本作为资金来源（见图 16-1）。

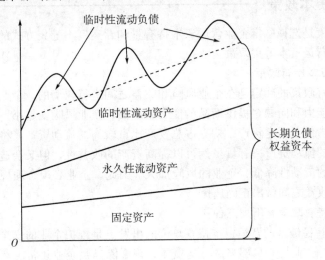

图 16-1　稳健型融资政策

这种情况下，由于临时性负债所占比重较小，因此企业无法偿还到期债务的可能性低，同时蒙受短期利率变动损失的风险也较低。然而，由于长期负债的成本高于短期负债，长期负债所占比重大，企业要承担较高的利息成本，从而降低企业的收益。因此，稳健型营运资本筹集政策是一种风险性和收益性均较低的营运资金筹集政策。

（2）激进型。激进型营运资本筹集政策的出发点是最大程度地降低资本成本，增加企业收益。激进型营运资本筹集政策特点是：临时性负债不仅满足临时性流动资产资金需要，还满足部分永久性资产需要（见图 16-2）。

由于临时性负债的资本成本低，该政策下临时性负债的比重大，故企业资本成本低。但是，临时性负债的使用期限短，企业为了满足永久性资产对于资金的需要，必然采取举借新债偿还旧债的措施，从而加大企业筹资的困难和偿还的风险，同时还会面临由于短期负债利率的变动增加企业资本成本的风险。因此，激进型营运资本筹集政策是一种收益性和风险性均较高的营运资本筹集政策。

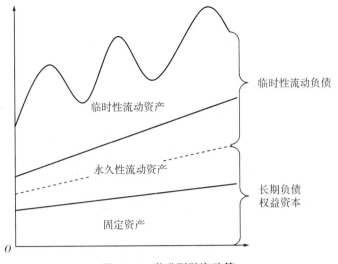

图 16-2　激进型融资政策

（3）适中型。适中型营运资本筹集政策的出发点是使资金的筹集期限与资产使用产生的现金流量匹配，以降低企业到期不能还债的风险并尽可能降低债务资本成本，从而使企业的收益与风险适中。适中型营运资本筹集政策的特点是：对于临时性流动资产，运用临时性负债资金满足其资金需要；对于永久性流动资产和固定资产，运用长期负债、自然性负债和权益资本筹集资金满足其资金需要（见图 16-3）。

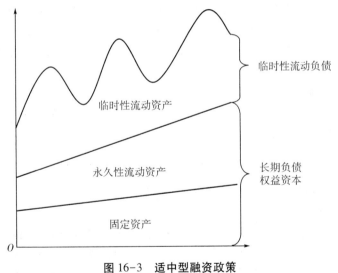

图 16-3　适中型融资政策

这种政策要求企业临时性负债筹资计划严密，以实现现金流动与预期安排一致。在生产经营高峰，企业按照高峰期限举借临时性债务，一旦经营回落到正常水平，再以回落中产生的现金流量偿还债务。生产经营处于低谷时，企业除自然性负债外没有其他负债。但是在企业的经营活动中，由于现金流动和各类资产使用寿命的不确定性，企业往往难以做到资产与负债的完全配合。因此，适中型营运资本筹集政策是一种理想的、对企业有较高资金使用要求的营运资本筹集政策。其揭示的原理可以作为企业筹资的一种指导理念。

第二节 现金管理

一、现金概述

现金是一项比较特殊的资产，一方面，其流动性最强，代表着企业直接的支付能力和应变能力；另一方面，其收益性最弱。现金管理的过程就是管理人员在现金的流动性与收益性之间权衡的过程，既要维护适度的流动性，又要尽可能地提高其收益性。

二、企业持有现金的动机

企业持有现金的动机有如下三个方面：

（一）交易性动机

交易性动机是指满足日常业务的现金支付需要，包括采购材料、支付工资、上缴税金等。尽管企业每天都会发生一定数量的现金收入和现金支出，但其难以做到现金收付的数量平衡。如果不保持适当的现金余额，就会影响企业交易活动的连续性。

（二）预防性动机

预防性动机是指企业持有现金作为安全存量以防意外的支付。在经营风险和销售收入变动幅度较大的企业，现金流量变动也较大，很难准确地预测企业的现金流量。现金流量的不确定性越大，预防性现金数额就应越大；反之，现金流量的可预测性越强，则预防性现金余额就越低。此外，预防性现金余额的高低还与企业的融资能力相关，融资能力较强，则预防性现金余额可以适度降低。预防性现金余额并非一定都是现金，也可以由随时能够变现的有价证券充当。

（三）投机性动机

投机性动机是指企业持有现金用于有利可图的购买机会。比如用于购买廉价的原材料的机会或在价格上有利可图的有价证券投资机会等。

三、企业持有现金的成本

现金成本包括持有成本、转换成本和短缺成本。

（一）持有成本

现金持有成本是指企业因保留一定的现金余额而增加的管理成本和机会成本。其中管理成本是指企业保留现金并对现金进行管理所发生的管理费用。例如，管理人员工资及必要的安全措施费用等。这部分费用具有固定成本的性质，它在一定范围内与现金持有量的多少关系不大，是现金决策无关成本。机会成本是指企业不能同时用该现金进行有价证券投资而放弃的再投资收益。这种成本在数额上等同于资金成本，它与现金持有量成正比。

（二）转换成本

转换成本是指企业用现金购入有价证券或转让有价证券换取现金时付出的交易费用，即现金同有价证券之间相互转换的成本。转换成本中既有依据成交额计算的费用，也有基于证券转换次数计算的费用。

（三）短缺成本

短缺成本是指现金持有量不足且又无法及时将其他资产变现而给企业造成的损失，包括直接损失和间接损失。现金的短缺成本与现金持有量呈反比例变动关系。

四、最佳现金持有量的确定

现金管理的目的是提高现金的使用效率，这就需要企业确定出最佳现金持有量。确定最佳现金持有量的方法很多，本章主要介绍成本分析模式、存货模式和随机模式。

（一）成本分析模型

成本分析模型是根据现金的有关成本，分析预测其总成本最低时现金持有量的一种方法。运用成本分析模型确定最佳现金持有量时，只考虑因持有一定量的现金而产生的机会成本及短缺成本，而不考虑管理费用和转换成本。

机会成本是因持有现金而丧失的再投资收益，与现金持有量呈正比例变动关系：

$$机会成本＝现金持有量×有价证券利率 \tag{16-1}$$

短缺成本与现金持有量呈反比例关系。

因此，成本分析模型中的最佳现金持有量可以解释为机会成本和短缺成本为最小值时的现金持有量。

成本分析模型的计算步骤是：

（1）根据不同现金持有量测算各备选方案的有关成本数值。

（2）按照不同现金持有量及有关部门成本资料计算各方案的机会成本和短缺成本之和，即总成本，并编制最佳现金持有量测算表。

（3）在测算表中找出相关总成本最低时的现金持有量，即最佳现金持有量。

【例 16-1】某企业有 4 种现金持有方案，如表 16-1 所示。

表 16-1　现金持有方案　　　　　　　　　　　单位：万元

项目	A	B	C	D
现金持有量	100	200	300	400
有价证券利率	15%	15%	15%	15%
短缺成本	50	30	10	0

根据表 16-1 编制的最佳现金持有量测算表，如表 16-2 所示。

表 16-2　最佳现金持有量测算　　　　　　　　单位：万元

方案	现金持有量	机会成本	短缺成本	总成本
A	100	15%	50	65
B	200	15%	30	60
C	300	15%	10	55
D	400	15%	0	60

根据测算，C 方案的总成本最低，因此，应该选择 C 方案。

（二）存货模型

存货模型是将存货经济订货批量（economic order quantity）模型原理用于确定目标现金持有量的模型，其着眼点也是现金相关总成本最低。这一模型最早由美国学者鲍莫尔（W. J. Baumol）于 1952 年提出，故又称 Baumol 模型。在此模型下，企业只考虑持有现金的机会成本与固定性转换成本，由于二者与现金持有量的关系不同，因此存在一个最佳现金持有量，使得二者之和最低。其计算公式为

$$现金持有相关总成本 = 持有机会成本 + 固定性转换成本 \qquad (16\text{-}2)$$

$$TC = \frac{Q}{2} \times K + \frac{T}{Q} \times F \qquad (16\text{-}3)$$

其中，TC 为现金管理相关总成本；Q 为最佳现金持有量（理想的现金转换数量）；F 为每次现金转换的固定成本；T 为一个周期内现金总需求量；K 为单位现金持有的机会成本（等于放弃的有价证券的收益率或从银行借款的利率）。

根据这一公式可以得到最佳现金持有量的计算公式如下：

$$Q = \sqrt{\frac{2TF}{K}} \qquad (16\text{-}4)$$

其中，各符号含义同式（16-3）。

最低现金管理相关总成本的计算公式如下：

$$TC = \sqrt{2TFK} \qquad (16\text{-}5)$$

【例 16-2】某公司现金收支状况比较稳定，预计全年（按 360 天计算）需要现金 200 万元，现金与有价证券的转换成本为每次 2 000 元，有价证券的年利率为 10%，则该公司的最佳现金持有量是多少？最低现金管理相关总成本是多少？

（1）该公司的最佳现金持有量是

$$Q = \sqrt{\frac{2TF}{K}} = \sqrt{\frac{2 \times 2\,000\,000 \times 2\,000}{10\%}} = 89\,442.72 \ （元）$$

（2）最低现金管理相关总成本是

$$TC = \sqrt{2TFK} = \sqrt{2 \times 2\,000\,000 \times 2\,000 \times 10\%} = 28\,284.27 \ （元）$$

（三）随机模型

随机模型又称米勒-欧尔（Miller-Orr）模型。此模型是在假定企业无法确切预知每日的现金实际收支状况，现金流量由外界决定，且现金与证券之间互换方便的前提下，决定最佳现金持有量的一种方法。模型中只规定现金余额的上下限，并据此判定企业在现金和投资之间转换的时间和数量。这一模型假定每日现金流量为正态分布，由此确定了现金余额的均衡点 R（最优现金持有量）为：

$$R = \sqrt[3]{\frac{3b\delta^2}{4i}} + L \qquad (16\text{-}6)$$

$$H = 3R - 2L \qquad (16\text{-}7)$$

其中，R 为最优现金返回线（最佳现金持有量）；b 为每次有价证券转换的固定转换成本；i 为有价证券的日利息率，δ 为预期每日现金余额变化的标准差；L 为现金持有额下限；H 为现金持有额上限。

【例 16-3】某企业有价证券的年利率为 9%，固定转换成本为 50 元，该企业的现金排有量的下限为 2 500 元，根据以往经验测算得出的每日现金余额变化的标准差为 800 元。试计算最佳现金返回线 R 和现金持有上限 H。

有价证券的日利率 $= \dfrac{9\%}{360} = 0.025\%$

$$R = \sqrt[3]{\frac{3 \times 50 \times 800^2}{4 \times 0.025\%}} + 2\,500 = 7\,079 \ （元）$$

$$H = 3 \times 7\,079 - 2 \times 2\,500 = 16\,237 \ （元）$$

第三节　应收账款管理

一、应收款项的概述

应收款项是指企业因对外销售产品、材料、供应劳务及其他因素，应向购货单位或接受劳务的单位及其他单位收取的款项，包括应收销货款、其他应收款、应收票据等。

（一）应收款项产生的原因

1. 市场竞争

在社会主义市场经济条件下，市场竞争激烈。市场竞争迫使企业以各种手段扩大销售。企业除了依靠产品质量、价格、服务等手段促销外，赊销也是扩大销售的重要手段。对同等质量的产品，相同的价格，一样的售后服务，实行赊销的产品的销售额将大于现金销售的产品销售额。实行赊销，无疑给客户购买产品带来了更多的机会；实行赊销，相当于给客户一笔无息或低息贷款，所以对客户的吸引力极大。正因为如此，许多企业都广泛采取赊销方式进行产品销售，由此，应收款项便应运而生。市场竞争是应收款项产生的根本原因，应收款项又反过来加剧了市场竞争。

2. 销售与收款的时间差

销售时间与应收时间常常不一致，因为货款结算需要时间。结算手段越是落后，结算需要的时间越长，应收款项收回所需的时间就越长，销售企业垫支的资金占用期限就越长，这是本质意义上的应收款项。本章所要研究的是作为竞争手段的属于商业信用的应收款项。

（二）应收账款的成本

企业为了促销而形成应收款项、运用这种商业信用是要付出代价的，即形成应收款项的成本。这种代价表现在三个方面。

（1）坏账损失成本。应收款项收不回来而造成的损失就是应收款项的坏账损失成本。这项成本一般与应收款项发生的数量成正比。

（2）机会成本，指企业的资金由于投放应收款项而丧失的其他投资收益。这种成本一般按有价证券的利率确定。

（3）管理成本，指管理应收款项而付出的费用，包括客户信用情况调查所需的费用、收集客户各种信息的费用、账簿的记录费用、收账费用等。

（三）应收款项管理的目的

通过对企业应收账款产生的原因和有关成本进行分析，我们可以得出：企业提供商业信用，一方面可以扩大销售、增加利润；另一方面也会发生成本费用，如垫支成本、坏账损失等。因此，应收款项管理的目的就是要在应收款项信用政策放宽所增加的销售利润与所增加的成本之间进行权衡，确定适当的信用政策，提高企业的经济效益。

二、应收款项的管理政策

应收款项的管理政策又称为信用政策，是企业对应收款项进行规划和控制的一些原则性规定，它主要包括信用标准、信用条件和收账政策三部分。

（一）信用标准

信用标准是指企业提供信用时要求客户达到的最低信用水平。如果客户达不到企业的信用标准，便不能享受企业提供的商业信用。为了有效地控制应收款项，企业通常采用的评估方法有两种。

1. 信用的"5C"分析法

信用的"5C"，是指品行（character）、能力（capacity）、资本（capital）、担保品（collateral）和条件（condition）。

①品行，即客户履行偿还其债务的可能性。这是衡量客户是否信守契约的重要标准，也是企业决定是否赊销给客户产品的首要条件。

②能力，即考察客户按期付款的能力，主要通过了解企业的经营手段、偿债记录和获利情况等做出判断，或者进行实地考察。

③资本，即通过分析客户的资产负债比率、流动比率等了解其财务状况，分析客户的资产、负债、所有者权益的情况。

④担保品，即客户为获得信用所能提供担保的资产，这是企业提供给客户信用的可靠保证，这对不知底细或信用状况有争议的客户尤为重要。

⑤条件，即可以影响到客户偿债的一般经济趋势和某些地区或经济领域的特殊因素。

以上五个方面的资料，可由以下途径取得：①公司以往与客户交易的经验；②客户与其他债权人交往的情报；③企业间的证明，即由其他有声望的客户证明某客户的信用品质；④银行的证明；⑤诚信调查机构所提供的客户信用品质及其信用等级的资料；⑥客户的财务报表。

2. 信用评分法

信用评分法是根据有关指标和情况计算出客户的信用分数，然后与既定的标准比较，确定其信用等级的方法。

对客户信用进行评分的指标体系主要包括流动比率、速动比率、销售利润率、负债比率、应收账款周转率等指标。此外企业还要考虑其赊购支付历史及企业未来发展状况等情况。在进行信用评定时，企业要先将上述各因素打分，然后再乘上一个权数（按重要性而定）确定其信用分数。计算公式为

$$某客户信用分数 = \sum（某项指标或情况分数 \times 权数）$$

在采用信用评分法时，企业应先确定一个最低信用分数，若某客户信用分数低于该分数，则不给予信用。分数越高，则表明信用品质越好，信用等级越高。通常分数在80分以上者，表明其信用状况良好；分数在60~80分者，表明其信用状况一般；分数在60分以下者则信用情况较差。

【例16-4】某客户信用评分情况如表16-3所示。

表16-3　某客户信用评分情况

项目	财务比率或有关情况①	分数②	预计权数③	加权平均数④=②×③
流动比率	1.8	85	0.1	8.5
速动比率	0.9	90	0.2	18
销售利润率	20%	80	0.1	8
负债比率	60%	70	0.15	10.5
应收账款周转率	12次	85	0.15	12.75
赊购支付历史	尚好	75	0.25	18.75
未来发展预计	好	85	0.05	4.25
合计	—	—	1	80.75

由计算结果可知，该客户信用状况较好，可以考虑提供信用。

（二）信用条件

信用条件是指企业要求客户支付赊销款项的条件，包括信用期限、折扣期限和现金折扣。

1. 信用期限

信用期限是指企业给予客户的最长付款时间。一般来说，企业给予客户信用期限越长，所能增加的销售额也越多，但同时企业在应收款项上的投资也越大，出现坏账损失的可能性也越大。所以企业应当将在延长信用期产生的收益与成本之间进行比较，从而确定最佳信用期限。

【例16-5】某企业现行信用期限20天，为了扩大销售额，该企业预将信用期延长至30天，销售额将增长20%。企业目前年销售额400万元（赊销额），收账费用2万元，坏账损失率为1%。扩大信用期后，收账费用将增至5万元，坏账损失率2%。企业资金成本15%，变动成本率为60%。试判断该企业是否应该延长信用期。

（1）收益的增加。

销售额的增加×边际贡献率＝400×20%×（1-60%）＝32（万元）

（2）应收账款占用资金的成本增加。

$$应收账款占用资金的成本＝应收账款占用资金×资金成本$$

$$应收账款占用资金＝应收账款平均余额×变动成本率$$

$$应收账款平均余额＝日销售额×平均收现期$$

20天信用期占用资金的成本＝$\frac{400}{360}$×20×60%×15%＝2（万元）

30天信用期占用资金的成本＝$\frac{400×（1+20\%）}{360}$×30×60%×15%＝3.6（万元）

占用资金成本的增加额＝3.6-2＝1.6（万元）

（3）收账费用和坏账损失的增加。

收账费用的增加＝5-2＝3（万元）

坏账损失的增加＝400×（1+20%）×2%-400×1%＝9.6-4＝5.6（万元）

（4）改变信用期的净收益为

32-1.6-3-5.6＝21.8（万元）

所以，企业应该延长信用期。

2. 折扣期限

折扣期限是指为客户规定的可享受现金折扣的付款时间。

3. 现金折扣

现金折扣是指企业对客户在商业价格上所做的扣减。向客户提供这种价格上的优惠，主要目的在于吸引客户为享受优惠而提前付款，缩短企业的平均收款期。另外，现金折扣也能招揽一些视折扣为减价出售的客户前来购买，企业借此可扩大销售。企业在对是否提供现金折扣做出决策时应该充分考虑现金折扣所带来的收益和成本的增加额，若前者大于后者，则企业就应该提供折扣，否则企业应维持原来的价格，不予提供现金折扣。

【例16-6】某企业的资料如下：赊销收入为3 000万元，变动成本率为70%，资本成本率为12%。该企业为了完成增加销售收入10%的目标，拟采用以下信用条件，"2/10，1/20，N/60"。若采用该信用条件，预计将有60%的客户选择享受2%的现金折扣，15%的客户选择享受1%的现金折扣，余下部分的坏账损失率将会达到2%，收账费用达到58.78万元，试确定该方案是否可行。

（1）扣除信用成本之前的收益。

年销售收入 $= 3\ 000 \times (1+10\%) = 3\ 300$（万元）

现金折扣 $= (60\% \times 2\% + 15\% \times 1\%) \times 3\ 300 = 44.55$（万元）

变动成本额 $= 3\ 300 \times 70\% = 2\ 310$（万元）

收益 $= 3\ 300 - 44.55 - 2\ 310 = 945.45$（万元）

（2）信用成本。

资金成本 $= 3\ 300 \div 360 \times (60\% \times 10 + 15\% \times 20 + 25\% \times 60) \times 70\% \times 12\% = 18.48$（万元）

坏账损失 $= 3\ 300 \times 2\% = 66$（万元）

收账费用 $= 58.78$（万元）

信用成本 $= 18.48 + 66 + 58.78 = 143.26$（万元）

（3）扣除信用成本之后的收益 $945.45 - 143.26 = 802.19$（万元）

因此，该方案可行。

关于多个方法的比较选优，也可用该方法，但需要对最终的收益进行比较，以选择收益最大的方案作为决策的标准。

（三）收账政策

收账政策是指当信用条件被违反时，企业应采取的收账策略。若企业采取积极的收账政策，就会增加企业应收款项的投资；反之，企业就会增加应收款项的收账费用。一般企业为了扩大产品的销售量，增强竞争能力，往往会在客户的逾期未付款项发生时，规定一个允许拖欠的期限，超过规定的期限，企业就将进行各种形式的催还。如果企业制定的收款政策过宽，会导致逾期未付款的客户拖延时间更长，对企业不利；如果收款政策过严，催款过急，又可能伤害无意拖欠的客户，影响企业未来的销售和利润。因此，企业在制定收款政策时必须十分谨慎，掌握好宽严程度。

企业对不同的过期账款应采取不同的收款方式。企业对账款过期较短的客户，应不给予过多的打扰，以免将来失去这一市场；对账款过期稍长的客户，可措辞婉转地写信催款；对账款过期较长的客户，频繁地信件催款并电话催询；对过期很长的客户，可在催款过程中措辞严厉，必要时提请有关部门仲裁或提请诉讼，等等。

催款要发生费用，某些催款方式的费用，如诉讼费，还会很高。一般来说，收账的费用越高，坏账措施越有力，可收回的账款就越多，坏账损失也就越小。因此企业制定收账政策，应在收账费用和所减少的坏账损失之间做出权衡。如果增加的收账费用高于减少的坏账损失，说明此收账措施是不合适的；如果增加的收账费用低于减少的坏账损失，可继续催款，这时若有不同的收账方案可供选择的话，企业可根据应收账款总成本进行比较选择，制定有效、得当的收账政策。

三、应收款项的日常管理

应收款项的日常管理与控制主要采取以下措施。

（一）加强对客户偿还能力与信用状况的调查研究和分析

企业应收集和整理反映客户信用状况的有关资料，掌握客户的财务状况和盈利状况，了解客户的信用状况；根据信用调查得到有关资料，运用特定方法，对客户的信用水平进行分析和评价，确定各客户的信用等级；制定给予客户相应的信用条件，确定给予客户的信用期限、现金折扣、折扣期限和信用额度（企业允许客户紧购货物的最高限额）。

（二）做好应收账款的日常核算工作

企业应在总分类中设置"应收账款""其他应收款""坏账损失"等账户，汇总记载企业所有销售产品给客户的账款增减变动情况；同时，另设"应收账款明细分类账"，分别详细地记载各销售产品给客户的账款增减数额，以全面反映客户所赊欠账款多少的变动状况，以便及时催款。

（三）加强应收账款监督

企业已经发生的应收账款时间有长有短，有的尚未超过信用期限，已经超过信用期限的时间长短也不一样。一般来说，拖欠的时间越长，收回欠款的可能性越小，形成坏账的可能性越大，因此，企业必须采取一定的管理方法，对应收账款的收回情况进行监督，加速应收账款的收回。常用的方法有账龄分析法和应收账款收现保证率分析法。

1. 账龄分析法

账龄分析法是指就将所有赊销客户的应收账款的实际归还期编制成表，汇总反映其信用分类、账龄、比重、损失金额和百分比情况。账龄分析表是一张能显示应收账款在外天数（账龄）长短的报告，其格式见表16-4。

表16-4　应收账款账龄分析表

应收账款账龄	账户数量	金额/万元	百分比/%
信用期内	200	120	60
超过信用期1~20天	100	20	10
超过信用期21~40天	40	12	6
超过信用期41~60天	20	8	4
超过信用期61~80天	30	14	7
超过信用期81~100天	24	10	5
超过信用期101~120天	16	4	2
超过信用期120天以上	32	12	6
合计	—	200	100

利用账龄分析表，企业可以了解到以下情况。

①有多少欠款尚在信用期内。表16-4显示，有价值120万元的应收账款处在信用期内，占全部应收账款的60%。这些款项未到偿付期，欠款是正常的；但到期后能否收回，还要到时再定，故及时监督是必要的。

②有多少欠款超过了信用期，超过时间长短的款项各占多少，有多少欠款会因拖欠时间太久而可能成为坏账。表16-4显示，有价值80万元的应收账款已超过了信用期，占全部应收账款的40%。不过，其中拖欠时间较短的（20天内）有20万元，占全部应收账款的10%，这部分欠款收回的可能性很大；拖欠时间较长的（21~120天）有48万元，占全部应收账款的24%，这部分欠款的回收有一定难度；拖欠时间很长的（120天以上）有12万元，占全部应收账款的6%，这部分欠款有可能成为坏账。对不同拖欠时间的欠款，企业应采取不同的收账方法，制定出经济、可行的收账政策；对可能发生的坏账损失，企业应提前做好准备，充分估计这一因素对损益的影响。

企业通过应收账款账龄分析，不仅能提示财务管理人员应把过期款项视为工作重点，而且有助于促进其进一步研究和制定新的信用政策。

2. 应收账款收现保证率分析法

由于企业当期现金支付需要量与当期应收账款收现额之间存在着非对称性矛盾，并呈现出预付性与滞后性的差异特征（如企业必须用现金支付与赊销收入有关的增值税和所得税，弥补应收账款资金占用等），这就决定了企业必须对应收账款收现水平制定必要的控制标准，即应收账款收现保证率。

应收账款收现保证率是为适应企业现金收支匹配关系的需要，所确定出的有效收现的账款应占全部应收账款的百分比，是二者应当保持的最低比例。公式为

$$应收账款收现保证率 = \frac{当期必要现金支付总额 - 当期其他稳定可靠的现金流入总额}{当期应收账款总额}$$

式中，当期其他稳定可靠的现金流入总额，是指从应收账款收现以外的途径可以取得的各种稳定可靠的现金流入数额，包括短期有价证券变现净额、可随时取得的银行贷款额等。

应收账款收现保证率指标反映了企业既定会计期间预期现金支付数量扣除各种可靠、稳定性来源后的差额，必须通过应收账款有效收现予以弥补的最低保证程度。其意义在于：应收款项未来是否可能发生坏账损失对企业并非最为重要，更为关键的是实际收现的账项能否满足同期必需的现金支付要求，特别是满足具有刚性约束的纳税债务及偿付不得展期或调换的到期债务的需要。

企业应定期计算应收账款实际收现率，看其是否达到了既定的控制标准。如果发现实际收现率低于应收账款收现保证率，应查明原因，采取相应措施，确保企业有足够的现金满足同期必需的现金支付要求。

第四节　存货管理

一、存货概述

存货是指企业在生产经营过程中为销售或耗用而储备的各种资产。工业企业的存货包括原料、辅助材料、燃料、包装物、低值易耗品、在产品、自制半成品、外购商品、产成品等。商业企业的存货包括商品和非商品物资。

存货管理的目标就是以最少资金占用和最低的存货成本来保证企业生产经营的正常进行，实现企业经营管理的目标，获得最大经济效益。

二、存货成本

企业为销售和耗用而储存的一定数量的存货，必然会发生一定的成本支出，与存货管理有关的成本如下：

（一）购置成本

购置成本是指为取得某种存货而支出的成本，由买价、运杂费等构成。购置成本一般与采购数量成正比。

（二）订货成本

订货成本是指取得订单的成本，如办公费、差旅费、邮资、电报电话费等支出。订货成本一般与订货数量无直接关系，而与订货次数成正比。

（三）储存成本

储存成本指企业生产领用或出售之前储存物资而发生的各项成本费用，包括仓储费用、存储中的损耗、库存物资的财产保险费，以及库存存货占用资金应支付的利息费用等。储

存成本与存货数量成正比。

（四）缺货成本

缺货成本是指企业由存货供应中断而造成的损失，包括材料供应中断而造成的停工损失、产成品库存缺货造成的拖欠发货损失、丧失销售机会的损失、企业商誉的损失。

三、存货管理决策

按照存货管理的目的，企业需要制定合理的进货批量和进货时间，使存货的总成本最低。这个批量就是经济订货量或经济批量。有了经济订货量，企业就可以很容易确定最适宜的进货时间。

影响存货总成本的因素很多，为了解决比较复杂的问题，我们有必要简化或舍弃一些变量，先研究解决简单的问题然后再扩展到复杂的问题。我们首先需要设立一些假设，并在此基础上建立经济订货量的基本模型。

（一）经济订货量基本模型

经济订货量基本模型需要设立的假设条件如下：

（1）企业能够及时补充存货，即需要订货时便可立即取得存货。

（2）集中到货，而不是陆续入库。

（3）不允许缺货，存货管理良好，即无缺货成本。

（4）需要量稳定，即 D 为已知常量。

（5）存货单价不变，不考虑现金折扣。

（6）企业现金充足，不会因现金短缺而影响进货。

（7）所需存货市场供应充足。

由于经济订货批量的基本模型是建立在不允许缺货假设基础上，因此不考虑缺货成本。同样，不存在折扣条件下的存货单价，即采购成本，也为存货的不相关成本。所以，经济订货批量要考虑的相关成本只包括订货成本和储存成本。

这样，存货相关总成本公式如下：

存货总成本＝年订货成本＋年储存成本

＝年订货次数×每次订货成本＋存货平均库存量×单位存货年均储存成本

因此，经济订货批量是指使存货订货成本和储存成本总和最低时的采购批量。

存货总成本公式为：

$$T_c = \frac{A}{Q} \times P + \frac{Q}{2} \times C$$

式中：T_c——存货总成本；A——存货全年需要量；Q——订货批量；P——每次订货成本；C——单位存货年均储存成本。

存货总成本及构成存货总成本的订货成本、储存成本与订货批量的关系如图16-4所示。

由图16-4可知，随着订货批量（库存量）的增加，储存成本上升，订货成本下降。因此，必有一个订货批量存在，使得与库存相关的总成本最低。

在相关总成本 T_c 的计算公式中，A、P、C 均为常量，Q 为变量，对 Q 求导并令其等于零，可得出经济订货批量公式：

$$Q^* = \sqrt{\frac{2AP}{C}}$$

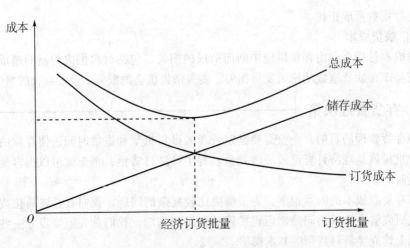

图 16-4 经济订货批量

这一公式称为经济订货批量的基本模型。在此基础上，还可以求得经济订货次数及总成本公式：

$$经济订货次数 = \frac{A}{Q^*}$$

$$T_c = \sqrt{2APC}$$

【例 16-7】某企业年耗用 A 种材料 18 000 吨，该材料每次订货成本 100 元，单位储存成本为 10 元。要求：计算经济订货批量、次数以及总成本。

（1）经济订货批量：

$$Q^* = \sqrt{\frac{2AP}{C}} = \sqrt{\frac{2 \times 18\ 000 \times 100}{10}} = 600\ （吨）$$

（1）经济订货次数：

$$\frac{A}{Q^*} = \frac{18\ 000}{600} = 30\ （次）$$

（2）总成本：

$$T_c = \sqrt{2APC} = \sqrt{2 \times 18\ 000 \times 100 \times 10} = 6\ 000\ （元）$$

（二）经济订货批量基本模型的扩展

经济订货批量的基本模型是建立在各种严格假设基础上的，在现实生活中能够全部满足假设条件的情况较少。下面我们放宽某些假设以增加其实用性。

1. 再订货点的确定

经济订货批量基本模型前提假设之一是企业的存货能够做到随用随时补充，事实上这在企业是很难做到的，企业不能等到存货用完后再去订货，否则生产经营会出现中断。因此，企业应确定再订货点。所谓再订货点是指企业按经济订货批量再订货时的库存储备量。其计算公式为：

$$再订货点（R） = 交货时间（L） × 每日平均需要量（d）$$

式中：交货时间是指从订货到交货间隔的时间。

以例 16-6 为例，设企业交货时间为 10 天，则 A 材料的再订货点为：

$$R = L \cdot d = 10 \times 18\ 000/360 = 500\ （吨）$$

即当 A 材料库存量达到 500 吨时，企业应立即按经济订货批量 600 吨组织订货。

2. 陆续供货和使用条件下的经济订货批量模型

经济订货批量的基本模型是建立在假设存货一次集中全部入库的基础上。事实上，各批存货可能陆续入库，使存量陆续增加，并在日常生产经营中陆续领用。产成品和在产品就属于这种情况。因此，这种情况下，需要对存货基本模型进行修改。

设每批订货量为 Q，每日送货量为 F，该批存货全部送达的日数即送货期为 Q/F。存货的每日耗用量为 d，则送货期内的全部耗用量为 $Q/F \cdot d$。

由于存货边送边用，所以每批送完时，最高库存量为 $Q - Q/F \cdot d$，平均库存量为 $1/2(Q - Q/F \cdot d)$。

这样，与批量相关总成本为

$$T_c = \frac{A}{Q} \cdot P + \frac{1}{2}\left(Q - \frac{Q}{F} \cdot d\right) \cdot C$$

利用上式求导运算可得：

$$Q = \sqrt{\frac{2AP}{C} \cdot \left(\frac{F}{F - d}\right)}$$

此时，相关总成本为

$$T_{c(Q)} = \sqrt{2APC \cdot \left(1 - \frac{d}{F}\right)}$$

【例 16-8】设某零件全年需用量为 7 200 件，每日送货量为 20 件，每日耗用量为 10 件，生产每批零件生产准备成本为 50 元，单位储存变动成本为 2 元，要求：计算最优生产批量和相关总成本。

（1）最优生产批量：

$$Q = \sqrt{\frac{2 \times 7\,200 \times 50}{2} \times \left(\frac{20}{20 - 10}\right)} = 849 \text{（件）}$$

（2）相关总成本：

$$T_{c(Q)} = \sqrt{2 \times 7\,200 \times 50 \times 2 \times \left(1 - \frac{10}{20}\right)} = 848.53 \text{（元）}$$

3. 保险储备量的确定

保险储备量是为了预防存货供应中断造成缺货损失而建立的储备量。保险储备量高低受下列因素影响：①需求预测的不确定性。为避免存货过量使用，企业应建立相应的储备量，需求量越大，保险储备量应越高。②缺货损失成本。保险储备量与缺货损失成本成反比，即保险储备量越大，缺货成本越低；缺货可能性越大，保险存量应越高。③送货延误时间可能性。延误时间可能性越大，保险储备量应越高。在企业建立保险储备量时，再订货点的计算公式为

再订货点＝交货时间×平均每日需要量 ＋ 保险储备量

建立保险储备量固然可以有效地降低存货缺货损失成本，但存货平均储备量加大亦使储存成本升高。研究保险储备量的目的，就是要找出合理的保险储备量，使缺货损失成本与储存成本之和最低。此时，相关总成本的计算公式为

相关总成本＝年缺货成本 ＋ 保险储备量年储存成本

【例 16-9】假定某存货从开始进货到交货（交货期）需要 10 天，每天正常的存货消耗量为 100 件，年单位储存成本为 5 元，单位缺货成本为 30 元，交货期内存货的耗用量及其概率分布见表 16-5。

表 16-5　交货期内存货的耗用量及其概率分布

耗用量（件）	0	500	1 000	1 500	2 000
概率	0.1	0.2	0.4	0.2	0.1

无保险储存量的再订货点 = 100 × 10 = 1 000（件）

（1）当保险储备量为 0 件时，

缺货量的期望值 = (1 500 − 1 000) × 0.2 + (2 000 − 1 000) × 0.1 = 200（件）

相关总成本 = 200 × 30 = 6 000（元）

（2）当保险储备量为 500 件时，

缺货量的期望值 = (2 000 − 1 000 − 500) × 0.1 = 50（件）

相关总成本 = 50 × 30 + 500 × 5 = 4 000（元）

（3）当保险储备量为 1 000 件时，

缺货量的期望值 = 0（件）

相关总成本 = 1 000 × 5 = 5 000（元）

由以上计算可知，当保险储备量为 500 件时，相关总成本最低。因此，公司的保险储备量应为 500 件。

四、存货的控制

存货控制是指在日常生产经营过程中，按照存货计划的要求，对存货的使用和周转情况进行的组织、调节和监督。

（一）存货的归口分级控制

存货的归口分级控制是加强存货日常管理的一种重要方法。这一管理方法包括如下三项内容：

（1）在企业管理层领导下，财务部门对存货资金实行统一管理。企业必须加强对存货资金的集中统一管理，促进供产销互相协调，实现资金使用的综合平衡，加速资金周转。

（2）实行资金的归口管理。根据使用资金和管理资金相结合，物资管理和资金管理相结合的原则，每项资金由哪个部门使用，就归哪个部门管理。

（3）实行资金的分级管理。各归口的管理部门要根据具体情况将资金计划指标进行分解，分配给所属单位或个人，层层落实，实行分级管理。

（二）ABC 分类管理

存货 ABC 分类管理是意大利经济学家巴雷特于 19 世纪首创的，是一种在实践中应用较多的方法。经过不断发展和完善，ABC 分类管理法已经广泛应用于存货管理、成本管理和生产管理。

ABC 分类管理就是按照一定的标准，按照重要性程度将企业存货划分为 A，B，C 三类，分别实行按品种重点管理、按类别一般控制和按总额灵活掌握的存货管理方法。进行存货分类的标准主要有两个：金额标准和品种数量标准。其中，金额标准是基本的标准，品种数量标准仅供参考。划分时按照企业确定的标准通过列表、计算、排序等具体步骤确定各物品所属类别。这样，通过对存货进行分类，可以使企业分清主次，采取相应的对策进行经济有效的管理、控制。

运用 ABC 管理方法一般有如下几个步骤：

（1）计算每一种存货在一定时间内（一般为一年）的资金占用额。

（2）计算每一种存货资金占用额占全部资金占用额的百分比，并按大小顺序排列，编成表格。

（3）根据事先测定好的标准，把最重要的存货划为 A 类，把一般存货划为 B 类，把不重要的存货划为 C 类，并画图表示出来。

（4）对 A 类存货进行重点规划和控制，对 B 类存货进行次重点管理，对 C 类存货只进行一般管理。

（三）存货质量控制

存货质量是指存货的流动性和收益性，亦称存货的适销状况。按存货的适销状况及盘存记录可以分为畅销、平销和有问题三类。存货质量分析可以查明存货质量水平，了解存货的适销情况，找出问题，以便改善购销工作，优化库存结构，加速资金周转，提高企业经济效益。

存货质量控制主要有以下几项措施：

（1）权衡利弊，灵活进行削价处理。存货虽然是企业的资产，但如果出现了滞销、变质等问题，这项资产的价值就受到了毁损。所以，当存货处于非正常状态时，管理人员就要做出决策，采取适当的削价处理措施，最大限度地减少企业的损失。

（2）建立存货减值准备制度。很多存货的状态易变，比如食品等，企业需要对类似的存货建立减值准备制度，以避免意外损失带来重大影响。

（3）完善责任控制措施。企业的存货有自然损毁，但更多的是人为造成的损失，对这种损失必须建立责任控制程序，利用奖励和惩罚相结合的制度鼓励存货管理人员和其他相关人员树立责任心，尽量避免不必要的损失。

（四）适时制（JIT）管理

适时制管理起源于 20 世纪 20 年代美国底特律福特汽车公司所推行的集成化生产装配线。后来适时制管理在日本制造业得到有效应用，随后又重新在美国推广开来。

适时制管理的基本原理强调，只有在使用前才要求供应商送货，从而将存货数量减到最少；企业的物资供应、生产和销售应形成连续的同步运动过程；消除企业内部存在的所有浪费；不间断地提高产品质量和生产效率等。

适时制管理原本是为了提高生产质量而逐步形成的，旨在将原材料的库存量减少到一个生产班次恰好需要的数量。在适时制下，库存是没有替代品的，其所生产的每一个零部件都必须是合格品。适时制在按订单生产的制造业中应用最为广泛。同时，它在零售业中也开始显露出优越性，对零售业者预测消费需求和提高营运效益有一定作用。

第五节　短期融资管理

一、短期融资的概念和特征

（一）短期融资的概念

短期融资又称流动负债，是指需要在 1 年以内偿还的债务。短期融资属于财务风险最大的融资方式，但也是资金成本最低的融资方式。短期债务融资具有可转换性、灵活性和多样性，以及成本低、偿还期短等特点，因此企业必须对其进行认真管理。通常企业采用的短期融资方式有短期银行借款、短期融资券、商业信用、应交税金、应付利润、应付工资、应付账款、应付票据、预收货款、票据贴现等。

（二）短期融资的特征

1. 短期融资的周转期短

短期融资主要是为解决企业流动资金的需要，由于企业占用在流动资产上的资金，周转一次所需时间较短，通常会在1年或1个营业周期内收回，因此，短期融资具有周转周期短的特征。

2. 短期融资中的大部分资金需要量具有相对稳定性

在一个正常的生产经营企业中，短期负债中的大部分具有经常占用性和一定的稳定性，如生产企业中的最低原材料的储备、产品储备和商业企业的商品最低库存等占用的资金，虽然采用短期融资方式筹集资金，但一般都是短期资金长期占用，一笔短期资金不断循环使用。因此说，短期融资中的大部分资金需要量具有相对稳定的特征。

3. 短期融资的财务风险较高

短期融资的到期日近，容易出现不能按时偿还本金的风险；短期负债尤其是短期银行借款在利息成本方面也有较大的不确定性。因为利用短期借款筹集资金，必须不断改变新债务，而此次借款到期后，下次借款利息的高低是不确定的。金融市场上短期负债的利息率有时会在短期内有较大的波动。

4. 短期融资的资金成本较低

企业的短期融资不必承担长期负债的期限性风险，因为，企业的长期负债在债务期间内，即使没有资金需求，也不易提前归还，只好继续支付利息。而如果使用短期负债，当生产经营紧缩，企业资金需求减少时，企业可以逐渐偿还债务，这样就可以减少利息支出；或者在对方提供的折扣期内偿还应付账款，取得折扣优惠等，从而降低资金成本。

二、短期银行借款

短期银行借款是指企业根据合同向商业银行借入的期限在一年以内的借款。

（一）短期银行借款的信用条件

按照国际惯例，短期银行借款往往附加一些信用条件，主要有信用额度、周转授信协议和补偿性余额等。

1. 信用额度

信用额度是借款人与银行之间的非正式协议中关于借款人最高借款额度的规定。按照这种规定，借款人可以在规定的期限内向银行借入不高于这个额度的资金。例如，在某年的12月31日，银行同意，如果某公司的经营状况良好，则下一年银行可向该公司贷款80 000元。如果在下一年的1月20日，该公司已借入15 000元的短期借款，则表明其信用额度减少了15 000元，公司可在该年的任何时间，向银行申请信用额度范围内的剩余借款。但在非正式协议下，银行并不承担按最高借款额度保证借款的法律义务。

2. 周转授信协议

这是银行和借款人之间的一种正式协定。在这种协定中，规定了在未来规定的期限内银行最多可以贷给借款人的资金。这种做法与信用额度不同的是，借款人必须向银行支付一笔承诺费（一般为尚未借款额度的一定比例）以保证履行借入规定额度资金的义务。如果借款人在规定期限内不能如数借款，承诺费将归银行所有。例如，假定某公司与商业银行签订一项未来4年内借款10亿元的周转授信协议，承诺费率为公司尚未借用的信用额度的0.25%。那么，如果该公司在4年中没有借入这笔资金，则需要支付250万元（10亿元×0.25%）的承诺费；如果借入4亿元，还有6亿元未借，则需支付150万元（6亿元×0.25%）的承诺费。

周转授信协议一般用于有大额贷款发生的场合，这样做的目的是保证银行不致因借款人不履约而导致资金闲置、利息损失。

周转授信协议和信用额度有类似之处，但两者的不同在于，周转授信协议是一种正式的协议，银行有保证贷款的法定义务，并要向借款人收取承诺费；而信用额度是非正式的协议，银行既不存在保证贷款的法定义务，也不用收取承诺费。

3. 补偿性余额

西方国家的银行发放贷款时，一般要求借款人将贷款额中的 10%~20% 留存于银行，作为补偿性余额。这样规定的目的主要是降低银行贷款的风险，提高贷款的有效利率，以补偿银行的损失。由于有补偿性余额，借款人实际负担的成本要比名义成本高。例如，某公司需借入 8 万元以清偿债务，银行要求必须保留贷款额的 20% 作为补偿性余额。为此，公司必须借入 10 万元才能满足资金需求。如果名义利率为 8%，则对公司来说，实际负担的利率就是 10%。

（二）对贷款银行的选择

企业在短期银行借款筹资过程中，有一项重要的工作就是选择银行。在金融市场越来越完善的情况下，选择合适的银行，对企业生产经营业务长期稳定发展具有重要意义。企业应该注意银行间存在的重大区别，这些区别主要在于以下四个方面。

（1）银行对待风险的基本政策。不同的银行对待风险的政策是不同的，一些银行偏好比较保守的信贷政策，而另一些银行则喜欢开展一些所谓的"创新性业务"。这些政策多少反映了银行管理者的个性和银行贷款的特征。业务范围大、分支机构多的银行能够很好地分散风险，而一些专业化的小银行能承受的信用风险要小得多。

（2）银行所能提供的咨询服务。一些银行在提供咨询服务和在公司初创时期向公司发放大量贷款方面比较积极。某些银行甚至设有专门机构向客户提供建议和咨询。

（3）银行对待客户的忠诚度。财务管理学中所指的银行忠诚度是指在企业困难时期，银行支持借款人的行为。不同的银行，其对客户的忠诚度是不同的。一些银行要求企业无论遭遇何种困难，都必须无条件地偿还贷款。而另一些银行则顾及所谓的"老交情"，即使自己遇到困难，也要千方百计地支持那些与自己有着多年业务关系的企业，帮助这些企业获得更有利的发展条件。

（4）银行贷款的专业化程度。银行在贷款专业化方面存在极大的差异。大银行有专门的部门负责针对不同类型的行业特征的专业化贷款。小银行则比较注重企业生产经营所处的经济环境。借款者可以从熟悉经营业务并且经验丰富的银行那里获得更主动的支持和更富创造性的合作。

（三）短期银行借款的优缺点

（1）短期银行借款的优点。与其他短期筹资方式和长期借款相比，短期银行借款具有一定的优点。

①银行资金充足、实力雄厚，能随时为企业提供较多的短期贷款。对于季节性和临时性的资金需求，企业采用短期银行借款尤为方便。而那些规模大、信誉好的大公司，更可以较低的利率借入资金。

②企业取得借款的条件和手续较简便，筹资效率较高。

③借款数额和借款时间弹性较大，可在资金需要增加时借入，在资金需要减少时还款，便于企业灵活安排资金。

（2）短期银行借款的缺点。短期银行借款的缺点有以下三个方面。

①资金成本校高。采用短期银行借款成本较高，不仅不能与商业信用相比，甚至与短

期融资券相比，成本也高出许多。而抵押借款因需要支付管理和服务费用，成本更高。

②限制较多。向银行借款，银行要对企业的经营和财务状况进行调查以后才能决定是否贷款，有些银行还要对企业有一定控制权，要求企业把流动比率、负债比率维持在一定范围之内，这些都会构成对企业的限制。

③筹资风险大，实际利率高，在存在补偿性余额和附加利率的情况下更是如此。

在我国，短期银行借款是绝大多数企业短期资金的主要来源。企业应根据自身情况并结合短期银行借款的优缺点进行融资分析和决策。

三、商业信用

商业信用也即企业信用，是指工商企业之间在进行商品交易时，以契约（合同）作为预期货物资金支付保证的经济行为，其物质内容是商品的赊购赊销，而其核心却是资本运作，是企业间的直接信用。企业信用是企业在资本运营、资金筹集及商品生产流通中所进行的信用活动。企业信用在商品经济中发挥着润滑生产和流通的作用。

商业信用融资是无须支付利息的，企业如果运用得好，可以筹到一大笔资金，"借人家的鸡生蛋"。在市场经济发达的商业社会，利用商业信用融资已逐渐成为企业筹集短期资金的一个重要方式。

商业信用融资是一种短期筹资行为，超出使用期而不支付欠款将影响企业信用，所以不能滥用。

商业信用融资对资金实力雄厚的大公司容易，对资金实力薄弱的小公司比较难；对有长期供货关系的企业容易，对无长期稳固供货关系的企业比较难。

（一）商业信用的形式

1. 赊购商品

赊购商品是一种最典型、最常见的商业信用形式。这种形式下，买卖双方发生商品交易，买方收到商品后不立即支付货款，而是延期到一定时间以后再付款。例如，开一个工厂，找到原料供应商购进一批原料，与对方商定 20 天后付款，将这批材料制成商品卖出后，以货款支付原料款。

2. 预收货款

在这种形式下，卖方要预先向买方收取货款，但要延期到一定时间以后交货，这相当于卖方向买方先借入一笔资金，是另一种典型的商业信用形式。

通常，对购买紧俏商品的企业多采用这种先收款再发货的形式，以便顺利获得所需商品。又如提供一项服务，向对方言明要预收 50% 货款，用这笔货款去购买必要的设备、工具、材料，待全部交货后，结算余下的 50% 货款。

此外，对生产周期长、售价高的商品，如飞机、轮船等，生产企业也经常向订货方分次预收货款，以缓解资金占用过多的矛盾。

3. 商业汇票

商业汇票是指交易双方根据购销合同进行延期付款的商品交易时，开出的反映债权债务关系的票据。根据承兑人的不同，商业汇票可分为银行承兑汇票和商业承兑汇票。

银行承兑汇票是指由收款人或承兑申请人开出，由银行审查同意承兑的商业汇票。

商业承兑汇票是指由收款人开出，经付款人承兑，或者由付款人开出并承兑的汇票。商业汇票是一种期票，是反映应付账款和应收账款的书面证明。对于买方来说，它是一种短期融资方式。

4. 应收账款质押贷款

应收账款质押贷款是指借款人以应收账款作为质押，向银行申请的授信，是卖方提前回笼货款的一种方式。应收账款只是贷款的担保条件，是业务操作的辅助要素，是对企业良好商业信用的补充与提升。

用于质押的应收账款必须满足一定的条件。比如应收账款项下的产品已发出，并由购买方验收合格；购买方（应收账款付款方）资金实力较强，无不良信用记录，付款方确认应收账款的具体金额，并承诺只在买方贷款银行开立的账户付款；应收账款的到期日，早于借款合同规定的还款日等。

应收账款的质押率一般为六至八成，申请企业所需提交的资料一般包括销售合同原件、发货单、收货单、付款方的确认与承诺书等。其他所需资料与一般流动资金贷款相同。

（二）商业信用的条件

信用条件是指销货方对付款时间和现金折扣所作的具体规定，如"3/10、2/20、$n/30$"，便属于一种信用条件。信用条件主要有以下三种形式。

1. 预付货款

预付货款即买方向卖方提前支付货款。一般有两种情况：一是卖方已知买方的信用欠佳；二是销售生产周期长、售价高的产品。在这种信用条件下，卖方企业可以得到暂时的资金来源，而买方企业则要预先垫付一笔资金。

2. 延期付款，但没有现金折扣

在这种信用条件下，卖方允许买方在交易发生后一定时间内按发票金额支付货款，如"net30"，是指在交易后 30 天内按发票金额付款。这种条件下的信用期间一般为 30~60 天，但有些季节性的生产企业可能为其顾客提供更长的信用期间。此种情况下，买卖双方存在商业信用，买方可因延期付款而取得资金来源。

3. 延期付款，但提前付款可享受现金折扣

在这种信用条件下，买方若能提前付款，则卖方可给予一定的现金折扣；若买方不享受现金折扣，则必须在卖方规定的付款期内付清账款。如"3/10、$n/30$"便属于此种信用条件，该信用条件具体为：买方最迟需要在 30 天内付款，如果在 10 天内付款，则可享受3%的现金折扣。

采用这种信用交易方式，主要是为了加速应收账款的收现。现金折扣一般为发票金额的1%~5%。在此种情况下，买卖双方存在商业信用。买方若在折扣期内付款，除可获得短期资金来源外，还能得到现金折扣；若放弃现金折扣，则可在稍长时间内占用卖方资金。

（三）现金折扣成本的计算

商业信用条件给予购货方购货折扣和折扣期限是为了促使客户尽早付款，而购货方是否接受折扣条件并提前付款则需要考虑放弃这笔现金折扣的隐含利息成本，即商业信用的成本，其可通过将放弃的折扣额除以因放弃折扣换来的信用资金增加额计算。

$$商业信用成本 = \frac{放弃的折扣金额}{由放弃折扣增加的信用额} \times 100\%$$

$$= \frac{购货价格 \times 折扣率}{购货价格 \times （1-折扣率） \div 360 \times （信用期-折扣期）} \times 100\%$$

$$= \frac{折扣率}{1-折扣率} \times \frac{360}{信用期-折扣期}$$

【例 16-10】甲公司每年从乙公司购买 6 000 万元的零件，乙公司给甲公司的商业信用条件为"2/10，$n/30$"。

$$该商业信用的成本 = \frac{2\%}{1-2\%} \times \frac{360}{30-10} = 36.73\%$$

商业信用的成本比银行利率高，用放弃折扣而增加商业信用资金的做法不是明智之举。

（四）商业信用融资的优缺点

1. 商业信用融资的优点

①商业信用融资非常方便。因为商业信用融资与商品买卖同时进行，属于一种自然形成的融资，不需要进行人为筹划。

②如果企业不放弃现金折扣，不使用带息票据，利用商业信用融资没有实际成本。

③商业信用融资限制少。如果企业利用银行借款融资，银行往往对贷款的使用规定一些限制条件，而商业信用融资除付款期及折扣期有限制外，几乎没有其他限制。

2. 商业信用融资的缺点

商业信用融资的信用时间一般较短，如果企业取得现金折扣，则时间更短，如果放弃现金折扣，则要付出较高的资金成本。而使用商业承兑汇票的付款期限，则最长不超过 6 个月。

四、短期融资券

短期融资券又称商业票据、短期债券，是由大型工商企业或金融企业所发行的短期无担保本票，是一种新型的短期融资方式。

（一）短期融资券的种类

1. 按照发行方式的不同划分

按发行方式不同，我们可将短期融资券分为经纪人代销的融资券和直接销售的融资券。

经纪人代销的融资券又称间接销售融资券，它是指由发行公司卖给经纪人，然后再由经纪人卖给投资者的融资券。

直接销售融资券是指发行人直接销售给最终投资者的融资券。直接发行融资券的公司通常是经营金融业务的公司或自己有附属经营金融机构的公司，它们有自己的分支网点，有专门的金融人才，因此，有力量自己组织推销工作，从而节省了间接发行时付给证券公司的手续费。

2. 按照发行人不同划分

按发行人的不同，我们可将短期融资券分为金融企业的融资券和非金融企业的融资券。

金融企业的融资券是指由各大公司所属的财务公司、各种投资信托公司、银行控股公司等发行的融资券。

非金融企业的融资券是指那些没有设立财务公司的工商企业所发行的融资券。

3. 按照融资券的发行和流通范围不同划分

按融资券的发行和流通范围，我们可将短期融资券分为国内融资券和国际融资券。

国内融资券是指一国发行者在其国内金融市场上发行的融资券。发行这种融资券一般只要遵循本国法规和金融市场惯例即可。

国际融资券是指一国发行者在其本国以外的金融市场上发行的融资券。发行这种融资券，必须遵循有关国家的法律和国际金融市场上的惯例。

（二）短期融资券的优缺点

1. 短期融资券筹资的优点

①筹资成本比较低。在西方国家，短期融资券的利率加上发行成本，通常要低于银行的同期贷款利率。这是因为利用短期融资券筹集资金时，筹资者与投资者直接往来，绕开

了银行，从而节省了一笔原应支付给银行的筹资费用。但目前我国短期融资券的利率一般比银行借款利率高。这主要是因为我国短期融资券市场建立不久，还不十分成熟。随着短期融资券市场的不断发展和完善，短期融资券的利率会逐渐接近银行贷款利率，直至略低于银行贷款利率。

②筹资数额比较大。银行一般不会向企业贷放巨额的短期借款，而发行短期融资券可以筹集更多的资金。对需要巨额资金的企业，短期融资券这一方式更为适用。

③能提高企业的信誉。由于能在货币市场上发行短期融资券的公司都是著名的大公司，所以，一个公司如果能在货币市场上发行自己的短期融资券，说明该公司的信誉很好。

2. 短期融资券筹资的缺点

①风险比较大。短期融资券到期必须归还，一般不会有延期的可能。到期不归还，会产生严重后果。

②弹性比较小。只有当企业的资金需求达到一定数量时才能使用短期融资券，如果数量较小，则会加大单位资金的筹资成本。另外，短期融资券一般不能提前偿还，即使公司资金比较宽裕，也只能在到期才能还款。

③发行条件比较严格。并不是任何公司都能通过发行短期融资券进行筹资，必须是实力强、信誉好、效益高的企业才能使用，而一些小企业或信誉不太好的企业不能利用短期融资券来进行筹资。

本章综述

1. 本章阐述了营运资金管理的基本内容、概念、特点及营运资金管理的原则。

2. 本章介绍了企业持有现金的动机和成本、最佳现金持有量的确定。

3. 本章明确了应收账款信用成本的确定、管理政策及其日常管理。

4. 本章阐述了存货成本的内容、经济订货批量的基本模型及其他存货管理模型和控制方法。

5. 本章介绍了短期融资券的概念、特征和分类，对银行短期借款、商业信用和短期融资券等短期融资方式进行了详细的说明。

参考文献

中国注册会计师协会. 2019 年注册会计师全国统一考试辅导教材：财务成本管理[M]. 北京：中国财政经济出版社，2019.

习　题

第五篇　价值管理

——企业价值创造的评价与管理

第十七章

企业价值评价

■本章导读

　　企业运营过程中涉及的投融资决策、经营决策、股权转让、抵押贷款、股票发行上市、企业兼并、收购或分立、联营以及价值管理等经济活动都需要进行企业整体资产评估、企业价值评价。本章介绍了企业价值与企业价值评价的概念、特点及其评价原则和假设前提。企业价值是企业有形资产和无形资产等所有资产价值的市场价值，是企业实现的未来现金流量的现值之和，即其内在价值，其大小取决于企业经营能力、经营状况和增长走势带来的未来经营收益实现的未来现金流量的多少及其风险程度大小。企业价值评价是指在一定的假设条件下，运用金融及财务理论、评估模型与方法，对企业整体价值、股东全部权益价值或部分权益价值进行评估的过程，具有整体性和经济性的特点。本章还阐述了企业价值评价的类型和方法。企业价值评估实务中主要有资产价值基础法、收益法、市场法三种评估方法。重点分析了收益法中的 DCF 模型和 EVA 模型、市场法中的市盈率模型、市净率模型和市销率模型。

　　本章的主要内容：

● 企业价值评价的概述

● 企业价值评价的原则和假设前提

● 企业价值评价的分类和方法

■重点专业词语

企业价值（value of enterprises）　企业价值评价（enterprise value measurement）

价值评价（value evaluating）　　评价方法（evaluating approaches）

市盈率模型（price to earnings（P/E）model）

现金流量折现模型［discount cash flow（DCF）model］

经济增加值模型［economic value added（EVA）model］

■开章案例

小蔡和小吴是一对从小玩到大的好朋友。20×1年5月，久未谋面的两个小伙伴相约见面。酒足饭饱之后，两人开始畅想未来。小蔡现在在一家大型会计师事务所工作，而小吴在一家跨国公司工作，两人的生活工作都算顺利，但在一帆风顺之下，却都感到一丝乏味和无聊，昔日的年少轻狂和豪情万丈似乎在按部就班的日子中慢慢被消磨了。经过讨论，两人决定做一番事业，在A市开一家酒吧，两人分别出资20万元，作为创业的启动资金。

小吴首先进行了市场分析，根据两人手头能拿出的资金、自己的特点和优势，把酒吧定位为复古小清新风格。小蔡根据酒吧运营的需求，列出了清单（见表17-1）。

表17-1　酒吧运营需求清单　　　　　　　　　　　单位：元

需要什么		钱从哪儿来	
流动资金	20 000	自掏腰包	400 000
存货（如酒等）	20 000		
预付租金	240 000		
装修	120 000		
合计	400 000	合计	400 000

接下来，两人热火朝天地办理了相关营业手续，迅速租好了店面，进行装修，置办存货，很快酒吧就开业了。小蔡也建立了酒吧开业的期初资产负债表（见表17-2）。

表17-2　酒吧资产负债表　　　　　　　　　　　单位：元

	期末	期初		期末	期初
流动资产			负债		
货币资金		20 000			
存货		20 000			
预付账款		240 000			
非流动资产			所有者权益		
固定资产		120 000	实收资本		400 000
总资产		400 000	负债和所有者权益		400 000

酒吧开业一年后，小蔡出具了酒吧第一年的经营业绩（见表17-3）。

表17-3（a）　第一年财务报表（资产负债表）　　　　单位：元

资产负债表					
	期末	期初		期末	期初
流动资产			负债		
货币资金	99 000	20 000			
存货	25 000	20 000			
预付账款	240 000	240 000			
非流动资产			所有者权益		
固定资产	120 000	120 000	实收资本	400 000	400 000
累计折旧	60 000		未分配利润	24 000	
总资产	424 000	400 000	负债和所有者权益	424 000	400 000

表 17-3（b） **第一年财务报表（利润表）** 单位：元

利润表	
销售收入	500 000
销售成本	120 000
毛利	380 000
销售及管理费用	348 000
营业利润	32 000
所得税	8 000
净利润	24 000

表 17-3（c） **第一年财务报表（现金流量表）** 单位：元

现金流量表	
销售商品、提供劳务收到的现金	500 000
经营活动现金流入小计	500 000
购买商品、接受劳务支付的现金	125 000
支付的各项税费	8 000
支付给职工及为职工支付的现金	38 000
支付其他与经营活动有关的现金	250 000
经营活动现金流出小计	421 000
经营活动产生的现金流量净额	79 000
现金及现金等价物增加额	79 000

酒吧第一年就获得盈利，实属不错的业绩表现。尽管如此，但开始投入的 40 万元资金，最终只给股东创造了 2.4 万元的利润，按此计算，一年的投入资本回报率为 6%（2.4÷40×100%），其实就相当于同期买个银行的理财产品，这个回报水平并不算高，两人感觉和当时开业时定的小目标还有点差距。于是，两人又仔细合计了一下，发现由于酒吧的业务主要集中在晚上，并主要是周末和节假日的晚上，平时工作日和白天的大部分时间，酒吧都是闲置的。如何才能提高酒吧资源的利用率，创造更多收入呢？两人想出了以下两个方案。

方案 1：由于 A 市风光优美，极具海滨特色，每天都有很多外来游客来此游览，还有很多年轻人选择在这里拍摄婚纱照。因此，两人决定在白天开放酒吧区域，为一些婚纱影楼提供拍摄场地，并按时间收取费用。

方案 2：由于周末白天酒吧生意较少，可以开发一些团购产品，在网上发布，承接一些周末白天的聚会活动，提供简单的酒水和 KTV（卡拉 OK）设备，满足聚会者的需求，充分利用场地。

由于以上两项新业务的开展，酒吧第二年的营业额和利润均有了大幅增长。但同时，因为开展了团购业务，团购销售应收款项的结算周期为 1 个月，而采购酒水、食品等存货的应付款项结算周期为半个月，因此酒吧的日常经营上增加了营运资本占用，对现金流造成了一定的影响。第二年酒吧的财务业绩如下（见表 17-4）。

表 17-4 （a）　第二年财务报表（资产负债表）　　单位：元

资产负债表					
	期末	期初		期末	期初
流动资产			负债		
货币资金	223 000	99 000	应付账款	10 000	
应收账款	40 000				
存货	30 000	25 000			
预付账款	240 000	240 000			
非流动资产			所有者权益		
固定资产	120 000	120 000	实收资本	400 000	400 000
累计折旧	120 000	60 000	未分配利润	123 000	24 000
总资产	533 000	424 000	负债和所有者权益	533 000	424 000

表 17-4 （b）　第二年财务报表（利润表）　　单位：元

利润表	
销售收入	620 000
销售成本	140 000
毛利	480 000
销售及管理费用	348 000
营业利润	132 000
所得税	33 000
净利润	99 000

表 17-4 （c）　第二年财务报表（现金流量表）　　单位：元

现金流量表	
销售商品、提供劳务收到的现金	580 000
经营活动现金流入小计	580 000
购买商品、接受劳务支付的现金	135 000
支付的各项税费	33 000
支付给职工以及为职工支付的现金	38 000
支付其他与经营活动有关的现金	250 000
经营活动现金流出小计	456 000
经营活动产生的现金流量净额	124 000
现金及现金等价物增加额	124 000

　　虽然第二年的经营业绩令人满意，但是商业嗅觉敏感的小吴还是发现了酒吧经营中存在的问题。小吴发现：目前酒吧的接待能力已经饱和了，每天接待的客人数量基本保持不变，而客人的平均消费也维持在一个中等水平。因此，两人商议决定要扩大酒吧的规模从而增加接待能力。

　　小吴建议将酒吧进行重新装修：一方面可以更加充分地利用空间，增加座位，提高接待能力；另一方面可以提高酒吧的档次，吸引更高消费能力的人群，从而提高客人的平均消费。小蔡考虑到一个很棘手的问题：根据预算，这次装修需要花费 30 万元，而酒吧的现金只有 22 万多元，剩下的 7 万多元到哪里去找呢？

　　后来，小蔡找到了他在银行工作的好朋友钱总，银行团队看了酒吧前两年的经营业绩后同意可借 10 万元现金给酒吧，这才解了燃眉之急。第三年年初，酒吧以全新的面貌重新开业了。

经过第三年的经营，酒吧的收入和利润稳步增长，也成功赚到了他们原先设想的第一桶金。小蔡又拿出了第三年的财务报表（见表 17-5）。

表 17-5（a）　第三年财务报表（资产负债表）　　　　单位：元

资产负债表					
	期末	期初		期末	期初
流动资产			负债		
货币资金	222 000	223 000	应付账款	14 000	10 000
应收账款	60 000	40 000	短期借款	100 000	
存货	32 000	30 000			
预付账款	240 000	240 000			
非流动资产			所有者权益		
固定资产	300 000	120 000	实收资本	400 000	400 000
累计折旧	100 000	120 000	未分配利润	240 000	123 000
总资产	754 000	533 000	负债和所有者权益	754 000	533 000

表 17-5（b）　第三年财务报表（利润表）　　　　单位：元

利润表	
销售收入	700 000
销售成本	150 000
毛利	550 000
销售及管理费用	388 000
财务费用	6 000
营业利润	156 000
所得税	39 000
净利润	117 000

表 17-5（c）　第三年财务报表（现金流量表）　　　　单位：元

现金流量表	
销售商品、提供劳务收到的现金	680 000
经营活动现金流入小计	680 000
购买商品、接受劳务支付的现金	148 000
支付的各项税费	39 000
支付给职工以及为职工支付的现金	38 000
支付其他与经营活动有关的现金	250 000
经营活动现金流出小计	475 000
经营活动产生的现金流量净额	205 000
购建长期资产所支付的现金	300 000
投资活动现金流出小计	300 000
投资活动产生的现金流量净额	-300 000
取得借款所收到的现金	100 000
筹资活动现金流入小计	100 000
分配股利、利润或偿付利息所支付的现金	6 000
筹资活动现金流出小计	6 000
筹资活动产生的现金流量净额	94 000
现金及现金等价物增加额	-1 000

在这欢欣鼓舞的时候，第四年年初，有一位常来酒吧喝酒，自称公司刚在海外上市成功的金总找到小吴。金总表明自己愿意出资做股东承担风险，让小吴他们继续做经理人帮助经营酒吧，并在看过酒吧的财务报表后给出了80万元的价格。他说："我是真的看好你们，你们现在的账面股东权益是64万元，多出的这16万元就是表达我这个心意的。"

小吴当时一听有点心动，回来立马拉了小蔡一起认真商量。

小蔡从听到消息就一直在算账，他拿出了一堆他的计算底稿，讲解起来："兄弟，这事儿要从长计议啊。你知道我们的酒吧应该值多少钱吗？关注公司价值，不能只看现在公司的净资产是多少，而应看公司未来可持续自由现金流的现值，它反映公司的整体价值，其加上现金扣除债权价值与少数股东权益价值后即为公司股权价值。咱们先不谈股权价值，所以先放着10万元的银行贷款来看酒吧的整体价值。假设不考虑酒吧未来可能发生由于新建或兼并收购等外延式扩张所需的战略性资本支出，用于计算酒吧价值的自由现金流，就是酒吧日常生产经营活动所产生的税后净现金流量扣除维持日常生产经营活动所需经常性资本支出净额后可自由支配的部分，将这个自由现金流按照我们的加权平均资本成本进行折现得出酒吧的整体价值。酒吧租期10年，现在还剩7年，我们就假设还能持续经营7年。我预计了一下第四年的自由现金流是22万元，以后每年增长2%，这已经很保守了，怎么也不能低于通胀率吧。7年后我们收回投资即原投入的40万元和第三年年末的未分配利润24万元，那么按酒吧的资本成本14.7%折算下来，酒吧值122万元。怎么样，吃惊吗？"具体分析计算如下：

第3年年末的公司价值

$$= 220\,000 \div (1+14.7\%) + 224\,400 \div (1+14.7\%)^2 + 228\,888 \div (1+14.7\%)^3 + 233\,466 \div (1+14.7\%)^4 + 238\,135 \div (1+14.7\%)^5 + 242\,898 \div (1+14.7\%)^6 + 887\,756 \div (1+14.7\%)^7$$

$$= 1\,215\,461\ (元)$$

式中：

第4年预计自由现金流 $= 220\,000$（元）

第5年预计自由现金流 $= 220\,000 \times (1+2\%) = 224\,400$（元）；

第6年预计自由现金流 $= 220\,000 \times (1+2\%)^2 = 228\,888$（元）；

第7年预计自由现金流 $= 220\,000 \times (1+2\%)^3 = 233\,466$（元）；

第8年预计自由现金流 $= 220\,000 \times (1+2\%)^4 = 238\,135$（元）；

第9年预计自由现金流 $= 220\,000 \times (1+2\%)^5 = 242\,898$（元）；

第10年预计自由现金流 $= 220\,000 \times (1+2\%)^6 + 400\,000 + 240\,000 = 887\,756$（元）。

于是，小吴婉拒了金总的收购要约。

第四年，小蔡提出要加强酒吧的现金创造能力。这次小蔡更系统化地提出，为增加未来现金流，不仅要通过提高经营获利能力增加酒吧的盈利性现金流入，还需要从营运资本管理的角度增加营运性现金流入。小蔡给小吴讲解了营运资本的概念，即公司的正常生产经营活动所产生的流动资产与流动负债的净额，通常包括应收账款、预付账款、应付账款、预收账款以及存货等与公司日常生产经营活动相关的项目。通过缩短应收账款的周转天数、延长应付账款的周转天数或加快存货周转，可以提高营运资本管理效率，减少营运资本占用，从而将经营利润快速转化为现金。

明确了思路，两人很快就如何增加现金流入达成共识，并做好了分工：小蔡加强对团购网及长期协议客户的收款，缩短收款时间，同时与供应商洽谈适当延长付款期，并与房东商量，房租从第四年开始由年初付 24 万元改为每季付 6.5 万元，租期不改，仍为 10 年；小吴负责与一家啤酒供应商谈判，签订长期战略合作协议，同意在啤酒类产品专营该供应商的品牌，该供应商将适当延长付款期，另外供应商还将每年支付 3 万元的展列宣传费，酒吧的名称前面也将冠名该品牌，小吴将继续负责主持好酒吧的日常运营，提高服务水准和维护场地设施。

　　第四年年末，小蔡再次拿出财务报表，这次他还引入了管理资产负债表和利润表的形式，他觉得新的财务报表更加有利于满足准确评价酒吧经营业绩、分析经营风险和财务风险、减少营运资本占用等管理要求（见表 17-6、表 17-7）。

表 17-6　管理资产负债表和利润表　　　　　　　　　　单位：元

资产负债表	第3年年末	第4年年末		管理资产负债表	第3年年末	第4年年末
货币资金	222 000	670 188		货币资金	222 000	670 188
应收账款	60 000	50 000		营运资本需求	318 000	117 000
存货	32 000	32 000		固定资产	300 000	300 000
预付账款	240 000	65 000		累计折旧	−100 000	−200 000
固定资产	300 000	300 000		长期股权投资	—	—
累计折旧	−100 000	−200 000		投入资本	740 000	887 188
长期股权投资	—	—				
	754 000	917 188		债权资本	100 000	100 000
应付账款	14 000	30 000		权益资本-初始投资	400 000	400 000
短期借款	100 000	100 000		权益资本-留存利制	240 000	387 188
实收资本	400 000	400 000		占用资本	740 000	887 188
未分配利润	240 000	387 188				
负债和所有者权益	754 000	917 188				

利润表	第3年	第4年		利润表	第3年	第4年
销售收入	700 000	750 000		销售收入	700 000	750 000
销售成本	150 000	160 000		销售成本	150 000	160 000
毛利	550 000	590 000		毛利	550 000	590 000
销售及管理费用	388 000	387 750		销售及管理费用	388 000	387 750
财务费用	6 000	6 000		经营利润	162 000	202 250
营业利润	156 000	196 250		所得税	39 000	49 062
所得税	39 000	49 062		财务费用	6 000	6 000
净利润	117 000	147 188		净利制	117 000	147 188

表 17-7　现金流量表　　　　　　　　　　　　单位：元

现金流量表	第3年	第4年
销售商品、餐供务收到的现金	680 000	760 000
经营活动现金流入小计	680 000	760 000
购买商品、接受劳务支付的现金	148 000	144 000
支付的各项税费	39 000	49 062
支付给职工以及为职工支付的现金	38 000	38 000
支付其他与经营活动有关的现金	250 000	74 750
经营活动现金流出小计	475 000	305 812
经营活动产生的现金流量净额	205 000	454 188
购建长期资产所支付的现金	300 000	
取得子公司及其他营业单位支付的现金净额		
投资活动现金流出小计	300 000	
投资活动产生的现金流量净额	-300 000	
取得借款所收到的现金	100 000	
筹资活动现金流入小计	100 000	
分配股利,利润或偿付利息所支付的现金	6 000	6 000
筹资活动现金流出小计	6 000	6 000
筹资活动产生的现流量净额	94 000	-6 000
现金及现金等价物增额	-1 000	448 188

自由现金流	第3年	第4年
税后经营利润	123 000	153 188
折旧成本	100 000	100 000
营运资本需求变动	18 000	-201 000
经营活动净现金流入	205 000	454 188
经营性资本住处	-300 000	—
经索性自由现金流	-95 000	454 188
向债权人借入(+)/归还(-)本金	100 000	
向债权人支付利息(-)	-6 000	-6 000
战略性资本支出	—	—
股东投入(+)/收回(-)资本	—	—
向股东支付红利(-)	—	—
净现金流量	-1 000	448 188

第四年，酒吧继续取得了不错的收入和利润增长，并且得益于两人所采取的一系列加强营运资本管理的措施，经营性现金流有了很大的改善。但同时，小蔡和小吴又有了新的烦恼，那就是现在账面上足足有 67 万元的现金，大大超过了他们的日常经营所需。有价值管理专业知识的小蔡明白，公司留存的现金不是越多越好，因为现金是低回报资产，过多的现金意味着使用效率降低，增加资本占用，降低股东的回报水平。

于是，小蔡提出："酒吧现在真是赚了不少钱了，光手头的现金存款都有 67 万元了，这样干放在银行或者做些理财其实都是不能持续增加公司价值的！我琢磨着，留下一定要用的周转资金，剩下的盈余现金咱们要不先给自己点红利吧，不能忙活这么久了，没有看到钱到手！剩下的我们得寻找个钱生钱的事！"

小吴也赞同小蔡的意见，最后两人决定，在第五年年初派发 20 万元股息。

机会是给有准备的人的，第五年年末，酒吧街前的一家大西洋咖啡馆老板夫妇来找两人，说他们俩准备跟儿子出国定居了，想将咖啡馆盘出去，因为比较急又是认识的邻居，就只要 100 万元。

小吴觉得这是个钱生钱的好机会，于是拿到大西洋咖啡的一些主要财务数据，给小蔡去做进一步的分析。小蔡给出了一些关键指标供决策参考。

- 当年税后投入资本回报率＝20%；
- 当年自由现金流＝26（万元）；
- 回本期＝3.5（年）；
- 前两年平均销售增长率＝23%；
- 预计未来 5 年增长率＝5%；
- 即使无增长：咖啡馆价值＝131（万元）；
- 按5%的未来 5 年增长率计算：咖啡馆价值＝140（万元）。

除此之外，小蔡还提出，酒吧第五年年末预测将有现金 75 万元，可以用来投资的只有 60 万元，就是说至少还有 40 万元的资金缺口。

但两人都认为机不可失，时不再来，若将大西洋咖啡馆也纳入旗下，定能丰富整体在休闲娱乐服务方面的业态布局，对扩大整体客户群、提升抗风险能力，以及实现可持续发展都有好处。并且，大西洋咖啡馆现在聘请的店长兼咖啡师以及服务员还愿意继续留任，他们对于咖啡馆的经营管理颇有经验，这为小蔡和小吴未来继续经营好咖啡馆进一步增强了信心。小蔡就如何筹集 40 万元提出了以下几个方案：

（1）找到鹏城银行的钱总沟通，继续从银行贷款；

（2）由两人以增资入股的形式分别出资 20 万元；

（3）由两人以股东借款的形式向酒吧借款 40 万元；

（4）找其他银行寻求更优惠条件贷款的可行性。

相比酒吧第三年装修时的资金筹集方案，小蔡这次的提案新增了股权融资方案，即两位股东以增资入股的形式填补 40 万元的资金缺口，但是小蔡同时提出股权融资对于现在的酒吧而言是增加资本成本的行为，在目前的有息负债率为 11% 的时候，增加股权资本（若两人将资金投资于股市，年回报率约为 15%，因此两人的期望回报率是15%）会明显拉高酒吧整体资金成本，相应的债权税盾效应（即贷款的利息支出作为税前费用列支所带来的所得税节约效应）会被错失，显然不是目前的最优方案。

因此，两人最终还是商定以银行贷款为筹资方式，并希望从另一家未借贷过的银行取得利率相对优惠的贷款。

于是，小蔡拿着酒吧五年来的业绩以及计划投资的方案跑了不少银行进行比较，最后与湾区银行签下了利率为 7% 的（略低于当时同等规模公司能取得的平均贷款利率）40 万元的三年期贷款。自此，小酒吧完成了其成长历程中第一次外延性扩张。

勤劳的小蔡将酒吧第 1~5 年的财务报表作为一份满意答卷交了出来（见表 17-8、表17-9、表 17-10）。

表 17-8　第 1~5 年管理资产负债表　　　　　　　单位：元

管理资产负债表	第 1 年年末	第 2 年年末	第 3 年年末	第 4 年年末	第 5 年年末
货币资金	99 000	223 000	222 000	670 188	153 438
营运资本需求	265 000	300 000	318 000	117 000	101 000
固定资产	120 000	120 000	300 000	300 000	300 000
累计折旧	−60 000	−120 000	−100 000	−200 000	−300 000

表17-8（续）

管理资产负债表	第1年年末	第2年年末	第3年年末	第4年年末	第5年年末
长期股权投资	—	—	—	—	1 000 000
投入资本	424 000	523 000	740 000	887 188	1 254 438
债权资本	—	—	100 000	100 000	500 000
权益资本——初始投资	400 000	400 000	400 000	400 000	400 000
权益资本——留存利润	24 000	123 000	240 000	387 188	354 438
占用资本	424 000	523 000	740 000	887 188	1 254 438

表 17-9　第1~5年利润表　　　　单位：元

利润表	第1年	第2年	第3年	第4年	第5年
销售收入	500 000	620 000	700 000	750 000	810 000
销售成本	120 000	140 000	150 000	160 000	180 000
毛利	380 000	480 000	550 000	590 000	630 000
销售及管理费用	348 000	348 000	388 000	387 750	401 000
经营利润	32 000	132 000	162 000	202 250	229 000
所得税	8 000	33 000	39 000	49 062	55 750
财务费用	—	—	6 000	6 000	6 000
净利润	24 000	99 000	117 000	147 188	167 250

表 17-10　第1~5年现金流量表　　　　单位：元

自由现金流	第1年	第2年	第3年	第4年	第5年
税后收益	24 000	99 000	123 000	153 188	173 250
折旧成本	60 000	60 000	100 000	100 000	100 000
营运资本需求变动	5 000	35 000	18 000	−201 000	−16 000
经营活动净现金流入	79 000	124 000	205 000	454 188	289 250
经常性资本支出			−300 000		
经常性自由现金流	79 000	124 000	−95 000	454 188	289 250
向债权人借入(+)/归还(−)本金			100 000		400 000
向债权人支付利息(−)			−6 000	−6 000	−6 000
战略性资本支出					−1 000 000
股东投入(+)/收回(−)资本					
向股东支付红利(−)					−200 000
现金净流量	79 000	124 000	−1 000	448 188	−516 750

　　小蔡还进一步列出了酒吧的5年核心价值管理指标的对比（见表17-11）。在回报方面，酒吧的投入资本回报率在第2年就达到了21%的水平，超过加权平均资本成本，其后由于在第3年增加了债权资本，投入资本回报率有所下降，但之后呈现上升趋势，到第5年达到22%的水平；从盈利能力来看，税后经营利润率持续提升，第2年就超过

了 15%，第 4 年和第 5 年还超过了 20%；从营运效率来看，随上游供应商付款周期的延长、下游团购网收款周期的缩短，以及场地租金预付期的缩短，营运资本占用率持续下降，虽然由于投入资本增加较大，投入资本周转率有所下降，但下降幅度较小，所以未对回报水平产生负面影响。在增长方面，小酒吧的销售收入持续保持增长，在同行业中属于相当不错的水平。在财务能力方面，尽管在第 5 年为了买下大西洋咖啡馆，增加了银行贷款，总有息负债率上升到 40%，但仍趋向最优资本结构，酒吧依然保持健康的财务状况，并且由于增加了对杠杆的适度运用，在不增加财务风险的情况下，税盾效应增强，实现了加权平均资本成本的下降。

表 17-11　酒吧 5 年核心价值管理指标

关键指标	第 1 年	第 2 年	第 3 年	第 4 年	第 5 年
投入资本回报率	6%	21%	18%	19%	22%
税后经营利润率	5%	16%	18%	20%	21%
投入资本周转率	1.21	1.31	1.03	0.92	1.05
营运资本占用率	64%	60%	45%	27%	14%
销售收入增长率	NA	24%	13%	7%	8%
总有息负债率	0%	0%	14%	11%	40%
加权平均资本成本	15.00%	15.00%	13.31%	13.75%	11.22%

这是一个小酒吧从无到有、发展壮大的故事，看似平常的背后，却从本质上折射了一家公司实现价值创造的基本逻辑循环。

我们梳理一下酒吧这 5 年的发展历程：在决定创业的时候，酒吧的所有资本金都来自两位股东的投入，也就是说创立初期的资本结构是 100% 的股东权益；开始营业后，酒吧有针对性地开展了如提供婚纱摄影场地、承接聚会活动等业务，有效提升了酒吧的经营获利能力，并且在第 4 年，经过努力，将应收账款的收款期缩短，将应付账款的付款期延长，减少了营运资本占用，提升了酒吧的营运资本周转效率，经营获利能力和营运资本管理能力两方面的增强为酒吧带来了明显的现金创造效果，使得经营活动净现金流入从第 1 年到第 4 年持续增加，特别是在第 4 年采取了营运资本管理改善措施后，经营性现金流增加明显；在第 4 年年末，两人意识到账面上的留存现金超过日常经营所需后，决定将盈余现金用于派息，是一种有利于提升现金使用效率的现金管理行为；除了通过自身经营活动获取内生资金外，酒吧五年的发展也离不开通过资金筹集活动获得外部资金的支持，例如为了扩大接待能力，酒吧在第 3 年向银行贷了款，并且在第 5 年要收购大西洋咖啡馆时，通过比较综合融资成本，也最终选定了利用三年期的银行贷款为这次收购筹资；最后，收购大西洋咖啡馆是酒吧实现进一步增长的有效途径，丰富了酒吧原有的业务组合，优化了资产配置，实现了酒吧的第一次外延式扩张；而对于大西洋咖啡馆的收购，考虑了债务的税盾效应，使用了 60 万元的股权资本投入和 40 万元的债权资本投入，这里就又回到了开始所说的资本结构问题。

由此，价值创造的完整循环体现了出来。

资料来源：魏斌. 价值之道：公司价值管理的最佳实践 [M]. 北京：中信出版社，2018：3-18.

第一节　企业价值评价的概述

一、企业价值评价的概念

（一）企业价值与企业价值评价

企业价值即指企业本身的内在价值，是企业有形资产和无形资产等所有资产价值的市场评价。企业价值不同于利润，利润是企业全部资产的市场价值中所创造价值中的一部分，企业价值也不是指企业账面资产的总价值，由于企业商誉的存在，通常企业的实际市场价值远远超过账面资产的价值。

企业并非各项资产的简单堆砌，而是构成企业的各项资产的有机组合。因此企业价值也并非构成企业各项资产价值的简单相加。特别是具有悠久历史、良好管理、著名品牌、核心技术、优秀人力资源及其他独特资源的企业，其企业价值可能远远大于其各种看得见的资产价值之和。

在完备的资本市场中，企业价值即企业的市场价值。理论上，企业价值是企业实现的未来现金流量的现值之和，即其内在价值。它的大小取决于企业经营能力、经营状况和增长走势带来的未来经营收益实现的未来现金流量的多少及其风险大小。

企业价值评价是指在一定的假设条件下，运用金融及财务理论、评估模型与方法，对企业整体价值、股东全部权益价值或部分权益价值进行评估的过程，其是将企业作为一个有机整体，依据其拥有或占有的全部资产状况和整体获利能力，充分考虑影响企业获利能力的各种因素，对企业整体公允市场价值进行的综合性评估。作为整体资产的企业往往并不是所有单项资产的简单累加，而是在一定组织管理下按照生产经营中经济与技术逻辑关系形成的资产有机结合体，因此，企业价值评估的一般对象是企业整体的经济价值。

企业价值评价适用于为达到设立公司、企业改制、股权转让、抵押贷款、股票发行上市、企业兼并、收购或分立、联营、组建集团、中外合作、合资、租赁、承包、融资、法律诉讼、破产清算等目的而进行的整体资产评估、企业价值评估。企业价值评价有助于企业在经营管理时摸清家底、量化管理、内聚人心、外展实力；在开展资产运作时作价转让、许可使用、打假索赔、质押贷款；在资本运作时参资入股、增资扩股、置换股权、合资合作。

（二）企业价值评价的特点

企业价值评价具有整体性和经济性的特点。

（1）整体性。根植于现代经济的企业价值评估与传统的单项资产评估有着很大的不同。它首先表现在作为评估客体的企业是完整的、不可分割的资产综合体；评估的最终结果既包括有形资产的价值，也包括无形资产的价值，还包括负债的价值。其次表现在评估的具体对象，只能是资产综合体的整体获利能力，即企业能对各资产进行合理的配置和经营，以形成一定规模的综合体的整体获利能力，并据此来估算企业整体资产的价值。因此，企业价值评价不仅仅是评估企业单项资产价值之和，而是要把企业作为一个经营整体来评估其整体资产获利能力的价值。

（2）经济性。这里的企业整体价值是指由企业全部投资者投入资产创造形成的价值，本质上是企业作为一个独立的法人实体在一系列的经济合同与各种经济契约中蕴含的权益，其属性与会计报表上反映的资产与负债相减后净资产的账面价值是不相同的，是一种经济学意义上的价值，由经济收入与经济支出决定的经济价值，也不同于会计收入与会计成本决定的会计价值。

（三）企业价值评价与单项资产评估加总的区别

企业价值评价是对整体企业的资产评估，不是单项资产评估值的加总。它们的区别主要表现在以下四个方面：

1. 评估的对象和含义不同

企业价值评价是将企业作为一个整体，将其未来的整体获利能力实现的现金流量加以折现得到评估值；而单项资产加总是企业各个单项资产要素在现时价格的总和，即企业的实体资产购建成本。因此，前者体现了企业各项资产运营结果的因素，后者只体现各项资产存量价值的因素。

2. 评估目的不同

企业价值评价通常是将企业作为整体获利经济实体来实现产权交易，故在企业整体出售、兼并、合资和联营时进行。而单项资产评估加总仅仅是将企业作为一般生产要素的构成来对待，一般在企业改变经营方向和生产方式，将企业的资产进行整体或拆零变卖、转让时进行。

3. 评估的方法不同

企业价值评价一般采用收益现值法；而单项资产评估加总一般采用重置成本法。

4. 评估结果不同

企业价值评价的结果反映企业持续经营下资产作为经营整体运行而实现的价值，单项资产评估加总则是基于各项资产独立存在具有的价值之和。企业价值评价的整体资产价值大于单项资产评估加总时，企业具有商誉价值。整体资产价值等于单项资产评估加总时，企业商誉为零。整体资产价值小于单项资产评估加总时，企业商誉为负值。

二、企业价值评价的意义

（一）企业价值评价是企业价值最大化管理的需要

企业财务管理的目标是企业价值最大化，企业的各项经营决策是否可行，必须看这一决策是否有利于增加企业价值。企业价值评价可以用于投资分析、战略分析和以价值为基础的管理；可以帮助经理人员更好地了解公司的优势和劣势。

我国现阶段会计指标体系不能有效地衡量企业创造价值的能力，会计指标基础上的财务业绩并不等于公司的实际价值。企业通过账面价值的核算，常常无法对其自身经过长期开发研究、日积月累的宝贵财富——无形资产的价值进行确认。无形资产涵盖了技术、管理、企业、人才等，像曾经只是家庭作坊的泰山体育产业集团 2008 年有 200 多种产品入选北京奥运会，成为奥运史上最大的供应商；浙江罗蒙集团以商标权质押，成功贷款 7.8 亿元。这些都不是能够在会计信息上很好地反应的企业价值。企业价值评价帮助企业对这些现阶段会计信息无法反应的信息予以关注，并进行正确的处理，提高企业价值的准确性。

以企业价值最大化管理为核心的财务管理，能使企业理财人员通过对企业价值的评价，了解企业的真实价值及其来源，进而做出科学的投资、融资及经营决策，不断提高企业价值，增加投资者财富。

（二）企业价值评价是企业并购的需要

在经济发展过程中，大量出现要把企业作为一个整体进行转让、合并等情况，如联想并购 IBM PC、华为并购港湾、阿里巴巴并购雅虎中国等事件，都涉及企业整体价值的评价问题。企业并购过程中，并购方希望从企业现有经营获利能力的角度或同类市场比较的角度了解目标企业的价值，这就要对企业整体价值进行评价，以便确定合适的并购价格。企业并购的目的是通过继续经营被并购企业或通过资源整合来获取更多的收益，因此，并购方需要对被并购企业资产综合体的整体性、动态性价值以及并购后合并整合企业的协同价值进行全面的价值评价，而不仅仅是对企业各项资产的局部和静态的评价。

（三）企业价值评价是量化企业价值、实现动态价值管理的需要

对每一位企业经营管理者来说，知道自己企业的具体价值，并能清楚价值的来龙去脉至关重要。在计划经济体制下，企业一般关心的是有形资产的管理，对无形资产常忽略不计。在市场经济体制下，无形资产越来越受到重视，尤其是人力资本，愈来愈被认为是企业的最重要财富。特别是希望清楚了解自己家底以便加强管理的企业家，更有必要通过财务专家或评价机构对企业价值进行全面、公正的评价，理清企业价值来源的渠道，把握企业价值创造的途径，以便更好地实现企业价值增值，投资者财富增长。

目前我国企业管理中存在效率与效益落后，且协调性差的突出问题，推行以价值评价为基础的价值最大化管理，是推动我国企业持续、高质量发展的重要手段。

（四）企业价值评价是强化企业影响，展示企业发展实力的手段

随着企业的形象问题日渐受到企业界的重视，企业形象、品牌商标的宣传已经成为企业走向国际市场的重要途径。企业拥有大量的无形资产，给企业创造了超出一般生产资料、生产条件所能创造的超额利润，但其会计账面并不能够反应出这些信息，所以企业通过与投资机构沟通企业发展战略、投融资决策、生产经营情况，借助投资机构对企业的价值评价及其结论的传播可以强化企业形象、展示企业发展实力。

（五）企业价值评价能够增加企业凝聚力

企业价值评价不但要向公司外的相关人员传达企业良好的经营状态和发展趋势，更重要的是向公司内所有层级的员工传达企业价值创造、财富增长的信息，培养员工对本企业的信心与忠诚度，以达到凝聚人心、共促发展的目的。

第二节　企业价值评价的原则和前提假设

一、企业价值评价的原则

（一）客观性原则

客观性原则要求在进行企业价值评价时，始终站在客观的立场上，坚持以客观事实为依据的科学态度，尽量避免以个人主观臆断来代替客观实际，尽可能排除人为的主观因素，摆脱利益冲突的影响，依据客观的财务、业务资料数据，进行科学的分析、判断，选择合理的评估方法，采取正确的评估程序，全面、可靠地做出评价。评价并不是一种主观随意性的认识活动，而是具有客观性的认识活动，只有正确地反映了企业投融资活动、经营活动与价值创造之间关系的评价才是正确的评价。

（二）科学性原则

企业价值评价是以一定的科学方法和经验水平为依据的。现代企业发展规模越来越大，变化越来越快，影响越来越广，新情况、新问题层出不穷，经济、科技发展的交互影响，要求企业价值评估必须遵循科学性原则。

（三）公正性原则

企业价值评价要按公允、法定的准则和规程进行，公允的行为规范和业务规范是公正性的技术基础。公正性原则要求企业价值评价基于客观事实，使用专业知识、技术和方法，对企业价值进行系统分析和逻辑判断，从而做出合理的结论。

（四）系统性原则

现代管理理论认为组织是一个开放的社会经济技术系统，不仅包括社会组织、社会体制和社会环境的因素，而且还包括经济状况、经济效益和技术现状与发展可能的因素。企业作为一个组织，在对其进行价值评价的时候，要把它所涉及的各系统之间及系统内部的一系列相互联系的因素考虑进去，综合性的考量其社会性、经济性以及技术性，将企业整体的优劣程度进行系统评估。

（五）可行性原则

企业在进行价值评估时，要充分考虑评价方法和评价过程的技术可行性、经济可行性。技术上，企业是否有充分的数据和标准、组织制度和人力资源、以及评价方法运用和实施能力；经济上，企业要分析评价的结果及其作用，并与评价过程的费用支出进行比较，确保价值评估具有一定的经济效益，否则企业就没有进行价值评价的必要。

二、企业价值评价的前提假设

（一）持续经营假设

企业价值评价一般都基于企业将无限期的持续经营下去这一前提。在持续经营的假设前提下，企业在会计信息的收集和处理上所使用的会计处理方法才可行、才能保持持续稳定，企业的会计记录和会计报告才能真实可靠。如果没有持续经营的假设，一些公认的会计处理方法将缺乏其存在的基础。资产按照取得时的历史成本计价，固定资产折旧、无形资产摊销以一定使用年限或受益年限为基础进行，企业偿债能力的评价与分析等都基于持续经营这一假设前提。

（二）公开市场假设

公开市场假设是指企业价值评价处于一个发达而完善的市场环境。公开市场假设是假定在市场上交易或拟在市场上交易的资产，资产交易双方地位平等，双方都有获得足够市场信息的机会和时间，以便对资产的功能、用途及其交易价格等做出理智、相同的判断。评估无形资产的价值时，需要假设无形资产可以在公开的市场上出售，因此需要以公开市场假设为前提。只有在公开市场假设的前提下运用现行市价法等方法进行评估才具有有效的参考依据，才能对无形资产价值进行合理的评估。

第三节　企业价值评价的分类和方法

一、企业价值评价的分类

（一）按评价主体分类

企业价值评价按评价主体不同可分为内部评价和外部评价。其中，内部评价是指企业资产占有者自己或向外聘请中介机构对企业价值进行的评价，其结果主要是为企业内部的经营管理决策及实施提供信息服务。外部评价指企业外部的专业评价机构对企业价值独立进行的评价，其结果是为外部投资者和相关研究人员提供信息服务。

（二）按评价客体分类

企业价值评价按评价客体不同可分为公司价值评价、股票价值评价、债券价值评价、不动产价值评价、自然资源价值评价以及无形资产评价等多种类型。

（三）按评价范围分类

企业价值评价按评价范围不同可分为整体资产评价和单项资产评价。整体资产评价是指对某一企业或企业集团的全部资产进行的评价；单项资产评价是指对某公司的某一项或若干项资产进行的评价。

二、企业价值评价方法

企业价值是通过企业在市场中保持较强的竞争力和盈利水平，实现持续发展来实现的。企业价值体现在企业未来的经济收益能力。企业价值评估就是通过科学的评估方法，对企业的市场价值进行分析和衡量。企业价值评价的方法多种多样，利用不同的评估程序及评估方法对同一企业进行评估，往往会得出不同的结果。目前，在价值评估实务中，其方法主要有资产价值基础法、收益法、市场法三种评估方法。

（一）资产价值基础法

资产价值基础法，又称成本法，是将被评估企业视为一个生产要素的组合体，在对各项资产清查核实的基础上，逐一对各项可确认资产进行评估，并确认企业是否存在商誉或经济性损耗，将各单项可确认资产评估值加总后再加上企业的商誉或减去经济性损耗，就可以得到企业价值的评估值。其计算公式为

$$企业整体资产价值 = \sum 单项可确指资产评估值 + 商誉（或 - 经济性损耗）$$

这是评估一个企业价值的最为简单直接的方法，评估者可以根据企业提供的资产负债表进行估算。资产价值基础法可评价企业整体价值，也可以通过扣减负债价值评价出企业股权价值，但更多情况下主要用于评估有形资产。

使用资产价值基础法应注意：

（1）资产价值基础法是对企业资产负债表上的账面价值进行估算和调整，一般是以资产的公允价值（买卖双方在公平交易和自愿的情况下所确定的价格）为标准进行的。

（2）如果企业已经不能持续经营下去，所依据的标准就应该是清算价值，不再将企业的未来收益考虑在内。

（3）经过调整资产和负债项目，可为估算企业资产的真实价值提供依据，从而最终确定企业的价值。

资产价值基础法的优点：调整账面价值时以资产负债表为依据，使评价基础比较客观和直接，它立足于企业的历史又结合现状，能尽量减少可能面临的不确定性因素，评价风险较小。

其缺陷：一是这种方法在应用上的最大问题在于未考虑企业的获利能力和未来现金流量，同时，它以企业拥有的单项资产为出发点，忽视了企业的整体获利能力的影响。尤其对企业在资产负债表外的经济资源项目（包括未入账的无形资产和商誉）没有充分考虑。这种情况下，公司价值通常会被低估。二是在调整时涉及的报表项目可能很多，不同的项目对应不同的调整方法，甚至对不同资产的评价也需要采用不同的方法，计算十分繁杂。尤其是对无形资产、应收账款、存货、土地的价值确定更有争议。这些都给评估工作带来很大的麻烦。

（二）收益法

收益法是依据企业未来预期收益经折现或资本化处理来评估企业价值的方法，主要有EBO模型、EVA模型、DDM模型、DCF模型等多种常用的评估模型。这些方法分别根据企业未来的剩余收益、经济增加值、股利、自由现金流量等财务指标数值的折现值之和来评估企业当前的价值，可以直观地衡量企业的内在价值，但对相关财务指标的未来预测需要满足较多条件，且市场的波动性给预测带来许多不确定因素。

1. DCF模型

DCF模型，即现金流量折现模型是企业价值评估中使用最广泛、理论最健全的评估模型。其基本思想是增量现金流量原则和时间价值原则，也就是任何资产的价值是其未来所产生的增量现金流量按照含资产所有风险的折现率折现计算的现值之和。企业现金流量模型应用条件主要包括：①能够对企业未来收益期的企业自由现金流量做出预测；②能够合理计算加权平均资本成本（WACC），作为DCF模型中折现现金流量使用的折现率。

企业是一系列资产的集合体，也可以看成一个大项目，一个由若干投资项目组成的项目组合。因此，企业价值评估与投资项目评价有许多类似之处：①无论是企业还是项目，都可以给投资主体带来现金流量，现金流越大则经济价值越大；②它们的现金流都具有不确定性，其价值计量都要使用风险概念；③它们的现金流都是陆续产生的，其价值计量都要使用现值概念。因此，我们可以使用前面介绍过的现金流量折现法对企业价值进行评估。项目的净现值就是项目产生的企业价值增量，它们在理论上是完全一致的。

企业价值评估与投资项目评价也有许多明显区别：①投资项目的寿命是有限的，而企业的寿命是无限的，因此，企业价值评估要处理无限期现金流量折现问题；②典型的项目投资有稳定的或下降的现金流，而企业通常将收益再投资并产生增长的现金流，它们的现金流分布有不同特征；③项目产生的现金流属于投资人，而企业产生的现金流仅在决策层决定分配它们时才流向所有者，如果决策层决定向较差的项目投资而不愿意支付股利，则少数股东除了将股票出售外别无选择。这些差别也正是企业价值评估比项目评价更困难的地方，或者说是现金流量折现模型用于企业价值评估需要解决的问题。

DCF评估模型如下所示：

$$价值 = \sum_{t=1}^{n} \frac{现金流量_t}{(1 + 折现率)^t}$$

该模型有三个参数：现金流量、折现率和时间序列。

模型中的"现金流量"，是指各期的预期现金流量。对于企业价值评估来说，现金流量有股利现金流量、股权现金流量和实体现金流量三种。

模型中的"折现率"，体现风险，可通过企业相关的各项资本成本加权计算的综合资本成本或相应投资者要求的必要报酬率来确定。折现率是现金流量风险的函数，风险越大则折现率越大。折现率和现金流量要相互匹配。股利现金流量、股权现金流量只能用股权资本成本作为折现率来折现，实体现金流量只能用企业的加权平均资本成本作为折现率来折现。

模型中的时间序列"n"，是指产生现金流量的时间，通常用"年"数来表示。从理论上来说，现金流量的持续年数应当等于资源的寿命。企业的寿命是不确定的，通常采用持续经营假设，即假设企业将无限期地持续下去。预测无限期的现金流量数据是很困难的，时间越长，远期的预测越不可靠。为了避免预测无限期的现金流量，大部分估值将预测的时间分为两个阶段。第一阶段是有限的、明确的预测期，称为"详细预测期"，简称"预测期"，在此期间需要对每年的现金流量进行详细预测，并根据现金流量模型计算其预测期价值；第二阶段是预测期以后的无限时期，称为"后续期"或"永续期"，在此期间假设企业进入稳定状态，有一个稳定的增长率，可以用简便方法直接估计后续期价值。后续期价值也被称为"永续价值"。这样，企业价值被分为两部分，按下式计算：

企业价值＝预测期价值+后续期价值

若预测期为 m，则后续期价值按下式计算：

$$后续期价值 = \sum_{t=m+1}^{\infty} \frac{现金流量_t}{(1+折现率)^t} = \frac{现金流量_{m+1}}{(折现率-增长率)\times(1+折现率)^m}$$

依据选择使用的现金流量的不同种类，企业价值评估的现金流量折现模型也可分为股利现金流量模型、股权现金流量模型和实体现金流量模型三种。

实体现金流量是企业经营现金净流量扣除资本支出后的剩余部分，它是企业一定期间在满足经营活动和资本支出的需要后，可以支付给债权人和股东的税后现金流量，即实体自由现金流量。

实体现金流量＝经营现金净流量-资本支出

    ＝（息前税后经营净利润+折旧与摊销-净营运资本增加）-（净经营性长期资产增加+折旧与摊销）

    ＝息前税后经营净利润-（净营运资本增加+净经营性长期资产增加）

    ＝股权现金流量+债务现金流量

债务现金流量是企业与债权人之间的交易形成的现金流量，包括支付利息、偿还债务本金或借入债务本金。

债务现金流量＝债务利息×（1-T）+偿还债务本金-新借债务本金
＝税后利息-有息债务增加

股权现金流量是企业与股东之间的交易形成的现金流量，包括股利分配、股份发行和股份回购。

股权现金流量＝股利分配-股权资本净增加

股利现金流量、股权现金流量可直接评估出企业股权价值。实体现金流量评估的是企业整体价值，扣减企业债务价值即得企业股权价值。其中，企业债务价值可用企业债务账面价值近似替代，还可以按下式计算确定：

$$企业债务价值 = \sum_{t=1}^{\infty} \frac{偿还债务现金流量_t}{(1+等风险债务成本)^t}$$

【例 17-1】北京泡泡玛特文化创意有限公司成立于 2010 年，是中国领先的潮流文化娱乐公司。旗下 IP 包括 MOLLY、DIMOO 等，并与迪士尼、王者荣耀等多个品牌进行联名合作。2019 年公司总资本 10.66 亿元，其中自有资本 8.2 亿元，负债 4.74 亿元；据测算自有资本成本为 7.5%，税前债务资本成本为 1.1%，公司所得税税率为 25%。公司相关财务数据如表 17-12 所示。

表 17-12 2015—2019 年公司财务数据   单位：亿元

年份	2019 年	2018 年	2017 年	2016 年	2015 年
营收收入	16.83	5.15	1.58	0.881 2	0.453 8
营业成本	5.93	2.16	0.828 2	1.184 2	0.607 2
税金及附加	1.47	0，3274	0.007 0	0.007 8	0.004 3
销售费用	3.49	1.26	0.510 5	0.401 7	0.226 8
管理费用	1.58	0.436	0.209 0	0.315 1	0.101 2

表17-12（续）

年份	2019 年	2018 年	2017 年	2016 年	2015 年
资产减值损失	0.038 6	0.002 7	0.003 4	0.011 3	0.000 2
税前经营利润	5.98	1.32	0.022 7	-0.302 3	-0.159 5
税后经营净利润	4.51	0.995 2	0.015 7	-0.300 3	-0.159 8
自有现金流量	3.25	0.968	0.135 9	0.263 5	0.170 9

2017—2019 年公司营业净利润高速增长，盲盒经济也成为社会关注焦点，据此预测得出 2020—2024 年公司自由现金流量数据如表 17-13 所示，2025 年进入稳定的持续增长，预计增长率 3%。

表 17-13　2020—2024 年公司价值　　　　　　　　　单位：亿元

年份	2020 年	2021 年	2022 年	2023 年	2024 年
公司自由现金流量	3.74	4.11	4.44	4.71	4.94

试分析测算公司价值。

解：依据公司资本资料可计算公司加权平均资本成本。

$$WACC = \frac{8.2}{10.66} \times 7.5\% + \frac{4.74}{10.66} \times 1.1\% \times (1 - 25\%) = 6\%$$

则，评估模型中的折现率可选取公司加权平均资本成本 6%。

根据预测的公司自由现金流量及永续增长率可计算公司价值，如表 17-14 所示。

表 17-14　基于公司自由现金流量模型评估的公司价值　　　　单位：亿元

年份	2020 年	2021 年	2022 年	2023 年	2024 年
自由现金流量	3.74	4.11	4.44	4.71	4.94
加权平均资本成本	6%	6%	6%	6%	6%
折现系数	0.943 4	0.89	0.839 6	0.792 1	0.747 3
预测期现值	3.53	3.66	3.73	3.73	3.69
后续期价值	126.74				
公司价值	145.08				

则，2020 年初公司价值 = （3.53+3.66+3.73+3.73+3.69）+126.74 = 145.08（亿元）

2. EVA 模型

（1）EVA 及其计算。

EVA（Economic Value Added）是经济增加值的英文缩写，指从税后净营业利润中扣除包括股权和债务的全部投入资本成本后的所得。其核心是资本投入是有成本的，企业的盈利只有高于其资本成本（包括股权成本和债务成本）时才会为股东创造价值。

EVA 是一种评价企业经营者有效使用资本和为股东创造价值能力，体现企业最终经营目标的经营业绩考核工具。企业每年创造的经济增加值等于税后净营业利润与全部资本成本之间的差额，体现为企业价值的增值。其中资本成本包括债务资本的成本，也包括股本资本的成本。其计算公式如下：

$$EVA = 税后营业净利润 - 资本总成本$$
$$= 税后营业净利润 - 资本总额 \times 资本成本率$$

经济增加值的计算由于各国（地区）的会计制度和资本市场现状存在差异，经济增加值的计算方法也不尽相同。主要的困难与差别在于：

一是在计算税后净营业利润和投入资本总额时需要对某些会计报表科目的处理方法进行调整，以消除根据会计准则编制的财务报表对企业真实情况的扭曲；

二是资本成本的确定需要参考资本市场的历史数据。

根据国内的会计制度结合国外经验，EVA计算时涉及的具体情况如下：

①会计调整。

税后净营业利润（NOPAT）＝营业利润＋财务费用＋当年计提的坏账准备＋当年计提的存货跌价准备＋当年计提的长短期投资减值准备＋当年提的委托贷款减值准备＋投资收益＋期货收益－EVA税收调整

其中，EVA税收调整＝利润表上的所得税＋税率×（财务费用＋营业外支出＋固定资产/无形资产/在建工程减值准备－营业外收入－补贴收入）

资本总额＝债务资本＋股本资本＋约当股权资本－在建工程净值

其中，债务资本＝短期借款＋一年内到期长期借款＋长期借款＋应付债券

股本资本＝股东权益合计＋少数股东权益

约当股权资本＝坏账准备＋存货跌价准备＋长短期投资/委托贷款减值准备＋固定资产/无形资产减值准备

②资本成本率计算。

加权平均资本成本＝税前债务资本成本率×（债务资本/（股本资本＋债务资本））×（1－税率）＋股本资本成本率×［股本资本/股本资本＋债务资本）］

其中，债务资本成本率可以取3~5年期中长期银行贷款基准利率替代，或按不同期限的债务资本选择不同的银行贷款利率进行加权平均计算确定。

股本资本成本可根据资本资产定价模型（CAPM）计算确定，其计算公式为：

股本资本成本率 $K_s = R_i = R_F + \beta_i(R_M - R_F)$

其中：R_i——企业投资者要求的必要收益率；R_F——无风险收益率；β_i——企业的系统风险值；R_M——市场组合的平均收益率。

（2）EVA价值评估模型。

EVA反映一定时期企业实现的价值增值，因此，运用EVA进行公司价值的评估，其基本思路表现为下列计算式：

公司价值＝期初资本总额＋预期EVA的现值

在运用EVA价值评估模型时往往需要假设一定的前提条件，即企业必须保证能够持续经营、具有稳定的资本结构、行业的外部环境是稳定的。评估企业价值需要计算三个要素，一是企业期初投入的资本总额，二是被评估企业每年实现的EVA值，三是作为折现率的加权平均资本成本，然后把每年的EVA值用折现率折现求和，再加上期初资本总额，即得当前的企业价值。用公式表示为：

$$企业价值 = TC_0 + \sum_{t=1}^{\infty} \frac{EVA_t}{(1 + WACC)^t}$$

其中，TC_0——期初资本总额；EVA_t——第 t 年企业实现的EVA值；WACC——企业加权平均资本成本。

不同企业在不同的发展阶段有不同的EVA增长趋势，EVA估值模型有三种不同的增长估值模型。

①单阶段增长估值模型。

这种增长估值模型是针对企业保持稳定增长趋势，每年的EVA都保持恒定的增长率。其估值公式如下：

$$\text{企业价值 } V = \text{TC}_0 + \frac{\text{EVA}_1}{\text{WACC} - g}$$

其中，TC_0——期初资本总额；EVA_1——预计第1年企业实现的 EVA 值；WACC——企业加权平均资本成本；g——EVA 持续的固定增长率。

②两阶段增长估值模型。

两阶段增长估值模型，顾名思义是指企业发展阶段分为两个阶段，即高速发展阶段和稳定发展阶段，企业价值等于期初资本总额加上这两个阶段 EVA 的现值。具体公式如下：

$$\text{企业价值 } V = \text{TC}_0 + \sum_{t=1}^{n} \frac{\text{EVA}_t}{(1 + \text{WACC})^t} + \frac{\text{EVA}_{n+1}}{(\text{WACC} - g) \times (1 + \text{WACC})^n}$$

其中，TC_0——期初资本总额；n——企业高速发展阶段的时期数；EVA_t——企业高速发展阶段中第 t 年预计实现的 EVA 值；EVA_{n+1}——企业稳定发展阶段的第 1 年预计实现的 EVA 值；WACC——企业加权平均资本成本；g——企业稳定发展阶段持续的固定增长率。

③三阶段增长估值模型。

三阶段增长估值模型相对比较复杂，它比两阶段多了一个发展阶段，即缓慢增长阶段，表现为高速发展阶段、缓慢增长阶段和稳定发展阶段，企业价值等于期初资本总额加上这三个阶段 EVA 的现值。三阶段增长估值模型因为在使用时对企业所处的环境和自身发展情况要求较多信息，需要满足一系列的条件，故在实务中较少用到。该估值模型的具体计算公式如下：

$$\text{企业价值 } V = \text{TC}_0 + \sum_{t=1}^{n1} \frac{\text{EVA}_t}{(1 + \text{WACC})^t} + \sum_{t=n_1+1}^{n2} \frac{\text{EVA}_t}{(1 + \text{WACC})^t} +$$

$$\frac{\text{EVA}_{n_2+1}}{(\text{WACC} - g) \times (1 + \text{WACC})^{n_2}}$$

其中，TC_0——期初资本总额；$1 - n_1$——企业高速发展阶段；$n_1 + 1 - n_2$——企业缓慢发展阶段；EVA_t——企业高速、缓慢发展阶段中第 t 年预计实现的 EVA 值；EVA_{n_2+1}——企业稳定发展阶段的第 1 年预计实现的 EVA 值；WACC——企业加权平均资本成本；g——企业稳定发展阶段持续的固定增长率。

（3）EVA 估值模型的特点及局限性。

相对于其他估值方法来说，EVA 估值模型具有一定的优势。

①EVA 评价的是经济利润，而不是以往使用的会计利润。

这使得企业各方利益相关者不产生冲突，因为他们有共同增值的目标，EVA 能体现目标的达成；而且使用 EVA 估值方法可以减少管理者的短视行为，使得企业能从更加长远发展的角度去运营。

②这种方法直观地反映了价值影响要素对企业价值的驱动作用，便于进行战略规划。

从 EVA 的含义看，只有当投资资本利润率大于资本成本时，提高企业投资增长率才会增加企业价值；如果投资资本利润率等于资本成本，增加投资是毫无意义的；如果投资资本利润率小于资本成本，提高企业投资增长率、增加投资反而会减少企业价值。因此，投资资本利润率成为影响企业价值的首要因素也是企业价值的重要驱动要素。

③这种估值方法应用较简单。

在预测出企业各期的 EVA 后，按照现金流量折现模型的计算公式，用 EVA 代替自由现金流量，就可以计算出预测期和永续期 EVA 的现值，加上期初资本总额即可得出企业价值。

尽管 EVA 估值模型具有上述的优点，但是也存在一定的局限性。

①EVA 的计算较为复杂。

人们对 EVA 的相关概念、计算公式等未形成统一的标准，在运用 EVA 时需要进行资本结构差异调整和会计方法差异调整；在对相关的财务指标进行调整时调整项目选取未形成统一标准且较为复杂，也比较困难，这需要根据不同企业的具体分析来选取调整项目。另外，EVA 的计算过程未考虑到通货膨胀的影响，其计算数据更多地依赖于历史的财务数据。

②资本成本的确定存在一定的困难，尤其是股权成本。

资本成本具有隐含性，它并非是公司真正支付的成本，反映的是一种估计资本的机会成本。由于估计标准存在差异，因此计算出的资本成本也会存在差异，而最终选择何种计算方法作为企业实际运用的资本成本往往依赖管理人员的经验判断。特别是股权成本的计算方法很多，但是具体选择哪种计算方法最合适，还没有定论。

（三）市场法

市场法，又称相对估价法，是将目标企业与可比企业对比，根据不同的企业特点，确定某项财务指标为主要变量，用可比企业价值来衡量企业价值。即

$$企业价值 = 可比企业基本财务比率 × 目标企业相关财务指标$$

在实际使用中经常采用的基本财务比率有市盈率（市价/净利）、市净率（市价/净资产）、市销率（市价/销售额）等相对估值法，此方法是根据历史情况以及同类企业目前市场价值情况来判定当下目标企业的价值。

资产价值基础法、市场法、收益法是国际公认的三大价值评估方法，也是我国价值评估理论和实践中普遍认可、采用的评估方法。就方法本身而言，并没有哪种方法有绝对的优势；就具体的评估项目而言，由于评估目的、评估对象、资料收集情况等相关条件不同，企业要恰当地选择一种或多种评估方法。因为企业价值评估的目的是给市场交易或管理决策提供标准或参考。评估价值的公允性、客观性都是非常重要的。

1. 市盈率评估模型

市盈率是指普通股每股市价与每股收益的比率。即

$$市盈率 = \frac{每股市价}{每股收益}$$

运用市盈率评估模型如下：

$$目标企业每股价值 = 可比企业市盈率 × 目标企业每股收益$$

该模型假设每股市价是每股收益的一定倍数。每股收益越大，则每股价值越大。同类企业有类似的市盈率，所以目标企业的每股价值可以用每股收益乘以可比企业市盈率来计算。

市盈率评估模型的优点：①计算市盈率的数据容易取得，并且计算简单；②市盈率把价格和收益联系起来，直观地反映投入和产出的关系；③市盈率涵盖了风险、增长率、股利支付率的影响，具有很高的综合性。

市盈率评估模型的局限性表现在：如果收益是 0 或负值，市盈率就失去了意义。因此，市盈率模型最适合连续盈利的企业。

【例 17-2】A 公司今年的每股收益是 1 元，分配股利 0.4 元/股，该公司的净利润和股利每年增长率均为 5%，贝塔系数为 1.2，政府长期债券利率为 3.2%，市场风险溢价为 4%。同行类似公司 B 公司当前的市盈率为 12，则根据市盈率模型评估该公司的价值是多少？结合 A 公司的股利支付和增长情况分析评估的结果。

解：依据市盈率评估模型，A 公司的价值 = 12×1 = 12（元/股）

由于，依据 CAPM 模型，股权资本成本 = 3.2% + 1.2×4% = 8%；

股利支付率＝（0.4/1）×100％＝40％

则，依据 DDM 模型，A 公司的价值＝0.4×（1＋5％）／（8％－5％）＝14 元/股

A 公司本期市盈率＝股利支付率×（1＋增长率）/（股权资本成本－增长率）

$$＝40％×（1＋5％）/（8％－5％）＝14$$

可见，A 公司的股利支付水平或增长率高于 B 公司的水平，使市盈率评估模型的评估结果低估了 A 公司的价值。

【例 17-3】某公司 2021 年的利润留存率为 60％，净利润和股利的增长率均为 3％，该公司股票的 β 值为 1.8，国库券利率为 2％，市场平均股票收益率为 5％，则该公司 2021 年的本期市盈率为多少？

解：因为，股权资本成本＝2％＋1.8×（5％－2％）＝7.4％

则，该公司本期市盈率＝股利支付率×（1＋增长率）/（股权资本成本－增长率）

$$＝（1－60％）×（1＋3％）/（7.4％－3％）＝9.36$$

2. 市净率评估模型

市净率是指每股市价与每股净资产的比率。即：

$$市净率 = \frac{每股市价}{每股净资产}$$

运用市净率评估模型如下：

目标企业每股价值＝可比企业市净率×目标企业每股净资产

该模型假设公司股权价值是净资产的函数，类似企业有相同的市净率，净资产越大则股权价值越大。因此，股权价值是净资产的一定倍数，目标企业的每股价值可以用每股净资产乘以市净率计算。

市净率评估模型的优点：①净利为负值的企业不能用市盈率进行估值，而市净率极少为负值，可用于大多数企业。②净资产账面价值的数据容易取得，并且容易理解。③净资产账面价值比净利稳定，也不像利润那样经常被人为操纵。④如果会计标准合理，并且各企业会计政策一致，市净率的变化可以反映企业价值的变化。

市净率评估模型的局限性：①账面价值受会计政策选择的影响，如果各企业执行不同的会计标准或会计政策，市净率会失去可比性。②固定资产很少的服务性企业和高科技企业，净资产与企业价值的关系不大，比较其市净率没有什么实际意义。③少数企业的净资产是 0 或负值，市净率没有意义，无法用于比较。

【例 17-4】甲公司采用固定股利支付率政策，股利支付率 50％，2021 年，甲公司每股收益 2 元，预期可持续增长率 4％，股权资本成本 12％，期末每股净资产 10 元，没有优先股。同行类似公司乙公司当前的市净率为 1.7，则根据市净率模型评估该公司的价值是多少？结合甲公司的股利支付、净资产水平和增长情况分析评估的结果。

解：依据市净率评估模型，甲公司的价值＝1.7×10＝17（元/股）

由于，权益净利率＝2/10×100％＝20％；

由于股利支付率不变，所以，每股股利增长率＝每股收益增长率＝4％，

则，依据 DDM 模型，甲公司的价值＝2×50％×（1＋4％）/（12％－4％）＝13（元/股）

甲公司本期市净率＝股利支付率×（1＋增长率）/（股权资本成本－增长率）

$$＝50％×20％×（1＋4％）/（12％－4％）＝1.3$$

可见，甲公司的权益净利率、股利支付水平或增长率低于乙公司的水平，使市净率评估模型的评估结果高估了甲公司的价值。

3. 市销率评估模型

市销率是指每股市价与每股营业收入的比率。即

$$市销率 = \frac{每股市价}{每股营业收入}$$

运用市销率评估模型如下：

$$目标企业每股价值 = 可比企业市销率 \times 目标企业每股营业收入$$

该模型假设影响每股价值的关键变量是营业收入，每股价值是每股营业收入的函数，每股营业收入越大则每股价值越大。既然每股价值是每股营业收入的一定倍数，那么目标企业的每股价值可以用每股营业收入乘以可比企业市销率估计。

市销率评估模型的优点：①它不会出现负值，对于亏损企业和资不抵债的企业，也可以计算出一个有意义的市销率。②它比较稳定、可靠，不容易被操纵。③市销率对价格政策和企业战略变化敏感，可以反映这种变化的后果。

市销率评估模型的局限性表现为不能反映成本的变化，而成本是影响企业现金流量和价值的重要因素之一。

因此，这种方法主要适用于销售成本率较低的服务类企业，或者销售成本率趋同的传统行业的企业。

【例17-5】 甲公司拥有200万股普通股，2021年的销售收入为2 000万元，净利润为250万元，利润留存比率为50%，预计以后年度净利润和股利的增长率为3%。甲公司的β为1.2，国库券利率为5%，市场平均风险股票收益率为10%。行业类似公司乙公司当前的市销率为1.25，则根据市销率模型评估该公司的价值是多少？结合甲公司的股利支付、营业收入水平和增长情况分析评估的结果。

解：依据市销率评估模型，甲公司的价值 = 1.25 × (2 000/200) = 12.5（元/股）

由于，销售净利率 = 250/2 000 = 12.5%，

股利支付率 = 1-50% = 50%，每股股利 = (250/200) × 50% = 0.625（元/股）

股权资本成本 = 5% + 1.2 × (10%-5%) = 11%；

则，依据DDM模型，甲公司的价值 = 0.625 × (1+3%)/(11%-3%) = 8.05（元/股）

甲公司本期市销率 = 销售净利率 × 股利支付率 × (1+增长率)/(股权成本-增长率)

= 12.5% × 50% × (1+3%)/(11%-3%) = 0.805

可见，甲公司的销售净利率、股利支付水平或增长率低于乙公司的水平，使市销率模型得到的评估结果高估了甲公司的价值。

4. 市场法的运用

市场法运用的主要困难是选择可比企业。通常的做法是选择一组同行业的上市企业，计算出它们的平均市价比率，作为估计目标企业价值的乘数。

根据前面的分析可知，市盈率取决于企业增长率、股利支付率和风险（股权成本）。评估人员选择可比企业时，需要先估计目标企业的这三个比率，然后按此条件选择可比企业。在三个因素中，最重要的驱动因素是增长率，应给予格外重视。处在生命周期同一阶段的同业企业，大体上有类似的增长率，可以作为判断增长率类似的主要依据。如果符合条件的企业较多，可以进一步根据规模的类似性进一步筛选，以提高可比性的质量。

评估人员在选择可比企业的时候，往往不像上述举例那么简单，经常找不到符合条件的可比企业。尤其是要求的可比条件较严格，或者同行业的上市企业很少的时候，其经常找不到足够的、合适的可比企业。解决问题的办法之一是采用修正的市价比率。

（1）修正市盈率。

在影响市盈率的诸驱动因素中，关键变量是增长率。增长率的差异是市盈率差异的主要驱动因素。因此，我们可以用增长率修正市盈率，消除增长率差异对同业企业可比性的影响。

$$修正市盈率＝可比企业市盈率/（可比企业预期增长率×100）$$

修正的市盈率排除了增长率对市盈率的影响，剩下的部分是由股利支付率和股权成本决定的市盈率，可以称为"排除增长率影响的市盈率"。

（2）修正市净率。

市净率的修正方法与市盈率类似。市净率的驱动因素有增长率、股利支付率、权益净利率和风险。其中，关键因素是权益净利率。因此：

$$修正市净率＝可比企业市净率/（可比企业预期权益净利率×100）$$

（3）修正市销率。

市销率的修正方法与市盈率类似。市销率的驱动因素是增长率、股利支付率、销售净利率和风险。其中，关键因素是销售净利率。因此：

$$修正市销率＝可比公司市销率/（可比公司预期销售净利率×100）$$

【例17-6】甲公司是一家制造业企业，每股收益0.5元，预期增长率4%，与甲公司可比的4家制造业企业的平均市盈率25倍，平均预期增长是5%，要求使用修正平均市盈率法估计甲公司的每股价值。

解：修正平均市盈率＝25/（5%×100）＝5

则，甲公司每股价值＝5×4%×100×0.5＝10（元）

企业利用市场法进行价值评估时可以先使用多种评估模型分别进行评估，然后再综合平均确定更可靠的企业价值评估值。

【例17-7】W公司因产权变动需要评估，评估人员从市场上找到了三个与W公司处于同一行业的相似公司A、B、C，各公司的指数比率如表17-15所示：

表17-15 A、B、C公司的指数比率

	A公司	B公司	C公司	平均
市价/销售额	1.2	1.03	0.8	1.01
市价/净资产	1.3	1.2	2.0	1.5
市价/净收益	20	15	25	20

此时，W公司的年销售额为1亿元，净资产的账面价值为6 000万元，净收益为500万元，则可以计算出W公司的价值，如表17-16所示：

表17-16 W公司的价值计算表　　　　　　单位：万元

项目	W公司实际数据	可比公司平均比率	W公司指示价值
销售额	10 000	1.01	10 100
净资产	6 000	1.5	9 000
净收益	500	20	10 000
W公司的平均价值			9 700

本章综述

1. 企业价值即其内在价值，是企业有形资产和无形资产等所有资产价值的市场价值，是企业实现的未来现金流量的现值之和。

2. 企业价值评价是指在一定的假设条件下，运用金融及财务理论、评估模型与方法，对企业整体价值、股东全部权益价值或部分权益价值进行评估的过程，具有整体性和经济性的特点。

3. 企业价值评价基于持续经营假设、公开市场假设两个假设前提，遵循客观性原则、科学性原则、公正性原则、系统性原则和可行性原则开展评估。

4. 企业价值评估实务中主要有资产价值基础法、收益法、市场法三种评估方法。收益法中主要有 DCF 模型和 EVA 模型等，市场法中有市盈率模型、市净率模型和市销率模型等。

参考文献

[1] 姚宏.利润操纵背景下的价值评价工具：上市公司价值增长评价模型 [M].长春：吉林大学出版社，2010.

[2] 周志丹.风险投资与高新技术风险企业价值培育 [M].杭州：浙江大学出版社，2008.

[3] 刘力.财务管理学 [M].2 版.北京：企业管理出版社，2018.

思 考 题

1. 简述企业价值评价的概念与特点。
2. 简述企业价值评价方法的类型及其特点。
3. 简述现金流量折现模型进行企业价值评价的原理
4. 简述 EVA 估值模型进行企业价值评价的原理。
5. 企业价值评价的市场法具有有哪几种方法？如何运用的？

习 题

第十八章

企业价值管理

■本章导读

　　企业是一个以盈利为目标的组织，其出发点和归宿都是盈利，企业一旦成立，就会面临竞争，并始终处于生存和倒闭、发展和萎缩的矛盾之中，企业必须生存下去才可能获利，而其只有不断发展才能求得生存。因此，管理者应以增加企业的市场价值为目标来经营企业的资源。这条原则似乎是显而易见的，但是许多企业的经营却并没有实现其全部的潜在价值，甚至还有些管理者不但不能创造价值，反而使经营活动误入歧途，因此减少了公司的价值。

　　价值管理是美国学者肯·布兰查（Ken Blanchard）在《价值管理》一书中提出的概念，他认为，依据组织的远景，公司应设定符合远景与企业文化的若干价值信念，并具体落实到员工的日常工作上。唯有公司的大多数股东、员工和消费者都能成功，公司才有成功的可能。为达到此"共好"的组织目标，公司必须逐步建立起为成员广泛接受的"核心信念"，并且在内部工作与外部服务上付诸实施，使其成为组织的标准行为典范，如此方能获得真实与全面的顾客满意。

　　价值管理对企业的好处，在于不仅能够传承落实公司的远景，更能设定企业员工守则、工作信条等方法，在组织内部进行各种层面的沟通，凝聚共同信念，持续组织的竞争力和获得长久的事业成功。企业采用价值管理，能将管理者的决策重点放在价值的驱动因素上，将远景总体目标、分析技巧及管理程序协调起来。基于价值的管理强调在各个层面上都能做出有利于增加价值的决策，从而要求上至总经理下至一线员工都能树立创造价值的概念，并能深刻理解影响企业价值的关键性变量，将价值最大化战略转化为具体的长期和短期目标，以期在组织内部传达管理部门的期待目标。只有以创造价值为核心构筑企业的管理体系，并以此为依据进行决策，才能有效地累积实力，增强企业的价值，从而在竞争中赢得自己的一席之地。

　　本章的主要内容：

　　●企业价值管理概述

　　●价值链管理

　　●业绩评价体系

■**重点专业词语**

价值管理（value management）   价值链（value chain）

业绩评价（performance evaluation）   经济增加值（economic value added）

■**开章案例**

甘肃能源价值管理①

企业是依靠自身市场权力参与市场博弈而获取利润的。中国水电建设集团甘肃能源投资有限公司（以下简称"甘肃能源"）以企业产品价值管理为基础，以顾客价值创造为手段，以企业社会价值提升与可持续发展为理念，开展全面价值管理，实现了"行业整体不景气时，在区域同行业中亏损最少；在行业形势发生转变时，与区域同行相比盈利最多"，找到了一种谋求企业价值最大化创造的管理模式，踏上了以管理提升保增长的路子。

1. 积极投身市场博弈，坚决维护自身市场权力

甘肃能源是中国水电建设集团投资的区域性火电企业，所属华亭电厂和崇信电厂均属坑口电厂。两家电厂分别自 2006 年和 2010 年投产以来，即面临着煤炭价格市场化，发电企业竞争化，电力价格按计划的尴尬境况。火电企业作为价值链上将煤炭"转化"为电力的企业，燃煤是它的"粮食"。记者了解到，建设坑口电厂的初衷是紧靠"粮仓"，就地发电，变送送煤炭为输出电力，节约运输成本。但在煤炭企业与发电企业分属不同市场主体的情况下，坑口电厂实则沦为煤炭企业的"奶牛"，因为只有一家供应商，定价权掌握在上游供应商手中，坑口电厂成为"被坑"者。

随着厂网分离改革，火电项目集中上马引起了电煤供应紧张，甘肃能源的上游供应商也从温情合作伙伴变成了电厂利润的"剥削者"，不仅是年年翻倍暴涨的煤价，而且对所供煤炭掺水和煤矸石，甚至到年底再"通知"对全年所供全部煤炭提价，而且必须"补交"差价款，否则就会被要挟"断粮"。

甘肃能源认识到，要想在市场博弈中实现自身的价值，就必须坚决地维护自身市场权力，摆脱被上游供应商独家控制的局面。为此，他们采取了三项措施：

第一项措施是积极寻找外地供应商，先后开发了新疆、陕西的煤炭供应商，创造多家供应商参与卖方竞争的新格局。在电厂被"断粮"的最困难时期，甘肃能源成功引进了外省煤。为将经铁路运来的煤炭及时转运到电厂，干部职工冒着严冬的寒风到火车站帮助装运煤炭。张维荣总经理谈到这个场景时有些动情，在那种艰难而又看不到前景的情况下，公司员工靠着"自强不息、求真务实、严谨规范、高效快捷"的企业精神支撑，坚定信心，坚持了下来，才使得公司走出了那段最困难的日子。他们还与运煤司机合作，利用其中介作用广泛引入小矿煤，并建立了个体供应商竞价机制，有效控制了燃煤的价格水平。

① 本案例资料来源：张西振. 企业管理：中国水电甘肃能源以管理提升保增长纪实 [J]. 企业管理，2013（8）：76-78.

第二项措施是建立严格的煤炭采购管理体系，在电厂建立了燃料管理部，派员到各矿点考察煤质，择优采购。坚持燃煤质量标准的话语权，拒绝与虚报热值而不承认电厂化验结果的供应商合作，加强对掺杂使假行为的打击力度。

第三项措施是投资兴建铁路集煤站。为解决燃煤铁路运输瓶颈问题，甘肃能源利用崇信电厂紧邻陇海线运输大通道的优势，投资建设 500 万吨/年的铁路集煤站，彻底打通外省运煤通道。

这些措施在打破煤炭独家垄断供应局面的同时，也使合作关系回归理性，双方能够真正坐下来谈判长期合作问题了。自 2013 年 5 月，崇信电厂与原独家煤炭供应商中断 14 个月的合作关系得到恢复，一种平等、健康、互利、互惠的合作关系正在逐步形成，甘肃能源的华亭电厂、崇信电厂规划设计中期望的坑口电厂优势开始显现，终于扭亏为盈，走上了良性发展的轨道。

2. 促进电力商品属性回归，努力提升产品价值

厂网分离之后，竞价上网并没有实现，甘肃能源只有电网一个客户，处于上游市场经济、下游计划经济的夹心地位，作为将煤炭转化为电力的企业，产品的商品属性没有得到体现。而从全面价值管理的视角来看，企业产品价值管理是基础。他们就从这种不利处境入手，下大力气去夯实这个基础。

第一，通过提升顾客价值来实现产品价值。

甘肃能源的客户只有一个，而且他们的电力产品价格又只能执行计划价格，似乎在每个企业都适用的市场营销措施在甘肃能源没有用武之地，但通过深入分析，他们发现这种看法是错误的。作为一个发电企业，处于把煤炭转化为电能的中间环节，表面看，产品是所发的电，深入分析，就发现"产品"其实是将煤炭转化为电力的"转化能力"，而且，这种转化能力在电厂设计时就已确定，其固定资产投资和运营成本中相当一块都是不可变的，甚至每个机组每次停机都不仅仅是转化能力利用不足的问题，还要承担近百万的额外成本。因此，充分地利用这一"转化能力"，是实现企业价值最大化创造的关键。

甘肃能源确定的营销策略是通过为客户做出贡献，成为客户最靠得住的"顶梁柱"来体现自身的价值，从而争取更多的"转化能力"被利用。作为水电领域涉足火电的第一家发电企业，他们深知火电与风电、水电的比较优势。对于电网来说，风电是缺少规律的"疯电"，水电虽有规律但间歇性明显，只有火电才是稳定的、方便调度的。火电天然具有承担电网中的"顶梁柱"的潜力，而甘肃能源则自觉地把这一潜力发挥出来，主动承担责任，从而提升了顾客价值，也提升自己的地位。2013 年，华亭电厂承担了平凉地域网 70%的发电任务，成为该地域网的电源支撑点，因此有保障电网平稳运行的责任。在电网遇到困难的时候，华亭电厂宁可冒着自身受损的风险也要坚持支撑电网，关键时刻体现出了自己的"顶梁柱"价值。为此，他们在发电计划分配中能够赢得更多的份额，在调度中也能得到较好的待遇。

第二，通过探索大用户直供盘活过剩产能。

甘肃能源崇信发电厂 2×66 万千瓦火电机组目前发电与设计产能相比还没有达到60%就已经开始盈利，如能进一步盘活过剩产能，崇信电厂将回归设计中的坑口电厂优势和利润中心的地位。为尽快发挥出"转化能力"的全部价值，目前他们正积极探索大用户直供业务。当前我国制造企业对能有效降低电力成本的大用户直供非常欢迎。这种发电企业与用户企业双赢的交易方式一旦实现，则电力的商品属性会得到真正的体现。

第三，通过融入经济发展大格局来充分实现自身价值。

甘肃能源崇信电厂位于甘肃省电力外送和外省煤电供应的便利通道。陇东地区已经纳入国务院规划的鄂尔多斯盆地国家综合能源基地，已经明确了在这个区域建设大型煤电基地和煤电一体化发展的政策，甘肃能源积极融入甘肃省"3341"项目工程和陇东能源化工基地建设，获得了甘肃省政府配置的灵台南12.98亿吨煤田资源，"华亭-崇信-灵台"煤电一体化发展的战略蓝图已经初步呈现，火电机组利用率将会得到全面提升。对于未来的发展，张维荣总经理信心百倍，甘肃省区域化发展战略为甘肃能源做强做大提供了最佳机遇，"十二五""十三五"期间，甘肃能源计划建成灵台南年产1000万吨的唐家河煤矿、南川河煤矿，计划分步建设华亭电厂二期2×100万千瓦项目、崇信电厂二期、三期2×100万千瓦项目、灵台电厂2×66万千瓦项目，发电装机容量达到893万千瓦，还要积极参与开发甘肃、新疆等地的风电、光伏等新能源，成为甘肃能源输出的"支撑点"。

3. 完善自身转化能力，提升企业社会价值

火电企业既然是从煤炭资源到电力能源的"转换器"，这个转换器自身的转化效率、消耗水平、环保状况以及企业管理水平就是这个转换器的性能体现，是全面价值管理的内功，也是火电企业社会价值提升的内在依据。为此，甘肃能源重点做了如下工作：

第一，造就电厂"吃粗粮的胃口"。

火电企业的优势之一，就是将劣质煤炭资源转化为清洁、易输、易用的电力能源，而甘肃能源则在此基础上更进一步，在甘肃省第一个采用循环流化床锅炉，强化自身"吃粗粮"的能力，能够实现煤矸石、煤泥的掺烧。国内循环流化床锅炉在技术上经历了由不成熟到成熟的发展历程，掺烧煤矸石后磨损大，曾经大多数循环流化床机组甚至每周都停机维修，被戏称为"星期炉"。在华亭电厂建设之初，面对行业的这种情况，他们组织技术攻关，引进科研机构合作，成功改造了锅炉，达到锅炉水冷壁不爆管检修周期从一开始的连续运行三个月逐步到一年以上。为充分发挥改进后的循环流化床锅炉机组优势，甘肃能源主动考察煤炭市场，积极推进劣质煤、煤矸石、煤泥掺烧，编制实施了各种负荷下的煤矸石、劣质煤掺烧管理办法，对燃煤粒径、一二次风配比、磨煤机运行方式等做了统一规定，煤矸石掺烧比例由投产初期的5%上升到30%以上。

第二，引进合同能源管理合作方，降低厂用电率。

华亭发电厂锅炉三大风机是离心式风机，在部分负荷运行时，采用调节风机入口挡板和液藕勺管开度调节风量。这种调节方式，风机的风量虽然得到了调节，但风机有功功率却没有太大减少。类似的能源浪费点有很多。在企业资金紧缺的情况下，他们引进了合同能源管理项目，借用外来项目投资将厂用电率在5年之内降低了2.3%，达到国内同类机组领先水平。

第三，强化环保指标控制，彰显电厂环保价值。

火电厂自身不是污染源，而是煤炭燃料污染源的集中处理厂，可以与污水处理厂相类比将其理解为一种环保企业。为了充分体现火电厂的环保价值，他们投入资金进行脱硫系统等技术改造，电除尘效率达到99%以上，烟尘排放、二氧化碳排放、氮氧化物排放等多项指标都远低于政府规定，还建立起了雨水、废水回收系统，把电厂建成了一个环保节能的花园式工厂。

第四，开展管理创新，提升企业管理素质。

为保证每项企业管理活动的有用有效，他们对管理活动为什么要管，达到什么目标，采取什么措施进行梳理，以此为依据编写甘肃能源管理大纲，明确目标与任务、时间与进度、责任与分工三维管理坐标；建立起了经营、生产、安全、财务、科技、人力资源、廉洁、风险管控八大指标体系；按照市场化、职业化、专业化、和谐化的要求建设"四化团队"。

当记者正在思考全面价值管理是如何让甘肃能源在非常不利的经营环境下持续发展的时候，张维荣总经理却给记者讲了"五个无止境"：解放思想无止境、管理创新无止境、节能降耗无止境、安全预防与隐患排查无止境、和谐企业建设无止境。记者感到，深入理解这家企业，也是记者一项"无止境"的任务。

第一节　企业价值管理概述

一、企业价值管理的基本思想

企业价值管理的基本思想主要体现在企业的目标、发展模式、战略决策、绩效评价等几个方面的选择上。

（一）企业的目标

企业理财目标是随着企业理论的发展而演变的。新古典经济学认为在自由市场上交易的企业是为了获取自己的最大利益，其主要从技术的角度看待企业，研究如何通过价格机制达到企业的利润最大化。由于利润的不确定性和对资金时间价值及风险因素的忽略，利润最大化作为理财目标已经基本被否决。

按照委托代理理论的观点，企业被视为一系列委托代理关系的总和，可作为一组契约关系的一个连接。在所有权和经营权分离的现代股份制公司中，股东聘用经理代表他们履行某些职务，并把若干决策权委托给代理人，这种契约关系的双方当事人都能实现效用最大化。委托代理理论的主要问题就是设计一个契约，来激励代理人按委托人利益行事。股东一般事先确定一种报酬机制，激励经理人员尽职尽责，股东据此做出自己的行为选择，以实现自己的福利或效用最大化。股东在实现自己效用最大化的同时也就实现了企业价值最大化。可见追求企业价值最大化是企业的目标，也是财务管理的目标。

（二）企业的发展模式

价值创造型增长效率问题一直是企业管理者所关注的，并取得了良好的效果，而增长问题目前还没有得到足够的重视。国外有学者根据企业的实践将企业发展模式分为追求利润型、单纯增长型、价值创造型。

（1）追求利润型发展模式。追求利润型的企业将注意力集中在如何将同样的事情做得更好，他们通过严格的成本控制来确保利润最大化的实现。追求利润而不是追求增长，可能意味着减少研发投入，停止地区扩张，不愿冒风险。

（2）单纯增长型发展模式。单纯增长型的企业是追求量的扩大，表现为追求资产规模，营业收入的扩大，为此不断地进行地区扩张和购并。

（3）价值创造型发展模式。价值创造型企业既追求增长又追求盈利性，在增长性和盈利性之间维持一种最优的平衡关系，其不会因追求高速增长而不考虑增长的成本和风险，也不会因追求盈利性而使增长放慢。价值创造型企业的增长可以通过内部质的变革来达到，即通过产品创新、优质服务，与客户建立密切的合作关系，新的战略模式、技术创新等手段不断创造价值和增长；也可以通过外部购并来创造价值和增长，即利用购并来引进新技术、建立新的销售渠道，和进入新的市场。通过外部购并来获得增长，关键在于进行科学的价值评估，和对购并的企业进行系统的改造，尽快使购并双方融为一体，不会因企业规模的扩大使企业价值受到损害，而是提高企业的价值。价值创造型发展模式的建立将为我国企业带来新的发展机遇。

（三）企业的经营战略决策

创造价值型企业的目标可以为股东创造最大的价值，为股东创造价值同时也成为企业经营战略压倒一切的目标。企业的经营战略即企业对于它的一种或全部产品在未来市场上的重要规划，它包含两个方面：竞争战略和公司战略。竞争战略是有关单一产品与其独特的潜在顾客群以及竞争者之间的关系定位，企业需要为其每一种产品确定一个竞争战略。公司战略是企业对其产品或业务单位组合的管理，其任务是决定增加、保留，还是放弃产品或业务单位。企业的利润来源于企业为顾客创造价值的行为，企业的经营战略决策必须与消费者需求偏好保持一种动态的适应，才能防止价值转移，使价值不断地流入本企业，只有经营战略适应顾客需求的变化才能为顾客创造价值，进而为企业创造价值。过去，技术一直是推动价值增长的主要力量，但今天，仅靠技术打天下的日子一去不复返了，在许多行业中，技术创新的进程减慢，快速的模仿缩减了技术创新的获益周期，而经营战略的作用却日渐突出，不断改善的经营战略能持续地创造价值，其已成为价值增长的主导力量。

（四）企业绩效评价

以价值为基础的绩效评价制度，把经济利润作为目标和衡量业绩的方式，强调现金流量和业务活动的现金流量回报率。经济利润的度量使用最广的一种指标是经济价值增加值。EVA考虑了带来企业利润的所有资金成本，它是指企业税后净利润与全部投入资本成本之间的差额，如果这一差额为正数，说明企业创造了价值，反之，则表示企业发生了价值损失。该指标克服了会计指标的缺点，与股东价值最大化目标是一致的。结合现金流量的折现等方法可以帮助企业评估各种备选战略和决策，包括新产品引进、新市场开拓以及购并等重大交易。将EVA与薪酬挂钩，可用于对经营者和员工的绩效考核和激励。西方许多企业以经济价值增值额作为企业管理系统的核心，围绕股东价值最大化这一目标对战略和经营运作等方面进行重新定位，取得了很好成效。

二、企业价值管理的目标

企业价值管理的主要目的是提高企业的经济效益，在具体管理实践上却经历了从价值依从到价值内化再到价值附加的过程。

（一）价值依从

所谓价值依从是指通过制定相应的规章和制度来约束员工行为，指导员工为企业创造价值的管理过程。价值依从主要包括以下几个方面的内容：

（1）企业的各种规则和管理人员的安排和指导；

（2）对员工的教育和训练；

（3）通过监督员工行为以考察组织运行的效率。

价值依从型的管理思想在具体管理实践中产生过一定的作用，如对管理机制和规章制度的完善、对与员工交流所作的探索、通过奖罚等硬约束对组织运行的保证等。但是这种泰勒式的管理方法所存在的固有缺陷很快就暴露出来了：

（1）员工对执行规则缺乏热情；

（2）员工的消极态度直接导致了员工的消极行为；

（3）这些硬的约束无法适应现实环境的变化。

（二）价值内化

1994年美国哈佛商学院助理教授Lynnsharpane在《哈佛商业评价》上提出了价值内化的思想方法。价值内化是指将企业的伦理道德、价值理念作为指导员工的行为规范，让员工接受企业理念，为企业创造价值。在价值内化思想指导下所形成的企业伦理价值框架不再以规章制度的形式来约束企业员工的行为，而是作为企业组织自身的精神气质体现出来。价值内化方法充分认识到企业基本伦理价值理念被员工认同的重要性，但在具体实践中存在着以下几个方面的问题：

（1）由于存在多元文化等问题，企业价值目标能否理想实现存在相当争议；

（2）由于价值理念本身具有相当的兼容性和模糊性，因此价值内化方法在实践结果上难以确切度量；

（3）价值内化方法的目的只是在于增加员工对企业基本伦理价值理念的认同程度，即使此目标能够较为理想地得以实现，但企业员工是否具有足够的积极性和必需的技能在具体工作过程中加以实践仍需讨论。

（三）价值附加

价值附加思想是对以上两种价值管理思想的进一步　　，它将企业文化和员工的积极性结合起来，充分调动员工的积极性从而为企业创造价值，实现企业价值最大化。价值附加的管理思想具有以下明显几个特征：

（1）企业不要求员工对企业价值理念的强制接受，而　　企业与员工的良好结合；

（2）面对现实工作环境的变化，员工能灵活应对，　　自己的积极性和开拓性；

（3）价值附加思想首次提出了在企业产品和服务中　企业价值的观念，带来了对新的管理方法进行研究和探索的要求；

（4）价值附加思想要求企业价值管理的最终成果体现在企业的产品和服务上，在其成果检验上一定程度地克服了以往价值管理方法上的模糊性。

三、企业价值管理的内容

企业价值管理的内容及其方法主要由价值意识、最大价值策略、衡量工具和信息技术运用等四个部分组合而成。

（一）价值意识

在企业组织内营造一种价值意识，从领导者开始建立创造公司内外价值最大化的共识，并且将此共识传达到组织的各单位，让组织每一员工了解自己在企业管理中所扮演的角色，同时给予适度的授权，使他们在企业整体价值的创造中做出最大贡献。

（二）最大价值策略

企业必须在充分了解自身竞争地位的基础上，建立最大价值策略。因为，只有最大的价值策略才能争取公司竞争优势，进而产生超额的报酬。在分析竞争地位的过程中，管理者必须了解下列问题，竞争厂家对公司的可能影响。对这些问题的思考有助于企业战略发展，使公司获得高于资本成本的报酬。为了实现企业价值最大化的策略，公司在管理过程中必须树立创造价值的意识，明确管理人员及员工的权、责、利，共同围绕价值中心努力工作。

（三）价值衡量工具

传统的以投资回收期为主的投资评价方法，往往忽视公司的长远利益。实施价值管理要求以价值策略最大化为目标，将公司的重要战略与投资机会展示给员工，并通过价值的衡量，选择价值最大的策略来执行。同时，企业需要采用适当的工具来衡量经济效益，如经济利润、现金流量折现价值或其他适合企业管理的方法，但要注意与公司的财务管理制度相联系。

（四）信息技术运用

企业应建立与信息技术相适应的新管理方法。信息技术的应用可提供企业经营者及时、充分的信息，价值衡量工具的应用也可借助于信息技术手段，并据此达到衡量的目的。

四、企业价值管理的优点

企业价值是一种经济价值，即其内在价值，最终是由其未来所创造的可自由支配的现金流量所决定的，具体量化计算过程表现如下：

企业价值＝企业未来现金流量以加权平均资金成本率为折现率的折现现值之和

企业未来现金流量是现金流入量与现金流出量的净差额，其中现金流入主要取决于营业额的增长和税前利润两大因素，现金流出取决于现金支付的税额、固定资本和营运资本，而加权平均资本成本率是反映企业的资本成本水平，代表了企业满足所有资本提供者所必须的回报率底限，主要取决于所有者权益及债务的资本成本水平和资本结构。可以看出，利润与价值是高度相关的。但以现金流量为基础的价值管理与传统的会计利润管理是有明显区别的，具体表现在：

（一）价值管理能有效排除人为因素的影响

价值管理是基于对未来资金流量的期望，因而能避免传统财务核算基础上造成的错觉，排除了会计利润受会计方法、会计政策等人为因素的影响。

（二）价值管理注重业绩的真实反映，决策中包含了股权资本成本在内的所有成本费用

价值管理从税后利润中扣除所有资本的成本费用，真正反映了生产经营盈利和新增加的经济价值，取得了全面、准确评价企业经济效益的核算效果，并为企业资产增值保值提供了客观衡量标准。

（三）价值管理鼓励向未来投资

价值管理注重的是企业未来现金流量的创造能力，它会把工作的重点放在企业的可持续发展上，通过对未来的投资，来增加企业的价值。

（四）价值管理能更有效衡量企业价值

股票定价的基本要素包括风险和收益，而经济价值是引入了折现率和风险折扣的概念，因此更能反映股票的价值，而根据会计利润计算出的市盈率显然忽视了风险因素对股票价格的作用，有时投资者会看到企业公布的会计利润信息对股票价格的影响，这种影响其实是由于其中包含的现金流量的信息，一般情况下，高额利润的公布带来了现金流量的信息。随着越来越多的企业获准上市，上市公司在股票市场上的价值（市值），成为比传统概念的资产价值更重要的衡量指标，会计标准、财务指标等企业评价体系也势必随之更新。

上面我们介绍了价值管理的一些思想和理论，归根到底，价值管理是一种管理理念，如何将这种理念应用到企业，为企业创造价值，是我们下面将要讨论的问题。在分析企业如何进行价值管理之前，我们先探讨一下企业价值的来源。

企业价值来源于两个广泛的决策领域：公司战略、公司治理。公司战略包括企业市场分析和企业的竞争力分析；公司治理则侧重于业绩评估和薪酬规划。如何进行企业市场分析和企业的竞争力分析，学术界提出了很多的理论，例如 SWOT（Strength Weakness Opportunity Threat）分析，价值链分析等。本书主要介绍了价值链管理理论，通过企业内部价值链和行业价值链的分析，对企业进行战略定位，确定企业发展战略；在公司治理方面，主要是通过建立一套行之有效的业绩评价体系，对企业经营业绩进行评估，并在此基础上进行薪酬规划，给企业管理者和员工适当的激励，推动他们更努力地去实现企业价值的最大化。

企业价值管理的整体框架如图 18-1 所示：

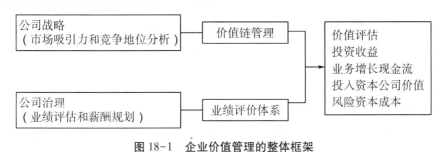

图 18-1　企业价值管理的整体框架

下面我们将从价值链管理和业绩评价两个方面来阐述如何实施企业价值管理。

第二节　价值链管理

一、价值链管理概述

价值链管理是以顾客需求为导向，以实现价值增值和增强企业竞争力为目标，运用现代企业管理思想、方法和技术，达到对整个供应链上的信息流、物流、资金流、价值流的有效规划和控制的管理活动。价值链管理通过对企业所在的产业和企业内部整个价值链的战略性分析，寻找出企业在市场竞争中实现价值增值的优势环节，集中配置资源，打造企业核心竞争力，从而形成竞争优势。

（一）价值链的基本理论

价值链理论认为企业的价值增值活动，按照经济和技术的独立性，可以分为既相互独立又相互联系的多个价值活动，这些价值活动形成一个独特的价值链。第一个提出价值链概念的是美国学者迈克尔.波特（Michael Porter）。波特认为，价值链是一系列实现价值增加的基本活动和支持性活动构成，是由原材料转变成最终产品并不断实现价值增值的一系列活动过程。每个企业都是用来进行设计、生产、营销、交货以及对产品起辅助作用的各种活动的集合。因此，企业的价值活动可分为两大类：基本活动和辅助活动。

1. 企业价值的基本活动

企业价值的基本活动主要包括以下五大类：

（1）内部后勤：是指与接收、储存以及向产品的生产部门分发投入品相关的活动。例如搬运、仓储、存货控制、运输工具的安排和向供应商提供产品。

（2）生产运营：是指与把投入品转换成最终产品相联系的活动。如机器加工、包装、装配、设备维修、测试等。

（3）外部后勤：是指产成品的存储、搬运、交货等活动。

（4）市场营销：主要是指广告、促销、定价、报价等活动。

（5）售后服务：是指与通过提供售后服务来加强或维持产品的价值相联系的活动。例如安装、修理、培训、零部件供应等。

2. 企业的辅助价值活动

企业的辅助价值活动包括以下四种：

（1）采购：是指购买在一个企业的价值链里使用的投入品的功能。采购质量的高低，直接关系到产品的成本和质量。

（2）技术开发：技术开发由许多活动组成，这些活动的共同作用，有利于改进产品和工序过程。技术开发对许多大量需求技术的价值活动可以起到支持作用。

（3）人力资源管理：人力资源管理由聘用、雇用、培训、开发等活动组成。人力资源管理对单项的基本活动、辅助活动和整个价值链都起着支持作用。任何一个企业均可通过人力资源管理在决定雇员的技能和动力方面以及聘用和培训成本等方面来影响竞争优势，在某些行业里，它对竞争优势起着重要作用。

（4）企业的基础结构：企业的基础结构由许多活动组成，包括普通管理、计划、财务、会计、法律及政府事务等。

每个活动都包括直接创造价值的活动、间接创造价值的活动和质量保证活动三部分。企业内部一个活动是否创造价值，要看它是否提供了后续活动所需要的东西，是否降低了后续活动的成本，是否改善了后续活动的质量。每项活动对企业创造价值的贡献大小不同，对企业降低成本的贡献也不同。每个价值活动的成本是由各种不同的驱动因素决定的。价值链的各种联系成为降低单个价值活动的成本及其最终成本的重要因素，而价值链各个环节的创新则是企业竞争优势的来源。

（二）价值链分析

企业的价值链和它所从事的单个活动的方式反映了其历史、战略、推行战略的途径以及这些活动本身的经济效益。价值链分析分为行业价值链和企业内部价值链分析。

1. 行业价值链分析

企业通过行业价值链分析，可以确定企业的价值活动有哪些，处于什么样的分布状态以及在整个行业价值链中的位置，并将本企业价值活动的所耗成本与其对产品价值的贡献相比较，确定其发生的合理性，进而决定对其是消除还是改进。把企业置身于行业价值链中，企业还可以分析企业和上下游的关系，以决定是否需要实施纵向整合战略，通过对供应商和购买商的购并或建立战略联盟来降低成本，实现竞争优势。对行业价值链的分析有利于上下游企业间通过整合来重构供应商价值链、企业价值链、销售渠道价值链和买方价值链，进而达到降低成本、提高企业竞争力的目的。同时，通过对竞争对手的价值链的分析，企业能够发现竞争力取决于企业相对于竞争对手的价值链的合理程度，谁拥有多大的竞争优势或劣势，是哪些价值活动或成本因素导致了这种状况的出现。企业通过对竞争对手的价值链的分析，测算出竞争对手的成本并与之进行比较，并根据企业的不同战略，确定扬长避短的策略，争取竞争优势。

2. 企业内部价值链分析

每个企业都有自己独特的价值链，而且企业内各价值活动之间存在密切联系。进行企业内部价值链的分析，研究企业各个价值活动在价值增值中的作用，对企业控制成本、增强竞争优势无疑具有重要作用。此外，正确处理企业各价值活动之间的联系，将企业的生产、营销、财务、人力资源管理等有机整合起来，使它们形成相互关联的整体，从战略角度定位企业管理，有助于企业持久竞争优势的形成。通过对企业内部的价值链的分析，企业可以确认企业的价值活动有哪些，处于什么样的分布状态，然后通过作业成本分析法，将每一价值链的作业进行分解、分析。作业可以分成三类，第一类是增值作业，第二类是维护性作业，第三类是非增值作业。进行企业内部的价值链分析，就是要区分企业内哪些作业是为企业创造价值的，哪些是非增值作业，哪些作业需要进行改进，哪些作业可以消除。从而达到企业内部价值链的优化和改进，实现最高的生产效率，为企业创造出最大的价值。

3. 价值链管理

（1）价值链管理的定义。

价值链管理是依据价值链的理论，将企业的业务流程描绘成一个价值增值和价值创造的链状结构，也就是说，将企业的生产、营销、财务、研发和人力资源管理等业务活动有机地整合起来，通过计划、协调、组织和控制等各个环节的工作，使它们形成一个有机的整体，真正按照链条状的特征安排企业的业务流程，使得各个环节既相互联系，又具有处理资金流、信息流、物流和技术流的自我组织能力，使企业的供、产、销系统形成一条价值流通链。企业的管理要素可分为四个层次：一是中心层，主要指企业的技术水平和研发能力。二是精神层，主要指企业文化，包括管理理念和核心价值观等企业的内在规范。三是制度层，主要指维持企业日常经营管理的组织结构和规章制度等外在规范。四是物质层，主要指企业的产品和服务。以核心技术和企业文化为基础的竞争力，体现了企业竞争的最根本优势，是企业管理的核心要素，居于价值链管理的中心地位；组织结构和规章制度属于企业的结构要素，是价值链管理的基础和支持体系；形成最终产品和服务的业务流程，包括资金流、信息流、物流和技术流等，属于企业的功能性管理要素，是价值链管理的运作过程、手段和方式。

（2）价值链管理的特点。

价值链管理具有以下几个特点：

①以实现企业价值最大化为目标。

企业价值就其实质而言，是企业经济价值和社会价值的综合，而不仅仅局限于企业的经济价值。这是由企业多目标价值追求决定的。企业经济价值简言之就是企业获得的利润与支出费用之比，它是企业经营者价值、股东价值和员工价值的体现。企业的社会价值指企业在价值创造的过程中，要承担社会责任，讲求社会效益，维护社会发展。价值链管理就是通过价值创造实现企业的价值最大化，即在一定的技术和管理水平条件下，兼顾企业社会价值的同时，以尽可能少的资源支出，获得尽可能多的经济价值。

②以实现顾客价值最大化为原则。

顾客追求价值高的产品或服务，就会以尽可能少的成本，获得尽可能多的效用（需求和满足）。顾客价值与企业价值在本质上是一致的，因为只有提高顾客价值，才能赢得顾客的信赖和认可，从而实现企业经济价值；只有获得更多的经济价值，才能增强企业实力，从而谋求更高的顾客价值。价值链管理强调顾客价值不仅存在于企业外部，而且存在于企业内部，每一次价值转移的过程中都存在顾客和顾客需求，因而企业要兼顾内外顾客价值的最大化。

③以系统论的观点为指导思想。

价值链管理用系统论的整体性观点将企业内部和外部各因素以及与企业相关的内部和外部各利益主体的价值活动纳入企业管理的范畴，提出实现与企业相关的各方面价值最大化的管理模式，包括股东价值、员工价值、顾客价值和社会价值。同时，价值链管理认为企业的生产系统是由生产过程与管理过程有机结合的体系。生产过程提供将资源转换成产品或服务的功能；管理过程为生产过程提供目标与计划，并对计划的实施进行有效的组织、领导与控制，使之能适应动态变化的市场环境及社会环境。价值链管理按企业资源的流动过程将企业生产系统分为物流、信息流、资金流和技术流等一系列业务流程，强调管理者必须用系统的思想和综合的方法使各个流程的"同期化"，以实现价值创造最大化、价值评价精确化和价值分配合理化。

二、价值链管理的研究现状

（一）我国价值链管理的研究现状

价值链管理被引入我国只有短短几十年历史，国内不少学者对此进行了探讨。许多企业也进行了一些尝试，但是与国际上先进的价值链管理相比，我国企业目前在价值链管理的应用上主要有以下几个方面的问题：

（1）忽视对非生产成本的控制。在成本管理上，许多企业只注重对生产成本进行控制，而忽略对生产前的研究开发成本、供应成本和生产后营销成本的控制。许多企业没有认识到企业内部各种活动之间存在着密切的关联性，这些活动共同影响企业的产品成本和经营绩效。他们没有认识到，成本管理是一个对投资立项、研究开发与设计、生产、销售、售后服务进行全方位监控的过程。所以，我国企业往往忽视从广义的、整体的方面，从战略的高度来探求影响成本的各个环节和各个方面，这样就不利于企业获取持久的竞争优势。

（2）系统协调性差，存在着部门主义障碍。多年来，我国许多企业已经形成了以部门为单位进行核算和激励的机制，造成企业内部各部门片面追求本部门利益，致使企业的物流、信息流经常被扭曲、变形，从而弱化了企业的整体优势。

（3）信息系统落后。我国大多数企业信息技术仍很落后，没有充分利用 EDI、Internet 等先进手段，致使信息收集不全面、不及时，信息处理不准确，相关部门之间信息传递不通畅，致使一些重要的信息并不能被企业系统内各部门共享，使得信息资源被浪费，直接影响了企业的竞争力。

（4）忽视无形的成本动因。在成本动因的分析上，传统成本管理只重视有形的成本动因，而忽视与企业战略密切相关的无形成本动因。实际上，在企业生产开始之前就已有约束产品成本的、非量化的无形成本动因，如企业规模、地理位置、整合程度等。据国外研究表明，后者对产品成本的影响要远大于前者。因此要从战略上去考虑无形成本动因，这样有利于提高企业整体竞争优势。

（二）国际上价值链管理研究的新动向

1. 价值链管理竞争优势的新视角：协同效应

由企业内部各活动的功能耦合而成的企业整体性功能，远远超出企业各战略活动的功能之和。企业整体协调后所产生的整体功能的增强，称之为协同效应，可以简单表述为"1+1>2"，即公司的整体价值大于各部分的价值之和。正是这种隐性、不易被识别的价值增值，为企业带来了竞争优势。一方面，企业的采购、生产、营销以及人力资源管理的协调统一，各分支机构在资源上的共享、资金上的互补，人员的合理流动，都使成本降低。另一方面，各项战略活动的协调互补可以使一项新的管理经验得以不断推广和创新，也能使一项新的技术应用于相关的或相似的活动中去，从而使产品不断创新，还可以使有相似顾客的业务单元同时增加销售量。这种无形的协同使一种创新不断推广，从而产生更多的创新。使得企业长期具有竞争优势的这种协同效应，取决于两个因素：一是协同的作用机制。

企业的各项价值活动是相互联系的，只有它们互相协调，步调一致，才能使成本不断降低、创新不断出现，使企业长期具有竞争优势。在企业管理部门的管理活动中，管理者要综合分析各种因素，制定出战略规划，管理部门把开发产品的计划交给研制部门，研制部门负责设计开发产品，在这个过程中要不断向管理部门反馈信息，使其不断调整计划，使之不断完善。同样研发部门和生产部门之间，生产部门和销售部门之间，销售部门和服务部门之间也存在着双向的信息交流。二是每个部门之间，部门内部之间都要接受来自其他各部门的信息，并据此做出反应，把信息传递给其他各个部门。

在现代企业中，各部门是处于平等地位的，各部门应在平等的基础上，为实现企业的整体利益最大化，相互协调，创造企业的整体竞争优势。如果把企业看作一个系统，它还必须和系统以外的环境不断进行物资、能量和信息交流，不断调整自己以保持整个系统的平衡。迈克尔·波特认为，企业竞争优势的获取与保持，首先取决于它对价值链的管理，即取决于企业整个价值系统的平衡。其次是协调效应的不同模仿性。企业竞争优势的持久性由竞争对手战略模仿的困难性所决定。协调造成的竞争优势来源的模糊性使竞争对手不知该如何模仿。海尔总裁张瑞敏把海尔的管理经验总结为海尔管理模式，海尔管理模式＝日本管理（团队精神+吃苦精神）+美国管理（个性发展+创新）+中国传统文化。然而海尔的管理绝对不是这三者的简单相加，而三者各占多大比例及怎样融合在一起也是很难被量化的，这就是协同的魅力所在。正是因为协同效应的存在，才使竞争对手面对已经阐明的经验却束手无策。价值链管理能产生协同效应，而协同使企业获得竞争优势，给竞争对手增加了竞争难度。

2. 价值链管理的新发展

随着价值链理论研究的深入，价值链管理的应用也越来越广泛，由原来的只注重生产领域扩展到企业的整个价值创造过程，并将价值链管理与其他管理方法相结合，形成了价值链管理的新发展，具体表现在以下几个方面：

（1）确定合理的企业规模。

企业的规模是由企业运作资源的多少和内部业务量的大小所决定的。企业在成长初期，总希望通过规模扩张，降低成本、分散风险。按照科斯的解释，企业的最佳规模应该是企业内部管理的边际费用与外部交易的边际成本相等时的规模，对于与企业相联系的部门或相关产业之间是制订长期合同（外化）还是实行纵向一体化（内化），则取决于两种形式的费用孰高孰低。这一解释为确定企业的合理规模从理论上提供了指导，但它未能提供一条具体的、可操作的方法。价值链理论通过对企业价值创造活动的细分，为确定合理的企业规模提供了一条切实可行的途径。

（2）进行业务流程重组。

随着市场竞争的加剧，企业之间技术、资金实力等实体资源的同质性不断增强，企业越来越认识到，竞争的焦点应该从产品或服务的生产、营销、财务等具体部门的管理，转移到从整体上考虑企业的运作以及激励机制、组织结构等系统性的流程因素，业务流程重组应运而生。业务流程，是指为特定顾客或市场提供特定产品或服务而实施的一系列精心设计的活动。在企业价值链中，一个业务流程就是一组以顾客为中心的从开始到结束的连续活动。顾客可以是外部的产品或服务的最终用户，也可以是业务流程内部的产品的使用者。业务流程重组的目标是顾客满意，即通过降低顾客成本，以实现顾客价值的最大化，这一点与价值链理论中的顾客价值相一致。

（3）培育企业的核心能力。

核心能力是指建立在价值链的各环节基础上的、能够使企业获得持续竞争优势的各种要素作用力的集合，具体来讲就是企业在产品、管理、文化和技术等领域所具有的一系列特殊技能的综合体。随着市场竞争的加剧和全球一体化的发展，企业之间的竞争已不仅仅是企业内部某一个部门或某几个部门之间的竞争，而是以核心能力为基础的整个价值链的竞争。企业参与的价值活动中，并不是每一环节都创造价值，实际上，只有某些特定的价值活动才创造价值，这些真正创造价值的经营活动就是价值链上的战略环节，即形成企业核心能力的环节。企业要保持竞争优势，就是要保持价值链上某些特定的战略环节上的优势。运用价值链的分析方法来确定核心能力，要求企业特别关注和培育在价值链的关键环节上获得重要的核心能力，以形成和巩固企业在行业内的竞争优势。

三、实施价值链管理，提升企业价值

（一）确定企业的核心能力

竞争者价值链之间的差异是竞争优势的一个关键来源。与竞争对手的价值链的比较揭示了决定竞争优势的差异——企业核心能力。以往企业战略重心主要放在基本活动之上，但随着供求关系的转变，辅助活动的重要性越来越突出，越来越多的企业开始注重自己的辅助活动。企业通过在辅助活动中的各个职能领域，如产品研发、人力资源管理、财务管理等方面培育核心能力，赢得了企业持续发展的竞争优势。在加入世界贸易组织之后，中国的企业需要对自身的价值链进行分析，在世界市场的价值链中找到自己的位置。企业改革的方向应该是真正按照价值链的特征改进企业的业务流程和组织结构，把自己放在竞争和合作的生态系统来考虑中国企业的发展，这样才能找到自己的位置。

（二）进行战略成本分析

价值链是企业战略成本分析的主要分析工具，用以分析企业与其竞争对手的相对成本地位。企业的每条价值链都有两重性，即：每条价值链既会产生价值，同时也要消耗资源。企业进行价值链分析，首先要确定每个单元价值链上的成本与效益，根据企业战略目标而进行作业流程再造，从而对各个价值链之间的关系进行调整。保留优化那些总收益大于总成本的价值链，即良性价值链，改造或删除那些总收益小于总成本的价值链，即劣性价值链。然后，再对竞争对手的价值链进行分析。在企业良性价值链中，那些净收益大于竞争对手的价值链就具有了战略成本的优势，我们称其为优势价值链。企业可通过战略成本分析，进行战略成本管理。进行战略成本管理，就是要大力发展优势价值链，改造并提升非优势价值链。

（三）进行组织结构设计

一种与价值链一致的组织结构可以增强企业创造和保持竞争优势的能力。中国大部分企业的组织体系都是基于职能部门来划分的，各部门往往从本部门利益和短期效益出发，各部门之间失去了相互的信任与合作关系，致使市场响应滞后和用户服务不到位，从而很难适应快速变化的市场竞争，企业主要领导人必须考虑基于价值链管理的组织再造问题，使得公司内部各个部门，甚至分布于各地的分公司或办事处一起协同工作，以取得整个企业流程达到最优的运行效果。企业考虑组织再造时，应确定适应价值链管理的组织系统的构成要素及应采取的结构形式。

（四）我国进行价值链分析中应注意的几个问题

（1）按照价值链理论，企业的成本管理应该是一个对投资立项、研究开发与设计、生产、销售、售后服务进行全方位监控的过程。所以，我国企业应注重从广义的、整体的方面，从战略的高度来探求影响成本的各个环节和各个方面，进而得出降低成本的新途径。

（2）重视企业内部价值链与上下游企业价值链的联系。大多数企业应认识到它们的利益是与客户和供应商及合作伙伴紧密联系在一起的，企业之间的合作，有可能会达到一种博弈论上的效果——双赢，因此，重视与上下游企业的联系有利于企业重大战略目标的实现，进而获取持久竞争优势。随着新世纪电子商务时代的来临，客户和供应商的价值链与企业的价值链联系越来越密切，企业的许多决策和决定必须考虑很多来自于外部，至少是客户和供应商及合作伙伴的信息或因素，因为这些因素无时无刻不在影响企业的行为和最终成效。

（3）通过信息系统建设应用，有效地优化顾客价值链。由于以信息（知识）作为关键成分的产品或服务变得越来越有价值，因此由顾客参与创造的知识和意见就变成了企业和顾客所共有的资产。在这里，信息系统的作用更多地体现在过程上，由此创造的产品（或服务）才能以独有的属性满足顾客特定的需求，并以一种顾客认可的成本提供给顾客——新的价值才能创造出来。

（4）关注企业内部价值链的改善，以实现企业的动态经营目标。

（5）要特别注意对无形成本动因的控制。战略成本管理的核心是寻求企业持之以恒的竞争优势。企业为了保持其竞争优势，必须以全局为对象，把企业内部结构和外部环境综合起来，通过辨别每项活动的成本动因，特别是无形的成本动因，有的放矢地进行有效的成控制。

第三节　业绩评价体系

企业进行经营业绩评价是为了实现企业的生产目的，业绩评价是指企业运用特定的指标和标准，采用科学的方法，对企业生产经营活动过程做出的一种价值判断。它是企业价值管理的关键环节，该环节为企业管理者和全体职工指明了组织发展的方向，也为激励机制有效运行提供了必要的基础。从近年来中外企业的经营管理实践中可以看出，业绩评价体系在企业经营中的地位越来越重要。建立一套行之有效的企业业绩评价标准，以此来衡量企业业绩，并依此对企业经营者和员工进行激励，是企业实现企业价值最大化的关键所在。

一、企业业绩评价的发展

（一）西方企业业绩评价理论与实践的发展

西方企业业绩评价的发展大致经过了三个阶段，即成本业绩评价阶段、财务业绩评价阶段和综合业绩评价阶段。

1. 成本业绩评价阶段

该阶段具体时间在 19 世纪初至 20 世纪初。18 世纪后期工厂制度产生，但由于当时生产规模小，管理水平低，企业经营思想是以收入弥补成本，会计核算也仅仅是简单的以计算盈利为目的。为了保证生产的顺利进行，企业主尽量减少生产消耗，提高生产效率，以取得更多的利润。因此，这一时期企业基本上是以成本指标为核心来评价业绩的。到了 19 世纪末 20 世纪初，市场竞争日益激烈，资本家不得不尽量降低生产成本、提高劳动生产率。而以成本核算为主的事后控制反应迟钝，已不能满足有效控制成本的需要。泰罗制的推行，使劳动条件和劳动定额有了一系列重大改革，工人的操作方法、工具、材料、机器以及作业环境逐渐标准化。此后，亨·甘特又把标准人工成本法推广到材料和制造费用的成本管理中。1911 年美国出现了最早的标准成本制度。标准成本及其差异分析制度的建立，不仅大大提高了劳动生产率，更重要的是它使成本管理由被动的事后反应变为主动的事前预算和事中控制，真正达到对成本进行监控的目的。这一时期的企业经营业绩评价主要是以标准成本指标为依据，形成了标准成本业绩评价方法。

2. 财务业绩评价阶段

该阶段具体时间在 20 世纪初至 20 世纪 90 年代。进入 20 世纪，众多涉足若干经营领域的综合性大企业迅速发展起来，其庞大的规模、复杂的管理组织及层次，要求提出更有效的业绩评价指标体系，以协调内部多种经营活动。这一时期，杜邦公司设计出了多个重要的经营和预算指标，其中包括投资报酬率（ROI）指标。该指标又可分解成两个重要的财务指标，即销售利润率和资产周转率，这三个指标共同为企业整体及部门的经营业绩的评价提供了重要依据，标志着财务指标评价体系基本形成。20 世纪前半期，母公司多借助于投资中心或利润中心实施对子公司的管理与控制，它们对子公司的现金流量的关注程度远远胜过对业绩评价的重视，因此此时运用得比较广泛的财务评价指标是销售利润率。但是对于分散化经营的企业集团来说，取得规模经济收益才是其最终的经营目的。而单纯依靠销售利润率无法对投资项目的取舍及其业绩进行评价和比较，由此又引入了剩余收益等指标。20 世纪后半期，业绩评价指标体系得到了进一步的扩充，出现了净资产回报率、每股收益率、经营利益、现金流量和内部报酬率等，其中经营利润和现金流量最为重要。到了 20 世纪 80 年代，业绩评价指标体系出现了非财务指标，并且其地位不断提高。因为财务业绩指标更多地反映企业的短期财务业绩，而不能体现长期的竞争优势，以它为标准会导致企业的各种短期行为；同时，财务指标易被操纵，如果以它作为对管理层的评价及补偿标准，就无法实现恰当的激励。这一时期比较重要的非财务指标包括产品生产周期时间、客户满意程度、保修成本等。应该说，非财务指标的引入对业绩评价体系来说是一个重大的飞跃。但是，此时的业绩评价体系建立的出发点仍是企业内部的生产管理问题，而不是客户的要求，且管理层激励机制所依据的主要指标体系中，始终未出现合理的非财务指标。因此，这一时期是以财务指标为主、非财务指标为补充的财务业绩评价时期。

3. 综合业绩评价阶段

该阶段涉及的时间是 20 世纪 90 年代至今。近些年，经济全球化趋势使越来越多的企业开始从战略的高度考虑企业的长期目标和短期发展。而业绩评价体系作为企业行为的具体指导体系也必须符合并服务于企业的战略目标。在激烈的市场竞争中，成功的决定因素不再仅存在于企业的内部，而是受到内外部的多种因素的影响和制约，所有这些因素都应在业绩评价指标体系中得到充分体现。此时业绩评价指标体系的出发点就从企业内部的生产问题转移到了内外结合的战略管理角度上来。到目前为止，公认的较为科学的业绩评价体系有卡普兰等设计的经济增加值和平衡计分卡。

（二）我国企业业绩评价理论与实践的发展

1. 我国企业业绩评价体系的发展历程

20 世纪 90 年代前，与计划经济相适应，我国形成了以产值、产量、企业规模等为重点的国营企业财务管理体系，且侧重于实际数与计划数的比较。这一时期的企业财务业绩评价指标体系主要有：固定资产产值率、定额流动资金周转天数、可比产品成本降低率、利润总额完成率、销售成本利润率、销售利润率、资金利润率等。1992 年，国家计委、国务院生产办、国家统计局联合下发了工业经济评价考核指标体系，包括 6 项指标。1993 年财政部颁布《企业财务通则》规定了 8 项财务评价指标，分别从偿债能力、营运能力和获利能力三方面对企业的经营业绩进行全面、综合的评价。1995 年，财政部又发布了企业经济效益评价指标体系，包括 10 项指标。1999 年 6 月，财政部、国家经贸委、人事部、国家计委联合颁布了企业绩效评价指标体系，包括8项基本指标、16项修正指标和8项评议指标，将部分非财务指标纳入业绩评价指标体系之中。

与国外企业业绩评价理论的现阶段成果相比较，不难看出我国现有业绩评价体系仍是一个以财务指标为主的业绩评价体系，其主要缺陷有：①未形成完整的、有机的业绩评价体系，各项指标只是被生硬地拼凑在一起，缺乏必需的内部联系。②指标的可操作性差，尤其是部分非财务指标过于综合，并且基本依靠定性分析确定，主观因素影响过大。③经营风险控制、客户及成长发展方面的有关指标不够充足。④绝大多数指标仍以事后评价为主，不能为企业管理提供必要的指导。⑤固定权重不能满足多重评价的需要，部分指标权重设计不合理。例如，从国家利益角度考虑，应增大资本金的保值增值指标的权重；但从企业角度考虑，应更加注重企业长期发展的能力指标。⑥以静态指标为主的业绩评价体系不能适应复杂多变的外部环境。

2. 以净利润为核心的业绩评价体系的缺陷

从我国业绩评价指标体系的发展过程看，导致上述缺陷的最根本原因就是评价主体的问题。我国业绩评价工作以政府行为为主，业绩评价体系和评价指标基本上都是由国家统一制定，并采取自上而下的方式让企业被动地去执行。我国企业目前这种以净利润指标为核心的业绩评价体系所造成的后果是极其严重的，主要表现在以下几个方面：

（1）造成国家资源的浪费和不合理配置。造成了许多国有大中型企业大量融资，通过增发股票、配股等方法筹得大量的股权资金，不断扩大企业规模，仅求账面上利润的增加，这部分资金却没有得到很好的运用，有的甚至直接存在银行里，造成了资源的极大浪费。这也导致了上市公司资本结构的不合理。

（2）利润操纵现象严重。以净利润为业绩评价标准，企业经营者往往能够操纵这些指标。例如，管理者能通过发行债券回购股票来减小分母，提高净资产收益率。另外，比率会向管理者发出错误信号，因为所有的比率都可以通过事实上会降低经济回报并损害股东财富的行为得到改善。只要投入大量资金，企业就可以操纵会计利润或销售额。如果投入资本的回报未能超出资本成本，即使会计利润增加，其实也毁损了企业的价值。

（3）未能结合企业发展战略。企业通常根据年度预算利润完成情况发放奖金。这种方法通常鼓励管理者设立保守、容易完成的利润目标以获得奖金。这还容易导致下属管理者与上级讨价还价，还会使管理者急于追求短期成果而不能充分重视企业的长期发展，也不愿意在3~5年内能获得更大回报的项目上投资。我国企业目前迫切需要建立一套新的、适合企业实际发展情况的业绩评价体系，来约束和激励经理人员为企业创造价值。

二、一种新的业绩评价体系——EVA

经济增加值（economic value added，EVA）是美国思腾思特（Stem Stewart）管理咨询公司开发并于20世纪90年代中后期推广的一种价值评价指标。我国国务院国有资产监督管理委员会从2010年开始对中央企业负责人实行经济增加值考核并不断完善，并于2019年3月1日发布了第40号令，要求于2019年4月1日开始施行《中央企业负责人经营业绩考核办法》。财政部于2017年9月29日发布了《管理会计应用指引第602号——经济增加值法》。

（一）EVA的基本概念

经济增加值（EVA）指税后净营业利润扣除全部投入资本的成本后的剩余收益。经济增加值及其改善值是全面评价经营者有效使用资本和为企业创造价值的重要指标。经济增加值为正，表明经营者在为企业创造价值；经济增加值为负，表明经营者在损毁企业价值。

经济增加值=调整后税后净营业利润-调整后平均资本占用×加权平均资本成本

其中：税后净营业利润衡量的是企业的经营盈利情况；平均资本占用反映的是企业持续投入的各种债务资本和股权资本；加权平均资本成本反映的是企业各种资本的平均成本率。

经济增加值与剩余收益有以下不同：在计算经济增加值时，一是需要对会计数据进行一系列调整，包括税后净营业利润和资本占用；二是需要根据资本市场的机会成本计算资本成本，以实现经济增加值与资本市场的衔接。而剩余收益根据投资要求的报酬率计算，该投资报酬率可以根据管理的要求做出不同选择，带有一定主观性。

尽管经济增加值的定义很简单，但它的实际计算却较为复杂。为了计算经济增加值，企业需要解决经营利润、资本成本和所使用资本数额的计量问题。不同的解决办法，形成了不同的经济增加值。

1. 基本的经济增加值

基本的经济增加值是根据未经调整的经营利润和总资产计算的经济增加值。

基本的经济增加值＝税后净营业利润−报表平均总资产×加权平均资本成本

基本的经济增加值的计算很容易。但是，由于"经营利润"和"总资产"是按照会计准则计算的，它们歪曲了公司的真实业绩。不过，这对于会计利润来说是个进步，因为它承认了股权资金的成本。

2. 披露的经济增加值

披露的经济增加值是利用公开会计数据调整计算出来的。这种调整是根据公布的财务报表及其附注中的数据进行的。据说它可以解释公司市场价值变动的50%。

典型的调整包括：①对于研究与开发费用，会计作为费用立即将其从利润中扣除，而经济增加值要求将其作为投资并在一个合理的期限内摊销。②对于战略性投资，会计将投资的利息（或部分利息）计入当期财务费用，而经济增加值要求将其在一个专门账户中资本化并在开始生产时逐步摊销。③对于为建立品牌、进入新市场或扩大市场份额发生的费用，会计作为费用立即从利润中扣除，而经济增加值要求把争取客户的营销费用资本化并在适当的期限内摊销。④对于折旧费用，会计大多使用直线折旧法处理，而经济增加值要求对某些大量使用长期设备的公司，按照更接近经济现实的"沉淀资金折旧法"处理。这是一种类似租赁资产的费用分摊方法，在前几年折旧较少，而在后几年由于技术老化和物理损耗同时发挥作用需提取较多折旧。

3. 特殊的经济增加值

为了使经济增加值适合特定公司内部的业绩管理，企业还需要进行特殊的调整。这种调整要使用公司内部的有关数据，调整后的数值称为"特殊的经济增加值"。它是特定公司根据自身情况定义的经济增加值。它涉及公司的组织结构、业务组合、经营战略和会计政策，以便在简单和精确之间实现最佳的平衡。简单是指比较容易计算和理解，精确是指能够准确反映真正的经济利润。这是一种"量身定做"的经济增加值计算办法。这些调整项目都是"可控制"的项目，即通过自身努力可以改变数额的项目。调整结果使得经济增加值更接近公司的内在价值。

4. 真实的经济增加值

真实的经济增加值是公司经济利润最正确和最准确的度量指标。它要对会计数据做出所有必要的调整，并对公司中每一个经营单位都使用不同的、更准确的资本成本。

计算披露的经济增加值和特殊的经济增加值时，公司通常对内部所有经营单位使用统一的资本成本。例如，可口可乐公司用12%作为全球业务的统一的资本成本。这样可以避免什么是正确的资本成本的争论。当然，也有例外情况，就是在各经营单位的资本成本大相径庭的场合。例如，传统业务部门和新兴业务部门风险差别巨大时，业绩评价体系需要使用不同的资本成本。

真实的经济增加值要求对每一个经营单位使用不同的资本成本，以便更准确地计算部门的经济增加值。

从公司整体业绩评价来看，基本的经济增加值和披露的经济增加值是最有意义的。公司外部人员无法计算特殊的经济增加值和真实的经济增加值，他们缺少计算所需的数据。斯特恩-斯图尔特公司在其公布的"市场增加值/经济增加值排名"中就使用了"披露的经济增加值"定义。

经济利润是净营业利润超过投资资本机会成本的溢价。经济利润与会计利润相联系，但也有区别。它要对企业的全部资本包括股本和负债均明确计算资本成本，并考虑资本的机会成本。

企业价值=投资资本+预期经济利润现值。企业每年的净利润等于其资本成本时，企业价值只等于最初的投资成本。只有当企业的净利润大于其资本成本时，企业价值才大于其投资成本，才有资本增值的经济利润。

【例18-1】甲公司是一家中央电力企业，采用经济增加值业绩考核办法进行业绩计量和评价，有关资料如下：

（1）2020年甲公司的净利润为40亿元；费用化利息支出为12亿元，资本化利息支出为16亿元；研发费用为20亿元，当期无确认为无形资产的开发支出。

（2）2020年甲公司的年末无息负债为200亿元，年初无息负债为150亿元；年末带息负债为800亿元，年初带息负债为600亿元；年末所有者权益为900亿元，年初所有者权益为700亿元；年末在建工程为180亿元，年初在建工程为220亿元。

根据上述资料：计算甲公司2020年的经济增加值。

解：（1）计算税后净营业利润。

税后净营业利润=净利润+（利息支出+研究开发费用调整项）×（1-25%）
研究开发费用调整项=研发费用+当期确认为无形资产的开发支出=20+0=20（亿元）
税后净营业利润=40+（12+20）×（1-25%）=64（亿元）

（2）计算调整后资本。

调整后资本=平均所有者权益+平均带息负债-平均在建工程
平均所有者权益=（900+700）÷2=800（亿元）
平均带息负债=（800+600）÷2=700（亿元）
平均在建工程=（180+220）÷2=200（亿元）
调整后资本=800+700-200=1 300（亿元）

（3）计算平均资本成本率。

债权资本成本率=利息支出总额÷平均带息负债
利息支出总额=费用化利息支出+资本化利息支出=12+16=28（亿元）
债权资本成本率=28÷700×100%=4%

（二）EVA 的优点

EVA是一种全新的业绩计量模式，相比传统的业绩评价体系，它具有以下几个优点：

1. EVA 可以使经理人员树立正确的经营观念

EVA是企业净营业利润（NOPAT）扣除所有资本成本后的余额。它认为企业权益资本也是有成本的，资本获得的收益至少要能补偿投资者承担的风险。也就是说，股东必须赚取至少等于资本市场上类似风险投资回报的收益率。

我国传统的观点认为，企业只要取得利润，便实现了股东财富的增加，认为权益资本是无须支付任何成本的，而且不需与投资者签订某种协议，在使用上不会受到任何约束，也不会受到证券市场的影响和其他限制。啄食顺序理论说明了企业代理人在融资选择上的偏好。权益资本被认为是最好的选择。因此，企业在经营业绩不理想的情况下，仍然增发新股，造成资金闲置。2001 年，在大多数法人股东和个人股东反对的情况下，我国有 18 家公司由于国有股的绝对控股地位，通过一票否决仍然坚持高价发行股票。其中有 44% 的上市公司筹集到资金后立即变脸，年报业绩大幅下降；18 家公司筹集到的资金中有 40% 被闲置，最高的有 90% 被闲置，而闲置资金又大多进行委托理财，买股票和国债。

我国应建立以 EVA 为基础的经营观念，使得企业的经营者认识到使用任何资本都必须付出代价，而不存在免费的资本。只有这样，经营者才会通过注重资本的有效利用和进行正确的投资决策来改善企业的经营业绩。在 EVA 机制作用下，管理者一方面将精力集中于那些资本效益高的业务，另一方面将不能为企业创造剩余价值的项目和资产进行剥离或重组，以减少这部分资产的占用来提高整体资产的利用效率，实现资源的优化配置。

2. EVA 能增加企业的凝聚力

以 EVA 为核心的指标体系具有综合评价功能，使企业的目标更加统一和明确。传统的业绩评估体系通常以不同的目标来满足不同的需要，例如：股东大会考虑的是资本的保值增值，而董事会则注重利润和市场价值的增长；总经理考虑的是根据现金流来评估各投资项目，而各部门则把利润和市场份额作为战略目标。多重目标必然导致上层目标无法下达，各层目标无法统一的混乱局面，造成公司计划、经营战略和经营决策的不协调。并且在目前，以企业价值最大化作为理财目标实际上很难普遍。上市公司在全部企业中只占极少部分，对大量的非上市公司就无能为力。即使是上市公司，其股票市价也要受到多种因素的影响，包括非经济因素。股票价格并不总能反映企业的经营业绩，也难以准确体现股东财富。

EVA 的适用性很广，并且根据国内外实证研究表明，EVA 与股票市价具有高度相关性。EVA 增加意味着股票价格的上涨和企业财富的增加。采用 EVA 最大化作为企业的理财目标，能将企业目标与股东目标统一起来，使整个公司的经营活动围绕着一个目标展开，即：如何提高企业整体的 EVA。只要新项目和新规模能给投资者带来比机会成本更高的回报率，就授予基层经理更大的灵活机动权和更大的责任压力，使管理更加科学。各部门员工以提高本部门的 EVA 为目标，最终提升企业集团 EVA。同时，采用 EVA，企业财务管理的所有重要方面都只和一个业绩指标相联系，使得企业整个系统易于协调管理和理解。在 EVA 体系下，管理决策的所有方面都囊括在内，包括战略规划、融资决策、业务重组、资本分配、激励机制等，EVA 提供了一套全新的理论模式。

3. EVA 能有效衡量经理人员的业绩

EVA 能够促使部门管理人员关注长期价值的创造，防止经营者的短期行为。许多基于一般公认会计原则（GAAP）的会计处理，可能扭曲经济现实，导致企业管理者的错误行为。Stern & Stewart 调整了 GAAP 的 120 多个方面得出 EVA，他们对 GAAP 调整的目标在于创造一种管理者和所有者一样的业绩计量模式。这种调整主要包括：

（1）稳健会计的影响。例如：GAAP 规定，企业的研究与开发费用（R&D）在发生时，直接记入当期费用。当以利润来衡量经理人员业绩时，经理人员为了提高自身业绩，必然会避免这方面的开支。这也导致了我国 R&D 投资的严重不足，严重阻碍了企业的创新能力和发展潜力，特别是在管理人员即将退休或离任时这种现象更加普遍，对企业的长远发展显然很不利。EVA 所作的调整就是将 R&D 费用予以资本化，在一定期限内摊销，这样就不会对经理人员的短期业绩产生很大影响。

（2）防止盈余管理的发生。EVA 主要是通过对坏账准备、存货跌价损失的调整来实现。对于公司管理者而言，这些准备金并不是公司当期资产的实际减少，也不是当期费用的现金支出。GAAP 的做法一方面低估了公司实际投入经营的资本总额，在利益方面也低估了公司的现金利润，公司管理人员还有可能利用这些准备金账户来操纵账面利润。EVA

将准备金账户的当期变化加入到税后净营业利润中，以此来消除或降低管理者平滑利润的机会。

（3）消除过去误差的调整。Stern & Stewart 认为，如果一项资产的账面价值不等于其经济价值，则其可能影响管理者做出经济、正确的留存或撤资决策。EVA 提出了一个防止由于过去会计计量的误差而使管理者做出错误撤资决策的调整方法。引入 EVA 指标使之与传统指标之间进行相互印证，会产生积极的导向，促使经营管理水平的提高，还能为一直讨论的经理者薪金方案提供参考，比如与经理股票期权的结合使用。

4. EVA 能有效地激励经理人员

随着企业所有权与经营权分离现象的日益普遍，所有者目标与经营者目标偏离的现象也日益严重。作为所有者，其目标是实现资本的保值增值和股东财富最大化，而经营者则希望取得高报酬和较多的闲暇，所有者和经营者之间的委托关系，由于目标不一致，利益冲突不可避免，经常会导致"内部人控制"，出现"逆向选择"和"道德风险"等问题。EVA 模拟权益所有者问题，将经理转变为"准所有者"，使经理与股东承担同样的风险，与股东具有相同的所有权理念。也就是说，即使在经理和员工不是真正所有者的情况下，在一个高度分权化的管理系统下模拟所有权的思维和方式，使得经理乐于工作，采取和股东一样的思维方式，像股东一样承担企业最终失败的风险。

虽然 EVA 在业绩评价方面表现的许多优点使其在提出后短短的时间内，在西方国家，尤其是一些大企业（例如可口可乐公司）得到了广泛的应用，并且取得了显着的成效。但是，作为一种新的业绩评价体系，其在应用过程中也会碰到很多问题。例如：计算上的复杂性，EVA 的调整过于复杂；在使用范围上的局限性；激励计划实施的时候容易产生"偷懒"和"搭便车"的行为。

我们应该正确认识 EVA，将其先进的理论基础和我国实际恰当地结合起来，建立适合我国企业发展的评价和激励机制。

（三）建立以 EVA 为核心的激励机制

一套行之有效的激励机制，应该具备以下几个特点：

（1）利益协同：给员工一定的激励，使其能够积极地为增加企业价值做出自己的贡献。

（2）财富杠杆：给员工足够的激励，使其能够长时间工作，能够承担风险，使企业价值最大化。

（3）挽留员工：给员工充足的薪酬，以留住他们，尤其在因市场或行业原因公司经营业绩不佳的情况下更应该如此。

基于 EVA 价值管理的奖金激励体系具有以下几个特点：

（1）统一性。基于价值的奖金激励体系使管理者和员工所获得的激励报酬和他们为股东所创造的财富紧密相连。它引导管理层和员工能够像股东那样思考和做事，并且在为股东创造价值的同时增加自己的回报。

（2）改善性。奖金方案的基础不应该是经济利润的绝对值，而应该是经济利润的改善。例如：一家当前经济利润为负的企业如果能减少负值，那么这与企业进一步提高正值一样能有效提高业绩、创造价值。以业绩的改善为标准来进行激励使所有的管理者站在了同一起跑线上，有利于吸引有才能的管理者和员工进行问题产业的转型和重组。

（3）集中性。激励体系必须建立对整体业绩的综合评估而不是一组分散的指标。许多企业在奖金计划中考虑采用许多衡量标准，而这些标准本身可能就是矛盾的，而且重点不突出，导致管理者无所适从，不知道究竟应该提高哪一个指标。

（4）上不封顶。价值创造为基础的奖金方案没有上下限设置，经营者为股东创造了多少额外价值就可以得到相应的奖励。超额越多，奖励越多；而奖励越多，经营者创造额外经济利润的动力则越大。这样一个分配机制既考虑了目标设定的科学性、合理性，又保障了经营者利益和企业利益挂钩。

（5）关注长期业绩改善与人才留用。以价值为基础的奖金方案的另一个特点是奖金库的设置。奖金库中留了部分超额经济利润奖金；只有经济利润在未来数年内维持原有增长水平，这些奖金才发还给经营者。如果经济利润下降了，滚入下一年度的奖金就会被取消，这就像当企业业绩滑坡时，股价会下降一样。奖金库使经营者承担奖金被取消的风险，从而鼓励他们做有利于企业长期发展的决策，并谨慎地权衡收益与风险，从而有效地打破了短期行为，保障了业绩的可持续性和薪酬机制的稳定性。同时奖金库的设置可以在市场循环的时候留住好的员工，同时使付出的奖金在市场循环的情况下保持一定的稳定性。

如何将EVA的激励计划融入整个管理体系，让EVA和相关激励计划融入到企业战略思维和管理流程中来，是发挥EVA激励计划有效性的关键。在员工报酬全套方案中，奖金计划及股票期权计划都必须达到风险、费用及激励间的均衡。而EVA应成为联系、沟通、管理各方面要素的杠杆，它是企业各营运活动，包括内部管理报告，决策规划，与投资者、董事沟通的核心。只有这样，管理者才有可能通过应用EVA获得回报，激励计划才有可能以简单有效的方式改变员工行为。

假设某公司正在开始尝试引进新的激励机制。如果股票期权和奖金计划只是简单地加入原有薪酬体系，那么这将给股东带来无法接受的高昂费用。毕竟，股东们要在管理者和员工拿到报酬后才能获得回报。而如果激励报酬会抵销原有薪金，管理者和员工将不会获得对额外风险的足够补偿。其中一个关键问题是，怎样才能把引入激励机制的股东成本控制在一定范围内，同时又能使员工的风险得到补偿。

费用与风险之间的权衡问题，可以通过支付足以留住员工的合适报酬得以解决，也就是说，企业给予员工的薪酬总是不多不少。然而这种解决方法却存在着激励不足的缺陷。领取固定薪金的员工就像收取利息的债权人，对企业业绩漠不关心。他们会像债权人那样希望扩大企业规模，增强稳定性，而无视资产是否被有效利用、企业价值是否得到提高。只有建立以业绩为基础的激励机制，管理者才有动力去关心企业业绩及股东价值。对员工承担的股东风险做出补偿将无可避免地增加费用，但如果合理设计激励机制，费用就能最小化。

成功应用EVA的管理者们找到了许多方法来使EVA成为企业的行为指南。第一，他们把EVA作为内部管理报告的核心。EVA不是业绩积分卡上众多衡量指标中的一个，它是整个报告的重中之重，其他所有指标都与EVA的影响紧密相连。第二，所有决策都以EVA为基础。规划业务、预算过程都被重新组织，帮助员工在做出业务决策时预测、折现EVA。只有在通过EVA分析证明了某项目的可行性后，高层管理者才会考虑接受它。第三，每月报告员工通过EVA绩效所能获得的奖金。这样员工就可以将日常决定与他们的公司或个人成果明确挂钩了。管理者由于受报酬与业绩直接相关的风险约束，因为能更为勤勉地考察投资项目。第四，整个组织的思想理念均以EVA为中心。EVA培训计划在包括董事在内的企业各层级员工中广泛展开。

（四）我国业绩评价指标体系的建立

在我国建立以EVA为核心的业绩评价体系，要考虑以下几个方面的问题：

（1）经营战略。财务指标过分关注公司经营的短期效果，部分原因是它只能反映公司的过去。非财务指标强调为获得长期成功而应当采取的必要行动。所以，当一个公司战略依靠产品混合度、市场渗透等因素的长期变化时，公司在绩效评价体系中加入非财务指标是十分必要的。

（2）联系财务绩效与股东价值。非财务指标能准确地反映公司经营结果，是财务绩效和股东价值创造的标志。事实上，将财务指标和非财务指标相结合才能更好地反映公司股东长期价值的增长情况。长期股东价值最大化目标应使公司赚取财务报酬符合投资者预期。在非财务指标与财务指标之间建立数量联系，可以为经理业绩评价提供科学依据，从而避免奖励那些实施减少公司价值行为的经理。

（3）考虑企业行业特征和企业生命周期。对公用事业类公司和受政府管制较多的公司而言，非财务指标比财务指标往往能更精确地反映企业的实际状况。由于在公司发展的不同阶段时会表现出不同的特点，其财务目标也可能存在较大的差异，所以每一阶段需要注意不同的变量。根据各阶段特点设计与之相匹配的指标体系，就可以使公司管理当局在适当的时间采取合适的方式不断改善公司竞争力。

本章综述

1. 企业价值管理是将以价值为导向作为战略制定、融资安排和公司治理的基础，使企业获得持久的竞争优势，从而实现企业价值最大化目标的一种管理活动。

2. 公司价值来源于两个广泛的决策领域：公司战略、公司治理。公司战略决策包括企业市场分析和企业的竞争力分析；公司治理决策侧重于业绩评估和薪酬规划。

3. 企业价值管理主要通过公司战略和公司治理来实现企业价值的最大化。在公司战略方面，企业价值管理通过扩展的价值链分析来确定企业在市场竞争中的地位，确定自己的竞争优势以及如何保持这种竞争优势。通过实施价值链管理，企业价值管理消除企业劣势价值链，优化企业结构，提升企业价值。在公司治理方面，企业价值管理通过建立一种新的业绩评价体系——EVA来正确评价企业经营业绩，对员工和管理者进行激励。

4. EVA是投资成本回报率减单位成本的差额乘以投资成本，是从经济学的角度出发，衡量投入资本所产出利润超过资本成本的剩余利润。

参考文献

［1］罗伯特. 高级管理会计［M］. 吕长江，译. 大连：东北财经大学出版社，1999.

［2］张继焦. 价值链管理［M］. 北京：中国物价出版社，2001.

［3］罗伯特·S. 卡普兰，安东尼·A. 阿特金森. 高级管理会计［M］. 大连：东北财经大学.

［4］仲伟林. 现代企业的价值管理思想［J］. 企业经济，2002（11）.

［5］汤姆森. 战略管理［M］. 段盛华，等译. 北京：北京大学出版社，2000.

［6］王化成. 财务管理目标的国际比较和我国的现实选择［J］. 财会月刊，2000（8）.

［7］中国注册会计师协会. 财务成本管理［M］. 北京：经济科学出版社，2021.

习 题

第十八章 企业价值管理

附录　现值、终值表和正态分布曲线的面积